続・親鸞と真宗絵伝

小山正文

法藏館

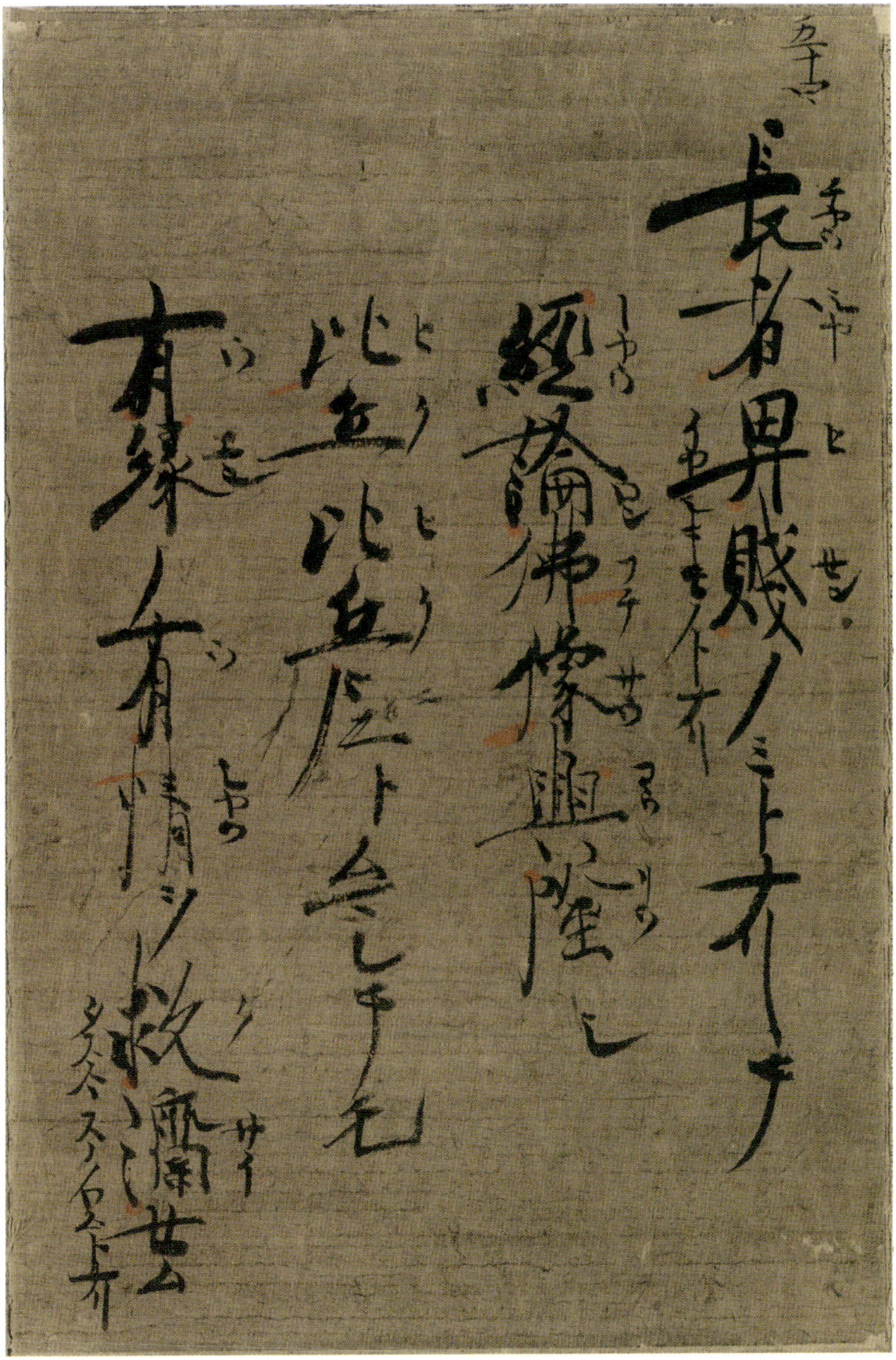
五十四
長者卑賤ノミトナリテ
經論佛像興隆シ
比丘比丘尼トナリテモ
有縁ノ有情ヲ救濟セム
タスケスクハムトナリ

口絵１　親鸞真筆　皇太子聖徳奉讃　第五十四首（愛知・本證寺蔵）

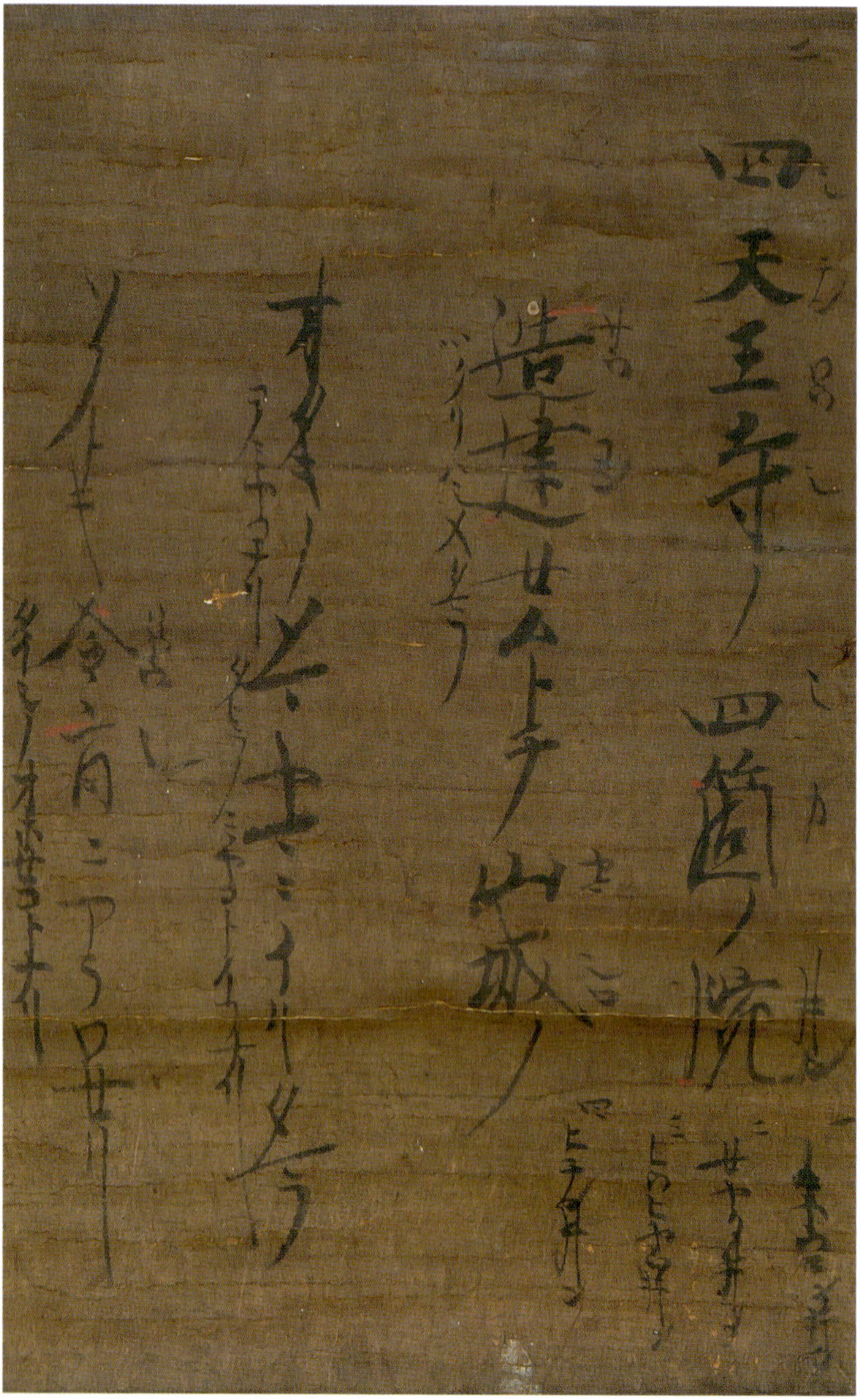

口絵２　親鸞真筆　皇太子聖徳奉讃　第二首（愛知・蓮開寺蔵）

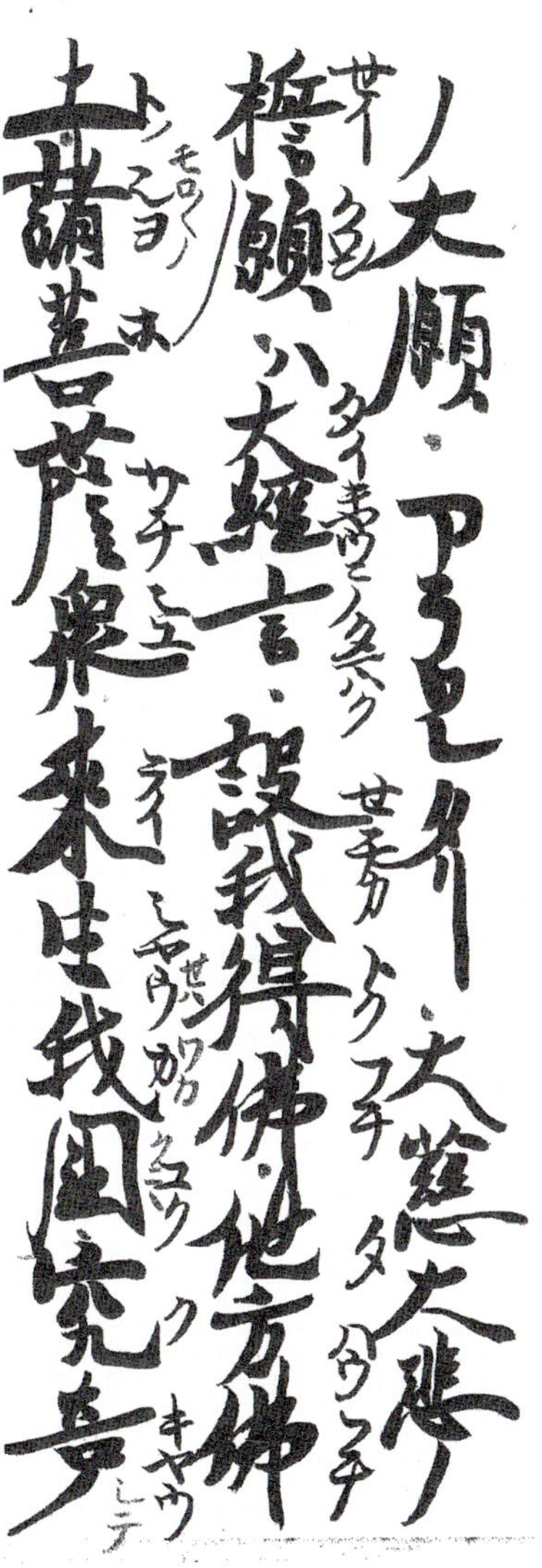

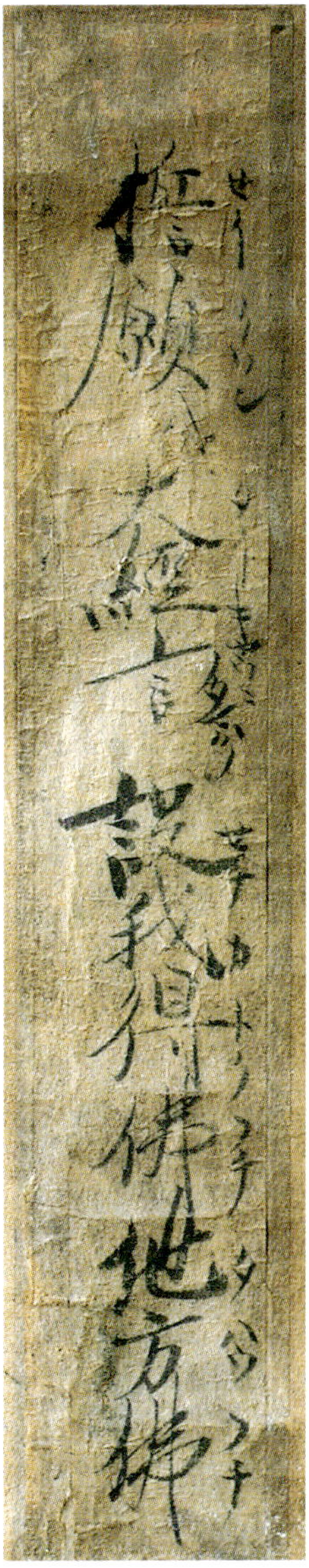

口絵３　親鸞真筆　往相回向還相回向文類　断簡（愛知・本證寺蔵・右）と宗祖御筆蹟集（大谷大学蔵）所収、往相回向還相回向文類　部分（左）

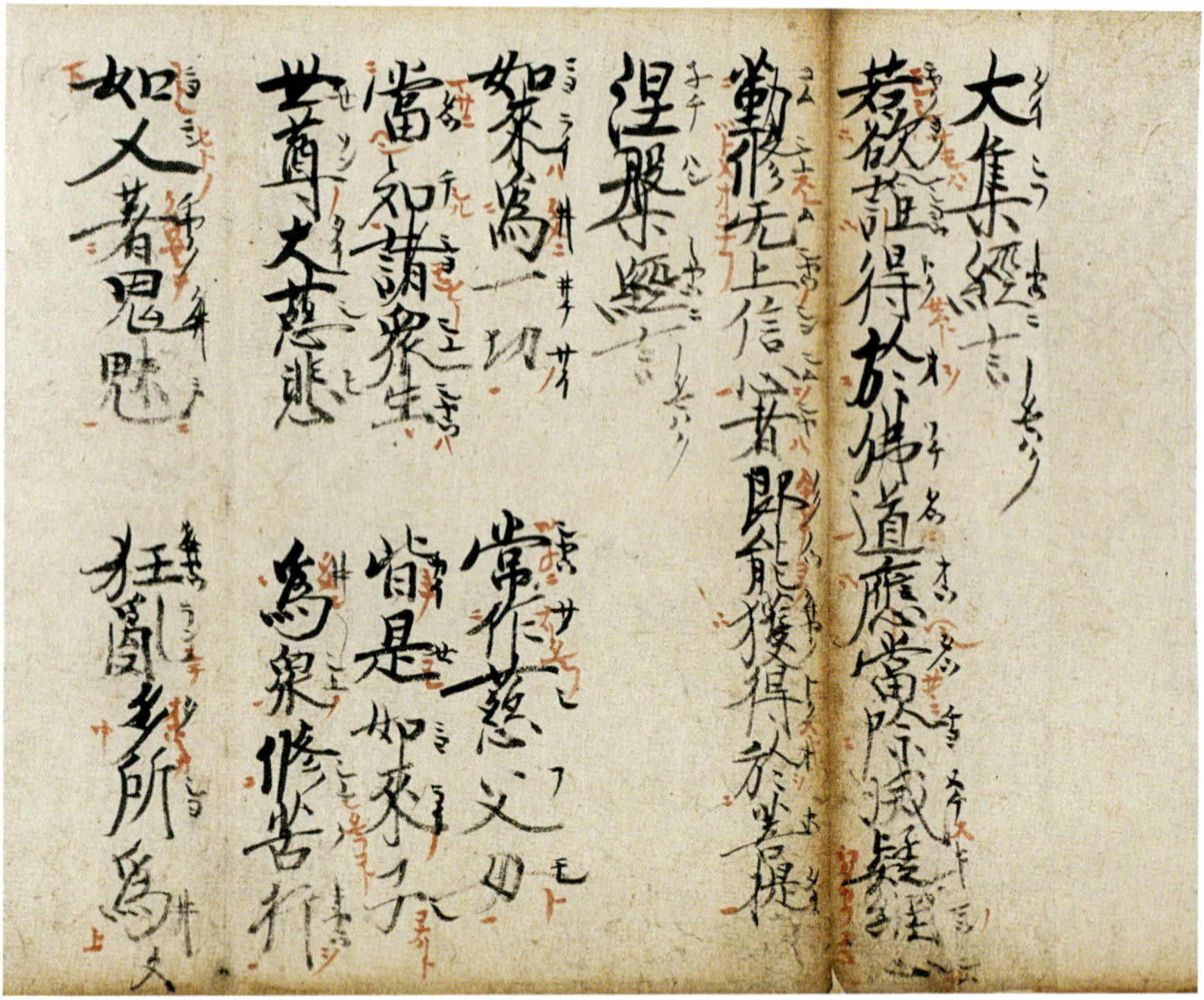

口絵４　親鸞真筆　大集経・涅槃経　部分（大阪・豊澤家蔵）

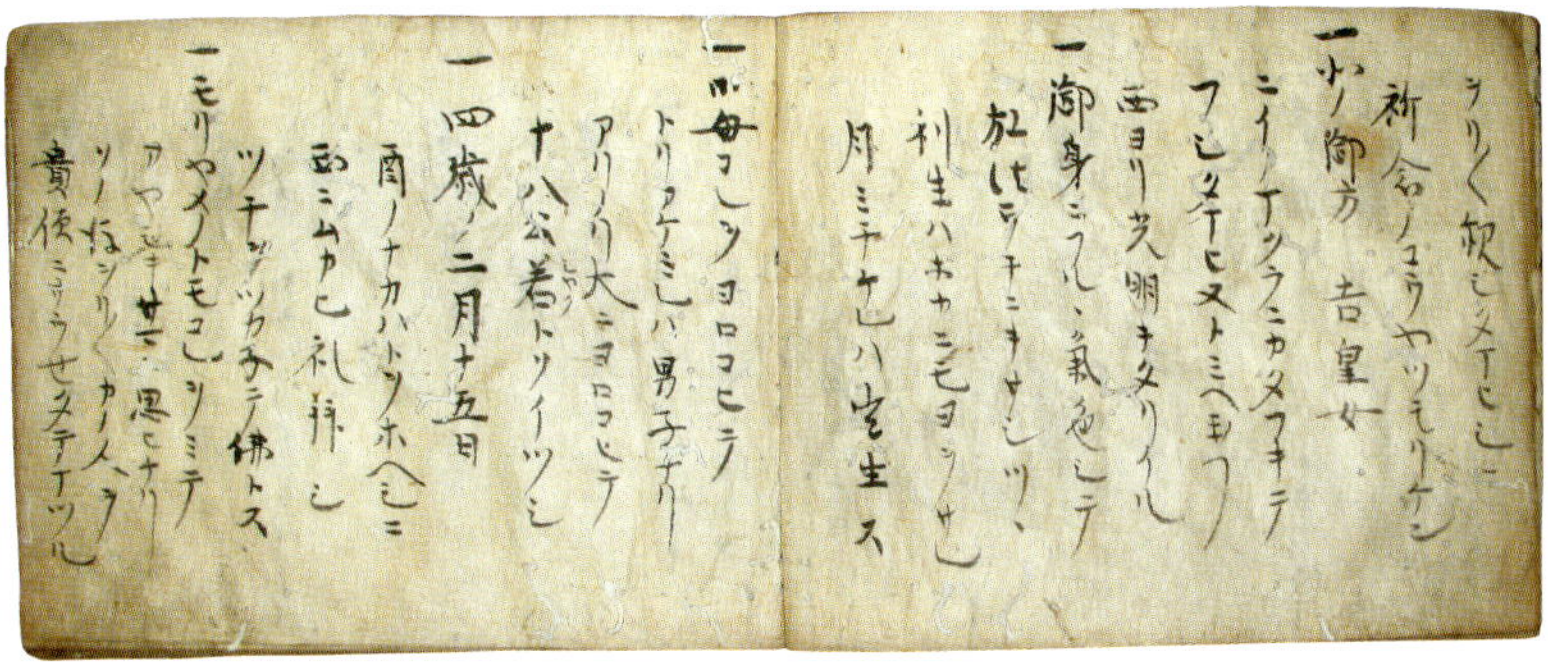

親鸞讃

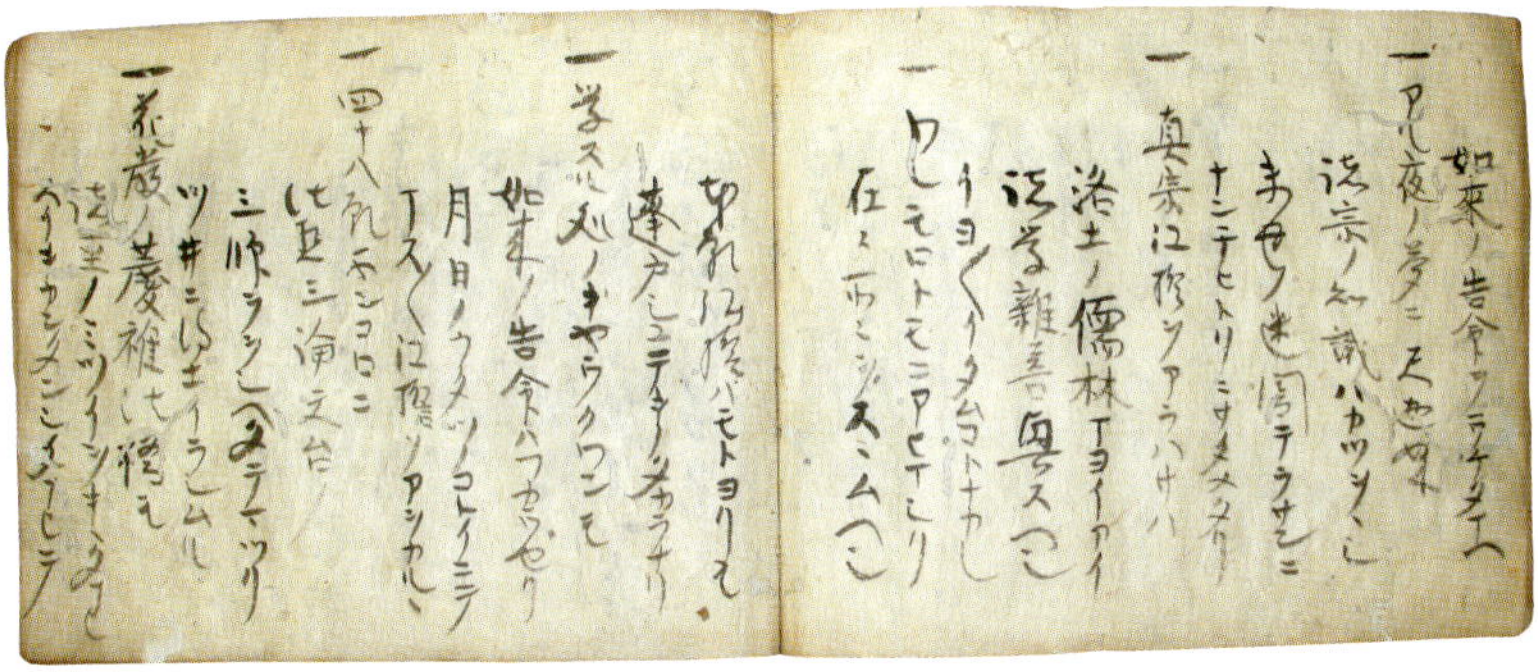

法然讃

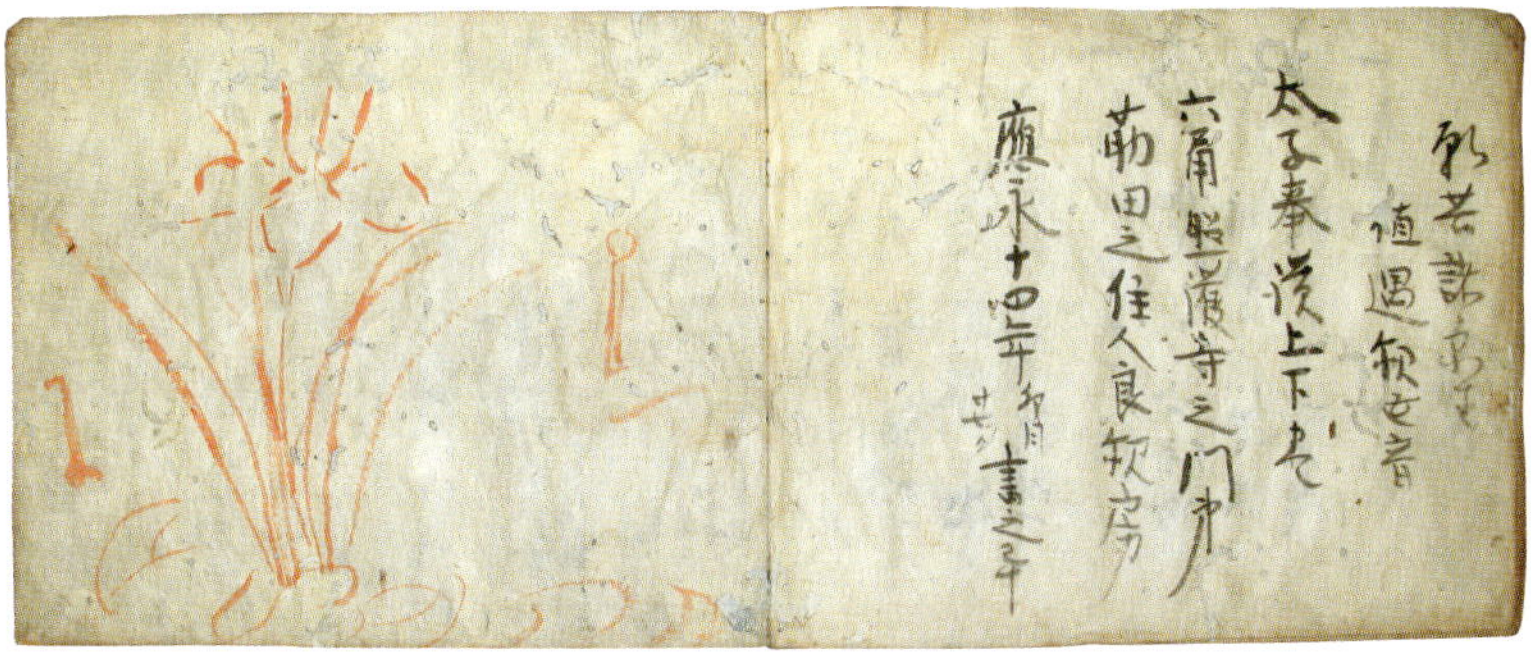

奥書

口絵５　良観和讃　部分（愛知・本證寺蔵）

口絵６　光明本尊（愛知・法蔵寺蔵）

口絵 7　吉光女像（兵庫・西光寺蔵）

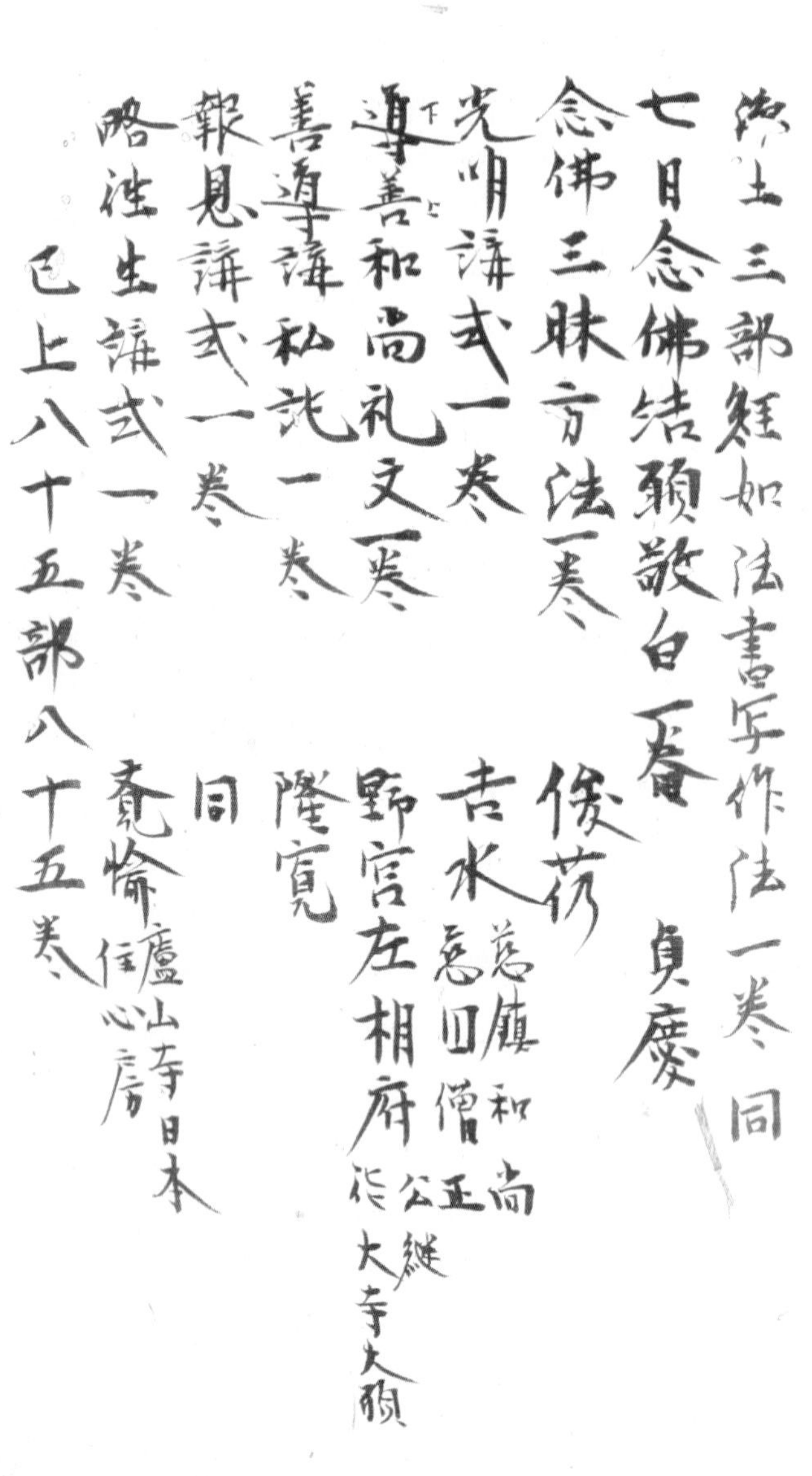
浄土三部経如法書写作法一巻　同
七日念仏結願敬白一巻　貞慶
念仏三昧方法一巻　俊芿
光明講式一巻　吉水慈鎮和尚　恵心僧正
導善和尚礼文一巻　野宮左相府公継　徳大寺大納
善導講私記一巻　隆寛
報恩講式一巻　同
略往生講式一巻　覚愉廬山寺日本住心房
已上八十五部八十五巻

口絵8　長西録　28オ（愛知・本證寺蔵）

序文

大谷大学名誉教授 名畑 崇

小山正文氏（旧姓江村）をはじめて知ったのは、氏が大谷大学の大学院仏教文化に在籍され、仏教史学研究室に属して、藤島達朗先生の門下生として学ばれるころであった。私は七つ年うえの先輩として研究室の助手をしていた。ゼミの実習で京都栂ノ尾の高山寺へでかけたとき、解説は小山氏の担当で、明恵上人と高山寺の由縁から『華厳宗祖師絵伝』（華厳縁起）におよんだ。文献をよく読みこなし、貞慶・運慶など南都仏教について熱い思いが込められていた。「絵伝」をとおして歴史をよみ解く手法はこのころ萌していたように思う。そのころ大学では日下無倫・禿氏祐祥など先駆者の学風が伝わり、古文書学はじめ仏教考古学や書誌学の授業があり、学徒の素養になっていた。

そのご正文氏は愛知県安城市の本證寺（真宗大谷派）に迎えられ、多忙な法務のなか伽藍の修復はじめ法宝物の採訪調査を岡崎妙源寺・佐々木上宮寺（三河三ケ寺）から全国におよぼし、新しい知見と展望のもとに論文や報告をつづけて発表されていく。それをささえたのが出講先の同朋大学の佛教文化研究所と織田顕信・渡辺信和・青木馨氏などスタッフであった。その原点が「三河の真宗は、親鸞存生中から面授の門弟たちによってはじめられ、以後燎原の火のごとく国の内外に広まったのである」（本書二四九ページ）との思いいれであろう。それにしても、よくここまで考証に徹しられたものである。真宗書誌学において、これほどまで粘りづよく、ひろく綿密に考証をかさねた人はいない。氏の著書を案内に『真宗重宝聚英』の本尊・絵伝の部をひらいて、浄土真宗の原風景をたどるのが楽しみである。

十三年まえ二〇〇〇年に私は小山氏より大谷大学の同室のよしみで『親鸞と真宗絵伝』の寄贈にあずかっている。右スタッフのすすめによる、氏の還暦記念出版として、五百ページ余の大著である。氏が一九七七年いらい発表された論文の集大成で、いずれの論考も新発見の資料や独自の探求にもとづく見解にあふれ、巻頭に平松令三氏（当時八十歳）の序文が掲げられている。平松・織田・渡辺の三氏とも、このところ相いついで世を去られ、老残の身ながら私が「序文」を寄せることになった。

今度も同じ著書の続編ということで、以後に発表された論文を同じ大冊にまとめられた。通読して『続・親鸞と真宗絵伝』という題名に託された著者の意図が読みとれた。そこで教えられることは多いが、新発見の親鸞聖人真筆の『大集経』と『涅槃経』の文（本書四四ページ以下）はとくに私の当面の課題にかかわり、人のいのちから宇宙におよぶ聖人の壮大な思想形成につながるようで、惰眠にふける私の生命をよびさまされる思いである。

平成二十五年（二〇一三）七月二十一日

続・親鸞と真宗絵伝　目次

目　次

続・親鸞と真宗絵伝

カバー・表紙図版
親鸞真筆　皇太子聖徳奉讃第五十四首
（愛知・本證寺蔵）

I　親鸞の真蹟

『顕浄土真実教行証文類』の諸伝本

はじめに

『顕浄土真実教行証文類』（以下本書と略記）は、親鸞が心血を注いで「大無量寿経真実之教浄土真宗」を明らかにした大部な漢文の著作で、次の六巻からなる。

顕浄土真実教文類一　（顕真実教一）
顕浄土真実行文類二　（顕真実行二）
顕浄土真実信文類三　（顕真実信三）
顕浄土真実証文類四　（顕真実証四）
顕浄土真仏土文類五　（顕真仏土五）
顕浄土方便化身土文類六　（顕化身土六）

〔（　）内は専修寺本・西本願寺本の序文後に記される略名〕

本書は普通『教行信証』と略称されるが、古くは『教行証』と呼ばれていたことが、真仏の『経釈文聞書』、顕智の『見聞』『聞書』、性海の本書開版本、覚如の『執持鈔』、存覚の『一期記』、真慧の『顕正流義鈔』等々から知られ、『教行信証』の呼称が定着するのは蓮如期あたりからではないかとみられている。

京都東本願寺には親鸞自筆の本書が蔵されていて、国宝の指定を受けていることはすでに周知の事実であるが、本書は親鸞在世中より直門侶による書写が早くよりおこなわれていただけではなく、親鸞没後わずか三十年の正応四年（一二九一）には、開版されていたという実に驚くべき新事実も近年明らかになってきている。さらに鎌倉時代末期から南北朝時代ともなると、本書を和文化した延書本も数種類あらわれるなど、意外に本書はよく読まれ広く流布したことが知られて注目される。

以下本書のそうした種々様々の伝本を概観し、もって浄土真宗の教学が本書に発することをあらためて認識したいとおもうことである。

一　坂東本

本書の伝本のなかでもっとも重視しなければならないのは、いうまでもなく親鸞自筆の京都東本願寺蔵本である。これは大正十二年（一九二三）の関東大震災まで、坂東報恩寺に伝蔵されてきたため坂東本と通称される。調巻は六冊であるが、その各配巻は第一冊教・行巻、第二冊信巻、第三冊証巻、第四冊真仏土巻、第五冊化身土巻本、第六冊化身土巻末となっている。綴じは三穴袋綴を主体とするが、なかには一紙の表裏に記すものや粘葉綴のごとく表裏四面を使って書いている箇所もあり、また巻子本を袋綴にしてはめ込んでいるところがあるなど複雑な様相を呈する。一面の行数は八行を基本とするも、二・三・六・七・九行の場合もある。一行の字詰は十四字から十八字に及んでいてこれまた一定しない。坂東本の八割を占める袋綴、一面八行本文の整然とした文字は、親鸞六十歳代の筆蹟とみられるので、親鸞は関東より京都へ帰った直後に、いちど本書の全文を清書したものとおもわれる。したがって本書は、それより以前の在関時代に撰述されたことは確実といえよう。これにつき第五冊化身土巻本の次の一節は、本書成立の年時を示唆する重要な記載とみなければならない。

按二三時教一者　勘二如来般涅槃時代一　当二周第五主穆王五十一（実三）年壬申一　従二其壬申一　至二我元仁元年甲申一二千一百八（実七）十三歳也　又依二賢劫経仁王経涅槃等説一　已以入二末法一六百八（実七）十三歳也

ここにおいて親鸞は、釈迦如来の涅槃が『賢劫経』『仁王経』『涅槃経』などの説に基づき、周第五代穆王の五十三年（BC九四九）とし、それより数えわが国の元仁元年（一二二四）は二千百七十三年目にあたり、それは正法五百年・像法千年の仏教史観に立ってみた場合、末法に入ってから六百七十三年というのである。

本書の終末部分に近いこの記載は、右の計算時点が親鸞五十二歳の元仁元年に置かれていたことを端的に示すと共に、本書がこの頃ほぼ完成していた事実を物語るものであろう。あたかも元仁元年は師法然房源空の十三回忌に相当しているので、本書はそれを期して成された可能性が高いかも知れない。

ところで坂東本は、いたるところで加筆訂正の跡がみられ、返り点、送り仮名、左訓にも多くの補訂がなされているだけではなく、袋綴の折目を切り開いて新たにあらわれた紙面へ本文を書き加えたり、矢印や傍線の符号を欄外・行間に数多く示したり、また木・竹などの先端をとがらせた箸のような筆記具で、紙面を圧して付した文字や合点の角筆もつい最近多数みつかるなど、いったん清書した後も親鸞はこれを座右に置いて、絶えず補訂の筆を加えていた形跡が歴然としており、本書はまさしく親鸞のライフワークであった。

坂東本の第三冊証巻と第四冊真仏土巻の各表紙外題左には、親鸞晩年の雄勁な筆致で「釈蓮位」の袖書がしたためられている。蓮位は親鸞の関東時代からの常随昵近の門侶であったから、最初にこれが下授されたのであろう。その後坂東本は第一冊教・行巻、第六冊化身土巻末の「弘安陸癸未二月二日釈明性譲預之　沙門性信（花押）」なる奥書より（第一冊の「沙門性信（花押）」の部分は切断されて今はない）、下野高田門徒の真仏と共に親鸞門侶の重鎮であった下総飯沼横曾根門徒の性信のもとに移され、性信は弘安六年（一二八三）にこれを明性へ譲り預けていることがわかる。爾来坂東本は性信開基の報恩寺に伝蔵されてきたが、大正十二年九月一日（土）の関東大震災で、寄託先の浅草別院炎上と共に猛火に包まれてしまったのである。さいわい耐火金庫内に納入されていたために焼失は免れたものの痛みがひどく、震災を機に坂東本は東本願寺へ移管されることとなった。そして昭和二十七年（一九五二）国宝指定、同二十九年（一九五四）と平成十五年（二〇〇三）に修理を受けて、現在は京都国立博物館に寄託されている。ちなみにこの親鸞自筆の坂東本は、大正十一年（一九二二）、昭和三十一年（一九五六）、同三十五年（一九六〇）モノクロ版、平成十七年（二〇〇五）にカラー版の合せて四回原寸大影印本が、真宗大谷派本願寺宗務所より刊行されており、これ以外にも昭和十一年（一九三六）に四冊本、同四十八～九年（一九七三～七四）と平成十七年（二〇〇五）に二冊本の縮印本が、それぞれ法藏館から発行されている。

二　古写本

親鸞畢生の著作ともいうべき本書は、寛元五年（一二四七）に洛中居住の門侶尊蓮が書写したものがもっとも早い。時に親鸞七十五歳、尊蓮六十六歳であったが原物は現存せず、大谷大学図書館蔵の暦応四年（一三四一）本書書写本にみえる次のような奥書から、その事実が知られるところとなっている。

本云
寛元五年二月五日以善信聖人御真筆
秘本加書写校合訖　隠倫尊蓮六十六歳
文義字訓等重委註了今年聖人七十五歳也

尊蓮は元久元年（一二〇四）の京都二尊院蔵『七箇条起請文』連署より、親鸞の法然門下時代からの法友とわかるが、万福寺本『親鸞聖人総御門弟等交名』に記されるごとく尊蓮を日野範綱の息男信綱のこととするのは、信綱の行実よりみてすこぶる疑わしいことを指摘しておく。

尊蓮書写本につぐ本書の古本は、やはり親鸞在世中に写された建長七年（一二五五）の専信坊専海筆写本であろう。三重専修寺蔵の本書古写本最末尾に今は切り取られてないが、かつて次のような奥書のあったことが、宝暦十二年（一七六二）の専修寺宝物曝涼記録である『宝暦十二壬午年六月三日御目録』（今亡）に控えられている。

以彼六巻草本写書之　筆師専信之
建長七歳乙卯六月廿二日午時畢書之

この記録控より専修寺蔵本は、親鸞八十三歳の建長七年に親鸞面授の門侶であると共に真仏付弟であった遠江国池田住の専信坊専海の筆になることが明らかとなったのである。この年専信は親鸞より安城御影も授けられているから、本書とセットで下付されたことが考えられる。ただその後の研究で専修寺本は、専信筆写本をさらに転写したものであることが内容的見地から判明し、その筆蹟も真仏とみられるにいたっている。この時真仏四十七歳であったが、文明四年（一四七二）に専修寺真慧が著した『顕正流義鈔』の次の一文は、専修寺本の書写年代を暗示する点で注目されよう。

選集シタマフトコロノ教行証一部六巻　マタ真筆ニ書シ　建長七年乙卯冬ノコロ　高田開山真仏上人　顕智上人ニナラヘテアタヘタマフ　コレマコトニ付法相承ノ義　顕然ナリ

この文面より、親鸞が高田門徒の重鎮真仏・顕智に付与する本書を専信坊専海に写さしめ、それを同年の冬に真仏が書写したということが考えられよう。いずれにしても専修寺本は、現存唯一の親鸞在世中の本書写本として、その価値は坂東本に匹敵するものがあるといわなければならない。なお専修寺本は坂東本と同様六冊仕立てであるが、坂東本とは異なり巻別通りの分冊となっているので、第三冊信巻と第六冊化身土巻がことのほか分厚い。一頁七行、一行十五字内外で、昭和三十六年（一九六一）に重要文化財の指定を受けた。

なお専修寺本は、昭和四十九年（一九七四）に法藏館から縮刷影印版が出されており、さらに同六十一年（一九八六）便利堂より、さながら原本に接するがごとき原色版実大影印本が、それぞれ刊行されている。

本書の古写本で今ひとつ逸することのできない伝本が、京都西本願寺蔵本である。同本は上記専修寺本と共にかつては親鸞真蹟の清書本といわれたものだけあって実に優秀な写本で、専修寺本同様一頁七行、一行十五字内外となっている。第六冊末尾にやはり左掲のような奥書があったが、専修寺本と同じく真蹟本とすることに不都合をきたすため今は第三行目以下が切り取られてない。しかし石川弘願寺蔵本（今亡）、福井浄得寺蔵本に切断部分が次の通り写し残されていたのである。

弘長二歳壬戌十一月廿八日
　未剋親鸞聖人御入滅也
　御歳九十歳同廿九日戌時
　東山御葬送同卅日御舎利蔵
　仏滅後至二千百三十五歳 入末法後七百二十五歳 当文永十二歳乙亥也
　依賢劫経仁王経涅槃経等説言

すなわちこれによって、西本願寺本は親鸞没後十三年の文永十二年（一二七五、同年は四月二十五日に建治と改元される）の古写本と知られるが、残念ながらその筆者はわからない。一説に親鸞の孫覚恵ともいう。本願寺伝来品であるためか、坂東本の筆致に似通っているところがみられ、本文は墨書、返り点や送り仮名はすべて朱筆に統一するなど清書本の名に値する古本で、専修寺本と同じ分冊形態をとっており、昭和五十年（一九七五）重要文化財に指定されている。この西本願寺本も浄土真宗本願寺派宗務所より、大正十二年にモノクロコロタイプ版四冊、昭和五十一年（一九七六）講談社による朱筆後入れ書き撮影本六冊、平成二十三年（二〇一一）大塚巧芸新社製復刻カラー版六冊のそれぞれ実物大影印本が刊行されているほか、翌二十四年には同社印刷のモノクロ縮刷本二冊も、同宗務所から発行されたことを付記しておく。

以上の寛元五年尊蓮本、建長七年専信本、同年真仏専修寺蔵本、文永十二年西本願寺蔵本が、現在知られている本書の親鸞没前没後の古写本であるが、本書にはこのほかにも慶長末年以前の書写にかかる伝本が、確認されているものだけでも六十点近くあり、その流布ぶりに驚きを禁じえない。それらの本書写本を形態別に分類するとおよそ次掲のごとくなるが、その大半は八冊本である点が注目される。しかして八冊本には、一頁六行、一行十七字詰という一定性が顕著である。この背景には次下に記す古版本の存在を想定する必要があろう。

- 六冊本
  - a　教行巻合冊・化巻本末に分冊（坂東本）
  - b　教行巻分冊・化巻合冊（専修寺本等）
- 八冊本
  - c　六冊本が仮りに信巻・化巻を分冊したもの（存覚本等）
  - d　結構は八冊本であるが本文は六冊本であるもの（文明本等）
  - e　本来的八冊本
    - 本願寺系（浄興寺本等）
    - 高田系（中山寺本等）

三　古版本

三重中山寺に蔵せられる室町時代末期写本の本書は、いま信巻本・末と真仏土巻の三冊を欠くがもとは八冊本で、八冊目にあたる化身土巻末に次のような長文の奥書をみる。同内容の文を有する本書写本に三重専修寺蔵室町時代末期八冊本、同蔵慶長五年（一六〇〇）八冊本があるので、校異して示しておく。

第一面

今此教行証者祖師親鸞法師撰述也立二
章於六篇一調二巻於ⓐ八軸一皆引二経論真文一各
備二往生潤色一誠是真宗紹隆之鴻基実教
流布之淵源末世相応之目足即往安楽
之指南也而去弘安第六暦歳ⓑ癸未春二
月二日彼親鸞自筆本一部六巻従二先師
性信法師所一令二相伝一畢為レ報二仏恩一欲下企二開
板於当時一伝中弘通於遐代上之刻有二度度
夢想之告一矣于時正応第三天歳次庚寅
冬臘月十八日夜寅剋夢云当副将軍相

州太守平朝臣乳父平左金吾禅門（法名ⓒ杲円）

第二面

屈二請七口禅侶一被三書二写大般若経一彼人数

内被レ加二於性海一而奉書二写真文一畢爰白馬

一疋金銭一裹令布施之覚而夢惺畢同

四年正月八日夜夢云当相州息男年齢

十二三許童子来而令三正二坐於性海之膝

上一覚而夢惺畢同廿四日夜夢云先師性

信法師化現而云教行証開版之時者奉レ

触二子細於平左金吾禅門一可刻彫也言已

乃去覚而夢惺畢同二月十二日夜夢云

有二人僧一而持二五葉貞松一本松子一箇一

来与二　於性海一覚而夢惺畢依二上　来夢想一倩

案二事起一偏浄教感応之先兆冥衆証誠之

第三面

嘉瑞也若爾者機縁時至弘通成就者歟

仍奉レ触二子細於金吾禅門一即既蒙二聴許一而

所レ令開板一也然此本者以親鸞自筆御

本ヲ一ⓓ校合セ一令レ成二印板ト一者ⓔ庶幾クハ後生勿レ令ルコト三加減セ二
於字点ヲ一矣
于時正応四年五月始之同八月上旬終
功畢　　　勧進沙門性海

（注）高田本山二本によればⓑ次ⓓ令ⓔ也がそれぞれ脱落している。ⓐⓒ本山二本各「六」「果」とある。その他本山二本は最後の「于時―」の前に「本云」とあり、「勧進沙門性海」がなく、訓点、傍注に多少の相異がある。

さて、これによれば性海なる勧進沙門が、弘安六年二月二日に親鸞自筆の本書一部六巻を先師性信より相伝したので、これを開板（開版）せんとした。そうしたおり性海には、たびたび夢想の告げがあった。まず正応三年（一二九〇）十二月十八日に当副将軍相州太守平朝臣乳父平左金吾禅門法名杲円、すなわち鎌倉幕府第九代執権北条貞時の乳父平左衛門尉長崎頼綱法名杲円禅門が、『大般若経』六百巻を七人の僧に書写させることがあり、そのなかに性海も入っていて、白馬一疋と金銭一裹の布施をもらった夢。ついで翌四年正月八日、今度は貞時の息男年齢十二、三歳ばかりの童子が、性海の膝の上に正坐した夢。さらに同二十四日には、先師性信が化現して、本書開版のときは子細を左金吾禅門に申し触れて刻彫するようにといわれた夢。そして最後に同年二月十二日、二人の僧が五葉の貞松一本と松子一箇を性海に与えた夢をみた。これらはいずれも瑞夢であるゆえ、機縁がいたったものと感じた性海は、子細を金吾禅門に申し聴許をこうむり、親鸞自筆本をもって本書開版の善業をなしとげたが、それは正応四年五月に始め、同八月に功を畢えたというのである。

この奥書はまことに驚くべき内容を多く含んでいる。第一に弘安六年二月二日に親鸞自筆の本書が、性信より性海へ相伝されていることである。この事実はさきに坂東本でみた性信から明性への譲預と符号するものといわなければならない。となれば明性と性海は同一人物ということになろう。けだしこれは親鸞門侶の専信坊専海、順信坊信海、光信坊源海などと同様明性坊性海であったことを意味する。これにつき坂東本には現在失われていてないが、江戸時代中期に坂東本を復模した奈良教行寺蔵本、京都東本願寺蔵本（報恩寺旧蔵）の化身土巻本の外題左下に「釈性海」の袖書がみられて注意される。この事象は上掲奥書が単なる夢物語でなかったことを意味し、信じてよい内容のものであることをつよく示唆しよう。

第二に没却しがたい事実は、性海による親鸞没後わずか三十年の本書出版に鎌倉幕府政治機構の中枢を握っていた長崎頼綱が、かかわっていることにほかならない。頼綱は北条貞時の乳父として内管領の要職につき、弘安八年（一二八五）の霜月騒動で安達泰盛一族を讒によって滅亡させたのち、幕府の実権を手中に収め執権をしのぐ権勢をふるったことで有名であり、またかの日蓮を配流に処した人物としても知られている。文永九年（一二七二）五月には、下百三十町の高野山町石施主にもなっている頼綱であったが、正応六年（一二九三）四月二十二日、今度は自分が得宗貞時に攻められる身となり、鎌倉経師ヶ谷の自邸で頼綱・宗綱父子は、一族郎等九十三人と共に自害し火中に果てたのであった。したがって性海による本書開版は、頼綱絶頂期の支援でなされたというのも、まことにうべなるかなとおもわしめるものがあり、この奥書の信憑性を高めているともいえよう。しかし残念ながら正応版は現存しておらず、それを書写した上記三本の本書写本によってのみ、その存在が知られるだけとなっている。けれども既述の通りすくなからず伝存する室町時代の八冊本本書に、冊数・行数・字詰の一定性が顕著で、それらの中には正応版の奥書の一部分を写す本もあるところより、それは同版の影響によるものとみることができるのである。

いずれにしても本書が開版された正応四年といえば、初期真宗門侶の顕智六十六歳、順信坊信海六十三歳、如信五十七歳、願明了海五十三歳、性雲三十五歳、覚如宗昭二十二歳にそれぞれ相当するが、そうした時期に幕府の実力者と結び付きをもった明性坊性海という真宗門侶は、康永三年（一三四四）の愛知妙源寺蔵『親鸞上人門弟等交名』に親鸞―善性―明性と出てくる明性に該当する可能性が高い。というのも明性に親鸞自筆の本書を譲預した性信と、明性の師として『交名』に登載される善性とが、同じ下総国飯沼の住人だったのと、この善性―明性の系統から真仏顕智の高田門徒、性信の横曾根門徒、順信坊信海の鹿島門徒、光信坊源海の荒木門徒と並び称せられる有力な磯辺門徒が形成されているからにほかならない。したがって今後磯辺門徒の流れをくむ寺院から、本書の正応版が発見されるかも知れず期待したいとおもうものである。

なお、本書には江戸時代に入ってから寛永十三年（一六三六）、正保三年（一六四六）、明暦三年（一六五七）、寛文九年（一六六九）、同十三年（一六七三）、安永五年（一七七六）、天保七年（一八三六）頃、同九年（一八三八）、同十一年（一八四〇）、同十四年（一八四三）など何度も重版改刻刊行されていることを付記しておく。

四　延書本

最後に漢文の本書を読みやすく和文化した延書本につき触れておこう。漢文の経論釈を書き下して和文化することは、鎌倉時代の庶民仏教が大いにうながしたひとつの文化現象であった。本書もその例にもれないものであるが、本書の場合は読み方伝授といって、正しい読みや読み癖を伝えていくという面も多分にあったようである。

本書延書本のもっとも古い現存遺品は、大阪光徳寺と同寺旧蔵で今は京都東本願寺蔵となっている行巻・中と信巻末上の零本二冊である。二冊の筆者は同手で、鎌倉時代末期の写本と鑑せられ、寺伝では親鸞の息女覚信尼筆というが、これはにわかに信ぜられない。しかし、もし女性の筆となれば、高度な漢文撰述書だけに大いに注目されよう。ついでこれとほぼ同時代のものとみられる化身土巻巻頭部分を書き下した零葉二十五枚の粘葉綴本が、滋賀願念寺に蔵せられる。現行本に比し文章量がすくないところから、一時初稿系の本書ではないかとも取沙汰されたが、そうではなくて冒頭部分の抄出延書本にすぎないとみるのが妥当なもののようである。したがって全巻そろっていたわけではなかろうとおもわれる。

さて、本書の延書本は江戸時代のものまで含めると三十点以上も存在するが、それらは冊数によって十七冊本・十九冊本・二十冊本の三系統に分類できる。各系統の巻冊数・成立年代・関係人物名などをわかりやすく表示しておくと次のようになる。

	教巻	行巻	信巻	証巻	真巻	化巻	成立年代	関係人物名
十七冊本系	一冊	三冊	四冊	二冊	二冊	五冊	康永二年（一三四三）	存覚・乗専・乗智
十九冊本系	一冊	三冊	五冊	二冊	二冊	六冊	貞和二年（一三四六）	源　覚
二十冊本系	一冊	三冊	六冊	二冊	二冊	六冊	文和四年（一三五五）	行　玄

この三系統のうちもっとも多く遺存するのは十七冊本系で、その成立の事情は龍谷大学大宮図書館に蔵せられる江戸時代末期書写の十七冊本真巻下と化巻末下の次掲奥書に明らかである。

本云康永二歳癸未五月十七日以漢字之真
本延写于和字授与之　願主乗智　［真巻下］
此書存覚聖人ノ御筆ヲ以テ写申候但四巻目二巻同五巻メ二巻
合テ四巻ハ乗専ノ筆也此内四巻メノ本口ヨリ十丁メノ一面迄ハ存覚聖人ノ御筆也
天文廿二年癸未七月十二日相調候畢　［化巻末下］

すなわちこれよりして十七冊本は、康永二年（一三四三）に本願寺覚如の長子存覚が、乗智の願で和字に延べ書きし下授したものであることがわかる。ときに存覚五十四歳、父覚如も七十四歳にて健在であった。この十七年後の延文五年（一三六〇）に覚如の孫で存覚の甥にあたる善如俊玄が、十七冊本を書写したものが西本願寺に伝存しているところからも判断されるごとく、これは本願寺系の延書本と知られよう。したがって十七冊本は本願寺門末に伝わるものが多く、実にそれは延書本現存数の三分の二以上を占めるほどにまでなっていて、本願寺教団の発展と並行する残存量といえる。

次に十九冊本であるが、これの確実な遺品は奈良教行寺旧蔵で、今は京都東本願寺蔵となっているものただ一点のみである。信巻巻中の奥書に「貞和二歳丙戌二月廿八日時正第四日」の年時記載があり、その筆風紙質からもこれが貞和二年（一三四六）の書写になることは疑いない。各冊表紙中央題箋の左隅に本文と同筆で、「釈源覚」の袖書をみる。この源覚というのは、京都光薗院蔵貞和三年本『親鸞聖人物御門弟等交名』の佛光寺開山了源―禅源―源覚と出てくる人物にあたるかも知れない。してみると十九冊本は佛光寺系と一応色分けすることができよう。なお、この東本願寺蔵の源覚本は、最後の第十九冊目が十七冊本による後世の補写にかわっているのは惜しまれるが、三系統ある延書本中、十九冊本は坂東本の本文状態に一番近いといわれ、また専修寺本とも親近なる関係にあることが指摘されている点を注意しておきたい。

最後の二十冊本については、滋賀弘誓寺、大谷大学図書館、愛知祐誓寺、同本證寺、同正法寺などに蔵せられる諸本より、文和四年（一三五五）行玄二十一歳の書写したものが、比較的よくおこなわれたようである。この行玄本はどうしたわけか江戸時代中後期の写本ばかりで、室町時代にまで遡及できる遺品は一点もない。弘誓寺蔵本の第一冊教巻、第二冊行巻上、第十三冊真仏土巻上、第十四冊真仏土巻下の各奥書を掲げておけば次のようになるが、行玄のことはその生年が建武二年（一三三五）ということ以外まったくわからない。

第一冊（教巻）
　文和四年乙未十月日写畢
第二冊（行巻上）
　写本云
　文和四年八月日写之　右筆行玄二十一歳
　斯書一部書写之其願主志只有隣愍
　遐代愚人不猒生死不欣菩提矣　意楽无
　私偏為用愚昧明灯之也　仰願三国
　伝灯諸大祖師納受哀愍畳重志願矣
第十三冊（真仏土巻上）

文和四年九月日書写之
第十四冊（真仏土巻下）
文和五年正月日書写之

ところで、二十冊本については、右の行玄本とは別に首題・尾題・撰号等々に若干の相違をみる古写本が、愛知三河野寺の本證寺と同佐々木の上宮寺とにかかわって存在するので触れておかなければならない。

まず本證寺蔵のその本書であるが、これは従来十九冊本といわれてきたが、中身の精査によって、源覚の十九冊本ともまた行玄の二十冊本とも合致しない箇所がいくつか見出され、結局行玄本とは兄弟関係にあるような別の二十冊本とみなされるにいたっている。本證寺の本書は今わずかに教巻・真仏土巻・化身土巻の残欠を合綴した零本二冊だけとなっているのが、まことに残念でならないのであるけれども、教巻の終りに「文和四年乙未十月日写之畢　釈学念」の奥書があって、はなはだ貴重な存在となっている。この文和四年の紀年は、本文の筆格・使用料紙に照し、本書がこの年学念によって写されたことを証するに十分なものがあるといえよう。筆者の学念は奈良岸部家と大谷大学図書館に分蔵される延文五年書写の本書証巻・化身土巻末にみえる覚念と同一人視するむきもあったが、筆蹟がまったく異なるうえに、学念の存在は他の史料によって証明できるので、今では学念と覚念は明らかに別人であることがはっきりしている。

ついてはその学念のことであるが、存覚のメモ帳ともいうべき『袖日記』に「表書　方便法身尊号幷善導和尚両上人尊像　自和州学念門弟観性奉相伝之訖　釈性円」と出てくる大和の学念がまず注意され、ついで龍谷大学大宮図書館蔵『弥陀経義集』を正平七年（一三五二）に書写安置したこのとき四十六歳の学念が浮上する。その『弥陀経義集』の奥書は「私云　正平七年壬辰初弎月七日　奉書写安置之訖　右筆覚忍歳十八戒三　願主釈学念生歳四十六」となっているが、ここに登場する学念と『袖日記』の学念が同一人物とみてよいであろうことは、大和の人が南朝の年号（北朝では観応三年）を使用しているところからも首肯できよう。問題はその学念が、本證寺蔵の本書筆者と同一人物かどうかであろう。これにつき奈良本善寺蔵の『皆成院実孝書』とて、蓮如第十二男の実孝が内室の妙宗尼なみにあてた手記によると、三河の真宗が（ここでは佐々木上宮寺門徒であるが）、はやくから大和吉野方面にまでのびていた事実が記されており、実は大和と三河が無関係でなかったことを教えるのである。してみると本證寺の本書もそうしたルートによって、大和より三河へもたらされたことは十分考えられるであろう。はたしてそうだとすれば、学念の生年は徳治二年（一三〇七）であるから、本證寺本を写した文和四年は四十九歳で、『弥陀経義集』の三年後となり、年齢的にも不都合をきたさず納得できるものがあるといえよう。

　右の本證寺本と共に今ひとつ注目すべき二十冊本は、やはり同じ三河の上宮寺にかつて蔵されていた蓮如の識語をもつものである。これまた同じ二十冊本ながら、行玄本とは結構を異する別本で、大いに注目しなければならない存在となっている。蓮如のその識語というのは、延徳元年（一四八九）の次のようなものである。

　右斯教行信証仮名書廿巻
　[佐々木上宮寺]可為常住物也
　　延徳元年十月廿八日　釈蓮如（花押）

（[ ]は摩り消し）

この識語より上宮寺本は蓮如真筆で、同寺への寛正二年（一四六一）九月二日の十字名号、応仁二年（一四六八）

十一月一日の蓮如・如光連坐像、文明十四年（一四八二）十二月二十三日の親鸞像、同十八年（一四八六）十一月二十日の親鸞絵伝、延徳元年十月十日の源空像に引き続く一連の蓮如下付物とみなされている。たしかに識語は蓮如の筆であるが、しかしここからは本文も蓮如筆で上宮寺への下授物であるとの意味合いはとりにくいのではなかろうか。ことに本文が蓮如以前の筆趣を感じさせるものがあるところより、なおさらその感を深くさせるわけで、これはむしろ蓮如が、上宮寺伝来の南北朝時代に写された本書に識語を加えることで、本願寺と上宮寺の尋常ならざる本末師弟関係の証にしたと受けとるべき性格の認識のようにおもえてならないのであるが、いかがであろうか。なお蓮如はこのとき新たに補われた各冊紺表紙にも表題の筆を下している。

上宮寺旧蔵の本書には、次掲のごとき宝暦十年（一七六〇）の文書が添えられていて、その由緒来歴を知ることができる。

一右蓮如上人様御真筆御本書之儀者
御直弟三州佐々木如光江被為下置候故
上宮寺ニ安置候宝物にて御座候故
越前葦羽郡大町村専順寺ぇ被相譲其後
能州鳳至郡拙寺ハ右専順寺と所縁有之候故
又々相譲被申候依之拙寺数代安置
仕来候此旨宜被仰上可被下候以上
能州鳳至郡穴水法性寺智旭（花押）

宝暦十年辰十一月四日

集会所月番御衆中

これによって明らかな通り、上宮寺本は福井専順寺へ譲られ、さらに専順寺から所縁の石川法性寺へ移された。その後近代に入って法性寺より流出し、石川宮谷家蔵となっていたが、昭和六十二年（一九八七）、数百年ぶりに三河へ戻り、今は愛知蓮成寺の所蔵となっている。ちなみに上宮寺旧蔵二十冊本の教巻・行巻下・信巻中・同下・化身土巻本下の五冊は、十七冊本による補写で字詰が多い。

以上の行玄本・本證寺本・上宮寺本の二十冊本系本書は、全体にその内容が専修寺本に近いところがあり、かつ本證寺・上宮寺は共に蓮如以前まで、高田専修寺系であったから、二十冊本はその系統のものとみることができよう。

最後に坂東本と三種の延書本との関係についてふれておけば、十七冊本は親鸞がまだ大幅に手を加えていなかった坂東本初期状態のものを写した寛元五年尊蓮書写本、もしくはその転写本あたりを底本に使って和文化したことが考えられ、十九・二十冊本は、親鸞が八十三歳頃に坂東本の信巻末などを書き改めていく直前の状況を示す本をもとになされたことが、先覚によって指摘されている。

むすび

以上述べたことを簡単にまとめ結びにかえることとしたい。親鸞主著の本書は、親鸞が越後国より常陸国へおもむいた建保二年（一二一四）四十二歳以降、元仁元年五十二歳頃までには完成していたとみられるが、その構想はもっとさかのぼるとおもわれ、おそらく師の法然房源空が亡くなった建暦二年（一二一二）あたりから始まっていたと考えても不自然ではない。その後親鸞は嘉禎二年（一二三六）の法然二十五回忌を目前に関東より京都へ戻るが、帰洛まもなく本書を清書した。それが現存の坂東本である。親鸞はそれからも絶えず手を入れ続け、その営為は死の寸前まで続けられたのであった。この間寛元五年（一二四七）には尊蓮が、また建長七年（一二五五）には専信と真仏がそれぞれ本書を書写したが、それら直門侶の書写本のうち今に伝存するのは、三重専修寺蔵の真仏本だけとなっている。親鸞は最終的に自筆本を永年親灸した蓮位へ授けたことが、坂東本の証巻と真仏土巻の表紙袖書よりわかる。坂東本はその後、真仏と共に親鸞門侶の重鎮であった性信の手にわたり、性信はこれを弘安六年に明性坊性海へ相伝譲預する。正応四年性海は、長崎頼綱の聴許支援を得て坂東本を開版した。開版後坂東本は再び性信開基の報恩寺へ戻され、関東大震災まで伝蔵されてきたが、今は京都東本願寺蔵となって、京都国立博物館へ寄託されている。坂東本が今日まで遺存しているのはまったく奇跡的であり、その間どれほど多くの門徒の人たちが、これを懸命に護持してきたかにおもいをいたさなければならないであろう。

本書は正応開版本と共にやがて書写も意外なほど多くおこなわれ、現在かなりの数の写本が遺存するが、その一方で漢文の本書を和文に書き下した延書本も何種類かつくられ、その流布ぶりに驚くことである。そして留意したいのは、本書第二巻教文類末尾の「正信念仏偈」に節譜を付し、多数の門徒がこれを唱えられるように先人がしたことで、それが現在にいたるまで連綿として、受け継がれている事実も驚嘆に値しよう。こうした宗祖撰述の漢文偈を読誦することは、他宗にみない真宗独特の麗しい宗風であるから、今後も継承していかなければならないと、本書の諸伝本をたずねつくづくおもったことである。

親鸞真筆の『皇太子聖徳奉讃』

一　聖徳太子と親鸞の太子和讃

親鸞は建仁元年（一二〇一）二十九歳のとき雑行をすて本願に帰した。親鸞のこの自力聖道門より他力浄土門への廻心には、聖徳太子が大きく介在していたことはよく知られている。すなわち内室恵信尼の文書によれば、このとき親鸞は太子建立といわれ広く上下貴賤の信仰を集めていた京都六角堂に百日間の参籠を企て、その九十五日目のあかつき聖徳太子の文を結んで示現にあずかり、ついに法然の門をたたいたとある。恵信尼文書にいう聖徳太子の文および示現の文について、前者は親鸞が建久二年（一一九一）九月十四日、河内磯長太子廟で受けた「我三尊化塵沙界　日域大乗相応地　諦聴諦聴我教令　汝命根応十余歳　命終速入清浄土　善信善信真菩薩」、後者は建仁元年四月五日、六角堂救世菩薩よりの「行者宿報設女犯　我成玉女身被犯　一生之間能荘厳　臨終引導生極楽」であったとする一説もあるが定かではない。いずれにしても親鸞の廻心には、太子があり、太子建立の六角堂があり、六角堂の救世菩薩が存在した事実だけは否定できない。このため親鸞は聖徳太子を観音菩薩、法然を勢至菩薩の化身と深く信じ、二人にかかわる多くの和讃を作り、伝記、遺文を写し、銘文を註釈して讃仰した。

親鸞の太子和讃には、建長七年（一二五五）の『皇太子聖徳奉讃』（以下『聖徳奉讃』と略記）七十五首、康元二年（一二五七）の『大日本国粟散王聖徳太子奉讃』（以下『太子奉讃』と略記）百十五首、文応元年（一二六〇）頃の『聖徳奉讃』十一首の三種二百余首があり、和讃史上特異な位置を占めているが、このうち七十五首奉讃には康元二年頃に親鸞みずからが書写し、下野国高田の直門侶覚信に与えた本、親鸞の高弟真仏が正嘉二年（一二五八）以前に筆写した本、徳治二年（一三〇七）に道顕が写した三系統の写本がある。親鸞自筆の覚信本は、近世初頭に解綴されたため今は二十葉ほどが断簡となって諸処に散在する状態であるが、現存唯一の著者自筆太子和讃としてその存在意義ははなはだ大きいものがある。これを授与された覚信は、太郎入道と号する下野国高田住の武士であったが、親鸞に深く帰依しこの『聖徳奉讃』のほか『尊号真像銘文』や『西方指南抄』などの親鸞著作物も頂戴している。覚信は帰洛後の親鸞を訪ねるべく上京の途次重病に陥ったが、師のもとで終りたいとの念願通り、称名念仏のなか親鸞に見護られつつ命終した話は、善性本『御消息集』や『口伝鈔』に伝えられていて有名である。

ここに掲載した『聖徳奉讃』一首（口絵1）は、その覚信に親鸞が写与した本の第五十四首目にあたり、『四天王寺御朱印縁起』の「或生比丘　比丘尼　長者　卑賤身　弘興教法　救済有情」の文を典拠として、太子の前生を讃詠したものである。「者」の第二画が第三画を突き抜けていること、「テ」が「天」の字よりきているため「チ」のように見えること、「キ」が「丨」、「ケ」が「今朝」などの「今」に基づくなど親鸞独特の力強い黄山谷流の宋朝風筆法がよく表出されている。

太子和讃だけではなく親鸞の和讃は、すべてこのように四行で一首をなし、一字上げの初行に首数番号を付し、漢字には朱で四声点を打ち、振り仮名を施し、左訓も付けるなどきわめて懇切丁寧であるが、出典に依拠しすぎるため文学的表現に乏しく、また四行目が断定的あるいは命令調で結ばれることが多いので、流暢さに欠ける憾みが指摘されている。しかし、真宗教団の発展とともに種々様々の節譜が付されて、現在に至るまで諷誦される親鸞の和讃は、声明史の上から見ても重要なものがあるといわなければならない。

二 『皇太子聖徳奉讃』の親鸞真蹟断簡

『親鸞聖人真蹟集成』[1]第九巻に収録される『聖徳奉讃』の親鸞真蹟断簡については、昭和五十六年（一九八一）に本井信雄氏が画期的な論文を発表している。[2]『聖徳奉讃』七十五首が親鸞八十三歳の建長七年十一月晦日になったことは、親鸞直弟の真仏（一二〇九～五八）、顕智（一二二六～一三一〇）、親鸞曾孫の覚如宗昭（一二七〇～一三五一）らの写す三重専修寺蔵、京都東本願寺蔵の古写本奥書からも知られる。したがって諸所に散在する『聖徳奉讃』の真蹟断簡も、この建長七年の原本が散逸したものとみなされてきた。これに対し本井氏は、それらの真蹟断簡は建長七年の親鸞自筆稿本ではなく、それを親鸞みずから転写して愛弟子の覚信へ授与した本であったことを明らかにされたのである。その問題解決の端緒となったのは、大谷大学図書館蔵の光遠院恵空（一六四四～一七二一）写伝本『聖徳奉讃』であった。

この恵空本には真仏・顕智・覚如本と大きく相違する点が二つある。一つは和讃の順序が違うことで、恵空本『聖徳奉讃』の第四十七首、第四十八首は、真仏本等の第六十七首、第六十八首となっており、逆に恵空本の第六十七首、第六十八首は、真仏本等の第四十七首、第四十八首となっていて、二首ずつ入れ替っているのである。前後の文意からすれば真仏本等のほうが通りがよいので、恵空本の誤写もしくは誤綴の可能性が高いようにおもわれよう。しかし江戸時代のものながらこうした順序の写本や刊本の『聖徳奉讃』が、すくなからず存するだけではなく、かつて京都円光寺の樋口龍温（一八〇〇～八五）は、江州野洲郡矢島村（現滋賀県守山市矢島町）の真光寺門徒孫右衛門が、内仏の両脇懸として所持する『聖徳奉讃』第四首（実第三首か）「ユクスヱカナラスコノトコロ……」と第六十八首「四百八十余年ヘテ……」の二首をみて、「祖師聖人真筆也」と大谷大学図書館蔵円光寺文庫本『聖徳奉讃』の刊本に注記している事実もあるから、覚信へ授けた『聖徳奉讃』の「四百八十余年ヘテ……」の和讃に親鸞みずからが、「六十八」の番号を与えていたことは疑いない。したがって二首ずつ入れ替わりの誤りを犯したのは、親鸞自身であった可能性が高くなる。なお、孫右衛門宅の仏壇に安置されていた右の二首は、その後昭和十年代後半（一九四〇年代前半）に大阪の某所へ預け置かれ、今は所在不明となっている。

さて、恵空本と真仏本等との二つ目の相違点は、末尾に前者は『廟崛偈』の文十六句と『涅槃経』梵行品阿闍世王供讃偈の文八句が書かれるのに対し、後者にはそれらがみられないことである。『親鸞聖人真蹟集成』第九巻三四二頁に収録される石川専光寺蔵の「三骨一廟文」と称せられる断簡は、全二十句の『廟崛偈』から親鸞が重視した八句のみを抄出したものと従来考えられがちであったが、恵空本に照らし実はそうではなく、親鸞が覚信へ授与した『聖徳奉讃』の末尾に付されていた十六句本『廟崛偈』の一部分だった事実が、これによって明らかとなってきた。ということは、当然ながら専光寺断簡の前後には、なお『廟崛偈』の残り四句ずつが恵空本のようにあり、終りには『涅槃経』の文八句も存在したはずである。これについては早く可西大秀氏が、その著『真宗聖教解説』五七～五八頁で、[3]「彼の加賀金沢専光寺に蔵する、寺伝で三骨一廟文と称する、「我身救世観音云云」の文は、（中略）八幡市村田万吉氏所蔵の断簡に連絡する、『太子和讃』の断簡である。此ことは、光遠院恵空師が蒐集した『仮名聖教』のうちにある、『聖徳奉讃』の奥書に依つて知られる」とすでに指摘しておられるのを注意したい。すなわち専光寺断簡に連絡する八幡市（福岡県北九州市八幡西区もしくは東区か）村田万吉氏蔵の断簡こそが、その前半部に相当する可能性が非常に高いが、これまた現在行方不明となっている。いっぽう『廟崛偈』の後半部と『涅槃経』文であるが、これは以前紹介したことがある福井浄勝寺のものが、(4)漢字の筆致、振り仮名、返り点、送り仮名のいずれの点からみてもそれにあたり、紛れなき専光寺断簡に接続する親鸞真蹟とみなされる。ところがこれは浄勝寺の丹山順芸（一七八五～一八四七）の手になるきわめて精巧な朱筆の影写本であって、真蹟断簡の原物そのものではない。影写された原本が現在いずれにあるのかはわからないが、このとき順芸は『親鸞聖人真蹟集成』第九巻三五四頁にも収められている島根法専寺蔵「聖覚法印表白文」二行の影写もおこなっているので、今もその真蹟断簡はどこかに退蔵されている可能性があり、再出現を期待したい。

ところで、断簡状態で諸所に散在する親鸞真蹟の『聖徳奉讃』が、上にみたごとく建長七年の自筆稿本でないとすれば、いったいこれらは親鸞何歳ごろの筆とみたらよいのであろうか。それにつき示唆を与えるのは、親鸞は『聖徳奉讃』に続き翌々年の康元二年（一二五七）二月三十日に百十五首からなる大部な『太子奉讃』を成し遂げていることであって、このとき親鸞はさきに成立していた『聖徳奉讃』もあわせて写し、セット本として覚信に授与した可能性が考えられる。なぜかというと、徳治二年四月三日に道顕なる真宗門侶が、「康元二歳丁巳二月三十日　愚禿親鸞八十五歳書之」の奥書がある『太子奉讃』を書写し、ついで同七日「南无阿弥陀仏可唱之　建長七年乙卯十一月晦日　愚禿親鸞八十三歳書之」の奥書をもつ親鸞真筆草本の『聖徳奉讃』を写している事実があり、この道顕本はその後さらに応長元年（一三一一）六月、覚如の二男光殊丸従覚慈俊（一二九五～一三六〇）の手によって書写され、七年後の文保二年（一三一八）九月には、右の光殊丸本を父の覚如も筆写しているというふうに、いずれもみな『聖徳奉讃』と『太子奉讃』は、二帖セット本扱いで写しているからである。(5)こうした事象を考慮すれば、真蹟断簡の『聖徳奉讃』も『太子奉讃』と同年、すなわち康元二年親鸞八十五歳の筆と認められなくはなかろう。そのことは断簡にあらわれる筆致が、同じ康元二年の専修寺蔵『唯信鈔』『唯信鈔文意』（二本あり）、東本願寺蔵『一念多念文意』など親鸞晩年の真蹟本と揆を一にするところがある点からも十分是認できよう。末尾に『聖徳奉讃』真蹟断簡の一覧を参考までに掲げ、今後のさらなる発見を期待したいとおもう。

首数	所蔵者	存否	『集成』巻頁	備考
表紙	京都・光照寺	存	九―三二七	近世に額装化された際、外題の下に金蓮台が加えられ、袖書の「釈覚信」が「釈善信」に改竄される。
二首	愛知・蓮開寺	存		『中外日報』平成二十四年（二〇一二）五月十五日号に紹介。本書所収。
三首	滋賀・孫右衛門	否		六十八首目と共に江州野洲郡矢島村真光寺門徒孫右衛門宅の内仏両脇懸であったことが、京都円光寺樋口龍温手沢本『聖徳奉讃』刊本の注記より知られる。
七首	長野・勝楽寺	存	十―三九二	本願寺派宗学院編『古写古本真宗聖教現存目録』一三四九では、親鸞真蹟とは明記せず鎌倉時代末期とのみある。裏に元文二年（一七三七）報恩寺真利の極め書きを付すが、首数番号も四声点もなく筆勢も弱いために親鸞真蹟でない可能性が高い。
一五首	和歌山・光源寺	存	九―三二八	十六首目と共に大阪和泉方面より出たものという。光源寺は宮崎圓遵博士の自坊。
一六首	京都・龍谷大学	存	九―三二九	宮崎圓遵博士の周旋で龍谷大学に収まったもの。
二五首	東京・某　氏	存	九―三三〇	『集成』の初刊本によって初めてその存在が知られるようになったが、明確な所在は不明。

三〇首	京都・大谷大学	存	九—三三一	藤原猶雪著『真宗史研究』一七一頁に和泉柴田善太郎氏は第三十首の断簡を所蔵するとあり、旧蔵者を知ることができる。
三二首	石川・真教寺	存	九—三三二	第一・二・三句の三行で第四句を欠く。
三五首	大阪・某寺某氏	否		日下無倫著『総説親鸞伝絵』三〇四頁に大阪某寺所蔵とあるが、宮崎圓遵著作集第六巻『真宗書誌学の研究』三八頁では大阪市某氏蔵となっている。
三六首	大阪・某寺某氏	否		日下無倫著『総説親鸞伝絵』三〇四頁に大阪某寺所蔵とあるが、宮崎圓遵著作集第六巻『真宗書誌学の研究』三八頁では大阪市某氏蔵となっている。
三七首	山口・徳応寺	存	九—三三三	大阪願泉寺旧蔵の六十一・六十二・七十二首目と共にもっとも早くから知られている断簡。『仏教大辞彙』四—二六八四頁に掲載。
四五首	京都・東本願寺	存	九—三三四	いつの時代から東本願寺に伝わるのかは不明。末寺もしくは門徒からの奉納品か。
五三首	福井・浄勝寺	否		浄勝寺の丹山順芸が京都北野社頭で得た第三・四句の二行。明治三十二年（一八九九）三月石川本誓寺第二十六代住職松本白華（一八三八～一九二六）氏書写『聖徳奉讃』（大谷大学蔵）の跋文にみえる。
五四首	愛知・本證寺	存	九—三三五	兵庫県藪本家旧蔵。昭和四十四年（一九六九）大阪慈雲寺より複製が出されている。
六一首	奈良・岸部泰彬	存	九—三三六	六十二・七十二首目と共に軸装化されており、東本願寺第十二世教如の花押が最後にある。岸部武利氏の収集。願泉寺旧蔵。
六二首	奈良・岸部泰彬	存	九—三三七	六十一・七十二首目と共に軸装化されており、東本願寺第十二世教如の花押が最後にある。岸部武利氏の収集。願泉寺旧蔵。
六四首	京都・大谷家	存		『墨彩』十一号三五頁掲載。

六五首	石川・本誓寺	存	九―三三八	六十六首目と共に折帖仕立ての装幀本に貼られている。本誓寺第二十六代住職松本白華氏の収集になるか。
六六首	石川・本誓寺	存	九―三三九	六十五首目と共に折帖仕立ての装幀本に貼られている。本誓寺第二十六代住職松本白華氏の収集になるか。
六八首	滋賀・孫右衛門	否		三首目と共に孫右衛門宅内仏両懸の一つであったが、昭和十年代に大阪某所へ預けられ、現在所在不明。この六十八首目は真仏本等の四十八首目にあたる。
七二首	奈良・岸部泰彬	存	九―三四〇	第三・四句目の十行が、六十一・六十二首目と共に軸装化されており、東本願寺第十二世教如の花押が添えられる。岸部武利氏の収集。願泉寺旧蔵。明治二十三年（一八九〇）十月の『法林墨華』坤に早く紹介されている
七三首	岐阜・専精寺	存	十―三九三	第四句目一行のみが残る。
偈文一	福岡・村田万吉	否		可西大秀著『真宗聖教解説』五七～五八頁にみえ、専光寺断簡に連絡するものとあるが、現在は所在不明となっている。
偈文二	石川・専光寺	存	九―三四二	廟崛偈文八句で、東本願寺第十三世宣如の極め書きがある。明治二十三年（一八九〇）十月の『法林墨華』坤に早く紹介されている。
偈文三		否		専光寺断簡に続く廟崛偈文四句と涅槃経文八句で、丹山順芸の朱筆影写本が福井浄勝寺に残り、宣如の極め書きもあるが、原物の所在は不明。拙著『親鸞と真宗絵伝』(6)四四五頁参照。

三　親鸞真蹟『皇太子聖徳奉讃』第二首目の発見

親鸞真蹟の断簡

二〇一二年が没後ちょうど七五〇年になる親鸞には、他宗祖たちとは比較にならないほどの多くの真蹟がのこされている。これはただ単に偶然遺存したというのではなく、在世中より親鸞の「御自筆ハツヨキ証拠」（三重専修寺蔵善性本『御消息集』第二通所載慶信宛蓮位添状）として、大切に護持尊重されてきたからにほかならない。

このようにして各所に伝来した親鸞真蹟のほとんどは、現在では国宝・重文の指定を受けて秘蔵されているためになかなか拝見できないが、さいわいにもわれわれは全十巻からなる『増補親鸞聖人真蹟集成』（同書の巻数頁数は『集成』〇―〇と示す）を通し、親鸞の若年から晩年にいたるまでの力強い独特の黄山谷流と呼ばれる宋朝風筆法の全貌をみることができるのは、まことにありがたくも尊いものがあるといわなければならない。

ところで、この『集成』八・九・一〇には、親鸞の真蹟断簡がいくつか収載されている。それらの内容を熟視検討すると、その多くは聖覚の『唯信抄』、建長七年（一二五五）親鸞八十三歳作の『皇太子聖徳奉讃』、翌康元元年（一二五六）八十四歳撰述の『浄土和讃』（現行流布の『浄土和讃』とは同名異本）が、江戸時代初期にそれぞれ解綴されて散在するものであることがわかる。したがって右三聖教の断簡は、今後も発見される可能性がきわめて高く、げんに『集成』以後も『唯信抄』が一点、『聖徳奉讃』が二点、『浄土和讃』が二点の出現をみており、今ここに紹介しようとする『聖徳奉讃』もそのひとつにほかならない。

真蹟の根拠

春季彼岸入りの頃、愛知真宗大谷派蓮開寺住職霊池恵広氏より、知人所有の掲載写真のごとき和讃一首と丁重な書状が送付されてきた。文面によると、これは七十五首よりなる『聖徳奉讃』の第二首目にあたることはわかるも、筆蹟など親鸞の手になるのかどうか判断できかねるので、所見をうかがいたき旨がしたためられており恐縮した。そこで早速次のような親鸞真蹟としての諸特徴を指摘し、これが貴重な新出資料であることを回報した次第である（口絵2）。

文字全体が太からず細からず、やや右肩上がりの枯淡な筆致であること。首数番号が右肩に小さく「二」と打たれ、一行目が二行以下より二文字ほど上がっていること。漢字には振り仮名を付し、清濁点が朱筆にてつけられているること。各行に左仮名が豊富にみられること。「四天王寺」の文字が、この断簡と一連の第十六首目（『集成』九―三二九）のそれに同じであること。「寺」の字が、同じく第十五首目、（同―三二八）、第三十二首目（同―三三二）、第六十六首目（同―三三九）と共通すること。「陁」が『唯信抄』（『集成』八―一一・一三四・一三九・一四〇・二四八）に同一筆体であること。「造」の第三画が第四画をすこし突き抜け、しんにょうの最後の筆運びがいったん切れてから引かれているようにみえるのが、第三十二首目に通じるものがあること。「建」の第三画がえんにょうを大きく突き抜け、「聿」の縦棒が二筆であるのが、第十五首目のそれに同じであること。「山」が第六十二首目（『集成』九―三三七）の「山」と同一筆致であること。片仮名の「シ・ワ・ウ・レ・テ・ツ・マ・タ・セ」など、いずれも親鸞独特の筆風が顕著なこと。料紙に横縞模様が入っており、親鸞使用の楮紙と同質であること。原本は多分すこし毛羽立った繊維質がみられるものとおもわれること。

以上のような諸点より、この断簡には親鸞の真蹟としての特徴が非常によくでており、これがすでに知られている『聖徳奉讃』のいくつかの断簡の連であろうことは、まったく疑念の余地はないといってよかろう。

『聖徳奉讃』断簡の年代

最後に『聖徳奉讃』の真蹟断簡は親鸞何歳頃の筆になるのかにつき言及しておきたい。

『聖徳奉讃』は上記した通り建長七年親鸞八十三歳作であること、三重専修寺蔵の親鸞直門侶真仏（一二〇九～五八）書写本よりわかっているので、真蹟断簡もその時のものとみるのが常識的であろう。ところが散在する断簡と真仏本を比較してみると、たとえば真仏本第四十八首目の「四百八十余年ヘテ……」は、真蹟断簡では第六十八首目の番号が付されてあったり、真仏本にない『廟崛偈』文十六句や『涅槃経』文八句の親鸞真蹟が、それぞれ『聖徳奉讃』の断簡として伝えられているなど、両本は明らかに系統を異にするのがわかる。そしてそれだけでなく大谷大学図書館には、光遠院恵空（一六四四～一七二一）の伝写になる真蹟断簡と同内容の『聖徳奉讃』があるので、結局今回出現のものも含め真蹟断簡のすべては親鸞八十三歳の原本ではなかったといいうるのである。

そこで書写年代の再検討が必要となるわけだが、これにひとつの示唆を与えるのが、康元二年（一二五七）親鸞八十五歳作の『大日本粟散王聖徳太子奉讃』百十五首の存在である。この『太子奉讃』は徳治二年（一三〇七）に道順、応長元年（一三一一）に光殊丸従覚慈俊（一二九五～一三六〇）、文保二年（一三一八）に覚如宗昭（一二七〇～一三五一）が、いずれもみな『聖徳奉讃』七十五首とセットで書写している事実に注目しなければならない。もしそのセット化が親鸞自身の手によってなされたものと考えるならば、断簡としてのこる『聖徳奉讃』の真蹟も『太子奉讃』の成立と同年、すなわち康元二年親鸞八十五歳の筆とみることも許されるとおもうが、いかがであろうか。

京都光照寺蔵の『聖徳奉讃』表紙真蹟断簡（『集成』九―三二七）によると、本讃は親鸞の愛弟子覚信に授与されたものであったことがわかる。覚信は太郎入道と号する下野国高田住の武士であったが、親鸞に深く帰依し本讃のほか『尊号真像銘文』や『西方指南抄』などの親鸞著作物も頂戴している。覚信は帰洛後の親鸞を訪ねるべく上京の途次重病に陥ったが、師のもとで終りたいとの念願通り称名念仏のなか親鸞に見護られつつ往生の素懐を遂げたことは、善性本『御消息集』や覚如の『口伝鈔』に伝えられていて有名である。

新出のこの真蹟断簡は、今はなき『六角堂縁起』に基づき聖徳太子が四天王寺四箇院を造建したことを讃詠した内容であるが、三行目の左仮名「コノミヤコナリ　タイシノミヤコトイフナリ」は、真仏本をはじめ他本にみえない貴重なものであることを申し添えておきたいとおもう。

なお、本断簡はその後平成二十五年（二〇一三）六月、霊池恵広氏が住職をされる愛知・蓮開寺の所蔵となり、いまは大谷大学博物館へ寄託されている。

註

（1）『親鸞聖人真蹟集成』全九巻（法藏館、一九七三年）。

（2）本井信雄「『皇太子聖徳奉讃』恵空書写本考」（『大谷学報』六〇―四、一九八一年）。

（3）可西大秀『真宗聖教解説』（仏教普及会、一九三一年）。

（4）小山正文「親鸞見写の廟崛偈」（『親鸞と真宗絵伝』法藏館、二〇〇〇年）。

（5）小山正文「覚如本『聖徳奉讃』と『太子奉讃』」（『親鸞と真宗絵伝』法藏館、二〇〇〇年）。

（6）小山正文『親鸞と真宗絵伝』（法藏館、二〇〇〇年）。

新出の親鸞真蹟をめぐりて

一　『大集経』と『涅槃経』の文

平成十四年（二〇〇二）九月二日筆者は、大阪府八尾市で老舗の仏檀店・スミコ屋佛檀店を経営される豊澤弘太良氏所蔵の真宗関係法宝物を調査する機会に恵まれた。(1)そのさい学界未知の親鸞真蹟一軸を拝見し大変感銘深いものを覚えたのでここにそれを紹介すると共に、この真蹟が康元元年（一二五六）親鸞八十四歳撰述の七項目からなる『浄土和讃』と題される著作物の一節にあたることが判明したところより、『親鸞聖人全集』にも未収のその『浄土和讃』の全文をあらためて翻刻掲載し、親鸞の撰述書としての位置づけをも試みたいとおもっている。

さて、豊澤氏所蔵の親鸞真蹟というのは図版（口絵4）のごときもので、その内容は次のような『大集経』(2)と『涅槃経』(3)の二文八行である。

この経文が書かれている料紙は縦二六・六、横三三・二センチで、手触りから鎌倉時代の楮紙とみられるが、熟視すると右より四・二、六・二、一六・八、六・〇センチの各幅で縦の筋が通っているのがわかる。実はこれら数

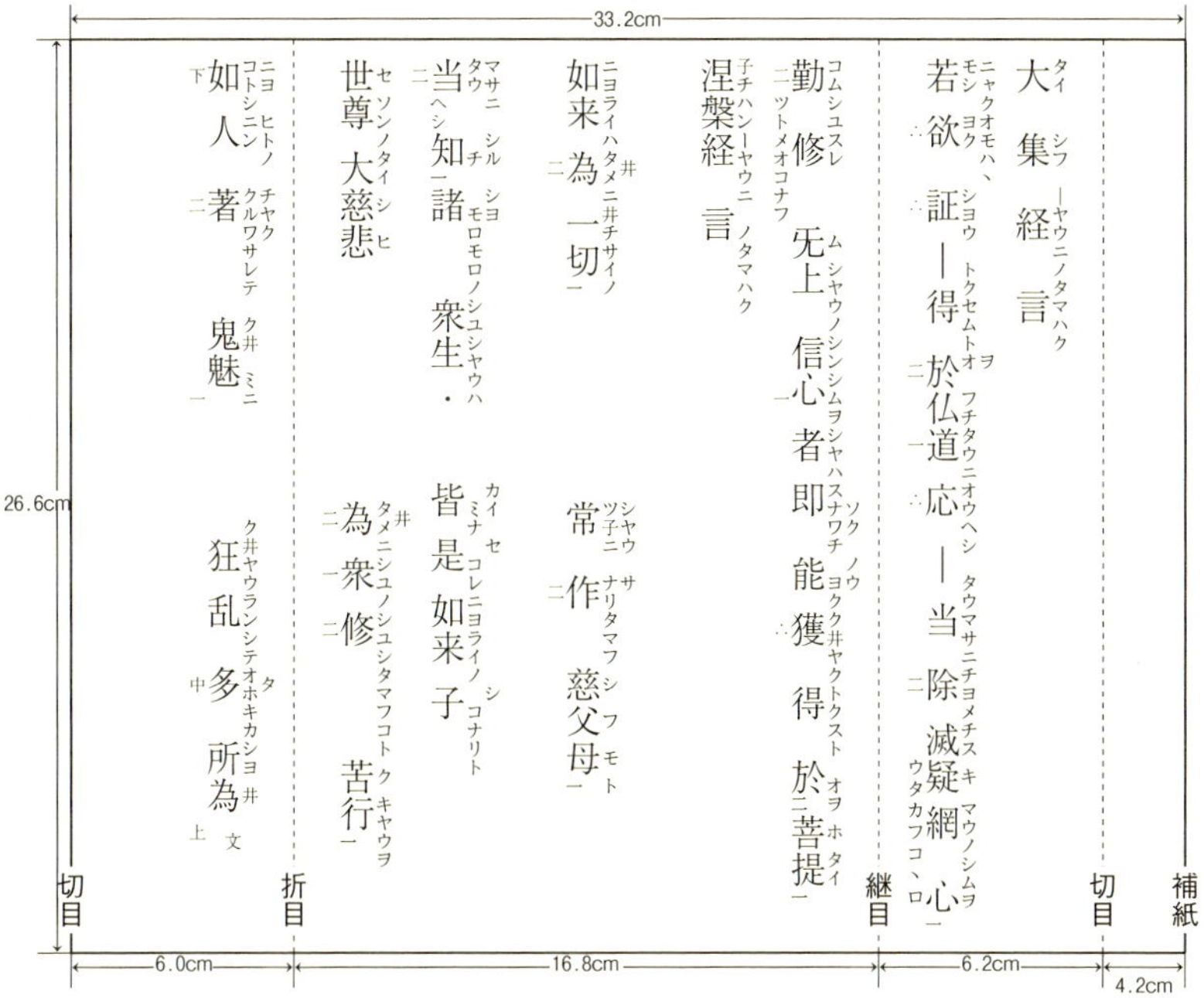

親鸞真蹟　康元元年（1256）（大阪府八尾市・スミコ屋仏壇店豊澤弘太良氏蔵）

本の縦筋こそが、この親鸞真蹟の性質を決定付ける重要な鍵となる点で無視しがたいのであるが、それについては後述する。ところで、われわれのもっとも重大な関心事である本経文のいかなるところに親鸞真蹟としての特徴があるのかを次にみておかなければなるまい。それにつき第一にあげられるのは、経の本文およびその音読みの振り仮名がすべて墨書となっているのに対し、送り仮名や返り点などの訓点が朱筆であらわされていることで、これは数多く残る親鸞真蹟の著作や写本類によくみられる読みやすさを主眼とした手法に共通するものといえよう。第二にその全体の筆致が有名な京都東本願寺蔵親鸞自筆『教行信証』や親鸞晩年の筆風を示すに十分な康元年間（一二五六～五七）の三重専修寺蔵『西方指南抄』『唯信鈔』『唯信鈔文意』、京都東本願寺蔵『一念多念文意』(4)などとまったく同じで、特に『教行信証』信巻に引かれる

『涅槃経』の同文部分とを比較すれば、誰しもこれが親鸞真蹟であることを納得するであろう。第二に漢字の筆法上に親鸞の特徴をみておけば、「言」の第一画が第二画を、また「者」の第二画も第三画をそれぞれ突抜けている。「イ」偏「彳」偏の縦棒が左方へ反り気味である。「當」「常」「慈」などのかんむりの横棒がやや弓なりになっている。親鸞が多用した「无」の字がみられる。「経」「佛」などに親鸞独特の筆勢があらわれている等々をあげることができる。第四に片仮名の「タ」「シ」「キ」「マ」「ク」「ウ」「ツ」「セ」「ユ」などにも概して一画すくない鎌倉時代の特色が、親鸞の筆癖でよく示されている。第五に返り点が漢字の左横に付され、それの「三」が「∴」になっているのも親鸞的といえよう。

以上のような筆蹟的諸特徴より筆者は、豊澤氏所蔵の『大集経』『涅槃経』の二文を親鸞の真蹟とみなすものであるが、その事実を物理的にも証明するのが前記した数本の縦筋にほかならない。よって項をあらためそのへんのところを検証していきたい。

二　大谷大学図書館蔵の『宗祖御筆蹟集』

大谷大学図書館に『宗祖御筆蹟集』(図書請求記号・宗内大一二二八)と題される明治四十三年(一九一〇)の影写本一冊が架蔵されている。[5] これを影写したのは当時の同大学図書館長で歴史学者の山田文昭氏とおもわれるが、山田氏は大阪円徳寺に所蔵されていた正徳三年(一七一三)恵空(一六四四〜一七二一)七十歳書写の本よりそれをなしたのであった。恵空本はその後藤原猶雪氏の有に帰したため今同寺に存しないが、[6] 影写本には次のような恵空本の識語が写しとられている。

此一本者西本願寺之坊官下間刑部卿点退之後所持之　此一巻被解放節取持之人ウツホ字ニスキ写テ所持ス　今為手鑑以彼之写本再使写之者也

正徳三年三月日

所持恵空

これによれば恵空本の原本は西本願寺に伝わっていたものであるが、同寺の坊官下間刑部卿すなわち頼廉（一五三七～一六二六）が点退後これを所持した。(7) のちこれが解放された節取持の人が空字に透写して所持していたのを恵空が手鑑とするために再写したというのである。したがって大谷大学図書館の影写本は転写に転写を重ねているから写し崩れも認められるけれども、本願寺に伝来した原本が親鸞の真蹟本であったことを認知させうるだけの筆体を示しているので貴重といわなければならない。この恵空本を写した影写本の内容は次の五項目からなっている。

イ　浄土和讃（通常依用の『浄土和讃』とは同名異本で、三重専修寺蔵親鸞・真仏筆『正像末法和讃』の第二十一・七・二十五・二十六・十・十一・八・九・一・二・三・三十七・三十八首目に同じの計十三首よりなる。表紙に浄土和讃の外題と釈善蓮の袖書がある）。

ロ　大无量寿経言（四十八願の第十一・十二・十三・十七・十八・十九・二十・二十二・三十三の計九願文を写す）。

ハ　大集経言（若欲証得於仏道応当除滅疑網心勤修无上信心者即能獲得於菩提の文）。

ニ　涅槃経言（如来為一切　常作慈父母　当知諸衆生　皆是如来子　世尊大慈悲　為衆修苦行　如人著鬼魅　狂乱多所為の文）。

ホ　往相回向還相回向文類（康元元丙辰十一月廿九日　愚禿親鸞八十四歳書之の奥書がある）。

石川改観寺蔵「末法五濁ノヨトナリテ」、大阪松井家旧蔵「三朝浄土ノ大師等」、兵庫妙光寺蔵「五十六億七千万」、石川日野環氏旧蔵「大日本国粟散王」の和讃。大阪慈雲寺蔵第十一・十二・十三願文、徳島常円寺蔵第十七願文、京都手塚家旧蔵第十八願文、愛知立円寺蔵第二十・二十二願文、石川本誓寺蔵第三十三願文、愛知本證寺林松院文庫蔵「誓願ハ大経言設我得仏他方仏」等々の親鸞真蹟といわれる諸断簡は、いずれも上記影写本との比較対照から**イ・ロ・ニ・ホ**の原本の一部分に相当するものであることが、すでに山田文昭、日野環、藤島達朗、宮崎圓遵各氏や筆者の調査などによって明らかとなっており、(8) それらが増補版『親鸞聖人真蹟集成』第九・十巻にも収載ずみであるのは周知のところであろう。

実は今回ここに新しく見出された豊澤氏蔵の『大集経』『涅槃経』の二文もそれらと一連の**ハ・ニ**にあたる断簡であることは、その文字の細部にいたるまでもがことごとく影写本と合致しているだけではなく、はじめに指摘した数本の縦筋が影写本における紙の切目、継目、折目と完全に一致している事実によっても明らかなところといわなければならない。豊澤氏蔵の断簡はこのように物理的な面からも親鸞真蹟であることを十分証明することができる点でまことに貴重な発見となるわけだが、それでは従来**ニ**にあてられていた龍谷大学大宮図書館禿氏文庫蔵のこれと同文の『涅槃経』文は、いったいどういうことになるのであろうか。これについては新出の豊澤氏蔵本のごとく禿氏文庫蔵本には三行目と四行目の間にあるべき紙の折目がなく、かつ全体に禿氏本は大変よく親鸞の真蹟に似せてはいるが、他の追随を許さない親鸞独自の雄渾な筆風に欠ける点があって、結局これはいわれるごとき影写本の原本にあたるものではなく、また親鸞真蹟でもないと判断すべき断簡であろう。

かくてここに影写本の**イ・ロ・ハ・ニ・ホ**すべてにわたる原本の断簡が出揃ったわけであるが、これらのうち今の筆者は虚心にみて慈雲寺、手塚家、立円寺、本誓寺、豊澤氏、本證寺蔵以外の分については、文字がやや細く右上りでないなどの点から親鸞真蹟とすることに躊躇している。ということは本願寺に伝来した原本そのものが最初から全部親鸞一筆ではなく、師親鸞の指示のもと直門侶の他筆も交える内容であったことを意味し[9]、この点本書の成立を考えるうえで十分留意しておかなければならないところといえよう。それでは本書全体はいつごろの成立とみてよいのであろうか。それを決定することによって親鸞真蹟部分の筆年代もおのずと判明するであろう。

三　康元元年の『浄土和讃』

大谷大学図書館蔵の影写本はすでに記したごとく『宗祖御筆蹟集』と題されているが、これは原題ではなくおそらく明治四十三年の影写時に山田文昭氏が付したものであろう。このような題名の場合誤解を招きやすいのは、さきに掲げた**イ**より**ホ**までの親鸞筆のものがばらばらに存在していて、それを後世の人が一書にまとめたという感を与えかねないところである[10]。これにつきかねてより筆者はそうではなく**イ**より**ホ**まですべて親鸞自身の手になる一貫した著述と考えており、その点をここで再確認しておきたいとおもう。

まず**イ**であるが、総計十三首で構成されるこの和讃のすべてが正嘉元年（一二五七）親鸞八十五歳の成立とみられている三重専修寺蔵の親鸞・真仏筆『正像末法和讃』の中に含まれていることはすでに記した。ということは『浄土和讃』と題されるこの十三首の**イ**こそが、やがて『正像末和讃』となっていく前段階的なものにはほかならなかったのである。その場合ことに注意したいのは康元二年（一二五七）二月九日夜の夢告讃が十三首の中に入っていない事実であって、これより推して**イ**はそれ以前の成立と考定してもよいのではないかとおもっている。

次に**ロ**の九願文につき、これらが全部『教行信証』に引かれているところよりそれ以前の親鸞の手記ではないかとか、[11]『教行信証』の骨格を示してあまりなきものといった解説もみうけられるが、[12]慈雲寺、手塚家、本誓寺所蔵の第十一・十二・十三・十八・三十三願文などの筆致は、すでに親鸞の真蹟として定評のある建長七年（一二五五）の石川専光寺蔵『尊号真像銘文』、京都西本願寺蔵『浄土三経往生文類』、同寺蔵「安城御影」、三重専修寺蔵「黄地十字名号」、康元元年の同寺蔵『西方指南抄』、同「八字・十字名号」、京都西本願寺蔵「六字名号」、愛知妙源寺蔵「十字名号」、京都東本願寺蔵『一念多念文意』、同二年の三重専修寺蔵『唯信抄文意』、同『唯信鈔』、同『唯信鈔文意』、正嘉二年（一二五八）の同『尊号真像銘文』など親鸞八十三歳から八十六歳にかけての筆蹟に近似しており、**ロ**もまた**イ**と同時期になったことを示しているといえよう。

ハの『大集経言』も親鸞の重視した経典のひとつで『教行信証』にもしばしば引用するが、仏道において証得せんとおもわば疑いの心を除滅し無上の信心を勤修すれば、すなわち菩提を獲得するというこの文は引かれていない。親鸞があえてここに『大集経』の当文を出した背景には、善鸞事件のために経文とはまったく逆の方向へむいていた東国門徒のことを念頭においてのものではなかったかと想察され意味深長なるものを覚えざるをえないのである。このたび出現した親鸞真蹟の**ハ**はまさしくその善鸞事件終盤期すなわち親鸞八十四歳ころの筆致を示していることはすでに記した通りで、これも同じく親鸞晩年のものとみるのが至当であろう。

ニは『教行信証』信巻にも引文されるところであるが、東本願寺蔵の『教行信証』は親鸞六十歳代の筆であるのに対し、建長七年以降康元二年ころに親鸞が直門侶の覚信へ授与した『皇太子聖徳奉讃』の末尾に『廟崛偈』と共に付した『涅槃経』の同文は、福井浄勝寺蔵の影写本[13]によるかぎり豊澤氏蔵の『涅槃経』文とまったく同一筆致を示しており、とくに「為」の最後が『教行信証』のように三点ではなく四点で、親鸞晩年の筆癖を実によくあらわしているとみなければならない。

ホは奥書通り康元元年親鸞八十四歳の成立になることはいささかも疑う余地はないが、従来ややもすればこの奥書は**ホ**だけのものとみなされていたきらいがないであろうか。[14] 筆者はしかし上述来のような内容や筆蹟検討の結果より、**イ**から**ホ**まで一貫した親鸞自身の手になる著作物で、その成立年代が最後に置かれている「康元元丙辰十一月廿九日　愚禿親鸞八十四歳書之」という奥書であったとみるものである。したがってこの親鸞の著書の正題は影写本の表紙に大書明記される『浄土和讃』で、それは袖書より「釈善蓮」へ付与されたと考えるべきであろう。ちなみに「善」の字が影写本で「菩」のごとくみえるのも「為」の四点と同様親鸞晩年の筆蹟変化をよく示す字形として注意しておかなければならない。[15]

なお善蓮は『親鸞上人門弟等交名』に出てこない人物であるけれども、京都二尊院蔵『七箇条起請文』の元久元年（一二〇四）十一月八日に「僧尊蓮」、「僧綽空」とならんで署名している「僧善蓮」がそれにあたる可能性が高い。[16] 尊蓮は寛元五年（一二四七）に親鸞の『教行信証』を最初に書写した人であり、綽空はいうまでもなく善信と名のる以前の法然房源空門下時代の親鸞の名にほかならない。**ホ**の末尾が「他力ニハ義ナキヲモテ義トスト大師聖人（＝法然房源空）ハオホセコトアリキヨク、、コノ選択悲願ヲコ、ロエタマフヘシト」と結ばれているのも、源空門下時代の旧友にこれが授けられているからであると理解すれば、よりよくその意味もわかるであろう。

四　上宮寺本『浄土和讃』

愛知上宮寺に早ければ鎌倉末期、遅くとも南北朝時代の写本と鑑せられる大谷大学図書館蔵の影写本に同じ『浄土和讃』一冊が蔵されている。[17] 影写本は縦二七・三（九寸）、横一九・七（六寸五分）センチ。本文紙数十七枚の袋綴本であるのに対し、この上宮寺本は縦二五・七（八寸五分）、横一八・二（六寸）センチ。本文紙数二十二枚の粘葉本という違いがあるだけでなく、内容も影写本がイ〜ホの五項目であったのが、次のごとくA〜Gの七項目に増加したものとなっている。

A 浄土和讃
B 大无量寿経言
C 无量寿如来会言
D 業報差別経言
E 大集経言
F 涅槃経言
G 往相回向還相回向文類

右のような構成をもつ上宮寺本のAは、影写本のイと文字に若干の違いがみられるけれども和讃の順序も首数も同じ十三首で問題はない。Bはロに第三十五願文が加わって計十願文に増加しており、C・Dは影写本にまったくみえない経文として留意される。E・Fはハ・ニに全同するから問題点はない。Gはホと内題も奥書も同じであるが、ホはGに比し著しく文が少ないという疑問点がある。

上宮寺本におけるB・C・D・Gの増文は影写本の欠落か、それとも影写本が初稿本で上宮寺本が再治本なのか見解がわかれようが、Gとホを比較した場合Gの増文部分がないと通意しないので、今の筆者は影写本の欠落とみて『浄土和讃』はがんらい上宮寺本のごとくであったと推定しておきたい。その欠落時期は欠落部分の原本断簡が未発見のために下間頼廉が本願寺より持ち出す段階以前にすでに失われていたのかも知れない。

ところで、同じ上宮寺所蔵の『三河念仏相承日記』に建長八年（一二五六）十月十三日親鸞上足の直門侶真仏、顕智、専信坊専海（俗名弥藤五）と下人弥太郎（出家後法名随念）の主従四人が、師親鸞をたずねる上洛途次三河国矢作薬師寺で念仏勧進したのが、三河国専修念仏の根源であると記していて大変有名である。(18) ここで注意したいのは右の一週間ほど前の十月五日に建長は康元と改元されており、主題の『浄土和讃』はその翌月に成立している事実であろう。

遠路はるばる上洛してきた上の四人に対し親鸞は、自筆の紙本名号各一幅ずつを与えたのが三重専修寺蔵の十字・八字、愛知妙源寺蔵の十字、京都西本願寺蔵の六字名号で、前者真仏・顕智への二幅が康元元年十月廿五日、後者専信・随念への二幅が同廿八日付となっているが、(19) これら四幅の名号に着讃される上段銘は、すべて上宮寺本『浄土和讃』のB・Cに出てくるものばかりである点大いに注目させられるし、(20) 特に一行のうちの真仏はEを除くAからGまでの文をみずから写す三重専修寺蔵の『正像末法和讃』(21)『四十八誓願』『経釈文聞書』『如来二種回向文』(22)の中に書きのこしている事実もこのさい注意しておかなければならない。ちなみに顕智も三部作（『抄出』、『聞書』、『見聞』）の『聞書』にDを引文するが、(23) Dは親鸞・真仏・顕智がいう『業報差別経』の文ではなく実際は伝慈恩大師窺基撰の『阿弥陀経通賛疏』にみえる文である。(24)

真仏・顕智・専信など親鸞門侶の重鎮が建長八年十月に師のもとへ上洛したのは、ほかでもなくその年の五月に親鸞がわが子慈信房善鸞に対し「イマハオヤトイフコトアルヘカラス　コトオモフコトオモイキリタリ」の義絶状を送り終幕したかの善鸞事件の後始末のためであっただろうことは容易に想像がつくが、実は数多くのこる親鸞晩年の著述や書写本のほとんどが、皮肉なことにその善鸞事件を契機としてなされたことを忘れてはならないであろう。したがって七項目からなる康元元年の『浄土和讃』もまたそのひとつであったと認めてなんらさしつかえないものとおもわれるのである。ところがいままで『浄土和讃』はAよりGまでひと続きの親鸞の著作とはみられなかったために、筆者の関係図書以外に全文の写真掲載や翻刻がおこなわれてこなかったという経緯がある[25]。しかし以上縷縷説いたように『浄土和讃』は、親鸞直門侶の真仏や顕智にもすくなからぬ影響を与え、専信の系統をひく上宮寺にその古写本を伝え[26]、親鸞独自の名号本尊とも無関係とおもわれない点で、もっと注目すべき必要性が痛感されてならないのである。よってここにその『浄土和讃』の親鸞真蹟断簡発見を機に唯一の完本である現存最古の上宮寺本を底本とする『浄土和讃』の全文をあらためて提示し諸賢の関心を喚起したいとおもうことである。

註

(1) 小山正文「八尾市・豊澤家の真宗法宝物」(『同朋大学佛教文化研究所報』一六、二〇〇三年)。本書所収。

(2) 『大方等大集経』巻第九(『大正新脩大蔵経』第一三巻)五五頁a。

(3) 『大般涅槃経』巻第二〇(『大正新脩大蔵経』第一二巻)四八五頁a。南本『大般涅槃経』巻第二〇(『大正新脩大蔵経』第一二巻)七二八頁b。

(4) 『親鸞聖人真蹟集成』第一巻(法藏館、一九七三年)三〇〇~三〇一頁。

(5) 赤松俊秀・藤島達朗・宮崎圓遵・平松令三編『親鸞聖人真蹟集成』九(法藏館、一九七四年)三五九~三六〇頁に全文掲載。ただし三六〇頁の一〇と一一は前後入れ違っているから注意を要する。
細川行信・小山正文著『親鸞聖人御真筆　慈雲寺蔵　大無量寿経　三願文　解説』(同朋舎出版　一九九〇年)四〇~四八頁にも全文掲載されている。

(6) 日野環「往相回向還相回向文類について――三経往生文類に関連せしめて」(『大谷学報』四〇―三、一九六〇年)。

(7) 天文二十年(一五五一)の実悟兼俊の奥書をもつ『下間系図』によれば、頼廉は頼康の子で「右兵衛尉　刑部卿童名源

十郎　法眼法印　法名了入改了悟　母駿河頼次女　寛永三丙寅季十月廿日卒　満九十歳」とある。なお下間頼廉は同仲之（一五五一～一六一六）、同頼龍（一五五二～一六〇九）と共に天正八年（一五八〇）の本願寺・織田信長和睦誓詞に血誓連署した三人のひとりでもある。
平松令三編『真宗史料集成』（同朋舎、一九七五年）六八四頁。

（8）山田文昭『真実史稿』（破塵閣書房、一九三四年）一六八頁。
日野環「大谷大学図書館所蔵影写本『宗祖御筆蹟集』の書誌学的価値について」（『印度学仏教学研究』四―二、一九五六年）。

藤島達朗「親鸞聖人真筆　大経願文　影印解説」（親鸞聖人真筆留影会、一九六〇年）。

宮崎圓遵「宗祖御筆蹟集について」（『親鸞聖人全集』写伝篇二　月報一七、一九六一年）。

赤松俊秀・藤島達朗・宮崎圓遵・平松令三編『親鸞聖人真蹟集成』九（法藏館、一九七四年）所収解説。

小山正文『親鸞聖人御真筆　名号・五願文解題』（教行社、一九九六年）。

小山正文「新発見の親鸞真跡――往相回向還相回向文類の断簡」（『同朋大学佛教文化研究所報』一四、二〇〇一年）。

（9）他筆の部分の担当者が誰であったのかは明らかでないが、後記のごとくこの頃親鸞のもとに真仏、顕智、専信坊専海など高田門徒の重鎮が上洛しているので、この三人のうちのひとりであった可能性も考えられ、筆者は他筆部分の筆致が真仏、顕智とも異なるところより専信ではなかったかとおもっている。

（10）これにつき大谷大学図書館蔵影写本の原形本と筆者はみている後述の愛知上宮寺蔵本を、浄土真宗本願寺派宗学院編『古写古本真宗聖教現存目録』（永田文昌堂、一九七六年、三一九頁）は、げんに「1166正像末和讃親鸞　1167諸経要文　1168往相回向還相回向文類親鸞　三巻合冊」と分記し、藤島達朗氏も註5の解説で『大経』九願文、『和讃』十三首、『大集経』文、『涅槃経』文、『往還回向文類』等を加えて合綴された一本と記しておられる。

（11）安井広度担当『親鸞聖人全集』漢文篇（親鸞聖人全集刊行会、一九五七年）解説二二三頁。

（12）註5の日野環氏論文。

(13) 小山正文『親鸞と真宗絵伝』（法藏館、二〇〇〇年）四四五頁。
(14) 『往相回向還相回向文類』は古く宝暦七年（一七五七）、万延二年（一八六一）、明治四十四年（一九一一）などに刊行されているが、いずれも『往還回向文類』だけのものとなっている。
(15) 真宗新辞典編纂会編『真宗新辞典』（法藏館、一九八三年）五七四頁、五九九頁。
(16) 註2・5の『親鸞聖人真蹟集成』九、三五八頁。
(17) 註10の拙著一四一～一五一頁に全文写真掲載。
(18) 残念ながらこの『日記』は昭和六十三年（一九八八）八月三十一日の同寺火災で焼損した。
(19) 註13の一〇～一三頁。
平松令三『親鸞真蹟の研究』（法藏館、一九八八年）一三頁。
(20) なお主題の『浄土和讃』と名号本尊との関係については左掲の拙稿を参照されたい。
小山正文「名号本尊の一事例——太子・高僧像を描く九字名号」（千葉乗隆編『日本の歴史と真宗』千葉乗隆博士傘寿記念論集所収、自照社出版、二〇〇一年）。
(21) 赤松俊秀・藤島達朗・宮崎圓遵・平松令三編『親鸞聖人真蹟集成』三（法藏館、一九七四年）二七三頁以下。三重専修寺蔵の『正像末法和讃』ははじめ十首目までが親鸞筆、残り全部と表紙が覚然筆といわれていたが、いまでは後者は真仏筆とみられている。
(22) 真宗高田派教学院編『影印高田古典』一（「真仏上人集」所収、真宗高田派宗務院、一九九六年）。
(23) 真宗高田派教学院編『影印高田古典』三（「顕智上人集（中）」、真宗高田派宗務院、二〇〇一年）二一一頁。
(24) 生桑完明『親鸞聖人撰述の研究』（法藏館、一九七〇年）三三三頁。
(25) 筆者は註5の『解題』で上宮寺本の全文をいちど翻刻したが、あまりにも誤植が多く不完全なものであったと反省している。なお『親鸞聖人全集』の和讃篇にA、漢文篇にB、写伝篇二の月報にF、和文篇にGの真仏書写本をそれぞれ収めるが、ばらばらに加えC・D・Eをみないきわめて不備なものといわなければならない。

(26) 上宮寺は文明十六年(一四八四)の『上宮寺門徒次第之事』(通称『如光弟子帳』)によればその開基は蓮願で、蓮願は『親鸞上人門弟等交名』に親鸞―真仏―専信―円善―慶念―慶願―蓮願と出てくる南北朝時代の人である。

『浄土和讃』翻刻凡例

一、ここに翻刻する七項目よりなる『浄土和讃』は、康元元年（一二五六）親鸞八十四歳の撰述書で、底本は岡崎市上宮寺蔵の南北朝時代写本を用いた。拙著『親鸞と真宗絵伝』一四一頁以下参照。

一、行数・字詰は底本通りとしたが、字体は常用漢字通行体とした。

一、底本には朱筆による左訓、頭注、返り点、送り仮名、句点が随所にみられるも、繁雑になるためいちいち朱筆であることの注記をしなかった。

一、底本における文字の誤りはそのまま翻刻し、かたわらに（まま）と示した。

一、片仮名のヰは底本通り井で翻刻した。

一、数字のオ・ウは料紙の紙数とその表・裏を示す。1・オは白紙で墨付は1・ウより始まっている。

一、〔浄土讃一丁～十一丁〕は、底本の糊代部分にみえる文字である。

浄土和讃

1—ウ

一
弥(ミ)陀(タ)ノ智(チ)願(クワン)海(カイ)水(シ井)ニ
ワレラカ信(シン)水(シ井)イリヌレハ
真(シン)実(シチ)報(ホウ)土(ト)ノナライニテ
煩(ホム)悩(ナウ)菩(ホ)提(タイ)一(井チ)味(ミ)ナリ(ヒトツアチワイトナルナリ)

2—オ

〔浄土讃一丁〕

二
末(マチ)法(ホフ)五(コ)濁(チヨク)ノヨトナリテ
釈(シヤ)迦(カ)ノ遺(ユイ)教(ケウ)カクレシム
弥(ミ)陀(タ)ノ悲(ヒ)願(クワン)ハヒロマリテ
念(子ム)仏(フチ)往(ワウ)生(シヤウ)サカリナリ

2—ウ

三
无(ム)导(ケ)光(クワウ)仏(フチ)ノタマハク
未(ミ)来(ライ)ノ有(ウ)情(シヤウ)利(リ)セムトテ
大(タイ)勢(セイ)至(シ)菩(ホ)薩(サチ)ニ
智(チ)慧(ヱ)ノ念(子ム)仏(フチ)サツケシム

3—オ

四

濁世(チヨクセ)ノ有情(ウシヤウ)ヲアワレミテ

勢至(セイシ)念仏(子ムフチ)ス、メシム

信心(シンシム)ノ人(ニン)ヲ摂取(セフシユ)シテ

浄土(シヤウト)ニ帰入(ク井ニフ)セシムナリ

3―ウ

五

釈迦弥陀(シヤカミタ)ノ慈悲(シヒ)ヨリソ

願作仏心(クワンサフチシム)ハエシメタル

信心(シンシム)ノ智恵(チヱ)ニイリテコソ

仏恩報(フチオンホウ)スルミトハナレ

4―オ

六

智恵(チヱ)ノ念仏(子ムフチ)ウルコトハ

法蔵願力(ホフサウクワンリキ)ノナセルナリ

信心(シンシム)ノ智恵(チヱ)ナカリセハ

イカテカ涅槃(子チハン)ヲサトラマシ

〔浄土讃二丁〕

4―ウ

七

末法五濁(マチホフコチヨク)ノ有情(ウシヤウ)ノ

行証(キヤウシヨウ)カナハヌトキナレハ

釈迦(シヤカ)ノ遺法(ユイホフ)コト、、ク

竜宮(リウク)ニイリタマヒニキ

5―オ

八

三(サム)朝(テウ)浄(シヤウ)土(ト)ノ大(タイ)師(シ)等(トウ)（左訓：テンチク シンタン ワコク コレミツヲサムテウトイフナリ）
哀(アイ)愍(ミン)摂(セフ)受(シユ)シタマヒテ
真(シン)実(シチ)信(シン)心(シム)スヽメシメ
定(チヤウ)聚(シユ)ノクラ井ニ帰(クヰ)セシメヨ

5―ウ

九

五(コ)十(シフ)六(ロク)億(オク)七(シチ)千(セン)万(マン)
弥(ミ)勒(ロク)菩(ホ)薩(サチ)ハトシヲヘム
マコトノ信(シン)心(シム)ウルヒトハ
コノタヒサトリヲヒラクヘシ

6―オ

十

念(子ム)仏(フチ)往(ワウ)生(シヤウ)ノ願(クワン)ニヨリ
等(トウ)正(シヤウ)覚(カク)ニイタルヒト
スナハチ弥(ミ)勒(ロク)ニオナシクテ
大(タイ)般(ハチ)（左訓：ハチ）涅(子チ)槃(ハン)ヲサトルヘシ

〔浄土讃三丁〕

6―ウ

十一

真(シン)実(シチ)信(シン)心(シム)ウルユヘニ
スナワチ定(チヤウ)聚(シユ)ニイリヌレハ
補(フ)処(シヨ)ノ弥(ミ)勒(ロク)ニオナシクテ
无(ム)上(シヤウ)覚(カク)ヲサトルヘシ

7―オ

十二 大（まま）日本国粟散王
仏教弘興ノ上宮皇
恩徳フカクヒロクマス
奉讃タエスオモフヘシ

7—ウ

十三 上宮太子方便シ
和国ノ有情ヲアワレミテ
如来ノ悲願弘宣セリ
慶喜奉讃セシムヘシ

8—オ

〔浄土讃四丁〕

大无量寿経言
設我得仏国中人天・不住定—
聚必至滅度者・不取正覚・
設我得仏・光明有能・限量下

8—ウ

至・不照百千億・那由他・諸仏国
者・不取正覚・
設我得仏・寿命有能・限量下至・
百千億・那由他劫・者・不取正覚・
設我得仏・十方世界・无量諸仏・

9—オ

念仏往生ノクワンナリ

コノ願ハヨロツノセンヲシユシテリムシユノ

不悉咨嗟・称我名者・不取正覚・
設我得仏・十方衆生・至心信楽・
欲生我国・乃至十念・若不生者・不
取正覚・唯除五逆・誹謗正法・文
設我得仏・十方衆生・発菩提心・

9—ウ

ライカウニアツカルクワンナリ

コノクワンハシリキノ念仏ノモノツイニムマレシメムトナリケ子ムチヤウシヤウノクワントイフ

修諸功徳・至心発願欲生我国・寿臨
終時・仮令不与大衆囲繞・現
其人前・者・不取正覚・
設我得仏・十方衆生・聞我名号・
係念我国・植諸徳本・至心回向・欲

10—オ

コノクワンハクヱンサウヱコウノクワンナリ一シヤウフシヨノクワントマフスナリ

生我国・不果遂者・不取正覚
設我得仏・他方仏土・諸菩薩衆・
来生我国・究竟必至・一生補処・
除其本願・自在所化・為衆生・故
被弘誓鎧・積累徳本・度脱一切遊

〔浄土讃五丁〕

10—ウ

諸仏国・修菩薩行・供養十方・諸
仏如来・開化恒砂・无量衆生・使立
无上正真之道・超出常倫・諸地之行・
現前修習普賢之徳・若不爾者
不取正覚 文

11—オ

コノクワンハ十ハウシユシヤウミタノヒカリニテラサレテミモコヽロモヨロツノヒトテンニスクレテホトケニナラムトオモフコヽロアリトナリ

設我得仏・十方无量・不可思議・諸仏世界・衆生之類・蒙我光明・触其身者・身心柔輭・超過人天・若不爾者・不取正覚

コノクワンハニヨニンナムシトナリテ

設我得仏・十方无量・不可思議・

11―ウ

カナラスシヤウトニムマレル、クワンナリ

諸仏世界・其有女人・聞我名字・歓喜信楽・発菩提心・厭悪女身・寿終之後復為女像者∴不取正覚文

无量寿如来会言

12―オ

コノクワンハチヤウシユノクラ井ニイタリタイ子チハンニイタルクワンナリ

若我成仏・国中有情・若不決定・成等正覚・証大涅槃・者不取菩提文

〔浄土讃六丁〕

12―ウ

業報差別経言

高声念仏読経有十種功徳

一能遺睡眠　二天魔驚怖

三声徧十方　四三途息苦　五

外声不入　六令∴心不散　七勇

13―オ

猛精進　八諸仏歓喜　九
三昧現前　十定生浄土
大集経言
若欲証得於仏道応当除滅
疑網心勤修无上信心者即能

13—ウ

獲得於菩提
涅槃経言
如来為一切　常作慈父母
当知諸衆生　皆是如来子
世尊大慈悲　為衆修苦行

14—オ

如人著鬼魅
狂乱多所為文

〔浄土讃七丁〕

14—ウ

往相回向還相回向文類
往相回向之文
无量寿経優婆提舎願生偈曰
云何回向不捨一切苦悩衆生心常
作願回向為首得成就大悲心故文

15—オ

コノ本願力ノ回向ヲモテ如
来ノ回向ニ二種アリ一ニハ往相回
向二ニハ還相回向ナリ往相回向
ニツキテ真実ノ行業アリ真実
ノ信心アリ真実証果アリ真実

15—ウ

コノクワンハ
シヨウミヤウ
ノクワン
ナリ

行業トイフハ諸仏称名ノ悲願ニ
アラワレタリ称名ノ悲願大経言
設我得仏・十方世界・无量諸仏・
不悉咨嗟・称我名者・不取正覚 文
真実信心トイフハ念仏往生ノ

16—オ

コノクワンハ
マコトノ
シン―シンノ
クワン
ナリ

悲願ニアラワレタリ信楽ノ悲願
大経言設我得(まま)得仏・十方衆
生・至心信楽・欲生我国・乃至十念・
若不生者不取正覚唯除五逆
誹謗正法 文

〔浄土讃八丁〕

16—ウ

コノクワンハ
シヤウチヤウ
シユニ
チユシ
カナラス
ムシヤウ
子チハン
ニイタ
ルヘキ
クワンナリ

真実証果トイフハ必至滅度ノ
悲願ニアラワレタリ証果ノ悲願
大経言設我得仏・国中人天・不
住定聚・必至滅度・者不取正覚 文
コレラノ本誓悲願ヲ選択本願

17—オ

トマフスナリコレヲ 往相回向トマフ
スナリコノ必至滅度ノ大願ヲオコシ
タマヒテコノ真実信楽ヲエタラム
人ハスナハチ正定聚ノクラ井ニ
住セシメムトチカヒタマヘリ

17—ウ

コノクワンハシヤウチヤウシユニイタリタイ子チハンヲサトルヘキクワンナリ

同本異訳ノ无量寿如来会言
若我成仏・国中有情・若不下決定・成二
等正覚一証大涅槃上者不三取正覚一文
コノ悲願ハスナワチ決定シテ等正
覚ニナラシメムトチカヒタマヘリトナリ

18—オ

等正覚トイフハスナハチ正定聚ノ
クラ井ナリ等正覚トマフスハ補
処ノ弥勒菩薩トオナシカラシ
メムトチカヒタマヘルナリシカレハ真実
信楽ノ念仏者ハ弥勒菩薩ト

〔浄土讃九丁〕

18—ウ

オナシト竜舒浄土文ニハアラワ
セリシカレハ大経ニハ次如二弥勒一
トノヘタマヘリコレラノ大願ヲ
往相回向トマフストミエタリ
二ニハ還相回向トイフハ浄土論曰

19—オ

以本願力回向故是名出第
五門トイヘリ又曰生彼国已
還起大悲回入生死教化衆
生亦名回向也トイヘリコレハ
還相ノ回向トキコエタリコノ

19—ウ

コ、ロハ一生補処ノ大願ニアラワ
レタリ大慈大悲ノ誓願ハ
大経言設我得仏他方仏
土諸菩薩衆来生我国究
竟必至一生補処除其本

一シヤウフシヨノクワンナリ

20—オ

願自在所化為衆生故被弘
誓鎧積累徳本度脱一切
遊諸仏国修菩薩行供養十
方諸仏如来開化恒砂无
量衆生使立无上正真之道
〔浄土讃十丁〕

20—ウ

超出常倫諸地之行現前
修習普賢之徳若不爾者
不取正覚文コノ悲願ハ如来
ノ還相回向ノ御チカヒナリ
コレラヲ如来ノ二種ノ回向ト

21—オ

マフスナリ他力(タリキ)ノ往相(ワウサウ)還相(クヱンサウ)
ノ回向(ヱカウ)ナレハ自利(シリ)利他(リタ)トモニ
行者(キヤウシヤ)ノ願楽(クワンケウ)ニアラス大願(タイクワン)ヨ
リ自然(シ子ン)ニウルナリシカレハ
他力(タリキ)ニハ義(キ)ナキヲモテ義(キ)ト

21—ウ

スト大師(タイシ)聖人(シヤウニン)ハオホセコト
アリキコク(まま)、、コノ
選択悲願(センチヤクヒクワン)ヲコ、ロエ
タマフヘシト

22—オ

南无阿弥陀仏
康元元丙辰十一月廿九日
愚禿親鸞八十四歳書之

〔浄土讃十一丁〕

22—ウ

大阪府八尾市・豊澤家の真宗法宝物

はじめに

大阪府八尾市の豊澤弘太良氏宅に真宗関係の法宝物が所蔵されていることを聞き及んだので、平成十四年九月二日に同朋大学佛教文化研究所幹事室長（当時）の渡辺信和氏と調査におもむいた。

豊澤家は市内の名刹慈願寺の門徒で、八尾別院大信寺の近くにて老舗の仏壇店を営む真宗篤信の旧家である。かような同家に伝えられる法宝物を親しく調査させていただいた結果、実に驚くべきことに学界未知の親鸞真蹟をはじめ、実如筆と覚しき六字名号、教如開版の正信偈・三帖和讃、宣如証判入りのひらかな本御文など貴重な発見が多々あった。よってここに緊急報告の筆を執った次第である。

一　親鸞真筆の聖教切

さて、豊澤家の法宝物は全部で八点であった。その内訳は聖教切が四点、名号が二点、正信偈・三帖和讃が一点、御文が一点で、前者の六点は軸装品、後者の二点は粘葉装による冊子本となっている。以下この順で一点ずつの調査報告を簡記する。

①聖教切。「大集経言」と「涅槃経言」の文。縦二六・六、横三三・二センチ。紙本墨書朱筆入り。この二経は今世紀に入ってあらたに発見された康元元年（一二五六）親鸞八十四歳の貴重な真筆である。

康元元年十一月二十九日親鸞は、『浄土和讃』と題する次のような七項目からなる一書を作って、法然門下時代の兄弟弟子であった善蓮にこれを与えている。

A　浄土和讃（現行の『浄土和讃』とは同名異本で、三重専修寺蔵国宝本『正像末法和讃』の第二十一・七・二十五・二十六・十・十一・八・九・一・二・三・三十七・三十八首目にあたる計十三首より構成されるもの）

B　大无量寿経言（四十八願の第十一・十二・十三・十七・十八・十九・二十・二十二・三十三・三十五願の計十願文）

C　无量寿如来会言（大経の異訳本である同会四十八願の第十一願文）

D　業報差別経言（高声念仏読経有十種功徳文）

E　大集経言（同経巻第九の若欲証得於仏道　応当除滅疑網心　勤修无上信心者　即能獲得於菩提の文四句）

F　涅槃経言（同経巻第二十梵行品の阿闍世王供讃偈文八句）
G　往相回向還相回向文類（如来二種回向文と同内容）

江戸時代中期の正徳三年（一七一三）に真宗大谷派初代講師の光遠院恵空（一六四四〜一七二一）が作った右『浄土和讃』の透写本（大阪円徳寺旧蔵）によれば、親鸞真筆の原本は本願寺に伝蔵されてきたが、同寺坊官の下間刑部卿頼廉（一五三七〜一六二六）が、同寺を退去するさいにこれを所持し解綴したとある。

石川改観寺蔵「末法五濁ノヨトナリテ」、大阪松井家旧蔵「三朝浄土ノ大師等」兵庫妙光寺蔵「五十六億七千万」、石川日野環氏旧蔵「大日本国粟散王」の和讃（以上A）、大阪慈雲寺蔵の大経第十一・十二・十三願文・徳島常円寺蔵の同第十七願文、京都手塚家旧蔵の同第十八願文、愛知立円寺蔵同第二十・二十二願文、石川本誓寺蔵の同第三十三願文（以上B）、愛知本證寺林松院文庫蔵の「誓願ハ大経言設我得仏他方仏」（以上G）などの諸断簡は、その『浄土和讃』の原本より分かれたものであることが、上記恵空本を明治四十三年（一九一〇）に影写した大谷大学図書館蔵『宗祖御筆蹟集』との照合によって明らかとなっている。

今回豊澤家より発見された「大集経言」と「涅槃経言」の文も、それらと一連のEとFに該当することは、やはり『宗祖御筆蹟集』にその筆致はもとより、紙の折目にいたるまで完全に一致している事実からもまったく疑いないところである。そしてこれが親鸞の間違いなき真蹟であることも、京都東本願寺蔵の親鸞真筆『教行証文類』に引かれる『大集経』や『涅槃経』の文に照し明瞭で、それが豊澤家の場合よりいっそうのびやかで闊達なおもむきがあり、親鸞晩年の筆風をよく示しているものがあるといえよう。

なお、従来『浄土和讃』の断簡としてFに比定されていたのは、龍谷大学大宮図書館蔵の禿氏文庫本であったが、同本は筆蹟も異なり折目も合わないから別物で、今後は新出のこの豊澤家蔵本をこそ親鸞真筆のそれにあてなければならないことを明記しておきたいとおもう。

二　室町時代の六字名号と和讃切

②六字名号。縦三九・八、横一五・二センチ。紙本墨書。草書体のいわゆる蓮如筆と一般にいわれる書風の「南無阿弥陀仏」の六字名号で、その大きさよりみて在家門徒用にしたためられたものであろう。全体に肉太で特にはじめの「南無」の二字が接近しているところより、最近の研究では本願寺第九代実如筆とする見方が有力なタイプの名号である。紙面は永年の薫染のため茶色くなっているが、近年大谷派用としての改装を受け保存は良好である。

③六字名号。縦三五・三、横一六・一センチ。紙本墨書。草書体。②と同様の筆法で、伝えて蓮如真筆というが、これもやはり次代の実如筆であろう。ただし②とは寸法が異なるので対幅ではない。こちらも門徒仏壇に長年掛けられていたせいか薫香による紙面の染みがはなはだしいが、②と同時同仕様の改装で今は保存良好となっている。

④和讃切。『浄土和讃』所収「解脱ノ光輪キハモナシ」の四行一首。紙本墨書。縦一六・八、横一一・〇センチ。紙質よりみて室町時代のもので、実如風の筆致で書かれている。次の⑤と対幅。

⑤和讃切。右に続く「光雲无㝵如虚空」の四行一首。紙本墨書。縦一六・八、横一一・一センチ。④・⑤は同筆で『浄土和讃』の断簡を仏壇の両脇掛け用にしたもの。④・⑤とも漢字には振り仮名が付されている。共に筆者は不明である。

⑥和讃切。『正像末和讃』所載の「十方无量ノ諸仏ノ」四行一首。紙本墨書。縦一四・七、横一一・八センチ。

④・⑤と同じ室町時代のものながら、筆風紙質ともにやや古く蓮如風の筆蹟であるが、蓮如筆とは断定できない。これも内仏用のものであったとおもわれる。

三　教如開版本正信偈・三帖和讃

⑦正信偈・三帖和讃。慶長四年（一五九九）教如開版本。縦一八・八、横一三・一センチ。粘葉綴。紙数『正信偈』十六枚、『浄土和讃』六十八枚、『高僧和讃』六十五枚、『正像末和讃』七十枚。『正像末和讃』の末尾に「慶長四年己亥霜月日教如（花押）」の刊記がある。『浄土和讃』にのみ朱筆の節符がつけられている。雲母引きが認められるも薄手料紙のために印面が表裏へ映っている。

本版は教如が文禄二年（一五九三）に退隠し慶長八年（一六〇三）に東本願寺を別立する間の刊行物として、従来からも注目されているものであるが、普通教如版には「右斯三帖和讃幷正信偈四帖一部者蓮如上人為末代興隆板木雖被開之近代依破滅令再興而已」のあとへ上掲の刊年を入れるのに、当本にはそれがなくかつ料紙も薄いなど、延宝五年（一六七七）東本願寺第十五代常如開版までの後摺り本かも知れない。もっとも佐々木求著『真宗典籍刊行史稿』によれば、教如版はすくなくとも五種類は確認できるというから、そのいずれにも属さない本版は、内容面も含め今後のさらなる検討が必要であろう。

四　宣如証判ひらかな本御文

⑧御文。縦二五・三、横一八・四センチ。粘葉装。紙数六十九枚。ひらかな本。半葉六行。一行十二字内外。表紙は紺紙金泥による蓮水模様の上品なもので、普通の御文とは明らかにおもむきを異にする。また本文も艶墨を用い濁点も施されているなど女性向きで、おそらく輿入れ本ではなかったかとおもわれる稀覯本である。末尾に「釈宣如（天狗花押）」とあり、東本願寺第十三代宣如在職中（一六一四〜五三）の写本と知られる。もしこれが輿入れ本とすれば、宣如には五人の女子があるうちの誰に持たせたものなのか臆測してみると、長女は石川専光寺宣慶室となったのち離別し、浄土宗の尼僧になるので該当しないであろう。次女は十歳で早世のため問題外。三女は岐阜照蓮寺宣心室の佐奈子で、彼女には親鸞真筆の『唯信鈔』断簡を宣如は持たせているから一応はずしておこう。四女は公家の万里小路雅房室となっているので可能性は薄いとおもわれる。最後の五女は奈良教行寺従海室であった。教行寺は今も格式高き連枝寺院として著名であるが、惜しいことに法宝物の多くが寺外へ流出しているので、この御文も元は同寺にあったものかも知れないと推測しておきたい。

なお当御文に収録されるのは、次の二十七通である（上は五帖御文の帖数、下はその通数）。

2—6　1—2　1—3　1—6　1—9　4—9　4—11　4—14　5—1　5—2　5—4　5—5　5—6　5—7　5—8　5—9　5—10　5—11　5—12　5—14　5—15　5—16　5—17　5—18　5—20　5—21　5—22

おわりに

以上の八点が八尾市豊澤家で調査させていただいた真宗法宝物の概要である。いずれもみな学界未知の貴重本ばかりで、特に親鸞真蹟の発見は、今後大いに注目されるところとなるに違いなく、また教如開版本、宣如ひらかな本御文も新出本だけにこれからの学術的な検討がまたれるものといえよう。

調査にあたっては慈願寺住職鹿崎正明氏、株式会社スミコ屋仏檀店代表取締役豊澤弘太良氏の格別のご配慮を忝くした。特に記して深甚の謝意と敬意を表するものである。

新発見の親鸞真蹟

――『往相回向還相回向文類』の断簡――

一　親鸞の筆蹟研究

日本の歴史上の人物で、およそ親鸞（一一七三～一二六二）の筆蹟ほどよく研究されている人はないであろう。なぜ親鸞の筆蹟が他にぬきんでて調査研究の対象になったのかといえば、明治から大正にかけてのころに親鸞の名が同時代史料に一切あらわれてこないところより、親鸞架空人物説がまことしやかにささやかれたからであった。これがために辻善之助（一八七七～一九五五）は、京都西本願寺や三重専修寺に所蔵される親鸞の真蹟といわれるものを実査し、大正九年（一九二〇）に『親鸞聖人筆蹟之研究』[1]を著わして、親鸞には宋朝風の力強い独特の筆風があることを明らかにし、親鸞実在説を確かなものとしたのである。

ちなみに翌大正十年に西本願寺から親鸞の内室恵信尼（一一八二～一二六八）の自筆文書が見出され、それが同十二年（一九二三）鷲尾教導（一八七五～一九二八）によって『恵信尼文書の研究』[2]として公刊されると、さしもの親鸞抹殺論も急速に影を潜めることとなる。

かくて辻による親鸞筆蹟研究の基礎が定まると、東西両本願寺・専修寺を中心とする諸学者たちのよりいっそうきめ細かい精緻な研究が積み重ねられ、現在においてはそれが親鸞の真筆か否かはもちろんのこと、辻も混同した親鸞と門弟との筆蹟判別も可能となっており、さらに驚くべき事実が判明しているのは、年代と共に親鸞の字形には変化がみられることで、これがためにたとえ一文字の断片、一行の断簡であっても、それが親鸞何歳ころのものかという年齢特定さえもできる段階にまで、親鸞の筆蹟研究は到達しているのである。

その親鸞の真蹟があらたに発見されたので、本紙面を借りて公表するが、これを真蹟と認定しえたのも、ひとえに諸先覚の永年にわたる貴重な研究成果のたまものにほかならない。そのことをまずもって銘記し、深甚の謝意と敬意を表したくおもう。

二　新出の親鸞真蹟

さて、ここに紹介しようとする従来まったく知られなかった親鸞真蹟が、世に出現した経緯から述べておこう。それは二〇〇〇年秋に送付されてきた『京都古書組合総合目録』第一三号三八〇頁に「伝蓮如上人筆　御文断簡一行　紙本　朱書入有　5×25cm　一幅」として、この真蹟が小さく不鮮明な写真と共に掲載されていた。ルーペでみると書かれている文字は辛うじて読めたが、朱書きのほうは確認しがたい。しかしその筆蹟は明らかに蓮如（一四一五～九九）ではなく親鸞風であり、また数ある蓮如の『御文』にもこの一節は見当たらなかった。そこで親鸞の筆風に近いという点を考慮して『親鸞聖人全集』(3)和文篇にあたってみたところ、はたしてその二二〇頁の『如来二種回向文』にこれと全同の文が出ている事実を知り、すぐさま申込書を送ったらさいわいにも入手できたことである。

実物をみるに薫染のため掲載写真では不明瞭であった朱書きや漢字の振り仮名も、

一シヤウ（朱）　誓願（セイクワン）ハ大経言（タイキヤウニノタマハク）　設（せチ）我（カ）得仏（トクフチ）他（タ）方仏（ハウフチ）
フシヨノクワントマフスナリ（朱）

と判読しえ、寸法も縦二五・八×横四・三センチであることがわかった。右文の下半はいうまでもなく『仏説無量寿経』上巻で説かれる四十八願の第二十二願、すなわち欄外の朱書きにも明記される一生補処の願と呼ばれるものの一部分にあたる（口絵3右）。

この一行を親鸞の真蹟と認定する第一の理由は、その筆致が『親鸞聖人真蹟集成』[4]全九巻などを通し、われわれが熟知している親鸞の筆蹟とまったく一致していることで、特に京都東本願寺蔵親鸞自筆坂東本『教行信証』[5]行巻、同じく証巻に引かれる[6]これと同文の第二十二願文とを比較すれば、「言」の字の第二画が長く引かれるところや禾偏のようにみえる「我」の字、「他」の第三画の終りが第四画であらわされるなどの独特の筆法より、これが親鸞の真蹟であることを何人も承認するであろう。

三　『宗祖御筆蹟集』との関係

今回出現の断簡を親鸞真蹟とする第二の理由は、大谷大学図書館蔵の影写本『宗祖御筆蹟集』（請求記号・内宗大一二八八）との関係である。この書物の全文は平成二年（一九九〇）に同朋舎出版より刊行された細川行信・小山正文共著の『親鸞聖人御真筆　慈雲寺蔵　大無量寿経　三願文　解説』に掲載してあるが、本書は親鸞撰述書のひとつで正式の書名を『浄土和讃』という。愛知上宮寺蔵の室町初期写本の『浄土和讃』によれば[7]、がんらい本書は、

A　浄土和讃（専修寺蔵国宝正像末法和讃の第二十一・七・二十五・二十六・十・十一・八・九・一・二・三・三十七・三十八首に同じの計十三首）
B　大无量寿経言（第十一・十二・十三・十七・十八・十九・二十・二十二・三十三・三十五願の計十願文）
C　无量寿如来会言（第十一願文）
D　業報差別経言（高声念仏読経十種功徳の文）
E　大集経言（若欲証得於仏道応当除滅疑網心勤修无上信心者即能獲得於菩提の文）
F　涅槃経言（梵行品阿闍世王供養讃偈文の八句）
G　往相回向還相回向文類（専修寺蔵真仏書写の如来二種回向文と同内容）

の七項目よりなる康元元年（一二五六）十一月親鸞八十四歳の著作物と知られるが、大谷大学図書館蔵の影写本では、このうちC・Dがなく、B・Gにも一部欠落箇所のあることがわかる。しかし影写本には次のような識語があって、その来歴をたどることができてはなはだ貴重な存在となっている。

此一本者西本願寺之坊官下間刑部卿点退之後

所持之此一巻被解放節取持之人ウツホ字ニ
スキ写テ所持ス今為手鑑以彼之写本再使
写之者也
　　　　　　　　所持恵空
　正徳三年三月日
本書ハ河内円徳寺所蔵ノ写本ヨリ更ニ影写セシメ
タルモノ也
　明治四十三年九月　　真宗大学図書館

これによって明らかな通り、本書の原本すなわち親鸞真蹟本は西本願寺に伝来したが、同寺の坊官下間刑部卿頼廉（一五三七～一六二六）が、同寺を退出するときこれを持ち出した。のちこの書の綴じ糸が解かれ断簡として配布されることとなった際、それを取りもつ人が籠文字に透写しておいた。正徳三年（一七一三）三月に恵空（一六四四～一七二二）は、手鑑とするために右の透写本を人に写さしめ所持したものが、河内円徳寺（大阪大谷派円徳寺）に所蔵されていて、さらにそれを明治四十三年（一九一〇）九月に影写した本が、大谷大学図書館蔵の『宗祖御筆蹟集』というわけである。けだし影写者は当時の図書館長山田文昭（一八七七～一九三三）であろう。

四　康元元年の『浄土和讃』

ところで、『親鸞聖人真蹟集成』第九巻によれば、その三二〇頁の大阪慈雲寺蔵第十一・十二・十三願文、三二二頁の徳島常円寺蔵第十七願文、三二三頁の京都手塚家蔵第十八願文、三二四頁の石川本誓寺蔵第三十三願文、三五二頁の兵庫妙光寺蔵五十六億七千万和讃、三五三頁の石川日野環旧蔵大日本国粟散王和讃のほか、増補版『親鸞聖人真蹟集成』第十巻三八〇～一頁の大阪豊澤家蔵大集経文・涅槃経文。そして『真蹟集成』以後見出された石川改観寺蔵末法五濁和讃、大阪松井家旧蔵三朝浄土和讃等々は、いずれもみな『宗祖御筆蹟集』の原本、すなわち親鸞真蹟『浄土和讃』の断簡であることが、大谷大学図書館蔵の影写本との比較によって明らかとなっている。もっとも私見によれば和讃十三首はすべて、親鸞の自筆でないと考えるので、『浄土和讃』の原本は親鸞の高齢化のせいかも知れないが、師の指導を受けつつ一部分は直門侶の筆蹟も混在していることを認むべきであろう。

さて、それはともかくとして、実はここに紹介した断簡（口絵3右）も『浄土和讃』所収の「往相回向還相回向文類」の中の一行にほかならない。そのことは影写本（口絵3左）との対照によって、字形・字詰にいたるまで完全に符号しているところより明白であろう。ということはとりもなおさずこれが上掲諸断簡と一連のもので、それはそのまま親鸞真蹟と認定しうることを意味する。ただ、その場合上記のごとき直弟の筆蹟ではないかとの問題が生じるが、この断簡については、すでにみたごとく坂東本『教行信証』との筆蹟比較結果から親鸞とすることに異存はないものとおもう。ただし朱筆に限っては親鸞の鋭さがなく、あるいは門侶の筆かも知れないことを指摘しておく。

かくみてくると、この断簡も康元元年十一月親鸞八十四歳の筆と考定されるが、これが書かれる一か月前の十月には、晩年の親鸞を悲しませたかの善鸞事件の後始末のために上足の門弟真仏（一二〇九～五八）、顕智（一二二六～一三一〇）、専信坊専海、随念の主従四人が親鸞のもとに上洛していて、師より紙本墨書の名号本尊を授与されている（三重専修寺、京都西本願寺、愛知妙源寺各蔵）。『浄土和讃』の中の異筆部分は、この四人のうちのひとりであるかも知れない。

なお、『浄土和讃』は影写本によると釈善蓮なるものに下付されたことがわかる。この善蓮はおそらく元久元年（一二〇四）の『七箇条起請文』（京都二尊院蔵）に僧尊蓮（親鸞の『教行信証』を寛元五年〈一二四七〉に書写した人）僧綽空（親鸞）と共に署名している僧善蓮のことで、法然房源空（一一三三～一二一二）の門下生とおもわれる。帰洛後の親鸞はこうした旧友とも交わりを深め専修念仏にいそしんでいた事実を忘れてはならない。

結　語

最後に紙質の面からも、この断簡を親鸞の真蹟と認めて不都合ないことにふれておきたい。数多く存在する親鸞自筆本の紙質を詳しく調査するのは、今のわれわれにはほとんど不可能に近いが、さいわい身辺に親鸞真蹟の愛知本證寺蔵『皇太子聖徳奉讃』第五十四首、大阪慈雲寺蔵『浄土和讃』所収大経三願文があるので、この二点と今回出現のものとを直接手にとって、その感触を素人なりに調べてみた。すると三点ともすこし毛羽立ったやや薄手の横縞がみられる料紙で、鎌倉時代の楮紙とおもわれた。この事象は紙質の方面からみても、やはり新出の断簡が親鸞真蹟の可能性の高いことを物語っているといえよう。

以上、このたび新しく世に出た親鸞真蹟は、康元元年親鸞八十四歳撰述の『浄土和讃』に所収されていた『往相回向還相回向文類』の断簡であることを述べ、これを親鸞の真蹟とみる理由を三つあげた。すなわちその一は、親鸞自筆の京都東本願寺蔵坂東本『教行信証』の二か所にみえるこれと同文の筆致にまったく同じである。その二は、親鸞真筆原本の『浄土和讃』より数えて四代目に相当する大谷大学図書館蔵の影写本『宗祖御筆蹟集』の『往相回向還相回向文類』の中の一行と新出の断簡一行とが、書体から字詰めにいたるまで完全に一致する。その三は、断簡の料紙と他の親鸞真蹟の料紙とが、きわめて似通った鎌倉時代の楮紙とみられるの三点で、こうしたところより今後これが親鸞のあらたな真蹟として、平成二十三年（二〇一一）の親鸞七五〇回忌を記念して出版されるであろう『親鸞聖人真蹟集成』(8)第十巻補遺篇にも収載されて、広く知られるようになれば幸甚とおもっている。

なお、紹介したこの親鸞真蹟は、現在縦が七七・九、横が二九・四センチの八藤紋金襴表装仕立てとなっているが、その表具の大きさ、八藤の紋所、古金襴の経年具合、半円形ではなく三角形の上部巻留芯といった諸点より、これが永年にわたり東本願寺門徒の大型仏壇の脇掛として、奉安護持されてきたことをおもわしめるのであるけれども、業者の言によればこの断簡は、京都の古き町屋の新宅より出たものという。下間頼廉によって持ち出された『浄土和讃』の断簡が、本願寺旧家臣の今井家や手塚家に伝蔵されていた事実をおもうとき、その新宅というのは、坊官下間家の分家筋あたりを指すのかも知れない。したがって今後もこの『浄土和讃』の断簡は、世に出現する可能性が非常に高いことを指摘し発見記の筆を擱く。

註

（1） 辻善之助『親鸞聖人真蹟之研究』（金港堂、一九二〇年）。

(2) 鷲尾教導『恵信尼文書の研究』(中外出版、一九二三年)。
(3) 親鸞聖人全集刊行会編『定本親鸞聖人全集』第三巻 和文・書簡篇(法藏館、一九七九年)。
(4) 『親鸞聖人真蹟集成』全九巻(法藏館、一九七三年)。
(5) 赤松俊秀ほか編『親鸞聖人真蹟集成』第一巻 教行信証上(法藏館、一九七三年)一二五頁。
(6) 赤松俊秀ほか編『親鸞聖人真蹟集成』第一巻 教行信証上(法藏館、一九七三年)三五五頁。
(7) 小山正文『親鸞と真宗絵伝』(法藏館、二〇〇〇年)。
(8) 『増補 親鸞聖人真蹟集成』全十巻(法藏館、二〇〇五年)。

名号本尊の一事例

――高僧・太子像を描く九字名号――

一 九字名号の成立

「帰命尽十方无㝵光如来」「南无不可思議光仏」「南无阿弥陀仏」「南无尽十方无㝵光如来」「南无不可思議光如来」などの弥陀の名号をもって本尊としたのは、よく知られているように親鸞（一一七三～一二六二）を嚆矢とする。[1]三重専修寺、京都西本願寺、愛知妙源寺などに伝蔵される親鸞自筆のそれらより、[2]こうした名号本尊の成立が、親鸞八十三歳の建長七年（一二五五）から翌康元元年（一二五六）ころにあったことがわかっているが、どうしたわけか親鸞自筆名号の中には、「南无不可思議光仏」の八字はあっても「南无不可思議光如来」の九字がない。両者はいうまでもなくまったく同意義内容を示しあらわすものとはいえ、なぜ後世においても単幅の八字名号がつくられなかったのか。また室町時代までの初期真宗でおこなわれた独特の光明本尊にも、八字名号を中心にすえたそれがいたってすくないのはなにゆえか。ともども考えてみなければならない問題点のひとつといえよう。[3]

これにつきひとつの示唆を与えるのは、愛知妙源寺に所蔵される三幅本光明本尊である。この光明本尊は中幅に

「南无不可思議光如来」の九字名号。向かって左幅に勢至菩薩以下インド・中国の龍樹（二世紀ころ）、天親（四・五世紀ころ）、慈愍（六八〇～七四八）、曇鸞（四七六～五四二）、道綽（五六二～六四五）、善導（六一三～六八一）、懐感（七世紀ころ）、少康（?～八〇五）、法照（八世紀ころ）の十像。同右幅に聖徳太子（五七四～六二二）、小野妹子（六・七世紀ころ）、蘇我馬子（?～六二八）、学哿（六・七世紀ころ）、恵慈（?～六二三）、源信（九四二～一〇一七）、信空（一一四六～一二二八）、聖覚（一一六七～一二三五）、源空（一一三三～一二一二）、親鸞までの日本を中心とするやはり十像を配し、各幅天地および右幅中間に銘文を加える原初的な光明本尊の形態をとるが、近年これらの銘文や各像に付される札銘の文字は、親鸞直門侶の真仏（一二〇九～五八）が筆をとったものとする説が有力となりつつある。[4] 真仏は親鸞に先立って亡くなっているから、妙源寺の光明本尊は親鸞在世中の最古作品ということになり、[5] それはそのままこの光明本尊が親鸞自身の指導のもとにつくられた事実を意味しよう。したがって九字名号も八字名号とともに親鸞その人によってはじめられたことは疑いなく、ひいては親鸞において八字名号から九字名号への移行が、三重専修寺蔵八字名号の康元元年から真仏が没する正嘉二年（一二五八）までの間にあったと理解してよかろう。かかる事象が八字よりも九字が主流となり、後世多くつくられる絹本著色九字名号の字体も、ほとんど例外なく妙源寺本の丸味を帯びた独特のそれを踏襲する結果になっているものと考える。

かくて浄土真宗においては、現今にいたるまで「他流ニハ名号ヨリハ絵像　絵像ヨリハ木像ト云ナリ　当流ニハ木像ヨリハ絵像　絵像ヨリハ名号ト云ナリ」[6] の宗風を尊び、実に種々様々のおびただしい数の六字、八字、九字、十字の名号本尊がつくり続けられてきた。親鸞以来のこうした名号本尊については、すでに昭和六十三年（一九八八）の千葉乗隆博士による『真宗重宝聚英』第一巻（同朋舎出版刊）や平成十年（一九九八）の同朋大学佛教文化研究所編『蓮如名号の研究』（法藏館刊）などに十三世紀から十六世紀におよぶかなりの数の名号が集大成されており、また蓮如五百回忌を記念して各地で開催された特別企画展でも、学界未知のものが数多く公開をみた。しかしここにとりあげようとする九字名号は、いまだあまり知られていない大変めずらしいものとおもわれるので、以下若干の卑見をそえて紹介したい。

二　宝光寺本九字名号

『真宗重宝聚英』第一巻一一九頁に図1（本書一〇九頁）のような類例すくない九字名号が掲載されている。大阪宝光寺の所蔵で、絹本著色縦九八・五センチ、横三六・八センチを計測する。中央の九字名号は妙源寺本光明本尊中幅のそれ(7)と同じ字体で、その手法はまず文字のふちをうつし、しかるのちそこへ墨をうめていく双鈎塡墨というやり方であるが、中世の場合は艶墨や金泥でうめることが多いのに、宝光寺本では普通の墨を使用する。そのぶん品格的にはやや落ちるし時代もくだることを意味しよう。名号の直下には赤、緑、青、黄、白などの顔料を用いた色あざやかな蓮台が置かれる。蓮台の彩色や描法は石川林西寺蔵の光明本尊(8)などに近いものがあるが、蓮肉のひろがりや蓮弁の描き方などは時代の下降をおもわせる形式的なところがある。

この名号本尊において他の九字名号と異なる著しい特徴は、中央の名号左右に龍樹、天親、曇鸞、道綽、善導、源信、源空、親鸞の真宗八祖像を下より上へ順に描くことである。こうした例は寡聞にして知らないが、八祖の順位が下より上に向かっているのと、曇鸞、道綽、善導像の正面観を強調した前の広い鳥居型曲彔の形式が、新潟長泉寺、石川林西寺、愛知原田家、京都徳正寺、大阪慧光寺等々に所蔵される光明本尊(9)のそれに似通っているなどの点から、この名号が光明本尊の影響をうけてなったものであることがわかる。八祖各像の顔面は残念ながら折損のために確認しがたいが、辛うじてみえる曇鸞のそれより推察すると、全体につつましくこぢんまりとまとめられているようにうかがえる。なお最下部左右の龍樹、天親の両像が、そのすぐ上の曇鸞、道綽の両像に接しているのがやや気になるが、これは名号の蓮台を大きく描くためのやむなき処置と軽く考えておきたい。

さてこの名号の上下左右には、色紙型を置かずに次のような銘文が直接墨書されている。

涅槃経言　　正安三辛丑暮
如来為一切　　初春中旬
常作慈父母　　拝而
当知諸衆生　　讃之
皆是如来子

世尊大慈悲　　権大
為衆修苦行　　僧都
如来著鬼魅　　中納言
狂乱多所
為　　釈覚如（花押）

この銘文につき『聚英』第一巻一一八頁の解説で平松令三氏は、上部の『涅槃経』梵行品阿闍世王供讃偈文の筆蹟が親鸞の筆癖を模している事実に注目し、親鸞自筆本ないしはその良質の模写本を底本として書かれたものではないかとの鋭い指摘をされた。『涅槃経』のこの文は『教行信証』[10]信巻をはじめ、康元元年に善蓮へ授与した『浄土和讃』[11]の諸経要文、同年前後に覚信へ写与した『皇太子聖徳奉讃』[12]の末尾などにも親鸞は引用しているので、彼が重視していた経文の一節であったことは疑いない。問題はなにを底本として親鸞の筆致に似せて書いたかであろう。このへんのことについてはあらためてあとで詳述したい。

ついで下部の墨書であるが、これは本願寺の覚如（一二七〇～一三五一）が正安三年（一三〇一）三十二歳のときにこの名号の上部銘文を着讃したという内容である。これについても平松氏は、覚如の署名とは到底考えられないけれども、なんらかの根拠があった可能性もあり、この名号本尊の伝持者が本願寺系門徒ではなかったかとされる。かかる覚如の署名に関連して滋賀弘誓寺蔵の十字名号[13]（絹本著色、縦九九・五センチ、横三四・六センチ）にも「祖師／聖人御／筆以御／名号写／之者也／訖／観応／元歳□／□月中旬／（花押）」という宝光寺本でみたような観応元年（一三五〇）の覚如の銘がみられるが、ともども本願寺との早い段階での関係を主張せんとした信ずるに足りない偽銘であろう。ただここで注意したいのは、宝光寺本にみる覚如の花押である。無論この花押も上記弘誓寺本のそれと同様後世の偽作であるが、実は次に記す安楽寺本九字名号にもこれと同型らしき花押がみられて興味深いので留意しておく必要がある。

ところでこの宝光寺本九字名号がつくられた時期であるが、平松氏は「曇鸞、道綽、善導の像容が大阪市慧光寺の光明本尊（大永二年〈一五二二〉銘）のそれと一致し、源信、源空の像容は、江戸時代に本山から下付される七高僧のそれと似かよっており、銘札の文字も江戸時代に近いようにおもわれ、しかも料絹は戦国期から後に多く使われる目の詰まった絹である。これらの状況を総合して、室町末期から江戸初期までの間に制作されたもの」と判定された。まことに妥当な見解であって全面的に賛意を表したいとおもう。このような異色の宝光寺本九字名号の流れをくむ名号本尊が、その後あらたに二点も見出されたので項をあらためそれをみていこう。

三　安楽寺本九字名号

愛知安楽寺に図3（本書一一一頁）のごとき絹本著色縦一〇三・八センチ、横四四・九センチの九字名号が所蔵されている。中央九字の名号は上述した宝光寺本と同様の手法になる双鈎塡墨であり、かつその字体の淵源とするところも同じく妙源寺の光明本尊にある。名号の下にはやはり蓮台を置くが、その描写は宝光寺本とくらべるとやや立体感に乏しく、彩色も緑ただ一色で豪華さに欠けることは否めない。蓮台は通常の通り蓮肉蓮弁よりなり、蓮肉には蓮子が四〜五個みえる。蓮弁は十二枚ほどで小花も九枚ほど描かれているのがわかる。名号下方の左右には龍樹、曇鸞、聖徳太子と源信、源空、親鸞の計六人が、向かって左を上位にして各三人ずつを下より上へ相対するような格好で配す。六人のうち曇鸞と源空の二像は、その札銘と共に少し名号寄りに位置させて、構図的な変化づけがなされている。

龍樹は通途のごとく頭光身光を背負い両手で蓮華をささげ持って、蓮台上に左足を上にして半跏趺坐する。古作の光明本尊などに描かれる龍樹の像は、これとは異なり如意を持し右足上とする場合が多い。すなわち後世の天親像が古くは龍樹像であったわけで、いつの間にやら両者の図像がいれかわってしまったのである(14)。安楽寺本はそれだけつくられた時代が新しいことを意味する。

龍樹の上に描かれる曇鸞の像は、色衣に環のついた禅僧風の田相袈裟をつけ、払子の柄を右手に握りそのさきを左手でつかんで曲彔に腰かけるが、曲彔の背もたれや肘かけ部分の先端は蕨手につくり、そこに金具をはめ脚部も猫足とするなどいかにも中国風である。曇鸞の面貌は六人中もっとも保存がよくあたかも地蔵菩薩像のそれをおもわせるかのような気高さに満ちている。

　曇鸞の上部には聖徳太子が描かれる。太子はみずらを結い赤の袍衣に二十五条の僧伽梨衣を着し、金の香炉を両手にささげ持って、つまさきのそりあがった沓をはき布製の座具上に立つ。この像姿はいうまでもなく『聖徳太子伝暦』(15) 十六歳条の「用明天皇二年丁未夏四月　天皇不念　太子不レ解二衣帯一　日夜侍レ病　天皇一飯　太子一飯　天皇再飯　太子再飯　擎二香爐一祈請」に基づくいわゆる聖徳太子十六歳孝養像で、さらにそれは文保本『聖徳太子伝』(16) の「時ニ太子赤衣ノ上ニ著二御袈裟一捧二金ノ香呂一流二悲嘆ノ涙一而モ神明仏陀ニ有二御祈請一也　太子如レ斯奉レ悲二父天皇ノ御悩一抽二孝行懇志一玉ケルニ依テ　十六才ノ御影ヲハ　奉レ名二孝養御影一也」というものにあたり、太子像の大部分がこの像容でつくられる。が、しかし真宗においては病気平癒の祈請を神仏に対しておこなわないから、これはふつういわれる孝養太子像ではなかろう。真宗の太子像は注意深くみると大概の場合画讃があることに気付くが(17)、その讃によるかぎり姿は孝養像でも意味するところは、観音の垂迹としての太子をあらわしているとうけとるのが至当かとおもう。ところで太子のおもては古作なものほど童顔につくられ、時代がくだるとともに面長となる傾向にあるが、安楽寺本のこの太子は後者に属する近世風なものである。

　ついで向かって右下の源信像に目をやると、源信は黒塗りの四脚曲彔にかけているかのようにみえるが、実は後方に繧繝縁の畳がすこしのぞいているので、おそらく趺坐しているのであろう。衣体は黒裳附に横被のついた五条袈裟をかけ、両手に念珠を持つ天台僧儀となっている。初期真宗でおこなわれた光明本尊の源信像は、曲線のある背もたれつき礼盤上に坐するが、本願寺が門末へ下付する真宗七祖の源信像は、蓮如（一四一五～九九）期から礼盤（文明九年〈一四七七〉愛知西円寺蔵）と曲彔（文明十一年〈一四七九〉新潟浄興寺蔵）が併用され、実如（一四五八～一五二五）期以降はこの九字名号でみるような源信像に定着する。[18] なお光明本尊の源信像は正面向き、七高僧のそれは左向きであるのに対し、本像は名号を中心に左右相対させた構図のために右向きとなっているのも珍しいところといえよう。

源信の上部は源空である。源空は墨染めの衣に墨染めの袈裟をまとい智慧第一といわれたあの特徴的な法然頭をやや右前方に傾け、念珠をつまぐりながら称名念仏する質素な念仏僧の姿であらわされる。これは源空像として有名な鎌倉時代の京都二尊院蔵足引御影、[19] 同金戒光明寺蔵鏡御影、[20] 同知恩院蔵隆信御影、[21] 愛知妙源寺蔵選択相伝御影[22]などと同じ系譜につらなるものであるが、大きなちがいはそれらが上畳にすわっているのに対し、繧繝縁の豪華な礼盤上にあがっていることである。こうした表現もやはり蓮如・実如期からはじまり近世に定型化をみる。

最後の親鸞像も源空像とまったく揆を一にする描写でまとめられている。像姿において源空像と異なる点は、首に帽子を巻いていることと墨袈裟の紐の結び目が左肩上にあること、そして頭部を源空のごとく傾斜させずに真直ぐ正面を見据える姿になっていることなどをあげうる。親鸞像の基本はいうまでもなく東西両本願寺に所蔵される建長七年親鸞八十三歳寿像の安城御影にある。[23] 本像もこれを源とするが、本願寺系にあってはやはり蓮如以降にこうした型がさだまり、近世を通じ現代にまでいたっているのである。ちなみに源空、親鸞がすわる礼盤の格狭間につき、その下方はがんらい持ち送り形式の幅広い安定感のあるものであったが、時代の下降とともにここでみるような狭く見苦しい格狭間へと変化していくので、[24] 見落せない注意すべき個所といえよう。

安楽寺本九字名号におけるこのような龍樹、曇鸞、太子、源信、源空、親鸞という組合せは、このすぐあとでみる新潟長泉寺本九字名号以外寡聞にして知らないが、これはあるいは対になる十字名号があって、そちらのほうに天親、道綽、善導や親鸞以後の先徳像が図画されている可能性もある。しかしいまのところそうしたものの存在は確認できていないので今後の課題となろう。

さて、それはともかく、安楽寺本九字名号の上部左右にも『仏説無量寿経』上巻で説かれる弥陀四十八願の第二十願と第三十三願の文が、宝光寺本でみたと同じく直書きされている。すなわち、

設我得仏十方衆生聞我名号
係念我国植諸徳本至心廻
向欲生我国不果遂者不取正覚

設我得仏十方无量不可思議諸
仏世界衆生之類蒙我光明触
其身者身心柔輭超過人天若
不爾者不取正覚　（花押）

とあるのだが、ここにおいてもその筆蹟は、宝光寺本と同様に親鸞のそれをまねている事実に注目したく、しかも最後の花押が宝光寺本の覚如に擬せられているそれと一致するやにおもわれる点が非常に興味深い。ただし安楽寺本の場合は、願文の筆致とそれが置かれる位置に鑑み、その花押は多分親鸞を意図してのものであろうが、いずれにしても宝光寺・安楽寺両九字名号は、左右に真宗諸祖師像を描き、銘文の筆致を親鸞に似せ、それを直書きし、

花押を添えるなどきわめて密接な関係にあることは、だれの目にも明らかであろう。ところがさらに不思議な事実は、右の安楽寺本と見紛うばかりの九字名号が、いま一本存在していることであって、これらの三本の名号には何か深いつながりがあるようにおもわれてならないのである。

四　長泉寺本九字名号

安楽寺本にそっくりの九字名号というのは、新潟長泉寺所蔵の図4（本書一一二頁）にあたるものである。やはり絹本著色で縦一〇九・六センチ、横三八・四センチ。縦は安楽寺本に近く、横は宝光寺本と近似するが、長泉寺本の左右は後世の改装で若干切り縮められている。一瞥しただけだと長泉寺本と安楽寺本は、中央九字名号の字体はもちろんのこと、描かれる人物も龍樹、曇鸞、聖徳太子、源信、源空、親鸞の六人で、その札銘も向きもまったく同一であるうえ、上部の銘文もやはり『仏説無量寿経』上巻に説かれる四十八願の第二十願と第十九願を親鸞の筆癖を模して料絹へ直接墨書するといった具合に実によく似通っている。しかし子細にみると安楽寺本には蓮台があるのに長泉寺本にはそれがないし、高僧・太子像の配置も安楽寺本ではその札銘とともに出入りがあって変化づけがなされているが、長泉寺本は像も札銘も等間隔である。また銘文も、

設我得仏十方衆生聞我名号
係念我国植諸徳本至心廻
向欲生我国不果遂者不取正覚

設我得仏十方衆生発菩提心
修諸功徳至心発願欲生我国
臨寿終時仮令不与大衆囲繞
現其人前者不取正覚

とあって、向かって左の安楽寺本の第三十三願文が第十九願文となっており、長泉寺本には安楽寺本でみた花押がない。さらに両本の料絹や顔料を比較した場合、明らかに安楽寺本のほうがまさっていることもわかり、両本は細部において似て非なるところもあるのである。特に使用料絹、顔料の差異は、つくられた時期の旧新を示しているともいえようが、真宗関係の下付物については冥加金の多寡で材質の高低差が生じるから、両本間に作製年代差はあまりないのではないかとおもう。それでは長泉寺本はいつつくられたのかということになるが、同本はその様式的見地よりして、すでにみた宝光寺本、安楽寺本の流れをくんでいることは明瞭で、特に型にはまった三本に共通する諸像の描法には、本願寺の絵所が関与しているようであり、やはりここでも平松氏のいわれた室町末期から江戸初期にかけての作品とする説が、もっとも正鵠をえた見方となるであろう。それは本願寺の世代でいうと第十一代顕如（一五四三〜九二）・第十二代教如（一五五八〜一六一四）期あたりのこととなる。その期の本願寺とこれら三本の九字名号には、なにか関係があるのだろうか。さらに考察の筆を進めよう。

五　『浄土和讃』との関係

上述した宝光寺本、安楽寺本、長泉寺本の九字名号で留意すべき諸点は、諸像の像容が定型化した本願寺下付物のそれになっていること。銘文の筆致が親鸞の筆癖をまねていること。偽作ながら親鸞や覚如の同型とおぼしき花押や署名がみられること。三本の伝蔵者が共に本願寺門徒寺院であること等々で、これらの事象は本願寺と無関係に三本の名号が成立したものでないことを意味しよう。さりとてこうした形式の名号は、本願寺の伝統的な下付物には見当たらないから、本願寺と一定の距離をおいたところでつくられたのではないかとも考えられる。

そうした事態を想定する場合、示唆的なのは三本の名号に共通する親鸞の筆致を模した上部の銘文である。今あらためてそれらの銘文を検すると、宝光寺本は『涅槃経』梵行品阿闍世王供讃偈の文八句。安楽寺本は『仏説無量寿経』上巻四十八願の第二十願文と第三十三願文。長泉寺本は同じく第二十願文と第十九願文となる。これらの諸文はいずれも親鸞主著の『教行信証』にも引用されているもの(25)であるから、親鸞自身も重視していた経文の一節であったことは疑いなく、したがってそれが親鸞の筆蹟に似せて書かれても一向不思議はないわけだが、実は親鸞には『教行信証』よりも、なお一層名号本尊類の銘文と関係深い撰述書が存在するのである。このようにいえば人はただちに『尊号真像銘文』をおもいうかべようが、そうではなくて親鸞八十四歳の康元元年十一月に著わされた『浄土和讃』と題する一書がそれに該当する。この『浄土和讃』についてはかつて論じたことがあるごとく次の七項目からなる。(26)

A　浄土和讃（総計十三首からなり、三重専修寺蔵国宝本『正像末法和讃』の第二十一・七・二十五・二十六・十・十一・八・九・一・二・三・三十七・三十八首目と同内容）

B　大无量寿経言（『仏説無量寿経』上巻四十八願の第十一・十二・十三・十七・十八・十九・二十・二十二・三十三・三十五願の計十願文を収める）

C　无量寿如来会言（四十八願の第十一願文）

D　業報差別経言（高声念仏読経有十種功徳文）

E　大集経言（若欲証得於仏道文）

F　涅槃経言（梵行品阿闍世王供讃偈文八句）

G　往相回向還相回向文類（三重専修寺蔵『如来二種回向文』に同じ）

Aは現行の『浄土和讃』とは内容も首数もまったく異なるもので、その中身は十三首よりなり、すべて正嘉元年（一二五七）親鸞八十五歳のときに成立した三重専修寺蔵国宝本『正像末法和讃』にみえるものばかりとなっている。すなわち『正像末法和讃』の前段階的和讃と位置づけるべき内容である。BよりFまでは大部な経典より親鸞が抄出した諸経要文であるが、この中には『教行信証』にも引かれていない文もあって、晩年の親鸞がどのような経典に注目していたかが知られて貴重といえよう。Gは従来からも流布してきた親鸞の短篇著述のひとつで、これのみ単独で書写されたり刊行されたりした歴史をもつために、AよりGまでをひと続きの親鸞著作物としてあつかわれなかった面が非常につよい。しかしながら『浄土和讃』と題される七項目よりなるこの親鸞撰述書をかのいわゆる善鸞事件とからめてながめた場合、善鸞の異義で動揺した東国門徒に対応した内容となっていることがよくわかり、特に親鸞がこれを著わす一か月前の康元元年十一月に善鸞事件の後始末のために上洛してきた高田門徒の真仏、顕智（一二二六～一三一〇）、専信、随念の四人[27]に親鸞がみずから筆をとり書き与えたものと考えられている四幅の名号本尊[28]、すなわち三重専修寺蔵の十字名号と八字名号、愛知妙源寺蔵の十字名号、京都西本願寺蔵の六字名号にそれぞれ着讃される天部銘文は、すべてこの『浄土和讃』のBおよびCに出ているものばかりである事実をここで大いに重視しなければならない。つまり親鸞が創始し浄土真宗で盛行する名号本尊類の銘文に、親鸞撰述の『浄土和讃』も一役買っていた事態が想定されるわけである。はたしてさきにも一度その名を掲げた新潟長泉寺すなわちここでとりあげている九字名号と同じ寺院に所蔵される光明本尊の天地銘文が、『浄土和讃』のB・F・Gに見出されるのをはじめ、これまたすでに覚如の署名と花押のところでふれた滋賀弘誓寺蔵十字名号の天部銘文もやはりBにあり、そしてほかでもなく主題の宝光寺、安楽寺、長泉寺の各十字名号のそれも全部Bに出現していて、『浄土和讃』との尋常一様でない関係を雄弁に物語るのである。

ついてはそれらの銘文がすべて親鸞の筆蹟をまねていることに関しふれておくと、実は『浄土和讃』の親鸞自筆原本が長泉寺の光明本尊や弘誓寺の十字名号がつくられた室町時代はもちろんのこと、宝光寺・安楽寺・長泉寺の十字名号が制作される江戸時代初期まで、西本願寺に伝蔵していた事実と関連するものとおもわれる。京都大谷大学図書館に明治四十三年（一九一〇）影写の『浄土和讃』が、『宗祖御筆蹟集』の名のもとに蔵されているが[29]、この影写本の次のような識語に注目したい[30]。

此一本者西本願寺之坊官下間刑部卿点退之後
所持之此一巻被解放節取持之人ウツホ字ニ

スキ写テ所持ス今為手鑑以彼之写本再使
写之者也
正徳三年三月日　　　　　　　所持恵空

本書ハ河内円徳寺所蔵ノ写本ヨリ更ニ影写セシメ
タルモノ也
明治四十三年九月　　　　　　真宗大谷大学図書館

これによって明らかな通り、『浄土和讃』の親鸞自筆原本は西本願寺に伝蔵されていたが、下間刑部頼廉（一五三七～一六二六）が同寺坊官を退くときこれを所持した。その後この『浄土和讃』は綴じ糸がはずされ断簡として本願寺の家臣団に分与されることとなるが、[31]解放前にそれを取り持つ人が、さいわいにもうつぼ字に透き写しておいてくれた。正徳三年（一七一三）三月江州金森善立寺の真宗大谷派初代講師西福寺恵空（一六四四～一七二一）は、右の透写本を手鑑とするために人をして再写せしめ所持したが、それは大阪円徳寺に明治末期まで伝わっていた。大谷大学図書館本はそれのさらなる影写本で、当時の館長山田文昭氏（一八七七～一九三三）の手によって作成されたものである。

このように『浄土和讃』の原本は、下間頼廉が没する江戸時代初期まで完全な形で現存しており、特にその時期は人目にふれやすい情況下にあった。かかる事実と同じ江戸時代初期につくられた上述来の宝光寺・安楽寺・長泉寺の九字名号とを結んで考えてみるのも興味深いのではなかろうか。何度も記す通りこれら三本の銘文は、すべて

『浄土和讃』のＢ・Ｆにみえるものばかりであり、しかもその筆致はいずれも親鸞の筆癖を模している。時期的にみても内容的にいっても両者はまったく無関係であるとはおもえない。

他方、当時九字名号はすでにあまりおこなわれなくなっている時代に入っており、また名号の左右に高僧像や太子像を描くという下付物も本願寺には一切ない。ということはこれら三本の特殊な九字名号は、本願寺が直接たずさわってできたものではなく、その周辺にいた下間家などが、『浄土和讃』の所持を機につくったかもしれないことを意味しよう。いずれにしても宝光寺・安楽寺・長泉寺の九字名号は、他に類例が乏しいものだけにいろいろ考えさせる大変興味ある本尊といえよう。

まとめ

以上、大阪宝光寺、愛知安楽寺、新潟長泉寺にそれぞれ所蔵される九字名号をめぐりほしいままな考察をめぐらしてきたが、あらためてこれをまとめておくとおよそ次のようになろう。

「南无不可思議光如来」の九字名号は親鸞在世中からおこなわれ、その現存最古品は親鸞直門侶の真仏によって銘文が執筆された愛知妙源寺蔵光明本尊の中幅で、これが以後の絹本著色九字名号における双鉤塡墨の手法による字体の基本となる。しかし九字名号は十字名号や六字名号に比しその流布の度合が少々低かったようで、室町時代中期以降単独ではあまりおこなわれなくなる。

そうした中にあって宝光寺・安楽寺・長泉寺の九字名号は、近世初期の作と考えられる点で興味ある資料であり、特にこの三本には他の名号本尊にまったくみられない真宗七高僧や聖徳太子、親鸞などの諸像を描くというきわだった特徴があって大いに注目される。描かれる祖師たちの像は中・近世の本願寺下付物にみる型にはまった像容であるが、その配置や造形には光明本尊の影響がみとめられる。また三本とも銘文は色紙型を置かずに直接墨書するという異例のやり方で、その銘文も通途の名号本尊にはほとんどみかけない内容となっており、しかも共通して筆体は親鸞の筆癖を模している。その背景にはちょうどこのころに本願寺の坊官下間頼廉が、三本の銘文すべてを含む親鸞自筆の『浄土和讃』を西本願寺より持ち出した事実がおもいあわされ、これらの名号も下間氏を中心とする本願寺周辺の家臣団が関与してつくられた可能性が考えられる。

なお宝光寺本には正安三年の覚如の署名、花押があるも、滋賀弘誓寺蔵十字名号における同じく観応元年の覚如のそれと同様になんの根拠もない偽銘であろうが、宝光寺本のその花押は安楽寺本にみられる花押と同型のようで、がんらいは親鸞に擬せんとして加えられたものであろう。

三本の九字名号をめぐる今後の課題としては、類似した内容をもつ対幅的な十字名号の存在が想定されうるので、それの発見につとめることと、専門外のために本文中ではふれることができなかったが、こうした特殊な名号が近世初期の真宗教学とどのようにかかわるのかといった点も究明されなければならないであろう。

以上が本論の概要であるが、全体に見当ちがいのはなはだしい誤謬も多々犯しているものとおもわれ、諸彦の手厳しい叱正と垂示を切念する次第である。

註

（1）近年平松令三氏は左記の論文において、本尊としての「南無阿弥陀仏」の六字名号を最初に書いたのは法然房源空で、親鸞もそれにならったのではないかという注目すべき見解を発表しておられる。平松令三「名号本尊形式の成立と法然・

親鸞」（『伝道』四三、一九九五年）。

（2）親鸞在世中につくられた名号本尊で、現存するものは次の八点である。これらはいずれも『真宗重宝聚英』第一巻でみることができる。

帰命尽十方无㝵光如来　絹本著色　縦一四三・〇　横四〇・二
建長七年（一二五五）　八十三歳　三重・専修寺蔵

帰命尽十方无㝵光如来　紙本墨書　縦　九三・四　横二八・六
康元元年（一二五六）十月廿五日　八十四歳　三重・専修寺蔵

南无不可思議光仏　紙本墨書　縦　九三・四　横二八・六
康元元年（一二五六）十月廿五日　八十四歳　三重・専修寺蔵

南无阿弥陀仏　紙本墨書　縦　八七・〇　横二八・〇
康元元年（一二五六）十月廿八日　八十四歳　京都・西本願寺蔵

帰命尽十方无㝵光如来　紙本墨書　縦　八九・五　横二七・八
康元元年（一二五六）十月廿八日　八十四歳　愛知・妙源寺蔵

南无尽十方无㝵光如来　紙本墨書　縦　五一・五　横二三・七
三重・専修寺蔵

帰命尽十方无㝵光如来　絹本著色　縦一八〇・〇　横四〇・二
三重・専修寺蔵

南无不可思議光如来　絹本著色　縦一七七・〇　横四二・〇
正嘉二年（一二五八）三月八日以前　八十六歳以前　愛知・妙源寺蔵

（3）この問題についてはすでに宮崎圓遵、千葉乗隆、平松令三氏等々の諸先学が、様々な角度から論じておられる。左論を参照されたい。

宮崎圓遵「光明本尊の構成」(『龍谷大学仏教文化研究所紀要』六、一九六七年。のち『宮崎圓遵著作集』第四巻　真宗史の研究上〈思文閣出版、一九八七年〉所収)。信仰の造形的表現研究委員会編・千葉乗隆担当『真宗重宝聚英』第一巻名号本尊(同朋舎出版、一九八八年)。信仰の造形的表現研究委員会編・平松令三担当『真宗重宝聚英』第二巻　光明本尊(同朋舎出版、一九八七年。のち平松令三『真宗史論攷』〈同朋舎出版、一九八八年〉所収)。

(4)　註3の『聚英』第一巻、第二巻からもわかる通り、真仏説は平松氏によって提唱され千葉氏も賛意を表明しておられる。

(5)　この見方に立つと当然のことながら妙源寺本光明本尊右幅に描かれる親鸞像は、西本願寺蔵の鏡御影や東西両本願寺蔵の安城御影と共に寿像とみなさなければならなくなる。その場合注目されるのは存覚(一二九〇〜一三七三)の『袖日記』から西本願寺蔵安城御影の裏書にかつて「親鸞法師真影」とあり、また東本願寺蔵安城御影の下段銘文にも「和朝釈親鸞法師正信偈曰」とみえ、さらに妙源寺蔵光明本尊の札銘も「親鸞法師」となっていることで、親鸞に対し法師の呼称が存生中より使用されていた事実がわかり興味深い。ちなみに前者の裏書は専信坊専海、中者の銘文は親鸞、後者の札銘は真仏の筆と現在ではいわれている。

(6)　『蓮如上人一語記』(『実悟旧記』、堅田修編『真宗史料集成』第二巻　蓮如とその教団〈同朋舎出版、一九七七年〉四四四頁)。

(7)　『真宗重宝聚英』第一巻、一〇五頁。第二巻、七頁。

(8)　『真宗重宝聚英』第二巻、六七頁。

(9)　『真宗重宝聚英』第二巻、五九、六七、七五、一二七、一四七頁。

(10)　『親鸞聖人真蹟集成』第一巻　教行信証上(法藏館、一九七四年)三〇一頁。

(11)　細川行信・小山正文『親鸞聖人御真筆　慈雲寺蔵　大無量寿経　三願文解説』(同朋舎出版、一九九〇年)四五頁。『親鸞聖人真蹟集成』第九巻(法藏館、一九七四年)三五五頁。

(12) 本井信雄「『皇太子聖徳奉讃』恵空書写本考」(『大谷学報』六〇―四、一九八一年)。小山正文「親鸞見写の廟崛偈」(『真宗研究』第三四輯、一九九〇年。のち小山正文『親鸞と真宗絵伝』〈法藏館、二〇〇〇年〉四一頁)。

(13) 栗東歴史民俗博物館編『企画展 近江の真宗文化――湖南・湖東を中心に』(栗東歴史民俗博物館、一九九九年)四一頁。

(14) 『聚英』第二巻に図版が掲載される四十六点の光明本尊中、龍樹が如意をもつ古式のものは三十点と圧倒的に多く、蓮華の新式はわずかに三点(図版№11・14・42)で、他の十三点は図様、札銘の剥落のため不分明という結果が出た。新式の三点には表現、彩色などに共通点が多く№42には大永二年(一五二二)実如の裏書がある。いっぽう蓮如の裏書をもつ文明九年(一四七七)の愛知西円寺、同十一年(一四七九)の新潟浄興寺各蔵の七高僧像もすでに新式であるので、龍樹が蓮華、天親が如意をもつという新しいやり方は、本願寺の蓮如のときからはじまるのかもしれない。

(15) 日中文化交流史研究会代表蔵中進編『東大寺図書館蔵文明十六年書写「聖徳太子伝暦」影印と研究』(桜楓社、一九八五年)七二頁。

(16) 藤原猶雪編『聖徳太子全集』第三巻(龍吟社、一九四四年)三二七頁。

(17) 画讃は次のようなものが多い。

①上宮王太子　観世音垂迹　恭敬帰依等　威皆蒙利益

②吾為利生出彼　衡山入此日域　降伏守屋之邪見　終顕仏法之威徳

③大慈大悲本誓願　愍念衆生如一子　是故方便従西方　誕生片州興正法

④法雲垂世界　善種得開萠　顕通希有法　処々化群生

⑤敬礼救世観世音　伝灯東方粟散王　従於西方来誕生　開演妙法度衆生

⑥四十九歳　伝灯演説　大慈大悲　敬礼菩薩

(18) 信仰の造形的表現研究委員会編・早島有毅担当『真宗重宝聚英』第八巻　高僧連坐像(同朋舎出版、一九八八年)一六

五、一六九、一七五、一七七、一七九、一八一頁。

(19)(20)(21) 井川定慶・望月信成編『法然上人絵大鑑』(小林写真製版所出版部、一九三二年)五~七頁。

(22) 信仰の造形的表現研究委員会編・小山正文担当『真宗重宝聚英』第六巻 拾遺古徳伝絵/法然上人絵・絵像・絵伝/善導大師絵像(同朋舎出版、一九八八年)一五八~一六一頁。のち拙著『親鸞と真宗絵伝』(法藏館、二〇〇〇年)、七七~八九頁。平松令三「親鸞相伝の法然像をめぐって」(『歴史と佛教の論集』自照社出版、二〇〇〇年)二九~四四頁。

(23) 京都国立博物館編『蓮如と本願寺――その歴史と美術』(毎日新聞社、一九九八年)五一、五二頁。梶原亮治「僧侶の肖像」(『日本の美術』三八八、至文堂、一九九八年)四八頁。

(24) 石田茂作「香様の起源と発展」(『考古学雑誌』三一―七・八、一九四〇年)。のち石田茂作著作集『仏教考古学論攷』六 雑集編(思文閣出版、一九七七年)一七九~二〇九頁。

(25)『親鸞聖人真蹟集成』第一巻 教行信証上(法藏館、一九七三年)三〇一頁に「阿闍世王供讃偈文」、『親鸞聖人真蹟集成』第二巻 教行信証下(法藏館、一九七四年)五二四頁に「第二十願文」、四七四頁に「第三十三願文」、二四三頁に「第十九願文」がそれぞれ引用されている。

(26) 小山正文『親鸞聖人御真筆 名号・五願文解題』(教行社、一九九六年)。のち小山正文『親鸞と真宗絵伝』(法藏館、二〇〇〇年)に収録。

(27) 康元元年(建長八年)十月に真仏、顕智、専信(専海)、随念(俗名弥太郎)の主従四人が親鸞をたずねたことは『三河念仏相承日記』にみえている。石田充之・千葉乗隆編『真宗史料集成』第一巻 親鸞と初期教団(同朋舎出版、一九七四年)一〇〇七頁。

(28) 梅原真隆「親鸞と名号本尊(上)」(『顕真学苑論集』第四九号、一九五八年)。平松令三「親鸞聖人真筆の名号について」(『影印親鸞聖人真筆八字名号』解説、同朋舎出版、一九四九年)。のち平松令三『親鸞真蹟の研究』(法藏館、一九八八年)、一一三頁。

(29) 図書請求記号番号　内宗大一二八八。
(30) 細川行信・小山正文『親鸞聖人御真筆　慈雲寺蔵　大無量寿経　三願文解説』(同朋舎出版、一九九〇年)四八頁。
(31) 現在この『浄土和讃』のAの第二首目が石川改観寺、第八首目が大阪松井家旧蔵、第九首目が兵庫妙光寺、第十二首目が日野環氏旧蔵に、Bの第十一・十二・十三願文が大阪慈雲寺、第十七願文が徳島常円寺、第十八願文が京都手塚家旧蔵、第二十・二十二願文が愛知立円寺第三十三願文が石川本誓寺に、E・Fが大阪豊澤家に、Gの「誓願ハ大経言設我得仏地方仏」の一行が愛知本證寺にそれぞれ所蔵されているが、これらは下間、今井、手塚、西田家など本願寺旧家臣の家より出たものが多い。

山形安祥寺蔵の十字名号

はじめに

親鸞によってはじめられた本尊としての十字・九字・八字・六字の名号は、真宗教団の発展と共に種々様々の様式形式のものがおびただしくつくられ、「当流ニハ木像ヨリハ絵像　絵像ヨリハ名号ト云ナリ」の宗風を築き上げるにまでいたっていることは、すでの周知の事実であろう。まさに名号本尊こそは、真宗の歴史そのものであったといっても過言ではないのである。

親鸞以来のこうした名号本尊の諸相については、『真宗重宝聚英』[1]第一巻・第二巻、同朋大学佛教文化研究所編『蓮如名号の研究』[2]等々の労作を通し、現代のわれわれは容易に窺知しうることを感謝しなければならない。しかしながら巷間にはまだまだ知られざる名号本尊が、無数に存在することはいうまでもないのであって、かつて筆者も右の良書に導かれつつ、多彩な展開を遂げた名号本尊の一例を紹介したことがある。[3]それは図2・3・4のような九字名号の左右に真宗八祖や聖徳太子の像を描くというあまり例をみないもので、あるいはこうしたタイプの対

図１　101.2×36.8㎝（山形・安祥寺蔵）

図２　98.5×36.8cm（大阪・宝光寺蔵）

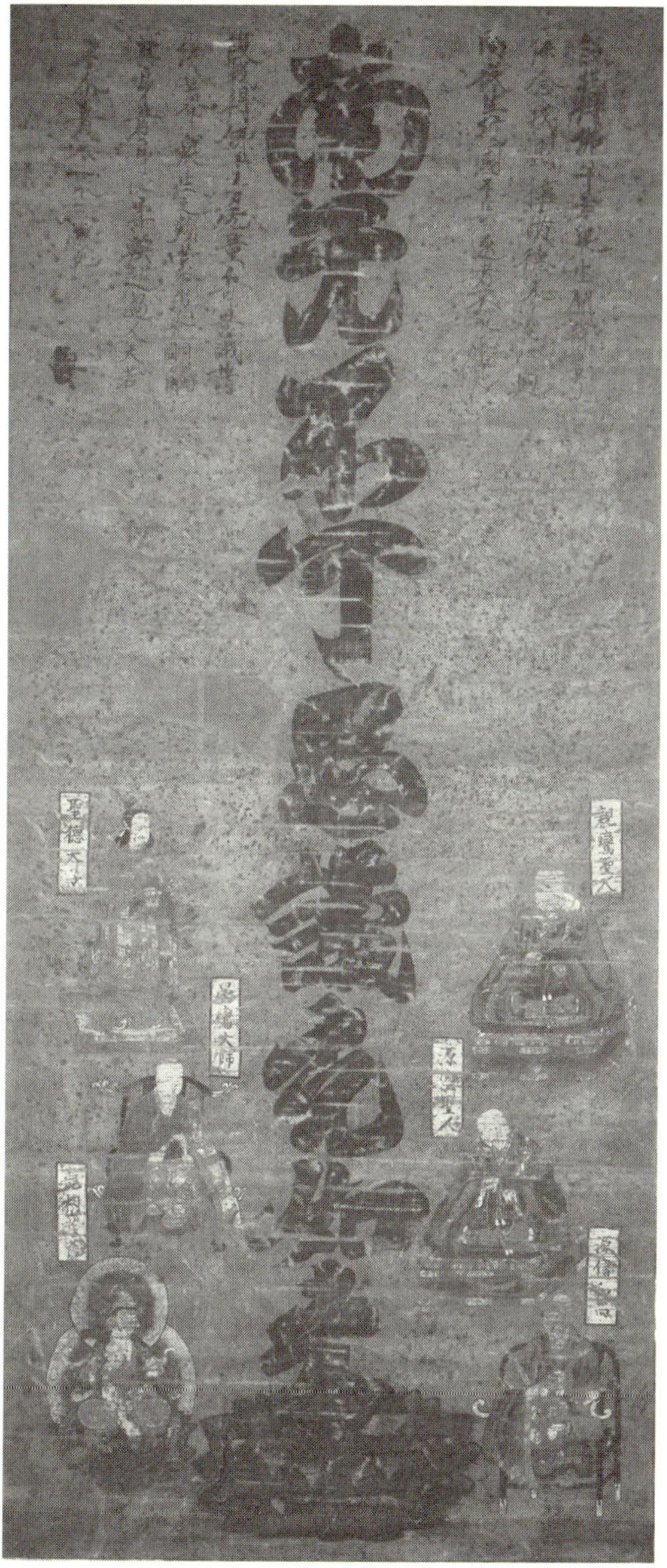

図３　103.8×44.9cm（愛知・安楽寺蔵）

図 4　109.6×38.4cm（新潟・長泉寺蔵）

幅的な十字名号も存在するのではないかと指摘しておいた内容であった。そうしたらはたして平成十六年（二〇〇四）九月七日の同朋大学佛教文化研究所による山形安祥寺調査で、図2の宝光寺本九字名号とまったく同一様式の十字名号（図1）に接する機会をえ驚喜きわまりなかった。よってここにそれを報告しておこうとおもうものである。

一　名号と八祖像

図1に示した安祥寺の十字名号は、縦一〇一・六センチ、横三六・八センチの絹本著色で、使用料絹は近世初頭から本願寺でよく使用されるようになる比較的目のつんだものである。中央に「帰命尽十方无㝵光如来」の名号がすこし弓なりで大書されるが、その文字はまず一字ずつ字の輪郭線を写してのち、墨で中を埋めていく双鉤塡墨の手法が用いられている。中世品のそれは艶墨や金泥を使って埋める場合が多いのに対し、安祥寺本は図2の宝光寺本、図3の安楽寺本、図4の長泉寺本と同様ふつうの墨で済ませており、やや品格的に落ちるともいえる。これが近世に入る作品であることを物語ろう。名号の書体は古風で、三重専修寺に所蔵される建長七年（一二五五）親鸞八十三歳筆絹本著色黄地十字名号を淵源とするそれに倣っている。下に置かれる蓮台は少々剝落が進んでいるが、青・黄・赤・白・緑などの顔料を多用した立派なもので、その彩色、かたち、大きさが宝光寺本とほとんど同じであるから、同一絹本を使っているのであろう。

絹本という点では、両本のもっとも大きな特徴である名号左右の八祖像も、像容の形姿、衣体、衣文、座具、札銘の位置等々より推して、やはり同じであることがわかるが、安祥寺本では各像の間隔が均等であるのに対し、宝光寺本ではそうなっていない。八祖像各個別の紛本の存在を想定しなければならない現象であろう。八祖像の彩色は安祥寺本においてやや退色気味とはいえ、製せられた当初は想像以上に蓮台と同じく色あざやかであっただろう。八祖像のうち龍樹から曇鸞までの正面観を強調した下より上に向う構成は、新潟長泉寺、石川林西寺、愛知原田家、京都徳正寺、大阪恵光寺等々に所蔵される光明本尊のそれと同一手法であり、特に曇鸞・道綽・善導が腰掛ける幅広い鳥居型曲彔は、それら光明本尊の影響を明らかに受けているといえる。

右掲の光明本尊のうち恵光寺本には大永二年（一五二二）の裏書をみるので、安祥寺本・宝光寺本名号本尊製作時期の上限もおのずから定まるであろう。他方こうした五祖像に対し源信・源空・親鸞の三祖像は、近世本願寺下付の型にはまった七祖像・宗祖像に同じであるから、結局安祥寺・宝光寺の両名号も江戸時代前期あたりの作とみて大過ないと考えられる。そのことは八祖像の個性乏しくこじんまりとまとめられている顔貌の表現や、枠取りをした胡粉上に書かれる札銘の萎縮した文字の書体からも十分是認できるところかとおもう。なお、札銘は次のように記されていて、宝光寺本とまったく違わない。

源空聖人	善導大師	曇鸞大師	龍樹菩薩
親鸞聖人	源信和尚	道綽禅師	天親菩薩

二　讃銘の問題

さて、安祥寺本十字名号で注目すべき今ひとつの点は、上部と下部にしたためられる墨書銘である。これらの墨書銘は図2の宝光寺本にも同様上下にみられ、図3の安楽寺本、図4の長泉寺本でも上部にのみ書かれている。普通こうした銘は色紙型を置き胡粉を塗った枠取り内へ書くべきものであるに、これら四本とも直接料絹へ筆を下しているために、あたかもあとから余白に追筆したかのような感を与える。こうしたやり方はやはり中世品でないことを意味しよう。安祥寺本上部の銘は次のように読める。

大集経言
若欲証得於仏
道応当除滅疑
勤修无上信心
者即能獲得於
菩提

これは『大集経』の文を讃とした銘文であるが、三行目と四行目との間に「網心」の二字を脱落している。よくみるとこの讃銘の文字は、親鸞の筆致に似せて書かれていることを注意したい。しばしば比較対照に出す宝光寺本の上部は『涅槃経』の文になっているが、やはり親鸞の筆癖を模しており、同様のことは安楽寺本・長泉寺本の上部にみえる『無量寿経』の四十八願文についてもいえるところで、これら四本に共通する親鸞の筆風は、忽諸にできないものがあるとみなければならない。これにつき筆者は註(3)の別稿で詳述したごとくかかる現象の背景には、次掲のような七項目からなる康元元年(一二五六)十一月廿九日親鸞八十四歳撰述の自筆本『浄土和讃』が、西本願寺より坊官の下間刑部卿頼廉（一五三七〜一六二六）によって持ち出され、それが人目によく触れるようになった事実と大いに関係するものがあると考えている。

A　浄土和讃（総計十三首からなり、三重専修寺蔵国宝本『正像末法和讃』の第二十一・七・二十五・二十六・十・十一・八・九・一・二・三・三十七・三十八首目と同内容）

B　大无量寿経言（『仏説無量寿経』上巻四十八願の第十一・十二・十三・十七・十八・十九・二十・二十二・三十三・三十五願の計十願文を収める）

C　无量寿如来会言（四十八願の第十一願文）

D　業報差別経言（高声念仏読経有十種功徳文）

E　大集経言（若欲証得於仏道文）

F　涅槃経言（梵行品阿闍世王供讃偈文八句）

G　往相回向還相回向分類（三重専修寺蔵『如来二種回向文』に同じ）

『浄土和讃』と題されるこの親鸞自筆撰述書のBに出てくる第十九願文、第二十願文、第三十三願文が、安楽寺本・長泉寺本の九字名号に、またEの文が主題の安祥寺本十字名号に、そしてFのそれが宝光寺本九字名号にそれぞれあらわれている事実を確認できるであろう。

実は親鸞が『浄土和讃』を撰述する一か月前の康元元年十月にしたためた四幅の著名な紙本墨書名号上部に着讃される文も、Bにみえる第十一願文、第十二願文、第十三願文、第十七願文、第十八願文とCの文であり、安祥寺・宝光寺名号の祖師像に影響を与えている新潟長泉寺本光明本尊の上下讃銘も、『浄土和讃』Bの第十九願文、第三十三願文とFおよびGの文となっている事実からもわかるごとく、『浄土和讃』のBよりGまでの諸文は、名号本尊の讃銘として使われることが多かったのである。

その親鸞自筆の本願寺秘蔵本が、頼廉の持ち出しによって再注目され、讃の文字まで親鸞のその筆蹟に似せて作られた一連の名号本尊こそが、安祥寺・宝光寺・安楽寺・長泉寺の十字や九字のそれにほかならなかったのである。したがってこれら四点の名号本尊は、本願寺の正式下付物には見当らないところより、本願寺と一定の距離を置いた下間家あたりが関与してなされた可能性が高いといえよう。

三　紀年銘の疑問

安祥寺本十字名号で、最後にみておかなければならないのは下部の紀年銘である。次のようにある。

文永二朞
粅冬上旬
讃之
（花押）

これは上部『大集経』の銘文を親鸞没後三年目にあたる鎌倉中期の文永二年（一二六五）に着讃したことを意味

するものであるが、花押のみで誰が讃をしたのかはわからない。しかし宝光寺本にもやはりこれと同類の次のような紀年銘が下部にあって、その筆者にあたる人物を明らかにする。

正安二辛丑暮
初春中旬
拝而
讃之
権大
僧都
中納言
釈覚如（花押）

すなわち宝光寺本の『涅槃経』の文は、鎌倉後期の正安二年（一三〇〇）に、本願寺第三代の覚如がこれに讃を加えたというのである。ここにみえる花押と安祥寺本の花押とはまったく同じである上、その紀年の記し方も一致するので、安祥寺本も当然覚如の筆ということになり、げんに安祥寺本は「覚如上人真筆」と金泥で書かれた黒漆塗りの立派な箱に納入されている。しかし覚如には安祥寺本や宝光寺本のような署名の記し方はなく、また両本の花押も本願寺文書にみられる覚如のそれとは異なっている。そしてなによりも安祥寺本の文永二年に覚如は、まだ出生していないという決定的な矛盾点も存し、結局こうした紀年銘は、この名号本尊が初期本願寺の段階でなされたことを強調せんとした遙か後世の偽銘にほかならない。これがために嘉永元年（一八四八）安祥寺第十一世継尊実恵は、この名号本尊を持参して上京し、東本願寺第二十代達如、第二十一代厳如父子の拝覧内意をえて、第三代覚如ではなく第二代如信の筆とするにいたる次掲のごとき記録をわざわざ残したほどであった。

右八祖ノ御影古来ヨリ覚如上人ノ真筆トイヘリ箱ノ上ニモ左ノコトクシルセリシカレトモ考ルニ正ク如信上人ノ真筆ナリソノユヘハ覚如上人ハ文永庚午朞十二月廿八日降誕ナリ豈文永二朞トアル年号ニ違スルニアラスヤ如信上人ハ延応元己亥稔降誕ニシテ文永二乙丑歳ハ廿有七才ノ御時ナリシカレハ如信上人ナルヿ必セリ依テ嘉永元戊申季上京之砌供奉定衆河州平野恵光寺達勝朗誉ノ取次ニテ无上覚院達如上人現住法皇厳如上人両上人御拝礼如信上人真筆ニマキレコレナキヨシ七高祖ノ真影ノ元始ナラント御意コレアリ別ニ御写仰付ラレ本帋御返却写ハ五本廟ニ御ト、メコレアリ候間爰ニソノ趣ヲ記シテ后代ニコレヲシラシムルモノナリ

十一世現住　継尊実恵（花押）

おわりに

以上、安祥寺本十字名号につきほしいままに記述してきたが、この名号は親鸞撰述の『浄土和讃』と関係があり、また光明本尊の影響を受けて八祖像を描くなど、きわめて特異な本尊であることが了解できたかとおもう。安祥寺本はおそらく宝光寺本九字名号と同時、同工房で製せられたことが両本の蓮台・八祖像の描法彩色からも首肯でき、同様の偽銘が加えられている点からも疑いない。その背景にはおそらく親鸞自筆の『浄土和讃』を西本願寺より持

所蔵	宝光寺	安楽寺	長泉寺	安祥寺	西方寺
所在	大阪府堺市	愛知県西尾市	新潟県三条市	山形県酒田市	愛知県碧南市
宗派	本願寺派	大谷派	大谷派	大谷派	大谷派
名号	九字	九字	九字	十字	九字
蓮台	有	有	無	有	有
銘文	涅槃経文	第二十願文 第三十三願文	第二十願文 第十九願文	大集経文	涅槃経文 第三十三願文 第十三願文 第十一願文
紀年	有　正安三年 (1301)	無	無	有　文永二年 (1265)	有　正安二年 (1300)
花押	有　下部	有　上部	無	有　下部	有　下部
縦横	98.5×36.8	103.8×44.9	109.6×38.4	101.6×36.8	93.5×38.4
祖像	親鸞　源空 源信　善導 道綽　曇鸞 天親　龍樹	聖徳　親鸞 曇鸞　源空 龍樹　源信	聖徳　親鸞 曇鸞　源空 龍樹　源信	親鸞　源空 源信　善導 道綽　曇鸞 天親　龍樹	親鸞　源空

祖像を描く名号本尊一覧

ち出した下間家が、関与しているであろうことが考えられる。また安祥寺本、宝光寺本は、これでそれぞれ完結したものとなっているので、十字・九字の違いがあるものの対幅の形をとる名号ではなかったようにおもわれる。これに対しやはり二本と同時期、同環境のもとで作られたとみられる安楽寺本、長泉寺本九字名号の方は、八祖のうちの五祖（龍樹・曇鸞・源信・源空・親鸞）および聖徳太子を描くだけとなっているので、対幅の十字名号もしくは六字名号が別にあって、それに残りの三祖と先徳像でも描いていた可能性を否定しがたい面がある。しかしこれら一連同質の名号本尊は、いずれも単幅で散在する事実よりすれば、最初からそれぞれ独立した名号として製せられているのかも知れず、今後の究明にまつこととし擱筆する。

註

（1）信仰の造形研究委員会編『真宗重宝聚英』全九巻（同朋舎出版、一九八七〜八九年）。

（2）同朋大学佛教文化研究所編『蓮如名号の研究』（法藏館、

一九九八年）。

（3）小山正文「名号本尊の一事例――高僧・太子を描く九字名号」（千葉乗隆博士傘寿記念論集『日本の歴史と真宗』自照社出版、二〇〇一年）。本書所収。

付記

上にみた宝光寺、安楽寺、長泉寺、安祥寺と同類の名号本尊が、その後あらたに愛知西方寺からも見出されたので、ここに報告紹介しておく。

西方寺本も安楽寺本、長泉寺本と同様に九字名号で、縦九三・五センチ、横三八・四センチを計測する。名号の書体は愛知妙源寺本光明本尊に発する古様なものであるが、安楽寺・長泉寺両本に通ずる淡墨の一見して近世風とわかるものになっている。蓮台は蓮肉が大きく、蓮弁の彩色も鮮やかで、きわめて安定感に富む。注意したいのは、蓮台がない長泉寺本を除く四本のそれの形姿が、すべて異なっていることで、各本のあとより付される蓮台の発注元が違っていたことを暗示しており、興味深いところといえよう。名号の下方左右には、向かって右に「源空聖人」、同左に「親鸞聖人」の各札銘を置き、礼盤上に坐すふたりの相対像を配す。像容は共に墨染の衣と袈裟に両手で念珠をつまぐる姿で描かれるが、その質素な念仏僧の描写とは逆に、ふたりが座る畳は、繧繝縁（うんげんべり）の豪華なものとなっていて、そこにこれが制作されたころの本願寺教団の強勢をうかがい知ることができよう。なお、二像の面貌は絵具の剝落が進行しているために、現在では定かでないのが惜しまれる。

このように西方寺本は、同類の他の四本に比し、描かれる祖師像がふたりのみと極端にすくないけれども、そのぶん余白に書かれる讃銘文は、他本より多いという特色をもつ。今それを示せば次のようになる。

涅槃経言　設我得仏十方無量不可思議諸　正安二庚子朞
如来為一切　仏世界衆生之類蒙我光明触　仲春廿弐
常作慈父母　其身者身心柔輭超過人天若　拝而讃之
当知諸衆生　不尓者不取正覚
皆是如来子
世尊大慈悲　設我得仏寿命有能限量下至
為衆修苦行　百千億那由他却者不取正覚
如来者鬼魅　設我得仏国中人天不住定聚　（花押）
狂乱多所為　必至滅度者不取正覚

これによって明らかな通り、西方寺本の最上段は、宝光寺本と同じ『涅槃経』梵行品阿闍世王供讃偈文四行。中段は『無量寿経』上巻の第三十三願文四行を向かって右へ書き下ろすが、同願文は安楽寺本にもみえるところである。この願文に続いて名号をはさみ反対の左へは、第十三願文二行と第十一願文二行を配する。これらの経文讃銘は、他本と同様に絹本へ直書(じかがき)されており、銘文もやはりすべて、康元元年の『浄土和讃』に見出されるものばかりとなっている。そして西方寺本においてさらに注意されるのは、宝光寺本・安祥寺本でみたと同じような紀年銘と花押が、最下段に置かれていることである。その紀年は宝光寺本より一年早い正安二年（一三〇一）で、これも宝光寺本と同じく本願寺第三代覚如三十一歳が、この名号を拝した際に讃を加えたものという。したがって向かって左隅の花押は、覚如のそれであることを意味しよう。これと同型の花押は、長泉寺本を除く安楽寺本、安祥寺本、宝光寺本にもそれぞれ認められるが、覚如にはかかる型の花押はない。むしろこの花押は蓮如に近いかたちのものであるから、これらの紀年や花押は、すべて偽銘であることはいうまでもなかろう。いずれにしても西方寺本も他本と同じく江戸時代初期に、本願寺坊官下間家が所持した親鸞撰述の康元元年本『浄土和讃』を讃銘文資料にして、同家周辺で覚如に擬し作製された名号本尊の一本であったと考定してよいものであろう。

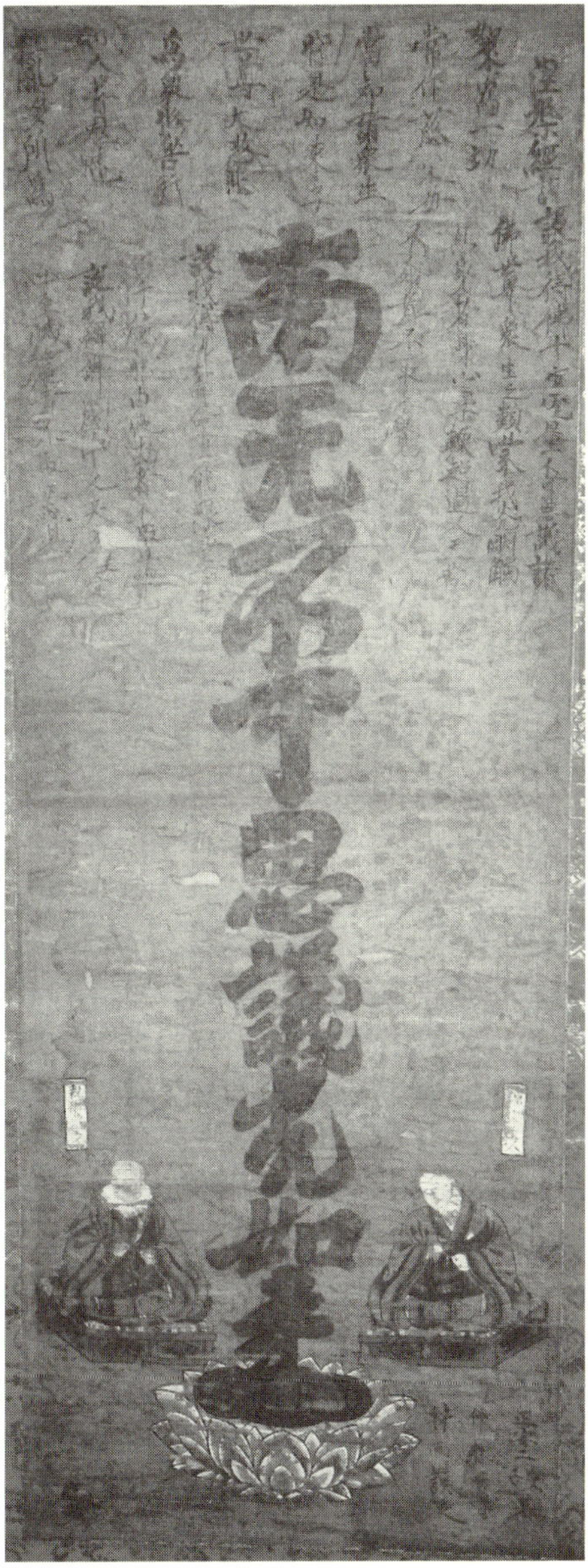

八字名号（93.5×38.4㎝）（愛知・西方寺蔵）

冷泉家本『豊後国風土記』の書写日

周知のように『風土記』は、奈良時代の和銅六年（七一三）に元明天皇の勅命で成された諸国の地誌であるが、残念ながら現在わずかに豊後、肥前、出雲、播磨、常陸の五風土記を残すのみとなっている。このうち肥前と播磨の『風土記』には、平安時代の古写本が伝えられているのに対し、他の『風土記』は、桃山時代以降の近世写本しか知られていなかった。

しかるに今回、京都冷泉家より発見された『豊後国風土記』（以下冷泉家本と略す）は、実に鎌倉時代の貴重な写本で、その価値はすでに国宝の指定を受けている香川猪熊家蔵『肥前国風土記』や、奈良天理図書館蔵『播磨国風土記』に匹敵するといわれている。

冷泉家本には、「永仁五年弐月十八日書写了／同十九日一交了」の書写と校了を示す年月日が、奥書としてしたためられているが、この年時はまさに本書全体の筆風紙質ともよく合致し、文字通りこれが永仁五年（一二九七）の写本であることを物語っている。

ところでこの冷泉家本は、かつて文禄四年（一五九五）に、国文学史上多くの貴重写本を残したことで著名な僧梵舜によって書写された事実が、江戸時代の転写本から知られている。転写本の識語は、「一本云／永仁五年二月十四日書写畢／同十九日一校了／文録（禄）四乙未年臘月三日書写校合等了／梵舜」というものであるが、梵舜本系と冷泉家本とでは、日付の上で十四日と十八日の違いのある点が、一九八一年四月に刊行された『アサヒグラフ』臨時増刊号「全公開冷泉家の遺宝」で指摘された。

私は、なぜ梵舜本系が十四日になっているのかを疑問におもい、あらためて冷泉家本の奥書を注意深く見直した。すると一見「八」のような字は、実は「四」の第三画以下を欠いたというか、もしくは、ひらかなの「い」に近い感じの字体を示していることに気付いた。その点で、今はなき梵舜本の原本はともかくも、その系統をひく江戸時代の転写本が、十四日と記したのも、無理からぬものを覚えたのであるが、それと同時に私は、次のような興味深いひとつの事実をおもい起こした。

その事実とは、鎌倉時代に写された真宗聖教（浄土真宗関係の典籍）の奥書に、冷泉家本ときわめて酷似する文字があって、やはりそれを八と読んでいたが、実はそうではなかった、というもので、この実例は冷泉家本と梵舜本系の日付の違いを考える上に、示唆的なものを含むと私はおもう。

いうところの真宗古写聖教は、三重専修寺に蔵せられる『三部経大意』で、これは法然房源空の著述とされるが、同書の奥に「正嘉二歳戊午い月十八日書写之」とあって、ここの月をあらわす冷泉家本によく似た文字を、従来は日付の八とは明瞭に書体が異なるにもかかわらず、八月と読んでいた。

ところが近年、この専修寺本『三部経大意』は、なんとそれが写されたと同じ正嘉二年（一二五八）の三月五日に五十歳で亡くなった親鸞直門の真仏によって書写されたものであることが、平松令三氏の筆蹟研究で明らかとなったのである。

こうなると、いうまでもなく八月説はおろか、四月と読むことさえも不可能となって、結局これは、真仏没する以前の一月か二月をあらわす文字となってきたわけだが、中世において一月は、つねに正月と書かれた点を考慮すれば、必然的にそれは二月の可能性がもっとも高くなろう。

右のような私の推定は、それを決定的ならしめるきわめて有力な傍証史料を、やはり真宗聖教の中にみつけることができた。

その史料というのは、『浄土和讃』と題される親鸞の和讃集に付されている首数番号であったが、広く知られているように親鸞は、和讃史上まれにみる多作者であったから、彼の和讃には、それを引きやすくするための番号がかならず打たれた。

そうした中に「十い」の番号のついた聖徳太子に関する和讃が、『親鸞聖人真蹟集成』第九巻に収められているが、これはがんらい総計十三首より成る『浄土和讃』（真宗門徒で用いられる『浄土和讃』とは同名異本）の第十二首目に相当する和讃の断簡であるから、そこにみえる「い」も『三部経大意』の「い」と同様、「二」を意味していることは確実といわなければならない。

してみると、まったく同時代の真宗聖教と共通する冷泉家本奥書の「十い日」も、やはり梵舜本系に記される「十四日」や、『アサヒグラフ』で強調される「十八日」ではなく、実は「十二日」を意味しているのではないかと、私は考えるのである——。

以上はまことにささいな問題かもしれないが、しかし、鎌倉時代に「二」を「い」のごとく書く場合のあった事実は、やはり忽諸にできないものがあるといえよう。

出雲路乗専の生年

本願寺第三代覚如（一二七〇～一三五一）に乗専という高弟がいたことは、多少でも真宗史に関心のある人ならすでに周知の事実であろう。

彼は丹波国の人で、はじめ清範法眼と号し教外別伝の宗門（禅）に入り、かねて法華読誦の僧侶であったが、のち覚如に師事して広く浄土の法文を学び、後記のごとく多くの真宗聖教を書写したのであった。

乗専がいかに覚如に深く帰依していたかは、彼の草創になる丹波の仏閣を本願寺へ寄付し、これを覚如の号にちなんで毫摂寺と名付け、同寺と京都出雲路にあった居所とに、覚如の木画両寿像を安置したことによっても十分察知されるだけではなく、覚如の伝記絵巻である観応二年（一三五一）の『慕帰絵』十巻、翌文和元年（一三五二）の『最須敬重絵』七巻も、共に乗専の発起と執筆になるものであったことは、這般の事情をよく物語るものといわねばならない。

覚如の座下にあって乗専が書写した真宗聖教は、こんにち四十点近くも知られているが、これは蓮如（一四一五

〜九九）の六十余点と双璧をなすもので、もって真宗書誌学史上における乗専の位置が推測されるであろう。

このように初期真宗で重要な地位を占める乗専であるにもかかわらず、残念ながら彼の生没年月日は厳密にはわからない。ただし大谷大学編『真宗年表』[1]や本願寺史料研究所編『本願寺年表』[2]では、共に彼の生年を弘安四年（一二八一）としており、このさい注目される。その根拠となっている史料は、大阪願得寺に蔵せられる『真宗血脈伝来鈔』の「暦応二歳（一三三九）己卯四月三日奉書写記　執筆乗専五九歳」という識語であるが、他方、大谷大学図書館には、暦応四年（一三四一）に写された次のような識語をもつ『教行信証』信巻の写本があって、これに基づくかぎり、乗専の生年は前説と異なり永仁三年（一二九五）ということにならざるをえない。すなわち、

又云　元弘三歳（一三三三）癸酉従初春上旬之候底孟夏下旬之天終書写微功畢　於写本者以聖人真秘本加写合
云々　於当本者以松影助阿之証本重令校合而已　釈乗専三十九歳

というものであるが、はたして弘安四年・永仁三年両説いずれが正しいのであろうか。特に弘安四年説を打ち出す東西両派の年表は、権威あるものだけにその与える影響も大きく、検討に値いする価値が十分あるといえよう。しかしながら、これはすでに明らかなごとく、両年表の完全な誤りというほかはない。というのは、『教行信証』記載の年齢から、『真宗血脈伝来鈔』の「五九歳」が「五十九歳」のことではなく、五×九の「四十五歳」を意味していることが明瞭だからである。

この事実については、康永二年（一三四三）に乗専が書写した兵庫豪摂寺蔵の覚如撰『口伝鈔』の奥書識語にみえる次掲のごとき「七々載」も、四十九歳を示しているところからも、まったく疑念の余地はないものといわなけ

ればならない。

康永弐歳癸未四月比　願主釈性覚　可写与比書之由　懇望之間　致漸写之処　同六月八日性覚入滅之由依告来

隔生別離之悲涙雖叵押　為達彼素意　終書写微功訖而已

執筆釈乗専 七々載

以上のごとく乗専の生年が永仁三年（一二九五）であった事実があらためて知られてくると、同年は覚如によって『親鸞伝絵』二巻が著わされた時として忘れ難く、また覚如の二男従覚（一二九五～一三六〇）と佛光寺の空性房了源（一二九五～一三三五）が生まれた年としても注目されて、後年に覚如をとりまく三人の重要人物が、偶然同い歳であったというのも、まことに興味深いものを覚えざるをえないであろう。

最後に乗専が円空という別号をもっていたことが、永和四年（一三七八）の『法水分流記』より知られるところから、京都佛光寺の聖徳太子像に納められる元応二年（一三二〇）の胎内文書も乗専の筆であろうとされ、当時すでに乗専が覚如・存覚父子や空性房了源と親密な関係にあったことを証明する貴重な史料となっているが、佛光寺太子像には右の造立文書のほか、了源の先師にあたる了海の遺骨も納入されていて、その包紙にもやはり同筆をもって、「了海聖人御遺骨　元応弐年正月廿八日　於太子御頭中奉入之」と書かれている。(3) この事実は従来あまりいわれていないが、さきの文書と共に乗専二十六歳の事蹟として今後もっと注目されてよいであろう。

註

（1）大谷大学編『真宗年表』（法藏館、一九七三年）。
（2）本願寺史料研究所編『本願寺年表』（浄土真宗本願寺派、一九八一年）。
（3）文化庁監修『重要文化財』別巻Ⅰ　像内納入品（毎日新聞社、一九七八年）参照。

Ⅱ 親鸞の周辺

親鸞の俗姓

――司田純道氏の学説をめぐりて――

一　司田純道氏の『親鸞伝研究序説』

親鸞の俗姓が藤原氏で、皇太后宮大進日野有範の子であったと最初に明記したのは、周知のように曾孫覚如宗昭の『報恩講私記』であり、『親鸞伝絵』（以下『伝絵』と略す）であった。この二つは共に親鸞没後三十三年にあたる永仁二～三年（一二九四～九五）の史料で、『伝絵』には若干の世代誤記もあるが、それは鎌倉時代とされる三重専修寺蔵の『日野氏系図』、観応二年（一三五一）の従覚慈俊記『慕帰絵』一―一、翌文和元年（一三五二）乗専書写安置の『最須敬重絵』一―一によって補正できるから、現今では本願寺蓮如の第十男実悟兼俊が天文十年（一五四一）に編した『日野一流系図』（系図1）の次掲のような系譜が正しいものとされるにいたっている。

ところで、昭和四十四年（一九六九）一月、司田純道氏はその著『親鸞伝研究序説』において、『尊卑分脈』第二篇所収の左大臣武智麿四男参議巨勢麿十三男中納言貞嗣孫にみえる次のような「熱田大宮司家系図」（系図2、巻末に折り込み）に注目し、現在定説化している親鸞藤原氏日野家出自を否定する説を提示した。しかし、この司

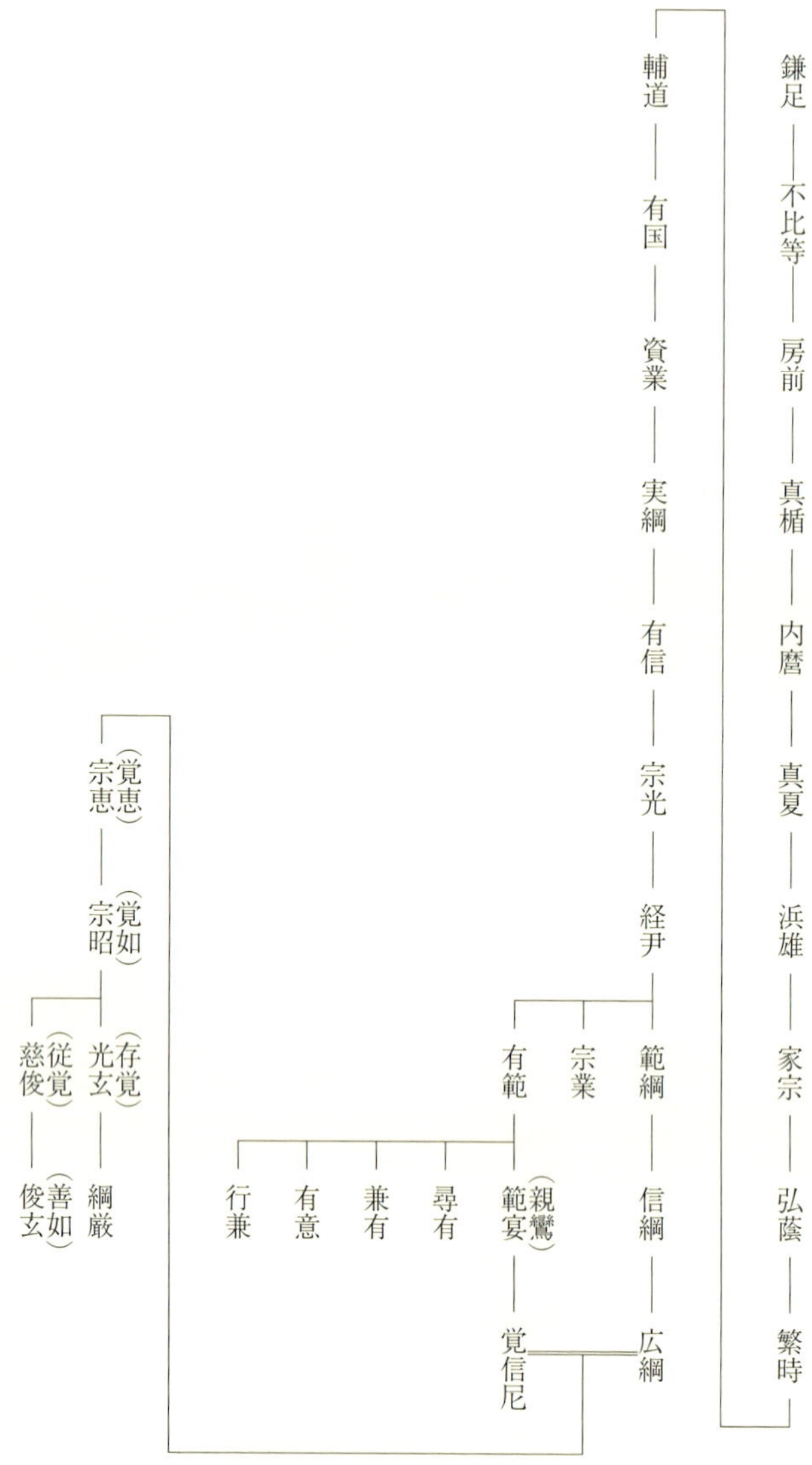
鎌足
不比等
房前
真楯
内麿
真夏
浜雄
家宗
弘蔭
繁時
輔道
有国
資業
実綱
有信
宗光
経尹
範綱
宗業
有範
信綱
広綱
範宴（親鸞）
尋有
兼有
有意
行兼
覚信尼
宗恵（覚恵）
宗昭（覚如）
光玄（存覚）
慈俊（従覚）
綱厳
俊玄（善如）

系図1　『日野一流系図』

田説は私家版ということもあって、今日ほとんど顧みられていないが、これを破らないかぎり、軽々に系図1を信ずるわけにはいかないとおもうので、あらためてここに司田説を紹介し、もって親鸞伝の出発点ともいうべき俗姓問題に、あらたな議論が起きることを期待したいとおもうものである。

二　熱田大宮司家の範綱

さて、系図2において留意されるのは、さきの系図1に出てきた人物と同名の範綱、有範、信綱がみられることである。範綱という名の人が、『伝絵』にいうごとく後白河上皇の近臣にいた事実は、上皇が建久三年（一一九二）三月十三日に亡くなった時のことを記す『吾妻鏡』や『明月記』の次の記事からも疑いない。

『吾妻鏡』建久三年三月十六日条（史料1）

十六日戊子。未剋。京都飛脚参着。去十三日寅剋。太上法皇於二六条殿一崩御。（後略）

『吾妻鏡』建久三年三月二十六日条（史料2）

廿六日戊戌。（中略）遷化之刻。女房二位局落餝。戒師本成房也。若狭守範綱。主税頭光遠。御閉眼之後出家。御後事。民部卿経房。右中弁棟範朝臣別当。右少弁資実判官代。奉二行之一。崩御当日時刻御入棺。澄憲僧正。静賢法印為二役人一。中将基範（成範卿男）。中将親能。少将教成（二品局息）。少将忠行。右馬頭資時入道（故資賢大納言子）。大膳大夫業忠。範綱入道若州。能成入道（周防守）。等。又従二此役一。（後略）

『明月記』建久三年三月十六日条（史料3）

十六日陰晴、未後雨降、（前略）御前僧十三口、加護摩師定也、勝賢護摩、澄憲、良縁、雅縁、実全、弁暁、公胤、禅聖護摩、行舜、寛舜護摩、仙雲、祐範、聖覚、午時許御共参大炊殿退出、人々云、雅賢卿、経業朝臣、為保、光遠、範綱等出家、自余虚言云々、

これらの史料で注意したいのは、範綱と共にその名がみえる澄憲、静賢、基範、勝賢、祐範、聖覚、さらに系図2の範忠、範雅等々、彼らはみな貞嗣流実範の流れをくむ後白河上皇の近習であった事実が、一つの共通点として浮び上がってくることであろう。実は『伝絵』で親鸞の伯父とされる範綱は、もう一人の伯父になっている宗業のように、同時代史料で日野経尹の子であることを証明できないので、上皇近臣の若狭守範綱というのは、むしろ系図2にみた熱田大宮司家の季兼、もしくは季範の子として載せられている範綱である可能性の方が高いのではないか。その場合季兼の子では年代的にやや早すぎるので、注記のごとく「或季範子」とみるのがよいのかも知れない。ちなみに範綱は『山槐記』文治四年（一一八八）一月二十四日条に「正五位下藤原範綱」とあり、これが正しい位階とおもわれるのに、『伝絵』では「従三位」に過飾されているので注意を要する。

なお『尊卑分脈』第三篇清和源氏義親の五人目の子としてあげられている宗清の女（むすめ）に、「阿波守藤原（ま无）経尹室　宗業卿範綱等（三字わかま无）母」とあり、宗業、範綱は経尹と宗清の女との間に生まれた兄弟とみる見解もあるが、注意しなければならないのは、兄の範綱より弟の宗業がさきに書かれていることと、前田家所蔵脇坂氏本（わ）、国立国会図書館支部内閣文庫本（か）、前田家所蔵本（ま）の各『尊卑分脈』には、「範綱等」の三字がないことで、元来ここは「宗業卿母」とのみあったものへ、本願寺の『日野一流系図』（系図1）が参照されて、

三字が加えられたとみるべき性質の注記であろう。したがって『尊卑分脈』のこの記載は、範綱と宗業が兄弟であった事実を証明する史料とはなりえないことに十分留意しておかなければならない。

かくて後白河上皇の近臣で、若狭守であった範綱という人物は、確かに実在していたが、それが日野氏の出身で宗業や有範と兄弟であったことを証明する同時代史料はなく、上皇近臣という視点より見直すならば、実範の系統に出てくる熱田大宮司家季範の子の範綱こそが、それに該当する可能性の高いことが了解できるかとおもう。

三　関東御家人の検非違使任命

それでは次にその範綱の兄範信の子として出てくる憲朝、信綱、さらに憲朝の注記にある有範や信綱について検討しよう。

注記によれば憲朝は、範朝とも書かれたらしいが、憲朝の父や伯叔父たちは、範忠、範信、範雅、範綱、範智、祐範など、彼らの父の季範の一字を受けているので、憲朝も範朝が正しいのかも知れない。いずれにしてもノリトモと呼ばれたのであろう。彼は千秋を号し関東奉公すなわち鎌倉幕府の御家人で、駿河守を勤め八条院の判官代であったとあり、この憲朝の本名は有範で、のちに信綱に改めたという。八条院判官代本名有範のこと以外、ほぼ同内容の注記が憲朝の弟になっている信綱にもみられるが、これは記されるごとくおそらく重複で、範信の子としてあげられていたのは、がんらい憲朝だけであったとおもわれる。

憲朝と範朝のことは、右のように共にノリトモと読めることで解決できるが、そのノリトモが本名有範、のちに改名信綱とあっては、誰しも少々理解に苦しむであろう。何かそこには特殊な事情が潜んでいるようにおもえてならない。そこで当時の記録である『明月記』元久元年（一二〇四）四月十三日条をみてみたい。

『明月記』元久元年四月十三日条（史料4）

十三日（祭除目）、朝後天陰、巳時許、見聞書、任人如春秋除目、

（中略）

使宣旨　範朝　左衛門尉定綱（サ、キ）、平有範

（後略）

この記事は検非違使を任命するときに発行される使宣旨に、範朝、左衛門尉佐々木定綱、平有範の三名があったことを伝える内容だが、ここでの範朝が、憲朝のことであり、平有範が憲朝本名有範と系図2の注記に記される人物に該当するであろうことは容易に想像できよう。つまり憲朝＝範朝と有範とは、別人であったのである。

『尊卑分脈』（系図2）からもわかる通り、憲朝＝範朝のおばが源義朝の妻となって、頼朝を生んでいる関係上、熱田大宮司家と源氏とはきわめて親密な関係にあり、平治の乱の際も「熱田大宮司太郎（季範）は　義朝には小舅なれば　我身は登らねども　家の子郎等差し上す」ほどであった。いっぽう範朝と共に検非違使の使宣旨を受けた佐々木定綱も、弟高綱と共に源為義の女、すなわち頼朝のおばを母にもつところより、父秀義以来の源氏の重臣で、鎌倉幕府創業にも与って力あった。使宣旨の翌二年四月七日「佐々木判官定綱　依病気出家云々」、同九日「検非違使左衛門少尉源朝臣定綱法師卒云云」と『吾妻鏡』にもある通り、定綱はまちがいなく検非違使に任ぜられていた事実がわかると共に、その任官が御家人に対する幕府公認のものであったことも同時に理解できよう。つまり熱

田大宮司藤原範朝＝憲朝、佐々木定綱、平有範の三人は、いずれも関東奉公人であり、幕府の認可を受けて朝廷の検非違使にも任命されていたのである。

四　平五条有範

三人のうちの二人は上のごとくであるが、最後の平有範とはいかなる人物なのであろうか。彼の足跡を当時の文献に追ってみよう。

まず『明月記』建久九年（一一九八）二月十四日条に、後鳥羽上皇が石清水八幡宮へ行幸した際、供奉の北面下臈の中に「康実　公澄　成実　仲盛　基清　有範　能兼　信弘　盛能　俊清」がいる。ここでの北面下臈というのは、『承久記』の「白河院の御時　北面と云う事を始めて　侍を近く召使わるゝ事ありけり　此（後鳥羽上皇―筆者註）御時に又　西面と云うものを召置かれけり　其頃　関東へ仰せて弓とりよからんものを十人すぐりて参らせよとめされしかば　津田筑後六郎　静間若狭兵衛次郎　源弥五郎　筒井兵衛太郎　高井兵衛太郎　萩野三郎　旦　六人を進られける」とある記述より、実は西面武士のことであることがわかり、それは弓とりよからん関東御家人の中から、十人をよりすぐって召し置いたものであった。後鳥羽上皇の院政は建久九年一月十一日に土御門天皇へ譲位したときから始まるが、西面武士の制もそれと並行して実施された模様であるから、有範もその設置と共に選任された一人であったのだろう。

『吾妻鏡』元久二年（一二〇五）閏七月二十日と同二十六日条に次のごとくある。

『吾妻鏡』元久二年閏七月二十日（史料5）

廿日乙巳。晴。辰剋。遠州禅室下二向伊豆北条郡一給。今日相州令レ奉二執権事一給云々。今日前大膳大夫属入道。藤九郎右衛門尉等参二会相州御亭一。被レ経二評議一。被レ発二使者於京都一。是可レ誅二右衛門権佐朝雅一之由。依レ被レ仰二在京御家人等一也。

『吾妻鏡』元久二年閏七月二十六日（史料6）

廿六日辛亥。晴。右衛門権佐朝雅候二仙洞一。未二退出一之間。有二囲碁会一之処。小舎人童走来招二金吾一。告二追討使事一。金吾更不二驚動一。帰二参本所一。令二目算一之後。自二関東一被レ差二上誅罰専使一。無レ拠二于遁避（逃）一。早可レ給二身暇一之旨奏訖。退二出于六角東洞院宿廬一之後。軍兵五条判官有範。後藤左衛門尉基清。源三左衛門尉親長。佐々木左衛門尉広綱。同弥太郎高重已下襲到。暫雖二相戦一。朝雅失レ度逃亡。遁二松坂辺一。金持六郎広親。佐々木三郎兵衛尉盛綱等追二彼後一之処。山内持寿丸（後号二六郎通基一。刑部大夫経俊六男。）射二留右金吾一云々。

これは北条時政の後妻牧の方の女婿で、京都守護の任に就いていた平賀朝雅を義父母の時政と牧の方が、三代将軍源実朝を排除して将軍職に就けようとした陰謀事件での朝雅討伐を伝えるものだが、その討伐軍の在京御家人の中に有範が入っているところからもわかるように、彼は、幕府への忠節を尽すと同時に、検非違使の尉すなわち判官に任ぜられて、後鳥羽上皇の西面武士としての役割も担っていたのである。

有範は『明月記』に平氏と明記されているが、ここでは五条判官とある。『吾妻鏡』建永元年（一二〇六）七月一日条に「伊勢平氏等蜂起之時朝政（平賀朝雅）朝臣為大将軍　相催近国御家人発向之所　不参之輩所領等　雖被召放之　面々

依申被子細　五条蔵人長雅已下所領被返付云々」の記事があり、元久元年三月二十一日後鳥羽上皇が、さきほどの平賀朝雅をして伊賀・伊勢の平氏残党を討たしめたとき、近国御家人のひとりであった五条蔵人長雅は、不参の輩であったため所領を召されたが、子細を申しひらきしにより返付されたとある。五条長雅の不参理由は定かでないが、平五条有範と同様平氏に属したので、同族争いを避けたとも考えられる。してみると近国の五条というのは、大和のそれであろうか。いずれにしても有範は五条平氏であったことは疑いない。

　元久二年十月十三日条の同じく『吾妻鏡』に、

『吾妻鏡』元久二年十月十三日条（史料7）

十三日丙寅。晴。五条判官有範使者自㆓京都㆒参着。申云。去二日子剋。叡山法花堂渡廊放火。講堂。四王院。延命院。法花堂。常行堂。文殊楼。五仏院。実相院。丈六堂。五大堂。御経蔵。虚空蔵王。惣社。南谷。彼岸所。円融坊。極楽坊。香集坊。皆以為㆓灰燼㆒。余炎欲㆑及㆓中堂㆒之間。本尊十二神将像奉㆑渡㆓随自喜堂㆒畢。前唐院聖教宝物等奉㆑取㆓出法花常行堂㆒。供養法於㆓食堂㆒修㆑之。放火事。堂衆所行歟之由。有㆓其疑㆒云々。

とあって、五条判官有範が使者を鎌倉に遣わし、同月二日子剋比叡山法花堂渡廊下への放火で、諸坊が焼亡したことを報告している。こうした朝幕への忠勤が認められて、建永二年（一二〇七）一月十四日の『明月記』には、「従五下有範　如元」とみえ、従来通りの位階が保障されているのがわかる。

　建暦三年（一二一三）五月三日、大江大膳太夫広元・北条相模守義時の二人は連名で、左のような書状を在京御家人佐々木左衛門尉広綱に送っている。

『吾妻鏡』建暦三年五月三日条（史料8）

三日癸卯。小雨灑。

（中略）

和田左衛門尉義盛、土屋大学助義清、横山右馬允時兼、すへて相模の者とも謀叛をおこすといへとも、義盛殞レ命畢、御所方別の御事なし。しかれとも親類多きうへ、戦場よりもちり〳〵に成よしきこしめす。海より西海へも落行候ぬらん。有範、広綱おの〳〵そなたさまの御家人等ニ、この御ふみの案をめくらしてあまねくあひふれて、用意をいたしてうちとりてまいらすへき也。

五月三日　酉剋　　大膳大夫
　　　　　　　　　相模守

佐々木左衛門尉殿

（後略）

これは侍所別当和田義盛の謀叛において、義盛自身は戦死したが、その親類が海より西海へと落ち延びる可能性があるによって、五条判官有範、佐々木左衛門尉広綱（定綱の子、信綱の兄）は、おのおの在京の御家人等に触を出し、和田一族を討ち取るよう命じたものである。

同二十二日の『吾妻鏡』によれば、

『吾妻鏡』建暦三年五月二十二日条（史料9）

廿二日壬戌。天晴。関東飛脚等自二京都一帰参。初使節去八月戌剋入洛。後飛脚同十四日丑剋入洛。因レ茲京中浮説非レ一。自レ院有二御禁制一。亦在京士率雖レ申下可二参向一之由上。有二天気一。為レ警二固洛中一被レ留之。佐々木左衛門尉広綱得二私飛脚一。相二伴五条大夫判官有範一。（有範。広綱。各自二坊門殿一給レ馬。）已擬二進発一之処。御教書到着之間留訖。

とあり、義盛謀叛を案じた有範・広綱の両名は、鎌倉へ下向しようとしたが、幕府よりの御教書が飛脚によって、もたらされたためにとりやめている。『明月記』建暦三年五月十七日条の文面は、その間の事情を伝えるものにほかならない。すなわち、

『明月記』建暦三年五月十七日条（史料10）

十七日、天晴、昨日自関東有到来書云々、所仰広綱也、広元能時各加判、又有将軍判云々、在京武士不可下向、可守護院御所、又謀反之輩廻西海之由有聞、可致用意云々、（後略）

とあるのがそれである。

和田氏が滅ぼされた翌建保二年（一二一四）七月二十七日条の『吾妻鏡』には、三代将軍源実朝が、父頼朝の恩徳に報いんがため発願建立した鎌倉大倉新御堂の供養会があって、実朝がこれに参列した際、その供奉人行列の後騎に筑後守有範が加わったとある。

『吾妻鏡』建保二年七月二十七日条（史料11）

廿七日庚寅。終日甚雨。今日。大倉大慈寺号㆓新御堂㆒。供養也。巳剋。尼御台所御輿。渡㆓御彼寺㆒。午剋。将軍家御束帯御出。供奉人行列。

（中略）

後騎

相模守義時	武蔵守時房	修理亮泰時已上一行
前大膳大夫広元	前駿河守惟義	遠江守親広
伊賀守朝光	筑後守有範	三浦九郎左衛門尉胤義
中条右衛門尉家長	葛西左衛門尉清重	嶋津左衛門尉忠久
佐貫兵衛「門」尉広綱	大井紀右衛門尉実平	宇佐美右衛門尉実政
江右衛門尉範親	加藤右衛門尉景広	江兵衛「門」尉能範

（後略）

翌三年一月一日に同じく実朝が、鶴岡八幡宮へ社参のときも有範は供奉しているので、一年近く鎌倉に下向滞在していたのであろう。

『吾妻鏡』建保三年（一二一五）正月一日条（史料12）

正月小一日辛酉。晴。将軍家鶴岳八幡御社参。被㆑用㆓御車㆒。筑後左衛門尉朝重役㆓御剣㆒。相州。武州。修理亮。遠江守親広。伊賀守朝光。筑後守有範。左衛門大夫光員。左近大夫朝親。左近大夫親実等供奉。

その実朝が兄頼家の子公暁によって、鶴岡八幡宮で刺殺されるのは、同七年（一二一九）一月二十七日のことであった。翌承久二年（一二二〇）五月十三日の『吾妻鏡』に「祇園本社焼失云々 有範差等使 所申送也」とあって、有範はこれより以前すでに帰京して本務についていたことがわかる。

後鳥羽上皇による承久の乱が勃発するのは、その翌三年（一二二一）三月のことであった。『承久記』によれば、

廻文ニ入輩、能登守秀康、石見前司、若狭前司、伊勢前司、安房守、下野守、下総守、隠岐守、山城守、駿河守太夫判官、後藤太夫判官、江太夫判官、三浦判官、河内判官、筑後判官、弥太郎判官、間野次郎左衛門尉、六郎右衛門尉、刑部左衛門尉、平内左衛門尉、医王左衛門尉、有石左衛門尉、斎藤左衛門尉、薩摩左衛門尉、安達源三左衛門尉、熊替左衛門尉、主馬左衛門尉、宮崎左衛門尉、藤太左衛門尉、筑後入道（有則―筆者註）父子六騎、中務入道父子二騎。

『承久記』（史料13）

とあり、この大乱で筑後入道有則＝有範父子は、あろうことに上皇方に味方し幕府へ弓を引いたのであった。しかし、周知のように公家勢力の挽回を計って起こした上皇の承久の乱は、北条政子、執権北条義時姉弟を中心とする幕府軍の団結によって上皇方の敗北となり、幕府権力が著しく強化される結果に終ったのであった。

鎌倉幕府の関東御家人で、西面武士、検非違使として後鳥羽上皇に仕えていた後藤検非違使従五位上行左衛門少尉藤原朝臣基清、五条筑後守五位下行平朝臣有範、佐々木山城守広綱、検非違使従五位下行左衛門少尉大江朝臣能範の四人は、右大将源頼朝の恩を蒙り数箇の庄園を賜った上、同将軍の推挙により五品の位階にまで昇ったにもか

かわらず、忘恩の挙に出たにより梟首の極刑に処せられたことが、『吾妻鏡』承久三年七月二日条に次のごとく大書されている。

『吾妻鏡』承久三年七月二日条（史料14）

二日甲申。西面衆四人被㆓召渡㆒梟首。霜刑之法。朝議不㆑拘云々。謂四人者。後藤検非違使従五位上行左衛門少尉藤原朝臣基清。（子息左衛門尉基綱斬㆑之。依㆑命也。）五条筑後守従五位下行平朝臣有範。佐々木山城守従五位下源朝臣広綱。江検非違使従五位下行左衛門少尉大江朝臣能範等也。此輩皆関東被官士也。蒙㆓右大将家恩㆒。賜㆓預数箇之庄園㆒。依㆓右府将軍挙㆒。達㆓昇五品之位階㆒。縦雖㆑重㆓勅定㆒。盍㆑恥㆓精霊之所㆑㆒照哉。忽変㆓彼芳躅㆒。欲㆑払㆓遺塵㆒。頗非㆓弓馬道㆒歟之由。人嫌㆑之云々。

なお、有範には筑後太郎有長という長男のいたことが、『吾妻鏡』文治元年（一一八五）四月十四日、『承久記』承久三年五月十四日、『吾妻鏡』同年六月六日、『明月記』寛喜元年（一二二九）十二月二十二日の各条より知られて注意したいし、承久の乱の時点で有範は入道していたこともわかり、記憶に留めておきたい。

以上のような経歴をもつ有範は、『尊卑分脈』熱田大宮司家の憲朝＝範朝とは、『明月記』元久元年四月十三日条（史料4）に照らし、明らかに別人であることが了解できたであろう。それではなぜ、憲朝＝範朝の本名が、有範とされるにいたったのかといえば、それは憲朝のもうひとつの注記である「後改信綱」を検討することによって明らかとなる。

五　熱田大宮司家の信綱

そこでまず信綱に関する史料を列挙しよう。次のようになる。

『玉葉』文治三年（一一八七）十月三十日条（史料15）

卅日、丁酉天晴、（中略）此夜有二行幸調楽二一音一、陪従等相論、第一信綱城外、仍第二範宣可レ奉二仕一無一、第二仲俊望二申之一、第三有頼申云、重代堪能之者、超二上臈一承二二音一、先例已有、頼高為二範基息一、仲俊非二重代一也、又非二堪能者一、仲俊申云、先例多任レ次被レ仰也、此芸所レ伝二近久一者、陪従等申云、無二二音一被二調楽一、先例也云々、余仰云、今夜許不レ可レ有二二音一、兼又可レ問二妨（向イ）方、近久等一之由仰了、今夜調楽第二度也、

『玉葉』建久五年（一一九四）二月二十七日条（史料16）

廿七日、己未此日、当今御時始、所レ被レ置二楽所一也、

（中略）

地下、

経尹笛、　高通琵琶、　已上蔵人五位、

昔諸大夫学二此道一之者、多為二陪従一、近代不レ然、件両人頗為二堪能一、就レ中於二高通一者、重代堪能、旁兼備者也、

先例如レ此之輩、殊無レ応二清選一、且于レ時無二其人一之故也、今撰能召レ之、

信綱、有頼、仲俊、俊基、已上陪従、(中略)

此夜可レ有二臨時祭定一云々、兼宗朝臣執筆云々、信綱子可レ入二陪従一之由申レ之、余許レ之、

『玉葉』建久五年三月十日条(史料17)

十日、辛未天晴風静、此日、大原野行啓試楽也、(中略)兵庫頭信綱取二拍子一、笛、、和琴、、良久舞人入レ自二中門一、進二立前庭一、(後略)

『百練抄』建久六年(一一九五)三月二十八日条(史料18)

廿八日 於関白九条第 被行学問料試 衆九人 信綱、、、、、両翰林評判

『明月記』建久九年(一一九八)一月十一日条(史料19)

十一日、天晴、(中略)蔵人信綱来触五条少将云、可立警固給、左頭中将命也、被答云、兄弟両人頗似無他人歟、信綱云、申持明院少将之処、巻纓了有煩之由被申者、猶可触他人之由被示了、(後略)

『明月記』建久九年一月十三日条(史料20)

十三日、天晴、(中略)内殿上人次第狼籍、(中略)判官代長房、藤親綱、藤信綱、同忠綱、源保清、(後略)

『明月記』正治元年(一一九九)三月二十五日条(史料21)

廿五日、天晴、今日見除目聞書、雅親、師経叙正下、次将悉超越、予兼安芸権介、被載聞書、尤以珍重、以在世身（中略）皇太后宮権少進藤信綱（後略）

『明月記』正治二年（一二〇〇）九月十八日条（史料22）

十八日、天晴、早旦騎馬向法性寺辺、逢円能律師、聊依有小事也、巳時許還来、北政所御御堂、寄御車退下、依召参大臣殿、申時許退下、又参御堂、又参東殿、又入夜参御堂、北政所還御、御共了退下、以経語云、鳴絃（弦カ）、五位八人、朝房、親長、行経、以経、資清、信綱、、、（後略）

『明月記』建仁元年（一二〇一）十月七日条（史料23）

七日、天晴、（中略）先参厩戸王子、即馳入宿所、此御宿惣名ハ信達宿、此所厩戸御所云々、如例有萱葺三間屋、自国充行、御所聊近、還懐恐、戌時許有召参上、被召入御前、被講二首、忽有定被書直題、次第雪為先、如例読上了、御製又以殊勝、入夜二首当座、愚歌、

暁初雪

色々のこのはのうへにちりそめて雪はうつますしの、めのみち

山路月

袖のしものかけうち払ふみ山ちもまたすゑとをきゆふつくよ哉

読上了人々詠吟、即退出、内府、宰相中将、大弐、三位中将、下官、定通、長房、通方、信綱、家長、清範等也、

『明月記』　建仁元年十月九日条（史料24）

九日、天晴、（中略）次又過今日御宿（湯浅）三四町許、入小宅宿所、（後略）今日又二首当座、

題　　深山紅葉　海辺冬月

（中略）

皇太后宮少進藤原信綱

わけすつる跡の梢のうす紅葉色も日かすもふかき山かな

風さむみ監くむあまのぬれ衣よるともいはす月にほすなり

（後略）

『明月記』　建仁元年十月十四日条（史料25）

十四日、天晴、天明出山中宿、参重照王子、次参大坂本王子、次超山了入近露宿所、（于時日出後也、）自瀧尻至于此所、崔嵬陂池、目眩転魂恍々、昨日渡河足聊損、仍偏乗輿、（此宿所近御所隔田、）午終時許御幸歩訖即給題、

（中略）

皇太后宮少進藤原信綱

時雨にはつれなくみえし松かえもみな白妙のみねの月かけ

雪ならはのきかくはかりつもらましはままつかねのとまやもる月

（後略）

『明月記』建仁二年（一二〇二）七月二十二日条（史料26）

廿二日、天晴陰、申終許忽大雨小雷、即霽、早旦有御狩、出御、宇治山方云々、昨日殊可候留守之由被仰、巳時参上、留守人各伺候、或昇降休息、実教卿、仲経卿、信雅朝臣、親定、基行朝臣、具親、実信、北面清実、信綱、清範等也、（後略）

『明月記』建仁三年（一二〇三）十一月十三日条（史料27）

十三日、丁丑、天晴、（中略）近習上北面皆前駈、其中取机帳角、康業、忠綱、信綱、能隆、家長、俊光、殿上人群昇、（後略）

『明月記』建永元年（一二〇六）六月十六日条（史料28）

十六日、天晴、（中略）夕還御之後有除目沙汰云々、深更範光卿招親定咲懸、任内蔵頭歟、基行叙二位、年廿八、出仕僅十年許、当時局之賂第一老女也、依一子有此恩歟、坊亮範朝兼之、信綱従五位上、任左近将監、二位之後新任中将、四位之後、新任少将之准拠云々、天下只任意、左大将令任給云々、（後略）

『明月記』建保元年（一二一三）一月十四日条（史料29）

十四日、天晴、朝霜如厳冬、未後細雨、入夜雪降、依風病猶不快、自不行向、以忠弘送院主法印許、嵯峨事不被嫌破損之急、可被渡座由示之、又有消息、同報其由了、辰時許少将参内、書取夜前折紙持来、全無驚目事、按察使光親兼、山城中原康能、大和安部資朝、上野藤信綱、（後略）

『明月記』　建保四年（一二一六）一月六日条　（史料30）

六日、天陰、微雨聊灑、（中略）予退出之後、密々示少将許、取寄下名、尋常書直、密々返進了、件本下名継加之、

（中略）

従五位上

式二十六高階朝臣成兼　従下一
式一　兼　康　王　正親正
式二十七高階朝臣為定　前高松院長寛二年御給
式二十八平　朝臣知祐　簡一
式二十九藤原朝臣宗尚　策
式三十紀　朝臣文長
式三十一藤原朝臣実有　臨時
式三十二藤原朝臣通継　承明門院去年御給
式三十三藤原朝臣頼経
式三十四藤原朝臣実千　宣陽門院当年御給
式三十五藤原朝臣信綱

（後略）

『明月記』寛喜元年（一二二九）三月二十二日条（史料31）

廿二日、庚寅、天晴、風静、辰時参殿、九条殿女院御前、家平朝臣忠高奉行等、等参、（中略）下﨟御随身、歩行、検非違使大夫尉信綱、衣冠、赤衣、（後略）

『明月記』寛喜元年四月二十三日条（史料32）

廿三日、庚申、天顔快晴、（中略）太無益事歟、依検非違使信綱渡、見物成群云々、且是追従歟、

『明月記』寛喜元年四月二十四日条（史料33）

廿四日、辛酉、朝陽陰晴、南風吹雲、中時雨、（中略）検非違使渡了、六位八人之中武士以東、新補云々、五位二人信綱親綱子山城内蔵渡了、（後略）

『明月記』寛喜二年（一二三〇）閏一月十二日条（史料34）

十二日、乙巳、夜月明、朝霜凝（中略）讃州弘田郷事、彼郷公文男左衛門尉信綱可請由申、何事在哉由有相門之命、左右只随厳旨之由答由了、殿下今夜御参内、可御々直廬云云、今夕右幕下之室平産、女子云々、

『明月記』寛喜二年（一二三〇）閏一月十四日条（史料35）

十四日、丁未、自朝陰沍、侍従来、今夕拝賀云々、兵衛佐又来臨、詣相門、讃州弘田事、可令請公文男信綱、之由、依有其命、本沙汰者訴申役夫等使、引付事可被仰含、可停止由之趣申之、件文今日相計令書可給之由有約諾、

（後略）

『明月記』寛喜二年閏一月十七日条（史料36）

十七日、庚戌、自去夜天陰風吹、弘田事自相門有被示之旨、参向申子細帰、成私家下文奉之、又給信綱請文、

（後略）

『明月記』寛喜二年閏一月二十一日条（史料37）

廿一日、甲寅、天晴、夜雪宿、（マヽ）不及寸、沍寒、依寒気不出行、讃岐弘田役夫等未済、自相門昨日所召預之信綱請文十三斛、依神部来仰含其由了、（後略）

『明月記』寛喜二年十月十四日条（史料38）

十四日、壬申、天明雲分、陽景晴、風又寒、讃岐仏田一村可被免国検之由、信綱懇望云々、昨今申相門、仰遣行兼許了由有御返事、仍其旨示含章行了、検非違使為信綱、母儀、頻被申此事、去年申請相門事、同此男所為也、

（後略）

『明月記』寛喜三年（一二三一）一月十九日条（史料39）

十九日、丙午、雪積二寸許、辰後天晴、（中略）讃州公文左衛門尉信綱称身病由、子息男令参之由申、相具来云々、有名簿、信綱子息広綱云々、佐々木兄弟同名歟、初参之志神妙之由答之了、此男自相門被命之後、弘田事

無虚言未済、於田舎者存外事歟、（後略）

これによって明らかな通り信綱は、後鳥羽天皇に楽人として仕えることから出発しているのがわかり、「熱田大宮司家系図」（『尊卑分脈』〈系図２〉）に号を千秋と称したのも、雅楽の千秋楽からとったのであろうことも理解できる。なお建久五年二月二十七日の『玉葉』記事には、信綱の子も父と同様陪従に入れることを九条兼実が許したとあり（史料16）、また翌三月十日条に「此日大原野行啓試楽也（中略）兵庫頭信綱取拍子云々」とあって（史料17）、彼が兵庫頭に任ぜられているのも、範綱が兵庫頭についていた事実とあいまって注目される。『明月記』によれば信綱は、建久九年蔵人（史料19）、判官代（史料20）。正治元年皇太后宮権少進（史料21）。同二年五位（史料22）。建仁元年皇太后宮少進（史料24）。同二年北面（史料26）。建永元年（一二〇六）従五位上（史料28）、左近将監（史料28）。建保元年上野介（史料29）。寛喜元年検非違使大夫尉（史料31）。同二年左衛門尉（史料34）。同年公文（史料34）などを歴任しているのがわかる。このうち判官代、皇太后宮権少進、同少進という役職は、誰に仕えていた際のそれかといえば、『尊卑分脈』大宮司系図（系図２）に照らし、八条院と知られる。八条院暲子は鳥羽天皇の第三皇女で、母は美福門院得子。二条天皇の准母として応保元年（一一六一）院号宣下のあったきわめて富裕な女院である。信綱はこの八条院に伺候した蔵人で、皇太后宮少進の職は、彼女が建暦元年（一二一一）六月二十六日七十五歳にて没する時まで続いたものとおもわれる。ただしそれは閑職で、むしろ信綱は後鳥羽上皇に仕える北面武士を本務とし、かつ和歌をよくする達人でもあったから、建仁元年十月の後鳥羽上皇熊野詣にも供奉し、遙拝所の王子でおこなわれた和歌会に何度も詠進しているほどである。現在、同月八日紀州湯浅での深山紅葉、海辺冬月。十四日近露王子にての峯月照松、浜月似雪の四首が信綱のものとして、藤原定家が記録に残すところとなっている

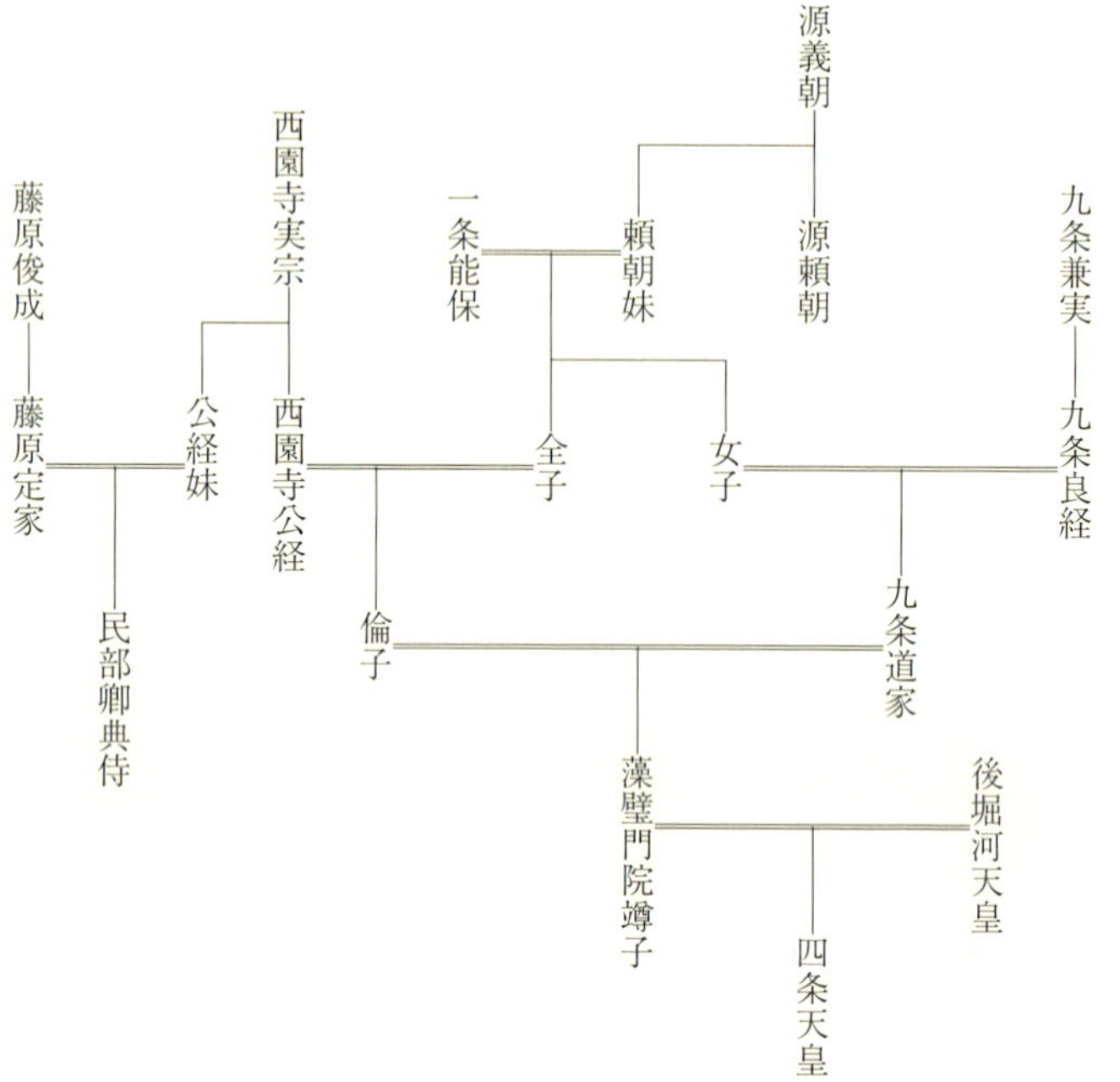

系図3

（史料24・25）。

ちなみに名古屋市関戸家には、正治二年頃の熊野類懐紙と呼ばれるものを四点ほど蔵するが、そのうちの一点は信綱の自筆として貴重である。信綱自筆の懐紙といえば、このほかにも花有歓色、関路暁月、暁紅葉を詠んだ各一首ずつもあるのだが、今は所在不明となっている。

信綱のこうした比較的優雅な生活環境も、後鳥羽上皇による承久の乱で一変し、彼のことは十年近くも記録にあらわれなくなる。が、そのような逼塞状況の信綱に春をもたらしたのは、上の系図（系図3）にみえる竴子（後の藻壁門院）が、寛喜元年に入内し、後堀河天皇の女御となったからである。というのも、その竴子の女房に藤原定家の女民部卿の出仕が決まり、出仕料として讃岐国多配村が定家に与えられたのである。定家には同国の弘田郷や仏田村にも所領があり、それらの領地の公文をつとめる役にあたったのが、ほかでもなく信綱であった。しかるところ同三年一月十九日条の『明月記』によれば（史料39）、信綱は病気のため以後公文は、子息を参らせると定家のところへ名簿をもって挨拶にきた。その名簿には信綱の息広綱とあり、かの佐々木広綱・信綱兄弟と同名であることが、定家には印象的であったらしく、そのことをわざわざ日記に書き留めているのである。

六　親鸞一家と範綱・有範・信綱・広綱

さて、以上みてきた範綱・有範・信綱・広綱という名の人物は、誰しも気づく通り、覚如の『報恩講私記』『親鸞伝絵』『本願寺留守職相伝系図』、存覚の『歎徳文』、従覚の『慕帰絵』、乗専の『最須敬重絵』等々で、親鸞の伯父、親鸞の父、親鸞の女婿父子とされる人たちにまったく同じであることに注目したい。しかし、その四人は当時の史料に即してみるかぎり、覚如たちがいうごとき日野氏に属する人たちではない。親鸞関係で日野氏の出自が明確なのは、やはり伯父とされる宗業だけだが、この宗業が親鸞の伯父と位置づけられるようになるのは、実は覚如没後存覚の時代になってからのことであった。つまり範綱や有範を宗業の兄弟とすることによって、はじめて三人が日野氏出身となり、最初に掲げた『日野一流系図』（系図1）のように、覚恵・覚如・存覚たちも日野一流たりえたわけである。

ところが、範綱や信綱・広綱父子は、藤原南家貞嗣流熱田大宮司家の流れをくむ人物とみられ（系図2）、実はその広綱の妾となったのが、親鸞の季女覚信尼だったのである。そのことは『明月記』建保元年一月十四日条（史料28）に「上野藤信綱」、また同寛喜三年一月十九日条（史料39）に「讃州公文左衛門尉信綱子息広綱」とあり、それが『最須敬重絵』に「子息上野三位信綱卿　その子左衛門佐広綱」とみえるところと一致しているところからも疑いない。ただし信綱は「従五位上」（『明月記』建保四年一月六日条・史料30）、「左衛門尉」（同寛喜三年一月十九日条・史料39）であったから、『最須敬重絵』の位階は、明らかに格上げされているのがわかる。いっぽう信綱は正治元年三月二十五日、八条院の「皇太后宮権少進」に叙せられ（史料21）、建仁元年十月九日には、「同少進」となっていたが（史料24）、『最須敬重絵』にそのことはまったく触れられていない。実はこの信綱の皇太后宮少進の職は、『伝絵』において、親鸞の父とされる有範の「皇太后宮大進」に格上げの上、すりかえ使用されていると受け取ることができるのである。それが系図2の憲朝注記にみえる「本名有範後改信綱」の意味にほかならない。

熱田大宮司家の憲朝＝範朝と信綱が、「熱田大宮司家系図」（『尊卑分脈』系図2）の注にいうがごとく同人でないことは、建仁三年十一月十三日条（史料27）の『明月記』に、信綱が後鳥羽上皇の近習北面のひとりとしてその名を連ねており、翌元久元年四月十三日条（史料4）で、範朝が佐々木定綱や平有範と共に検非違使に任ぜられる使宣旨のあったところからも判明する。それでは信綱の父は誰かと言えば、『尊卑分脈』の「熱田大宮司家系図」の系図2のように範信の子で憲朝の弟とみることもできよう。しかしそれは注記にもある通り、憲朝の注記の重複と考えるべきで、実際は『尊卑分脈』第二篇内麿公孫（『国史大系』第五九巻二一九頁）、同貞嗣卿孫（『同』第五九巻四五五頁）、『日野一流系図』（系図1）にあるごとく信綱の父は、範綱であった可能性が高いであろう。ただ、それは何度もいうように、熱田大宮司家の範綱である。この範綱を『伝絵』は、「従三位範綱卿　干時従四位上前若狭守　後白河上皇近臣也　上人養父」に仕立て上げているのではないか。ここでも範綱の位階は、『山槐記』文治四年一月二十四日条除目部類に「正五位下藤原範綱」とあるのを有範や信綱の場合と同様に格上げ化されていることを注意しておく必要があろう。

なお、信綱・広綱に関し、このほかよくいわれるのは、二人が沙弥となって、前者は尊蓮、後者は宗綱を号し、共に親鸞門侶になったと信じられていることである。尊蓮は大谷大学図書館蔵『教行信証』の室町時代末期写本の教巻識語より、その生年が寿永元年（一一八二）であることがわかっているが、さきにみた信綱の行実よりすれば、彼のことが陪従としてはじめて記録にみえるのが、『玉葉』文治三年十月三十日条（史料15）であったから、尊蓮と信綱は年令的にみても別人であること明々白々で、信綱には仕えていた八条院が亡くなった際も、またその後においても出家した形跡などはまったくないのである。

範綱・宗業・有範は、経尹をそれぞれ父とする兄弟で、その経尹は承保二年（一〇七五）六月六日に卒した親経の子になっていたと、『尊卑分脈』貞嗣卿孫流系譜にみえることから、現在ではその親子関係は間違いないものと認められている。しかし経尹が『玉葉』にはじめて名を出すのは、承安三年（一一七三）五月二十一日のことであった。それはじつに親経が亡くなってから百年近くも経過しているから、親経・経尹の猶子関係は、到底成立しえないのである。これは覚如の『拾遺古徳伝絵』七―四で、いわゆる承元の法難の際、親鸞も死罪に内定していたのを、日野有国より数え七代の孫にあたる六角前中納言親経のはからいで、減一等され、越後遠流になったという譚に出てくる親経と取り違えられた結果にほかならない。したがって、経尹を親経の子としたのは、いうまでもなく覚如などによってなされた日野氏系図の三兄弟説にわざわいされた後世の所業であろうことは、容易にうなずけよう。

いずれにしても覚如は、父覚恵の家系の人たちを巧みに親鸞の俗姓に結びつけていることが、十分推測できるのではないかとおもう。

七　平五条有範を親鸞の父とみた場合

最後に有範の場合はいかがであろうか。藤原氏日野有範なる人物の存在を当時の史料で証明することはまったくできない。それに対し『明月記』『吾妻鏡』『承久記』等々の諸記事から、五条筑後守従五位下行平朝臣有範なる武士の行跡を建久九年（一一九八）より承久三年まで追うことができる。そのことはすでに詳しくみた通りである。

今かりにこの有範を親鸞の父にあてて考えてみよう。『恵信尼文書』によれば、親鸞が越後より関東へ移住するのは、建保二年のこととある。いっぽうこの年の七月二十七日に筑後守有範は、鎌倉の大倉新御堂大慈寺の供養で、将軍源実朝に供奉して後騎を勤めている事実が知られ（史料11）、彼は翌年まで鎌倉に滞在していた（史料12）。このとき関東で有範・親鸞の父子が会う機会をもったとしても不思議ではなかろう。はたしてこれは単なる偶然なのであろうか。また承久の乱の際、鎌倉方である有範は、京の上皇側についたために承久三年七月二日梟首の極刑に処せられた（史料14）。『承久記』によれば、その戦闘の大将の一人であった有範は、「筑後入道」と記されており（史料13）、このころ入道していたことがわかるが、これらの事象と京都西本願寺に伝わる存覚筆『浄土三部経』大経上巻（史料40）の、

正平六歳辛卯十二月十五日切句差声畢朱点是也本者
御室戸大進入道殿有範上人之御親父御中陰之時兼有律師被加
点之由往年承置之間所写之也外題者上人御筆也少々

不慮(カ)事等雖有之併任本畢先卒爾写之後日加
料簡可点他本音也　　　　　存覚

という識語（『増補改訂本願寺史』第一巻七頁）は、存覚によって加えられたであろう「大進」の二文字を除けば、父有範の中陰中に親鸞の弟兼有が加点し、親鸞が外題の筆をとったというのも十分首肯できるものがあるといえよう。

さらに親鸞の息栗沢の信蓮房は、文永五年（一二六八）三月十二日付『恵信尼文書』に「のつみ（野積）と申やまてら（山寺）にふたん（不断）念仏はしめ候はむするに　なにことやらん　せんし申ことの候へきとかや申けに候　五てうとの（条殿）、御ためにと申候めり」とあるが、この不断念仏は五条殿のために始修したものという。親鸞は帰洛後、しばらく五条西洞院に居住したので、五条殿は親鸞のことともされるが、文永七年（一二七〇）に五十回忌を迎える五条有範であった可能性も考えられるのではないだろうか。

このようにみてきたとき、ではなぜ覚如たちは親鸞の出自を日野家ではなく、もっと高名な公家の出としなかったのか、という疑問がわいてこよう。しかし覚如といえどもまったく無縁の家柄を自分たちの家系と結びつけることはできなかったのである。覚如は暦応二年（一三三九）頃にしたためた『本願寺留守職相伝系図』（史料40）において、みずから記しているように「勘解由小路中納言兼仲卿為子」とあり、また覚如の伝記絵巻『慕帰絵』一―一にも「法印出家の後は　兼仲献納の猶子たりし程に、彼の郷をもて一門も侘家もみな勘解由小路法印と称しけるとぞ」とあるごとく、弘安九年（一二八六）の出家に際し、『勘仲記』の筆者として知られる日野兼仲の猶子になっている事実がある。

『本願寺留守職相伝系図』（史料41）

本願寺
　留守職相伝系図

尼覚信 ── 山 僧宗恵 ── 興 僧宗昭（中納言法印）

尼覚信：
元久我太政大臣
通光公女房号
兵衛督局
日野皇太后宮
大進有範孫
親鸞上人女
日野左衛門佐
広綱妾
以当所寄附
影堂敷財主也

僧宗恵：
元中納言阿闍梨
大原二品親王
門人
尋有僧都入室
弟子　遁世号専証後改
　覚恵
日野左衛門佐広綱
子　日野中納言家光卿
猶子　母覚信就申
付居住当所

僧宗昭：
西林院法印
行寛入室
弟子　宗恵真弟
一乗院門人
勘解由小路中納言
兼仲卿為子
依宗恵阿闍梨
申付居住当所
遁世坊号覚如

当所留守職他人不相承之次第如斯

兼仲が権中納言に任ぜられるのは、永仁元年（一二九三）十二月十三日のことであったが、実際覚如が兼仲の猶子であったことを証明する史料が『大谷廟堂創立時代文書』の中に五通残っている。すなわち元亨四年（一三二四）四月六日付妙香院慈慶門主下知状、元弘二年（一三三二）六月十六日付守邦親王令旨、同三年六月十六日付議良親王令旨、建武元年（一三三四）五月九日付青蓮院二品親王慈道令旨、康永元年（一三四二）十二月二十四日付青蓮院若宮令旨がそれで、これら文書の宛名は「勘解由小路中納言律師御房」もしくは「中納言法印御房」となっているから、覚如は疑いもなく日野勘解由小路中納言兼仲の猶子であった。

今それを系図で示すと左のようになるが（番号は日野氏長者世代）、これによって明らかな通り、二代日野氏長者家光の猶子に覚如の父覚恵が、五代兼仲のそれに覚如、六代俊光には覚如の長男存覚光玄と次男従覚慈俊、そして従覚の子善如俊玄が、さらに九代兼綱には存覚の長子綱厳が、それぞれ猶子になったと『本願寺留守職相伝系図』

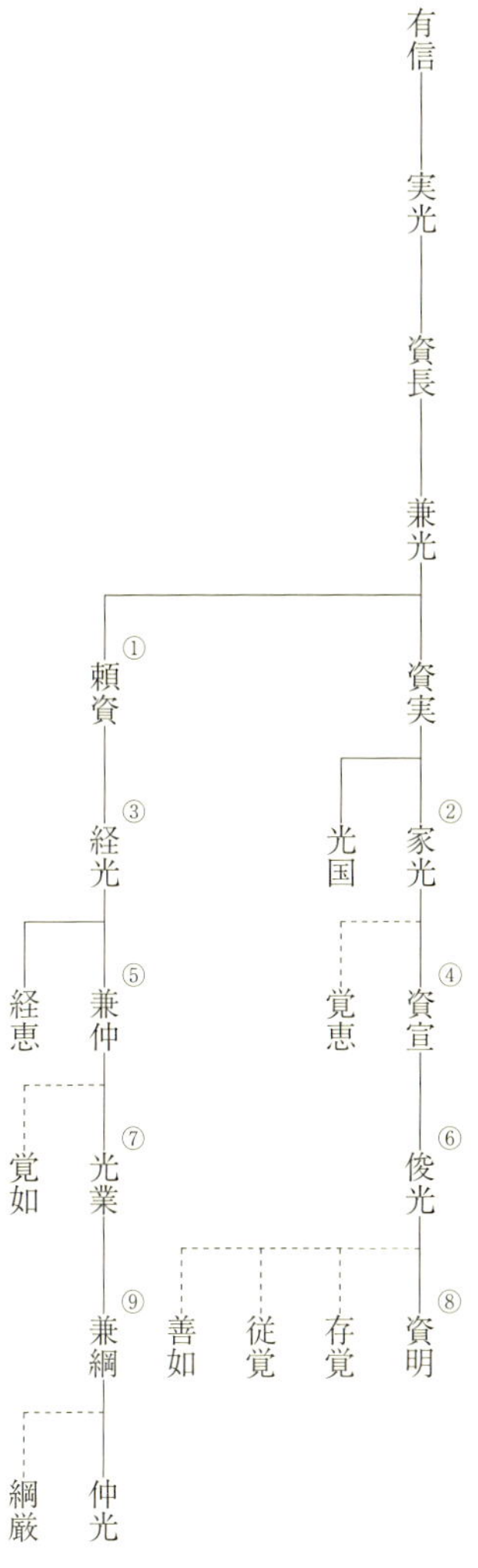

系図４

（史料40）や『日野一流系図』（系図1）などは記している。このうち家光と覚恵、俊光と善如の猶子関係は年代的に成立しえないのであるけれども、初期大谷本願寺の人たちと日野家は、猶子関係にあったことは事実であった。この関係を覚如や存覚は、覚恵、覚信尼、親鸞にまでさかのぼらせて、功妙に日野家と結びつけたとみるのが司田純道氏の提示した学説にほかならない。

八　親鸞の著作と平俊直

たしかに、司田説には一理ある。特に覚信尼の夫広綱の父信綱のことを当時の史料で、明確に位置づけた功績は大きいし、覚如を中心とする本願寺一族と日野家との猶子関係を、日野氏長者を通し成立可能なものとそうでないものとを明らかにした点も高く評価できる。しかしたとえば範綱・有範・信綱・広綱等々には、同時代に同名異人が存在しているのではないかとの疑念が、絶えずつきまとうし、熱田大宮司家の憲朝をめぐる「憲作範　本名有範後改信綱」の問題については、『玉葉』建久二年（一一九一）六月五日条に「駿河守藤憲朝」とみえ、憲朝の弟のようなかたちであげられている信綱には、前田家所蔵一本（ま）と国立国会図書館支部内閣文庫本（か）『尊卑分脈』に「建久八年尾張国海東地頭職給云々号中隆」の肩注があって、さらに貞応元年（一二二二）八月十五日付久我家文書（『鎌倉遺文』五一二九九一）に「蓮華王院領尾張国海東庄（中略）地頭名田五十余町事　依先地頭有範之例　不可有新儀」とも出てくるので、はたして憲朝、範朝、有範、信綱が、司田説のごとく別人かどうかといった問題点も浮上する。このへんは今後のさらなる検討が必要であることはいうまでもないが、親鸞の父有範を平氏とみる司田説はなかなか興味深い。このこととあるいは関わるのではないかとおもわれる一人の人物をあげておきたい。それは平俊直である。彼の名は京都興正寺所蔵の康元二年（一二五七）三月二日親鸞八十五歳撰述の『浄土三経往生文類』の表紙袖書にみえるが、このほか三重専修寺蔵の「建長八歳丙辰三月廿三日書写之」の奥書がある真仏書写の親鸞撰『入出二門偈頌』表紙裏に転用されている「念仏者疑問／平□直之」なる抹消墨書も、平俊直の書損とおもわれ、また康元二年二月十七日親鸞八十五歳自筆の東本願寺蔵『一念多念文意』の表紙袖書も、今では読みにくくなっているものの、やはり平俊直ではないかともみうるようである。このように晩年の親鸞や真仏の周辺に平俊直なる俗人のいた事実は否定できない。平俊直という人物に関しては、『明月記』元久二年十一月三十日条に「巳時許除目小々伝聞　無殊事　兼時朝臣任右馬権頭　忠弘任右衛門長尉　日来聊成功　同示就親康　尤為面目（中略）玄蕃允平俊直算（下略）」と出てくる治部省玄蕃寮の允に任命された平俊直と同一人でないかとの指摘が早くにおこなわれているが、平有範の活躍時期もちょうどその頃であるから、もしも二人が一族となれば、親鸞の著作の数々を彼が所持していても不思議ではなく、司田説を補強する材料にもなるのではないかとおもうものである。

司田説にはまだまだ問題点も多いが、親鸞藤原氏日野家出身説を既定の事実として出発させるのではなく、様々の同時代史料を駆使し角度を変えて、もう一度親鸞の俗姓を見直していくのも、親鸞七百五十回忌にあたり意義あることではないかと考え、あらためて司田説を紹介したような次第である。

初期真宗史料としての「御入滅日記事」

はじめに

三重県津市一身田町の真宗高田派本山専修寺に、延慶二年（一三〇九）の紀年をもつ同寺第三世顕智（一二二六～一三一〇）筆録の『抄出』『見聞』『聞書』という一連の聖教が伝蔵されている。

周知のように顕智は、親鸞（一一七三～一二六二）第一の高弟真仏（一二〇九～五八）の弟子であるが、親鸞面授の門侶でもあったところから二師没後の極初期真宗における重鎮として、高田門徒の育成発展に努めると共に京都東山の親鸞廟堂造営にも尽力した人物として著名である。右に掲げた三つの聖教は、その顕智が文字通り見聞きした経・律・論・釈・聖教・法語などの諸文を抄記したもので、それらの中には師の親鸞も用いなかった経典、論釈類もあり、また現在では出典未詳の文もすくなからずみられて、親鸞直門侶たちの勉学の一端を垣間みることができるまことに貴重な史料となっている。

古来専修寺では、この聖教の『聞書』に「延慶第二己酉初秋上旬第六書写之畢」、『抄出』に「延慶二年己酉七月七日之書写之（也）」、『見聞』に「顕智上人浄土ノ文類ヲアツメテ　八十四歳御年　専空十九（八）歳ニテ給ハル　延慶二歳己酉七月八日」の三日連続にわたる書写授与年月日がみられるところより、顕智の没するちょうど一年前にこれらの聖教を専空（一二九二～一三四三）が相伝し、同寺第四世になったことを示す証として大切に護持してきたものという。したがって部外者には永らくその実体がわからなかったのであるが、生桑完明氏が昭和十～十一年（一九三五～三六）の『高田学報』第十一～十二輯に『抄出』を、同じく昭和三十二～三十四年（一九五七～五九）の『高田学報』第四十一～四十六輯に『聞書』をそれぞれ復刻紹介され、ようやくその内容が把握できるようになったのであった。しかし『抄出』の二冊目が『聞書』と一緒になっているとされる様相や、『聞書』の中にみられる異筆の部分、そしてなによりも『見聞』の全文が、われわれにはうかがいしれないという隔靴掻痒の感を禁じえなかったのである。しかるに平成十三年（二〇〇一）五月真宗高田派宗務院より『影印高田古典』第三巻顕智上人集（中）が発刊され、これに待望の『抄出』『見聞』『聞書』の全文がはじめて写真版で公開されるにいたったのはまことによろこばしい。

いまその『影印高田古典』の解説にしたがえば、『抄出』第一冊には経典類五種六十一文、聖教類六種七文。第二冊には経典類三種十四文、聖教類十種（実九種）十七文（実十九文）。『聞書』には経典類三十一種八十文、聖教類十七種四十二文、その他法語類など三十二種三十二文が収められているとある。『見聞』は掲載の順序や文の有無に若干の異同がみとめられるものの、その内容はほとんど『聞書』に同じで、『聞書』は『見聞』を整理整斉清書した感が深いも、編纂過程においては『見聞』から『聞書』への一方向ではなく双方向という複雑な成立情況もみられるという。なお『見聞』には顕智以外の専空や慶空とみられる筆蹟も多数まじっており、『聞書』にない文も十五文ほど検出されているので、結局『抄出』『見聞』『聞書』に収録された諸文は、総計四百二十文以上にも達する勘定となり、もって顕智がいかに博覧、博識、博学な真宗門侶であったかがわかり注目しなければならない。

そのことは右の三部作だけではなく専修寺に伝存する正応三年（一二九〇）の『浄土和讃』『正像末法和讃』、永仁元年（一二九三）の『愚禿鈔』、同四年（一二九六）の『法然上人伝法絵』、正安四年（一三〇二）の『選択本願念仏集』、乾元二年（一三〇三）の建長八年（一二五六）覚信宛親鸞消息、嘉元三年（一三〇五）の建長八年慈信宛親鸞消息、徳治二年（一三〇七）の『一念多念文意』、同三年の『西方指南抄』下末、同年の『五巻書』と呼ばれる親鸞消息、その他年時不詳の『西方発心集』『大阿弥陀経』『大名目』『皇太子聖徳奉讃』『唯信鈔』『唯信鈔文意』、十月廿一日付浄信坊宛親鸞消息、正嘉二年（一二五八）の親鸞法語等々多数の顕智伝本からも十分推し測ることができ、顕智が諸国を遊行する単なる念仏勧進聖でなかった事実におもいをいたすべきであろう。

一　顕智の「御入滅日記事」

親鸞直門侶の顕智が筆録した上記の『抄出』『見聞』『聞書』という三部作のうち『見聞』に「御入滅之日記事」、『聞書』に「御入滅日記事」と題される後掲史料A・Bがそれぞれ収載されている。このA・Bは題名や親鸞の尊称に若干の違いが認められるが、登場人物、人数、順序、月日、年齢、馬鳴以下を別立とすることなど、両史料はまったく同一内容物である。この場合すでにみたごとく『見聞』に延慶二年七月八日、『聞書』に同六日の年月日が記されているところより、A・B両史料とも顕智の筆ながら、『聞書』の「御入滅日記事」が前、『見聞』の「御入滅之日記事」が後の書写ということになろうが、しかし事実は反対のようである。その理由を二、三あげるならば、まず題名が『見聞』の「御入滅之日記事」では「ノ」が重複してしまうために、『聞書』は「御入滅日記事」と改めていること。第二に『見聞』における曇鸞と羅什の順序が、指示通り『聞書』では入れ替えられていること。

第三に『見聞』の親鸞に対する尊称が、その弟子の真仏と同じ「法師」では差違を認めがたいので、『聞書』においては「上人」とかえていること。第四に『見聞』と『聞書』の筆致を比較した場合、従来からもいわれているように『聞書』は明らかに『見聞』を整理清書したものであることがわかるから、結局『見聞』所収のA史料「御入滅之日記事」が前で、『聞書』所載のB史料「御入滅日記事」を後とみるのが妥当ということになろう。したがって『聞書』『抄出』『見聞』の連続日付は書写年月日を意味するのではなく、顕智より専空へこれらが順に付属された日を示しているとうけとるのがよいのではないかと考える。

ところで、A・Bは一見してわかるごとく最初に釈迦の没年月日を書き、以下真仏まで計二十一人の入滅月日と全部ではないが没齢を記し、ついで項を改め馬鳴など五人の同じような事項をあらわしたものとなっているが、ここにあげられた総計二十六人の人たちは、いったいなにを基準に選定されているのかといえば、それはほかでもなく三国すなわち天竺印度、晨旦中国、和朝日本の三朝浄土大師たちであるということにつきよう。以下そのへんのところを順次検討していきたい。

まず釈迦（釈迦の生没年には諸説あるが、中国や日本仏教界では古来周昭王二十六年甲寅四月八日誕生、同穆王五十三年壬申二月十五日涅槃を信じてきた。すなわち紀元前一〇二七～九四九ということになるが、歴史上の実際の釈迦は、紀元前四六三～三八三とみるのが有力なようである）は、いうまでもなく浄土教の大恩教主でもあるから、最初に位置するのは当然である。続く龍樹（二～三世紀頃）、天親（四～五世紀頃）は、そのあとで出てくる中国の曇鸞（四七六～五四二）、道綽（五六二～六四五）、善導（六一三～六八一）、そして日本の源信（九四二～一〇一七）、源空（一一三三～一二一二）と共に親鸞が『教行信証』『浄土高僧和讃』『浄土文類聚鈔』などで選定している真宗七祖であることは、あらためて述べるまでもなかろう。いっぽう天親の『浄土論』を訳出し、曇鸞に『仏説観無量寿経』

を授けた菩提流支（六世紀頃）は、中国浄土教の祖師的存在として著名で、これに続く曇鸞、道綽、善導、懐感（七世紀頃）、小康（生年不詳～八〇五）を浄土五祖としたのは、『選択本願念仏集』の著者法然房源空であった。他方羅什（三四四～四一三）は『仏説阿弥陀経』の名訳者として有名であるだけではなく、龍樹の『大智度論』『十住毘婆沙論』の訳者でもあったから、浄土教史上逸することのできない人物といえよう。聖徳太子（五七四～六二二）は親鸞を浄土門へと導いた和国の教主であり、恵慈（生年不詳～六二三）は朝鮮半島の高麗より来朝した太子の師として、太子信仰の興隆発展と共になじみ深い人となっている。空也（九〇三～九七二）と永観（一〇三三～一一一一）は、源信とならんで平安浄土教興隆の担手であった。信空（一一四六～一二二八）、隆寛（一一四八～一二二七）、聖覚（一一六七～一二三五）、そして親鸞はいうまでもなくこれみな比叡山出身の源空門下の逸材であり、また顕智など東国の真宗門徒にとっては、時代も近い親近感のある人たちばかりである。最後の真仏ははじめにも記した通り親鸞第一の高弟であると同時に、この「御入滅日記事」の記者顕智の師匠にほかならない。

以上のように釈迦より真仏までの二十一人は、三国浄土教と大変関係深い人物であることが了解できたかとおもう。それではこの人びとに続いて、別に示される馬鳴以下の五人の場合はいかがであろうか。一見したところ浄土教、なかんづく真宗とのかかわりが希薄なようにもおもえるので、調べてみる必要があろう。

まず馬鳴（二世紀頃）であるが、彼は『大乗起信論』の著者とされる天竺印度の人で、龍樹（龍猛）や天親（世親）と共に中国日本仏教界に大きな影響を与えた菩薩的存在として知られる人である。実は馬鳴の『大乗起信論』は、親鸞も『教行信証』に引くところであるから、真宗とまったく無縁の人物ともいえない面があるといえよう。次の伝教（最澄、七六七～八二二）はあらためて記すまでもなく天台宗比叡山延暦寺の開祖である。親鸞はその山で二十年間過ごしたことはあまりにも有名であり、後年『教行信証』に最澄作とされる『末法灯明記』を長文にわたって引用するほか、『浄土和讃』所収の「現世利益和讃」第二首にも「山家ノ伝教大師ハ　国土人民ヲアワレミ（ハ）テ　七難消滅ノ誦文ニハ　南无阿弥陀仏ト（ヲ）トナエシム（ワヘシ）」（専修寺蔵国宝本による。カッコ内は文明版）と讃詠している事実もあるので、伝教がここに登場の理由もある程度理解できよう。ところが三人目の弘法（空海、七七四～八六四）以下は、親鸞や真宗との接点をやや見出しにくい感がある。弘法の場合強いていえば、親鸞が晩年になした『皇太子聖徳奉讃』や『上宮太子御記』に載せるいわゆる「廟崛偈」は、弘仁元年（八一〇）空海記とある偽撰書の『上宮太子廟参拝記文』が、実はもとになって大いに流布したことと関係しているのかもしれない。右の空海偽撰書は諸書に引用されるが、その一つに『弥陀観音勢至等文』というのがあり、これは『念仏往生文』『真宗肝要義』『臨終正念往生要』『如来意密証得往生要義』と共に五巻セットとなっていて、京都誓願寺にはその鎌倉後期の古写本五巻を蔵するが(1)、真宗高田派古刹の愛知妙源寺、同満性寺、福井法雲寺（現在は大谷派で右の五巻は今亡）等々にその室町時代の写本を伝えており(2)、高田門流では弘法の名はなじみ深かったのである。弘法について四人目にあげられているのは慈覚（円仁、七九四～八六四）である。慈覚といえば誰しも思い浮かべるのが比叡山常行堂のいわゆる「山の念仏」であろう。これは慈覚が中国浄土教家のひとりで、小康と共に「後善導」とうたわれた法照（八世紀中頃）流の音曲による念仏を唐より将来したものを指すが、在叡時代の親鸞はその常行堂の堂僧を勤めていたことはよく知られており、また親鸞には専修寺蔵の『見聞集』に法照の『浄土五会念仏略法事儀讃』を抄写していることも見逃してはならない事実といえよう。そして法然房源空の遺文集である『西方指南抄』六冊を康元元年（一二五六）十月より翌二年正月にかけて親鸞が書写するなかで、第四冊目に「源空聖人私日記」を収録するが、それに「臨終已到　慈覚大師之九条袈裟懸之　向西方唱云　一一光明徧照十方世界念仏衆生摂取不捨云　停午之正中也」とあるごとく源空は臨終の際慈覚大師の九条袈裟をかけて浄土に還帰したことを親鸞も知っていたし、さらに親鸞は自著の『唯信鈔文意』に「コノ文ハ後善導法照禅師トマフス聖人ノ御釈ナリ　コノ和尚オハ法道和尚ト慈覚大師ハノタマヘリ」とも記しているから、「御入滅日記事」に慈覚が出ていても不思議でないといえよう。慈覚についてはそうしたことどもと共に注意を喚起しておかなければならないのは、彼が下野国の出身者ということである。関東以北にはこれがため慈覚開創開山開基伝承をもつ寺院がすこぶる多く、慈覚は貴人信仰の対象者であった。顕智の高田門徒は、その慈覚信仰の中心ともいうべき同じ下野国にその本拠地を置いていたから、ここに慈覚が登場してもなんら異とするにたりなかったわけである。伝教・弘法・慈覚の三大師に対し、浄土教や真宗とどうしても結びつき難いのが最後の行基（六六八〜七四九）である。もっとも行基信仰は、聖徳太子・弘法大師信仰と共にその広がりは全国版的であるから、ラストに彼を付記したのではないかということも考えられよう。しかしやはりここでも親鸞や真宗とのつながりがないものかと史料にあたっていたら、行基の説話が平安初期の薬師寺僧景戒著『日本霊異記』に七話、永観二年源為憲（生年不詳〜一〇一一）撰の『三宝絵』に五話が出ていることに注目された。実は親鸞はこの二書を見ていることが、康元二年の『大日本国粟散王聖徳太子奉讃』、正嘉元年（一二五七）の『上宮太子御記』の奥書や本文よりわかっているので、これらの太子和讃や太子伝記を作る際、参考にした二書を通し行基の説話も読んだであろうことがおもい合わせられたことである。なお親鸞七十六歳の宝治二年は行基五百回忌、顕智七十三歳の永仁六年は同五百五十回忌に相当し、行基信仰が盛り上がりをみせた時期とも重なっている点にも留意しておきたいとおもう。

かくて顕智の『見聞』『聞書』に掲載されるA・B両史料の別に扱われている五人も、はじめの二十一人とはやや距離を置く存在であったとはいえ、東国の初期真宗門徒にとっては、彼らもまったく違和感なく浄土教や真宗との関わりにおいて崇敬されていたことは、まことに興味深いものがあるといえよう。

二　「御入滅日記事」と初期真宗

さて、上にみた『見聞』『聞書』所収の「御入滅日記事」をあらためて通覧し、これの作者や成立の時期、あるいはこの史料そのものからいったい何を読み取ることができるのかといった諸点につき考察してみたい。

まず作者と成立年代についてであるが、しばしば記すごとくA・B両史料を収める『見聞』と『聞書』は、『抄出』と共に三部作をなす親鸞直門侶顕智の筆であり、かつこの三書には延慶二年七月の紀年もみえるので、作者と成立時期には何の問題点も存しないといわなければならない。しかし三部作は文字通り顕智が見たり聞いたりしたことを抄写した内容であるから、「御入滅日記事」だけを顕智の作とするのはいかがなものかともおもわれるし、また紀年はすでに触れた通り専空への授与年月日を示すとみられるので、これまた絶対的ではない。

これに関しおもい合せられることは、親鸞には釈迦、曇鸞、道綽、聖徳太子、法然房源空、聖覚たちの入滅年月日を記録したものがあり、(3)また真仏にも源信のそれを記した『尊号真像銘』、光明本尊が愛知妙源寺に蔵せられているほか、(4)親鸞の入滅年月日や時刻については、やはり真仏の弟子で親鸞直門侶でもあった専信坊専海が安城御影に録するなど、(5)顕智の周辺にはこうした既存の入滅記があって、それを写したとみたほうが実情に即しているのではないかと考える。もっとも親鸞や真仏については、顕智自身が二人の臨終に侍り葬送の儀も執りおこなった可能性が高いから、そうしたところは当然顕智の記入になるものとみてなんらさしつかえないも、その他の大部分はやはり文字通り顕智の見聞にもとづきなされたのではないかとおもわれる。よって本史料の成立時期は、親鸞が没した弘長二年十一月二十八日以降、『聞書』が専空へ授与される延慶二年七月六日以前と限定できるが、『見聞』『聞書』とも「御入滅日記事」の直前に「一　一見之輩共期二仏-果一聖徳太子天王寺瓦銘文也　文永六年己巳此文ハ顕給ヘリ天王寺坐ス」なる四天王寺の文永六年（一二六九）瓦銘文のことが出ているので、結局それより延慶二年までの四十年間に絞り込むことが可能であろう。

ところで、A・B両史料に登場する総計二十六人の祥月と命日をここであらため調べなおしてみたら、次のような結果になった。

「御入滅日記事」の祥月命日

一月　源空上人　慈覚大師
二月　釈迦如来　聖徳太子　行基菩薩
三月　天親菩薩　善導和尚　聖覚法印　真仏法師　馬鳴菩薩　弘法大師
四月　道綽禅師
五月　なし
六月　恵慈禅師　源信和尚　隆寛律師　伝教大師
七月　曇鸞法師
八月　羅什三蔵　懐感禅師
九月　空也聖人　信空法師
十月　龍樹菩薩　小康
十一月　菩提流支　永観律師　親鸞上人

十二月　なし

「御入滅日記事」の毎月命日

二日　永観律師　行基菩薩
三日　天親菩薩　小康　馬鳴菩薩
四日　菩提流支
五日　聖覚法印
七日　曇鸞法師
八日　真仏法師
九日　信空法師
十日　源信和尚
十一日　空也聖人
十四日　善導和尚　伝教大師　慈覚大師
十五日　釈迦如来
十六日　隆寛律師
十八日　龍樹菩薩
二十日　羅什三蔵
二十一日　弘法大師

二十二日　聖徳太子　恵慈禅師
二十五日　源空上人
二十七日　道綽禅師（善導和尚）
二十八日　親鸞上人
三十日　懐感禅師

すなわち祥月命日のない月は五月と十二月のみであり、毎月の命日は月の三分の二にあたる二十日間にも及んでいるのがわかる。

親鸞の消息によれば、「聖人ノ廿五日ノ御念仏」（年月日不詳性信宛）、「念仏ノススメモノ」（十二月廿六日付教忍宛）、「御ココロサシノ銭」（十一月九日付慈信宛）といった文言が散見されるが、これは親鸞在世中から法然房源空の毎月命日が勤められ、念仏勧進による志の銭が寄せられて親鸞のもとへ届けられていたことを物語っている。こうしたことは親鸞没後の顕智が率いる高田門徒をはじめ各地諸門徒の道場においても、「御入滅日記事」に出てくるような浄土先徳たちの命日を頻繁に勤めては念仏を勧進し、浄財を集めていた事態を想定させるに十分なものがあろう。やがてそうした三朝の浄土大師たちを視覚的にあらわし道場の本尊とするようになったのが光明本であり、羅什、浄土五祖、聖徳太子、法然、親鸞などの絵巻、絵伝であり、太子、法然、親鸞、真仏、顕智たちの影画像ではなかったかとみたいのである。「御入滅日記事」の背景にかかる事象を読み取ることができるとするならば、これは極初期の重要な真宗史料のひとつとして、今後もっと注目していく必要があるのではないかと考える。

三　蓮如の「御入滅日記」とその背景

京都西本願寺に『諸要文集愚要記』と題される蓮如（一四一五～九九）自筆の聖教が蔵されている。これは表題右下の記からもわかる通り、蓮如が自用のために諸要文を記し留めておいたいわばノートであるが、実はこれに顕智のA・Bとほぼ同内容の「御入滅日記」Cが収められていて興趣そそられる。なにしろ顕智のA・Bを収載する『見聞』『聞書』は『抄出』と共に法義相伝にかかわる専修寺秘蔵の大切な法宝物なのであるから、まさかそれを本願寺の蓮如が見写していたなどとは、誰しも想像もできず驚かされるに違いなかろう。よって以下蓮如がそれを写しえた理由やその目的などについて考察の筆を進めていきたいとおもう。

さて、蓮如が写す「御入滅日記」であるが、これを顕智の「御入滅日記事」と逐一比較してみたところ、かなり相違点のあることがわかる。その一はまず題が違うことで、顕智のAは「御入滅之日記事」、Bは「御入滅日記事」とあるのに対し、蓮如のCは単に「御入滅日記」とだけ記されている。この場合Bが正題とおもわれることはすでに触れた。その二はA・Bの二段書きが、Cでは一段書きとなっていて見やすいこと。その三はA・Bの第二グループに属する「馬鳴菩薩」以下の五人が、Cでは第一グループへ移され、かつ年代順に並べかえられていること。その四は「曇鸞法師」が「曇鸞和尚」、「懐感禅師八月三十日」が「懐感禅師　八月十三日」、「小康」が「小康法師」、「恵慈禅師六月廿二日太子二一年オトリテ」が「慈恵法師六月廿二日太子二三年ハオトリテ」、「伝教大師六月十四日」が「伝教大師　六月四日」、「空也聖人」が「空也上人」など、Cでは尊称や入滅日に若干の違いが見られること。その五は蓮如のケアレス・ミスであろうが、A・Bにある「聖覚法印」がCでは脱落していること。その六はもっとも大きな相違点で、A・

Bにみない「顕智法師・慶円法師・信性法師」の三人がCでは増加していること。その七はA・Bが総計二十六人であったのが、Cは聖覚を欠いて三人増となっているため総計二十八人であること等々の違いである。しかし基本的にA・B・Cは同一内容で、蓮如のCは敬称面よりみて、おそらく『見聞』のAではなく『聞書』のBのもとに順序や尊称を変更し、さらに三人を付加して写したものとみてよいであろう。

それではいったい蓮如は、「御入滅日記事」を所載する専修寺の『聞書』をどのようにして見写することができたのであろうか。これについては専修寺山門前の玉保院開基尊乗坊恵珍（一四六九～一五五四）が、天文十七年（一五四八）と同二十二年（一五五三）に口述した『代々上人聞書』（『高田ノ上人代々ノ聞書』とも）の次の記事が有力な示唆を与えよう(6)。

本願寺大谷ニ在シ時　真恵上人ト蓮如上人ト等閑ナシ　真恵御在京ノ時ハ　大谷ヨリ請待ニテ入御マシマス事数月也　此時マテハ本願寺一向不屑(肖)ノ躰也　其時　御本尊ノ仏餉ヲハ衆僧へ請取テ食レ之　開山ノ仏餉ヲハ下妻(間)へ請取テ食之　二ツ𪜈ニ下妻(間)納所トシテ取サハキ也　此時本願寺不肖ナレハ　毎日京へ出テ、米七升ツ、買取　朝夕ノ食ニト、ノへ申スト　下妻(間)丹後真恵上人へ御物語申上ルト也
又此時　真恵上人ト蓮如ト堅約ヲ定玉テ曰　高田本願寺両家ノ門徒ヲ互ニ不レ可レ取ト云々

すなわちこれによれば大谷本願寺の蓮如と高田専修寺の真恵（一四三四～一五一二）とは、とりわけ懇意で親しい間柄にあり、おたがい門徒の取り合いをしないと堅く約束していたことがわかる。事実若きころの二人に親交があったことは、専修寺所蔵の大工に関する真恵の問いに答えた蓮如自筆書状五通の存在からも十分窺知できるとこ

ろである。かかる二人の隔意なき親密な関係が、真恵をして蓮如に「御入滅日記」の見写を許したのであろうことは想像に難くあるまい。そのとき真恵の指示があったのか、それとも蓮如の意向によるのかは定かでないが、ともかく蓮如のCは顕智のA・Bと記載順序が変更されているだけではなく、あらたに顕智・慶円・信性の三人が加わったものとなっている点は、大いに注目しなければならない。

ところで、A・Bの筆録者顕智は、一説に真仏の女婿ともいわれ、(7)親鸞に先立って亡くなった真仏の高田門徒を名実ともに初期真宗最大の門徒にまで育成する一方、京都東山の親鸞廟堂の創立、ならびにいわゆる唯善事件による同廟荒廃後の復興に尽力した人物としても知られ、彼の名は鎌倉時代の本願寺・専修寺文書を始め、覚如（一二七〇～一三五一）の長男存覚（一二九〇～一三七三）の『常楽台主老衲一期記』、同次男従覚（一二九五～一三六〇）が記した覚如の絵巻『慕帰絵』など、初期本願寺史料にもしばしば登場することは、すでに周知のところであろう。したがって蓮如の「御入滅日記」に真仏の後へ顕智が入っているのもなんら異とするに足りず、多分それは真恵の助言によるものかとおもわれる。これに関し蓮如の顕智についての次のような語りは、「御入滅日記」を写させてもらった際、真恵より聞いた話が素材となっている可能性が高いかもしれない。

『第八祖御物語空善聞書』（『空善記』）

一　ノタマハク　開山聖人ノ仰ニ　舟ニヨヒマシマス事アリ　ソノ時　カチ地ノアルトコロヘハ　舟ニハノルマシキコト也ト　又クサヒラ（茸）ニスコシヨイ（酔）タマフコトアリ　ソノ時モクサヒラハクウマシキモノ也　ト仰候キ　ソノ時ヨリ高田ノ顕智ハ一期フネニノラス　クサヒラクハストイフナリ　サレハ暫時ニ仰ノ候ヒシヲモ信シテ候キ　イマワカ御身ハ真実ニオモヒイレテ　ヲシフルコトナマキ、ニシ　信セストテ　御述懐ニテ御座候キ

（『真宗史料集成』第二巻「蓮如とその教団」四二五頁）

『蓮如上人一語記』（『実悟旧記』）

一　開山聖人ノ御代　高田ノ顕智上洛ノトキ　申サレ候　今度ハ既ニ御目ニカヽルマシキト存候処ニ　不思議ニ御目ニカヽリ候ト申サレ候　ソレハイカントト仰ラレ候　舩路ニ難風ニアイ迷惑仕（ワク）リ候シ由申サレ候ヘハ　聖人仰ラレ候　ソレナラハ船ニハノラルマシキモノヲト仰ラレ候　其御詞ノ末ヘニテ候トテ　一期船ニノラレス候又茸ニ酔申サレ　御目ニ遅クカヽラレ候時モ　如此仰ラレシトテ一期受用ナク候シト云々　カヤウニ仰ヲ信シチカヒ申マシク存ラレ候事　誠ニ有難殊勝ノ覚悟トノ義候

（『真宗史料集成』第二巻「蓮如とその教団」四六六頁）

さて、蓮如のCには何度も記す通り、顕智に続いて慶円、信性が登場するが、この二人はいったいどのような素性の持主なのであろうか。検討を加えよう。「御入滅日記」の順位からすれば親鸞─真仏─顕智─慶円─信性となるから、慶円は親鸞の曾孫弟、信性は玄孫弟とみられなくはないが、南北朝時代の康永三年（一三四四）や貞和三年（一三四七）の紀年をもつ愛知妙源寺蔵本『親鸞上人門弟等交名』や京都光薗院蔵本『親鸞聖人物御門弟交名』では、そうした系譜は出てこない。しかるに蓮如が亡くなった同じ年の明応八年に生まれた孫の顕誓（一四九九〜一五七〇）が著す『反古裏』（『反故裏書』とも）には、次のような注目すべき記事がみえていて、(8)「御入滅日記」の親鸞から信性に至る系譜を裏付ける史料として注目される。

又越前国藤嶋超勝寺ノ初ハ　先此国ニ和田ノ信性ト云人有　是ハ参川国野寺本證寺ノ末学也　先祖慶円ハ高田顕智聖ノ弟子也　彼顕智ハ法義ニヲキテ信順フカク　本寺崇敬ノヲモヒナヲサリナラス　モトハ常陸国真壁ノ真仏聖ノ所属　鸞聖人ノ孫弟也　同国和田ノ円善ハ是モ真仏聖ノ弟子ニ遠江国鶴見専信房専海ト申セシ人ノ門徒也　何モ開山聖人御在世ニ逢奉シ御門人也キ　彼円善ノ弟子越前国大町ノ如道ト云者アリ　田嶋ノ興宗寺行如和田ノ信性アヒトモニ覚如上人御在国ノ中　御勧化ヲウケラレシ法徒也

すなわちこれによれば慶円はまさしく顕智の弟子で、続く信性はその慶円を開基とする三河野寺本證寺の末学にて、越前国和田の人だったというのである。この『反古裏』の慶円と「御入滅日記」の慶円が同一人物であることは、今も愛知県安城市野寺町の本證寺で伝統的におこなわれている村落年中行事の「おきょうえんさん」が、本證寺開基慶円の祥月命日である旧暦正月十三日と定まっているところからも疑いないが、慶円を顕智の弟子とするのはいかがかとおもう。慶円の名は上掲の『交名』にも実は見出されるのであるけれども、妙源寺本のその部分は残念ながら後世の改竄を受けているため、今は光薗院本によるならば親鸞—真仏—専信—円善—慶円となり、同じ真仏の流れをくむとはいえ顕智の門弟ではなかったことがわかる。円善や慶円など三河の初期真宗高田門流の淵源を顕智に置くようになるのは、貞治三年（一三六四）の『三河念仏相承日記』からで、[9] それまでの史料はたとえば存覚の『袖日記』にもみえる延文六年（一三六一）の「両朝高祖尊像」[10] などみな光薗院本『交名』と同様、顕智ではなく専信をもって三河門徒の鼻祖とみなしている。『三河念仏相承日記』において専信を顕智に置き換えた理由は、すでに指摘されているごとく覚如・存覚父子の来錫による三河門徒の高田離れを、高田門徒の大立物顕智の名を出すことによって、食い止めんとしたきわめて意図的なものであったということができよう。

なにはともあれ蓮如の「御入滅日記」の顕智に続いて登場する慶円は、『反古裏』に照し三河野寺本證寺開基慶円と考定して誤りはない。寺伝に慶円の没年は文永九年（一二七二）、没齢は九十歳というが、これは慶円を親鸞直弟のひとりとみたい寺院由緒縁起にもとづくところで、実際の慶円の没齢は「御入滅日記」の七十歳をこそ信ずべきであろう。残念ながらここでは没年の記載をみないのであるけれども、平成八年（一九九六）に実施された本證寺所蔵の木造慶円上人坐像（像高八六・九センチ。平成十三年愛知県指定文化財）の解体修理で、貞和三年（一三四七）の墨書銘が発見され、その造像技法ならびに写実性から慶円没直後につくられたことが判明した。[11] よって慶円は弘安元年（一二七八）の生まれで、貞和三年七十歳にて没したとみてよかろう。

最後に「御入滅日記」末尾に記される信性のことであるが、すでに『反古裏』でみたごとく信性は本證寺慶円の末学で、越前にくだり和田本覚寺を開く人物である。しかし、信性没後の跡目争いから藤島超勝寺が分立し、やがてこの超勝寺は北陸の有力一家衆寺院となって、一向一揆、永正一揆、享禄の錯乱で中心的役割を果していくが、[12] このような本覚寺・超勝寺の基を築いた信性と本證寺の慶円との関係を示す大変興味深い聖徳太子像の存在が近年明らかとなり、[13] いよいよもって『反古裏』の内容が荒唐無稽な記述でないことがわかってきた。それは本證寺所蔵の木造聖徳太子立像と福井県永平寺町の信性を開基とする本覚寺蔵聖徳太子立像とが、像高、像容、材質、構造にいたるまで鎌倉時代の瓜二つの双子像で、二像は同じ仏師の手になる太子像と判明したのである。慶円に太子信仰の存した事実は、本證寺蔵の重文善光寺如来・聖徳太子絵伝十四幅の存在からも十分知られ、右の本證寺旧太子堂本尊の太子像もそれを明確に示す遺物の一つにほかならない。信性が慶円のもとを辞し越前へ下る際、同一仏師の太子像を奉持したことはありうることだし、そのとき信性はおなじ仏師の作になる南無仏太子像も携行したらしく、げんにそれも本覚寺に伝わる。しかし本覚寺の太子像に関しては、福井県勝山市平泉寺の白山神社が所蔵する聖徳太子絵伝の裏貼書に、この太子絵伝は太子像と共に楠正行（生年不詳～一三四八）が父正成（生年不詳～一三三六）菩提ために平泉寺へ納めたものであったが、その後の一向一揆で平泉寺が破却炎上した際、辛じて火災からまぬがれた絵伝であるといい、太子像はいま本覚寺に安置されている旨のことを記す。平泉寺が越前一向一揆に襲われるのは天正二年（一五七四）のことであり、絵伝の裏貼書は慶長七年（一六〇二）の記録であるから信頼できそうにおもわれるし、本覚寺側も同寺の太子像は平泉寺伝来品であり、南無仏太子像はその胎内納入像であったと伝えるので、本證寺慶円―本覚寺信性とはまったく無関係な太子像と考えられなくもない。しかし平泉寺現蔵の太子絵伝は、元来真宗系のものであるし、平泉寺の火中から太子像を救い出したのは本覚寺門徒であったと伝承することなどを考慮するならば、太子像も太子絵伝ももとは本覚寺の伝来品であったものが、同寺の相続争いの際寺外へ流出し、当時強大な勢力を誇った平泉寺へ入ったのではないか。それを本覚寺が一揆を機に取り戻したというのが、存外ことの真相であったのかもしれない。

それはともかくとして、蓮如の「御入滅日記」に右に見た顕智・慶円・信性の三人が付加された背景を専修寺の真恵側と本願寺の蓮如側の両面からながめ本稿の結びとしたい。

蓮如のCが顕智のA・Bと順序が異なり、二段書きを一段書きとしている点については、すでに触れたごとく見易さを主眼としたものであろうから蓮如・真恵二人の意向が反映しているとみてもよかろうが、問題は顕智以下の三人である。これに関しては前に引用した『代々上人聞書』の続き文が、ことのほか真恵には強く意識されていたのではないかとみたい。

其後　参河国ニ和田野寺ノテラトテ両寺アリ　久シキ高田ノ末寺ナリ　和田寺ニ住持ナキ事久シ、　真恵ノ御意ヲ得

テ　本願寺ノ庶子ヲ住持セシム　元来本願寺ノユカリナル故ニ　終ニ本願寺へ皈入セリ　野寺ヲモ蓮如取レリ時ニ日来ノ堅約破タリトテ　真恵上人ト蓮如ト御義絶ナリ　其後　加賀国ヲモ蓮如コレヲ取ル　又　三河国明眼寺ノ辰巳ニ当テ　池ヲ隔テ上宮寺ト云寺アリ　本ハ明眼寺ノ下ナリ　是モ蓮如取リテ山科ヨリカヨヒテ住セラルトナン

これによって明らかな通り蓮如は、元来高田門徒であった三河国の和田寺（勝鬘寺）、野寺（本證寺）、上宮寺のいわゆる三河三箇寺をはじめとして、加賀国の門徒まで本願寺傘下に取り入れ、ついに従来からの互いに門徒の取り合いをしないという堅い約束が破れて、ここに真恵と蓮如の絶交が決定的となったのである。それはおそらく蓮如が上宮寺へ十字の方便方身尊号を下付した寛正二年（一四六一）から同六年（一四六五）の延暦寺による無碍光宗本願寺破却で、高田専修寺門徒は同宗でないことを主張した時分のころとおもわれる。したがって「御入滅日記」の書写は寛正初年あたりのことであったかもしれず、そのときすでに蓮如は三河三箇寺中勝鬘寺と上宮寺の本願寺門徒化に成功しつつあり、残る本證寺も時間の問題であったから、危機感を覚えた真恵はあえて本證寺開基慶円の名を示し、その師専修寺の顕智と弟子本覚寺・超勝寺祖信性をあげて、蓮如を暗に牽制したともうけとることができよう。しかし「蓮如上人ツネ〳〵仰ラレ候　三人マツ法義ニナシタキモノカアルト仰ラレ候　ソノ三人トハ坊主ト年老（トシヨリ）と長（ヲトナ）ト此三人サヘ　在所々々ニシテ仏法ニ本付キ候ハ、　余ノスヱ〳〵ノ人ハミナ法義ニナリ　仏法繁昌テアラウスルヨト仰ラレ候」（『栄玄聞書』六）とあるように蓮如は、諸国の大坊主寺院をはじめ年老、長といわれる地元の有力者たちを次つぎ席巻し、ついに日本仏教史上空前の本願寺大教団を構築したのであった。

ちなみに信性の本覚寺より分立した大坊主一家衆寺院の福井（西）超勝寺には、享徳四年（一四五五）蓮如の筆になる「開山已来代々」という次の入滅往生記が存する。これなども「御入滅日記」の影響をうけてなされたものとみてよいであろう。

享徳四　開山已来代々

源空御入滅　順徳建暦二　二百四十四年

親鸞御入滅　亀山弘長二　百九十四年

如信御往生　後伏見正安二　百五十六年

覚如御往生　観応二　~~九十~~百六年　八十二才

従覚御往生　延文五　九十六年　六十六才

善如御往生　康応二　六十六年　五十七才

綽如御往生　明徳四　六十二年　七十四才

巧如御往生　永享十二　十六年　六十五才

存如御往生　康正三　六十二才

おわりに

以上、顕智筆の『見聞』に載せる「御入滅之日記事」（史料A）、同じく顕智筆の『聞書』にみえる「御入滅日記事」（史料B）をめぐりほしいままな考察をめぐらしてきたが、これを要するにこの「御入滅日記事」は、親鸞直弟の顕智が見聞したところを書き留めている点が貴重で、かかる形式の「御入滅日記事」はことによると、すでに師の親鸞においてなされていた可能性も考えられる。顕智など親鸞直門侶がまだ多く活躍していた極初期真宗の門徒道場では、「御入滅日記事」に登場する印度・中国・日本の三朝浄土大師たちの命日を頻繁につとめては、念仏勧進をおこない志の銭を寄せていた親鸞門侶たちの姿が浮かび上ってくるし、やがてその祖師たちを視覚的にとらえんとして描かれたのが道場の光明本尊であり、肖像彫画像であり、絵巻、絵伝、絵詞だったのではないか。また道場では当然ながら勤行儀式も定められ、講式や讃嘆文も必要視されたにちがいなく、覚如の『報恩講私記』、存覚の『嘆徳文』『謝徳講式』や『聖徳太子講式』『太子讃嘆表白』などは、かくして生まれたものとみてよかろう。

意外におもわれたのは、本願寺の蓮如もこの「御入滅日記」を写している事実である。専修寺秘蔵のこれを蓮如が書写しえた背景には、蓮如と専修寺の真恵とが「高田本願寺両家ノ門徒ヲ互ニ不可取」と堅約していたことがあるからだが、蓮如書写の「御入滅日記」には、新たに顕智、慶円、信性の三人が加わっていて注目される。慶円は三河野寺本證寺、信性はその門流で越前和田本覚寺のそれぞれ開基であることは、祥月命日よりみて疑いなく、共に彼らは高田門徒であった。蓮如が「御入滅日記」を写してのち、寛正年間から元来高田門徒に属していた三河の三箇寺（上宮寺・勝鬘寺・本證寺）が、蓮如の教化により本願寺門徒化していくことが契機となり、真恵と蓮如との仲違いは決定的となるが、蓮如の「御入滅日記」はちょうどそうした現象が顕在化する寸前の微妙な時期に写されているのではないかとおもわれる。したがってうがちすぎた見方かもしれないが、真恵はこの「御入滅日記」を写させることによって、三河や越前における高田門徒の本願寺門徒化を牽制し、逆に蓮如は本證寺や本覚寺を本願寺門徒に取り込もうと意欲を燃したようにもみえてくるのである。その後この「御入滅日記」は享徳四年（一四五五）の蓮如筆福井超勝寺蔵「開山已来代々」や永正七年（一五一〇）の真智筆福井法雲寺蔵「浄土真宗三国伝来系図」、はたまた蓮如筆石川専光寺蔵などの「本願寺歴代上人銘」や真恵筆名号の左右へ専修寺歴代上人銘を書き加えることなどにも影響を及ぼしていると考えられ、[14]「御入滅日記事」は初期中期真宗における重要な史料の一つとして、今後もっと注目しなければならないことなどを記述してみたが、おそらく見当違いの誤謬も多々犯しているとおもわれるので、諸彦の忌憚なき叱正を希うものである。

註

（1）赤松俊秀『鎌倉仏教の研究』（平楽寺書店、一九五七年）二二三頁。大橋俊雄『一遍――人物叢書一八三』（吉川弘文館、一九八三年）二二一頁。赤松氏はこれら五巻の聖教を一遍の著述と推定されたが、大橋氏は「二尊二経を強調し、一聞生信一念帰依を説いているところからすれば、深草顕意の撰述書と見た方がよさそうである」とされる。

（2）山上正尊『南国の原始真教』（其弘堂書店、一九三六年）五二頁。日下無倫「真宗高田門徒に於ける秘密相伝について」（『大谷学報』一六-四、一九三五年）。

（3）親鸞筆による釈迦の年譜は専修寺蔵『見聞集』（『増補親鸞聖人真蹟集成』第九巻、法藏館、二〇〇五年、一〇四頁）。曇鸞の往生年と没齢については専修寺蔵『浄土高僧和讃』（同第三巻、一七六～一七七頁）、西本願寺蔵『浄土論註』（同第七巻、四〇七頁）、専修寺蔵『尊号真像銘文』（同第四巻、一八三～一九〇頁）。道綽は西本願寺蔵『釈道綽』（京都国立博物館『西本願寺展』六三頁）。聖徳太子は石川専光寺蔵永享九年（一四三七）存如書写『高僧和讃』（龍谷大学善本叢書二一『三帖和讃』四九六頁）、西本願寺蔵『上宮太子御記』（『大系真宗史料』特別巻絵巻と絵詞、一七六頁）など。法然房源空は東本願寺蔵『教行信証』（『増補親鸞聖人真蹟集成』第二巻、六七三頁）、専修寺蔵『浄土高僧和讃』（同第三巻、二六九頁）、同蔵『西方指南抄』所収「法然聖人臨終行儀」（同第五巻、三一四頁以下）、「源空聖人私日記」（同、四〇九頁以下）など。聖覚は専修寺蔵ひらかな本『唯信抄』（同第八巻、二一八頁）等々に入滅年月日などの記録が残されている。

（4）妙源寺蔵の『尊号真像銘』は一九三七年十二月法藏館より複製本が出されており、『真宗聖教全書』五、拾遺部下（九六～九八頁）に活字化されている。同寺の光明本尊は『真宗重宝聚英』第二巻（同朋舎出版、一九八七年）に所収。

（5）『存覚上人袖日記』（『龍谷大学善本叢書』三、同朋舎出版、一九八二年、二七八～二八一頁）。なお親鸞入滅日時については一部切り取られている箇所もあるが、西本願寺、専修寺蔵『教行信証』にも記載される。

（6）安城市歴史博物館『蓮如上人――復興の生涯』（安城市歴史博物館、一九九五年）三四頁。

（7）山田文昭『真宗史之研究』（破塵閣書房、一九三四年）二五二頁。

（8）北西弘『反古裏考証』（真宗大谷派宗務所出版部、一九八五年）一八一頁。宮崎清『真宗反故裏書之研究』（永田文昌堂、一九八七年）三四五頁。

（9）『三河念仏相承日記』は岡崎市上宮寺蔵のものが有名であったが、昭和六十三年（一九八八）八月の同寺火災で焼失した。しかし平成十八年（二〇〇六）八月十八日同市東泉寺より上宮寺の原本にあたる室町中期の古写本が発見された。

（10）註5『存覚上人袖日記』二一九頁。

（11）天野信治「野寺本證寺慶円上人像の胎内銘文について」（『安城市歴史博物館研究紀要』九、二〇〇二年）。

（12）浅香年木『小松本覚寺史』（真宗大谷派本覚寺、一九八二年）。

（13）安城市歴史博物館『聖徳太子像の造形――真宗の聖徳太子像』（安城市歴史博物館、一九九三年）。安城市教育委員会『木造聖徳太子孝養像修理報告書』（安城市教育委員会、一九九四年）。天野信治「野寺本證寺の孝養太子像について――越前和田本覚寺蔵との類似点をめぐって」（『安城市歴史博物館紀要』一、一九九四年）。

（14）蓮如筆の福井（西）超勝寺蔵「開山已来代々」（本願寺歴代）と同筆石川専光寺蔵「本願寺上人歴代銘」は共に註6『蓮如上人――復興の生涯』二八頁と二九頁に掲載されている。また福井法雲寺蔵の「浄土真宗三国伝来系図」は、一九七六年十月法雲寺常盤井家史料保存会発行『法雲寺』一〇頁にみられるほか複製品も出ている。ちなみに右の「系図」には顕智筆「御入滅日記事」に記される二十六人中、羅什・恵慈・馬鳴・弘法の四人を除く二十二人が登場する。

史料A　顕智筆『見聞』所収「御入滅之日記事」（三重専修寺蔵）

一御入滅之日記事

釈迦如来　穆王　壬申　二月十五日

龍樹菩薩　十月十八日　　天親菩薩　三月三日 御年八十

菩提流支　十一月四日 御年百五十六　　曇鸞法師　七月七日 御年六十七

羅什三蔵　八月廿日　　道綽禅師　四月廿七日 御年八十四

善導和尚　三月十四日 或廿七日　　懐感禅師　八月三十日

小康　十月三日　　聖徳太子　二月廿二日 御年四十九

恵慈禅師　六月廿二日 太子ニ一年オトリテ　　空也聖人　九月十一日 御年七十

源信和尚　六月十日　　永観律師　十一月二日 御年七十九

源空上人（聖）　正月廿五日 御年八十　　信空法師　九月九日

隆寛律師　六月十六日 御年八十　　聖覚法印　三月五日 御年六十九

親鸞法師　十一月廿八日 御年九十　　真仏法師　三月八日 御年五十

一馬鳴菩薩　三月三日　　伝教大師　六月十四日 御年五十六

弘法大師　三月廿一日　　慈覚大師　正月十四日 御年七十一

行基菩薩　二月二日 御年八十

史料B　顕智筆『聞書』所収「御入滅日記事」（三重専修寺蔵）

一御入滅日記事

釈迦如来　穆王壬申二月十五日

龍樹菩薩　十月十八日

菩提流支　十一月四日 御年百五十六

曇鸞法師　七月七日 御年六十七

善導和尚　三月十四日 或廿七日

小康　十月三日

恵慈禅師　六月廿二日 太子ニ一年オトリテ

源信和尚　六月十日

源空上人　正月廿五日 御年八十

隆寛律師　六月十六日 御年八十

親鸞上人　十一月廿八日 御年九十

一馬鳴菩薩　三月三日

弘法大師　三月廿一日

行基菩薩　二月二日 御年八十

天親菩薩　三月三日 御年八十

羅什三蔵　八月廿日

道綽禅師　四月廿七日 御年八十四

懐感禅師　八月三十日

聖徳太子　二月廿二日 御年四十九

空也聖人　九月十一日 御年七十

永観律師　十一月二日 御年七十九

信空法師　九月九日

聖覚法印　三月五日 御年六十九

真仏法師　三月八日 御年五十

伝教大師　六月十四日 御年五十六

慈覚大師　正月十四日 御年七十一

史料C　蓮如筆『諸要文集』所収「御入滅日記」（京都西本願寺蔵）

御入滅日記

釈迦如来　穆王壬申	二月十五日	御年八十
龍樹菩薩	十月十八日	
天親菩薩	三月三日	御年八十
馬鳴菩薩	三月三日	
菩提流支	十一月四日	百五十六
羅什三蔵	八月廿日	
曇鸞和尚	七月七日	六十七
道綽禅師	四月廿七日	八十四
善導和尚	三月十四日	或廿七日
懐感禅師	八月十三日	
小康法師	十月三日	
聖徳太子	二月廿二日	四十九
慈恵法師	六月廿二日	太子ニ三年ハオトリテ
伝教大師	六月四日	
弘法大師	三月廿一日	
慈覚大師	正月十四日	七十一
空也上人	九月十一日	七十
行基菩薩	二月二日	八十

源信和尚	六月十日	
永観律師	十一月二日	七十九
源空上人	正月廿五日	八十
信空法師	九月九日	
隆寛律師	六月十六日	八十
親鸞上人	十一月廿八日	九十
真仏法師	三月八日	五十
顕智法師	七月四日	八十五
慶円法師	正月十三日	七十
信性法師	九月廿二日	七十五

『比良山古人霊託』の善念と性信
——親鸞門弟説の疑問——

一　『比良山古人霊託』に登場する善念・性信

『比良山古人霊託』(以下『霊託』と略記)という一巻の書物は、[1]一般にはあまりなじみのない存在であろうが、これは鎌倉時代前期の延応元年(一二三九)五月に、九条家の当主で前摂政関白入道光明峰寺殿藤原道家(一一九三~一二五二)が発病した際、その病気平癒祈禱に従事した道家の兄かといわれている京都西山松尾法華(花)山寺の住僧証(勝・照)月房慶政(一一八九~一二六八)と、[2]そのころ九条家に仕えていた刑部権大輔藤原家盛の妻(伊予法眼泰胤の女で当時二十一歳)に憑いた比良山の天狗との問答を慶政自身が筆録したものである。[3]

その内容は現代からみれば、まったく取るに足りないきわめて低俗なものと映ろうが、当時にあっては神仏が介在する非常に真剣深刻な霊託問答であり、いかにも中世的で興味深く国文学・歴史学・仏教史学等々諸方面より注目されていて、すでに様々の角度からの論考も数多い。[4]

筆者がこの『霊託』に関心を寄せるのは、内容面もさることながら、その本文末尾部分に高山寺の明恵房高弁

（一一七三～一二三二）や笠置寺の解脱房貞慶（一一五五～一二一三）と並んで、法然房源空（一一三三～一二一二）、善念房、性信房が近来の念仏者として登場し、しかも後者の善念と性信は、親鸞（一一七三～一二六二）の門弟ではないかといわれている点にある。すなわち『霊託』に次のごとく記されているところがそのくだりであるが、慶政と天狗とのこうした問答がおこなわれた延応元年といえば、法然二十七回忌の翌年で、親鸞はなお六十七歳にてかくしゃくとしていた時代にあたる。

問　明恵房ハ何所ニ生御候哉　答　明恵房高弁　上生都率内院御　努力〱不審ニハ不可思也　近来真実出離得脱御人　此外ニハ無也

問　解脱房何所ニ生御候哉　答　解脱房トハ誰人乎申云　小納言已講貞慶ト申シ、法相宗碩徳是也　答　惣不知之　凡ハ後来ナレトモ更解力アル輩ハ　如然事分明弁之　我ハ学文ニ疎ナリシ故　不知之事多也　聖徳太子之守屋大臣ヲ責サセ給ヒシ事躰ノ世俗事ハ　不忘也云〻

問　近来念仏者　其数尤多　皆出離得脱乎否　答　誹謗正法者　争可出離乎　皆堕悪道也　惣無厭離穢土之心　何往生仏国土乎

問　法然房ハ生何所乎　答　堕無間地獄リ

問　善念房ハ可生何所乎　答　同可堕無間地獄也

問　性信房可生何所乎　答　畜生道ニ不堕スハ　魔道ニヤ堕スラン

問　善念房与性信房者　大旨同見ナルニ　何不生一処乎　答　二見雖同　於性信房者　信其言者少　故徒衆不多　至善念房　人皆信之　徒衆極多　謗法罪重故堕アヒ獄也

周知のように親鸞をはじめ門弟たちのことを、真宗関係者以外の人物が記録した同時代史料は、従来まったく知られていなかっただけに、もしこの『霊託』に登場する善念と性信の二人が、いわれるように親鸞の門弟とするならば、これはまことに注目すべき第一級の画期的な真宗史料のひとつであるとしなければならない。しかし、はたしてそうであろうか。筆者は疑いなきをえないので、ここに再検討を加え愚見を述べてみたいとおもう。

二　善念・性信の親鸞門弟説

『霊託』の上掲問答中における善念と性信につき、これを最初に親鸞の門弟でないかと指摘されたのは永井義憲氏であった。[5] 永井氏の所説のあらましは次の通りである。氏はまず明恵・解脱・法然の三人が、霊託問答のあった延応元年の時点で、すでに過去者（明恵は没後七年、解脱は同二十五年、法然は同二十七年）となっていたのに対し、善念と性信は「可生何所乎」と記されているところより存生中の人物で、『霊託』の筆者慶政は勿論のこと、託宣を語る家盛の妻も十分知悉していた人であろうとされた。そしてこうした視点より、二人と同じ名をもつ念仏者を求めてみると、妙源寺本『親鸞上人門弟等交名』[6]（以下『交名』と略記）の中に「善念常陸国奥郡住」・「性信下総国飯沼住」という同名者を見出すことができる。前者についてはよくわからないが、後者は師親鸞の信任もあつい東国における真宗門徒の指導者のひとりであった事実を指摘された上で、なぜ慶政の念頭にこの二人が浮び上がったのかにつき、慶政や病床中の道家らの祖父にあたる九条兼実（一一四九～一二〇七）が、法然の帰依者でもあったために、慶政も法然以下の門流に必ずしも否定的でなかった点をあげられ、さらに氏が注目されたのは、親鸞作の三重専修寺蔵国宝本『浄土高僧和讃』所収「源空聖人」第十首[7]の次の和讃であった。

承久(ショウキウ)ノ太上(タイシヤウ)法王ハ
後高倉院(ノチノタカクラノヰン)本師源空(クヱンク)ヲ帰敬(クヰキヤウ)シキ
釈門儒林(シヤクモンシユリム／ホフシカクシヤウソクカクシヤウ)ミナトモニ
ヒトシク真宗(シンシユ)ヲサトリケリ

法然を帰敬したという右の後高倉院（一一七九〜一二二三）は、『霊託』にも出てくる人であるだけではなく、慶政が承久二年（一二二〇）に書写した『後拾遺往生伝』『三外往生伝』の底本所持者でもあったことが、愛知真福寺文庫蔵の両『往生伝』写本よりわかっていて、ここに永井氏は慶政―後高倉院―法然―親鸞―善念―性信が、つながってくる線を想定されるのである。いっぽう性信は九条家などの藤原氏とも因縁深い常陸鹿島社の祠官大中臣氏の出身で、元久元年（一二〇四）十八歳のときに法然の門に入ったとも伝えられるから上京の機会も多く、嘉禎元年（一二三五）頃に帰洛した師親鸞のもとへもたびたび上ることがあり、霊託のあった延応年間には、善念と共に京都で布教活動をしていたのであろうとされる。また九条家の荘園が常陸や下総に散在している事実も、『霊託』に善念・性信が登場する一因になっているのではないかと推測され、ここに親鸞門弟説がほぼ確立されるにいたったのである。

このような永井氏の所説を一層発展させ、ついに定説化するまでにもっていかれたのが坂東性純氏であった(8)。よって早速坂東氏の述べられるところをみていくことにしよう。坂東氏はまず『霊託』で法然のすぐ次に親鸞の名があげられていない理由につき、もと罪人の親鸞は京都に帰ってからも社会的活動を一切おこなわず、隠棲の形をとっていたからであるとされる。しかし、親鸞門弟の善念や性信が京都で布教していた蓋然性はきわめて高いとみて、善念は親鸞二十四輩第十二番の茨城善重寺開基、性信は同第一番の同報恩寺（東京報恩寺も同じ）開基で、霊託問答のあった延応元年は、寺伝史料より善念は三十九歳、性信は五十三歳であったと考定された。そしてこれは永井氏の用いられなかった史料であるが、伊勢国の高田派常超院住職五天良空（一六六九～一七三三）が著わす享保二年（一七一七）開板の『高田開山親鸞聖人正統伝』（以下『正統伝』と略す）に善念（然）と性信の名が、並び現われている事実を指摘されたのであった。その記事というのは、『正統伝』巻六の貞永元年（一二三二）親鸞六十歳条と嘉禎元年同六十三歳条の次の二か所である。(9)

同年（貞永元年）八月上旬第七日　聖人下野国高田ヲ立出テ華洛ニ赴タマフ　供奉ハ顕智房専信房伊達(ダテノ)善然房飯沼性信房四人ナリ　真仏専空両人モ武蔵国矢口渡(ヤグチノワタシ)マデ送タマフ已上本伝

同年（嘉禎元年）八月四日　聖人入洛也　マツ岡崎(ヲカサキノ)御坊ニ入タマフ　過ニシ四十歳御上京ヨリ二十余年住捨タマヘハ　跡形(アトカタ)モナクソアリナント思召ニ　印信法師ヨリ〳〵修理ヲ加テ入洛ヲ待レケルホトニ　昔ニカハラスアリケリ　于時四條院聖代嘉禎元年乙未八月上旬第四日　聖人六十三歳也　伊達(ダテノ)善然房ハ伊勢ノ川曲(カハクミ)ニノコシ置タマヒケルカ　同月十一日ニ京へ参レリ　コノ時　後九條殿ヨリ五條西洞院ノ御所ヲ能シツラヒテ　昔(ムカシ)ノ好(ヨシミ)モ浅カラス　且(カツ)ハ玉日姫君ノ御菩提ニモ侍(ハベレ)ハ　此所ニ移住タマヘト累(シキリ)ニ仰ラレシカハ　九月二十日アマリニ西洞院ニ移タマヒキ　是マテ顕智房専信房善然三人共ニアリテ給事ス　同月ノ末ニ聖人仰ラレテ言ク　今ハ都ニモ居(ヰ)ナシミタリ　専信ハ東国ニ下リ真仏性信ニ云ヲキタルコトアリ　コヽロヲ合テ念仏弘通アルヘシ　善然モ伊勢ニ帰リ　未熟ノ者トモヲ教勧アレ　都ニハ顕智一人ニテ足(タリ)ヌ　是モアトヨリ伊勢ニツカハスヘシト云

云　スナハチ十月二日専信房善然房御暇(イトマ)タマヒテ田舎(イナカ)ニ下ラレケル　聖人ハ還洛ノ初ヨリ毎月二十五日源空上人ノ忌ヲムカヘ　人々ヲ集会セシメ　声明ノ宗匠ヲ屈請シ　念仏勤行シテ師恩ヲ謝シタマヘリ已上本伝　下野記

同月ノ末　帰洛御ミマヒノ為ニ蓮位房性信房京著ス　コノ両人ハ聖人御帰国ノ時　思召ム子アリトテ道ヨリ返サレタリケルカ　性信ハ横曾根ヨリ蓮位ハ高田ヨリ真仏ノ御名代トシテ　初アツカリ奉ル聖教ヲ持笈掛テ登レリ　十一月五日顕智房ヲハ伊勢ニツカハル已上本伝　存覚伝

この『正統伝』の記述から、善念＝善然と性信の親鸞帰洛後における同時入洛が裏付けられると共に、その後も彼らはしばしば師を訪れる機会があり、布教にもあたったのであろうと坂東氏は述べられる。なお、さらに氏は「さきの『正統伝』の親鸞帰洛直後の記述中、五条西洞院に親鸞を住わせたのは後九条殿とあるが、これは慶政より四歳年下だった道家であったであろう。道家の父良経は夙に建永元年（一二〇六）三十八歳の若さで夭折している。慶政は弟の道家から祖父兼実が晩年帰依した法然の門下の動静は常に聞き及んでいたことであろう。況してや祖父の弟慈円の下で得度したという親鸞には少なからぬ関心を懐いていたであろうことが考えられる」として、兼実・慈円・道家・慶政の九条家と親鸞とのかかわりを推測され、また性信が親鸞の晩年に惹起した善鸞事件で、鎌倉幕府へ訴えた際の将軍が、道家の子の頼経であったから、親鸞の門弟たちに有利な成果を納めえたのではないか。そして永井氏もいわれた九条家の荘園が、善念や性信が住する関東の常陸・下総・武蔵にも点在する事実から、やはり『霊託』の善念・性信は、親鸞門下の二人とみても決して無理ではなかろうと結論づけられたのである。

以上のごとき永井・坂東両氏の所説は、その後木下資一氏も採用されるところとなって、今では定説化しているといってもよかろう。(10) しかしながら筆者は、次下に述べるような諸点より、『霊託』の善念・性信親鸞門弟説に疑問をいただくものである。

三　親鸞門弟説の疑問

疑問点のその一。ここであらためて『霊託』に登場する人物を大雑把に皇族・豪族・公家・武家・僧侶・女性に分類して、それを年代順に掲げてみよう。およそ次のようになる。

○皇族　聖徳太子（五七四～六二二）・崇徳院（一一一九～六四）・後白河院（一一二七～九二）・後高倉院＝守貞親王（一一七九～一二二三）・隠岐院＝後鳥羽院（一一八〇～一二三九）・後堀河院（一二一二～三四）・内裏＝四条天皇（一二三一～四二）

○豪族　守屋大臣＝物部守屋（?～五八七）・大識冠＝藤原鎌足（六一四～六六九）

○公家　月輪殿＝九条兼実（一一四九～一二〇七）・普賢寺入道殿＝近衛基通（一一六〇～一二三三）・後京極殿＝九条良経（一一六九～一二〇六）・猪熊大殿＝近衛家実（一一七九～一二四二）・太政入道殿＝九条良平（一一八四～一二四〇）・入道殿下法性寺殿＝九条道家（一一九三～一二五二）・侍従宰相＝藤原資季（一二〇七～八九）・摂政殿＝近衛兼経（一二一〇～五九）・故摂政殿＝九条教実（一二一一～三五）・将軍家関東＝九条頼経（一二一八～五六）・左大将殿＝一条実経（一二二三～八四）

○武家　義時朝臣＝北条義時（一一六三～一二二四）

○僧侶　天台大師＝智顗（五三八～五九七）・弘法大師＝空海（七七三～八三五）・御廟僧正＝良源（九一二～九八

五）・観音院僧正＝余慶（九一九～九九一）・御室戸僧正＝隆明（一〇一九～一一〇四）・一乗寺僧正＝増誉（一〇三二～一一一六）・法然房＝源空（一一三三～一二一二）・長厳（一一五二～一二二八）・吉水前大僧正御房＝慈円（一一五五～一二二五）・解脱房少納言已講＝貞慶（一一五五～一二一三）・明恵房＝高弁（一一七三～一二三二）・十楽院＝仁慶（一一七五～一二二九）・桜井＝法円（一一七八～一二三一）・大原僧正＝承円（一一八〇～一二三六）・性信房（一一八七？～一二七五？）・慶政（一一八九～一二六八）・善念房（一二〇九？～一二八五？）

○女性　卿二品＝藤原兼子（一一五五～一二二九）・二品＝北条政子（一一五七～一二二五）・北白川女院＝陳子（一一七三～一二三八）・准后＝九条綸子（一一九一～一二五一）・藻璧門院＝竴子（一二〇九～一二三三）・伊予法眼泰胤女＝刑部権大輔家盛妻（一二一九～？）

以上の四十四名が、『霊託』に登場する顔ぶれである。一目瞭然さすが九条家だけあって、そうそうたる中央の人物ばかりであることがわかろう。そうした中にあって、もし善念・性信の二人だけが関東の親鸞門侶とするならば、彼らだけが都を遠く離れた田舎人となって、なにかそこには場違いで不釣り合いな違和感を禁じえないのであるが、いかがなものであろうか。これが第一の疑問点である。

疑問点のその二。『霊託』にみえる善念・性信の二人を親鸞門弟にあてた場合、確かにそれは年代的見地よりして、前者は康永三年（一三四四）の書写奥書をもつ愛知妙源寺蔵本『交名』の第二十二番目にその名を見出す親鸞面授の直弟子「善念同々住」（同々住は常陸国奥郡住の意）、後者も同じくその第四番目に位置する「性信下総国飯沼住」とみてよかろう[11]。これは正応元年（一二八八）や康永三年の紀年を有する京都常楽臺蔵本、茨城願入寺蔵本『親鸞聖人御弟子二十四人連署』（以下『連署』と略記）の第十二番目「善念御房常州久慈東」。常楽臺蔵本では第二番目、願入寺蔵本では第一番目の「性信御房下総国豊田庄横曾祢（報恩寺）」にそれぞれ該当しよう。[12] しかし、不審なのは二人の座位が、『霊託』と『交名』『連署』とでは逆になっていることと、真宗史の常識では『霊託』でいうがごとき「一見雖同　於性信房者　信其言者少　故徒衆不多　至善念房　人皆信之　徒衆極多」とは反対に、むしろ横曾根門徒の指導者であった性信のほうこそが徒衆も多く、善念はさきほどでもなかったとみられていることである。もし親鸞門下における徒衆の多寡を『霊託』が問題とするならば、『交名』・常楽臺蔵本『連署』第一番に位置する下野国高田門徒の大リーダー真仏（一二〇九〜五八）をこそあげるべきであって、真仏・性信にくらべはるかに知名度の低い善念を「徒衆極多」というのは、まったく理解しがたいところといわなければならない。これが第二の疑問点である。

疑問点のその三。善念につき坂東氏をはじめ諸氏すべてもうひとりの善念＝善然と混同されておられるので、注意を喚起しておきたいとおもう。親鸞に同名の善念なる門侶が二人いたことは、『交名』にも前記の善念と真仏付弟の顕智（一二二六〜一三一〇）門下の善念が記されているところからもわかる。[13] つまり親鸞の直弟と曾孫弟である。このうち直弟のほうの善念は、『交名』にその居住地が「常陸国奥郡住」とあるのに対し、『連署』では「常州久慈東」となっている。しかし、これは常陸国の東西あった久慈郡のうち久慈東郡が、当時奥郡と通称されたので、結局親鸞直弟の善念を「久慈の善念」と呼ぶ。これに対し顕智の弟子の善念は、『正統伝』巻五建保六年（一二一八）親鸞四十六歳条に「今年ヨリ五十余歳ニ至マテ帰依ノ御弟子達ハ」として、その三十番目にあげられている「伊達善念房」にあたることは、十三番目に上記の「久慈善念房」がすでにあるところからも知られよう。ただし『正統伝』は「伊達の善念」も親鸞の直弟としている点を注意しておかなければならない。さてこの「伊達の善念」であるが、その居住地の伊達は奥陸国伊達郡で、現在の福島県伊達郡にあたり、「久慈の善念」が今の茨城県久慈郡であるのと場所がまったく異なることに留意すべきであろう。これがために『正統伝』は、その混乱をさけるべく以後「伊達の善念」を「伊達の善然」の文字に置き換えて表記しているのである。

この善然が親鸞六十歳の貞永元年に顕智・専信・性信と共に師の供をし関東より京都へ赴くのであるが、途中で親鸞は善然を伊勢の川曲（かはくみ）、現在の三重県安芸（あげ）郡河芸（かわげ）町にのこし置いたという。その後嘉禎元年八月に帰洛した親鸞のもとへ善然も参り、顕智と専信の三人で師の世話をするが、十月に入り師命で善然は教勧のため再び伊勢へ帰った。その時親鸞はあとより顕智もつかわすと善然に伝えたことが、前掲した『正統伝』巻六に記されている[14]。したがってこの伊達の善然が、『交名』の顕智下に出ている善念とみてよかろう。実際善念＝善然が伊勢で活躍したことは、げんにのこる三重太子寺蔵の鎌倉末期作重文指定木造善然坐像[15]の存在によっても裏付けられる。

問題は『霊託』の善念を、もし親鸞門弟の善念とするならば、二人のうち久慈の善念か伊達の善念かということであろう。これについては永井・坂東両氏のご指摘通り、年代的見地から親鸞直弟の久慈の善念をあてるべきで、親鸞―真仏―顕智―善念と次第する伊達の善念（然）では決してあるまい。しかし、久慈の善念が霊託問答のおこなわれた延応元年頃に師の親鸞を訪ね、京都で積極的な布教活動をしていたという記録は一切なく、またその久慈の善念が『霊託』で記されるがごとき「徒衆極多」といった門徒を形成し、リーダー格の人物であった事実も寡聞して知らないから、ここにおいても親鸞門弟説は、やはり無理ではないかとおもう。これが第三の疑問点である。

疑問点のその四。坂東氏の所論を紹介したところですでにみた『正統伝』巻六の嘉禎元年親鸞六十三歳条に、京都における親鸞の居所「五条西洞院ノ御所」は、ほかならぬ「後九条殿」すなわち九条道家がしつらえたものとあって、これより『霊託』の善念・性信も親鸞の門弟とする見方が有力である。けれども『正統伝』がここに道家を持ち出したのは、いうまでもなく親鸞の内室玉日が、九条兼実つまり「前九条殿」の姫君で、道家には叔母にあたるという大前提が存しているからにほかならない。親鸞の妻を兼実の女とする伝承説話の類は、南北朝時代にはすでに成立しており[16]、近年それを積極的に認めようとする見解も示されているが[17]、まだ実証されるにまではいたっていない。したがって道家と親鸞、ひいては善念と性信をそれに結び付けて考えるのは、現段階では短絡早急といえるのではないだろうか。これが第四の疑問点である。

疑問点のその五。『霊託』の善念・性信を親鸞の門弟とする有力な傍証史料としてたびたび使われるのは、これまでにもみてきたように『正統伝』である。ところが『正統伝』は、享保二年の開板当初から宗派的偏見に満ちた問題書として取り扱われてきた歴史があり、これを学術論文の史料に用いる場合は、よほど慎重でなければならない。極端にいえば一個所でも『正統伝』に不審な記述があれば、後世の編纂物だけにその利用を差引えるぐらいの心構えが必要であろう。試みにそうした不審感を誘う事例のひとつをあげよう。『正統伝』巻六の安貞二年（一二二八）親鸞五十六歳条に、のち高田専修寺第四代となる専空の親鸞入門記事が次のようにみえている[18]。

同月（五月）十一日　聖人高田ニマシマス　専空房初テ御弟子トナリタマフ　是大内国行ノ三男　幼稚ヨリ聡明俊智ノ人也　已上本伝

『正統伝』はこのあとも親鸞六十歳、六十六歳、六十七歳、八十七歳、八十九歳、九十歳の各条において、専空を親鸞上足の門弟のひとりとして扱うのであるが、実は専空は伊達の善念＝善然と同様顕智の弟子で、その生年は正応五年（一二九二）、没年は康永二年（一三四三）であることがはっきりしている。したがって親鸞没後三十年にして生まれた専空を親鸞の直弟とする『正統伝』の記述は、その著者良空の宗派的偏見にもとづく恣意的なもので、まったく信用できないこと明々白々であろう。専空のこの一件は、いみじくも伊達の善念＝善然を同じく親鸞の門弟にしている手法と揆を一にするところがあり、『正統伝』に対する用心深い注意が必要なことを教えている。これが第五の疑問点である。

筆者は如上列挙したような諸点より、『霊託』に登場する善念・性信の二人を親鸞の門弟とする説に疑念をいだくものである。そこで視点を変えて別の角度より、あらためて二人の素性を探っていくこととしたい。

四　九条家と浄土宗

すでにみたごとく延応元年の『霊託』に登場する人物のほとんどは、著名人で占められている。それらの人びとはおそらく九条家のサロンにおいても、しばしば話題にのぼった人たちであったのだろうことは想像に難くない。したがって法然につづく善念・性信の二人も、当時の京都で活躍中の念仏者とみるのが自然ではないかと考える。よってしばらく九条家を軸とした浄土念仏宗界を展望することからはじめたくおもう。

念仏の元祖とうたわれる法然房源空は、周知のごとく安元元年（一一七五）四十三歳のときに、比叡山での三十年間に及ぶ永い修行を打ち切って浄土宗を開いた。「南無阿弥陀仏　往生之業念仏為先」[19]を標榜する法然の簡単明瞭な念仏の教えは、燎原の火のようにたちまち全国に広まり、上下貴賤老若男女多数の帰依者を得るにいたる。とくに九条兼実はたびたび法然を自邸に招き戒を受けると共に、建久九年（一一九八）には兼実の教命によって、法然は『選択本願念仏集』を撰集したほどであった。こうした法然による浄土門の興隆は、南都北嶺の反感を買う結果となり、ついにあの建永二年（一二〇七）の死罪四名、流罪八ないし十名という未曾有の法難（建永二年は承元と改元されるので承元の法難ともいう）となってあらわれるが（二三九頁の表参照）、兼実の弟の慈円が著わす『愚管抄』巻六[20]に、

サテ九条殿ハ　念仏ノ事ヲ法然上人ススメ申シヲハ信シテ　ソレヲ戒師ニテ出家ナトセラレニシカハ　仲国カ妻ノ事アサマシカリ　法然カ事ナトナケキテ　其建永二年ノ四月五日　久シク病ニネテ起居モ心ニカナハス臨終ハヨクテウセニケリ

とある通り、兼実はこの法難を嘆いて命終したのである。かような建永・承元の法難で処罰の対象となった計十四名のうち、のちに浄土宗西山派祖となる善恵房証空（一一七七〜一二四七）だけは、慈円の申し預るところとなって罪を免れている事実に留意しておきたい。

かくて諸方の辺州に遠流となった法然師弟は、五年後の建暦元年（一二一一）に罪が許されて法然も帰洛するが、罪科は老齢の身にこたえたのであろう、翌二年正月二十五日、法然は八十歳を一期として浄土に還帰している。どうしたわけか法然の遺体は、当時の高僧にしては珍しく火葬に付されず、入滅地の京都東山大谷（現知恩院境内）に埋葬され、そこに墳墓廟堂が営まれた。ところが、その後法然の十七回忌を明年に控えた嘉禄三年（一二二七）六月、山門の暴徒が法然の墳墓を破却して、その遺骸を鴨河に流そうとする事件が起きる[21]。事前にそれを察知した法然の遺弟たちは、兼実の第八子で比叡山横川別所飯室谷妙香院の良快（一一八五〜一二四二）と議し、法然の遺体を大谷から嵯峨、嵯峨より太秦、太秦からさらに粟生野（現長岡京市光明寺境内）へと移送し、翌安貞二年正月二十五日の法然十七回忌命日にその地で火葬したのであった。

このときにあたりまたまた有力な法然門下四名が、比叡山の強訴により処罰された（表参照）。いわゆる嘉禄・安貞の法難である。ところが今回も建永・承元の法難の際と同様に証空のみは、公家に誓状を書いて進めると共に、自身が嘉禄元年（一二二五）に亡くなった慈円の臨終善知識であった事実の証拠を提出し、慈円の甥でかつその付法弟子であった妙香院良快の弁護を得てうまく遠流を逃れたことが、藤原定家（一一六二～一二四一）の日記『明月記』安貞元年七月六日条に次のごとくみえている。

善恵上人宇津宮随逐之師也　山門訴訟　入其数之由聞之　周章書誓状且進公家　妙香院又披陳給云々　吉水前大僧正帰依　為臨終善知識　以之為証拠云々惣蔵下知　濫僧等随見及可陵礫申示含之云々

いずれにしても建永・承元と嘉禄・安貞の二度に及ぶ法難で、法然の浄土宗は壊滅的な打撃を被るが、幸い二回とも九条家出身の慈円と良快のとりなしで、ことなきを得た証空が健在であったために、以後の浄土宗は彼を中心に京都で発展していくのである。

さて、この証空と九条家の関係であるが、その結び付きは、実に同家初代兼実のときにまでさかのぼる。すなわち至徳三年（一三八六）に浄土宗西山派の示導康空（一二八六～一三四六）が作った証空の伝記絵巻である『善恵上人絵』（以下『上人絵』と略す）第一巻第四段に、(22)

後法性寺禅定殿下　法然上人御帰依のあまり　滅後の御形見のために　浄土要文を注し給はるへきよしおほせ送られしかは　善恵上人相共に文をひき義を談して　選択集一巻を撰進せられけり　第二段まては安楽房筆受

しけるに　ある時　われもし翰墨に堪さらましかは　いかてかこの仏法棟梁の座下にくはゝりて　執筆の役をつとむへきと申たりけれは　この法師憍慢の言を出す　しかるへからすとて　をひたてられて　進士入道真観房をもて　そのおくをは書つかせられけり　撰集とゝのほりしかは　すなはち進覧せられけるに　殿下大に悦給ひて　上人入滅のゝち　この書に不審の事あらむするをは　誰人にか決すへきと尋申されけれは　善恵房と申僧に　所存の趣をは悉命し置よしをそ申されける　さる程に師匠の存日に御書をもて　善恵房給へきよしを仰送られけり御返事に　めされ候弟子僧善恵房　今朝の間に進すへく候　愚意の所存に聊も違せさるものに候とのせられたり附法の正統なること　誰かこれをあらそふへきや　すなはち御請に応して　正治元年己未　殿中にして　師にかはりて選択集を尊閣に読授たてまつらる　其時は纔に年廿三なり　智解の抜萃せる事　此をもてしりぬへし

とある通り、そのかかわりは法然在世中の正治元年（一一九九）に師の名代として、年わずか二十三歳の証空が兼実邸で法然の『選択本願念仏集』を講じたことからはじまっている。もっとも兼実は三年前の建久七年（一一九六）に証空の猶父源通親（一一四九～一二〇二）によって失脚させられていたから、二人の対面にはかなり微妙なものがあったかも知れない。(23)ともかく証空と兼実の関係は、こうして法然を介してできるわけで、これが慈円や良快とも結び付く因縁ともなっていくのである。兼実のあとを継いだ良経は、のちに建永・承元の法難となってあらわれる一件で忙殺中の元久三年（一二〇六）三月七日、土御門天皇の摂政在任のまま三十八歳の若さで父より前に没したために証空との交流は見出せないが、その子の道家とはかなり顕著な交りを認めることができる。よって以下順次それを史料上にみていこう。

まず『明月記』文暦二年（一二三五）五月二十七日条に「廿七日己未　朝天晴　殿下自一昨日五ケ日善恵房戒云云」とあって、殿下すなわち道家が一昨日つまり二十五日より二十九日にいたるまでの五日間、善恵房証空より戒を受けているのがわかり、さらに同じ年の嘉禎元年十二月二十日条にも「殿下又御西山善恵房之由也」と記されている通り、道家はこの日も証空の住房西山善峰寺北尾往生院（現三鈷寺）を訪ねた事実が知られて大変興味深い。文暦二年（九月十九日に嘉禎と改元）は、道家四十三歳、証空五十九歳であった。ちなみに『法然上人行状絵図』（以下『行状絵図』と略す）第三十五巻第三段によれば、道家は祖父兼実の余慶をうけて同じく法然の勧化を信仰し、この年の二月二日に『仏説阿弥陀経』十万巻の摺写を発願して版木を異朝にひらかせたという。道家の兄慶政は自坊松尾法華山寺の住僧たちと共に中国宋の東禅寺版・開元寺版一切経版木の補刻事業に施財喜捨した事実があるので[24]、道家もこれに結縁したのかも知れないが[25]、残念ながら道家発願版経の存在は知られていない。

道家が嘉禎元年に訪れた証空の住房西山善峰往生院は、『華頂要略』をみるに建保元年（一二一三）二月に慈円＝慈鎮より譲られたものであった。そのことは『上人絵』第三巻第一段にも[26]「西山善峯往生院は　祖師上人　慈鎮和尚の付属をうけて　真俗の興隆をそ　いたされける」とあり、また同巻第四段にも[27]「この往生院をは　慈鎮和尚にゆつり申されしを　建保の比　善恵上人にそ付属し給ふ」とあることによって明らかであろう。西山往生院をめぐっても慈円―証空―道家の関係がよく窺知できようというものである。

ところで、証空は奈良時代の制作にかかる奈良当麻寺のいわゆる当麻曼荼（陀とも）羅が、中国善導（六一三〜六八一）の『観経疏』四巻の所説に一致した内容表現となっている事実にいたく感銘し、その讃嘆と流布に大きく貢献したことはよく知られている。それが証拠に当麻寺本堂（曼陀羅堂）の柱には、いまも証空が寛喜元年（一二二九）三月二十六日に不断念仏料田を寄せた非常に珍しい形式の寄進文書が残っているだけではなく[28]、増上寺開山

の西誉聖聡（一三六六～一四四〇）が著わす『当麻曼陀羅疏』巻第八に[29]、

次言流布曼陀羅者　其後法然上人御弟子小坂善恵上人云者　可奉移曼陀羅之志在之　宇津宮実相房相議候　于時当麻寺衆僧曰　寺僧外不可許之有返事　于時上人勤寺役列供僧　如意被移曼陀羅　此時無御衣絹　後鳥羽院御后宣秋門院九条殿嫡女御願　手自蓮糸繰取副常糸有御営　爰善恵上人宇津宮実相房相議　大画師播磨法眼澄円仰付令書之　是即第二転曼陀羅也　此曼陀羅善恵上人九条殿御沙汰　嘉禎三年丁酉九月末　上人弟子観信房奉副　信濃国善光寺被進　善光寺曼陀羅御迎参僧一人有之　小将阿闍梨権智房也　此人王八十六代帝四条院秀仁治天第五年也　其後又善恵上人写一幅　奉安置当麻寺西龍御殿　是則第三転曼陀羅也　其後亦写一本　奉納宇津宮神宮寺　次又実相房為施主　初巧出四分一曼陀羅　遂下国之後　大羽往生寺建一宇大坊　其曼陀羅奉為本尊　其後又善恵上人此計　殊勝霊像諸国万人可拝六十余州一国一鋪宛之願起欲書之　而十三鋪書立　都彼此道場在之聞也　剰開印板摺写　日本大唐弘之給　其印板随一智恩院被安置　但恨近年焼失云云　其後人多挙移之奉安置故也　付之本曼陀羅並第二第三転　同方一丈五尺也　其後依人力大小任意移之　四分一曼陀羅方七尺五寸也　数此数量六分一八分一　奉書之　大小長短雖替　仏菩薩数依正報荘厳何無替也　已上付当麻曼陀羅釈本曼陀羅流布曼陀羅竟

とあって、証空は画師の播磨法眼澄円[30]に当麻曼荼羅を描かしめたが、それに使用の料絹は兼実の女で後鳥羽天皇の皇后であった宜秋門院任子が寄進するものであった。のちこの曼荼羅は嘉禎三年（一二三七）九月末に道家の沙汰として信濃国善光寺へ奉納されたというのである。こうしたことはすこしも疑う必要はなく、ここにおいても証空と九条家の人たちとのかかわりが注意をひこう。

証空のかかる当麻曼荼羅への思い入れは、仁治三年（一二四二）におこなわれた当麻寺本堂（曼陀羅堂）の厨子および須弥壇の修理作善の上にもよくあらわれている。同寺ではその年から翌寛元元年にかけて、大がかりな厨子・須弥壇の修理をした際に二千百五十人余りの男女貴賤がこれに結縁し、その結縁者名が大型の曼荼羅厨子扉六枚の内面にびっしりと書き込まれ今も現存する。[31] それの北方第三面「当寺寺僧分」のトップに「沙門証空」の名がみえ、同じ扉の上部には「金剛仏子行恵／菩薩戒尼清浄如／征夷大将軍頼経／菩薩戒尼寂静恵」とあり、また南方第一面上部にも「後一条前摂政／前右近衛大将源頼朝」とそれぞれ金地色紙型の中に特筆大書されているのが注目される。すなわち行恵は道家出家後の法名であり、[32] 将軍頼経は道家の息、前摂政も同じく道家息の教実、頼朝は道家の母方の祖母の兄にあたるので、この厨子の修理には九条家が大きく関与していることがわかり、おそらくその背後には道家への証空の勧進が与って力あったものと考うべきであろう。

この当麻寺の曼荼羅厨子・須弥壇修理の前後に、やはり道家の息で二条家の祖となる良実が、『平戸記』仁治三年（一二四二）九月十八日条に「晴　晩頭参殿下　御受戒之程也　善恵上人奉授也　仍以顕嗣朝臣申身暇　是自明後日　為念仏之結願　十ケ日可籠居北山之間　申入其子細也　於内裏者付前内府申入了」[33] とあるごとく証空より戒を授けられており、『岡屋関白記』寛元四年（一二四六）二月二十七日条によれば、この日証空は道家の女婿近衛兼経にも戒を説いているのである。

証空は師法然の薫陶よろしきをえて、善導の五部九巻（『観経疏』四巻、『法事讃』二巻、『観念法門』一巻、『往生礼讃』一巻、『般舟讃』一巻）を自己の教学の中心に据え多くの著作を残しているが、[34]『観経疏私記』十巻もそのひとつであった。『上人絵』第一巻第四段に「又光明峯寺禅閤の厳命によりて　観経疏私記十巻を造進せられけり　先公の芳躅をしたひたまふゆへとそおほえ侍る」とある通り、それは実に光明峰寺禅閤すなわち道家の命で造られたものであった。『西山年譜要記』はその造進年を仁治元年（一二四〇）のこととしているが、残念ながら本書は現存しない。

道家と証空との親密な関係を物語る事象として、最後にあげておかなければならないのは遺迎院の建立である。証空は一代のうちに西山善峰の往生院、白川龍護の歓喜心院、法性寺の遺迎院、摂津武庫河の浄橋寺など四か寺を開くが、このうち遺迎院は道家の沙汰によるものであったことが[35]、『上人絵』第三巻第七段[36]に次のごとく記されている。

又法性寺の遺迎院は　月輪殿　峯殿なとも程とをからす　洛陽の化導たよりあるへけれはとて　光明峯寺殿の御さたにて　はしめは人屋を点して　上人の住処とさためられけり　後には仏閣をひらきて　尺迦弥陀二尊の像を安置し　発遣来迎の利益をあふきて　寺号をも遺迎とそつけられる

なお、『霊託』の書かれた延応元年といえば、この年の三月六日に法然の『選択本願念仏集』が刊行されていて、京都法然院にその唯一の刊本を所蔵するが、一説にこの刊行は兼実の三十三回忌を期して、道家が発願し証空の協力でなったものとする見方もあるので[37]、ここに付記しておく次第である。

法然亡きあとの京洛における浄土宗は、以上みてきたように四条天皇の外祖父で、摂政近衛兼経の舅でもあり、また鎌倉幕府第四代将軍頼経の父にあたる当時の最高実力者前摂政関白九条道家とのかかわりが顕著な善恵房証空のいわゆる西山義が、ひとり華々しく展開していたのであった。しかしだからといって、道家は偏依証空一師では決してなかったことに留意しておかなければならない。そのことは道家の行業にもよくあらわれているのであって、彼には慈円・良快・慶政・慈源などをはじめ多士済済の身内の僧がおり、自分自身も法性寺で出家し、東大寺において受戒を遂げ、東寺にて灌頂を受けたばかりではなく、かの有名な弁円円爾（一二〇二～八〇）を開山として、台・密・禅三宗兼学の東福寺を創建するなど、まったく顕密仏教体制側の人間であった事実を忘れてはならないとおもう。

五　徳大寺家・西園寺家と浄土宗

さて、かの嘉禄・安貞の法難により、現在の京都光明寺の地で荼毘に付された後の法然の遺骨は、そこに草庵を結んでいた幸阿弥陀仏の預るところとなっていたが、幸阿は庵室の塗籠ふかくにこれを納め故郷の鎮西へ帰ってしまったという。『行状絵図』第四十二巻第七段[38]にその後のいきさつが次のように述べられている。

遺骨をひろひ宝瓶にをさめてまつり　幸阿弥陀仏にあつけをきておの〳〵退散しぬ　その丶ち正信のさたとしてかの芳骨をおさめたてまつらむために　二尊院の西の岸の上に鴈塔をたて丶　貞永二年正月廿五日に正信房御骨の御むかへに粟生野の幸阿弥陀仏のもとに罷向ところに　幸阿弥陀仏は御骨を庵室のぬりこめにふかくおさめをきたてまつりて　鎮西に下向しにけり　かきをたつぬるに　ぬりこめをひらくへからさるむね　かたくいましめをきて　鎰をあつけをかれさるよし　留守のものこたえ申あひた仰天きはまりなし　相伴ところの門

弟廿八人面〻に力をつくしをして戸をひらかむとするに　かなはすむなしく帰なんとする時　御在世ならは湛空か参たるよし申いれんに　なとか見参にいらてむなしく帰るへきと　なく〳〵とき申されけるに　ぬりこめのくるゝなるやうにおほえけれは　門弟の中にちかく侍る信覚といふ僧に　いま一度戸をひきてみよと正信房申されけれは信覚たちよりて戸をひくに相違なくあきにけり　歎申おもむきを聞食入られけるにこそとて　歓喜の涙をなかし　御骨をむかへたてまつりて　塔中にをさめたてまつりぬ

これによって明らかな通り、法然の遺骨は二十三回忌を明年に控えた貞永二年（一二三三）に、正信房湛空（一一七六～一二五三）が嵯峨二尊院の西の岸の上に建立した雁塔に納骨すべく、かなり強引に奪取したらしい形跡が読み取れよう。これが殷賑をきわめた湛空による浄土宗四門徒のひとつ嵯峨門徒の発祥である。その門徒祖の湛空につき同じく『行状絵図』第四十三巻第三段[39]は、伝えて次のごとくいう。

嵯峨の正信房湛空は　徳大寺の左大臣実能公の孫　法眼円実の真弟　大納言律師公全これなり　瑜伽の壇のうへには　四曼不離のはなふさをもてあそひ　観念の窓のうちには　五相成身の月をすまして　三密の法将四明の智徳たるへき器用なりけれは　実全僧正の附弟にそたのまれける　されとも浮生の名利をいとふ心ねんころに菩提の直路をねかふ心さしふかゝりけれは　つゐに聖道門をすてゝ上人の弟子となり　ひとすちに浄土門にそいり給ける　まのあたり上人の眼光を拝してのちは信仰ことにふかし　円戒をつたえて天下の和尚たりき　稽古を事とせす　小学の単修をこのみて学問　選択集にはすくへからすとそ申されける　年たけ齢かたふくまゝに道心いよ〳〵堅固にして　専修功つもり行徳あらはれけれは　世こそりてこれをたうとひき　毘沙門堂の法

印明禅寂後の知識には　このひとをそもちゐらけれける　嵯峨の二尊院は上人草庵をむすひてかよひ給し地なり　その跡をかうはしくして居をこゝにしめ　寺院を興隆し楞厳雲林両院の法則をうつして廿五三昧を勤行し上人の墳墓をたて、もはらかの遺徳をそ恋慕し給ける　上人遷謫のときも配所まてともなはれけるか　御かたみのためにとて船のうちにて上人の真影をはりたてまつられける　船のうちのはり御影とて　当時二尊院の塔にましますこれなり生年七十八建長五年五月の比より所労の事おはしけるか　同七月廿七日念仏数百遍ねふるかことくしてをはり給にけり

すなわち湛空は徳大寺実能（一〇九六～一一五七）の子円実の真弟で公全といい、同じ徳大寺家の円実の兄公能（一一一四～六一）の子第六十六世天台座主実全（一一四一～一二二一）の付弟に望まれるも、聖道門を捨て浄土門に帰して法然の弟子となり円頓戒を相承した。建永・承元の法難では法然の配所まで随伴したとあるが、正安三年（一三〇一）に本願寺の覚如宗昭（一二七〇～一三五一）が著わした法然の伝記絵巻『拾遺古徳伝絵』第七巻第三段(40)では、「公全律師聖信上人是也も　配所肥後国云々におもむきけるが……」とあって、湛空自身も肥後国へ流罪となったような記述がされている。なお、右の『拾遺古徳伝絵』に「聖信上人」とあるところより、同じ覚如が永仁三年（一二九五）に撰述した『善信聖人親鸞伝絵』上巻の信心諍論段(41)に登場する「聖信房　勢観房　念仏房已下の人々おおかりし時」とある「聖信房」も、やはり正信房湛空のことと知られるので留意しておきたい。

湛空は建暦二年正月二十五日に師の法然が亡くなったとき三十七歳であったが、その三七日法要が同年二月十六日に勤まった際、彼は檀那となって中国東晋の書家王羲之（三〇六?～三六五?）の搨本を手本として同日読誦の経を写し、それに和歌一首を添えたことが、『法然上人伝法絵流通』第四巻第五段(42)、『法然聖人伝絵』第八巻第六段(43)、

『拾遺古徳伝絵』第九巻第一段(44)、『行状絵図』第三十九巻第三段(45)などにみえている。ここでは『法然上人伝法絵流通』の詞書にそれをみておく。

三七日　御導師　住信房
弥勤菩薩
末弟耽空法師捧誦経物　唐朝の王羲之摺本一紙面十二行八十余字書之
にしへ義之へきみちのしるへせよむかしもとりのあとはありけり安息国之鳥故云々

湛空が和歌をよくしたことは、『古今著聞集』第二巻七十一話(46)の、

湛空上人涅槃会を行ふ事
湛空上人　嵯峨の二尊院にて涅槃会をおこなはれける時　人〳〵五十二種の供物をそなへけるに　花をうへにたて丶歌を読て付けるに　西音法師　水瓶に梅を立て送とて読(よみ)ける
きさらぎのなかのいつかの夜はの月入にし跡のやみぞかなしき
返し
湛空上人
やみぢをば弥陀の光にまかせつ丶春のなかばの月は入にき
又一首そへられける
会を照す光のもとを尋れば勢至菩薩のいたゞきのかめ

という話にも十分うかがえよう。

さきほど法然の三七日法要のところで引用した『法然上人伝法絵流通』のことであるが、これは数ある法然の絵巻物や掛幅絵伝に大きな影響を及ぼした法然一代記絵の根源的存在のもので、元来は上下二巻よりなるも今は四巻本で、その上下奥書から嘉禎三年（一二三七）に六十九歳の躭空が願主となってできたことが知られる。(47) ただし上述来の湛空とは文字も違い年齢も合わないが、前記三七日中陰法要のところでも他絵巻のすべてが「湛空」と記すのをこの絵巻のみ「躭空」としていて、明らかに音通文字で表現されているのがわかり、また年齢については原本の「六十二」を見まちがって「六十九」と誤写したのではないかと考えられる。したがって共ども深く拘泥する要はなく、『法然上人伝法絵流通』は嘉禎三年湛空によってなされたものとみてよかろう。(48)

嘉禎三年丁酉十一月廿五日筆功已畢
此絵披見之人　奉レ礼二三尊之像一　其詞説明之輩　読二誦大経之文一　願二身口意之行一　念二阿弥陀之名一　往生極楽之志無レ弐　勿レ疑レ之也　爰躭空執筆而草二旨趣一　観空和レ墨摸二画図一　願結二一仏浄土之縁一　共証二九品蓮台之果一　乃至無遮平等　敬白

躭空　在判
観空　在判

おもひ入やすち筝ゆみはりの月のつよくもひくかたそかし
弓はりの月は大地を的としのおもひ入よりはつしけそなき
嘉禎三年丁酉五月に始レ之　同十一月廿五日　於二相州鎌倉八幡宮本社之辺一図之

鎮西築前国之住左兵衛尉源光忠法名観空云々行年卅三
　　願主沙門躭空六十九

人ことにおしむけしきやみえぬらん山のこゝろにはれぬ月かげ
月をなをもとのすみかにやどせかしいでしも山のかげならぬかは
わきたれも往生際にうせにける阿弥陀仏をとかりやにして

抑この絵は　ふかき心ざしあり　特留此経の傍に為レ挿二先師之遺徳一　止住百歳の間　欲レ備二後代之美談一者也
然則往日駅路之斗藪　繇為二界道林池之経行一　今上子城之宣命者　宣レ待二大閣講堂之法輪一矣　者往生極楽之
類将レ得二天眼天耳他心智一　欣求浄土衆　盍レ照二人界人身願楽思一也　知見無レ誤者　早出二有為之家一　本誓有
レ憑速入二無為宮一云々

永仁二年甲午九月十三日書畢　執筆沙門寛恵満七十　雖モ二手振目闇一　為二結縁一所二之書一也　後見念仏申可訪給一
　　躭空　在判
　南無阿弥陀仏々々

湛空と法然とのかかわりについては、このほかにも建久九年に法然が暗夜で眼光を放ち聖教を読んでいるのを見たり、畳に坐して称名念仏する法然から身光赫奕としている有様を拝したこと。仁治三年（一二四二）に亡くなった明禅（一一六七～一二四二）の臨終善知識を勤めたこと。聖光房弁阿弁長の鎮西筑紫義が法然の正流であることを安居院の聖覚と共に証誠したことなどが、『行状絵図』第八巻第一段、第四十一巻第三段、第四十六巻第五段にみえていて、(49)法然門流における湛空の地位の高さを推し測りえよう。

建長五年（一二五三）七月二十七日、湛空は齢七十八歳にて没する。湛空の没年月日については、『百錬抄』同年月条にも(50)「廿七日癸卯　嵯峨重(聖)信上人入滅」とある通りだが、ここでも『親鸞伝絵』や『拾遺古徳伝絵』と同様「正信」を「聖信」と傍記されていることに注目しておこう。

湛空には没後まもなく造られた花崗岩製の「空公行状」という高さ一三六・三センチ、幅六五・一センチ、厚さ一九・七センチの碑が、今も二尊院境内に現存しており(51)、湛空の行状をしのぶ貴重な史料となっている。ただしこの碑文は「空公上人」を「源空上人」にあてんとして(52)、後世文面の削字が一部おこなわれたのはまことに惜しいが、大体次のように判読できる。

□□□空公上人行業碑
聖暦建長五□秋七月二十□□□□帰寂于西山二尊院□年七十八僧臘六十
□空公□□□□□□□□□亟□之□□也出相将累家之余塵入覚王□
□□□□□□□□□□□□□□□□後四曼瑜伽之観洞達五就灌頂
之□□
朝□□□□縁□□□□□□遺跡之嗣嫡然而公常観浮生於水月素嘲□□
空公　[湛]空□□乃□名□□□□□大徳専学念仏往生之正路菩提留支已後教行
無異□[兼]伝師資相承之□□釈迦如来以降至公二十人是故
行状　太上天皇徴而為[戒]師□□□仰而帰高徳況以菩薩慈悲為我心以衆生苦楽
為我思為他不惜身命為自[菩]□界資若自非大権之応化豈有利物之□此□於

及機薪已尽応火欲滅叉手念仏端坐而終于時祥雲映日異香薫風遂□□□□
寺之西山門□□如不及泣因彼遺旨略刻此片石銘曰
世有権化非公是誰生来穢国教益弘施死□西刹徴祥顕茲称弥陀号畢□為□
念仏功大聖言莫疑欲為後学樹此豊碑　　大宋国慶元府打石梁成覚刊

右碑文九行目の「太上天皇徴而為戒師」とあることにつき、室町時代の成立にかかる『二尊院縁起』上巻第五段の次のような記載より(53)、それが第八十三代天皇土御門（一一九五～一二三一）、第八十八代天皇後嵯峨（一二二〇～七二）の父子を指すものであることがわかる。

第三の住信上人再興の間　当寺にして浄土の宗旨をひろめ　道俗の出離をすゝむ　又円頓一実の大戒を稟承して尊卑の得脱をなせり　しかればすなはち円頓大乗戒は血脈相承の嫡統念仏九品の宗者首尾弘通の正流也　これによりて代々の明帝忝く十善の掌をあはせ給て一乗の禁戒をうけまします　所謂正信上人は土御門院後嵯峨院二代の国師たり　寛喜上皇御帰依の間勅命にまかせ御遺骨を当寺の御塔におさめたてまつる　正覚上人又後嵯峨院後深草院亀山院後宇多院伏見院五代の国師にそなはれり　次理覚上人かさねて又亀山院後宇多院二朝の御師範として叡感の院宣をかうぶり慇懃の勅書を下され　已下凡当寺御受戒は嘉例の勝躅也　法のため世のため誰人かこれを弁捐せむ　就中土御門院御事ありて後　後嵯峨院御童体として正信上人を喚して御出家あらむと有しに　上人俄に事のよしを奏して御素懐を申とゞめらるゝ事あり　其故は御落飾の刻限に及て御盥の水に巾子紙したる御冠の影うつれりと云々　厳重の瑞相希代の不思議也　仍幾の月日を経ずして一天の聖王にそな

はり　万機の政化を施給へり　剰継体相続上古にもすぐれさせたまふ事　しかしながら当寺戒徳の効験上人護持の高名たる者乎

湛空と両天皇に関しては、保元の乱に敗れて讃岐へ流され、ついにその地で没した崇徳天皇（一一一九〜六四）の鎮魂菩提寺である白峰寺の清原良賢撰『讃岐国白峯寺縁起』にも次のごとくあって(54)、湛空が両天皇の信任あつき僧であった事実がわかり注目させられるのである。

土御門院阿波国にて御違例ありしかば　湛空上人をめして善知識にをかれしに　寛喜三年十月三日夢に御持仏堂の前の一間に御車を寄たり　御簾を半あげて御肩より上は見えず　御束帯のさまなり　御車の中より仰られていはく　御とぶらひのために参たりと奏べしと　湛空　誰人にておはしますやらむと思惟するところに　讃岐院と号するなりと　今度御寿命はたすかるべからず　但子孫をば守護すべきなりと奏せよとて御車は出ると覚ければ事の外に大なる車なり　供奉の人は　毘沙門天王なむどのごとくなる者一万人もあるらんと覚えてける　此事申上たりければ　さては寿命は叶べからず　子孫擁護こそたのもしけれとて日比御所持の唐本の法華経一部　御廟へ送たてまつらる　後嵯峨院は土御門院御子にてまします　童形にて　成興寺の真忠法印のもとへ入室給ひしが御得度あるべきにてありしかど　或時は御冠の姿水にうつり　或時は御かみそりおる丶ことなどありしかば　皆人不思議の思をなしたてまつりて　御得度はなかりしに　仁治三年正月九日　四條院にはかに崩御なりぬ　佐渡院の皇子御位につくべきよし　関東にて評定ありて　使には三浦介すでに立たるところに霊神の御告もやありけむ　かさねて評定ありて　土御門院御子にさだまりぬ　使には秋田城介義景にて有ける

が　立かへつて申けるは　先日の御使によりて　佐渡の院の宮御践祚あらば　いかゞ仕らんと申たりければ　それをばすべらかしまいらせてつけ申べしと仰を承てまかり立けり　神妙にも申たりとぞ人々美談せられける　しかるに先日の使よりもさきに上洛して相違なく後嵯峨院位につき給ふ　是併湛空上人が夢想の験と憑しくぞ覚えし　されば建長四年十一月の比唐本の法華経一部をくりまいらせさせ給

ところで、実は土御門・後嵯峨の両天皇は、かの証空とも関係深かったことにおもいをいたさなければならない。というのも土御門天皇の生母は、源久我通親（一一四九～一二〇二）の養女承明門院在子（一一七一～一二五七）であり、後嵯峨天皇の生母がこれまた通親の長子通宗（一一七八～九八）の息女通子であって、これは同じく通親を猶父とする証空の俗系からみれば、在子は姉、通子は姪にあたるという間柄になるわけである。土御門天皇は承久の乱後みずから望んで土佐国へ配流され、のち阿波国の配所で死去するが、その第一皇子後嵯峨は、通親の四男通方（一一八九～一二三八）が扶持養育したという『上人絵』第三巻第七段[55]の次の詞書をみてみよう。

承久大乱の後は　旧院の皇胤継躰の儀は　上下思ひよらぬ事にて侍しに　後嵯峨院そのみたれのとしは二歳にならせ給けり　久我内府通親公四男大納言通方卿は　父の院にも御傍親　御母贈皇后にも御ゆかりなりしかは扶持し申て　かくしをきたてまつられけるか　一八の御年にや　大納言さへ早世せられしかは　いとゝ無頼になり給ひけり　大納言存日の時　宮の御方の御祈の事　ひそかに申さるゝむねありけれは　上人うけとり給ひて　つねに梵網経を誦して祈念し申されしに　四條院俄に晏駕まし〳〵き　皇子もおはしまさす　連枝の御子もましまさす　順徳院の御子たちこそ　あまた都にとゝまり給しかとも　天照大神の御はからひにや　この

君天位にそなはり給ひけり　御年廿三とそきこえし　これはひとえに上人の戒法の徳なりと　ふかくおほしめしけれは　御在位のあひたは月々に御受戒ありけり　白川龍護田の歓喜心院を勅願寺として　不断梵網経の読誦をはしめらる　江州に小野社を勅施入の地として　彼不断経の料所とそさためられける　この歓喜心院は上人建立四ケ寺のその一なり　釈迦・弥陀丈六の金像を本尊とす　三重の宝塔をたて　二階の蓮舎をつくりて当麻の曼陀羅の寸尺をたかへすうつしたてまつりて安置せられけり

これは上述の後嵯峨天皇と証空との俗縁から、証空の祈念と戒法の徳によって後嵯峨が皇位につくことができ、ために後嵯峨天皇は毎月証空より戒を受け、あまつさえ証空建立四か寺院のひとつ歓喜心院も同天皇の勅願によるものであったことを強調する段にほかならない。実際後嵯峨上皇が証空より受戒していた事実は、『黄葉記』寛元四年（一二四六）五月十四日条の、[56]

十四日辛未　雨降　参殿　次参院　今日有御受戒事　善恵（証空）上人一昨日予遣御教書請之　参勤初度故被催座主（慈源）而辞退　且御在位之時七仏薬師法之次参勤云々
於千日御講道場有此事　懸本尊釈迦御持仏也仰預備香花　事訖賜布施　沙金一裹三両置扇　自簾中被出之　前内府（土御門定通）取伝了　我君深有帰仏之御志　殊以有戒行之沙汰　仰付此上人　年来毎日被転読梵網経　大嘗会行事所移也　主基　用左近府云々　高雅始神事

という記事からも明らかであろう。

さて、嵯峨の二尊院に雁塔を建立し法然の遺骨を迎えて、ここを浄土宗嵯峨門徒の中心として発展させたのは、[57]

すでに記した通り徳大寺家を出自とする湛空であった。同家は摂関家の祖藤原師輔（九〇八〜九六〇）の子公季（九五七〜一〇二九）を祖とし、その家名は湛空の祖父実能（一〇九六〜一一五七）が京都衣笠岡に徳大寺を建立して徳大寺殿と呼ばれたことにはじまる。実能のあと公能（一一一四〜六一）─実定（一一三九〜九一）─公継（一一七五〜一二二七）─実基（一二〇一〜六五）と徳大寺家は次第相承されていくが、このうち野宮左大臣と通称された公継は『行状絵図』第十二巻第六段によれば、[58]

野宮左大臣公継公は　師弟の契あさからさるによりて　興福寺の衆徒上人の念仏興行をそねみ申て　奏聞にをよひし時は　上人ならひに弟子権大納言公継公を遠流せらるへきよし　申状をさゝくといへとも　更其心さしをあらためす　専修のつとめおこたる事なくして　生年五十三嘉禄三年正月廿三日に職を辞し　同卅日種々の奇瑞をあらはして往生をとけ　いまに末代の美談となり給へり　すへて月卿雲客のなかに化導に帰する人おはく侍しかとも　しけきによりてのせす

とあるごとく法然の帰依者であり、しかも公継は証空その人のことを中国の道安（三一二〜三八五）になぞらえて「弥天の善恵上人」と称讃したことも『上人絵』第二巻第二段にみえている。[59]これをうけてその子の実基も証空の善峰寺往生院へ不断念仏供料田三町を安貞二年（一二二八）に寄進しており、証空が徳大寺家ともつながりをもっていた事実に注目したい。その文書は左の通りである。[60]

「藤原実基公」

中宮大夫家政所下

可早宛行善峯寺往生院不断念仏供料田参町事

在山城国(乙訓郡)鶏冠井庄間副坪付等

右　件田元者　故中納言法橋之時　毎月護摩用途料　女房三位家之時　所被引募也　其所当米段別肆斗　庄本器定拾弐石也　法橋一期之後　門弟已及両代　居諸漸推移　行法亦如廃　然而顧願主之素意　猶不致供料之違乱　爰自去承久三年之冬比　依善恵(証空)聖人之興隆　於彼往生院修不断念仏　其行忽難始　用途無足之間　専為結浄土之業因　則勧進有縁之檀那　先公為其一分与彼善願　因茲改件護摩用途　宛此念仏供料　凡念仏永不退転者　供料又不可依違　宜限来際　断庄家之妨　停万雑公事　彼寺一向領知　但其行若及陵廃者　随時可斟酌者歟　抑於此供料沙汰者　縦雖為上人之門弟　不可致自由之沙汰　念仏結衆外　依非領知之仁也　一衆相議　勿有偏頗　仍所仰如件　故下

安貞二年二月四日　　知家事右官掌中原（花押）

有偏頗　仍所仰如件　故下

令中務少丞中原（花押）

別当助教兼山城守中原朝臣（花押）

尾張守藤原朝臣（花押）

ところで、湛空の祖父で事実上の徳大寺家を創めた実能には、西園寺家の祖となる兄の通季（一〇九〇～一一二八）がいて、公通（一一一七～七三）―実宗（一一四四～一二一二）―公経（一一七一～一二四四）―実氏（一一九四～一二六九）と続くが、特に公経は源頼朝（一一四七～九九）の姪を妻として重きをなし、その子の実氏も幕府の支持をえて長女大宮院姞子（一二二五〜九二）を後嵯峨天皇の中宮に入れて後深草天皇（一二四三〜一三〇四）、亀山天皇（一二四九〜一三〇五）の外戚となり、さらに次女東二条院公子（一二三二〜一三〇四）を後深草天皇の中宮とするなど摂関家をしのぐ勢力をふるうこととなるのである。この西園寺家の実宗がこれまた深く法然に帰依し、建永元年法然を和尚として出家をとげたことが、やはり『行状絵図』の第十二巻第五段に出ている。(61)

大宮の内府実宗公は　帰敬の心さし他にことにおはせしかは　つねに上人に謁して念仏往生のみちをあきらめつゐに上人を和尚として建永元年十一月廿七日に出家をとけ　専修のつとめおこたりたまはす　上人の入滅をかなしみて　初七日の諷誦をさゝけられき　生年六十七建暦二年十二月八日　正念たかはす念仏相続して往生をとけられにけり

この実宗の子の公経が、京都北山の別荘（現在の金閣寺地）に西園寺を建立して徳大寺家と同様家名となっていくのだが、さきほども記したごとく公経の妻は、源頼朝と同腹の妹（?〜一一九〇）が、京より鎌倉に下っていた一条能保（一一四七〜九七）のもとに嫁して生まれた女子で、その名を全子（?〜一二二七）という。公経と全子との間には前記の実氏と綸子が生まれる。いっぽう全子には姉がおり、彼女は九条兼実の息良経の妻となって、かの道家をもうけたわけだが、(62)やがてその道家と綸子の従兄妹同士が結ばれて九条教実・良実（二条家祖）・実経（一条家祖）・頼経（将軍家）・竴子（後堀河院中宮藻璧門院）たちが出生し、ここに源家・九条家・西園寺家を結ぶきずなが構築されるにいたるのである。

ちなみにいう。承元元年（一二〇七）に四天王寺第五十二代の別当に補された兼実の弟慈円は、没する前年の貞応三年（一二二四）に同寺聖霊院絵堂を再興し、尊智をしてその内部に聖徳太子絵伝と九品往生人画図の板絵を表裏に描かしめるが、後者には九条道家・基家兄弟、西園寺公経・実氏父子など秀才九人の詠歌を添えたと『行状絵図』第十五巻第三段は伝えている。(63) 両家の緊密さを教えるひとつの事象であろう。

すでに記したごとくその慈円が嘉禄元年九月二十五日七十一歳にて寂するとき、臨終の善知識を勤め釈迦の宝号を唱えたのは証空であったが、証空は同三年八月に西園寺公経の室全子が亡くなる際にも、同月六日に彼女の病頭で懺法を修し、翌七日には『霊託』にも登場する明恵房高弁と共に臨終の勧進念仏を行じ、翌月十八日の中陰仏事にも出仕している事実が『明月記』の記事より知られる。(64) これは当の証空も最初は処罰の対象にあがっていたあの嘉禄の法難が断行されてよりわずかに一か月後のことであり、証空が湛空と同様いかに最上層部の人間たちと巧みに交りを深めていたかを如実に示す事実として、没却しがたいものがあるといわなければならないであろう。

結　語

以上、法然以後の京都における浄土宗の展開を史料に即しながらやや詳しくながめてきたが、そこに浮び上がってきたのは、皇室をはじめ九条家、西園寺家、徳大寺家、久我家など当時の特権階級と深く結び付いた証空の西山義と湛空の嵯峨門徒の活動であって、親鸞の真宗門徒などは片鱗すらもその姿をあらわさないことがわかったであろう。

周知のように法然没後の浄土宗は、永和四年（一三七八）に静見が勘録した『法水分流記』によれば、(65) 皆空房隆寛（一一四八〜一二二七）の長楽寺多念義、聖光房弁阿弁長（一一六二〜一二三八）の鎮西義、成覚房幸西（一一六三～一二四七）の一念義、善恵房証空（一一七七～一二四七）の小坂西山義、覚明房長西（一一八四～一二六六）の九品寺諸行本願義と法蓮房信空（一一四六～一二二八）の白川門徒、善信房親鸞（一一七三～一二六二）の真宗大谷門徒、正信房湛空（一一七六～一二五三）の嵯峨門徒、勢観房源智（一一八三～一二三八）の紫野門徒の五義四門徒に分流していくが、このうち上述の証空と湛空の一義一門徒以外は、度重なる法難や地方への進出、あるいは合流や排斥による社会的活動の低下などが原因して教勢が振わず、結局、為政者との結託が顕著な証空と湛空の門流が京で繁栄することとなったのである。

さて、いまかかる浄土宗の情況と、話をもとに返し延応元年の『霊託』とを結んで考えてみるのも興味深いのではないだろうか。上記のようにきら星のごとく居並ぶ法然の遺弟たちの中から、中央の京都に華々しく登場し浄土宗を展開させたのは、『霊託』の舞台九条家やその周辺とも浅からざる関係にあった証空と湛空の二人であった。しかしてここに想起したいのは、証空の房号が「善恵房」、湛空のそれが「正信房」と呼ばれたことで、これは主題の『霊託』に登場する「善念房」、「性信房」と実によく似通っている点を注目しなければならない。

『霊託』は善念房につき「人皆信之　徒衆極多」というが、その有様はまさに著述も多い証空の西山義を髣髴とさせるし、性信房の「信其言者少　故徒衆不多」とあるのも、法然の遺骨を強引に奪取し義を立てることもなく廟所のままで終ってしまった湛空の嵯峨門徒を指しての言辞と受取るならばよく理解できるものがあろう。したがって筆者は、法然に続いて出てくる『霊託』の善念房と性信房は、いわれるごとき親鸞門下の二人ではなくして、九条家とも無関係でなかった法然直弟の大物善恵房証空と正信房湛空のこととみるものである。その場合親鸞門下の二人とは異なり、証空が前で湛空が後という登場順位も、法然門下の座位をよくわきまえたきわめて自然なものであった点も十分納得できよう。

それではなぜ『霊託』の筆録者慶政は、「善恵房」のことを「善念房」と記し、「正信房」を「性信房」とあらわしたのかといえば、それはたとえば『民経記』安貞二年七月六日条に「空阿弥陀仏」のことを「弓阿弥陀仏」と記したり、かの有名な東大寺鎌倉再建の大勧進重源（一一二一〜一二〇六）の房号「俊乗房」を嘉禎三年躭空執筆の『法然上人伝法絵流通』第二巻や康元元年（一二五六）親鸞書写の『西方指南抄』中末所収『源空聖人私日記』[67]、あるいは弘願本『法然聖人絵』[68]などでは「修乗房」と書いていたり、また東大寺僧聖守（一二一五〜九一）が建治三年（一二七七）に記す『東大寺大仏師職補任状』にも、[69]仏師の「慶秀」のことを「慶守」としたためていることなどに照してもわかるごとく、[70]音さえ似ておれば「善恵房」を「善念房」と表記しても当時はまったく問題ではなかったのである。いっぽう「性信房」の場合も、すでに『親鸞伝絵』『拾遺古徳伝絵』の詞章上で注意しておいた通り「正信房」のことを「聖信房」と示す音通文字にほかならない。こうした例は九条兼実の法名「円証」を「円照」[71]、前記「俊乗房重源」の房号を「春乗房」、その名を「重賢・重原・重厳・澄源」[72]、熊谷直実（一一四一〜一二〇八）の法名「蓮生」を「蓮西・恋西」[73]、安居院の「聖覚」（一一六七〜一二三五）を「西覚・誓覚」[74]、嵯峨の「湛空」を「躭空」[75]、仏師の「康慶・運慶」を「幸慶・雲慶」[76]と書き表わすなどまったく枚挙にいとまもないほどである。

このようにみてくると、『霊託』の「善念房」は善恵房証空、[77]「性信房」は正信房湛空のこととする卑見も、あながち荒唐無稽な論でもないとおもうのであるがいかがであろうか。もしこうした見方が許されるとすれば、『霊託』の延応元年は証空六十三歳、湛空六十四歳となり、二人のもっとも得意な時代でもあったわけである。それだけに浄土門側のこの大立者二人の来世が、聖道門側に立つ当時五十一歳の慶政が気にしたことも、まことにうべなるかなとおもわしめるものがあり、筆者はいよいよもって、こうした中世鎌倉仏教の一断面を垣間みせてくれる『霊託』に多大の興味と関心を覚えることである。

註

（1）『霊託』の本文ならびにその解題・解説については左記の図書を参照されたい。
宮内庁書陵部編『書陵部蔵　比良山古人霊託』コロタイプ複製本（便利堂、一九六二年）。

永井義憲・筑土曙生編『閑居友　付比良山古人霊託』古典文庫第二四七冊（吉田幸一、古典文庫、一九六八年）。

宮内庁書陵部編『図書寮叢刊　伏見宮家／九条家旧蔵　諸寺縁起集』（明治書院、一九七〇年）。

木下資一「高山寺本『比良山古人霊託』――解題と翻刻」（『富山大学教育学部紀要』三五　国語科関係論文、一九八七年）。

小泉弘・山田昭全・小島孝之・木下資一校注『宝物集　閑居友　比良山古人霊託』（『新日本古典文学大系』四〇、岩波書店、一九九三年）。

（2）慶政の伝記については左論が詳しい。
橋本進吉「慶政上人伝考」（『大日本仏教全書』遊方伝叢書第三、一九一七年）。本論はのち、橋本進吉『伝記・典籍研究』橋本進吉博士著作集第十二冊（岩波書店、一九七二年）に所収。

平林盛得「慶政上人伝考補遺」（『国語と国文学』四七-六、一九七〇年）。

（3）慶政筆録の原本は存在しないが、宮内庁書陵部蔵本、猪熊信男氏蔵本、小松輝久氏蔵本、高山寺蔵本、西田長男氏蔵本など五本の写本が知られている。

（4）『霊託』に関する研究論文は、註1の新日本古典文学大系四〇の五七四頁に列挙されている。

（5）註1の『古典文庫』第二四七冊でそのことに触れられ、のちさらに左論でそれを敷衍された。
永井義憲「慶政筆録『比良山古人霊託』について――特に法然・善念・性信の堕獄説のこと」（櫛田良洪博士頌寿記念論集『高僧伝の研究』、一九七三年）。その後本論は、永井義憲『日本仏教文学研究』第三集（『新典社研究叢書』一二、新典社、一九八五年）に所収。

(6) 石田充之・千葉乗隆編『真宗史料集成』一　親鸞と初期教団（同朋舎、一九七四年）九八二・九八三頁。
(7) 赤松俊秀・藤島達朗・宮崎圓遵・平松令三編『親鸞聖人真蹟集成』三（法藏館、一九七四年）二五九頁。
(8) 坂東性純「『比良山古人霊託』と善念・性信」（『大谷学報』六二―二、一九八三年）。
(9) 平松令三編『真宗史料集成』七　伝記・系図（同朋舎、一九七五年）三五六・三五八頁。
(10) 註1の『新日本古典文学大系』四〇、五七一頁。
(11) 高木豊『親鸞　鎌倉仏教の形成と展開』（『日本を創った人びと』八、平凡社、一九八〇年）四二頁。
(12) 古田武彦『親鸞思想――その史料批判』（冨山房、一九七五年）口絵一〇頁。
(13) 註6の九九〇頁。
(14) 註9に同じ。
(15) 信仰の造形的表現研究委員会編・千葉乗隆・光森正士・早島有毅担当『真宗重宝聚英』九（同朋舎、一九八八年）一七一頁。
(16) 橋川正「玉日伝説は何時如何にして成立したか」（『大谷大学新報』六、一九二四年）。この論文はのち、橋川正『日本仏教文化史の研究』（中外出版社、一九二四年）三七九頁に所収。
日下無倫「玉日の伝説と親鸞聖人御俗姓集」（一九二五年）。この論文はのち、日下無倫『真宗史の研究』（平楽寺書店、一九三一年）一八六頁に所収。

宮崎圓純「『親鸞聖人御因縁』並に『秘伝抄』について　付載『親鸞聖人御因縁』」（『田山方南華甲記念論文集』、一九六三年）。本論はのちに、宮崎圓遵『初期真宗の研究』（永田文昌堂、一九七一年）三七七頁に所収。

宮崎圓純『仏教文化史の研究』（『宮崎圓遵著作集』七、思文閣出版、一九九〇年）一八三頁。
(17) 古田武彦『親鸞　人と思想』（清水書店、一九七〇年）一〇五頁。
古田武彦『わたしひとりの親鸞』（毎日新聞社、一九七八年）二〇八～二五五頁。

吉良潤・稲田順学・稲吉満了・加藤義諦「親鸞の妻・玉日は実在した」(『中外日報』二〇〇〇年四月四日～一一日)。

吉良潤・稲田順学・稲吉満了・加藤義諦「玉日実在説の整合性」(『中外日報』二〇〇〇年七月二五日投稿)。

吉良潤講演・西山深草編『西山上人と親鸞聖人の関係・勝尾寺の法然→証空→親鸞』(長仙院、二〇〇一年)二一頁以下。

(18) 註9の三五四頁。

(19) 法然主著『選択本願念仏集』標挙の文。京都廬山寺蔵本重文『選択集』では「念仏為先」と法然は自筆で書いているが、元久二年(一二〇五)に親鸞が書写した『選択集』へは、「念仏為本」と法然は真筆を下している。

(20) 岡見正雄・赤松俊秀『愚管抄』(『日本古典文学大系』八六、岩波書店、一九六七年)二九六頁。

(21) 『法然上人行状絵図』第四十二巻第一段。建武四年(一三三七)の本願寺覚如宗昭撰『改邪抄』に「其親鸞閉眼セハ賀茂川ニイレテ魚ニアタフヘシ」とある親鸞の言葉は、この事件を念頭に置いてのものであろう。

(22) 浄土宗西山三派遠忌記念事業委員会編『西山国師絵伝』(西山浄土宗宗務所、一九九四年)三三頁以下。

(23) 兼実は証空と対面のあった翌年の正治二年(一二〇〇)二月二日条の自身の日記『玉葉』で、「二日戊午風雨惨烈　景時討伐必然云々　天下悦也　積悪之輩　尽数滅亡　趙高独運未消　如何云々　御祈等　今日延引云々」といっているごとく、失脚五年後のこのときにおいてさえも源通親を梶原景時(?～一二〇〇)と共に積悪の輩と憎み、その憚りぶりを秦の宦官趙高(?～前二〇七)に例えているほどである。ちなみにこの年、かの曹洞禅の道元(一二〇〇～五三)が、やはり通親を父として生まれているが、その通親も証空二十六歳、道元三歳の建仁二年(一二〇二)十月二十一日五十四歳にて没する。この通親の死につき、兼実の弟慈円は『愚管抄』巻六で「通親公等ウセニケリ　頓死ノ体ナリ　フカシキノ事ト人モ思ヘリケリ」(註20の二八六頁)と記していて、通親の暗殺説がささやかれる根拠のひとつとなっている。
なお、兼実・通親・証空をめぐっては、西山深草編『西山上人のご生涯』(蓮華寺、一九九八年)二〇～二一頁を参照されたい。

（24）宮内庁書陵部編『図書寮典籍解題　漢籍』（宮内庁書陵部、一九六〇年）。
近藤喜博「宋版一切経摺写と入宋僧」（『東亜時論』五-一〇、一九六三年）。

梶浦晋「日本現存の宋元版『大般若経』――剛中玄柔将来本と西大寺蔵磧砂版を中心に」（『金沢文庫研究』二九七、一九九六年）。

中村一紀「僧慶政と宋版一切経」（金沢文庫蔵『宋版一切経目録』、金沢文庫、一九九八年）。

牧野和夫「宋版一切経補刻葉に見える「下州千葉寺了行」の周辺」（『東方学報』京都七三、『京都大学人文科学研究所紀要』一四〇、二〇〇一年）。

牧野和夫「日宋の「版刻」を結ぶもの――十三世紀中期の「補刻葉」に探る」（『日本文学』五〇-七、二〇〇一年）。

牧野和夫「十三世紀中後期をめぐる一、二の文学的な〝場〟について」（『中世文学』四六、二〇〇一年）。

（25）牧野氏は右の一連の論考で、慶政・九条家の費用負担が想定される西山法華山寺僧意教頼賢の入唐・捨財補刻葉雕印の時期を文暦元年（一二三四）以降、寛元元年（一二四三）以前に限定できるとされたのは、道家が『阿弥陀経』の版木を異朝に開かせ摺写を発願したという文暦二年にぴったりと一致しており、あるいは事実ではないかとおもわしめる点でまことに興味深いものがある。

（26）註22の七六頁。

（27）註22の九五頁。

（28）『大和古寺大観』二　当麻寺（岩波書店、一九七八年）解説一四～一五頁によるとその文面は次の通りである。

「寛喜元年証空田地寄進状」（傍線部は陰刻）

（合参段者カ）□□□□

右件田者□□□□□土□□被／催□旨之□□□当寺参詣然間拝／見化人蓮織□曼荼羅□□往生極楽之／浄□□曼荼羅為躰観経□尺之中殊／順善導証定之義章段分別之趣不違短／慮料簡之旨信心之□□□□弥陀仏／之望□□□□

対生身菩薩衆之調管／絃□疑発起□□是浄土之要門□□(当カ)／濁世之出離在此砌本願□□□□□／□□□………□
件田□□不断／念仏供料施□□□□□□所施入之／…………□仍所記如件
寛喜元己丑三月廿六日沙門（花押）敬白

(29) 註28の一二四頁。

(30) この「大画師播磨法眼澄円」は年代的見地よりすると建長七年（一二五五）に親鸞の安城御影（京都西本願寺蔵）を描いた「法眼朝円」と同一人物かも知れない。

(31) 註28の図版一八四～一八五頁。この厨子扉は奈良国立博物館に寄託されている。

(32) 道家の法名が行恵であることは、『百錬抄』嘉禎四年（一二三八）四月二十五日条にも「廿五日庚午　一条太閤於二法性寺別庄一被二落飾一　年来之素懐云々　戒師飯室前大僧正良快　行年四十六　法名行恵　保延例云々」と記されている通りである。『新訂増補国史大系百錬抄』一八四頁。

(33) 『増補史料大成　平戸記』三二（塩川書店、一九七一年）二一二頁。

(34) 『国書総目録著者別索引』（岩波書店、一九七六年）四四二頁によれば、真偽未決のものも含め五十五点もの証空の著述があげられている。

(35) 法性寺の遺迎院は京伏見街道三ノ橋南付近に建立され、その法灯を伝える寺が今日も存続するが、これより分れた遺迎院が京都寺町にもあって、そこは江戸時代中期から末期にかけて元三慈恵大師良源（九一二～九八五）の「洛中十八大師巡り」第二番札所として、庶民の信仰を大いに集めていた。しかし、昭和中期に京都市北区鷹峯へ移転した。現在鷹峯の同院には、建久五年（一一九四）の墨書をもつ摺仏が納入された安阿弥陀仏快慶作の阿弥陀如来立像と、ほぼ同時期作の釈迦如来立像を伝蔵し、遺迎院の名の由来をよく伝えている。
毛利久『仏師快慶論』（吉川弘文館、一九六一年）二五・一八・七六頁。
平林盛得『良源』（人物叢書一七三、吉川弘文館、一九七六年）二一一頁。

小山正文監・湯谷祐三編『林松院文庫目録』（三河野寺本證寺、二〇〇〇年）二一・八八頁。
(36) 註22の一一七頁。
(37) 稲田広演・吉良潤「延応版『選択集』開板の動機――「根源正本」復元の意義」（『深草教学』一九、一九九七年）。ちなみに証空の孫弟子一遍智真（一二三九～八九）が生まれたのも同じ延応元年のことである。
(38) 小松茂美編『法然上人絵伝　下』（『続日本絵巻大成』三、中央公論社、一九八一年）五三頁。
(39) 註38の五九頁。
(40) 信仰の造形的表現研究委員会編・小山正文担当『真宗重宝聚英』六（同朋舎出版、一九八八年）五〇頁。
(41) 信仰の造形的表現研究委員会編・平松令三担当『真宗重宝聚英』五（同朋舎出版、一九八九年）一二・四九・八一・一一二・一三二頁。
(42) 井川定慶編『法然上人伝全集』（法然上人伝全集刊行会、一九五二年）四九六～四九七頁。
(43) 註42の五七八～五七九頁。
(44) 註40の六〇～六一頁。
(45) 註38の二二頁。
(46) 永積安明・島田勇雄校注『古今著聞集』（『日本古典文学大系』八四、岩波書店、一九六六年）一〇五～一〇六頁。
(47) 望月信亨『本朝祖師伝記伝記絵詞』（善導寺、一九一二年）。
梅津次郎「新出の法然上人伝法絵について」（『国華』七〇五、一九五〇年）。のちこれは、梅津次郎『絵巻物叢考』（中央公論美術出版、一九六八年）三〇四～三三六頁。

井川定慶『法然上人絵伝の研究』（法然上人伝全集刊行会、一九六一年）三七～四七頁。

真保亨『法然上人絵伝』（『日本の美術』九五、至文堂、一九七四年）。
(48) 躭空・湛空につき望月信亨氏は別人とされたが、梅津・井川両氏は同一人とみておられる。

(49) 小松茂美編『法然上人絵伝　上』（『続日本絵巻大成』一、一九八一年）六六頁。註38『法然上人絵伝　下』四四・九四頁。

(50)『新訂増補国史大系　百錬抄』一三六頁。

(51) 川勝政太郎・佐々木利三『京都古銘聚記』（スズカケ出版部、一九四一年）一一九頁。

清水卓夫・川勝政太郎・佐々木利三・藪田嘉一郎「京都古銘選釈」（『史迹と美術』一三‐一〇、一九四二年）。

(52) この碑が法然房源空のものではなく正信房湛空のそれであることを最初に指摘したのは、元禄十五年（一七〇二）の師蛮撰『本朝高僧伝』十五であった。その文面は次の通りである。

余嘗聞三二尊院有二法然碑一　一日率レ徒往而読レ之　此湛空碑也　題二其碑額一曰　空公行状　世人見二此題字一誤以為二源空碑一此其為レ害之徴也　然沿尚之風　今也無レ可二如何一

(53)『続群書類従』二七上釈家部、四一九頁。

『二尊院縁起』については、渡辺信和「名古屋造形芸術大学・名古屋造形芸術大学附属図書館蔵『二尊院縁起』をめぐる新知見」（『同朋大学仏教文化研究所所報』九、一九九六年）を参照されたい。

(54)『群書類従』二四、釈家部、六二四頁。

(55) 註22の一一五頁。

(56) 菊池康明・田沼睦校訂『葉黄記』（『史料纂集』、続群書類従完成会、一九七一年）一六三頁。

(57) 湛空による嵯峨二尊院の充実ぶりは、『行状絵図』第四十二巻第七段の絵に見事に描出されている。註38の五二～五五頁。

(58) 註49の一一三頁。

(59) 註22の五八頁。

(60) 竹内理三編『鎌倉遺文』古文書編六（東京堂出版、一九七四年）六七（二二四〇）・三七一四　中宮大夫藤原実基家政所下文・山城三鈷寺文書。

（61）註49の一一〇頁。

（62）慶政を道家の兄とみるならば、かれが彼女の第一子であったかも知れないが、なにぶん慶政のことは『尊卑分脈』をはじめ諸種の九条家系図にも出てこないので確かなことはわからない。

（63）註49の一三六頁。ついでをもって四人の詠歌を掲出しておく。

ふるさとにのこるはちすは　あるしにてやとるひとよに　はなそひらくる　前摂政殿下道家公

みしゆめのやとをうつゝに　さとりきてきのぶの花に　つゆそひらくる　権大納言基家

ゆふたちにみつもまさこの　河なみやはちすのなかの　うへのしらつゆ　前太政大臣公経公

しのはすよなにふるさとの　むめかゝもかさなる中の　はなのやとりに　右大将実氏

（64）『明月記』嘉禄三年八月六日・七日条と九月十八日条を掲げれば左のごとくである。

六日（壬子　彼岸始）　天陰　朝微雨　巳後漸密　早旦詣北山　宗保朝臣来云　度々訪来　尤本意也　依無暇不対面云々　自一昨日修法護摩息災　皆結願　偏善恵房念仏　自今日又更被始懺法之由　私相語之間　又打磬念仏要文等釈之音聞之　宰相今夜宿　只今退出云々　大納言　両法印（能性　尊実）　三位中将之外只今無人云々　不経程退帰　欲参前殿　被閉両門　御物忌固云々　仍帰家　昏黒宰相来　彼御病於今者只如待時歟　幕下片時不立放給　只一身奉仕　一昨日為御使参殿下　被召御前蒙仰之次　放生会宰相闕如之由被仰出云々　上卿頼資卿被責出歟　此籠居事雖当時未了　定心中思決了　相籠居者即可著服歟　左右只可随彼御命由答申　今夜休息　明旦可参者

七日　終夜雨降　朝天漸晴　未後欲詣向之間　宰相使奔来云　只今事切給了　聞之後周章馳参大将軍堂西程　奉逢北政所御車下車（在馬頭　在御供）　入西園寺門　於中築垣戸辺　招出宰相　自今朝今日一定由示給　明恵房被来　両上人共勧進念仏　声更不弱之間　人猶非今日事由成疑　遂無退転気未時終給（其後只今　一時歟）　両人未出外方給不能申由示之　仍只示置永光朝臣庭上佇立無便宜之間　不経程退帰　中将入道印（宰印相云　円能口）（他事未聞及　貞雲　明遍）（籠僧六人　慈賢　真兼代弟子）　実時相逢　又於南路逢有長　又逢親

尊法印　於北野逢能季三位　参前殿　北政所此間可御実清入道宅　殿下只今御其門前云々　日入之後還御云々　参御前
此間又親尊　家時郷　雅継中将参云々　月欲入之間退出
十八日　天晴　日出之程詣北山于時無人　前藤宰相出逢　暫言談之間　懺法僧達昇了　時少侍従宰相来
伝命　於東出居奉謁之後　出給于聴聞方　各参其簾中　道場之北懸簾如例東第一間主人坐給黒染貞雲依毎日導師同装束甲袈裟　善恵房実時中将入道　道場東南第二間為頭　庇
北一間為聴聞所　北第一間以北二間　大将　僧正真恵　法印公暁　予　藤宰相　同東庇　三位中将着服　侍従宰相　実経少将等也　先毎日
懺法　次毎日仏供養阿弥陀絵像日一鋪云々　毎　法花経一部如例　貞雲説法切腹尾有心歟　次奉懸幕下自筆阿弥陀像臨終著給衣為御衣絹書置給文為裏紙
置□□供養物飲食唐破子云云居台　衣服錦被物　臥具御綾為席物在中云々　染　医薬以銅為松枝付之歟委不見分　聖法印鈍色甲袈裟　即説法三部経金光明模写　有諷誦文如願文経節草
弁説如例　一座了後　親尊法印引籠僧之輿　自西渡来力者六人　笠雨皮持力者各相副　見了出東中門廊方之間　公卿殿上人
済々今日不聞間厳重此由之甚晴也　庭上　久清等在中門　甚掲焉　仍自東壺方経泉屋東北山中　自堂之門逃出　窮屈難堪

(65)　註9の八〇四頁。

(66)　註42の四七七頁。

(67)　赤松俊秀・藤島達朗・宮崎圓遵・平松令三編『親鸞聖人真蹟集成』五（法藏館、一九七三年）四二五頁。

(68)　註42の五三一頁。

(69)　堀池春峰「造東大寺大勧進聖守文書に就いて」（『大和文化研究』一〇-一、一九六五年）。

(70)　小山正文「東大寺大仏職法橋慶守をめぐる諸問題」（『史迹と美術』五二-四、一九八二年）。同「東大寺大仏職法橋慶守再考」（『史迹と美術』五三-一、一九八三年）。

(71)　九条兼実の法名円証を円照と書いている史料は、親鸞筆『教行信証』、『西方指南抄』中末所収『源空聖人私日記』をはじめ鎌倉末期成立の『親鸞聖人御因縁並真仏源海事』、南北朝時代成立の『親鸞聖人御因縁秘伝鈔』などである。赤松俊秀・藤島達朗・宮崎円遵・平松令三編『親鸞聖人真蹟集成』二（法藏館、一九七四年）六七四頁。註67の四三一頁。註9の四九・六四頁。註17の「玉日実在説の整合性」参照。

（72）春乗房は琳阿本『法然聖人伝絵』（註42の五五二・五五八頁）。重賢は『古本漢語灯録』所収『観無量寿経釈』、『阿弥陀経釈』の奥書に書かれている。石井教道編『昭和新修法然上人全集』（平楽寺書店、一九七四年第二刷）一二九・一四七頁。重原は『私聚百因縁集』（註42の九八六頁）、重厳は京都市陽明文庫蔵『黒谷上人絵詞抜書』（註42の三二三頁）。澄源は『正源明義鈔』（註42の八四二・八四六頁）にそれぞれ記されている。

（73）蓮西・恋西は九巻伝『法然上人伝記』巻第四下（註42の三九二頁）。

（74）大津市西教寺蔵『十王秘決』に西覚・誓覚とある。聖覚はショウカクではなくセイカクであったことは、京都西本願寺蔵親鸞書写『唯信抄』、『法然聖人法絵流通』残欠本、『親鸞伝絵』などの振り仮名より明らかで、右の漢字もその音通にほかならない。

（75）『法然上人伝法絵流通』の躭空が湛空と同一人物であることはすでに先学によって指摘されている。註47参照。

（76）康慶を幸慶と書くこと法隆寺蔵の『鈔本東大寺要録』にあり、運慶を雲慶とあらわすことも『吾妻鏡』や『東大寺文書』、『滝山寺縁起』など数多い。仏師ではこのほか快慶を懐慶、康円を幸縁、湛康を湛幸と書かれている場合もある。

（77）善念房を善恵房にあてることについては、『霊託』とはまったく別の史料である国立国会図書館支部東洋文庫蔵『故一品記』の記載を通し、伊藤唯真氏もすでに次のごとく指摘しておられるのが注目される。

『故一品記』（東洋文庫蔵）に、

今日（仁治三年十月二十七日）民部卿（経高）閑談、少々注レ之、自二去八日一七个日、於レ淀結二構九品念仏一、是彼辺富有之輩為二願主一、件九品堂宇尽レ善尽レ美、以レ錦張二障子一之類也、朝家貴賤成レ群、土御門前内府臨二彼道場一召二念仏者一、弥為二近日之口遊一云々、法印親尊年来信二念仏一云々、而此五个年以前歟、参二詣天王寺一、折節善念房上人参詣之間問答、其後我年来之所為更不レ可レ立二物要一之由思□為レ歎参二籠八幡一祈二請此事一之処夢中給二神歌一云々、

極楽へまいらんと思こころにて南無阿弥陀仏といふそ三心

此後一向凝二信心一念仏、善念房之所存棄レ之云々、三心之様重畳之子細、有難義等云々、此歌催二感涙一仍所二注付一也、

とある（経高が西法法師の九品念仏に出向いたことは『平戸記』仁治三年十月十三日条に出ている）。就中、親尊法印の専修念仏転向の話は注目される。善念房とは善恵房証空のことではなかろうか。証空はちょうど四年程前の暦仁元年秋天王寺において念仏をおこなっている（『西山上人縁起』『四天王寺誌』一）。とすると親尊はこのとき証空と法文を談じ、その後神歌を感得してから、善念房の所存すなわち西山流の考え方を棄てたというのであろう。極楽へ云々の三心の歌は香月乗光氏の意見によると、いわゆる鎮西派の考え方そのものと言ってよいとのことである。善念房については、なお後考を俟たねばならないが、親尊の専修念仏転向といい、三心の歌といい、浄土宗史上興味ある問題を投じている。

伊藤唯真『浄土宗の成立と展開』（吉川弘文館、一九八一年）一九五頁註4。

建永・承元（一二〇七年）の法難一覧　―流罪の部―

法号・実名	生年	没年	没齢	七箇条制誡順位	罪科	配所	罪名	法難時年齢	備考
法然房源空	長承二年（一一三三）	建暦二年（一二一二）	八〇	最初に別署	遠流	土佐国幡多	源元彦	七五	法然は土佐国幡多までは行かず九条兼実の旧領といわれる讃岐国小松庄内生福寺で過ごし、承元元年十二月には勅免あって摂津国勝尾寺へ入り、建暦元年十一月帰洛した。罪名は『親鸞伝絵』下、『拾遺古徳伝絵』巻七之一に藤井元彦とある。
聖光房弁長	応保二年（一一六二）	嘉禎四年（一二三八）	七七	なし	遠流	筑後国	不明	四六	『法然上人行状絵図』巻四十六之一に聖光は、法難前の元久元年（一二〇四）に郷里の鎮西へ帰ったと記されているので、流罪のことは普通いわれないが、金沢文庫蔵の文保三年（一三一九）『観経玄義分聴聞抄』表紙裏に「筑紫聖光上人　諸行雖非本願而立往生之義　被配流筑後国也」とある。
成覚房幸西	長寛元年（一一六三）	宝治元年（一二四七）	八五	一五・一七九	遠流	阿波国	不明	四五	『拾遺古徳伝絵』巻七之一には阿波国とあるが、『歎異抄』では証空と共に慈円が申預ったとなっている。しかし幸西著『玄義分抄』の写本に「已上阿波ノ聖人御自筆御本也」とあるので、やはり幸西も同国へ流されたものとおもわれる。
善信房親鸞	承安三年（一一七三）	弘長二年（一二六二）	九〇	八七	遠流	越後国国府	藤井善信	三五	親鸞は七箇条制誡に僧綽空と署名している。新潟県上越市五智国分の越後国分寺境内に親鸞流罪地の遺跡があり、古作の親鸞合掌坐像を安置する。承元五年三月三日親鸞は妻恵信尼三十歳との間に信蓮房をもうけている。

正信房湛空	安元二年（一一七六）	建長五年（一二五三）	七八	なし	遠流	肥後国	不明	三二	『法然上人伝法絵流通』下をはじめ諸伝に湛空も法然と同日に西国へ流されたとあり、『拾遺古徳伝絵』巻七之三には「公全律師聖信上人是也も配所肥後国云々におもむきけるが……」とみえる。『法然上人行状絵図』巻四十三之三では「（法然）上人遷謫のときも配所までともなはれける」とあるが、湛空の場合も聖光と同様流罪のことは一般にはあまりいわれない。
善恵房証空	治承元年（一一七七）	宝治元年（一二四七）	七一	四	遠流	陸奥国		三一	『法水分流記』に奥州とあるが、『歎異抄』に「シカルニ無動寺之善題大僧正コレヲ申シアスカルト云々」とあり、『古徳伝絵』にも「但無動寺前大僧正被申預之」とあって、証空は慈円の預るところとなって罪を免れた。
浄聞房	不明	不明	不明	なし	遠流	備後国	不明	不明	浄聞房から法本房行空までの配流地は『歎異抄』『拾遺古徳伝絵』巻七之一による。
禅光房澄西	不明	不明	不明	四七	遠流	伯耆国	不明	不明	
好覚房	不明	不明	不明	なし	遠流	伊豆国	不明	不明	
法本房行空	不明	不明	不明	四〇	遠流	佐渡国	不明	不明	新潟県佐渡河崎の曹洞宗見照寺は法本房行空の流罪遺跡地と伝える。

建永・承元（一二〇七年）の法難一覧　―死罪の部―

法号・実名	生年	没年	没齢	七箇条制誡順位	罪科	誅殺地	罪名	法難時年齢	備考
善綽房西意	不明	建永二年（一二〇七）	不明	一七	死罪	摂津国	不明	不明	『歎異抄』に善綽・性願・住蓮・安楽の四人は、二位法印尊長の沙汰で死罪が行われたとあるが、『拾遺古徳伝絵』巻七之一には、「善綽房西意　於摂津国誅佐々木判官　不知実名沙汰」とあり、「性願房　住蓮房　安楽房　已上　於近江国馬淵誅二位法印尊長沙汰云云」と記される。いっぽう『法水分流記』では「性願　同所（江州馬淵）被誅　一人自口蓮華出生伝云善綽　性願於摂津所誅　佐々木判官沙汰云云」となっている。佐々木判官は佐々木弥太郎判官高重のことであろうといわれる。なお『法然上人行状絵図』巻三十三之一に「官人秀能におほせて六条河原にして安楽を死罪におこなはる、時」とあって、死罪の場所や沙汰人の記述については史料によって異同がある。沙汰人の尊長は承久の変を起こした張本で変後七年目の安貞元年六月七日に捕まり翌八日自害している。住蓮と安楽は美声の持主で六時礼讃をよくした。とくに安楽は日本第一の美僧といわれたことが、高田本『法然上人伝法絵』・弘願本『法然聖人絵』にみえている。
性願房	不明	建永二年（一二〇七）	不明	なし	死罪	近江国馬淵	不明	不明	
住蓮房	嘉応元年（一一六九）	建永二年（一二〇七）	三九	一六	死罪	近江国馬淵	不明	三九	
安楽房遵西	不明	建永二年（一二〇七）	不明	三〇	死罪	京都六条河原	不明	不明	

嘉禄・安貞（一二二七年）の法難一覧

法号・実名	生年	没年	没齢	七箇条制誡順位	罪科	配所	罪名	法難時年齢	備考
皆空房隆寛	久安四年（一一四八）	安貞元年（一二二七）	八〇	なし	遠流	陸奥国	山遠里	八〇	隆寛の配流地は『百練抄』『民経記』とも陸奥としているが、護送役の森（毛利）季光西阿が自分の住所相模国飯山へ移し、代りに実成房を配所につかわした。神奈川県厚木市飯山の浄土真宗本願寺派光福寺はその遺跡地。
空阿弥陀仏	久寿二年（一一五五）	安貞二年（一二二八）	七四	一四一	遠流	薩摩国	原秋沢	七三	『百練抄』安貞二年七月五日条では薩摩となっているが、『民経記』同年七月六日条には壱岐とある。『民経記』は伝聞であるから幸西と聞き違えたものとおもわれる。
成覚房幸西	長寛元年（一一六三）	宝治元年（一二四七）	八五	一五・一七九	遠流	壱岐国	枝重	六五	『百練抄』安貞二年七月五日条では壱岐島となっているが、『民経記』同年七月六日条では幸西が薩摩、弓（空）阿弥陀仏が壱岐とある。『百練抄』の記事によるべきであろう。なお『法然上人伝』（十巻伝）は配流地を伊予国としている。
善恵房証空	治承元年（一一七七）	宝治元年（一二四七）	七一	四	遠流			五一	『明月記』安貞元年七月六日条に「善恵房上人宇津宮随逐之師也　山門訴訟入其数之田聞之　周章書誓状妙香院又披陳給云々　吉水前大僧正帰依　為臨終善知識　以之為証拠云々」とあって、証空はこのときも罪を免かれている。

系図A

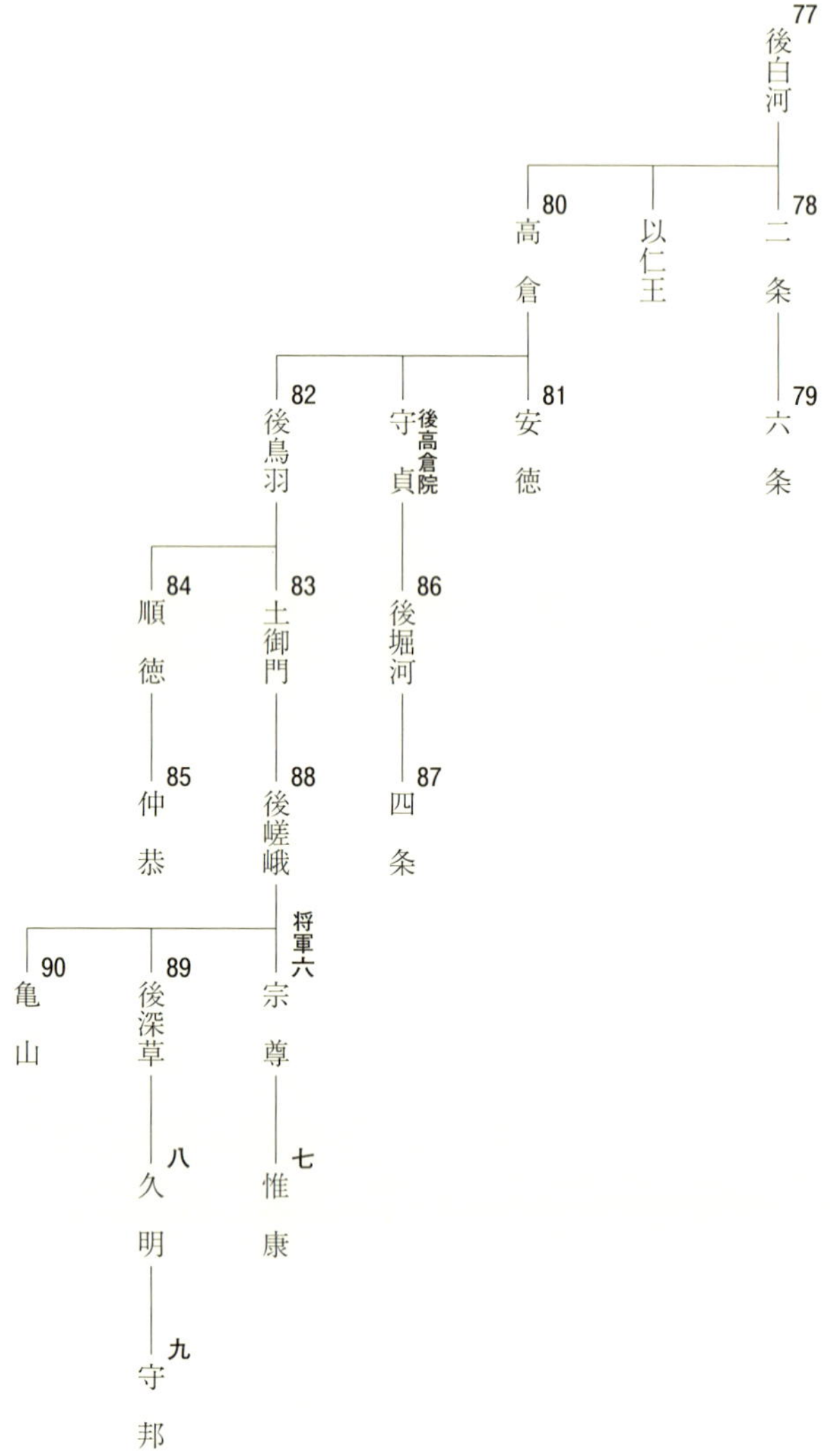
77 後白河
78 二条
79 六条
以仁王
80 高倉
81 安徳
後高倉院 守貞
82 後鳥羽
86 後堀河
87 四条
83 土御門
84 順徳
85 仲恭
88 後嵯峨
将軍六 宗尊
七 惟康
89 後深草
八 久明
九 守邦
90 亀山

系図B

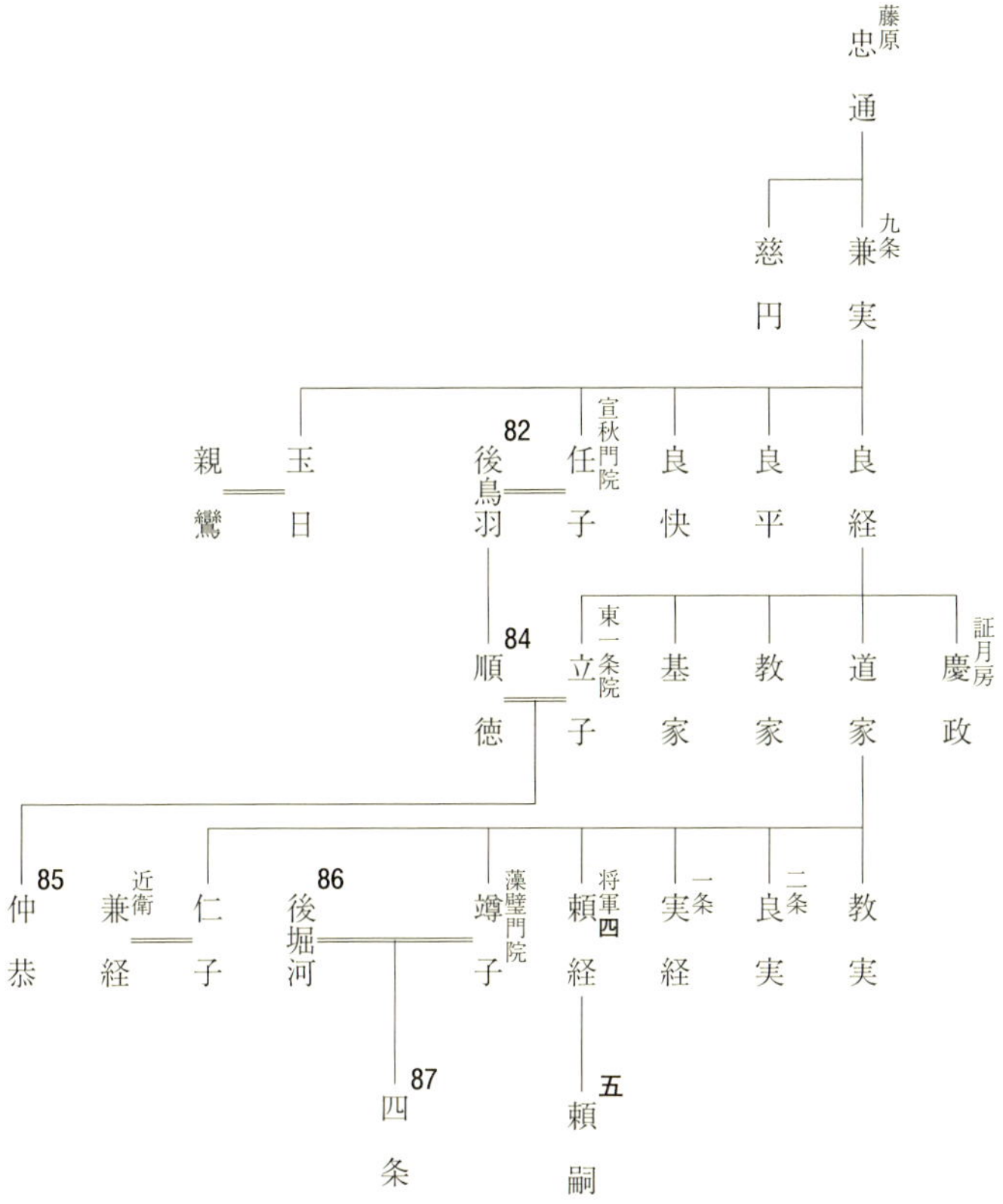
藤原
忠通
慈円
九条
兼実
良経
良平
良快
宣秋門院
任子
82
後鳥羽
玉日
親鸞
証月房
慶政
道家
教家
基家
東一条院
立子
84
順徳
教実
二条
良実
一条
実経
将軍四
頼経
五
頼嗣
藻璧門院
竴子
86
後堀河
87
四条
仁子
近衛
兼経
85
仲恭

系図C

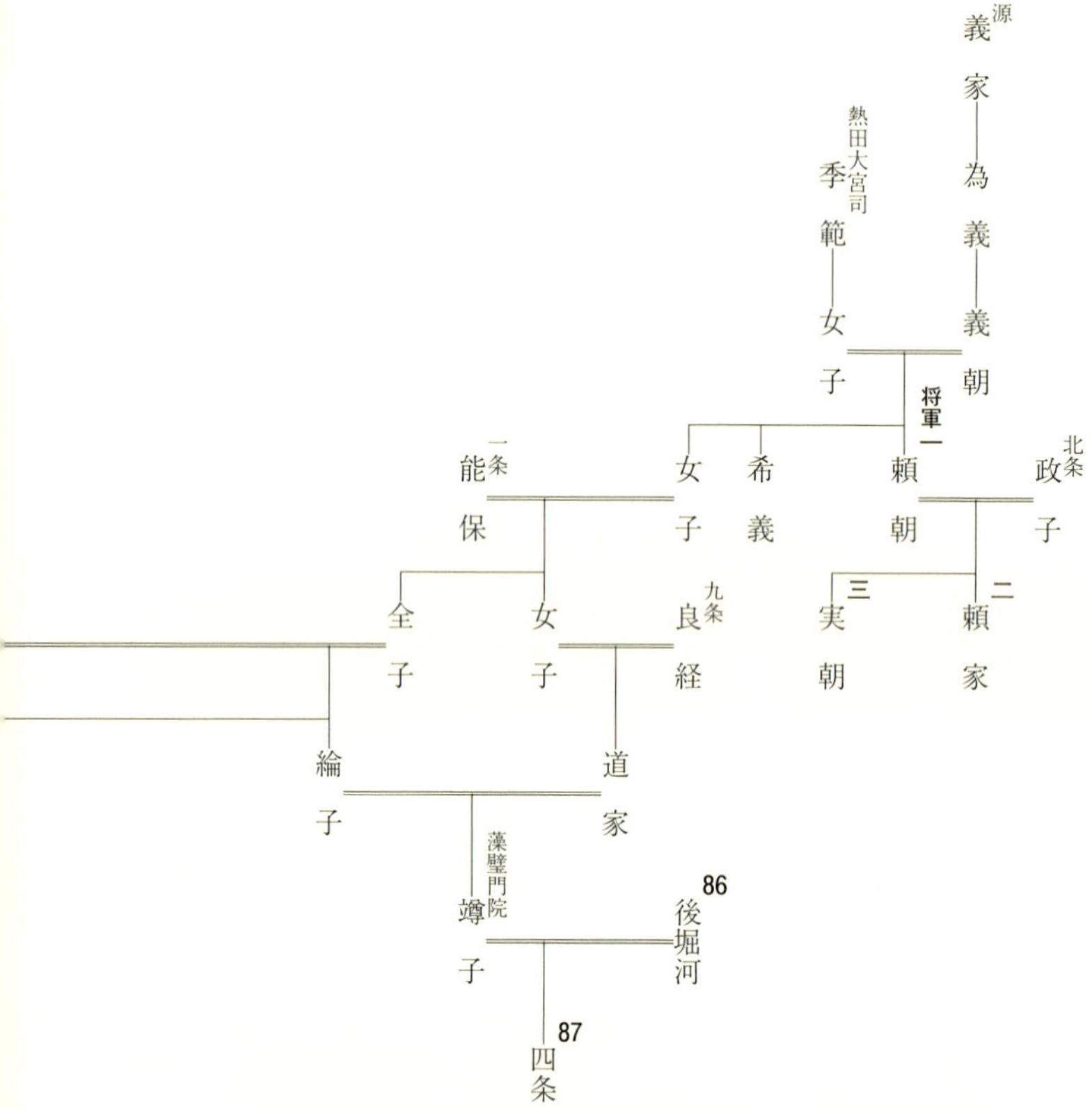
源
義家
為義
義朝
熱田大宮司
季範
女子
将軍一
頼朝
北条
政子
希義
女子
一条
能保
二
頼家
三
実朝
九条
良経
女子
全子
道家
綸子
藻璧門院
竴子
86
後堀河
87
四条

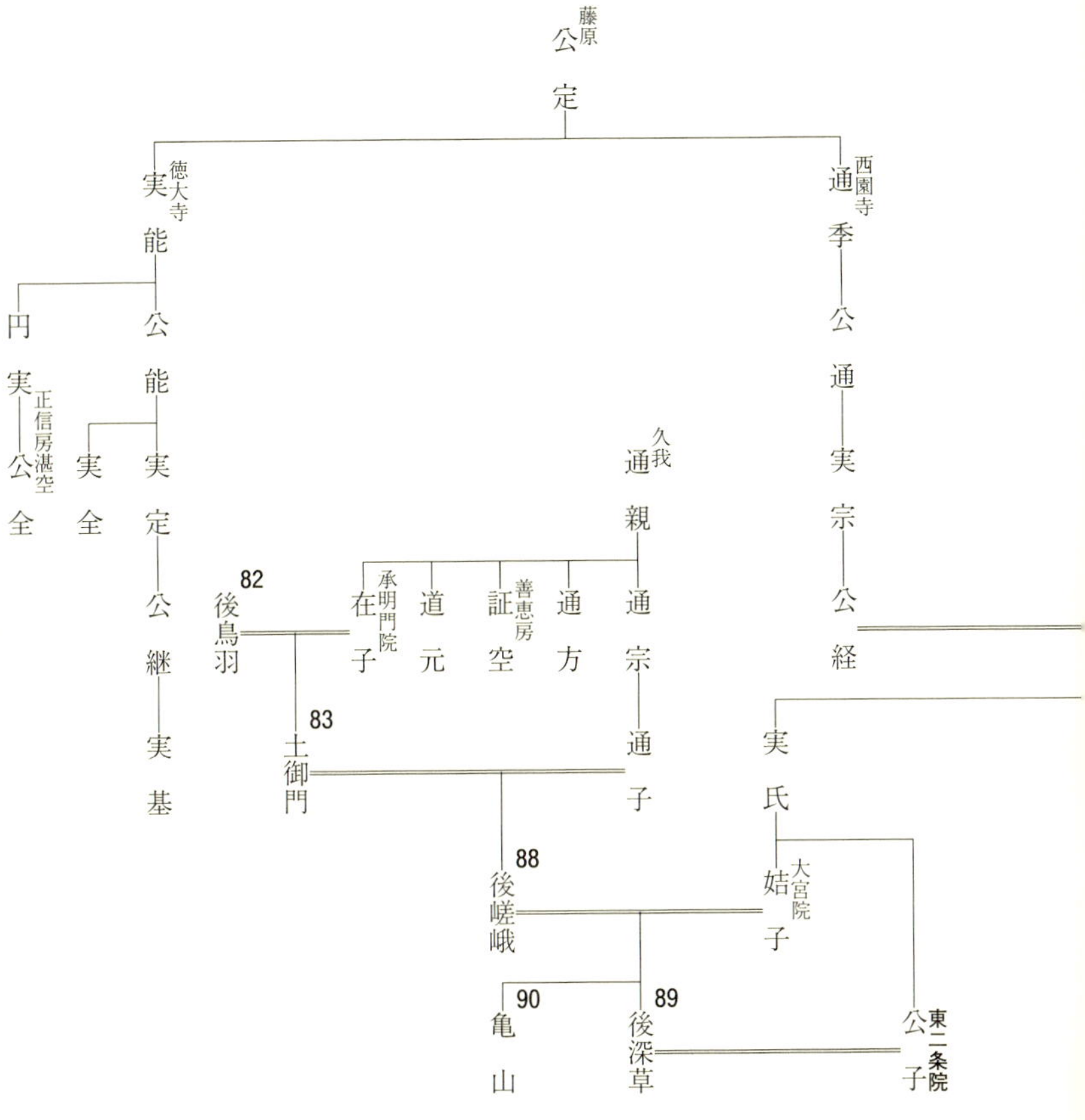
藤原
公定
徳大寺
実能
西園寺
通季
円実
正信房湛空
公全
公能
実全
実定
公継
実基
公通
実宗
公経
久我
通親
承明門院
在子
道元
善恵房
証空
通方
通宗
通子
82
後鳥羽
83
土御門
88
後嵯峨
実氏
大宮院
姞子
90
亀山
89
後深草
東二条院
公子

初期真宗三河教団の構図

一　三河真宗のはじまり

愛知県の東部かつての三河国は、今も真宗繁盛の土地がらであり、それにともなう真宗関係の貴重な史資料が、豊富に残る地域としてもたいへん著名である。そこでこうした三河国の真宗が、いつはじまりどのような特色をもって、今日にまでいたっているのかをたずねてみたいと思う。

三河真宗の始源については、さいわい岡崎市東泉寺蔵の『三河念仏相承日記』（以下『日記』と略記）から、明確に知ることが可能となっている。

建長八年丙辰十月十三日ニ薬師寺ニシテ念仏ハシム　コノトキ真仏聖人　顕智聖　専信房（俗名弥藤五殿 下人弥太郎男出家後随念）ソウシテ主従四人御上洛ノトキヤハキ薬師寺ニツキタマフ　御下向ニハ　顕智聖ハ京ノミモトニ御トウリウ　三人スナハチ

御クタリトキニ　真仏上人オホセニテ　顕智坊ノクタランヲハ　シハラクコレニト、メテ　念仏ヲ勧進スヘシトオホセニシタカヒテ　顕智ヒシリ　オナシキトシノスヘニ御下向ノトキ　権守トノ出家ノ後円善房云云ノモトニワタラセタマフ　カノヒノヘタツヨリツチノヘムマニイタルマテ　ソウシテ三年コノアイタ　薬師寺ヨリ称名寺ニウツリタマフ　正嘉二　コ、ニ御ノホリノトキ　顕智ヒシリノ御ス、メニテ　権守殿ノ嫡子袈裟太郎殿出家シテ信願房　念仏法名出家トモニ　顕智聖の相伝ナリ　ソノホカ御居住ノアイタニ念仏ニ入ル人数名帳事

監帳次郎一人　三郎大夫一人　田俟四郎一人　渡次郎一人　倹校太郎一人　実成坊一人　弥王次郎一人　権次郎一人　光信坊一人　善性坊一人　入願坊一人　光円坊一人　藤四郎一人　弥五郎一人　弥四郎一人　弥藤次一人

女性ハ弥勒御前　鶴宮御前　乙王御前一人ミナユフクンナリ

タ、シ乙王御前ニシサイアリ　カミノ袈裟太郎トノ　トモニソウシテ三十五人也　コノナカニ庄司太郎トノ顕智聖ヲ平田ニイレマイラセテ道場タツ　正嘉元年丁巳イマクワコセンソ也

ツキニ信願御房　アウミノ庄アカソフニシテ　マタハシメテ道場ヲタツ　ソノノチ国中　道場ハンシヤウスルトコロナリ　イマハリサキセンソ也

すなわち、これによって明らかな通り、三河国専修念仏の根源は、実に親鸞在世中の建長八年（一二五六）十月十三日（同月五日に康元と改元）、下野国高田門徒の真仏、顕智、専信、随念の主従四人が、京都の親鸞をたずねる途中矢作薬師寺で、念仏をはじめたことに発する事実がわかろう。彼らの上洛は、いわゆる善鸞事件の後始末が、その目的であったと推測されており、康元元年十月付の津市専修寺、岡崎市妙源寺、京都市西本願寺蔵親鸞自筆名号四幅は、このとき彼ら四人に与えられたものともいわれている。はじめて念仏が修せられた薬師寺については、

残念ながら現存しないが、国道一号線矢作橋下流の右岸辺にあったらしいことが、川底より出土した古瓦銘からわかっており、そこは市場も定期的に開かれる喧噪な場所でもあったようである。

親鸞を訪問した四人のうち顕智以外の三人は、まもなく帰国するが、そのとき真仏は顕智に対し、下向のさい三河にしばらくとどまって念仏を勧進するように命じた。そこで顕智は康元元年末より正嘉二年（一二五八）までの足掛け三年間、三河で念仏をすすめる。その結果、円善、信願父子をはじめ男女あわせて三十五名の念仏者ができ、平田、赤渋（共に現岡崎市）など各地に道場が開かれて、真宗念仏が繁盛するようになったと『日記』は記すのである。

このように『日記』は、三河真宗の系譜を親鸞―真仏―顕智―円善であったことを強調しているのであるが、その『日記』の成立は、奥書より貞治三年（一三六四）と押えられる。ところが、これより以前の康永三年（一三四四）や貞和三年（一三四七）の書写集作奥書を有する岡崎市妙源寺、京都市光薗院蔵本『親鸞聖人門弟等交名』や京都市常楽台蔵の存覚筆『袖日記』に出てくる延文六年（一三六一）の両朝高祖尊像と記される江州武佐道仏本尊銘などによれば、『日記』と若干異なり、親鸞―真仏―専信（専海）―円善となっていて、顕智の名がみえない。この系譜の違いは、すでに指摘されているごとく、『日記』は意図的に専信を顕智に置き代えたものとみるべきであろう。しかしいずれにしても三河の真宗は、真仏を祖とする高田門徒の流れをくんで出発したことだけは、まぎれもない事実として知っておかなければならない。

ところで、最初に真宗念仏の帰依者となった円善については、あまり詳しいことはわかっていないが、『日記』によると権守という有力な在地領主であったらしく、嫡子に袈裟太郎がおり、彼も父と同様出家して信願を称した。前記した妙源寺本系『交名』の円善に「上人面授」と肩書きされているところをみると、彼も上洛し晩年の親鸞に会ったのであろう。

津市専修寺蔵の『西方発心集』は、永仁六年（一二九八）にかの顕智が書写したものであるが、その末尾に「円善之」とある円善は、三河の円善のことかもしれず興味深い。また、愛知、福井両県などに十点近くも伝存する両朝高祖尊像には、善導━源空（法然）━親鸞━真仏━専海（専信）━円善━如道の相承系譜が描かれており、如道の越前門徒も実に円善の三河門徒から発展したものであることが知られて没却しがたい。

このように三河の真宗は、親鸞存生中から面授の高弟たちによってはじめられ、以後燎原の火のごとく国の内外に広まっていったのである。

二　三河初期真宗と絵伝

ＪＲ東海道本線の西岡崎駅近くに有名な真宗高田派妙源寺（古くは明眼寺）がある。同寺境内には檜皮葺き、四注造り、三間三面、正面向拝付き、周り板縁に欄干を設けた七・二七二メートル四方の軽快瀟洒な重文指定太子堂が存する。現在の堂は様式的にみて、室町時代十五世紀前半の再建と考えられているが、次のような正和三年（一三一四）の修理棟札写しが残る。

奉加修理太子堂上葺廊等満　于時正和三年八月六日平田住持慶念　桑子専修念仏柳堂　門徒衆等為菩提也
面テ見兼申故裏改写者也

妙源寺は『日記』の平田道場が発展した寺であり、開基の念信も棟札の慶念も共に円善の弟子である。同寺にはこの太子堂のほかにやはり重文指定の善光寺如来絵伝、聖徳太子絵伝（奈良国立博物館蔵、未指定）、法然上人絵伝、親鸞聖人絵伝といった南北朝時代の掛幅絵伝が、そろって十二幅も伝存するが、これらの貴重な堂や絵伝ほど三河初期真宗の性格を端的に物語るものはないであろう。

すなわち円善の三河門徒では、その道場の本尊として聖徳太子像を安置し、太子堂を建立し、同堂内では善光寺如来、聖徳太子、法然、親鸞絵伝の絵解きをおこない、門徒菩提のために専修念仏を声高らかに称えていたのである。善光寺、太子、法然は、親鸞の『和讃』や覚如の『親鸞伝絵』（『御伝鈔』）にも登場するなじみ深い尊名であり、それはそのまま弥陀、観音、勢至の三尊仏にほかならなかった。絵解きはこうした絵伝を面白可笑しく、またときには物悲しく、様々の節回しで説き聴かせるものであるが、それを見聞した庶民は、目で見てわかりやすく、耳で聞いて理解できる確かな仏教を大いに歓迎したことは、想像に難くなかろう。それが証拠に三河の各地には、いまもすぐれた聖徳太子像が安置されており、バラエティーに富んだ優秀な真宗絵伝が集中的に遺存する。

その具体例として、まず聖徳太子像に岡崎市満性寺、安城市本證寺、岡崎市上宮寺、同市妙源寺、同市願照寺など鎌倉時代から室町時代にかけての古像があり、このうち特に満性寺の南無仏二歳像は、全太子像の中でも出色の出来ばえを示す鎌倉時代の優作で、近い将来重文指定を受けることまちがいないものである。また本證寺の十六歳孝養像も最近の解体修理によって、やはり鎌倉末期の作品であることがわかっただけではなく、その特殊な構造技法から、福井県本覚寺の太子像と同一仏師、同一工房の作になる双子像と判明し注目を浴びた。これにつき永禄十一年（一五六八）顕誓著の『反古裏』（『反故裏書』とも）に本覚寺は本證寺の分流とあり、越前の真宗が三河より伸びた事実を実証する結果となったのである。

なおこのほか岡崎市願照寺、豊田市皆福寺には、南北朝時代の聖徳太子絵像があり、同じく太子を描き込む光明本尊が、岡崎市妙源寺、安城市西蓮寺、刈谷市教栄寺、豊田市原田家に伝えられていて、三河の初期真宗と太子信仰の結び付きが深かったことを教えている。

次に絵伝であるが、まず善光寺如来絵伝に岡崎市妙源寺（三幅重文）、安城市本證寺（四幅重文）、岡崎市満性寺（四幅）蔵本がある。聖徳太子絵伝には、安城市本證寺（十幅重文）、岡崎市満性寺（四幅重文、東京都静嘉堂文庫蔵）同市上宮寺（三幅）、同市妙源寺（三幅、奈良国立博物館蔵）、同市勝鬘皇寺（四幅）のものが有名で、これらのうち本證寺本は、現存最大規模を誇る太子絵伝だけあって、各種太子絵伝の絵相説話を解明するさいの不可欠資料となっており、その価値はまことに絶大である。

法然上人絵伝は、岡崎市妙源寺（三幅重文）、同市満性寺（六幅）、同市浄珠院（六幅）、同市上宮寺（四幅、元七幅）、安城市本證寺（六幅、元七幅）にあるほか、常滑市光明寺（六幅）、京都市知恩院（七幅）蔵本も三河系の法然絵伝と考えられている。

親鸞聖人絵伝としては、岡崎市妙源寺（三幅重文）、豊田市如意寺（三幅重文）、岡崎市願照寺（三幅）、の三幅絵伝が全国的に知られており、これ以外に本願寺下付の岡崎市上宮寺（四幅、文明十六年蓮如裏書）、岡崎市本宗寺（四幅、天正十六年下付）、西尾市聖運寺（四幅、慶長年間教如裏書）のものなどがあるが、ことに如意寺本、願照寺本には、他絵伝にまったく見られない親鸞幼少時代の場合が描かれていてたいへん有名な存在となっている。これらの場面は、実は法然絵伝から摂取付加された可能性の高いことが指摘されたが、それはおそらく絵解きをより一層、劇的効果的ならしめるための措置であったと思われる。

以上掲げたように三河には、いかに多くの優秀な太子像や絵伝を伝存するかがわかったであろう。何度も記すごとくこうした太子像は道場の本尊であり、その堂内で絵解きを盛んにおこない念仏勧進するのが、三河初期真宗門徒の特色にほかならなかった。

三　高田門徒から本願寺門徒へ

上にみた絵伝の内容を絵解きするには、当然のことながら絵解き台本が必要となる。岡崎市満性寺には、正中二年（一三二五）の『聖徳太子内因曼陀羅』という善光寺如来、聖徳太子、法然、親鸞の絵解きにかかわる天下の孤本があり、同寺には文保元年（一三一七）に成立した大部な太子伝絵解き本『聖法輪蔵』の写本も存する。また岡崎市上宮寺にもかつて『皇太子聖徳略伝』や『親鸞伝絵詞』を蔵し、安城市本證寺・岡崎市専福寺にも『親鸞伝絵詞』が伝えられている。

これらに関し最近たいへん興味深いひとつの事実がわかったので紹介しておくと、藤沢市清浄光寺蔵の『聖徳太子伝暦』は、嘉暦元年（一三二六）に四天王寺絵所上座弁芳の相伝本を円善の孫弟子にあたる三河の寂静が書写し、空性に与えたものであることが知られた。空性を名乗る当該期の真宗門侶は、佛光寺の了源をはじめ遠江・三河・尾張にもおり、どの空性なのかにわかに決しがたいが、いずれにしてもこの事実は三河をはじめ各地に残る太子像、太子絵伝、太子伝記類が、四天王寺より発行されていた可能性の高かったことを推測せしめ、それと同時に初期真宗の太子信仰も親鸞の太子信仰だけでは、律し切れない面のあることが、浮かび上がってきたのである。

それはそれとして、絵解きに主体を置いて発展してきた三河の真宗にも、やがて大きな転機を迎える時代がくる。「聖人一流ノ御勧化ノオモムキハ信心ヲモテ本トセラレ候」を標榜する本願寺蓮如の出現が、それにほかならない。

円善の流れをくむ三河の真宗は、妙源寺、勝鬘寺、本證寺、上宮寺などを中心として、多数の道場末寺を擁する教団にまで成長するが、蓮如は高田専修寺真恵との互いに門徒をとらないという堅い約束があったにもかかわらず、妙源寺を除く三河三箇寺を本願寺門徒化してしまう。その間の事情を『代々上人聞書』（『高田ノ上人代々ノ聞書』とも）は次のようにつたえている。

真恵上人ト蓮如ト堅約ヲ定玉テ曰　高田本願寺両家ノ門徒ヲ互ニ不可取ト云々　其後参河国ニ和田（勝鬘寺）野寺（ノテラ）（本證寺）トテ両寺アリ　久シキ高田ノ末寺ナリ　和田寺ニ住持ナキ事久シ、　真恵ノ御意ヲ得テ本願寺ノ庶子ヲ住持セシム　元来本願寺ノユカリナル故ニ　終ニ本願寺ヘ皈入セリ　野寺ヲも蓮如取レリ　時ニ日来ノ堅約破タリトテ　真恵上人ト蓮如ト御義絶ナリ　其後　加賀国ヲモ蓮如コレヲ取ル　又　三河国明眼寺ノ辰巳ニ当テ池ヲ隔テ上宮寺ト云寺アリ　本ハ明眼寺ノ下ナリ　是モ蓮如取リテ山科ヨリカヨヒテ住セラルトナン

高田門徒の重鎮真仏、顕智、専信らによって、はじめて三河国に真宗念仏の種子が蒔かれたのが、建長八年（一二五六）親鸞八十四歳の折であり、蓮如が上宮寺第五代如光に十名号を授けるのが、あたかも親鸞二百回忌の寛正二年（一四六一）のことであった。かくて三河の高田門徒は、なだれ現象的に本願寺門徒化していったのである。それには蓮如のよき理解者であった上宮寺佐々木如光の力もあずかって大きかったが、やはりなんといっても時代を先取りしていた蓮如その人に、それだけの魅力があったということであろう。

　こうして本願寺門徒化した三河の真宗は、以後、上宮寺、勝鬘寺、本證寺のいわゆる三河三箇寺を中心に畿内、北陸の門徒と並んで、強大な本願寺教団を支えていくこととなるが、その道は決して平坦ではなかった。徳川家康

との三河一向一揆、織田信長との石山合戦、豊臣秀吉、徳川家康がからむ東西分派など、幾多の危急存亡をへて、三河の真宗も今日にまでいたっているのである。

※岡崎市上宮寺は昭和六十三年（一九八八）八月三十一日の火災で、文中に出てくる法宝物も残念ながらすべて失われてしまったことを付記しておく。

Ⅲ　和讃と和歌

『良観和讃』の新出本紹介と翻刻

一　『良観和讃』の成立年代と作者

今ここに全文翻刻せんとする『良観和讃』は、親鸞・法然房源空・上宮聖徳太子の三人の伝を四行一首の和讃形式で讃詠した真宗系の三部六巻よりなる和讃集である。『良観和讃』という題は、その述作者の良観房よりとったもので、正式の書名は大谷大学図書館蔵楠丘文庫本の外題にしたためられる「奉賛」であろうことは、三人の各讃の題が同文庫本の目次において「親鸞聖人奉賛」・「源空聖人奉賛」（本文中では「法然上人奉賛」とも書かれている）・「上宮太子奉賛」と示されているところからも首肯できる。ただこの場合親鸞作の三つの太子和讃の表題に照らすと、「奉賛」は「奉讃」の方がふさわしく、げんにここに翻刻する新出本内題はすべて「奉讃」とあらわされている。よってそれを正題とみなすのがよいであろう。

はじめにもふれたように『良観和讃』は、親鸞・法然・太子の三部構成であるが、それぞれがまた上下に分巻されるので都合六巻となり、ひとつの和讃集としては比較的大部なものに属しよう。しかして親鸞讃上巻は二十七首、同下巻も二十七首。法然讃上巻も同じく二十七首、同下巻は二十五首。太子讃上巻は二十二首、同下巻は二十一首で、総計百四十九首を数える。もっともこのうち親鸞讃上巻の翻刻番号（以下同）17・27、下巻の4・27。法然讃上巻の27、下巻の25。太子讃上巻の1・22、下巻の14・16・20・21は、それぞれ偈であって和讃とはいえないが、ここに翻刻する新出本をはじめ他本も、みなそれらを一首とみなしているので、ここでもそれに従う。

右のごとく『良観和讃』は、各讃上下分巻とするが、親鸞讃と法然讃は両人の誕生より涅槃までを通巻で和讃化していくから、その分巻は首数の中程において適宜おこなった感を受けるのに対し、太子讃はたとえば上巻の2・3・13と下巻の3・4・8などが重複する内容であったり、両巻の調子も異にするなど、明らかに作者が違う既製の太子和讃二種を上下巻として組入れたものと考えられる。このことについては、あとでまた触れるであろう。

『良観和讃』がいつ成立し、その作者が誰であったのかという重要な問題については、大谷大学図書館蔵楠丘文庫本とここに翻刻した新出の愛知本證寺蔵林松院文庫本の『良観和讃』（口絵5）に記される奥書より、明瞭に知ることができる。両本の奥書には若干の違いがあるので、念のため両方とも掲示しておくと次のようである。

六角堂照護寺之門弟莇田之良観房述之
于時応永十四年卯月廿七日書之早

（楠丘文庫本奥書）

六角照護寺之門弟
莇田之住人良観房
応永十四年卯月廿七日書之早

〔林松院文庫本奥書〕

この両本の奥書から『良観和讃』は、六角堂（あるいは六角）照護寺の門弟で、茆田の住人であった良観房なる僧の述作とわかり、応永十四年（一四〇七）四月二十七日にこれが書かれた事実が判明しよう。応永十四年は第百代後小松天皇（一三七七〜一四三三）の御世で、室町幕府は第四代将軍足利義持（一三八六〜一四二八）、本願寺においては第六代巧如（一三七六〜一四四〇）、専修寺では第八代定順（一三八九〜一四五七）の時代に相当し、まだ真宗中興の祖とされる蓮如（一四一五〜九九）や真慧（一四三四〜一五一二）が生まれる以前で、初期真宗段階のきわめて注目すべき史料といわなければならないものであろう。

しかし、諸先学は六角堂照護寺の所在が判明せず、良観房の伝記や事蹟もまったく不明であるために、奥書の応永十四年という紀年も信用できるかどうか疑問であるとする。そういえば地名とおもわれる茆田も薊田、荊田、茆田、筋田、西田、生田などと江戸時代の文献には様々に書きあらわされていて、一体どれが正しいのか判断に迷わざるをえないのも、大いに不審感をつのらせる結果となっていよう。そこでこうした疑念を解消するのではないかとおもわれる次掲のごとき史料をみてみたい。

史料①

始越前国西田住　又桂嶋住　又六角住
又中嶋住　又賀州砂粉坂居住　又
岡崎住　又越中法輪寺住　又松寺住
於彼里卒

- ●玄永　法名蓮真（元真蓮）　童名加々寿　照護寺住
  母円兼女法名如祐
  永正八十月廿日寂　六十九
  号桂嶋又号岡崎
  - 女子　蓮明坊言忠妾
    母照護寺良空女　法名如宗
  - 玄昭　照護寺　童名加々寿　中嶋住
    法名真桂
    隠居昭桂坊号之
    - 女子　刑部卿明賢妾
    - 玄尋　兵部卿　照護寺　童名加々寿
      法名祐正
      弘治三五月三日
      卒　五十九
    - 玄恵　大蔵卿　法名真賢
    - 玄忠　治部卿　法名真勝
      永禄元六月廿五日卒四十三
      西光寺
  - 女子　九歳卒
    法名妙真

史料②

同（越前）国稲津桂（カツラ）島照護寺ハ　国侍甲斐名字代々住持スル坊跡也
然共還俗シテ退転スルニ付テ所縁ヲムスヒ永存ノ一男ノ住侍トナス
蓮真法師是也　ソノ母義ハ蓮如上人ノ御妹ニテマシマス

史料③

越前福井庄照護寺由来

良観　公儀に者良空とも書
俗姓者甲斐氏之国侍ニ而越前桂嶌ニ居住則チ
綽如上人御三男華蔵閣玄真（周覚）法印之
息女所縁ト而（南朝元中二歳出生）御取立玄真女法名
良（抹梢）□（宗）康正二歳九月四日卒ス七十五才

史料④
一草創之事
京都六角ニ住　西田（アザブニ）住
一寺基移転之事
桂嶋ニ住　賀州砂粉坂ニ住　岡崎ニ住　□□ニ
住　越中法輪寺ニ住　松寺ニ住　吉崎ニ住ス
而福井ニ移転

史料⑤
一開基良空観
甲斐源氏持（侍）越前桂嶋居住
綽如上人様御三男華蔵閣玄真女

御息女所縁ト而御取立玄真女法名良宗
誕生相知レ不申候往生康正二年九月四日
七十五才

史料⑥

覚

越前足羽郡福井
桂嶋山照護寺

一当寺開基之儀者甲斐源氏之後胤
御座候処俗名相知不申法名良観
貞治二卯年浄土真宗ニ帰依仕候
第二世良空蓮真 始ハ真蓮と被下置候 改る蓮真と被下置候

史料①は蓮如の第十男実悟兼俊（一四九二～一五八三）が、天文十年（一五四一）に編した『日野一流系図』の「大谷一流諸家系図四―興行寺系図―」より抜粋した照護寺にかかわる系図である（『真宗史料集成』七―五三五～六）。史料②は蓮如第四男蓮誓（一四五五～一五二一）の子顕誓（一四九九～一五七〇）が、永禄十一年（一五六八）に著した『反故裏書』（『反古裏』とも）の記事である（『真宗史料集成』二―七五三）。史料③～⑤は福井照護寺に蔵せられる文政十年（一八二七）六月二日と表紙に記す『当院代々記』から抄出した記録で、④⑤は次の史料⑥と同一筆蹟であるところより、照護寺第十五（十六とも）代按察使本乗（一七九四～一八六九）の手になると推定される。史料⑥は龍谷大学大宮図書館蔵の照護寺第十五（十六とも）代按察使本乗筆の同寺の簡単な『由緒書』で、文政十三年（一八三〇）十月の奥書を有しているものである。

さて、これらの史料から、従来まったく不明とされてきた照護寺という真宗寺院が越前国に存在し（①～⑥）、しかもその開基が良観なる真宗門侶にほかならなかった事実が浮かび上がってこよう（③⑤⑥）。そしてその良観は、武田氏と同様甲斐源氏の出身で（⑤⑥）、甲斐氏を名字とする越前国の国侍であったというから（②③⑤）、かの室町幕府三管領のひとつ斯波氏に仕える身分であったことがわかるも、貞治二年（一三六三）浄土真宗に帰依し、法名を良観と名乗るようになったというのである（⑥）。注意したいのは良観が室町幕府の斯波氏下にあって、浄土真宗に帰依したころの居住地が京都の六角堂辺であったことで（①④）、これは『良観和讃』の奥書とも符号し、また良観の本拠地越前のそれが、西田すなわち莇田と明記していることも同様で、共ども無視しがたいものがあるといえよう。

かくて良観による照護寺は、京都に発し、越前の莇田（現福井県鯖江市莇生田町で、これに様々な字があてられる）を根拠地として、甲斐氏の外護を受けながら発展していくわけだが、次代の良空が還俗したために寺が退転しそうになった。そこで蓮如の甥にあたる蓮真を迎え相続させたというのである（①②③⑤）。今それを系図で示せば次頁のようになるが、文政年間の『当院代々記』ならびに『由緒書』は、良観・良空・蓮真の三代に混乱がみられるので注意を要する（③⑤⑥）。

照護寺はその後戦国乱世の時代を反映して、越前莇田から同桂嶋、同中嶋、加賀砂粉坂、同森本、越前岡崎、越中法輪寺、同松寺、越前吉崎、同福井としばしば寺基を移転しており（①④）、また江戸時代以降だけでも万治二

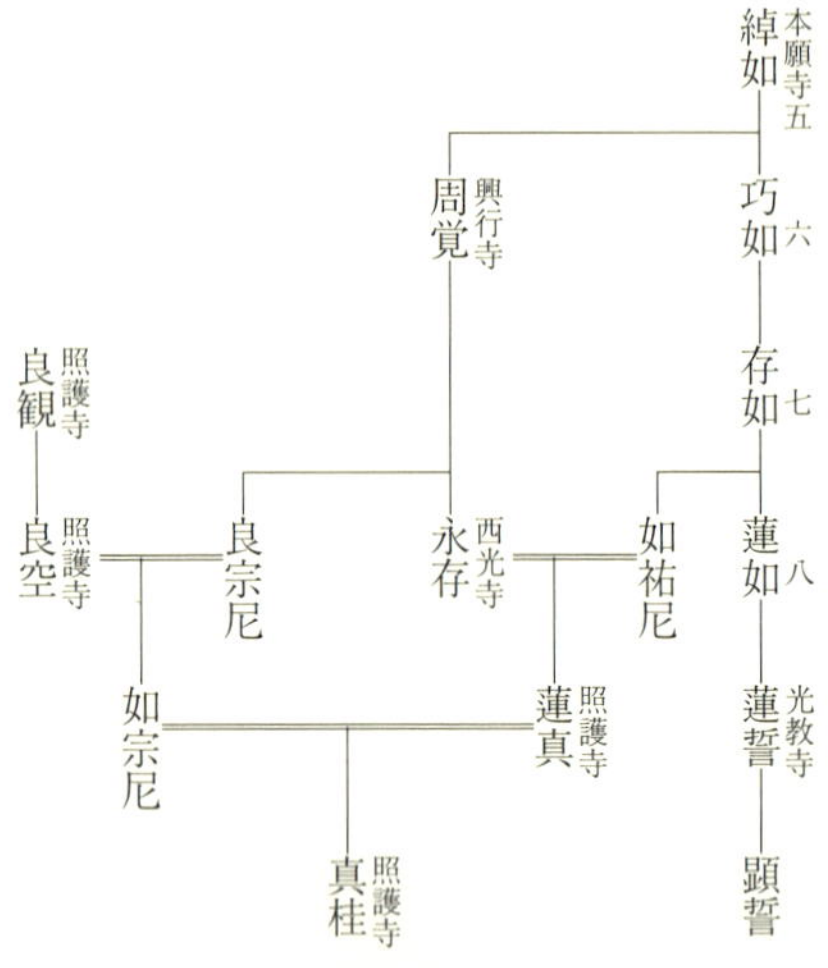

系図

年（一六五九）、寛文九年（一六六九）、明和八年（一七七一）、嘉永七年（一八五四）、昭和二十年（一九四五）、同二十五年（一九五〇）と前後六度も火災、戦災、震災で堂宇を失う悲運の歴史を経て、現在地の福井市松本に浄土真宗本願寺派寺院として厳存するのである。

以上によって、『良観和讃』の奥書がまったく荒唐無稽なものでもないことが、ある程度了解できたのではないかと考えるがいかがであろうか。問題はこの和讃がいわれるごとく応永十四年の成立かどうかであろう。

『良観和讃』には残念ながら中世にまでさかのぼる写本は一切存在せず、またこれを引用する文献も空誓（一六〇三～九二）の『本願寺聖人伝絵探証記』、知空（一六三四～一七一八）の『御伝絵照蒙記』、霊勝（生没年不詳）の『御伝絵説詞略抄』、恵空（一六四四～一七二一）の『叢林集』・『御伝絵視聴記』、良空（一六六九～一七三三）の『高田開山親鸞聖人正統伝』、先啓（一七二〇～九七）の『浄土真宗聖教目録』、僧鎔（一七二三～八三）の『真宗法彙目録及左券』、了祥（一七八八～一八四二）の『異義集』など江戸時代以降に限られる。そしてその和讃の本文もきわめて稚拙で、はたしてこれが中世作品かと疑わしめるに十分なものがあるので、現今にいたるまで未だその全文も紹介されていないような状況である。しかしひるがえっておもうに『良観和讃』は、無名の談義僧による地方作と奥書通り受け取るならば、古写本が存在しないことも、江戸時代以降の文献にしかみえないことも、下作なことも理解できるのではないかと考える。もしこの『良観和讃』が江戸時代の文献にあらわれてくる十七世紀前後になされたものとするならば、なにゆえもっと著名人を作者にあてなかったのかとの疑問も湧いてくるので、今はいちおう奥書の記載を肯定的にとらえておくことにしたいとおもう。

二 『良観和讃』の内容と諸本

三部構成の『良観和讃』の第一部は親鸞讃である。親鸞讃の依拠主資料が、永仁三年（一二九五）覚如（一二七〇～一三五一）撰の『親鸞伝絵』（『御伝鈔』）であることは、その全十五段の実に半数以上にあたる出家学道、吉水入室、六角夢想、蓮位夢想、信行両座、信心諍論、入西鑑察、洛陽遷化の各段をとりいれ讃詠しているところからもわかる。しかし一方で『親鸞伝絵』にはみえない親鸞幼少時代の和讃が、上巻5～10によみこまれていて注目され、特にその6に登場する親鸞の母の名を吉皇（光）女とする最初の文献が、この『良観和讃』であった事実も注意しておかなければならない。もっとも幼少時代の六首とほぼ同内容譚は、良空が正徳五年（一七一五）に著わした『親鸞聖人正統伝』、同じくその良空が享保六年（一七二一）に刊行せる文和元年（一三五二）存覚（一二九〇～一三七三）草という『親鸞聖人正明伝』にもみることができる。もし親鸞讃が右二書にもとづくものとするならば、『良観和讃』の奥書は当然否定されようが、この和讃のことはすでに記したごとく良空以前の文献に登場しており、また『正明伝』も良空の作為になるものであるから『正統伝』・『正明伝』とも逆に『良観和讃』の親鸞讃より幼少時代の説話をなしたとみたほうが真相に近いであろう。

なお、親鸞讃の出典については、上巻19の「大小聖人ミナ、カラ　如来ノ弘誓ニ乗スヘシ」が、明らかに親鸞作

『高僧和讃』の善導讃第十一首によっているところから、それも参考資料のひとつであったことが知られる。全五十四首よりなる親鸞讃は、その誕生から往生までの一代記を節付けで讃詠しながら、親鸞の遺徳を語り伝えることを意図した一種の特異な親鸞伝であるという見地からも、今後もっと注目されてよいものであろう。

第二部の法然源空讃も親鸞讃と同様にその誕生より涅槃までの一生涯を和讃化していくが、前の親鸞や後の太子讃のごとき明瞭な出典がみつかっていない。けれどもここにおいても親鸞の『三帖和讃』を資料に使っていることは、次のような語句の一致からも疑いなかろう。

上巻　第一首　第二句　源空ヒシリトアラハレテ
　　　　　　　浄土高僧和讃　源空讃　第十一首　第二句
　　　第二首　第四句　コ、ロモコトハモヲヨハレス
　　　　　　　正像末法和讃　三時讃　第十六首　第二句
　　　　　　　　　（文明版　第十五首　第二句）
下巻　第十一首　第四句　念仏ノヒトヲマホルナリ
　　　　　　　浄土和讃　現世利益讃　第十四首　第四句
　　　　　　　　　（文明版　第十一首　第四句）
　　　第十五首　第三句　ヒトリモ証ヲヱシトコソ
　　　　　　　浄土高僧和讃　道綽讃　第三首　第三句
　　　第十五首　第四句　教主世尊ハトキ玉へ

浄土高僧和讃　道綽讃　第三首　　第四句

第二十一首　第三句　声聞僧ニマシハリテ

浄土高僧和讃　源空讃　第十五首　第三句

第二十一首　第四句　頭陀ヲ行シテ化度セシム

浄土高僧和讃　源空讃　第十五首　第四句

第二十三首　第一句　建暦第二壬申歳

浄土高僧和讃　源空讃　第二十首　第二句

第二十四首　第一句　道俗男女参集シ

浄土高僧和讃　源空讃　第十九首　第一句

なお、下巻4第二句「洛土ノ儒林マヨイアイ」や同20「建暦カノトノヒツシ（子）四月中旬七日ニ　勅面（免）宣下ヲタマハリイテ　上人入落（洛）シタマヒキ」の各句は、『教行信証』後序の「洛都儒林迷二行一兮無∴弁二邪正道路一」、「皇帝諱守成聖代建暦辛未歳子月中旬第七日蒙二勅免入洛已後空居下洛陽東山西麓鳥部野北辺大谷上」の文によっているようなので、作者は『教行信証』も知っていたことになろうか。三部作の『良観和讃』で、源空讃だけが単独でおこなわれた形跡が、今のところ確認されていない点も留意しておきたい。

第三部の太子讃が、上下巻で作者を異にすることはすでに触れたが、実はその上巻は、法隆寺蔵の『寺要日記』に収められている西大寺叡尊（一二〇一～九〇）作との伝承がある『太子和讃』十五首にほぼ同じであることがわかっている。法隆寺本には延文四年（一三五九）書写のもと奥書が存するので、太子讃上巻はこの南都系伝叡尊作の『太子和讃』を転用したものとみてよかろう。ただし両讃に首数の違いがあるのは、太子讃上巻の7・8・9・10・19・20の六首が法隆寺本になく、法隆寺本の第十四首目が太子讃上巻にみられないのと、太子讃上巻の1と22に相当する頭尾の偈文を法隆寺本では、和讃として数えないからである。

ついで太子讃下巻であるが、これも正和三年（一三一四）に真言密教僧の頼覚（生没年不詳）が作した『聖徳太子和讃』二十一首にもとづいていることがすでに指摘されている。頼覚の太子讃は高野山金剛三昧院に永享十一年（一四三九）の古写本を伝蔵するが、これと太子讃下巻を比較すると、順序に若干の違いがあり、頼覚太子讃の第十一首・第十二首の二首が太子讃下巻にはみられず、太子讃下巻の16が反対に頼覚太子讃には出ていないという相違がある。もっとも16は太子に直接関係しない偈であるからわざと省いたのかも知れない。いずれにしても『良観和讃』の太子讃上下巻は、作者の異なる既製の密教系太子和讃を取り込んだものであることは疑いなく、それはことによると良観が、京都六角堂辺に居住し、斯波氏に祗候していた在俗時代の早い段階で、太子旧蹟の六角堂関係者より、その二つの太子和讃を入手していたということも考えられよう。それにつけても良観は、なぜ親鸞の豊富な太子奉讃をまったく参照しなかったのであろうか。それはただ単に披見する機会を持たなかっただけのことかも知れないが、不思議な感がしてならない。

ここで『良観和讃』の伝本と新出本の紹介をおこなっておこう。『良観和讃』の全文は二、三の写本でしか知ることができない。その写本の（一）に京都西方寺旧蔵の大谷大学図書館蔵本があったが、今は残念ながら所在不明となっている。旧蔵者の西方寺からは、『良観和讃』に注目し自著にもそれを引用した真宗大谷派初代講師光遠院恵空の門人で、同寺第十三代の空閑（一六四一～一七一一）、空閑と同じく恵空の門人だった養子の第十四代空慧（一六六一～一七四六）が輩出しているので、旧蔵本も師の薫陶を受けた空閑もしくは空慧の写本だったことも考えられる。それが失われているのはまことに惜しみてもあまりある。

写本の（二）はこれまた大谷大学図書館蔵の楠丘文庫本である。楠丘文庫は大谷大学教授であった日下無倫氏（一八八九～一九五一）の文庫名で、庫名は自坊の愛知専光寺境内の大楠に因む。斯本には後掲のような奥書があって、恵山（一六九八～没年不詳）所持本を宝暦十一年（一七六一）に恵順が写したものとわかる。恵山も恵空の門弟で享保六年（一七二一）には、恵空と親子関係を結んだほどの間柄であった。書写者の恵順については詳しくわからないが、底本が善本ではなかったとみえて「写本ノ通リ写ス」とか「如本写私ニ云容歟」などとする箇所が十六か所もあり、また太子讃下巻では異本との校合を三十か所もおこなっており、その書写態度はなかなか学術的といえる。当本の書誌データを示しておけば次のようである。表題—奉賛。目次—親鸞聖人奉賛上下　源空聖人奉賛上下　上宮太子奉賛上下。装訂—袋綴。紙質—楮紙。大きさ—縦二四・二×横一六・一センチ。紙数—墨付十八枚。行字数—一〇行、一〇～一八字。用字—漢字　片仮名。書写奥書—右之本者以恵山師持本書写竟／于時宝暦十一辛巳六月中旬／恵順。図書請求記号—宗大一一四八一。備考—源空讃下巻に四首（7・8・9・10）の欠落がある。

『良観和讃』第三の写本は、今回あらたに見出された愛知本證寺蔵林松院文庫本である。これが世に出現したのは、平成二十一年（二〇〇九）十一月のことで、『良観和讃』の親鸞・法然源空・上宮太子各奉讃上下六巻一冊が全存する。書写年代は筆風・紙質・墨色より推し、江戸幕府第四代将軍徳川家綱（一六四一～八〇）の十七世紀半ば頃とみる。装訂は連歌懐紙型四針糸綴の横本で、表紙は黒色厚手紙表紙となっている。縦一六・〇×横二一・二センチを計測し、墨付二十七枚の紙数を数える。行数は六～一四行で、一行の字詰は五～一四字。外題は本文とは別筆で六角堂とあり、首題も六角堂と書かれている。首題につづく目次は、親鸞聖人上下、法然聖人上下、上宮太子上下、和讃三巻としたためる。六巻の各内題は、親鸞奉讃上、下巻。法然上人奉讃上、下巻。上宮太子奉讃上、下巻とあり、太子讃のみ太子奉讃上下巻の尾題をみる。用字は漢字、片仮名で、漢字にはまま振仮名が付され、また片仮名にもごく少数濁点をみるが、いずれも後補であろう。仏典用語略字がまま目につくことも注意点である。

なお朱筆による後世の戯書きが、表紙をはじめ表裏の見返しや親鸞讃上巻4などにある。奥書はすでに記し翻刻でも示してあるが、書写年書写者を告げる記載は一切ない。ただ、所蔵者所持者を暗示させる墨書が表裏の表紙にあって、表の方は一行分抹消されているが、辛うじて紅屋らしき二文字が読め、裏は大行寺／大行寺／大行寺／内おすめと判読できる。大行寺を称する真宗寺院は十四〜五か寺も存在していて特定困難であり、ましてやその寺内のおすめなる女性を捜し求めることなど不可能である。この林松院文庫本における価値高き点は、大谷大学図書館蔵の二本ともが欠落している法然讃下巻の7・8・9・10の四首を伝えていることと、各首「一」の字を必ずつけ、初句頭を一字上げにして、四行一首の親鸞以来の伝統的な真宗和讃の姿を温存していることで、林松院文庫本を翻刻するゆえんも、ひとえにここにあるといっても過言ではないほどである。

『良観和讃』の完本は、如上のように現在では大谷大学図書館蔵楠丘文庫本と本證寺蔵林松院文庫本の二本のみしか存在しないが、親鸞讃と太子讃とには、それぞれ単独でもおこなわれた形跡を示す写本が若干ある。

まず親鸞讃であるが、その上巻を「親鸞上人御俗姓和讃」の題のもとに「六角堂筋生田　照護寺良観作」として元禄十三年（一七〇〇）林山の写したものが、北海道宣教寺（福井法栄寺旧蔵）にあり、大谷大学図書館蔵楠丘文庫にも弘化四年（一八四七）岩村兼吉の書写になる同讃上下巻を蔵し、該本にも「親鸞聖人御俗姓奉讃」の尾題をみる。一方同図書館には了祥の写す親鸞讃全首が、上下巻の区別なく「良観上人御伝和讃」の名で、彼の編になる『異議集』全十六冊の第五冊に収録されている。これらの写本とは別に弘化四年（一八四七）刊行の『華園文庫』には、「洛陽六角堂照護寺権律師良観敬白」の「大谷聖人謝徳奉讃」三十二首を収めるが、これはそのうちの十八首を親鸞讃よりとり、残りの十四首を新作付加した改竄本であるから、用いるには慎重を要する。

次に太子讃であるが、これの明和二年（一七六五）写本が、「皇太子讃上（下）」と内題して三重来照寺にあり、同寺のそれには「皇太子奉讃　親鸞聖人奉讃」の外題もあるという。けだし親鸞讃も合写されているのであろうか。真宗高田派ではごく近年まで聖徳太子御遠忌法要の際、この『良観和讃』の太子讃を用いることもあって興味深い。管見に入っている太子讃の写本には、このほか金沢大学付属図書館暁烏文庫のものがある。これは実際諷誦に供せられた本であることが、「三重超声」、「上ル」などの記入からわかり、朱筆によりイ（異）本との校合も頻繁におこなわれている江戸末期の写本である。最末に「此奉讃者先妣澄心院之所授／也使予侍縫針之側以読之予／于時七歳矣毎開此巻無未曾／慨嘆因記其由焉／至浄院忍厳（花押）」の心暖まる記がある。古人の本讃に対する幼少時代からの親しみに注目すべきであろう。

このように『良観和讃』の親鸞讃と太子讃とには別行本が存在するのに対し、法然讃にはそうした事例を聞かない。あるいはそれは『良観和讃』が、真宗系のものであるために、浄土宗との宗派感情が影響してのことかも知れない。

結　び

以上『良観和讃』をめぐり縷々述べてきたが、この和讃の親鸞・法然・太子という、いかにも真宗的な興味をそそられる組み合わせに一考を加え、結びに代えることとする。このことにつき親鸞讃下巻6に、太子は救世観音、大祖法然源空は大勢至、その弟子親鸞は阿弥陀如来であるから、まことに不思議なことが多いという趣旨の和讃に注目しなければならない。『良観和讃』を僧鎔が『真宗法彙目録及左券』において、「三聖化迹和讃」と称したのもうべなるかなとおもわしめるものがあり、この弥陀＝親鸞・観音＝太子・勢至＝法然の三尊観こそが、ほかでもなく『良観和讃』の底流にある根本思想であって、それがとりもなおさず三部構成をとらしめた第一の要因であったと考えてよかろう。第二の要因として今ひとつ注意を喚起しておきたいのは、歴史的な背景である。実は前に掲げた史料⑥、すなわち龍谷大学大宮図書館蔵の『由緒書』末尾には、ややもすれば見落されそうな位置に「甲州万福寺」の記載がある。これは荒木門徒祖光信坊源海の弟子光寂坊源誓（一二六四～一三六〇）が、開基した有名な甲斐国等々力の杉御坊万福寺を指すが、想起されるのは福井照護寺の開基良観も甲斐源氏の後胤であると同書が記すことである。この二つの事象を結んで考えるならば、万福寺と照護寺との関係は意外に古くまでさかのぼる可能性があり、ことによるとそれは延文五年（一三六〇）の源誓没後三年の貞治二年（一三六三）に、良観が浄土真宗に帰依した南北朝時代からいうことも想定できる。はたしてそうだとするならば、源誓の甲斐門徒は今に残る太子・法然・親鸞絵伝の絵解き説法で著聞するから、それに刺激されての三部作和讃の誕生であったとみても、さして不自然ではなかろう。良観の越前では和讃の諷誦を風とする讃門徒が盛んであった事実もここで考慮に入れておく必要があろう。こうしたことどもを総合すると、『良観和讃』の応永十四年成立説もあながち否定すべきでないとも考えるが、なにしろ『良観和讃』は、文学的にみても優秀作品でないのに加え、良観にまつわる史料も限られているので、諸彦のさらなる究明教示を切望し擱筆するものである。

参考文献

①日下無倫『真宗史の研究』（平楽寺書店、一九三一年）。

②日下無倫『本願寺聖人伝絵講要』上下（真宗大谷派安居次講本、一九三九年）。
③日下無倫『総説親鸞伝絵』（史籍刊行会、一九五八年）。②の再刊本。
④大須賀秀道「御伝和讃」（『仏書解説大辞典』第三巻三〇三頁、大東出版、一九三三年）。
⑤山上正尊「良観上人御伝和讃」（『仏書解説大辞典』第十一巻二四〇頁、大東出版、一九三三年）。
⑥多屋頼俊『和讃史概説』（法藏館、一九三三年）。のち『多屋頼俊著作集』一（法藏館、一九九二年）所収。
⑦多屋頼俊「聖徳太子讃仰の文学―和讃と講式」（聖徳太子研究会編『聖徳太子論集』、平楽寺書店、一九七一年）。のち『多屋頼俊著作集』二（法藏館、一九九二年）所収。
⑧多屋頼俊「聖徳太子和讃と聖徳太子講讃」（四天王寺編『聖徳太子鑽仰』、中外日報社、一九七九年）。のち『多屋頼俊著作集』二（法藏館、一九九二年）所収。
⑨生桑完明「高田の聖徳太子和讃」（法相宗勧学院同窓会々報『性相』八、一九三八年）。
⑩生桑完明「報恩講の旨趣と普及に伴ふ文献」（『本山報告』四五五付録、一九三八年）。
⑪生桑完明「報恩講の旨趣と普及に伴ふ文献続編」（『高田学報』二二、一九三九年）。
⑫生桑完明「高田の聖徳太子奉讃」（『高田学報』二二、一九三九年）。⑨の再録。
⑬新間進一・武石彰夫編『中世仏教歌謡集』上（西尾幸一『古典文庫』二六九、一九六九年）。
⑭武石彰夫『仏教歌謡集成』（大東文化大学付属東洋研究所、一九七九年）。⑬の重複。
⑮本願寺史料研究所・代表者宮崎圓遵編『本願寺年表』（浄土真宗本願寺派、一九八一年）。

林松院文庫本『良観和讃』翻刻凡例

一、本翻刻の底本は、十七世紀半ば頃の書写とおもわれる愛知県安城市本證寺蔵林松院文庫本を用いた。
一、対校本は、宝暦十一年（一七六一）恵順書写の大谷大学図書館蔵楠丘文庫本で、下段に校異を示した。
一、行数、字詰は底本通りとした。
一、漢字の字体は、新字通行体に改めたが、仏典用語略字、宛字、誤字は、そのままあらわした。
一、片仮名のヰ、ヱ、子は、そのままとした。
一、上部の算用数字は、三部六巻各讃の首数番号である。

六角堂
六角堂
上下
上下
六角堂
親鸞聖人上下
法然聖人上下
上宮太子上下
和讃三巻
親鸞奉讃上
1 一 皈命頂礼弥陀尊
百千万ノ片国ヲ
利セントヲホシメスユヘニ
カリニ人機ヲウケ玉フ
2 一 ソノラン身ヲタツフルニ
天祀根ノミコトノ
二十一世ノ御ナカレ
鎌子ノ大臣春久
3 一 コンヱノ大将右大臣

奉賛
親鸞聖人奉賛 上下
源空聖人奉賛 上下
上宮太子奉賛 上下
オ

マタテノ六代後胤ノ
弼ノサイシヤウアリ国
皇大后宮ノ御子ナリ
4 一 シカレハ天下ノ雑事ヲハ
霜雪イタ、キ忠ヲナシ
ヱイ花ノヒラケシアリサマハ
万人カウヘヲカタフケリ
5 一 アル𪜈アリノリ思フヤウ
ウキヨノホトナキアリサマヲ
ヲリ〳〵観シタマヒシニ
祈念ノコウヤツモリケン
6 一 北ノ御方吉皇女
ニイノマクラニカタフキテ
フシタマヒヌトミヘ玉フ
西ヨリ光明キタリイル
7 一 御身ニフル、気色シテ
弘法ウチニキサシツ、
利生ハホカニモヨヲサレ
月ミチケレハ出生ス
8 一 御母コレヲヨロコヒテ
トリアケミレハ男子ナリ

有
クワ
トキ
オ
光
ホ

アリノリ大ニヨロコヒテ
十八公若トソイツシ

9 一 四歳ノ二月十五日
西ノナカハトヲホヘシニ　オ
西ニムカヒ礼拝シ
ツチヲツカ子テ仏トス

10 一 モリヤメノトモコレヲミテ
アヤシキサマニ思ヒケリ　オモ
ソノ後ヲリ〳〵カノ人ヲ　オ
貴僧ニサウセタテマツル

11 一 九歳ノハルノクレカタニ
大僧正ニタテマツル
三観仏乗アキラカニ
諸法ノナカレヲタ、ヘタリ

12 一 カクテ月日ヲオクリシニ
建仁第三ハルノコロ
生年二十九歳ニテ
隠遁フカキコ、ロアリ

13 一 空師ノキシチニタツ子ユキ　キなし
難行道ヲサシヲキテ　オ
易行ノ大路ニ出タマヒ　玉

真宗ヲ本トシタマヘリ

14 一 大祖上人ヨロコンテ
本願弘誓ノマコトナル
アウキヲツクシタマヒツ、　フ　玉
親上人ニアタエケリ　ヱ

15 一 祖師モ大師モヲ、ケレト　オホ
凡夫タヤスク直入シ
涅槃ノ真門ヒラクコト
カノ聖人ニシクハナシ

16 一 アルヨノトラノ一天ニ
六角堂ニ参礼ス
観音御戸ヲヲシヒラキ　オ
鸞師ニムサウヲナシ玉フ

17 一 行者宿報設女犯
我成玉女身被犯
一生之間能荘厳
臨終引導生極楽

18 一 行者宿報カキリアリ
女人ヲ犯スコトアラハ
ミツカラナンチカツマトシテ　ナリ
後生ニ浄土ニ引入セン

19 一 コレハマツ世ノタカラナリ
大小聖人ミナ、カラ
如来ノ弘誓ニ乗スヘシ
群集ウタカウコトナカレ

20 一 夢中ニ東ヲミタマヘハ
峨々タルカノ山ヲ、クシテ
千万億ノ有情ハ
ナラヒイタルトヲホヘタリ

21 一 告命ノコトク善信ハ
易行ノ道ヲトキタモフ
道俗カウヘヲ地ニツケリ
十指ヲアハセテ十念ス

22 一 記録ヲヒラキ安スレハ
真宗ハンシヤウキスヰノ
念仏弘興ノヘウシナリ
タレノヒトカハウタカハン

23 一 念仏モトヨリ西天ノ
大聖世尊ノヲコトハ
今ハ上宮太子ノ
広徳山ヨリナヲタカシ

24 一 上人流行ノ下知ナクハ

オ
キ　オ
マヒ
ワ
案

鎮西ナンソタスカラン
善信ハイシヨニイタラスハ
東土ノ衆生ハイカ、セン

25 一 ツミハ三字ニセウメツス
古仏ヲミントヲモハンニ
知識ナラテハカナウマシ
観音勢至ヲイタクヘシ

26 ○仏モ神モヒトツニテ
帝モ民モヘタテ子ハ
善悪モトヨリフタツナシ
ウラミヲヤメテ念仏セン

27 一 願共諸衆生
往生安楽国
願共諸衆生
値遇弥陀尊

下巻

1 一 敀命本覚アラハレテ
鸞師ノ由来ヲ安スルニ
本師阿ミタトミヱタモフ

オ
フ
已上とあり
上巻終とあり
同とあり
案
弥陀へ玉

ソノランシヤウヲタツヌルニ

2 一 建長八年ヒノヘタツ
二月九夜ノトラノトキ
連位夢想ヲカウムリテ
記録ヲアラハシハンヘレハ

3 一 聖徳太子ハマサシクモ
鸞聖人ヲ礼拝ス
大師上人ヲナシクモ
恭敬尊重シタマヒキ

4 一 敬礼大慈――――乃至
覚也

5 一 マコトニコレヲアンスルニ
阿ミ妹ノ御出ハ
クモリカクレモナカリケリ
前後ヲイカ、ワキマヘン

6 一 上宮太子ハ救世ノ願
源空大祖ハ大勢至
御弟子鸞師ハ汐妹
マコトニ不思議ハヲ、カリキ

日　ノなし
蓮　ヲなし　フ
ル
巒　上
オ
供
敬礼大慈阿弥陀仏
為妙教流通来生者
五濁悪時悪世界中
決定即得无上覚也
弥陀如来
弥陀如来
オ

---

7 一 アル𪜈ランシ聖人ハ
信行フタツノ座ヲ定メ
往生ニ事ノレウケンヲ
コ、ロミントソノタマヒシ

8 一 空師ハヱツホニイリタマヒ
諸化ノ来集ヲマタレケリ
聖覚信空法力房
信不退ニソツキタマフ

9 一 鸞師ハ筆ヲソメタマヒ
信行解脱ノ秘信ヲ
イカニ〳〵トノタマヘハ
サウナク義ヲハイタサレハ

10 一 門徒ノ群居ハヲ、ケレト
自力ノ迷雲アツクシテ
諸行ヲイマタハナレ子ハ
真如ノ月ハイテサリキ

11 一 聖信勢観念仏房
日来ノ不審ヲノヘ玉ヒ
深智博覧ヒトシクテ
決定往生シタマヘリ

12 一 善師ノ御弟子入西房

トキ　巒師
亨
ヰ
ス
オ
タマ

影ヲウツシテ拝セント
年々相続シタマヘト・
諸化ニ・ヲソレテヤミニケリ
13 一 聖人コレヲカ、ミツ、
マコトニソノ儀・アルナラハ
ヒソカニ人ヲツカハシテ
定禅法印・ニウツサセヨ
14 一 入西随喜ノアマリニテ
ミツカラ法橋シヤウシケリ
左右ナク筆師ハ・マイリツ、
・ソ尊願ヲ拝シケリ
15 一 法橋ナミタヲナカシツ、
スキヌル夜半ノコトナルニ
・高僧二人定禅カ
私宅ニ化来シタマヒテ
16 一 ヒトリノセイソウユヒヲサシ
コノ真影ヲウツサント
・ヲモフコ、ロノフカキナリ
トク〳〵写アタウヘシ
17 一 定禅ノメ・ヌノコ、チニ・
イカナル人ソト問シカハ

リ
オ
義
師
ヒ
御
貴
オ
ノなしユメ　テあり

善光寺ノ本尊ニ
本願房トソノタマヒシ・
18 一 サテハ本来常住ノ
阿弥陀如来トヲ・モヒツ、
身ノ毛ヨタチテアセヲカキ
ユメウチサメテハンヘルニ
19 一 貴請ニシタカヒ参シツ、
ソノ尊顔ヲ拝スレハ
ユメニミタリシソンヨウ・ニ
タカウトコロモマシマサス
20 一 言悟・・ヲヨハヌコトナレハ
ナカスナミタニスミソメノ
ソテハクチヌトミヘケレハ
入西イヨ〳〵カンサッス・
21 一 コレハ仁治三年ノ
九月廿日ノ夜ナリケリ
アケヌル午ノ・ナカハニソ
御・ク・シ・ハカリヲウツサレキ
22 一 弘長二年ノ中冬・ノ
下旬ノハシメノコトナルニ
不例ノ気色マシ〳〵テ

キ
オ
ヤ
語　オ
シ
御首（ミクシ）
仲

余言ヲマシヘタマハ子ハ	
23 一 仏恩フカクヲホシメシ	オ
高声念仏ハユルナラス	
聞人ナミタヲナカシツ、	
トモニ念仏申ケリ	
24 一 ヲナシキ廿八日ノ	オ
午ノナカハノホトナルニ	
頭北面西右脇ニテ	
如来𣵀ニイリタマフ	涅槃
25 一 年例九旬ニマシマセト	ミチタマフ
仏法弘通ノタメナラハ	
一万却ヲヲクルトモ	オ
アキタテマツルコトアラシ	
26 一 老若ヲノ〳〵アツマリテ	オ
日来ノフシンヲナケキツ、	
イカニモコノ身ノアル時ニ	トキ
イソヒテ法ヲモトムヘシ	イ
27 一 願共諸衆生	
・・・・・・	往生安楽国
・・・・・・	願共諸衆生
値遇弥陀尊	

・・・・・・	親鸞奉賛下終とあり
法然上人奉讃上	
1 一 皈命頂礼大勢至	
源空ヒシリトアラハレテ	
コノ日域ニアラハレテ	
キエユクトホシビカ、ゲ、リ	ヱ　モ
2 一 懐妊シタマフユウベヨリ	フ
誕生シタマフアシタマテ	
マコトニ不思儀ノヲ、キコト	議　オ
コ、ロモコトハモヲヨハレス	オ
3 一 トキクニハダウヂヒトツニテ	
岩間ノ寺ニマヒリニシニ	ニなし
観音顔蜜アラタニテ	
タ、シク夢想ヲナシ玉フ	タマ
4 一 告命ヲ蒙リ下向シ	
西ノヒサシヲシツライテ	
花香ヲソナヘテヲアハセ	
摂取不捨トソトナヘケリ	
5 一 七月廿七日ノ夜	
聖僧キタリマシ〳〵テ	
秦女カ眼閇シタマエル	へ

枕ニタチテノタマハク	
6 一 コノカミソリヲノミタマヘ	
カナラス聖人キタリツヽ	
仏法興行シタマヒテ	
一切衆生ヲスクウヘシ	
7 一 告命ニシタカヒノミケレハ	ガ
甘露ヲノメルコヽチシテ	
マコトニコヽロハイサキヨク	
皇女ノ御夢ニコトナラス	
8 一 カクテ月日ヲフルホトニ	
長承第二四月ノ	
上ノ七日ニ誕生ス	
玉ノコトクノ男子ナリ	如
9 一 父母コレヲヨロコヒテ	
生湯ヲアヒタマヒシニ	セあり
左右手ヲニキリテヒラカ子ハ	手(テ)
イヨ〳〵ユクスヘタノモシヤ	
10 一 九歳ト申セシ三月ノ	
中ノ三日ニトキクニハ	
カタキノタメニウタレニキ	
小箭ニテ敵ヲイタマヘリ	

11 一 夜打ハ赤石(アカシ)ノ貞明(サタアキ)ラ	
五十三ニテウセニケリ	
人々コレヲキヽツタヘ	
小箭チコトコソマフシケレ	
12 一 ヲナキ秋ノハシメヨリ	オ　シあり
菩提寺ニコソノホリケレ	
勧学一字ヲヲシウレハ	オ　フ
菟ノ毛モヲトスコトソナキ	ノなし　オ
13 一 九才ノ秋ノナカハヨリ	歳
十三才ノ三月(ヤヨイ)マテ	歳
経文ツカ子テ五百巻	
タヤスクナラヒウカヘケリ	
14 一 師匠ハコレヲヨロコヒテ	
カクナリ玉ハヽヲナシクハ	タマ　オ
ヒヱ井山ニノホリツヽ	
天下ノトモシヒツキタマヘ	
15 一 即時ニ師命ニシタカヘリ	
母儀ニイトマヲコハントテ	
順随シテコソクタリケレ	
ハヽニイトマヲコイシカハ	
16 一 ハシメハユルシタマハ子ト	ハなし

師弟ナミタヲナカシツ、
二親ノタメソトノタマヘハ
マコトニユルシタテマツル
17 一 岩間ヲタツテ七日ニ　　チ
鳥羽ノアタリニツキニケリ　　レ
禅定殿下ハ御出ナル　　ハなし
少河（コカハ）ニ馬ヲ打ヨセキ
18 一 殿下ハクルマノ物見ヨリ
チコハイツクヘ御行ソト
使者ヲモチテソメサレケル　　トメテ
懐イテクルマニタテマツル　　イなし
19 一 師檀ノ契約フカクシテ
車ハ鳥羽ヘヤリユケハ
面西京エトイソキケル　　面　ヱ
サカリ厺ニソツキ玉フ　　松　タマ
20 一 従僧ニアヒテイ、ケルハ
カシコウ今日ノホリケル　　カ
殿下ニ見参スルウヘハ
仏法繁昌ウタカワン　　ハ
21 一 吾朝一ノ明山ニ
ハシメテ登山シタマヒテ

源光阿闍梨ニツキ玉フ
児ノコ、ロヲシランタメ
22 一 六百行ノ倶舎ノ頌ヲ　　行なし
見タマヒルカトノタマヘハ
知サルヨシヲマフサレキ
ナラヒタマヘトシメサレテ　　玉
23 一 遠路ノタヒモノウキニ
師匠ノ尋ニシタカヒテ　　タツ子
ヨヒノトモシヒカ、ケツ、
其夜ノウチニヲホヘタリ　　オ
24 一 マコトニ文殊ノ像ナリト
禅下ハヨロコヒマシ〳〵テ
我身ハ浅智愚鈍ナリ
他師ニツケントノタマヘリ
25 一 光円阿闍梨ノ弟子トナル
生年十五才ニテ　　歳
出家ノイトマヲコイシカハ　　ヒ
師匠ハツキニユルサレキ
26 一 生年十八ニナリシトキ
経蔵寺ニイタリテソ
一切圣ヲヒラキツ、　　経

ツキニ浄土ニ入玉フ
27 一 願共諸衆生
往生安楽国
・・・・　　願共諸衆生
値遇大勢至
・・・　　上巻終とあり
・
下巻　　同とあり
1 一 稽首皈命大勢至
ホトケノツカヒト世ニイテ、　　イ
真宗念仏興セシム
アマ子ク天下ニナヲアケリ
2 一 生年二十六才ニテ　　歳
サカノ御堂ニ参籠シ
法花ヲ弘宣シタマヒテ　　キ
如来ノ告命ヲウケタマヘ　　フ
3 一 アル夜ノ夢ニ尺迦如来　　釈
諸宗ノ知識ハカツヲ、シ　　ス　オホ
末世ノ迷闇テラサンニ
ナンチヒトリニサタメタリ
4 一 真宗弘誓ヲアラハサハ
洛土ノ儒林マヨイアイ　　ヒ

諸学雑善興スヘシ
イヨ〳〵イタムコトナカレ
5 一 ワレモロトモニアヒマシリ　　イ　テ
在々所々ヲス、ムヘシ
本願弘誓ハモトヨリモ
蓬戸シユテキノタカラナリ
6 一 学スル処ノキヤウクワンモ　　トコロ　経巻
如来ノ告命ハフカウセリ
月日ノフタツノコトクニテ
マス〳〵弘誓ソアヲカル、　　ヲ
7 一 四十八願子ンコロニ　　この和讃なし
法想三論天台ノ
三師ヲヲシヘタテマツリ
ツキニ浄土イラシムル
8 一 花厳ノ慶雅法橋モ　　この和讃なし
諸圣ノミツイヲキ、タマヒ
スイキカンタンシタマヒテ
ニシノ状ヲソタテマツル
9 一 弘仁九年ノ春コウニ　　この和讃なし
天下ニヱヤミノアリシ時
伝教大師ハ入唐シ

三字ノ名字ワタサレキ

10 一 空師キヤヘイノアリシトキ　　この和讃なし
禅定殿下ハカナシミテ
聖学諸法ヲシタマヘハ
師弟ノキヤヘイハヤミニケリ

11 一 クンコノ諸悩ヲコランニ　　オ
ミタノ名号称スヘシ　　弥陀
一切諸天明神モ
念仏ノヒトヲマホルナリ　　人　モ

12 一 治承第四ノ六月ニ
イナリノヤシロニ参詣ス
空師ノ念仏得行ハ
和光利物ノセイサナリ

13 一 三字ニ三熱セウメツシ
三悪四趣モヤフレナン
三心発得スルトキソ　　ヲ
三月コノ身ヲテラスナリ

14 一 余法ハチエヲミカキツ、
後仏ノ出世ヲマツトカヤ
光円阿闍梨ハマノアタリ
サクラカ池ニスミ玉フ　　タマ

15 一 イハンヤ具縛黎民ハ　　ノあり
聖道門ヲ修スルトモ
ヒトリモ証ヲヱシトコソ
教主世尊ハトキ玉ヘ　　タマ

16 一 源信和尚モ楞厳ノ
月ノヒカリヲマチカ子テ
三字ノ月ヲミタマヒテ　　見玉
往生極楽シタマヒキ

17 一 天台大師モ最後ニハ
願我臨終ト唱ヘテソ
本仏本土ノ西方ヘ
ユクトチカヒテ終リニキ　　リなし

18 一 カタチハ比丘ノスカタニテ
念仏ヒハウノヒトハミナ　　人
心如畜生ナリケリハ
諸仏ノ加護モアリカタシ

19 一 空師ノルサイセラレシモ　　流罪
愚鈍センチノタメソカシ
上古ヲカンカヘ信スレハ
ユクスヱカナラスサカウヘシ　　ヘ　フ

20 一 建暦カノトノヒツシ

四月中旬七日ニ
勅面宣下ヲタマハリテ
上人入落シタマヒキ

21 一 ムカシ霊山浄土ニテ
ヲナシク法花ヲキ、シユヘ
声聞僧ニマシハリテ
頭陀ヲ行シテ化度セシム

22 一 御弟子達ヲアツメツ、
空師ハツケノタマハク
我ニウメツノソノ、チモ
高声念仏ス、ムヘシ

23 一 建暦第二壬申歳
正月廿五日ノ
午ノナカハニヲヨヒテソ
沙罗ノクモニイリ玉フ

24 一 道俗男女参集シ
悲泣哀悩セシコトハ
ムカシ霊山釈迦如来
入夭カトアハレナリ

25 一 願共諸衆生
・・・・・

免
洛
オ　華
タチ
テあり
二十
オ
タマ
灵
涅槃
往生安楽国

・・・・・
値遇大勢至
・・・・・・・
上宮太子奉讃上

1 一 稽首大悲観世音
随類応現児太子
降伏邪見興正法
刹利抜滅難思議

2 一 誕生シ玉フミキリニハ
光明西ヨリキタリイル
玉ノスカタイツクシク
身ヨリタヱナル香ソニヲウ

3 一 ハシメテフタツニナリシカハ
メノトノヲシヘニヨラスシテ
東ニムキテ手ヲアハセ
南无仏トソトナヘシム

4 一 馬銅ノ童子ニアヒマシリ
カタチヲヤツシテイマセシム
百済国ノ賢聖僧
座ヲオリ庭ニヒサマツク

5 一 救世観音大井

願共諸衆生
已上源空奉賛下終とあり
タマ
オ　フ
オ
菩薩

伝灯東方粟散王
恭敬礼拝スルトキソ
皆人驚キサトリケル
6 一 中ニモ日本国ノウチ
仏法ツタワラサリケレハ
法水アマ子クソ、カント
止宮門ニソイテ玉フ
7 一 仏法サカウル臣アリキ
ソノナハ守屋ノ大連シ
仏事ニサハリヲナスコトハ
提婆達多ニコトナラス
8 一 仏像聖巻堂塔ヲ
ヤキハテハライナカシテソ
邪見イヨ〳〵サカリニテ
太子トトモニタ、カヒキ
9 一 太子ノ定恵ノ弓矢ニハ
守屋ノ誓願ムナシクテ
ツヰニハ太子ニイラレテソ
ヲチテカウヘヲキラレニキ
10 一 カタキニカタントチカヒテシ
シルシタテタル天王寺

国
ハ
ス
タマ
、
名 ハなし
経
ス ヰ
弘
オ

吾朝仏法最初ニテ
王法仏法加護ス
11 一 推古天皇ノ御前ニテ
勝鬘大乗講セシニ
硯学明徳問ヲアケ
甚深奥義クモリナシ
12 一 講聖ヲハリテユウヘニハ
天花ソノ地ニフリクタリ
帝王イヨ〳〵信ヲマス
大臣公卿タツトミキ
13 一 法花ノ文字ヲタ、サント
妹子（イモコ）ノ臣ヲツカヒニテ
大唐衡山般若寺ニ
ムカシノ持聖トリニヤル
14 一 イモコノワタセル聖巻ハ
ワカニハアラストノタマヒテ
ユメトノ、トヲトチタマヒ
七日七夜ヲトモセス
15 一 八日トイ、シアカツキニ
タマノ机ニ聖イマス
恵慈ニツケテノタマハク

ム
経 オ
華
経
経
オ
ヒ
経
ニなし

此圣ムカシノ所持ナリ

16 一 大底(オホヨソ)入胎ヨリハシメ
示現カクレタマウマテ
ヲ、クノ瑞想現シツ、
遠近見聞随喜セシ

17 一 モトコレ正法明如来
尺迦ニモ慈師ニ本師ナリ
十方如来ノミナノ祖師
タレカハ所化ニアラサリシ

18 一 安養界ニハ補処タリ
妄界ニハ無為ノ主
普賢塵数ノ世界ニハ
和光同塵カキリナシ

19 一 安養浄土ノ東門ノ
西中アタレル地ヲシメテ
チカヒヲ、コシ寺ヲタテ
舎利弗オキテ生ヲ利ス

20 一 日月メクリテ西ニイル
浄土ヲモトムル指南(シルヘ)ナリ
コレラノ因縁キクヒトハ
同一浄土ニムマルヘシ

経
フ
オホ
釈　ニなし　モあり
キ
羪
娑婆　旡
オ
ヲ

---

21 一 皈命頂礼観世音
無縁大悲ノ能化ノ主
一言ホムルヲ縁トシテ
引摂カナラスタレタマヘ

22 一 願共諸衆生
往生安楽国
願共――・・・
値遇観世音

・・・・・・・・・・

下巻

1 一 皈命頂礼聖太子
日本伝灯能化ノ主
如来ノツカヒト世ニイテ、
妙教流通シタマヒキ

2 一 遠ハ西方補処ノ分
近ハ衡山恵思禅師
菩提達摩ス、メニテ
日域済渡ノコ、ロアリ

3 一 豊日(トヨヒ)ノ宮ノ夜ユメニ
金人救世ノ願ヲツク
誕生御ムマノホトリニハ

接
諸衆生
已上 上宮太子奉賛上とあり
同あり

西ヨリ光明カ、ヤケリ
4 一 二才中旬十五日
ニキリシヲン手ヒラキツ、
如来ノ舎利ヲタモチテソ
南无仏トトナヘケル
5 一 生年六才ニナリシトキ
漢土ノ修行シメシツ、
御門ノ前ニ長跪シテ
略教ハシメテトキ玉フ
6 一 ヒシユヒモン諸善解
諸悪莫作ノ善奉行
帝王アヤシメ問シカハ
宿教智ヲソアラハセル
7 一 十六才ノヲントキニ
モリヤノ邪見降伏シ
例地ニ精舎ヲタテタマヒ
戒ヲヒロムルニワトナル
8 一 アルヒハ三昧定ニイリ
ムカシノ持圣トリニヤル
アルヒハ人馬ニ乗シツ、
三日ソラヲフミカケル

オ　守屋　灵　ハ　経

9 一 ソレヨリハシメテ吾朝ニ
仏法僧法皈依スナリ
一天四海コト〳〵ク
宝ノ山ニソイリニケル
10 一 ウシユツ宝冠アラハシテ
勝鬘大乗講セシム
宝花ソラヨリフリクタル
千仏涌化シタマイキ
11 一 造ル寺ハ四十六
得度ノ僧尼千三百
少人ノフルマイハ
心モ語モヲヨハレス
12 一 四十九才ノハルノユメ
賢仁ワリヲ告玉フ
勝陽殿ノミヤノウチ
アハレヲモヨヲスコトヲ、シ
13 一 入矣ノカナシミハ
双樹ノムカシニコトナラス
御ハカシナガノサトニシメ
滅土ノ利益タレ玉フ
14 一 過去七仏宝輪所

宝　華　ヒ　ヰ　オ　歳　ホ　涅槃　テ

大乗相応功徳地
一度参詣離悪趣
決定往生極楽界
15 一 沙罗ノクモニイリシ月
光ヲ長夜ニノコセリ
トミノ少河ノタヱスシテ
ナカレヲクマヌ人ソナキ
16 一 諸仏念衆生
衆生不念仏
父母常念子
子不念父母
17 一 ワレラカコ、ロハ凡夫シヤウ
カスミニカクル、㕘ノイロ
一実相ノカセノマヘ
ハラハヌチリハアラシカシ
18 一 コイ子カハクハ皇太子
善功方便メクラシテ
正法シユイ滅セトキ
片時モ利生ヲワスレサレ
19 一 ワレモ人モモロトモニ
如来ノ唯教護持セシメ

リあり
小
松
シあり
遺

信行解脱成就シテ
太子ノ恩徳報謝セン
20 一 大慈大悲興正法
如化衆生心清浄
自利々他平等
称名至心供養法
21 一 願共諸衆生
往生安楽国
願共諸衆生
値遇観世音
太子奉讃上下巻
六角照護寺之門弟
葝田之住人良観房
応永十四年卯月廿七日書之早
大行寺
大行寺
大行寺
内おすめ

已上太子奉賛下終とあり
堂あり
住人なし　述之あり
于時あり
右之本者以恵山師持本書写竟
于時宝暦十一辛巳六月中旬
恵順

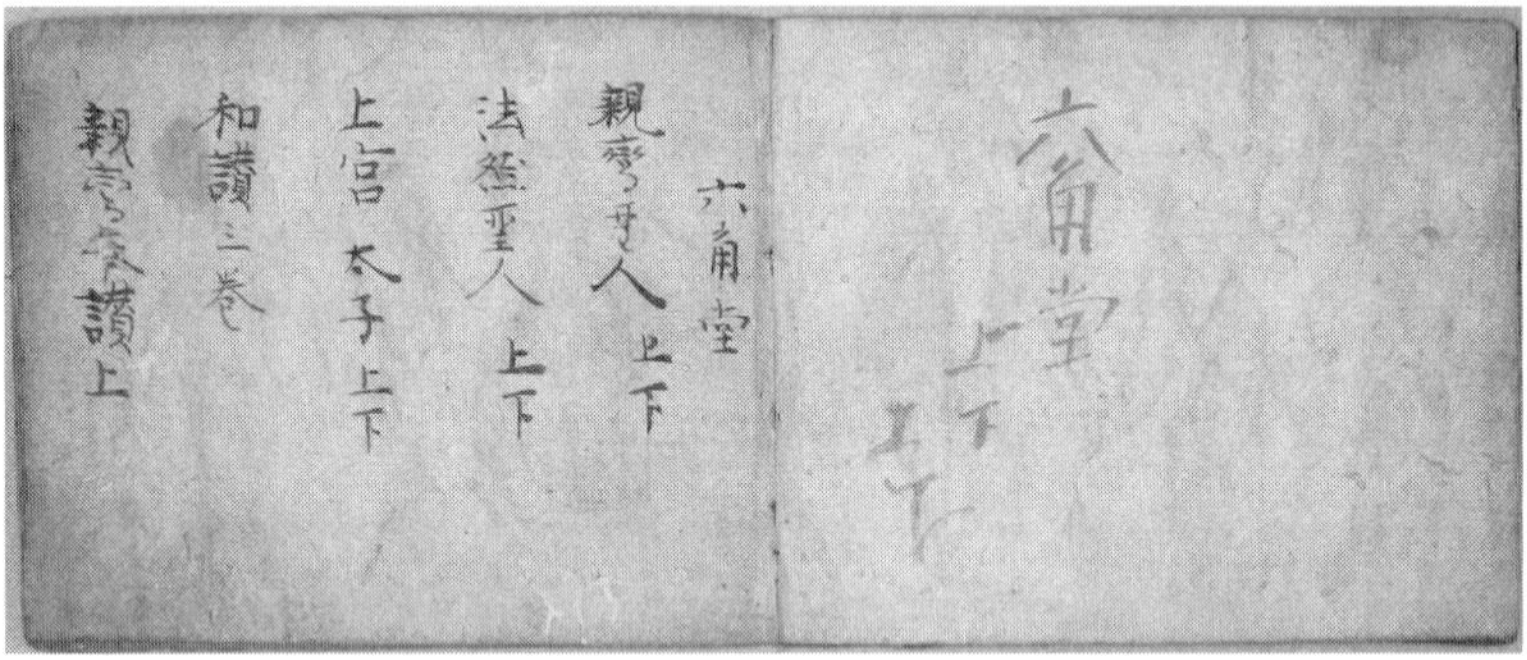

5　4　3　2　1

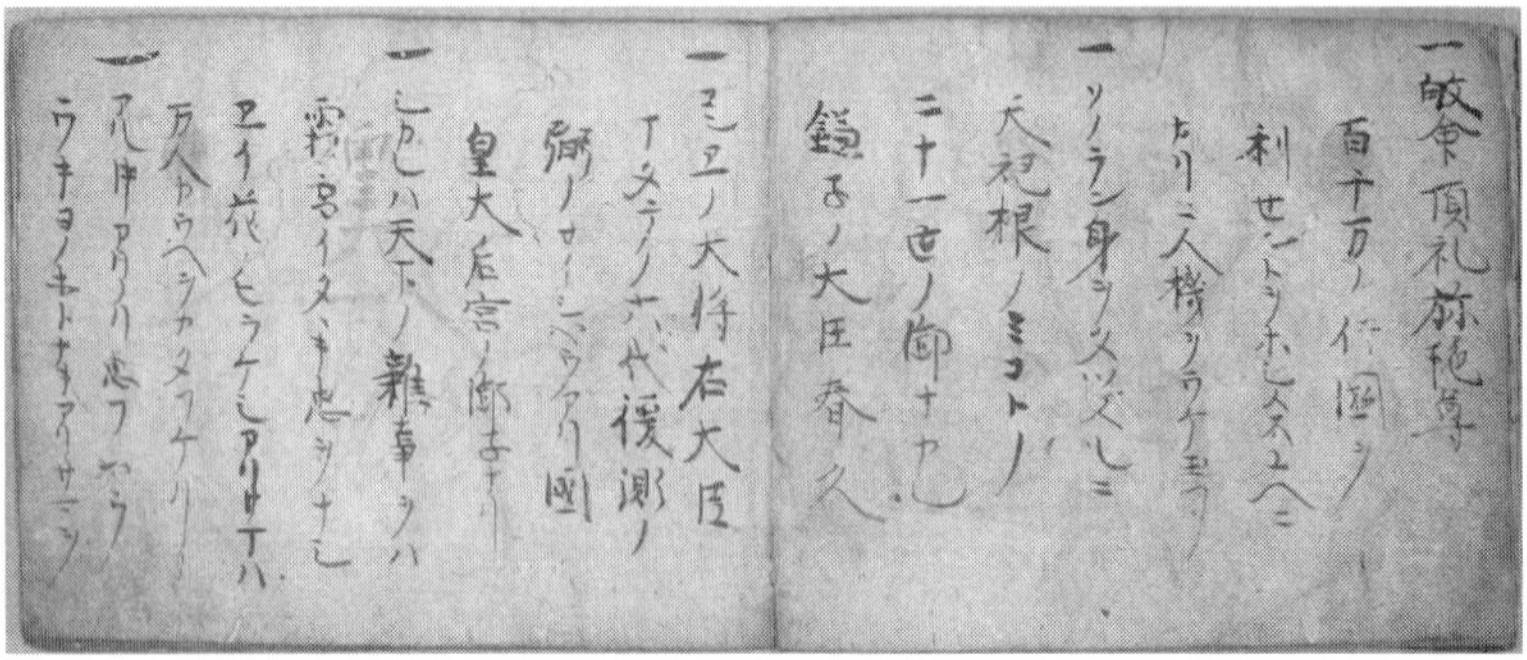

六角堂

六角堂
親鸞聖人 上下
法然聖人 上下
上宮太子 上下
和讃三巻
親鸞聖人讃 上

一敬礼頂礼旅随専
百十万ノ仏国ノ
利世ニトモ示スミヘニ
ちリ二人拷フラヘ五ニ
一ソノランヨツス以シニ
天祝根ノミコトノ
二十一世ノ御ナホシ
錦子ノ大臣春久
一ミヨノ大将右大臣
アスデノ六代後測ノ
御ノサーンヨリナリ図
皇大尼宮ノ御古ニ
一ソノ八天下ノ親車ノハ
霧宮イスモヒラタキニ
ユリ花モラテノアリトテ
万人トウヘテハスマゲヘル
一スイ申アリソ忍フカウ
ウキヨクキオトナレカーリ

10　9　8　7　6

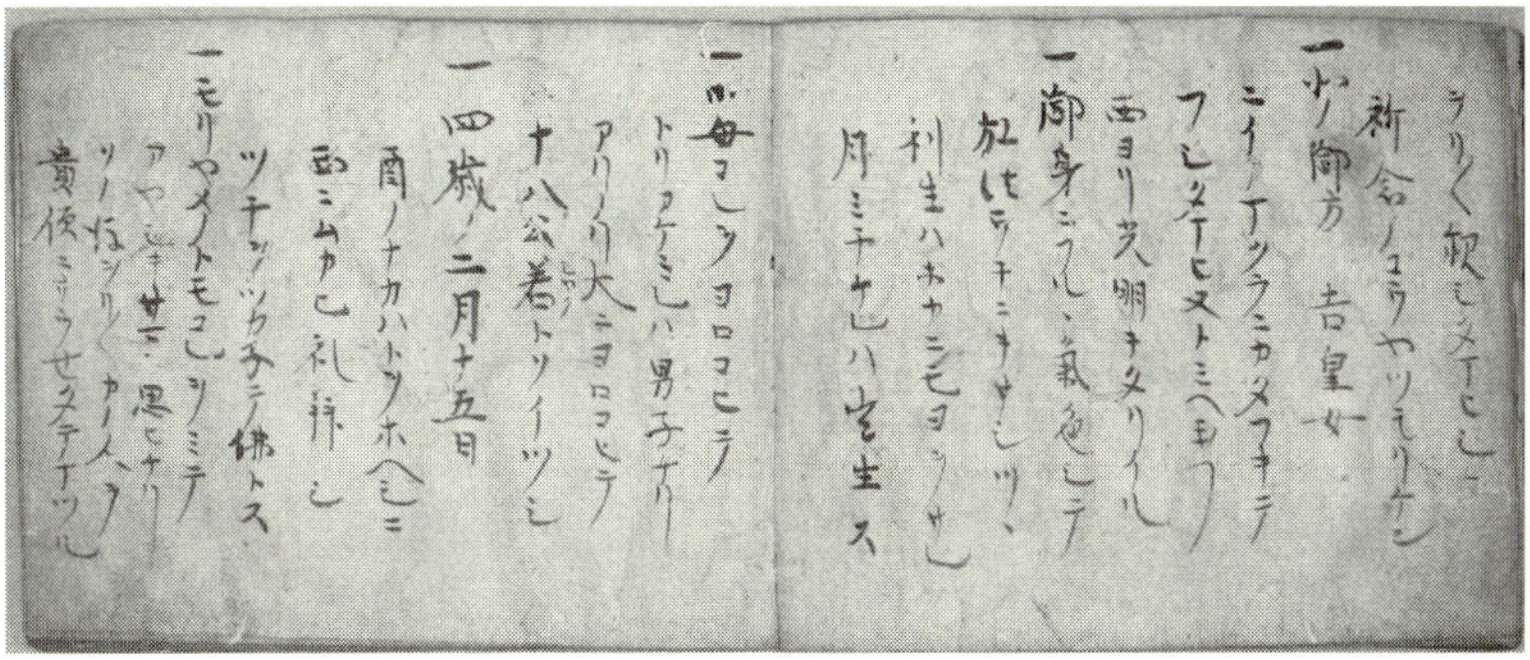

16　15　14　13　12　11

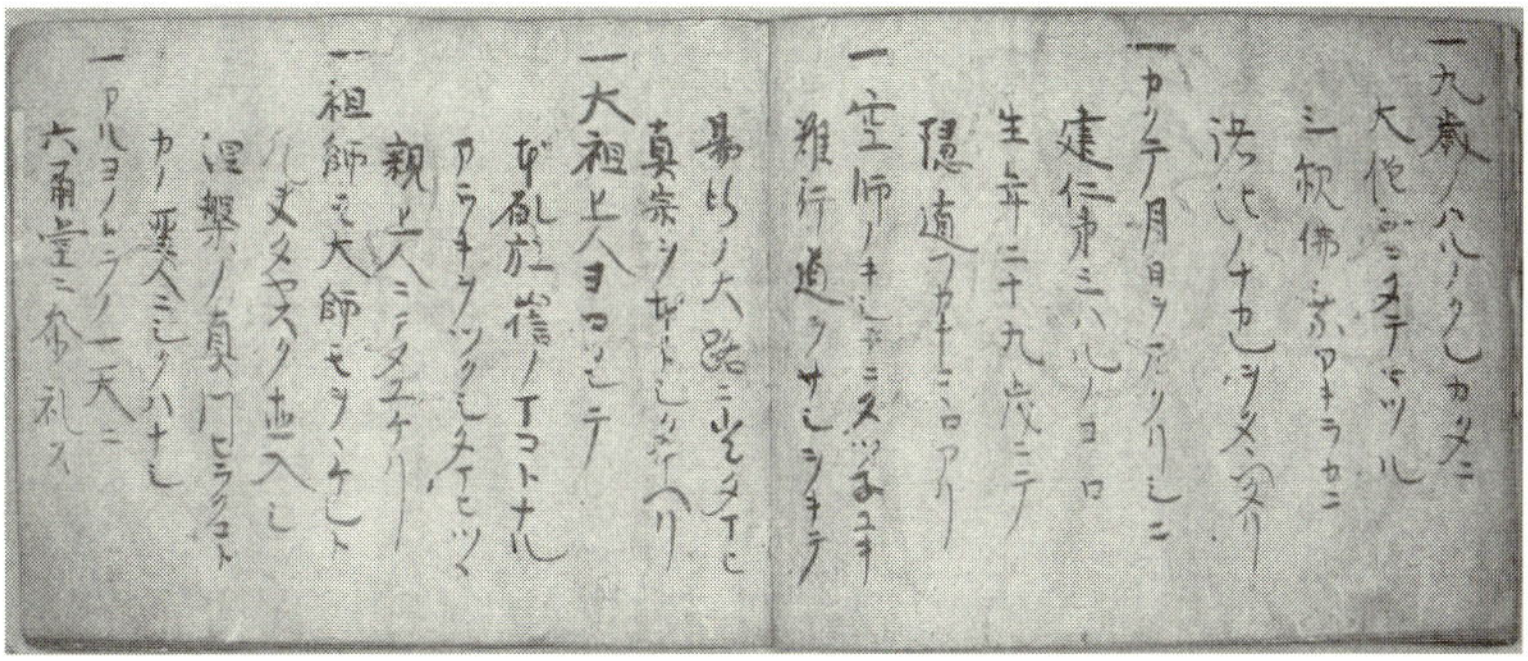

21　20　19　18　17

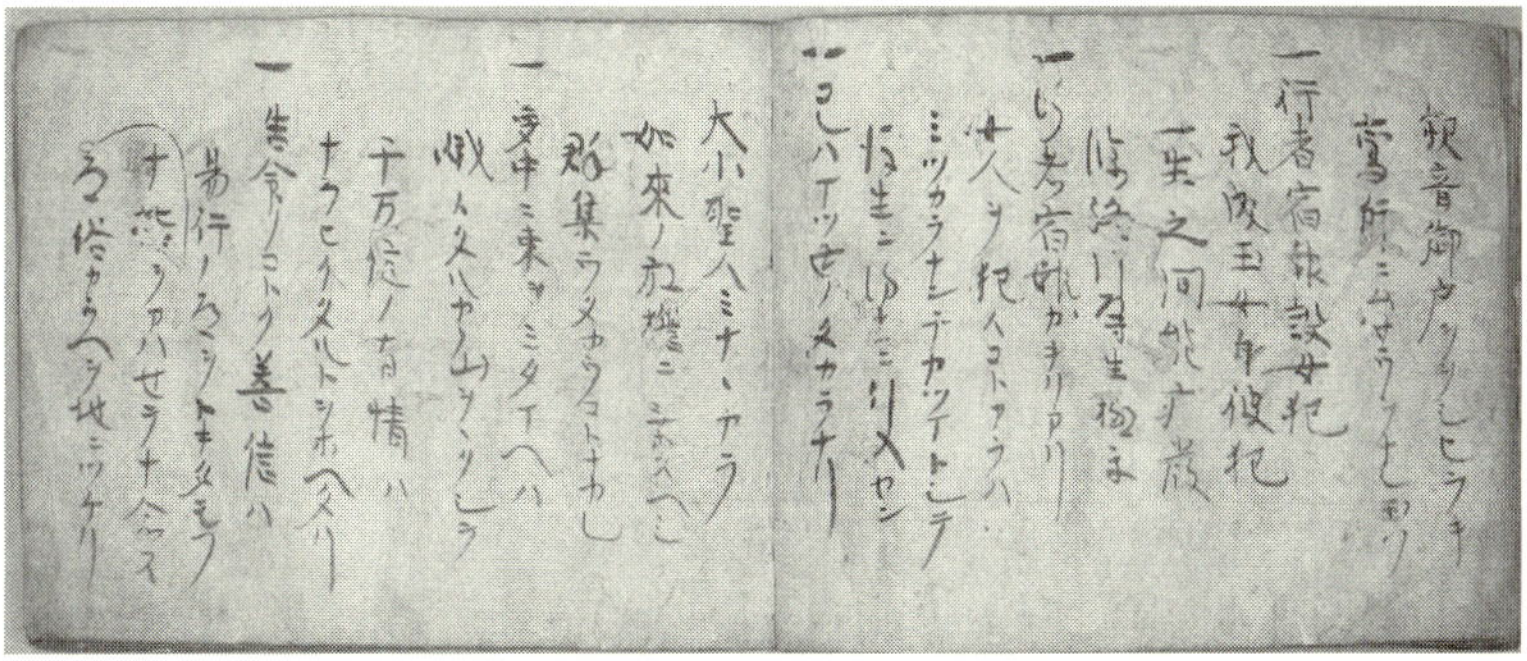

27 26 25 24 23 22

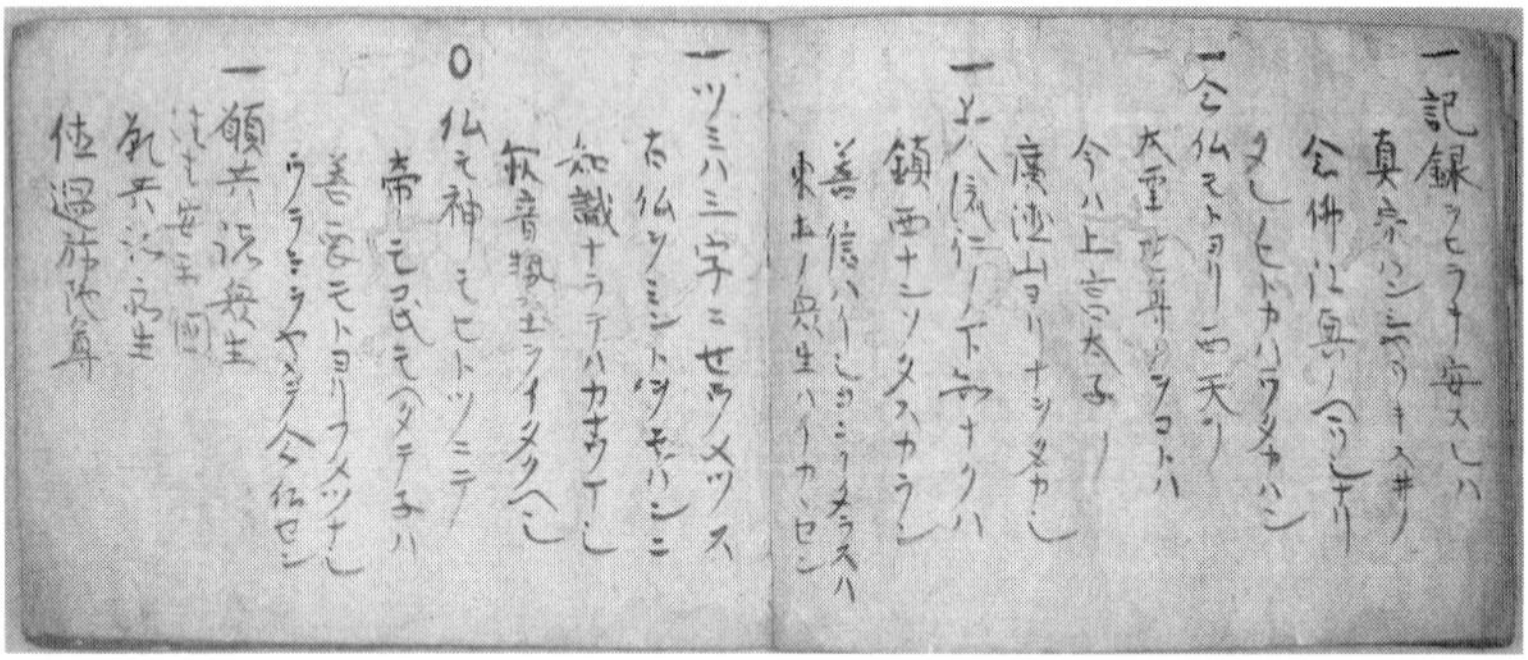

7 6 5 4 3 2 1

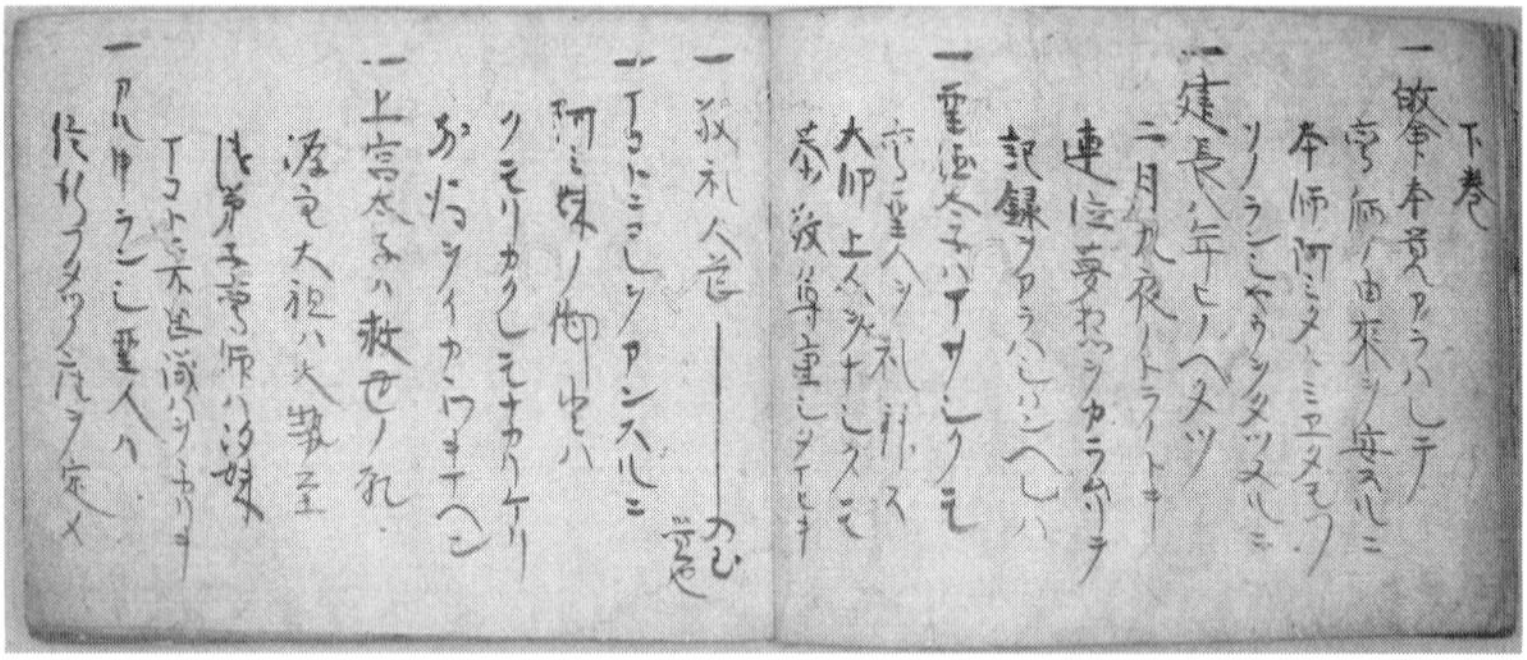

13 12 11 10 9 8

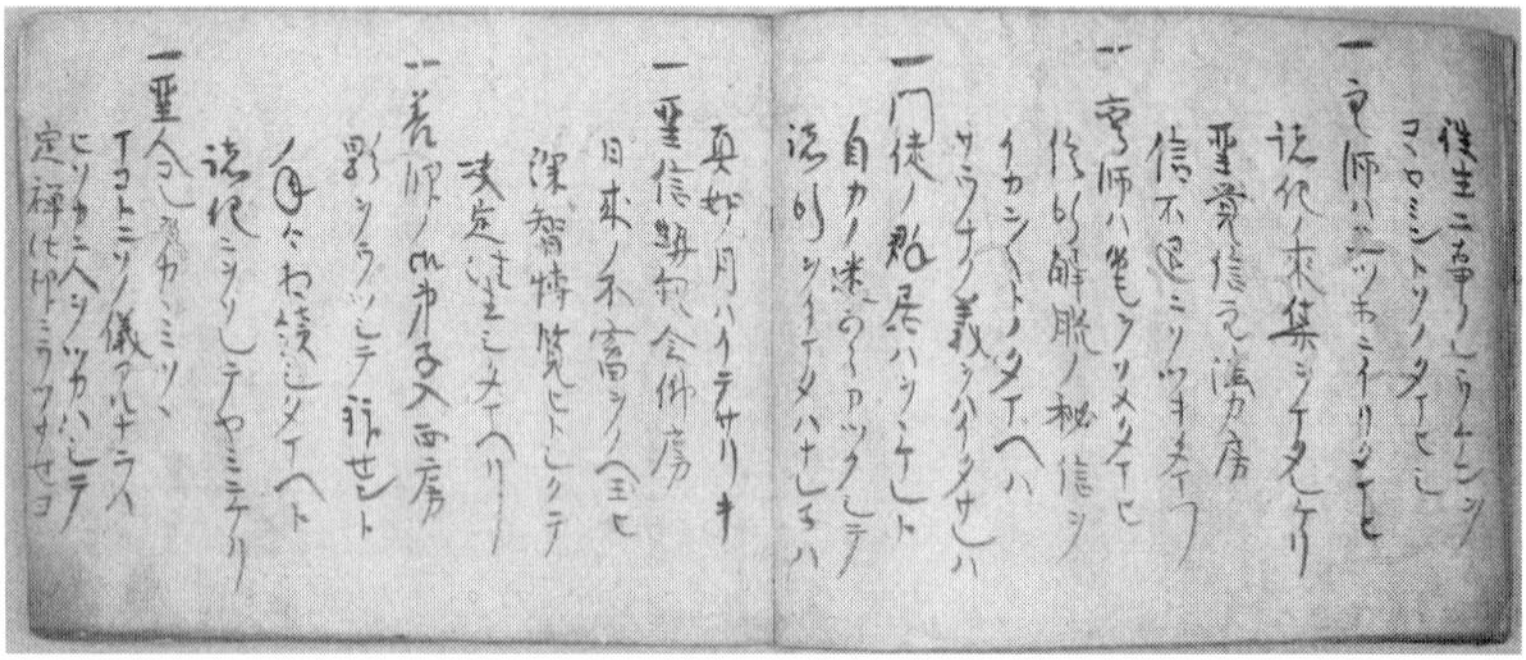

19　18　17　16　15　14

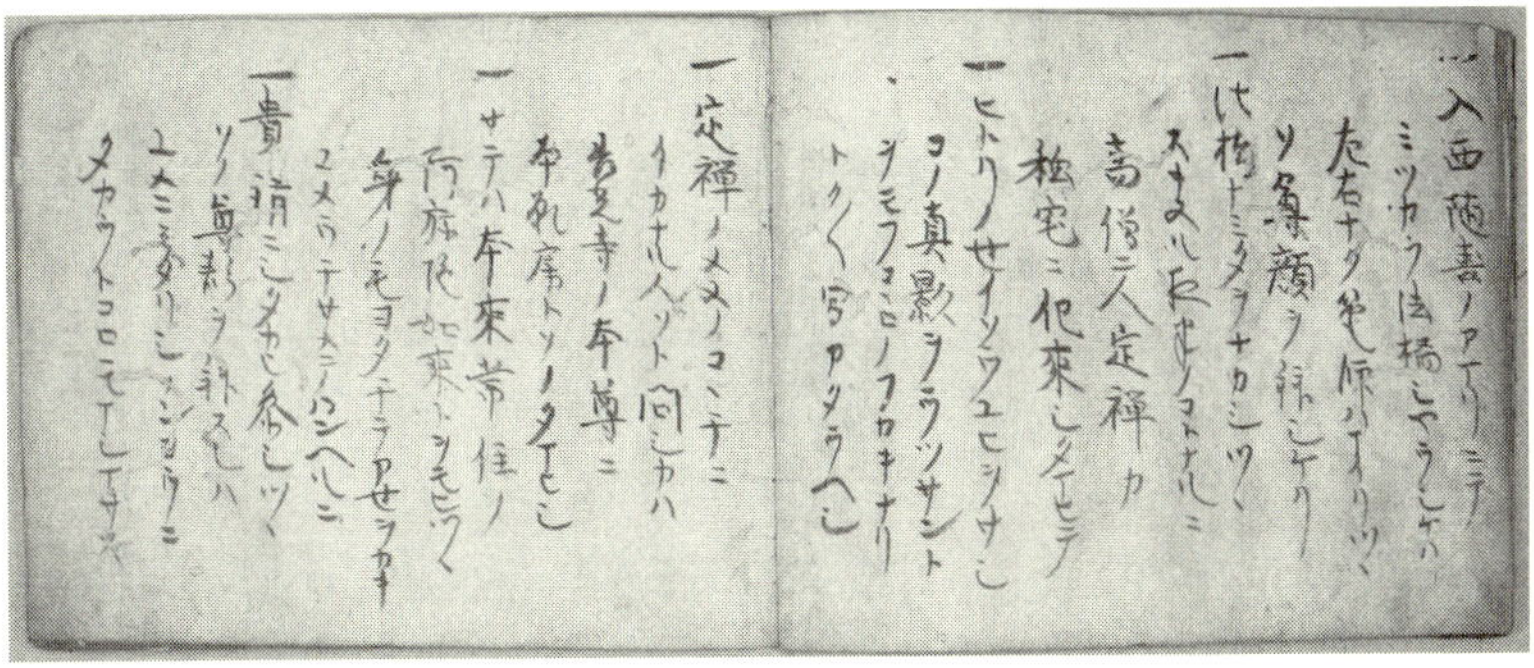

25　24　23　22　21　20

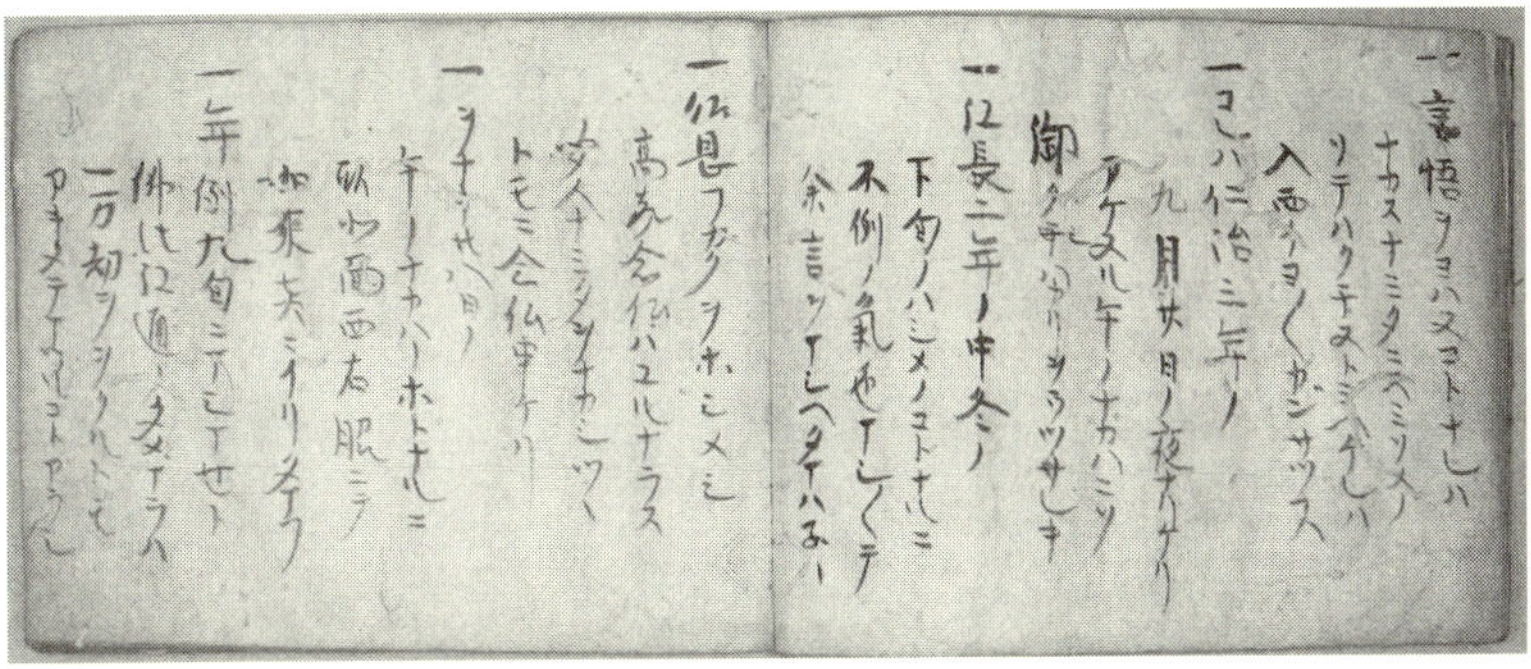

4　3　2　1　27　26

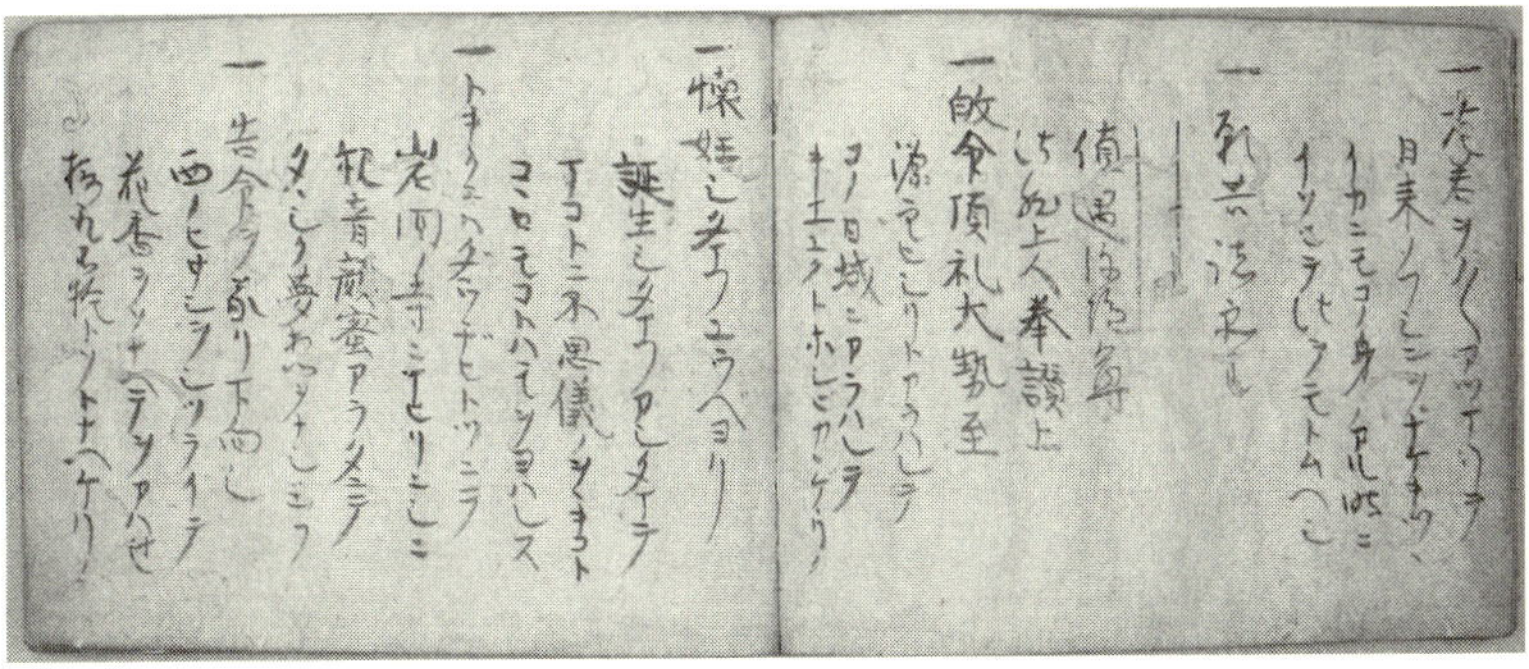

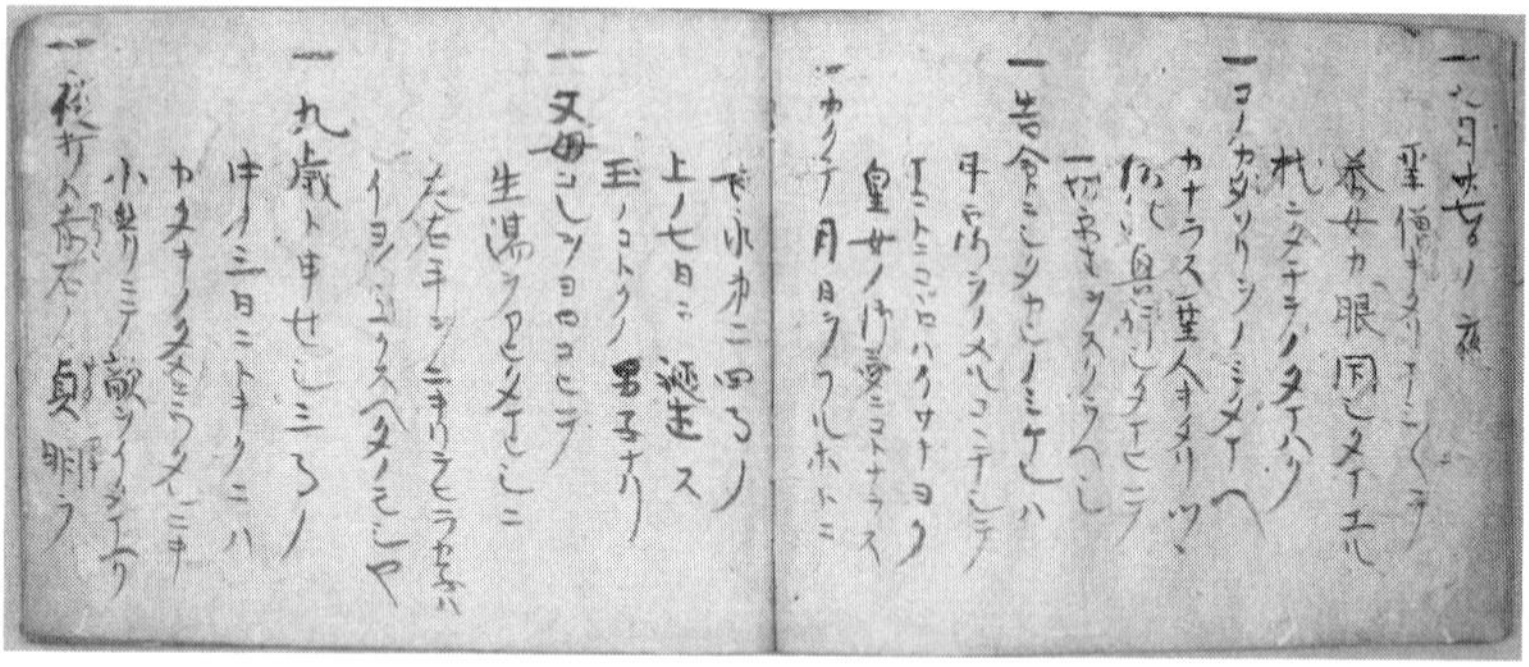

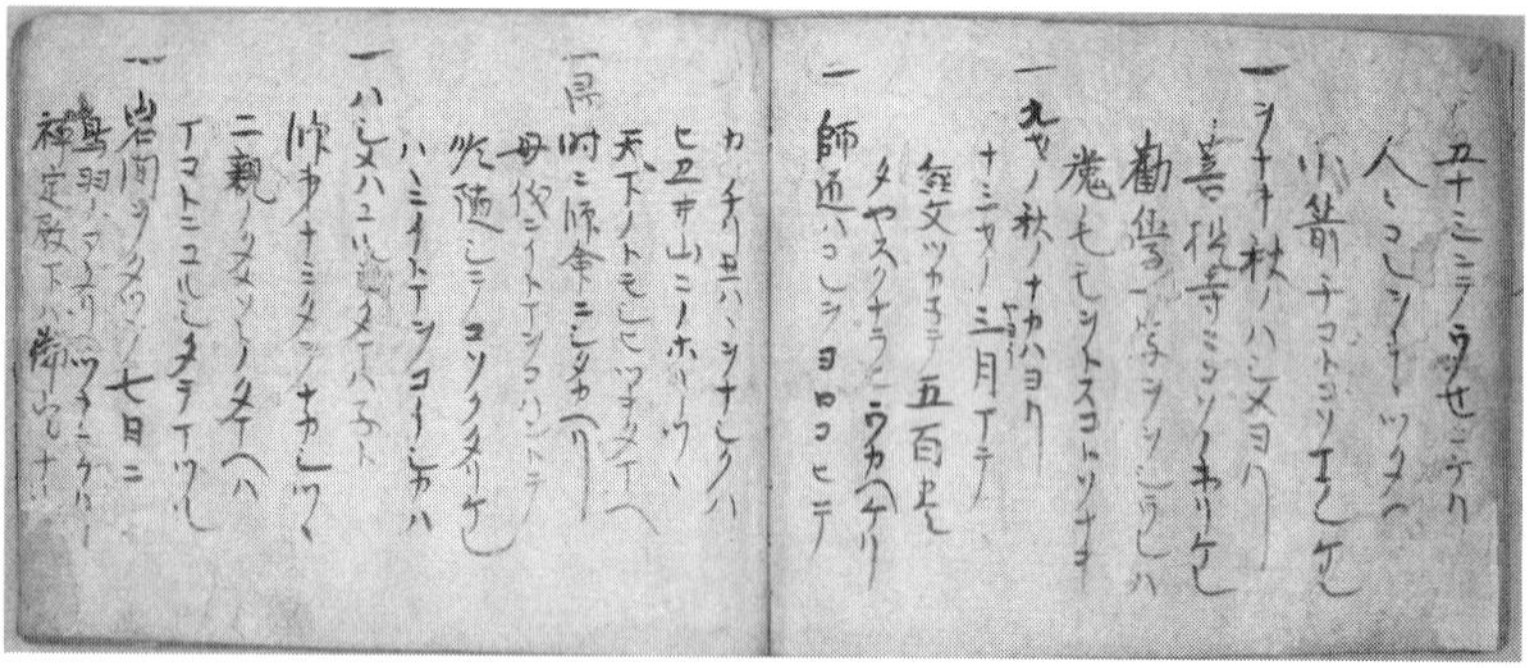

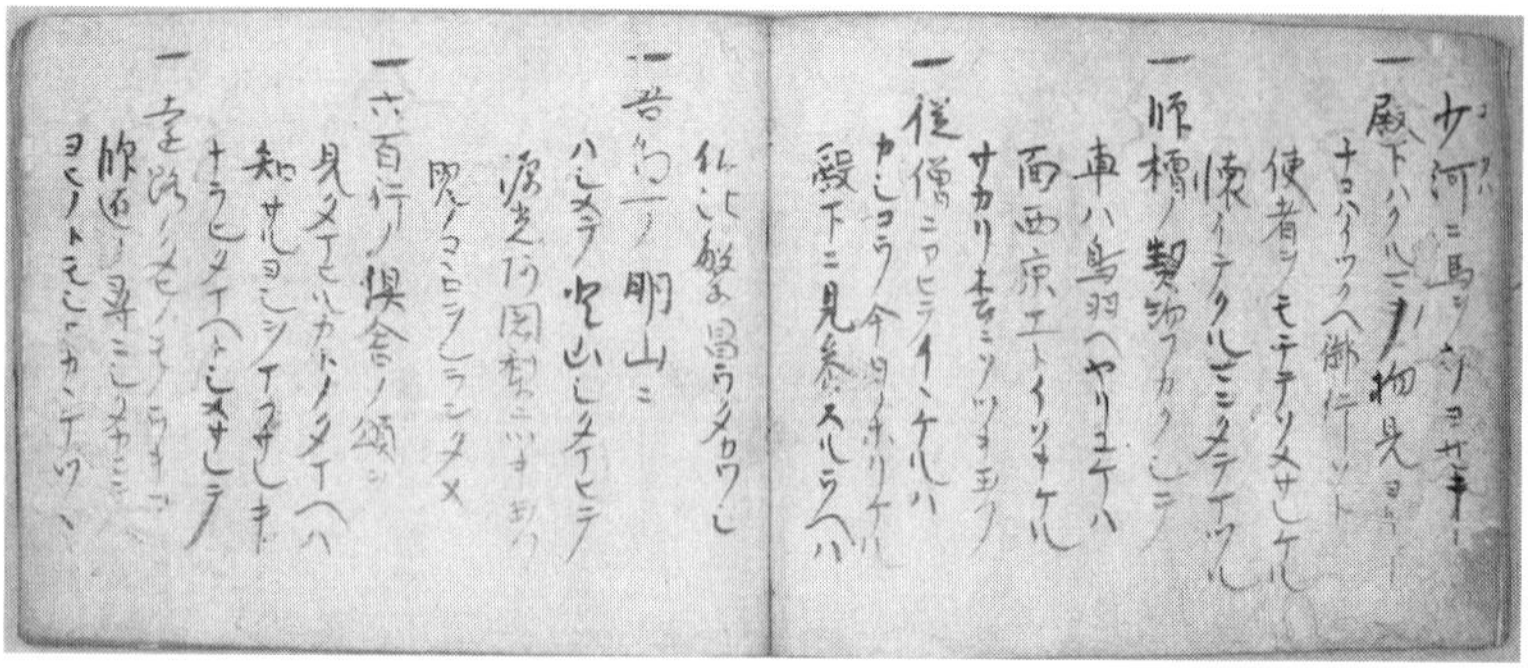

2 1 27 26 25 24

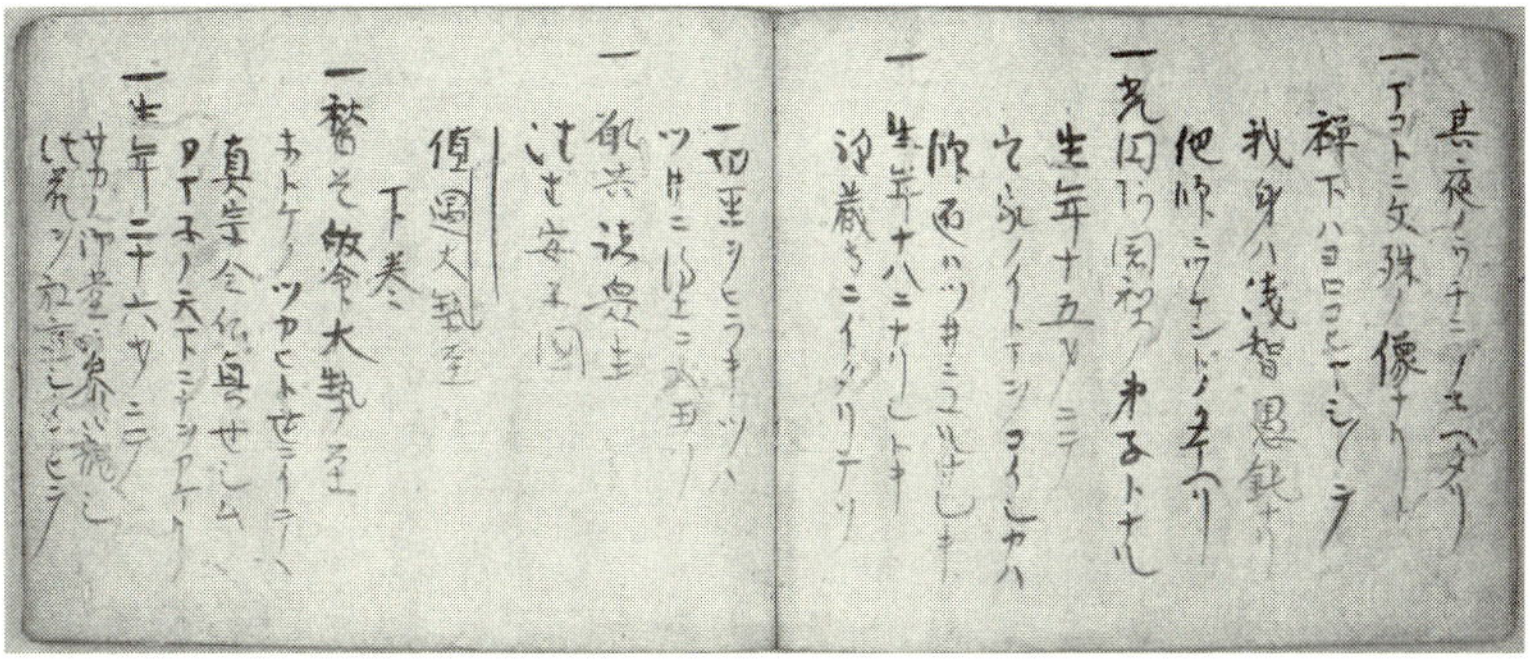

8 7 6 5 4 3

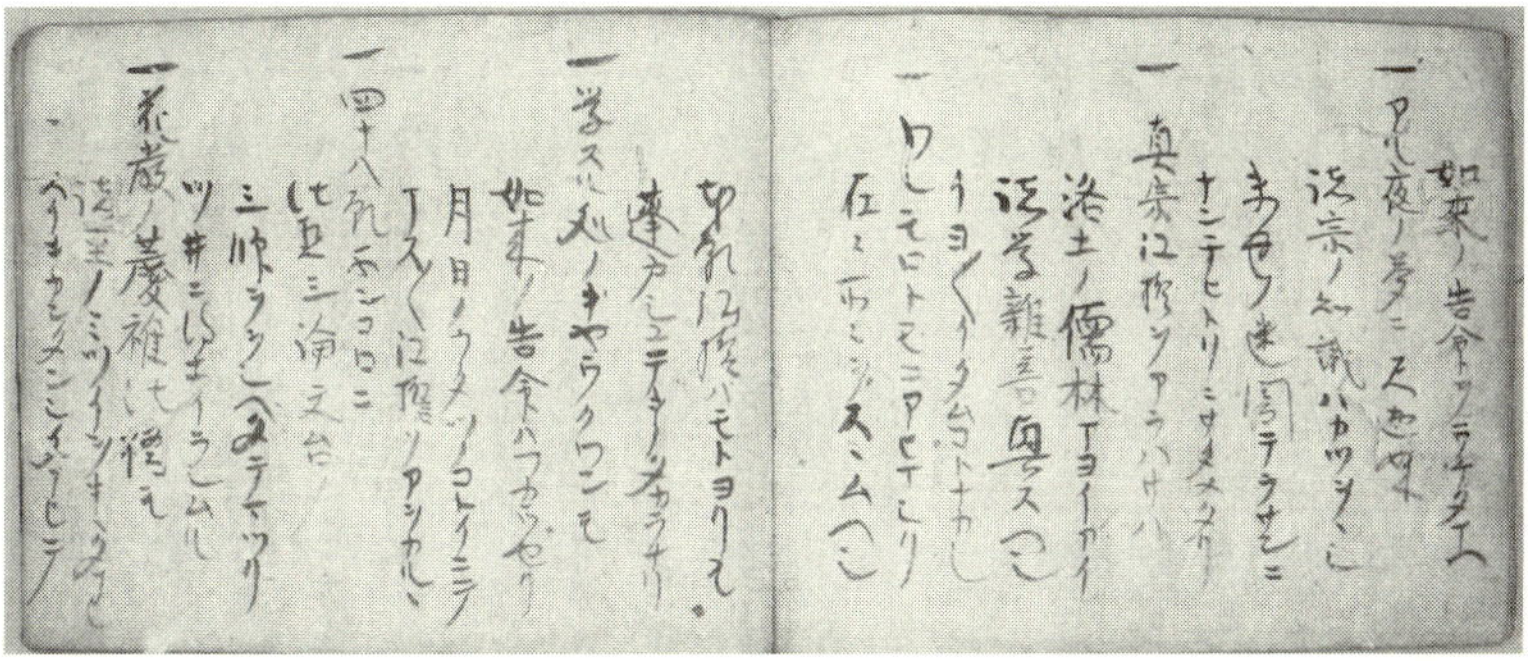

13 12 11 10 9

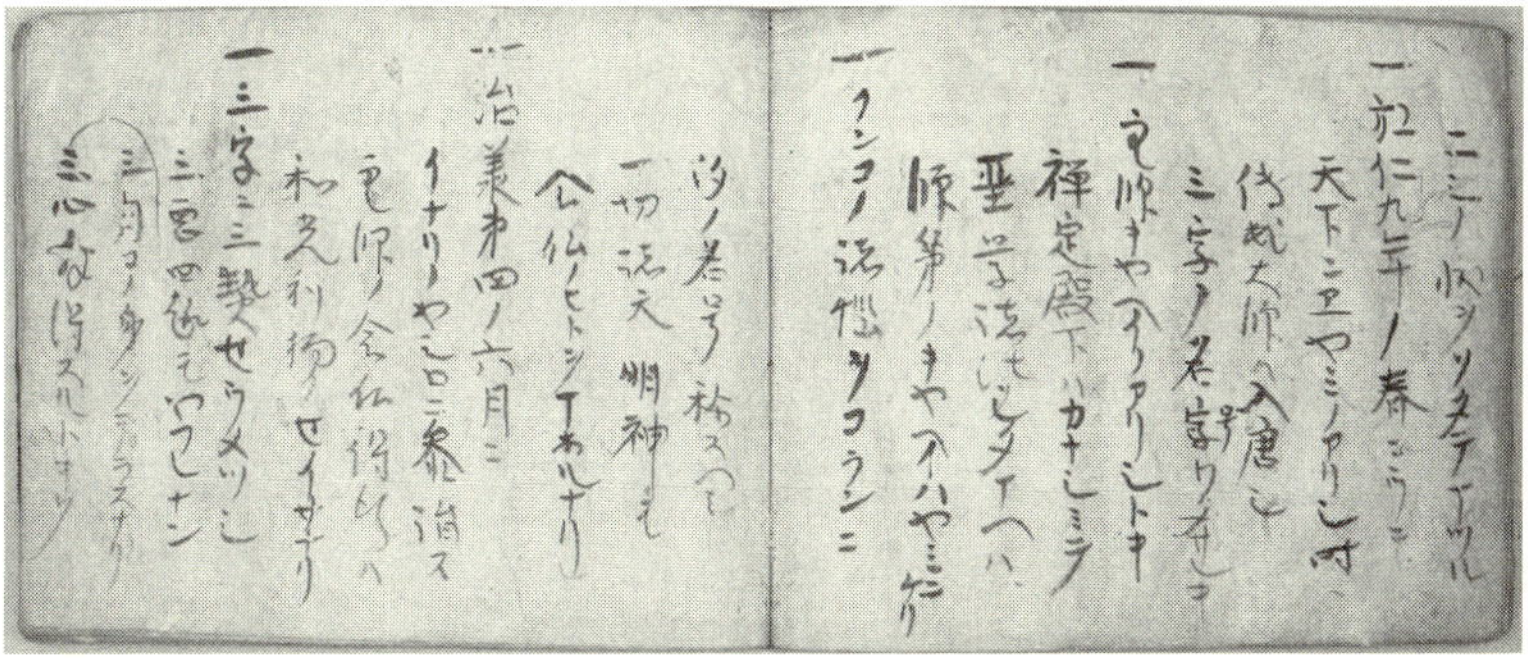

19　18　17　16　15　14

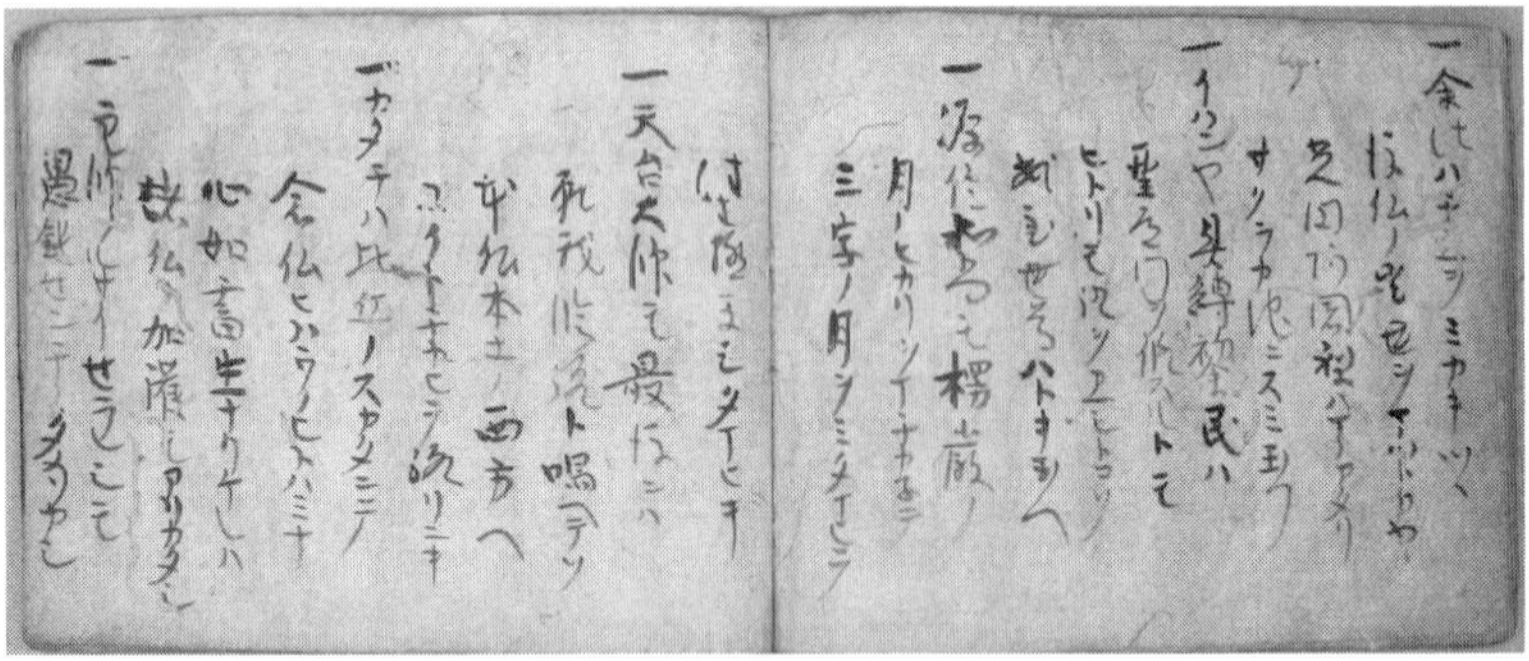

24　23　22　21　20

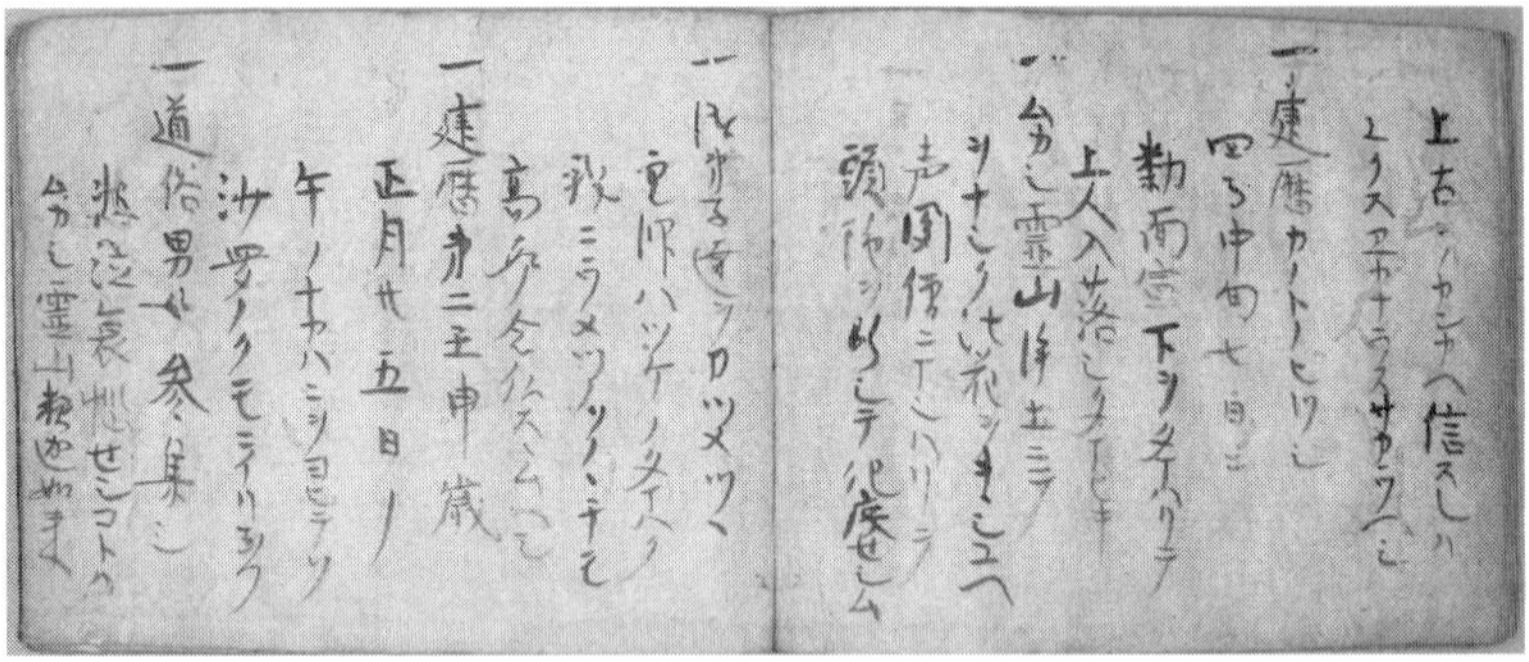

4　3　2　1　25

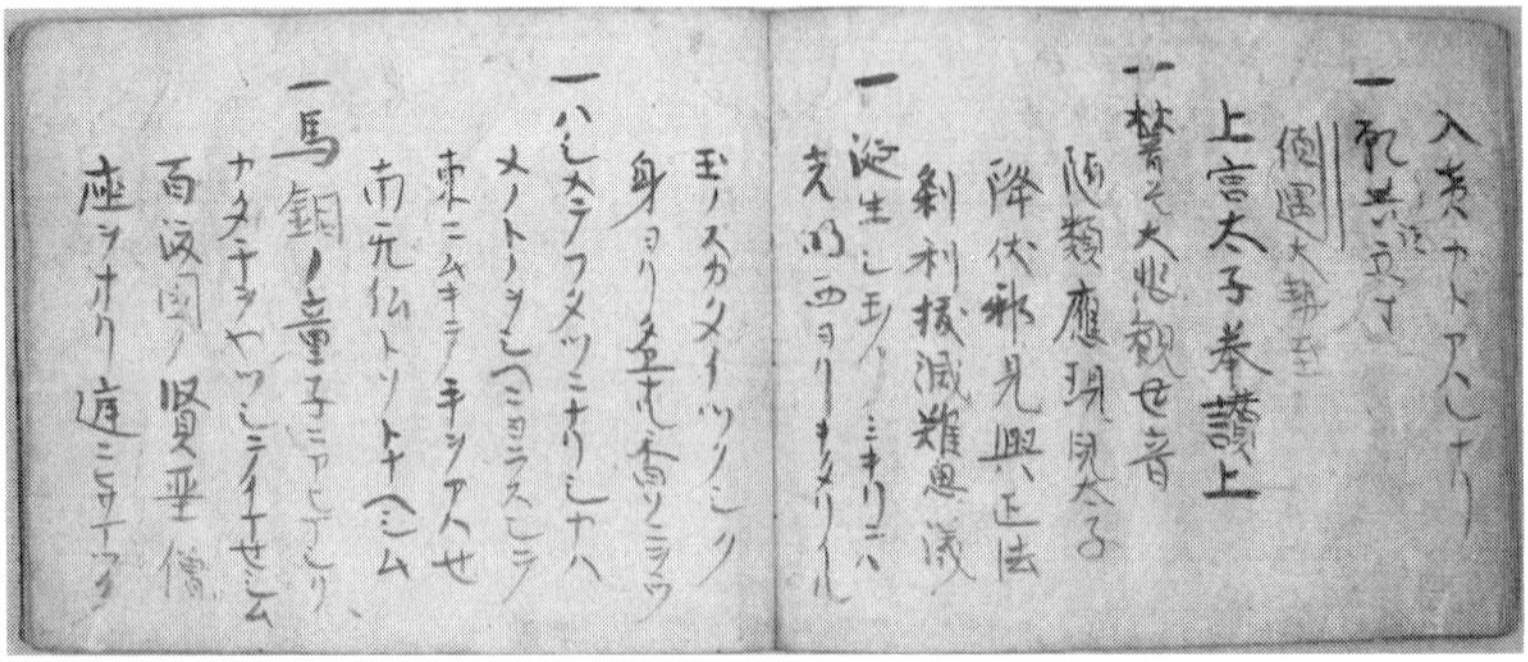

10 9 8 7 6 5

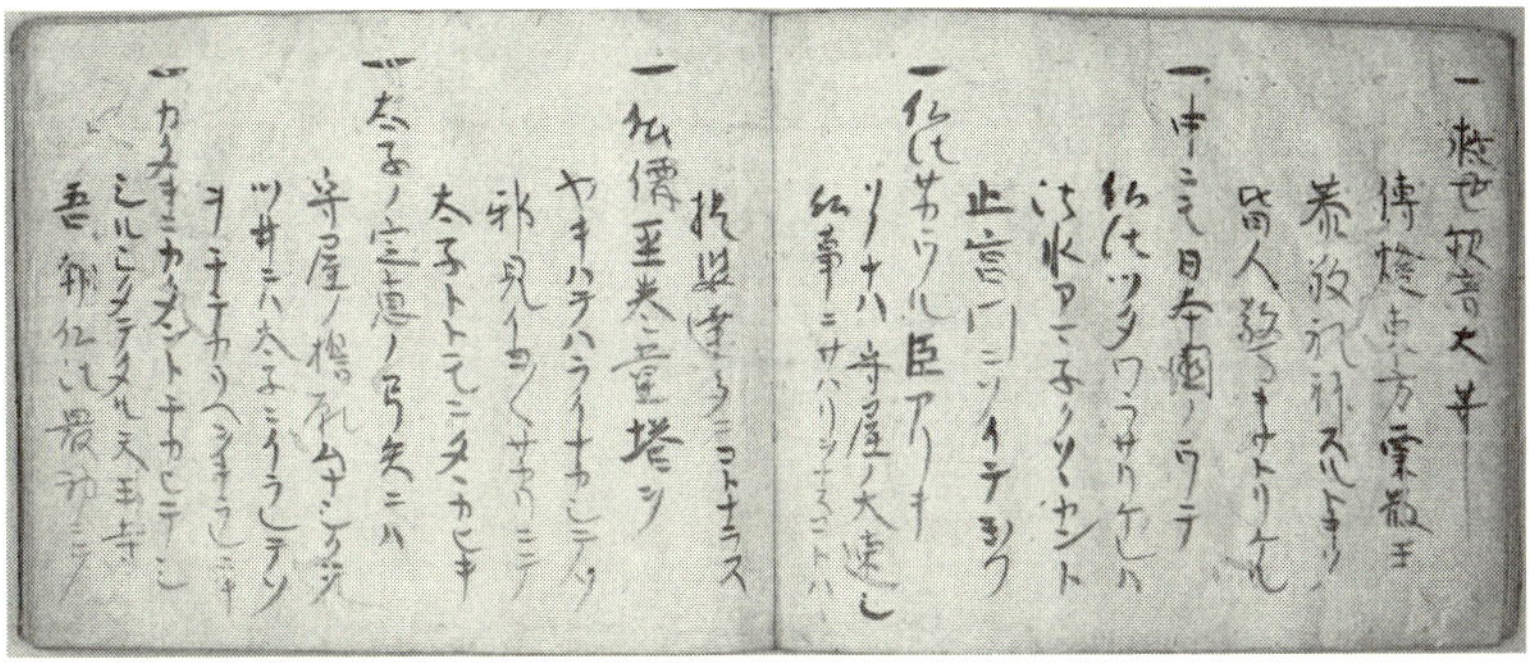

15 14 13 12 11

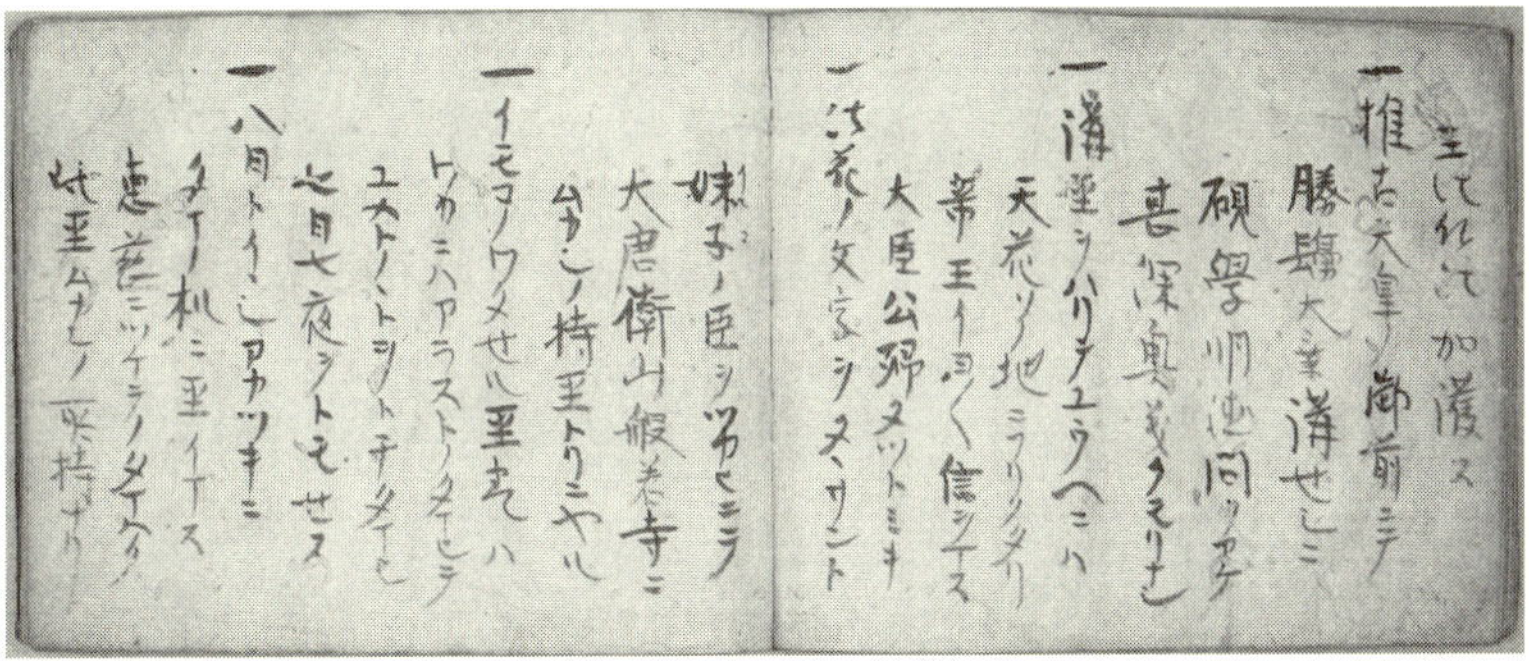

21 20 19 18 17 16

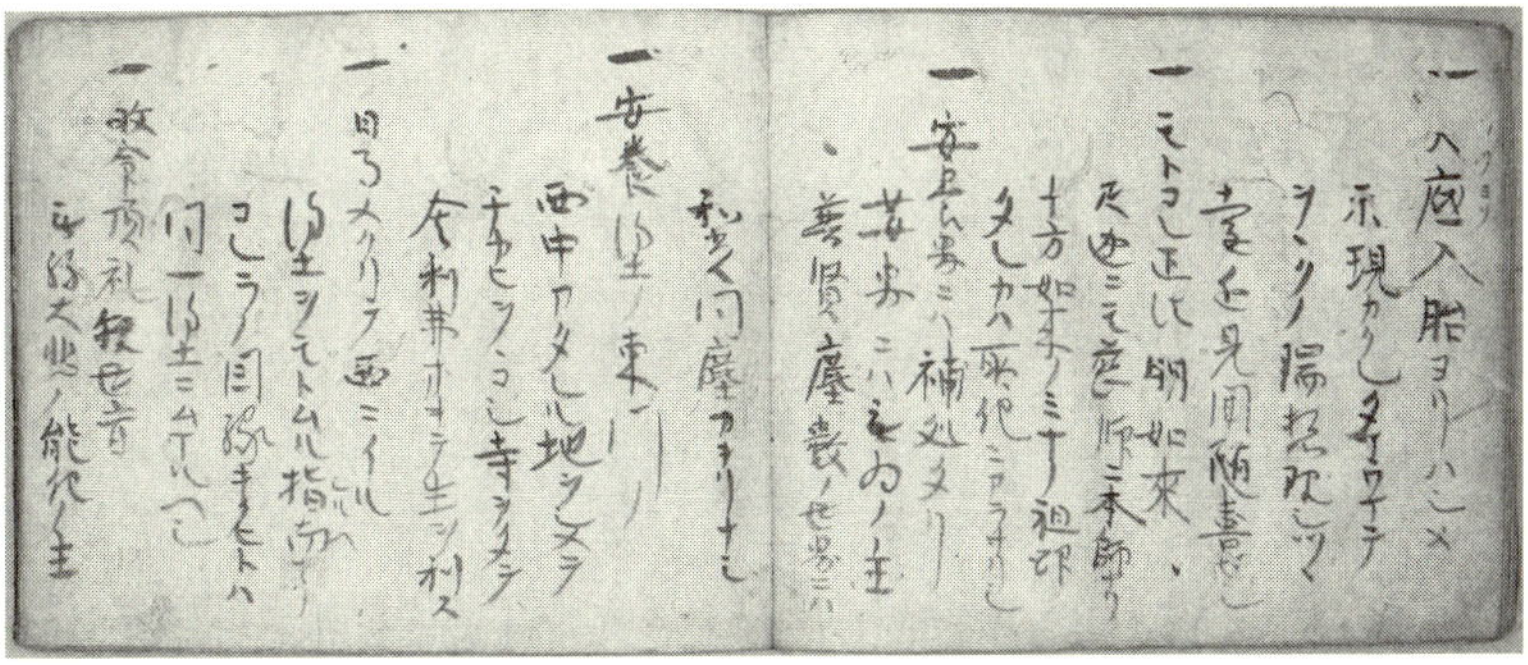

4 3 2 1 22

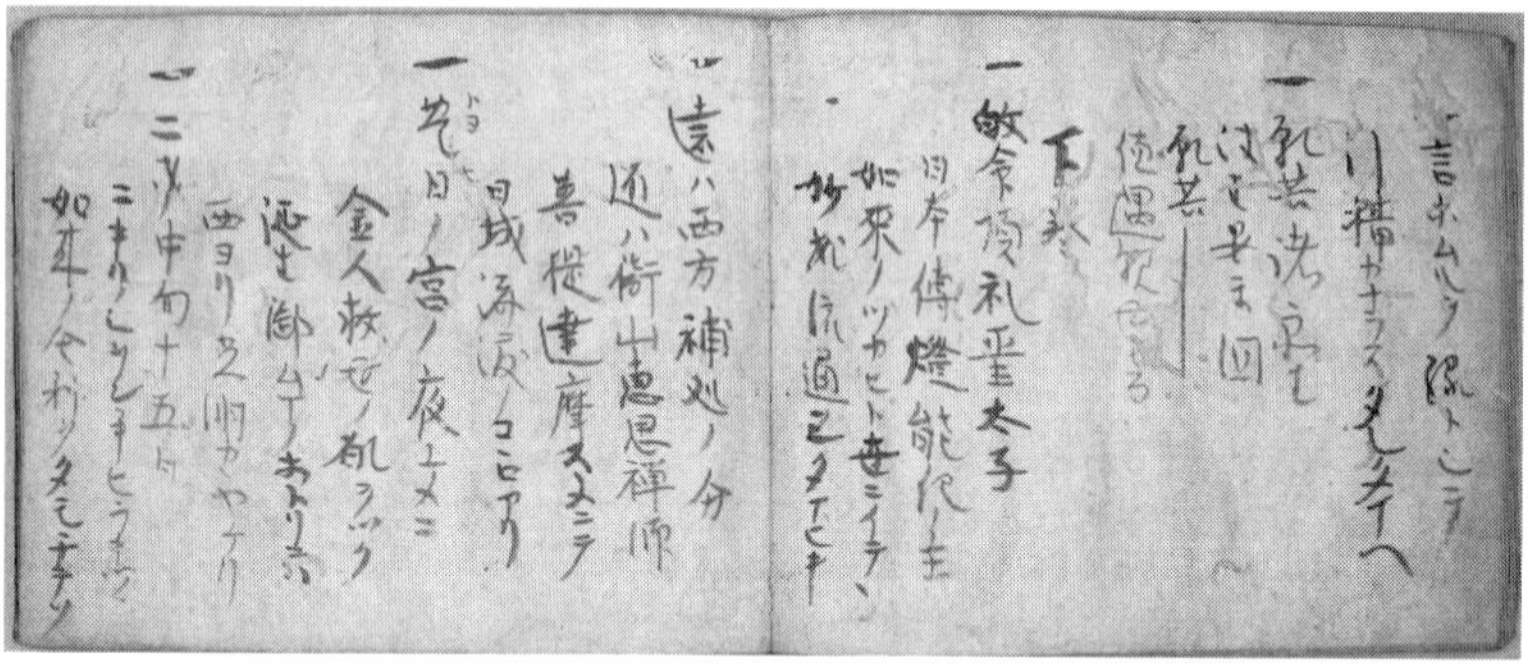

10 9 8 7 6 5

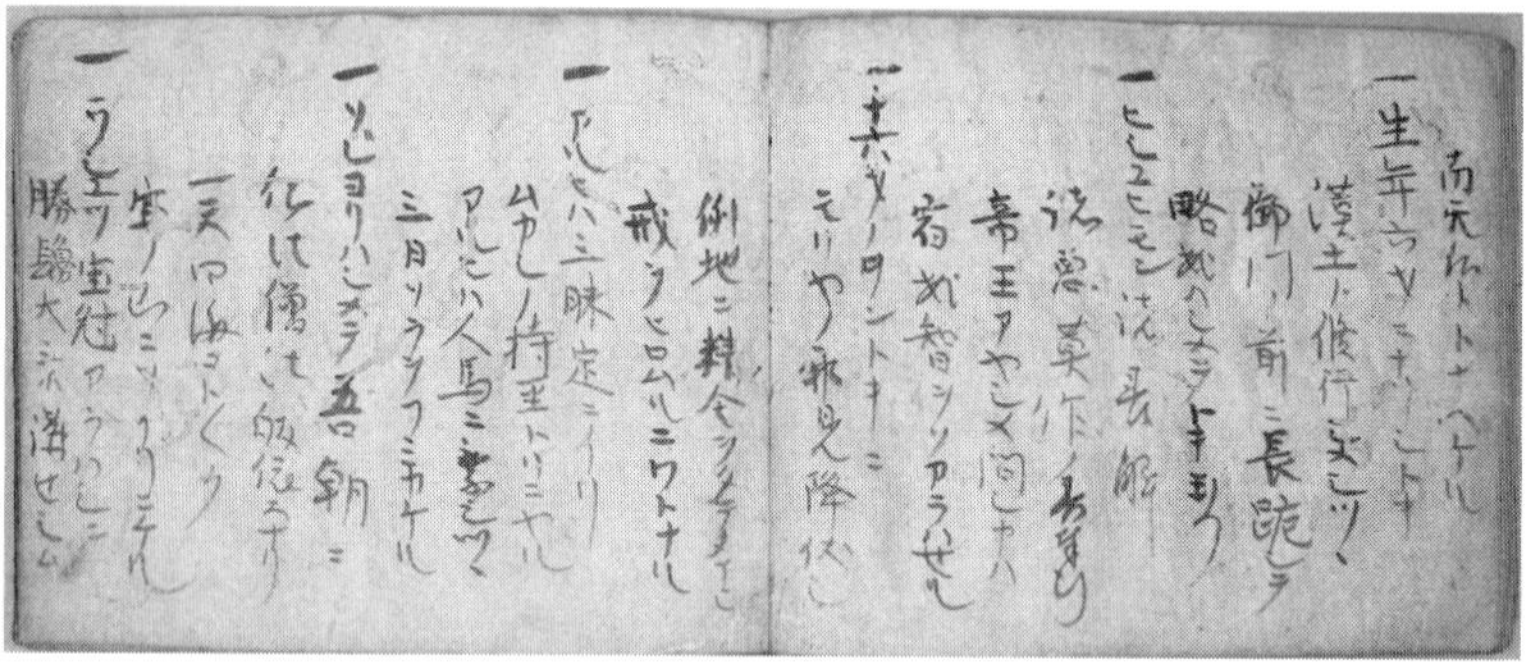

16 15 14 13 12 11

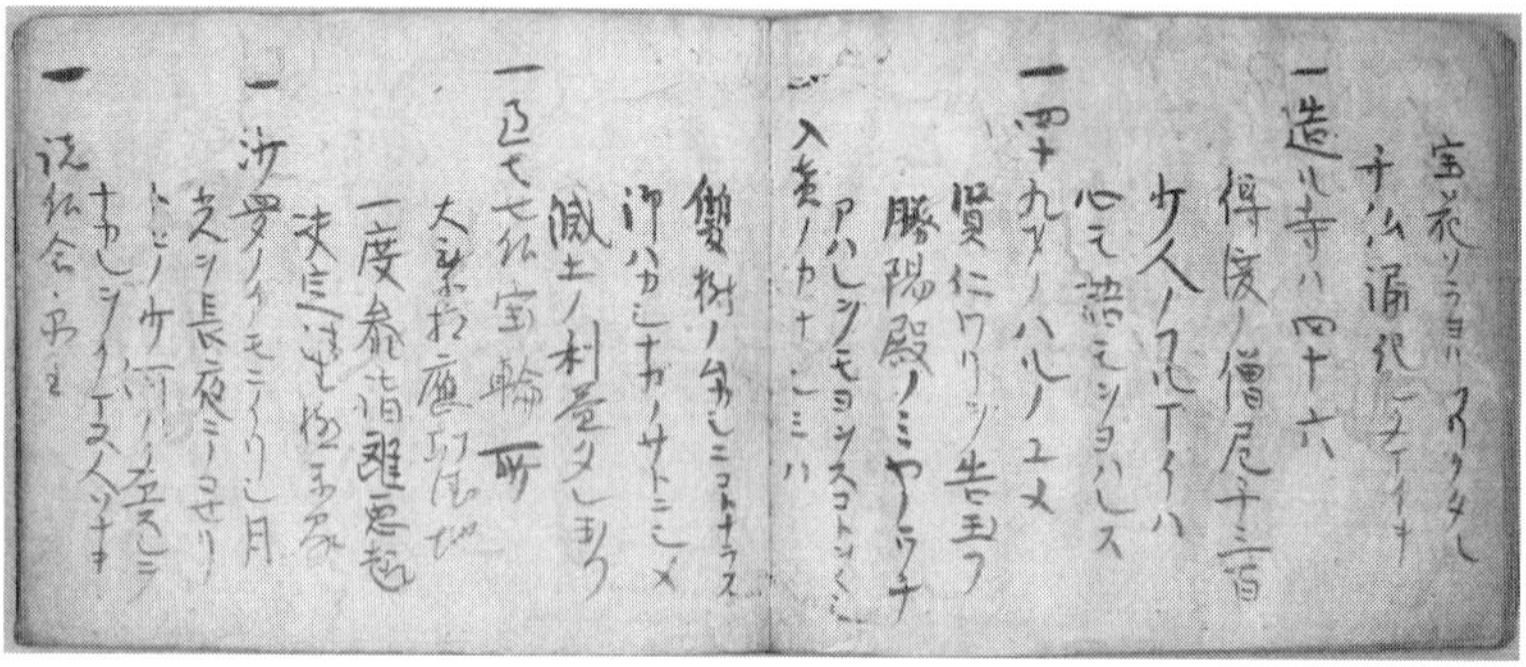

21　　20　　19　　18　　17

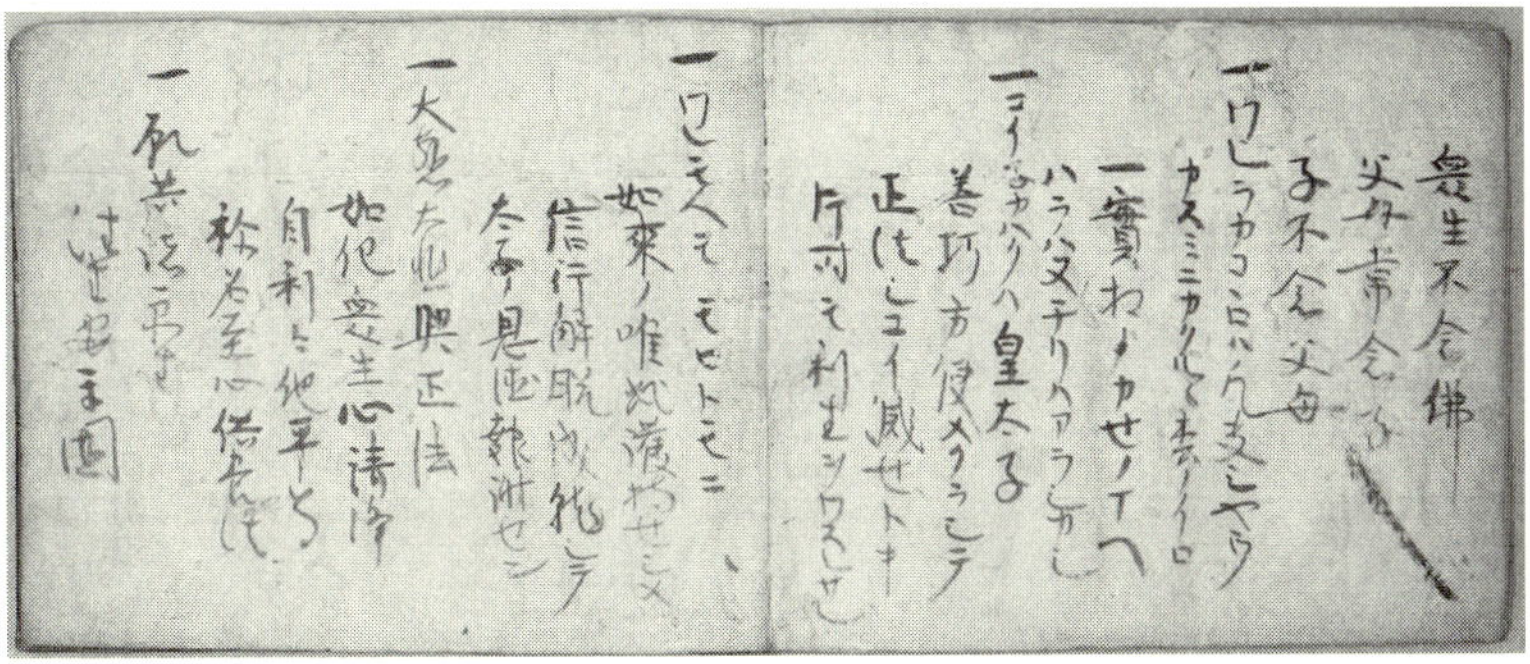

語り継がれた親鸞伝記の一史料

──『良観和讃』をめぐりて──

一　中世親鸞伝記の成立と『良観和讃』

はじめに

親鸞九十年の生涯は、没後三十三年の永仁三年（一二九五）に親鸞の曾孫でのちに本願寺第三代となる覚如宗昭により、はじめて『善信聖人親鸞伝絵』（以下『伝絵』と略記）という上下二巻の伝記絵巻にまとめられた。この『伝絵』は内容面でも構成面でも、またその絵詞や絵相の点からみても、弱冠二十六歳の覚如がなしたとはおもえないほどのすぐれた出来映えであったために、当時まだすくなからず存命していた下野国高田の顕智をはじめとする親鸞直門侶たちからも大変歓迎され、「永仁三歳の冬応鐘中旬の候にや　報恩謝徳のためにとて本願寺聖人の御一期の行状を草案し　二巻の縁起を図画せしめしより以来　門流の輩　遠邦も近郭も崇て賞翫し　若齢も老者も書せて安置す」（『慕帰絵』五―二）[1]、「又同聖人一期ノ行儀ヲ録セラレタル二巻ノ縁起アリ　旨趣ヲ言葉ニシルシ形状ヲ後素ニアラハス　コレマタ門下ニ賞翫シテ処々ニ流布セリ」（『最須敬重絵詞』七―二六）[2]と覚如の伝記絵巻にも特筆大書されるほどのもてはやされぶりであった。それが証拠に覚如存世中につくられた『伝絵』が、現在五本も伝存しているだけではなく、[3]覚如の生前中より『伝絵』の絵詞＝御伝鈔と絵相＝御絵伝とに分離されて、[4]前者を音吐朗朗と拝読しつつ、後者を巧みな語りで絵解きすることがおこなわれたから、『伝絵』はいよいよもって広く流布し、ついに日本絵巻史上最高の普及率を誇る結果となっているのである。

このようにして『伝絵』は、爾後質量ともにこれを凌駕する親鸞伝記があらわれなかったので、現代にいたるまで親鸞伝記の決定版としての地位を保ちつづけているが、しかし一方で『伝絵』以後も、『伝絵』ほど高度に完備した内容のものではないけれども、たとえば武蔵国荒木源海門徒の手によってなされたと思量される『親鸞聖人御因縁並真仏源海事』やこれをもとに文和三年（一三五四）以前にまでさかのぼりうる可能性がある『親鸞聖人御因縁秘伝鈔』[5]、あるいは覚如の長子存覚光玄が、延文四年（一三五九）に述作し貞治五年（一三六六）に再治浄写した『嘆徳文』といった親鸞伝記類が、南北朝時代に成立していることは、注意しておいてよいであろう。

ところで、京都大谷大学図書館楠丘文庫や愛知本證寺林松院文庫などに蔵せられている親鸞・法然房源空・上宮聖徳太子のそれぞれ伝記を和讃形式で讃詠した三部各上下六巻よりなる『奉賛』（林松院文庫本では『奉讃』）一冊には、次のような奥書があって注目される。[6]

　六角堂照護寺之門弟葝田之良観房述之
　　于時応永十四年卯月廿七日書之早

この本は右にみえる述作者の名をとって『良観和讃』と呼ばれるので、以下ここでもそれを用いると共に、各部も「親鸞讃」「法然讃」「太子讃」と称することにする。

さて、奥書の応永十四年（一四〇七）といえば、南北朝時代が終わって十五年目の第百代後小松天皇の時で、室町幕府第四代足利義持の時代にあたる。浄土真宗では親鸞百五十回忌を四年後に控えた本願寺第六代巧如、専修寺第八代定順のいまだ初期真宗と呼ばれていた時期に相当し、かの真宗中興祖本願寺第八代蓮如や専修寺第十代真慧などの生誕以前となる。そのような頃に六角堂照護寺の門弟で、莇田の住人良観房というまったく無名の一真宗門侶が、これを述作したと明記されているのであるから、誰しも驚きを禁じえないであろう。もしこれが文字通り応永十四年の成立とするならば、その「親鸞讃」は上掲の諸伝につづくまことに注目すべき真宗史料といわなければならない。はたしてその奥書や紀年は信頼できるのであろうか。本論はその辺のところをすこしく考察しようとするものである。

『良観和讃』の概要

『良観和讃』は江戸時代以来東西両派をはじめ高田派や仏光寺派の学匠たちも真宗聖教のひとつとして、ひとしくこれを認めてきたにもかかわらず、書写伝本がきわめて少ないためか、その内容はほとんど知られておらず、[7]忘れ去られたような恰好となっている。よって最初にその概要を見読に便利な楠丘文庫本（図書請求記号番号・宗大一一四八一・後掲図版参照）にもとづき記しておこう。

楠丘文庫本は宝暦十一年（一七六一）六月中旬に、恵山所持本をもって恵順が書写したもので、外題は「奉賛」、内題は「親鸞聖人奉賛上下／源空聖人奉賛上下／上宮太子奉賛上下」となっていて、二行四句をもって一首を形成し、用字は漢字カタカナである。各賛の首数は、上下各巻末に添えられる偈文を一首と数えて、「親鸞讃」は上巻二十七首・下巻二十七首、「法然讃」は上巻二十七首・下巻二十一首、「太子讃」は上巻二十二首・下巻二十一首の総計百四十五首を収める。ただし楠丘文庫本には、「法然讃」に四首の欠落があるので、正確には総計百四十九首となる。

本論でとりあげる主題の第一部「親鸞讃」の上巻は出自（一～四首）、幼少譚（五～十首）、出家（十一首）、吉水時代（十二～十五首）、六角夢想（十六～二十七首）。下巻は蓮位夢想（一～六首）、信行両座（七～十一首）、入西鑑察（十二～二十一首）、往生（二十二～二十七首）というふうに、主として『伝絵』をベースに讃詠しているが、格調が低くかつ文意の通じがたいところもあって、和讃としてはとても上作といえたものではない。ただ上巻第六首で母の名を吉光女、第八首で幼名を十八公若、第九首で礼拝土仏のことを述べる初出文献が、この『良観和讃』の「親鸞讃」である事実は、留意しておいてよかろう。

「法然讃」も「親鸞讃」と同様法然の生涯を何らかの依拠資料にもとづきながら和讃化しているのであろうけれども、目下それに該当する文献はみつかっておらず、今後の課題となっている。この「法然讃」においても、誤った表現箇所がまま見受けられるので、はたして作者とされる良観は、どの程度まで二人の伝に精通していたのかやや疑問な面がないでもない。なお、林松院文庫本に照らし、楠丘文庫本「法然讃」下巻には、次の四首（七～十首に相当）が欠落しているので注意を要する。

一四十八願子ンコロニ　法想（ママ）三論天台ノ　三師ヲヲシヘタテマツリ　ツ井ニ浄土（ニ）（欠字）イラシムル

一花厳ノ慶雅法橋モ　読圣ノミツイヲキ、タマヒ　スイキカンタンシタマヒテ　ニシノ状ヲソタテマツル

一弘仁九年ノ春コウニ　天下ニヱヤミノアリシ時　伝教大師ハ入唐シ　三字ノ名字（号）ワタサレキ

一空師キヤヘイノアリシトキ　禅定殿下ハカナシミテ　聖学諸法ヲシタマヘハ　師弟ノキヤヘイハヤミニケリ

最後第三部の「太子讃」は、上下巻で調子が違い、しかも重複する内容がみられるので、既存の二つの太子和讃を上下両巻として収録した感が強いものとなっている。したがって「太子讃」は「親鸞讃」・「法然讃」とは作者を異にするとみるべきで、これにつき多屋頼俊氏は、すでに次のごとく指摘している。[(8)]すなわち「太子讃」の上巻は、法隆寺蔵『寺要日記六月』所収「延文四年己亥五月十九日　以上宮王院正本書写早　権律師慶祐生年六十七」の奥書をもつ伝西大寺叡尊作『太子和讃』に同じであり（ただし「太子讃」にあって法隆寺本にないのは六首、その逆は一首で、中間の一首の位置が違う）、下巻は高野山金剛三昧院蔵の正和三年（一三一四）以前頓覚作『聖徳太子和讃』に一致するというのであるが（ただし「太子讃」にあって金剛三昧院本にないのは一首、その逆は二首で、中間の一首の位置が違う）、それにつけても不思議の感にたえないのは、『良観和讃』の「親鸞讃」「法然讃」では、『伝絵』と共に親鸞作の『三帖和讃』も随所で参看されているのに、なぜ「太子讃」だけは三部二百首にも及ぶ親鸞作の『太子奉讃』を採用しなかったのかという点である。これは作者とされている良観が、単に親鸞作品を目にする機会がなく、平素より親しんでいた真言密教系の『太子和讃』をあてただけにすぎなかったのかも知れないが、いずれにしても理解に苦しむところといえよう。

以上のような『良観和讃』三部作のうち「親鸞讃」と「太子讃」は、前者の場合「良観上人御伝和讃」「親鸞聖人御俗姓奉讃」「親鸞上人御俗姓和讃」「大谷聖人謝徳奉讃」「親鸞聖人奉讃」などの名で、また後者は「聖徳太子和讃」「聖徳太子奉讃」「皇太子奉讃」「皇太子聖徳奉讃」「上宮太子奉讃」といった題が付されて、それぞれ単独でもおこなわれたことが、大谷大学図書館、金沢大学図書館、福井法栄寺（現北海道宣教寺）、三重来照寺等々に蔵せられる江戸時代後期の諸写本からもわかり興味深い(9)。

二 『良観和讃』に関する文献

江戸時代の文献

さて『良観和讃』最大の問題点は、いうまでもなくこれが真に奥書通り応永十四年の成立で、良観なるものの述作かどうかであろう。『良観和讃』には残念ながら室町時代にまで遡及できる古写本はまったく遺存しておらず、江戸時代中期の写本が二、三のこるばかりとなっている。しかしながら『良観和讃』の名は、江戸時代前期から中期にかけての真宗文献にしばしば登場してくることは、注意しなければならない。そのもっとも早い例は、西派知空が著わす寛文四年(一六六四)刊の『御伝絵照蒙記』であり、翌五年刊の同じく西派の空誓著『本願寺聖人伝絵探証記』であった。知空と同時代の人でやはり西派に属す霊勝も元禄八年(一六九五)著・宝永八年(一七一一)刊の『御伝絵説詞略抄』にて『良観和讃』に触れるところがある。霊勝と同じころ東派の恵空は、元禄四年(一六九一)から十一年(一六九八)にかけて大著『叢林集』をまとめているが、そこでも『良観和讃』が一部引用されており、これとは別に恵空には宝永元年(一七〇四)の『御絵伝視聴記』においても『良観和讃』を使う。いっぽう高田派の良空が著わす正徳五年(一七一五)の『親鸞聖人正統伝』、この良空が享保六年(一七二一)に刊行した『親鸞聖人正明伝』の親鸞幼少譚は、共に『良観和讃』にもとづくことは疑いなかろう。これらにつぐのが東派の先啓が作す『浄土真宗聖教目録』、西派の僧鎔編する『真宗法彙目録及左券』で、この東西両派の権威ある真宗聖教目録に『良観和讃』が登載された意義は大きい。こうした流れをうけて東派の恵空、空閑、空慧、恵山、恵順、了祥たちは『良観和讃』の全文もしくは「親鸞讃」のみの書写をおこない[10]、その本文の後世伝持に大きく寄与したのであった。

かくて『良観和讃』は、江戸時代の錚錚たる学匠たちからも歴とした真宗聖教のひとつとして認められていたことがわかり、応永十四年良観述作というのも信じて疑われていなかった様子がうかがえる。

近現代の文献[11]

近代に入っても『良観和讃』に対する評価は、江戸時代の傾向を引き継いでいることは日下無倫氏、生桑完明氏の論考などからも窺知できるが、そうしたなかにあって山上正尊氏は、「親鸞讃」の内容ならびに言葉遣いより、良空の『親鸞聖人正統伝』以降のものとする見解を示したのが注目される。つまり応永十四年説を否定しているわけであるが、しかしこれは上でみたごとく、『良観和讃』は良空以前の文献にすでにみえるので当たらないし、氏の依った「親鸞讃」が、後世の改竄はなはだしい『華園文庫』所収本であったから、なおさら首肯しがたいといわなければならない。

こうした賛否両論に対し多屋頼俊氏は、「良観和讃の作者は、親鸞伝絵を熟知して居り、又親鸞聖人の三帖和讃も知って居た事が知られる。然し其以外には特別な学識があつたらしくもない。而して其の語調は鄙俗で、間々意の通じ難い所もある点から見ると、作者は真宗系統の談義僧であらうと推測せられる。其の製作年代は、親鸞伝絵より後と云ひ得るだけで、奥書の応永十四年は肯定す可き根拠も否定す可き材料も見出し得ない[12]」と実に的確な判断を示し、これが現在にいたるまで定説化しているといっても過言ではないのである。

ただここで少々気になるのは、日下・山上・多屋の諸先学が、いずれもみな『良観和讃』の奥書にみえる「六角堂照護寺之門弟莇田之良観房」のことが、まったく不明としている点である。もし照護寺の所在や良観の事蹟が、多少とも明らかになれば、応永十四年の紀年も肯定すべき根拠となりうる可能性が出てくるのではないだろうか。項を改め考察の筆を進めよう。

三　六角堂照護寺莇田良観考

越前莇田照護寺と『反故裏書』

実体がよくわからない六角堂、所在不明の照護寺、伝不詳の良観というこの難題を解きほぐす鍵は、実は『良観和讃』の奥書自体の中に潜んでいたのである。それは寺号と房号の間にみえる地名とおぼしき「莇田」の二文字にほかならない。ただこの文字は史料によって、「薊田」、「葪田」、「莇田」、「莇田」、「筋田」、「西田」、「生田」など様々な字があてられていて、一体どれが正字なのか判断に迷う。これにヒントを与えてくれたのは、江戸時代寛文五年刊の空誓著『本願寺聖人伝絵探証記』に「六角堂莇生田(アサウタ)照護寺良観作ト云和讃アリ」(13)のルビであった。そこで『日本歴史地名大系』を検索したところ、その一八『福井県の地名』に「莇生田村(あぞだむら)」「莇田城跡(あぞだじょう)」というのが、鯖江市莇生田町にあることがわかった。これに意を強くして、さらに「照護寺」もあたってみたら福井市松本に浄土真宗本願寺派桂島山照護寺が存在しているではないか。『良観和讃』の奥書に出てくる「照護寺」および「莇田」は、ことによると越前国福井県のそれかも知れないと期待し、「照護寺」項がよっている『反故裏書』、『当寺由緒書』をあらためて調査する必要性が痛感されたことであった。

よってまず『反故裏書』(『反古裏』とも)であるが、これは蓮如の四男蓮誓の子光闡房顕誓が、永禄十一年(一五六八）に著わした著名な真宗史書[14]で、これに照護寺のことが次のようにみえる。

同（越前）国稲津桂島照護寺ハ　国侍甲斐名字代々住持スル坊跡也　然共還俗シテ退転スルニ付テ　所縁ヲムスヒ永存ノ一男ヲ住持トナス　蓮真法師是也　ソノ母義ハ蓮如上人ノ御妹ニテマシマス[15]

この記事から照護寺は国侍越前の雄甲斐氏と関係深いいわば同氏の菩提寺的存在であったことが知られる。甲斐氏はその姓からも推測されるごとく、甲斐国を本貫とする清和源氏武田氏流信義の曾孫時信の後裔とされるが、応永二十三年（一四一六）の上杉氏憲禅秀の乱で、晴信信玄を十六代目とみて十代目にあたる武田信満が、姻戚関係にある禅秀側に与し敗れて自害する少し前の南北朝時代に、武田氏の一族が越前入りし甲斐氏を名乗って国侍となり、やがて越前守護で室町幕府管領斯波氏の執事役をつとめるまでの重臣に発展したのであった。応仁文明乱で甲斐氏は、山名氏の西軍に属したが、文明四年（一四七二）に細川氏の東軍へ寝返った朝倉氏と対戦し、加賀に敗退するのであるけれども、その後も甲斐氏は一向一揆と組んで越前へ侵入し、文明末年近くまで朝倉氏をおびやかし続けたのであった。こうした戦国期の歴史的事情から、甲斐氏出身であった照護寺住持（良空）も還俗して武士にもどったために寺が退転しそうになったので、本願寺第七代存如と従兄妹の関係にある照護寺良空室良宗尼は、弟の西光寺永存と蓮如の妹如祐尼との間に生まれた長男の蓮真玄永をわが娘の如宗尼と妻わせ同寺を継がせたというわけである（系図参照）。

『反故裏書』の右のような記述は、事実をありのままに書き記した蓮如の孫の手になるものであるから少しも疑う必要はなく、照護寺に関する最も信頼できる最古の史料といわなければならない。しかしながら『反故裏書』に

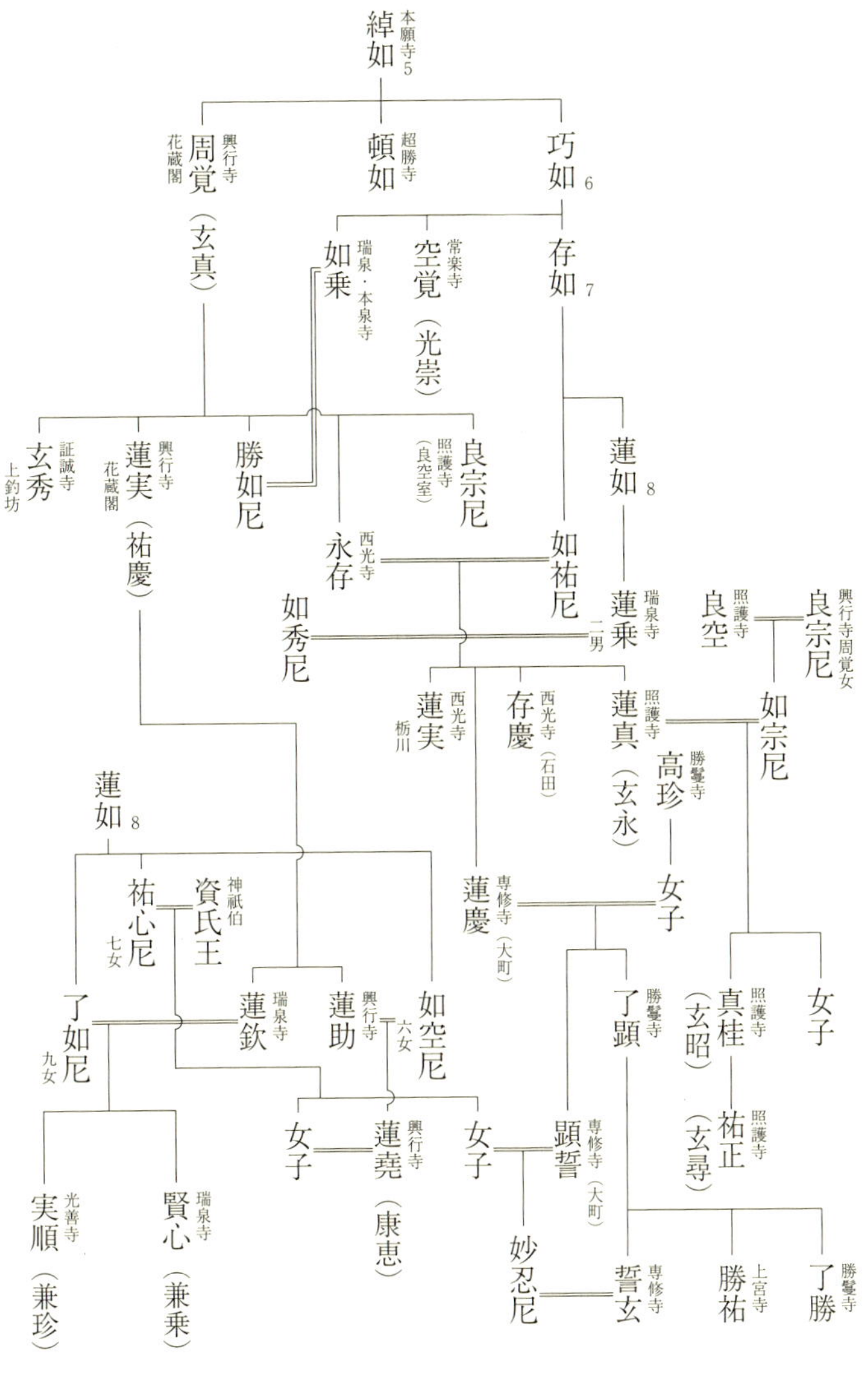

本願寺・照護寺・勝鬘寺・専修寺関係図（宮崎清著『真宗反故裏書之研究』より）

は、肝心の良観が登場しないので、照護寺と良観とのかかわりが、いまひとつ明瞭でない憾みがのこる。ところがその両者の関係を決定的ならしめる有力な史料こそが、照護寺の『由緒書』にほかならない。

『由緒書』にみる良観

照護寺の『由緒書』には、同寺所蔵文政十年（一八二七）の『当院代々記』（以下Aと略称）と同十三年（一八三〇）の龍谷大学大宮図書館蔵『由緒書』（以下Bと略称）の二つがある。まずそのAをみてみよう。巻頭の「越前福井庄照護寺由来」に次のごとくある。

> 良観　公儀には良空とも書　俗性(ママ)者甲斐氏之国侍ニ而越前桂嶌ニ居住則チ　綽如上人御三男華蔵閣玄真(周覚)法印之
> 息女所縁ト而(南朝元中二歳出生)御取立玄真女法名　良□(抹消)宗　康正二歳九月四日卒ス七十五才

これとほぼ同内容の記述が、同じAの中程に置かれる「照護寺暦世」にも次の通りある。

> 一開基良空(観)甲斐源氏持(ママ)越前桂嶋居住　綽如上人様御三男華蔵閣玄真女　御息女所縁ト而御取立玄真女法名良宗
> (これ以下別筆)誕生相知レ不申候往生康正二年九月四日　七十五才

いっぽうBの巻頭は、次掲のように書かれている。

覚　越前足羽郡福井　桂嶋山照護寺　一当寺開基之儀者甲斐源氏之後胤　御座候処俗名相知不申法名良観　貞治二卯年浄土真宗ニ帰依仕候

このA・B両『由緒書』より、初めて照護寺の開基が良観であると知られるわけだが、これこそがいま問題にしている『良観和讃』の作者であろうことは、その寺名の符合からも疑念の余地はなかろう。そして良観が甲斐源氏の後胤で越前の国侍というのも、『反故裏書』の記述とも一致しているから、貞治二年（一三六三）に浄土真宗へ帰依したというのも、あながち荒唐無稽な話でないかも知れない。ただその場合問題となるのは、A冒頭の「越前福井庄照護寺由来」において、良観は公儀には良空とも書くとあり、げんに同じAの「照護寺暦世」では、開基良空を見消にして良観と改めていることである。けだしこれは照護寺の実際の開基は良観であったが、次代良空の内室良宗尼が本願寺五代綽如の三男周覚玄真の娘だったので、一家衆寺院としての同寺の血筋を重んじる立場から、あえて二代目の良空を開基に仕立替えしたものとみるべきであって、げんにAの三年後のBでは、再び開基はもとの良観に復され、Aもそれに伴っての抹消訂正を受けたというわけであろう。

このようにして永禄十一年の『反故裏書』と文政年間の『由緒書』とから、照護寺と良観との結び付きが浮び上ってきたのであるが、今かりに良観の浄土真宗帰依が、Bでいうごとく貞治二年であったと信じ、その時の年齢が二十歳代後半とするならば、『良観和讃』がなったという応永十四年は七十歳前半となる。親鸞が『浄土和讃』『浄土高僧和讃』を作すのが、宝治二年（一二四八）七十六歳であった事実をここに考慮するならば、それはありえない話ではなかろう。

『良観和讃』の奥書において、いまひとつ理解しがたいのが、最初に書かれている「六角堂」の三文字である。一体これは何を意味するのであろうか。一般的に六角堂といえば、誰しも京都の有名な聖徳太子建立とされるそれを想起しようが、そこは西国巡礼三十三所第十八番札所の天台宗紫雲山頂法寺であるから、浄土真宗桂島山照護寺とは宗旨、山号、寺号も全然違うので、直結させるのはきわめて難しい感を与えよう。もっとも奥書の「六角堂」は、林松院文庫本では単に「六角」と記されているので、あるいは良観の俗姓が六角氏であったということも考えられるかも知れないが、すでにみたごとく同寺住持の名字は、代々甲斐氏と『反故裏書』『由緒書』にも明記されているからこれも考え難い。しかるにAに載せられる「照護寺由緒書」の草創ならびに寺基移転の項に、次のような注目すべき記事を見出し、寺号に「六角堂」の冠せられている意味が、ついに解けたのである。

一草創之事　京都六角ニ住西田（アザブ）ニ住

一寺基移転之事　桂嶋ニ住賀州砂粉坂ニ住岡崎ニ住□□ニ住越中法輪寺ニ住松寺ニ住吉崎ニ住ス　而福井ニ移居

ちなみに右とほぼ同内容の記載が、天文十年（一五四一）に蓮如の十男実悟が編した『日野一流系図』所収の「大谷一流諸家系図四——興行寺系図」にも左のごとく出ているが[16]、いずれにしてもこれによって明らかな通り、「六角堂」はやはり京都六角堂のことだったのである。ただしそれは頂法寺の意ではなく、照護寺開基良観の最初の住地が京六角堂辺であったことを意味するものにほかならない。照護寺がその地より発したのは、何度もいうように室町幕府の管領斯波家に良観の出自である甲斐氏が、祗候する身分だったからである。その良観が本拠地の越

●
始越前国西田住　又桂嶋住　又六角住
又中嶋住　又賀州砂粉坂居住　又
岡崎住　又越中法輪寺住　又松寺住
於彼里卒
法名蓮真　元
真蓮
童名加々寿
照護寺住

玄永
母円兼女　法名如祐
永正八十月廿日寂　六十九
号桂嶋又号岡崎

女子　蓮明坊言忠妾
母照護寺良空女　法名如宗

玄昭　照護寺　童名加々寿　中嶋住
法名真桂
隠居昭桂坊号之

女子　九歳卒
法名妙真

大谷一流諸家系図四——興行寺系図
（『日野一流系図』所収）

前で照護寺を本格的に創めた場所こそが荕田であった。都帰りの良観は六角堂近くに居住していたので、自然と通り名が「六角堂」あるいは「六角」とも呼ばれ、自身が開く寺名にもそれを冠したほうがわかりやすくて、「六角堂照護寺」と称するようになったものとおもわれる。

それにつけても照護寺は、京都六角、越前荕田、同桂嶋、同中嶋、加賀砂粉坂、同森本、越前岡崎、越中法輪寺、同松寺、越前吉崎、同福井としばしば寺基を移転しているが、これはさきにもみた戦国乱世の時代を反映した歴史的事情によるところ大であったからといえる。また同寺は記録にのこるだけでも万治二年（一六五九）、寛文九年（一六六九）、明和八年（一七七一）、嘉永七年（一八五四）、昭和二十年（一九四五）、同二十五年（一九五〇）と前後六度も火災、戦災、震災で堂宇を失う悲運にも見舞われていて、開基良観時代にまで遡及できる史料が皆無なのは、まことに惜しまれてならない[17]。

四　親鸞伝記としての『良観和讃』

『良観和讃』の「親鸞讃」

『良観和讃』はしばしば触れているように親鸞・法然・太子の伝をそれぞれ讃詠したものである。このうちはじめの「親鸞讃」は、先学によってすでに指摘されているごとく、その主史料を覚如撰述の『伝絵』によっていることは、『伝絵』十五段中じつに出家学道、吉水入室、六角夢想、蓮位夢想、信行両座、信心諍論、入西鑑察、洛陽遷化の計八段、つまり半数以上を取り込んでいるところからもよくわかる。しかし一方で『伝絵』にはみえない親鸞幼少時代の話が上巻第五首より第十首にわたり詠じられているのが注意され、特にその第六首目で親鸞の母名を「吉光女」と明記する最初の史料として、江戸時代以来こんにちに至るまで、『良観和讃』は大いに注目されているのである。もっとも親鸞幼少譚の六首は、これとほぼ同内容の記述が高田派良空の『親鸞聖人正統伝』、同じく良空の刊行になる『親鸞聖人正明伝』にもみえる。(18) もし「親鸞讃」が右書によってなされたとするならば、応永十四年良観述作説は当然ながら自動的に消滅しよう。けれどもその懸念はまったく存しない。なぜなら山上氏説のところでも言及したように、『良観和讃』のことは良空以前の空誓、霊勝、恵空などの著作物にすでに出ているからにほかならない。これはむしろ良空の方こそが、「親鸞讃」にもとづき記したと考えるのが妥当であろう。となれば『伝絵』と並行するような形で、親鸞の母名や幼少期にまつわることなどを記載した一種の談義本のようなものが存在していて、それを参考に「親鸞讃」も作られたのかも知れない。はたしてそうだとすると『良観和讃』は、奥書通り応永十四年の成立であっても不思議ではなくなるが、ただその場合やはり肯んじ難いのは、これが真に中世になった和讃かと疑いたくなる内容の低調さであろう。もちろん下作＝時代の下降を意味するものではないが、よしこれが応永より遙か後世の偽作物とするならば、なぜその作者をさして著名人でもない照護寺の良観にあてたのかという疑念も湧いてこよう。この辺は『良観和讃』における今後の重要課題といわなければならない。

『良観和讃』の構成とその背景

最後に『良観和讃』は、なにゆえに親鸞・法然・太子を奉讃の対象としたのかにつき一考を加えておきたい。このことについても多屋氏は、つとに次のごとく明解に答えている(19)。

この問題に対しては、「親鸞奉讃」中の句が明かに答へて居ると思ふ。曰く　上宮太子は救世の願(観音?) 源空大祖は大勢至　御弟子鸞師は弥陀如来　と。即ち太子、法然、親鸞の三聖は本地に於いては、観音、勢至、弥陀と見てゐるのである。即ち良観和讃は弥陀三尊の垂迹を奉讃したのである事明かである。

まさにその通りで、江戸時代の僧鎔が『良観和讃』を「三聖化迹和讃」と呼んだのも、まことにうべなるかなとおもわしめるものがあり、これ以上付け加えるべきこともないのであるが、ただ次の一点も考慮しておいてよいのではないかとおもっている。

それは龍谷大学大宮図書館蔵の『照護寺由緒書』Bの最末尾に記される「甲州万福寺」という寺名で、この文字は万福寺と照護寺が、無関係でないことを暗示させるのである。いうまでもなく万福寺は、現在も甲州市等々力にある浄土真宗本願寺派寺院で、その濫觴をたずぬれば親鸞―真仏（高田門徒祖）―光信源海（荒木門徒祖）―光寂源誓（甲斐門徒祖）の流れをくむ古刹として著聞する。[20] 実はこの万福寺には、開基源誓の十四世紀前半にまでさかのぼる太子・法然・親鸞・源誓の各絵伝総計十二幅が備えられていて、[21] これらの絵解きを通し万福寺の甲斐門徒は大発展を遂げたのであった。

一方越前に照護寺を開創した良観は、すでにみたごとく元来甲斐国武田氏の系譜に連なる甲斐氏出身の武士で、室町幕府管領斯波氏に仕える越前国国侍であったから、照護寺良観も万福寺源誓のことは、聞き及んでいたとしても不思議はなかろう。ましてや良観が浄土真宗に帰依したという貞治二年は、源誓が亡くなった延文五年（一三六〇）のわずか三年後であるから、良観も故国万福寺の太子・法然・親鸞絵伝絵解き説法の強い影響を受けて、自身もその三人の伝を讃詠した『良観和讃』各上下六巻をなしたことは、十分考えられるであろう。かかる事象がそのまま万福寺と照護寺の本末関係を醸成させる結果となり、それが『由緒書』Bの最末記載となってあらわれているようにおもうのであるが、いかがなものであろうか。はたしてそうだとすれば『良観和讃』の応永十四年良観述作説も、あながち無下に否定すべきでないかも知れないのである。

むすび

いずれにしても『良観和讃』は、全体的に決して上作ではないけれども、その第一部「親鸞讃」では、親鸞の誕生から往生までの一代記を真宗の道場において、門徒一同が節を付けて唱和しつつ親鸞の遺徳をしのび、これを後世にまで永く語り継いできたという特異なひとつの親鸞伝記史料であり、しかもその成立が問題点も多いが、ことによると室町時代にまで遡及できる可能性もある作品として、今後もっと注目されてよいのではないかとおもうことである。

註

（1）『真宗史料集成』第一巻（同朋舎、一九七四年）、九一五頁。

（2）『真宗史料集成』第一巻、九五七頁。

（3）真宗史料刊行会編・小山正文担当『大系真宗史料』特別巻「絵巻と絵詞」（法藏館、二〇〇六年）。

（4）信仰の造形的表現研究委員会編・平松令三担当『真宗重宝聚英』第四巻「親鸞聖人絵像・木像・絵伝」（同朋舎出版、一九八八年）。

（5）橋川正「玉日伝説は何時如何にして成立したか」（『日本仏教文化史の研究』中外出版、一九二四年）。日下無倫「親鸞聖人母公の研究」（『真宗史の研究』平楽寺書店、一九三一年）。宮崎圓遵「『親鸞聖人御因縁』ならびに『秘伝抄』について」（『宮崎圓遵著作集』第七巻、思文閣出版、一九九〇年）。

（6）掲出の奥書は楠丘文庫本によるが、林松院文庫本は次下のようになっていて、文字に若干の出入がある。「六角照護寺之門弟／莇田之住人良観房／応永十四年卯月廿七日書之畢」。

（7）『良観和讃』の全文が公開されたのは、註11の拙稿が最初である。

（8）註11の多屋B・C論文参照。

（9）註11の日下・大須賀・山上・多屋B・多屋C・生桑論文参照。

（10）かれらの書写本のうち現存するのは、恵順の楠丘文庫本と了祥の『異義集』第五冊所収「親鸞讃」のみである。

（11）『良観和讃』にふれる近現代の文献には、およそ次のようなものがある。

日下無倫『真宗史の研究』（平楽寺書店、一九三一年）一一六～一一九頁。

大須賀秀道「御伝和讃」（『仏書解説大辞典』第三巻、大東出版社、一九三三年）三〇三頁。

山上正尊「良観上人御伝和讃」（『仏書解説大辞典』第一一巻、大東出版社、一九三五年）二四〇頁。

日下無倫『本願寺聖人伝絵講要』上下巻（真宗大谷派安居次講本、一九三九年）。

日下無倫『総説親鸞伝絵』（史籍刊行会、一九五八年）一三一〜一三三頁。

多屋頼俊Ａ『和讃史概説』（法藏館、一九三三年）。のち『多屋頼俊著作集』第一巻（法藏館、一九九二年三月）二一八〜二三五頁。

多屋頼俊Ｂ「聖徳太子讃仰の文学――和讃と講式」（聖徳太子研究会編『聖徳太子論集』平楽寺書店、一九七一年）。のち『多屋頼俊著作集』第二巻（法藏館、一九九二年）一三〇〜一三一頁。

多屋頼俊Ｃ「聖徳太子和讃と聖徳太子講式」（四天王寺編『聖徳太子鑽仰』中外日報社、一九七九年）一四七〜一四八頁。のち前掲『多屋頼俊著作集』第二巻所収。

生桑完明「高田の聖徳太子和讃」（法相宗勧学院同窓会々報『性相』八、一九三八年）。

生桑完明「報恩講の旨趣と普及に伴ふ文献」（『本山報告』四五五付録、一九三八年）。

生桑完明「報恩講の旨趣と普及に伴ふ文献続編」（『高田学報』二二、一九三九年）。

生桑完明「高田の聖徳太子奉讃」（『高田学報』二二、一九三九年）。

新間進一・武石彰夫編『中世仏教歌謡集』上（西尾幸一『古典文庫』二六九、一九六九年）。

武石彰夫『仏教歌謡集成』（大東文化大学付属東洋研究所、一九七六年）四一五〜四一八頁。

本願寺史料研究所・代表者宮崎圓遵編『本願寺年表』（浄土真宗本願寺派、一九八一年）五二頁。

小山正文「『良観和讃』の新出本紹介と翻刻」（『同朋大学佛教文化研究所紀要』三〇、二〇一一年）。

塩谷菊美『語られた親鸞』（法藏館、二〇一一年）一九一〜一九七頁。

真宗史料刊行会編、塩谷菊美担当『大系真宗史料』伝記編一「親鸞伝」（法藏館、二〇一一年）。

(12) 註11の多屋A論文、二三四〜二三五頁。
(13) 同朋大学佛教文化研究所崇覚文庫蔵の版本による。
(14) 宮崎圓遵『反古裏書』(『聖典全集』第十回配本、小山書店、一九三五年)。のち『宮崎圓遵著作集』第五巻(思文閣出版、一九八九年)。北西弘『反古裏考証』(真宗大谷派宗務所出版部、一九八五年)。宮崎清『真宗反故裏書之研究』(永田文昌堂、一九八七年)。
(15) 『真宗史料集成』第二巻、七五三頁。
(16) 『真宗史料集成』第七巻、五三五頁。
(17) 照護寺については、井上鋭夫氏の下記の著書が大変参考になった。井上鋭夫『一向一揆の研究』(吉川弘文館、一九六八年)一八六・二一八・二五五・三五四・五八五頁。
(18) 『親鸞聖人正明伝』は『親鸞聖人御因縁』の題をもつ江戸時代後期写本も存する。これは最初にみた荒木源海門徒で行われた『親鸞聖人御因縁』とは同名異本である。
拙稿「古田武彦氏の親鸞を読んで――三夢記と『親鸞聖人正明伝』」(『中外日報』、一九八一年三月二十六日)。渡辺信和「大谷大学図書館楠丘文庫蔵『親鸞聖人御因縁』翻刻及び対校表(一)・(二)」(『同朋仏教』第三八号、二〇〇二年・同第三九号、二〇〇三年)。
(19) 註11の多屋A論文、二三四頁。
(20) 日下無倫「原始真宗に於ける甲斐門徒の成立」(『大谷学報』第二一巻、第三号、一九四〇年)。
(21) 小山正文「関東門侶の真宗絵伝――甲斐国万福寺旧蔵絵伝を探る」(小山正文『親鸞と真宗絵伝』、法藏館、二〇〇〇年)。

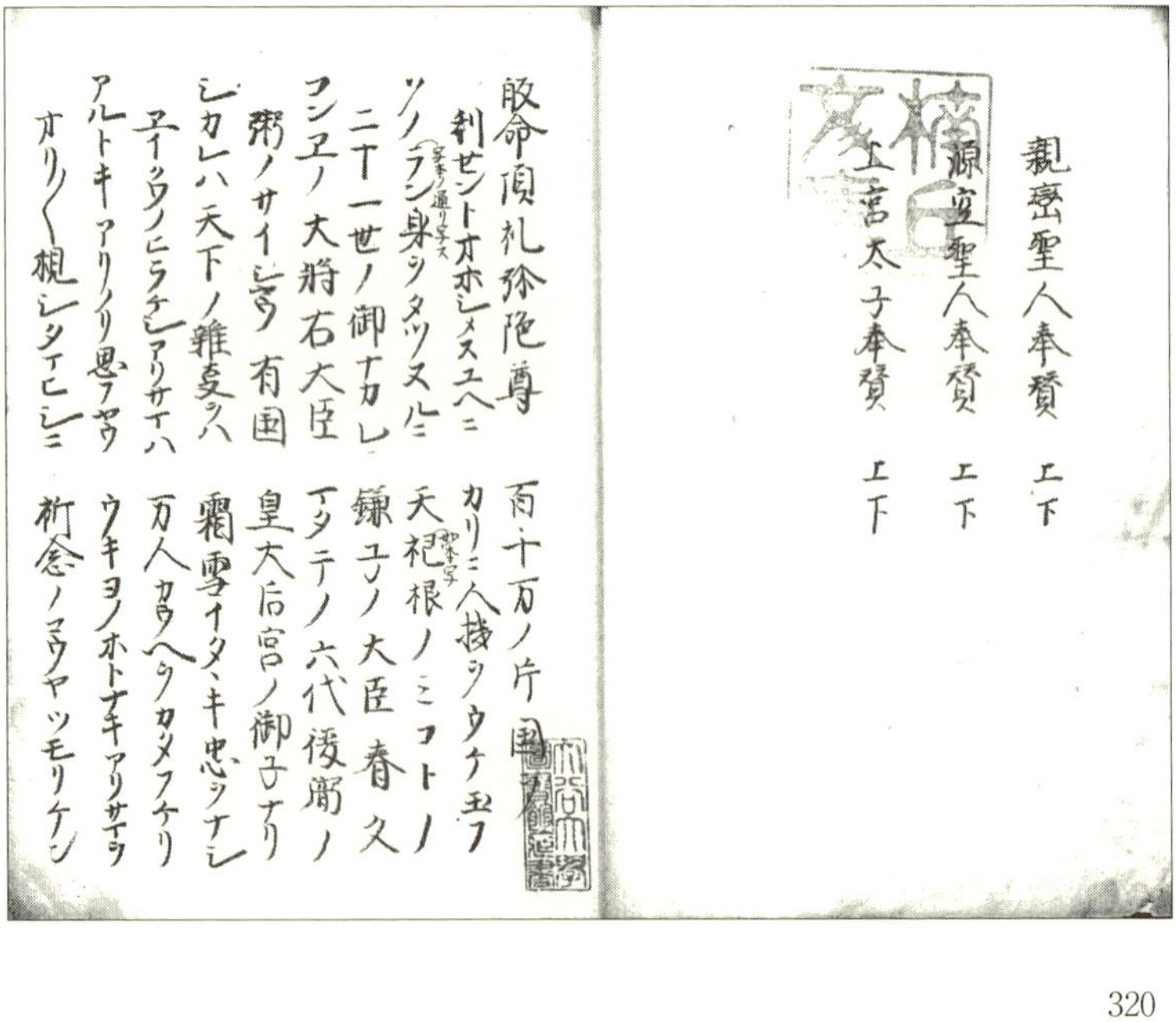

図版・大谷大学図書館蔵楠丘文庫本『良観和讃』（宗大一一四八一）

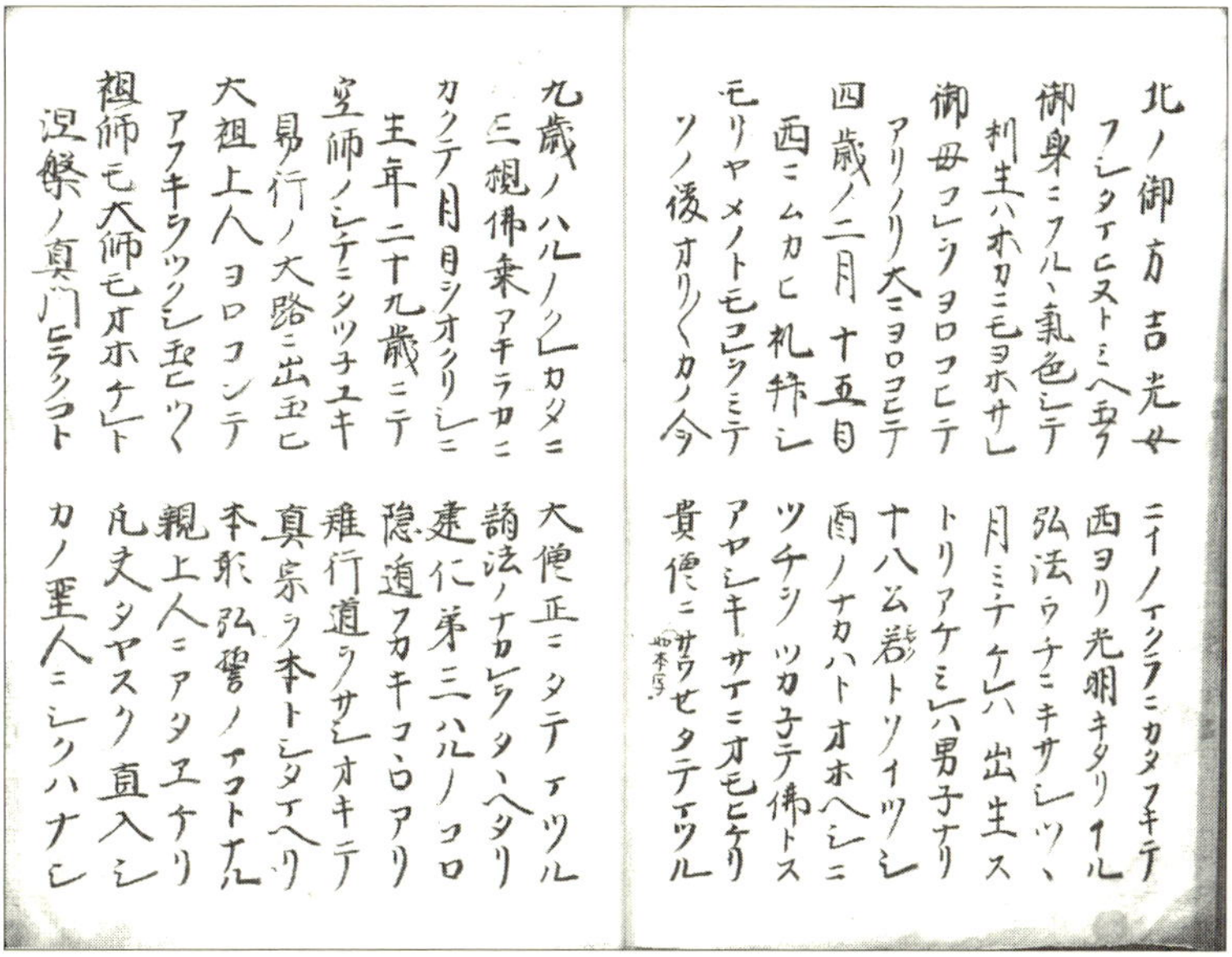
北ノ御方吉光女ニイノイクラニカタフキテ
フシタマヒヌトミヘテヲ西ヨリ光明キタリイル
御身ニフル、氣色シテ弘法ウナニキサシツ、
利生ハホカニモヨホサレ月ミテケレハ出生ス
御母コレヲヨロコヒテトリアケミレハ男子ナリ
アリノリ大ニヨロコヒテ十八公磨トソイツレ
四歳ノ二月十五日酉ノナカハトオホヘシニ
西ニムカヒ礼拝シツチシツカ子テ佛トス
モリヤメノトモコレラミテアヤシキサマニオモヒケリ
ソノ後オリノ\カノ今貴僊ニサウセタテマツル
九歳ノハルノ比カタニ大僧正ニタテマツル
三観佛乗アキラカニ諦法ノナカレヲタ、ヘタリ
カクテ月日ヲオクリシニ建仁第三ハルノコロ
主年二十九歳ニテ隠遁ノカキコヽロアリ
空師ノミテニタツチユキ難行道ヲサシオキテ
易行ノ大路ニ出玉ヒ真宗ヲ本トシタマヘリ
大祖上人ヨロコンテ本形弘誓ノナコトナル
アフキラツクシ玉ヒツ、親上人ニアタヘナリ
祖師モ大師モオホナレト凡夫タヤスク直入シ
涅槃ノ真門ヒラクコトカノ聖人ニシクハナシ

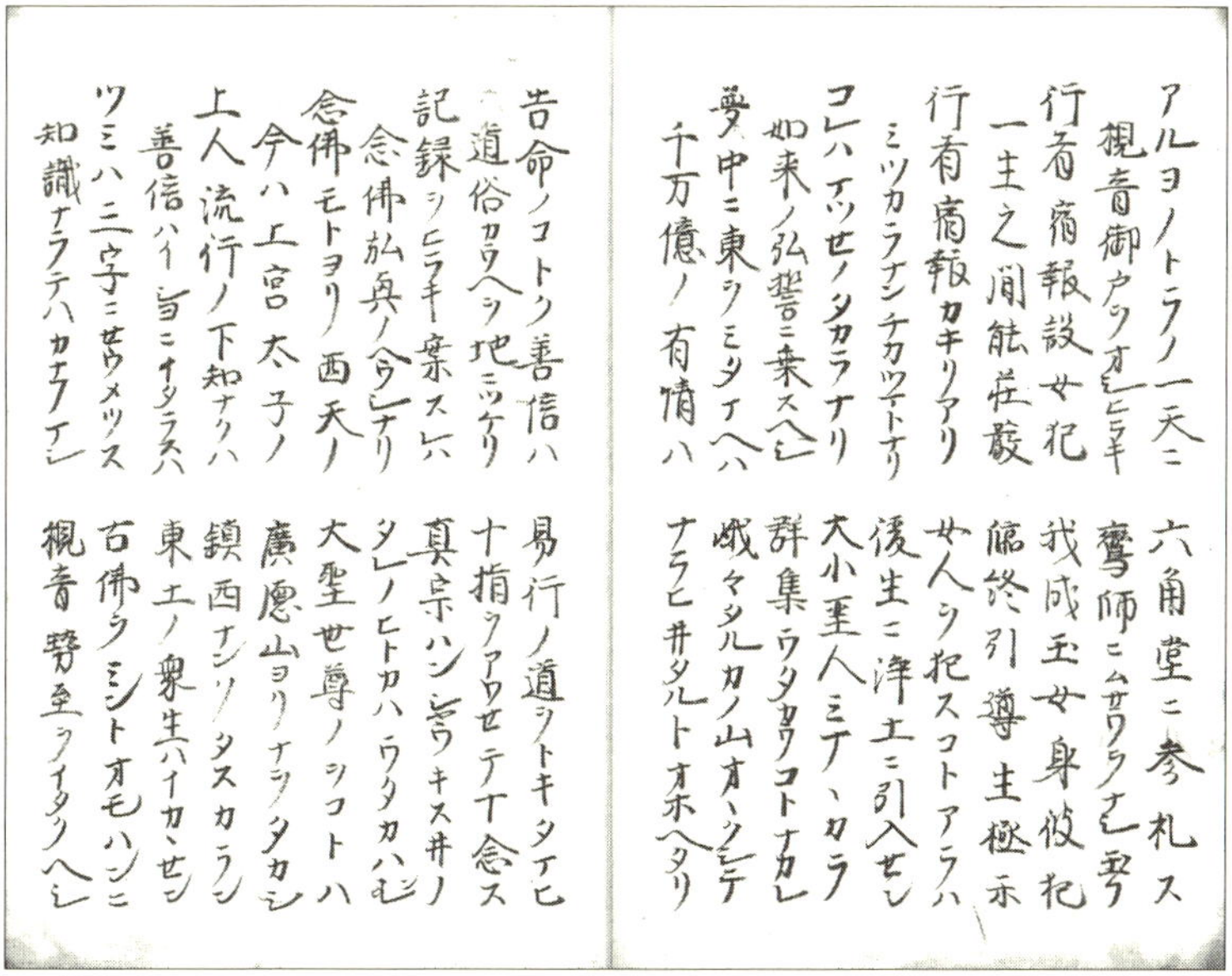
アルヨノトラノ一天ニ六角堂ニ参礼ス
観音御戸ヲオシヒラキ鸞師ニムカワラセ玉フ
行者宿報設女犯我成玉女身被犯
一生之間能荘厳臨終引導生極楽
行者宿報カキリアリ女人ヲ犯スコトアラハ
ミツカラナンチカワナトナリ後生ニ浄土ニ引ヘセン
コレハナツセノタカラナリ大小聖人ミテ、カラ
如来ノ弘誓ニ乗スヘシ群集ウタカワコトナカレ
夢ノ中ニ東ヲミタマヘハ峨々タルカノ山オヽクシテ
千万億ノ有情ハナラヒ井タルトオホヘタリ
告命ノコトク善信ハ易行ノ道ヲトキタマヒ
道俗カウヘヲ地ニツケリ十指ヲアワセテ念ス
記録ヲヒラキ案スルニ真宗ハシメヒロキス井ノ
念佛弘與ノ今シナリタシノヒトカハ、ウツタカハヽモ
念佛モトヨリ西天ノ大聖世尊ノシコトハ
今ハ上宮太子ノ廣應山ヨリナツタカシ
上人流行ノ下知ナクハ鎮西ナシソノタスカラン
善信ハイ旨ニナタラスハ東土ノ衆生ハイカヽセン
ツミハニ字ニセウメツス古佛ヲミシトオモハンニ
知識ナラテハカナフマシ観音勢至ヲイタヾクヘシ

佛モ神モヒトツニテ　帝モ民モヘタテ子ハ
善悪モトヨリフタツナシ　ウラミヲヤメテ念仏セン
願共諸衆生　往生安楽国
願共諸衆生　值遇弥陀尊
已上
上巻終
同下巻
皈命本覚アラハレテ　鸞師ノ由来ヲ案スルニ
本師阿弥陀トミヘ玉フ　ソノラン觴ヲタツヌルニ

建長八年ヒノヘタツ　二月九日トラノトキ
一蓮位夢想カウフリテ　記録ヲアラハシハンヘルハ
聖徳太子ハテサシクモ　鸞上人ヲ礼拝ス
大師上人オナシクモ　供敬尊重シタマヒキ
敬礼大慈阿弥陀佛　為妙教流通来生者
五濁悪時悪世界中　決定即得无上覚也
マコトニコレヲアンスルニ　阿弥陀如来ノ御出ハ
ソモリカクレモナカリケリ　前後ヲイカヽワキマヘン
上宮太子ハ救世ノ化　源空大祖ハ大勢至
御弟子鸞師ハ弥陀如来　マコトニ不思議ハカハカリキ

アルトキ鸞師聖人ハ　信行フタツノ座ヲ定メ
往生二叉ノヒラキシヲ　コヽロミシトソノタマヒシ
空師ハエウホニ井リタモ　諸化ノ来集ヲイタシナリ
聖覚信空法力房　信不退ニソツキタマフ
鸞師ハ筆ヲソメタマヒ　信行解脱ノ秘信ヲ
イカラ〳〵トノタマヘハ　サウナク義ヲハナタサレス
門徒ノ群居ハオヽナレト　自力ノ迷雲アツクシテ
諸行ヲイテツハナレ子ハ　真如ノ月ハイテサリキ
蓮信勢観念佛房　月来ノ不審ヲノヘタマヒ
深智博覧乏シクテ　決定往生シタマヘリ

善師ノ御弟子入西房　影ヲウツシテ拝セント
年々相續シタマヘリ　諸化ニオソレテヤミニケリ
聖人コレヲカヽミツヽ　マコトニソノ義アルナラハ
ヒソカニ人ヲツカハシテ　定禅法師ニウツサセヨ
入西随喜ノアマリニテ　ミツカラ法橋召シナリ
左右ナク筆師ハエラヒツヽ　御尊顔ヲ拝シナリ
法橋ナミタヲナカシツヽ　スキスル夜半ノコト夢ニ
貴僧二人定禅カ　私宅ニ化来シタマヒテ
ヒトリノセイイウ吾ヲサセ　コノ真影ヲウツサント
オモフコヽロノフカキナリ　トク〳〵字アタワヘシ

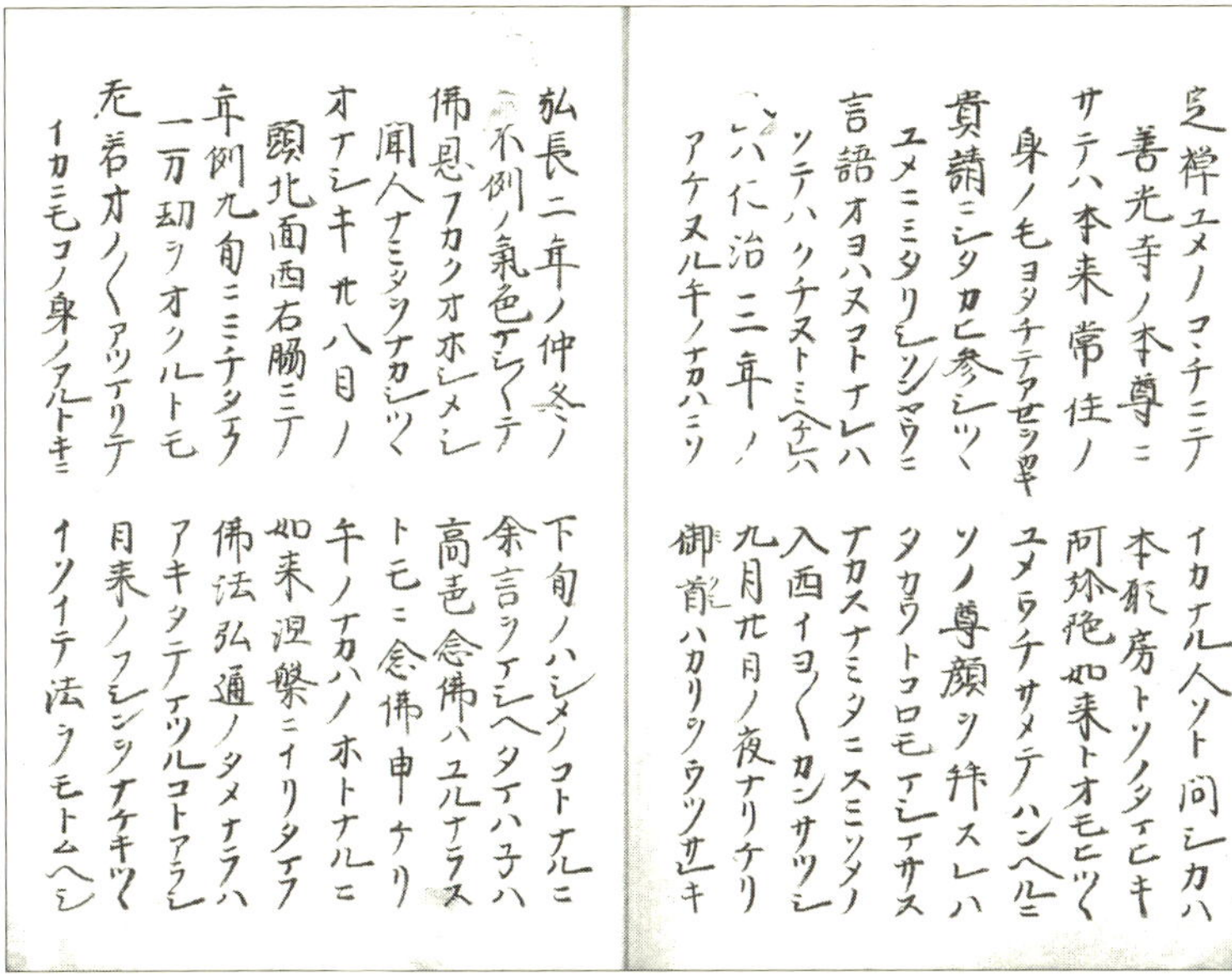

定禅ユメノコヽチニテ　イカナル人ソト問シカハ
善光寺ノ本尊ニ　本願房トソコタヘヒキ
サテハ本来常住ノ　阿弥陀如来トオモヒツヽ
身ノモヨタチテアセ[illegible]　ユメヲチサメテハシヘルニ
貴請ニシタカヒ参シツヽ　ソノ尊顔ヲ拝スレハ
ユメニミタリシソマウニ　タカウトコロモナシナサス
言語オヨハヌコトナレハ　ナカスナミタニスミソメノ
ソテハクチストミヘ[illegible]　入西イヨヽカンサツシ
ハ仁治三年ノ　九月廿日ノ夜ナリケリ
アケヌル年ノナカハニソ　御影ハカリヲウツサレキ
弘長二年ノ仲冬ノ　下旬ノハシメノコトナルニ
不例ノ氣色アラハシテ　余言ヲナシヘタイハ子ハ
佛恩フカクオホシメシ　高声念佛ハユルナラス
聞人ナミタヲナカシツヽ　トモニ念佛申ナリ
オナシキ廿八日ノ　午ノナカハノホトナルニ
頭北面西右脇ニテ　如来涅槃ニイリタマフ
年例九旬ニミチタマフ　佛法弘通ノタメナラハ
一万劫ヲオクルトモ　アキタテナツルコトアラシ
老若オノヽアツマリテ　月来ノフシンヲナケキツヽ
イカニモコノ身ノアルトキニ　イソイテ法ヲモトムヘシ

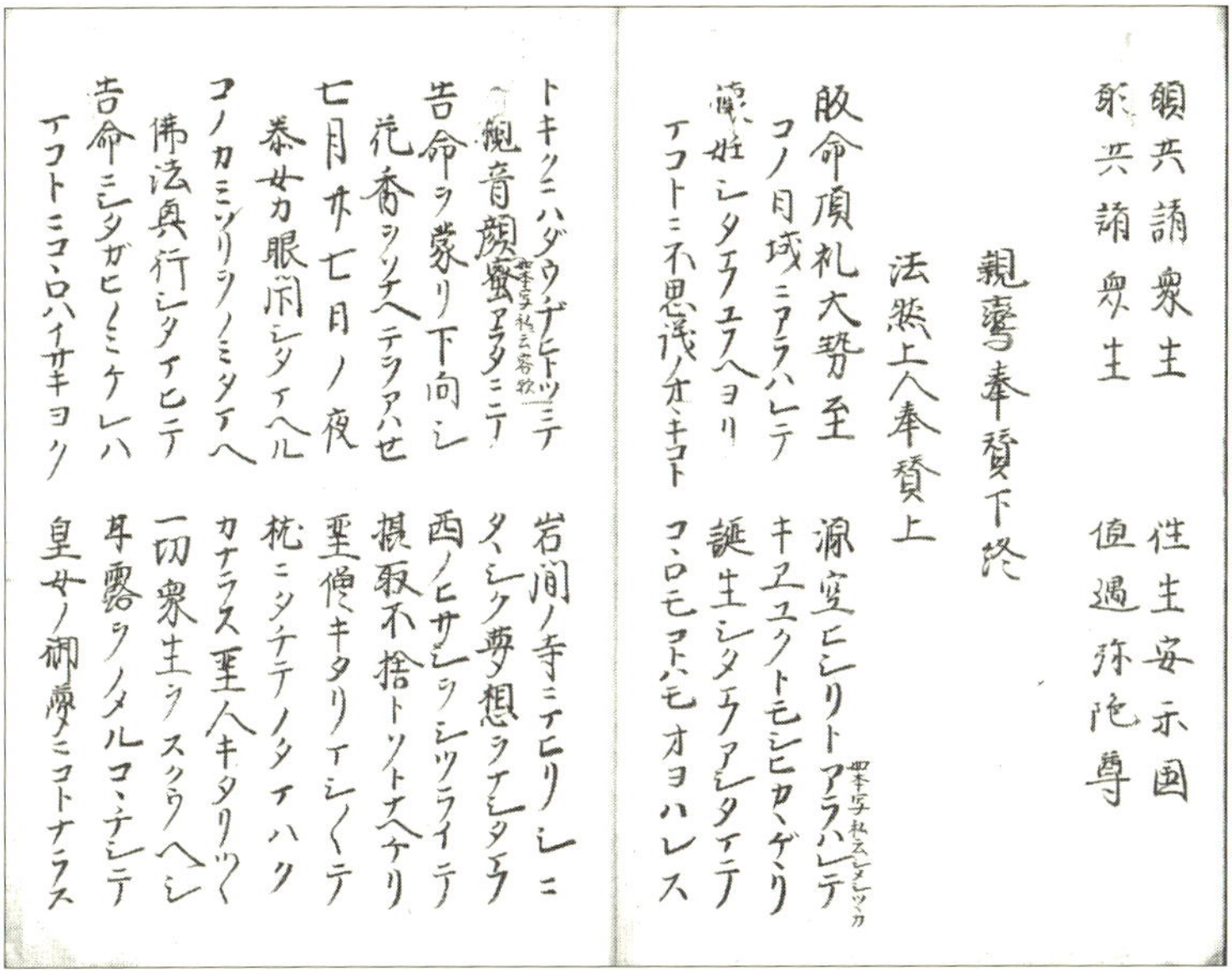

願共諸衆生　往生安楽国
我共諸衆生　値遇弥陀尊

親鸞奉賛下終

法然上人奉賛上

敬命頂礼大勢至　源空ヒシリトアラハレテ
コノ日域ニアラハレテ　キエユクトモシヒカヽゲリ
蔵姓シタマヘヘヨリ　誕生シタマフアレタマテ
イコトニ不思議ノオホキコト　コヽロモコトハモオヨハレス
トキノニハダウヅヒトツニテ　岩間ノ寺ニテヒリシニ
観音顔容アラタニテ　タヽシク夢想ヲナシタマフ
告命ヲ蒙リ下向シ　西ノヒサシヲシツライテ
花香ヲソナヘテアハセ　摂取不捨トソトナヘケリ
七月廿七月ノ夜　聖僧キタリナシクテ
券女カ眠閉シタマヘル　枕ニタテテノタマハク
コノカミソリヲノミタマヘ　カナラス聖人キタリツヽ
佛法奥行シタマヒテ　一切衆生ヲスクウヘシ
告命ニシタカヒノミケレハ　耳露ヲノメルコヽナシテ
イコトニコヽロハイサキヨク　皇女ノ御夢ニコトナラス

カクテ月日ヲフルホトニ 長禄第二四月ノ
上ノ七日ニ誕生ス 玉ノ如クノ男子ナリ
父母コレヲヨロコヒテ 主湯ヲアヒセタテヒシニ
左石ギヲ手リテ三カ六 イヨ〳〵ユクスヘタノモシヤ
九歳ト申セシ三月ノ 中ノ三日ニトキクニハ
カタキノタメニウタレニキ 小箭ニテ敵ヲイタテヘリ
夜打ハ赤石ノ貞明ラ 五十三ニテウセニケリ
人々コレヲキヽツタヘ 小箭テコトコソアレケレ
カナシキ秋ノハシメヨハノ 菩提寺ニコソノホリケレ
勧学一字ヲオシヘテハ 菟毛モオトスコトソナキ

九歳ノ秋ノナカハヨリ 十三歳ノ三月マテ
経文ツカ子テ五百巻 タヤスクナラヒウカヘナリ
師近ハコレヲヨロコヒテ カクナリタテハヽカナシクハ
ヒエ井山ニノホリツヽ 天下ノトモシヒツキタテヘ
訓時ニ師命ニシタカヘリ 母儀ニイトナヲコハントテ
随順シテコソタリケレ ハヽニイトナシコヒシカハ
ハシメハユルシタテ子ト 師弟ナニシヲナカレツヽ
二親ノタメツトノタテヘハ テコトニユルシタテテツル
岩間ヲタチテ七月ニ 鳥羽ノアタリニツキニケレ
禅定殿下御出ナル 加茂河ニ馬ヲ打ヨセキ

殿下ハクルマノ物見ヨリ チコハイツクヘ御行ソト
使者ヲモトメテメサレケル 懐テクルマニタテテツル
師檀ノ契約フカクシテ 車ハ鳥羽ヘヤリユケハ
面面京ヘトイツキケル サカリ松ニソツキタテフ
従値ニアヒテイヘケルハ カシカウ今日ノホリケル
殿下ニ見参スルウヘハ 佛法繁昌ウタカハン
吾朝一ノ明山ニ ハシメテ登山シタマヒテ
源光阿闍梨ニ弟子 児ノコロヨリシタメ
[illegible]百ノ倶舎ノ頌ヲ 見タマヒルカトノタテヘハ
知サルヨシヲマフサレキ ナラヒ玉ヘトシメサレテ

遠路ノタヒノモノウキニ 師近ノタツ子ニシタカヒテ
ヨヒノトホシヒカヽケツ 其夜ノウチニオホヘタリ
マコトニ文殊ノ像ナリト 禅下ハヨロコヒアレ〳〵テ
我身ハ浅智愚鈍ナリ 他師ニツケントノタテヘリ
光円阿闍梨ノ才子トテ 生年十五歳ニテ
出家ノイトナヲミシカハ 師近ハツ井ニユルサレキ
生年十八ニナリシトキ 経蔵寺ニイタリテツ
一切経ヲヒラキツヽ ツ井ニ浄土ニ入玉フ
我共諸衆生 往生安楽国
我共諸衆生 値遇大勢至

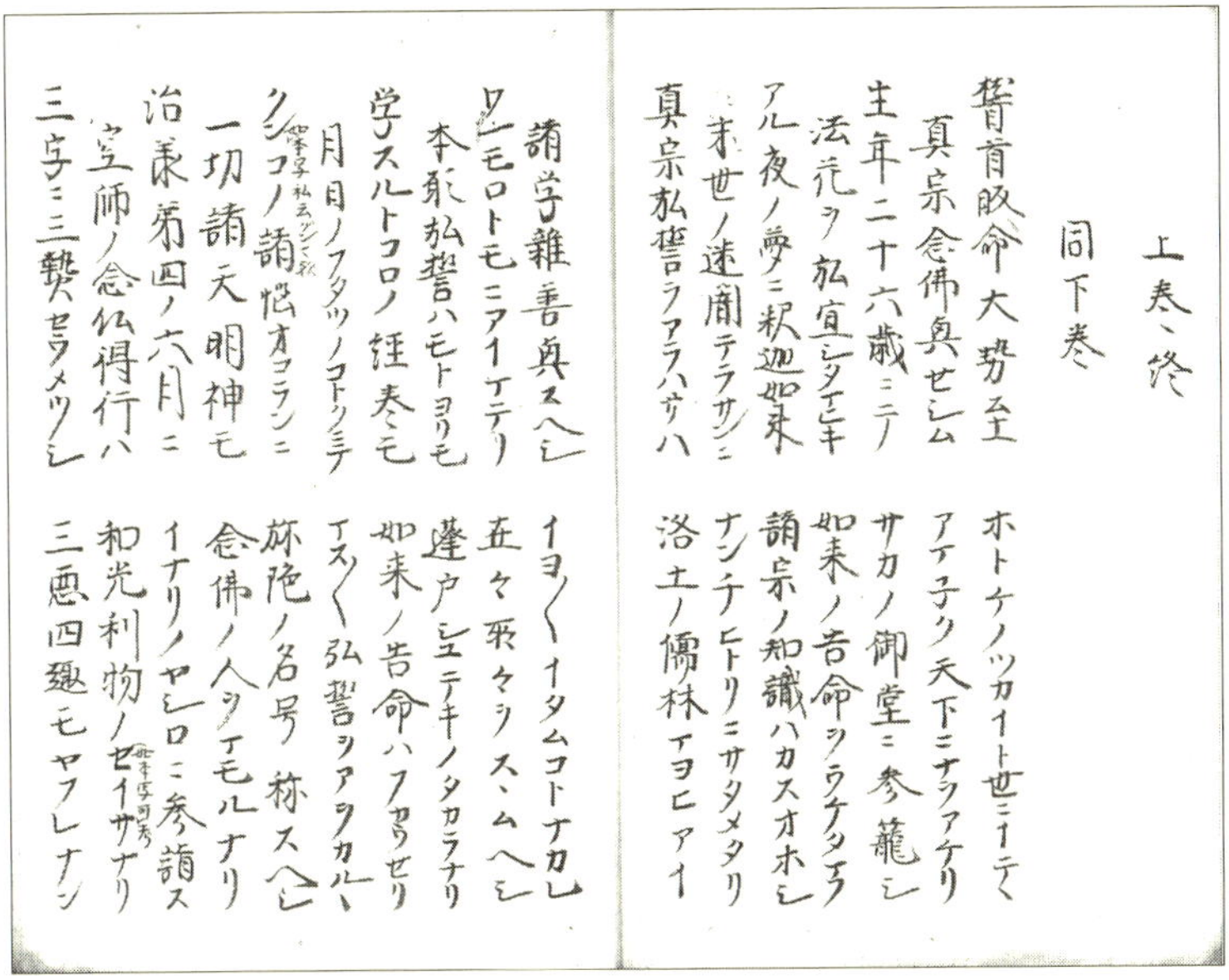

上巻、終

同下巻

誓肯取命大勢至　ホトケノツカイト世ニイテヽ
真宗念佛與セシム　アテ子ク天下ニナラアケリ
生年二十六歳ニテ　サカノ御堂ニ参籠シ
法花ヲ弘宣シタマヒキ　如来ノ告命ヲウケタマフ
アル夜ノ夢ニ釈迦如来　諸宗ノ知識ハカスオホシ
末世ノ迷闇テラサンニ　ナンチヒトリニサツメタリ
真宗弘誓ヲアラハサハ　洛土ノ儒林イヨヒアイ

諸学雑善與スヘシ　イヨヽイタムコトナカレ
ワレモロトモニアイイテリ　在々所々シス、ムヘシ
本願弘誓ハモトヨリモ　逢戸シテキノタカラナリ
学スルトコロノ経巻モ　如来ノ告命ハフカヲセリ
月日ノフタツノコトクニテ　イスヽ弘誓ヲアラカルヽ
クシコノ諸悩オコランニ　弥陀ノ名号称スヘシ
一切諸天明神モ　念佛ノ人ヲマモルナリ
治承第四ノ六月ニ　イナリノヤシロニ参詣ス
空師ノ念仏得行ハ　和光利物ノセイサナリ
三字ニ三勢ハセヲメツシ　三悪四趣モヤフレナン

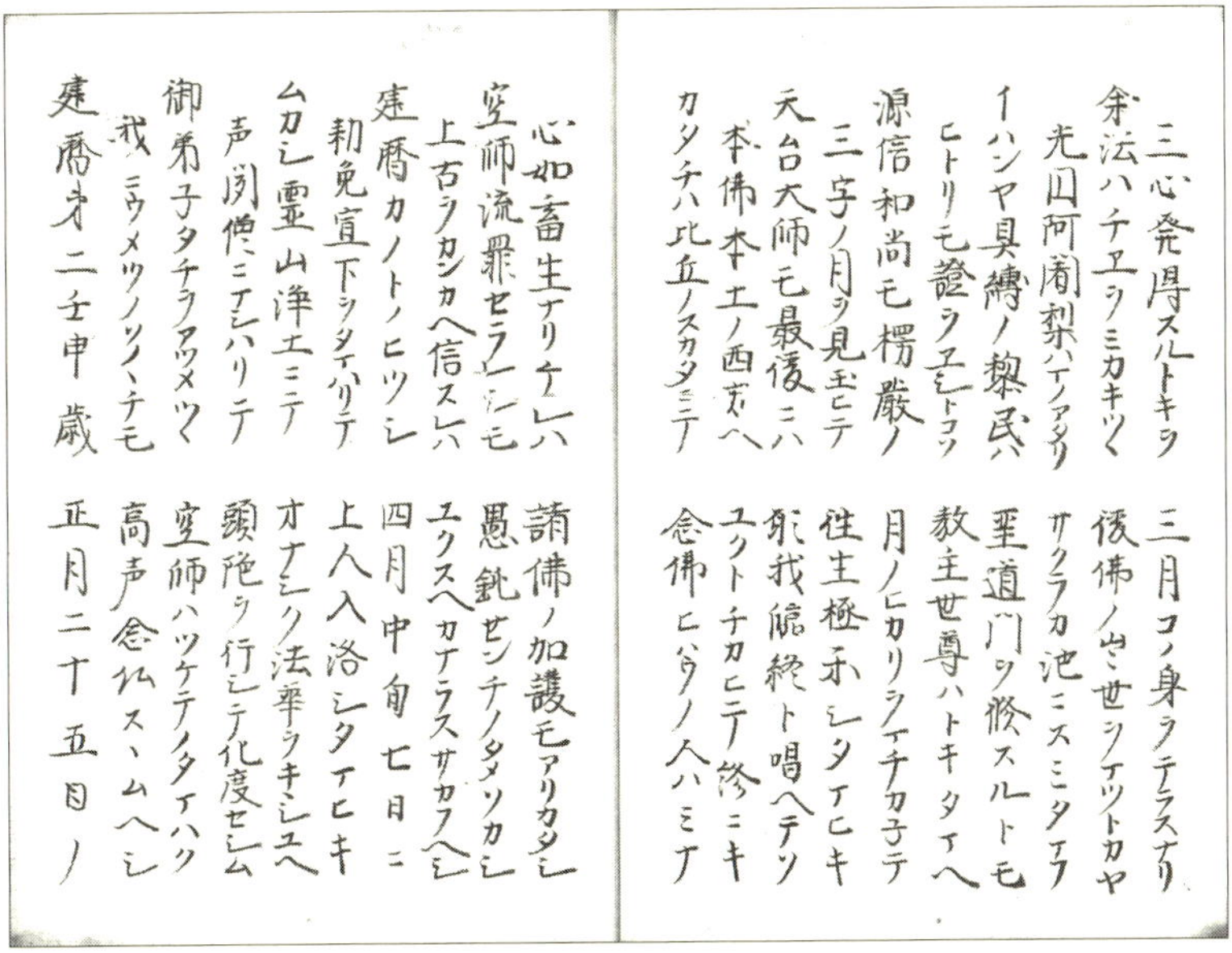

三心発得スルトキヲ　三月コノ身ヲテラスナリ
余法ハチエヲミカキツヽ　後佛ノ出世ヲマツトカヤ
光円阿闍梨ハイノアタリ　サクラカ池ニスミタマフ
イハンヤ具縛ノ黎民ハ　聖道門ヲ修スルトモ
ヒトリモ證ヲエシトコソ　教主世尊ハトキタマヘ
源信和尚モ楞厳ノ　月ノヒカリヲイチカ子テ
三字ノ月ヲ見玉ヒテ　往生極楽シタマヒキ
天台大師モ最後ニハ　弥我信綽ト唱ヘテソ
本佛本土ノ西方ヘ　ユクトチカヒテ終ニキ
カタチハ比丘ノスカタニテ　念佛ヒハウノ人ハミナ

心如畜生ナリケレハ　諸佛ノ加護モアリカタシ
空師流罪セラレシモ　愚鈍センチノタメソカシ
上古ヲカシカヘ信スレハ　ユクスヘカナラスサカフヘシ
建暦カノトノヒツシ　四月中旬七日ニ
勅免宣下ヲタマハリテ　上人入洛シタマヒキ
ムカシ霊山浄土ニテ　オナシク法華ヲキヽシユヘ
声聞僧ニテシハリテ　頭陀ヲ行シテ化度セシム
御弟子タチヲアツメツヽ　空師ハツケテノタマハク
我ニウメツノツノヽチモ　高声念仏ス、ムヘシ
建暦第二壬申歳　正月二十五日ノ

年ノナカハニオヨヒテソ　沙羅ノハヤシニイリタマフ
道俗男女参集シ　悲泣哀悩セシコトハ
ムカシ灵山釈迦如来　入涅槃カトアハレナリ
願共諸衆生　往生安楽国
願共諸衆生　値遇大勢至

己上源空奉讃下終

上宮太子奉讃上

讃首大悲観世音　随類応現児太子
降伏邪見興正法　刹利抜滅難思議
誕生シタマフニキリニハ　光明西ヨリキタリイル
玉ノスカタイツクシク　身ヨリタエナル香ソニホフ
ハシメテフタツニナリシカハ　メノトノオシヘニヨラスシテ
東ニムキテ手ヲアハセ　南无仏トソトナヘシム
馬鍾[卑字]ノ童子ニアヒアヒリ　カタチヲヤツシテイナセシム
百済国ノ賢聖徳　座ヲオリ庭ニヒサマツク
救世観音大菩薩　伝燈東方粟散国
恭敬礼拝スルトキソ　皆人驚キサトリケル
中ニモ日本国ノウチ　仏法ツタハラサリケレハ
法水アマネクソヽカント　止[卑字私云上カ]宮門ニソイテタマフ
仏法サヽウル臣アリキ　ソノ名守屋ノ大連シ
仏事ニサハリヲナスコトハ　提婆達多ニコトナラス
仏像経巻堂塔ヲ　ヤキステハラヰカレテソ
邪見イヨヽサカリニテ　太子トトモニタヽカヒキ
太子ノ定恵ノ弓矢ニハ　守屋ノ誓払ムナシクテ
ツヰニハ太子ニイラレテソ　オチテカウヘヲキラレニキ
カタキニカタシトチカヒテシ　シルシタテタル天王寺
吾朝仏法最初ニテ　王法仏法加護ス
推古天皇ノ御前ニテ　勝万大乗講セシム
硯[卑字私云碩欤]学明徳問シアヘテ　甚深奥義ノモリナシ
講経オハリテヲヘニハ　天華ソノ地ニフリクタリ
帝王イヨヽ信シテス　大臣公卿タツトミキ
法花ノ文字ヲタヽサント　妹子ノ臣ヲツカヒニテ
大唐衡山般若寺ニ　ムカシノ持経トリニヤル
イモコノワタセル経巻ハ　ワカニハアラストノタマヒテ
ユメトノハトシトチタマヒ　七日七夜オトモセス
八日トイヒシアカツキニ　タマノ机ニ経イマス
恵慈ツケテノタマハク　此経ムカシノ所持ナリ
大[オフヨリ]歳入胎ヨリハシメ　示現カクレタマフマテ

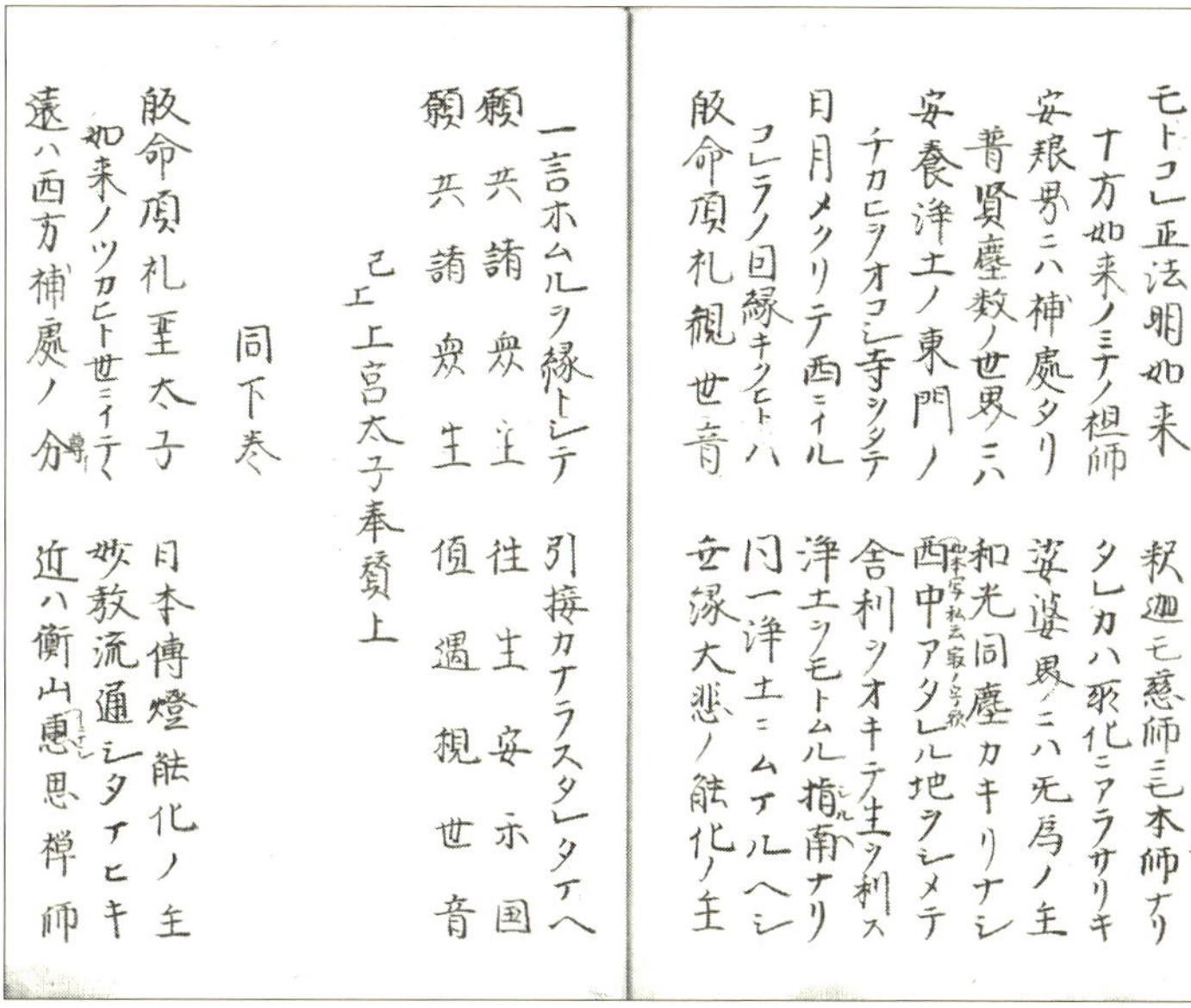

オホクノ瑞想現シツヽ　遠近見聞随喜セシ
モトコレ正法明如来　釈迦モ慈師ミモ本師ナリ
十方如来ノミナノ祖師　タレカハ弥化ニアラサリキ
安粮界ニハ補處タリ　娑婆界ニハ无房ノ主
普賢塵数ノ世界ニハ　和光同塵カキリナシ
安養浄土ノ東門ノ　西中アタレル地ヲシメテ
チカヒヲオコシ寺シタテ　舎利ヲオキテ生ヲ利ス
日月メクリテ西ニイル　浄土ヲモトムル指南ナリ
コレラノ因縁キクヒトハ　同一浄土ニムマルヘシ
敀命頂礼観世音　無縁大悲ノ能化ノ主

一言ホムルヲ縁トシテ　引接カナラスタレタマヘ
願共諸衆生　往生安楽国
願共諸衆生　値遇観世音
已上上宮太子奉讃上
同下巻
敀命頂礼聖太子　日本傳燈能化ノ主
如来ノツカヒト世ニイテヽ　妙教流通シタマヒキ
遠ハ西方補處ノ分　近ハ衡山恵思禅師

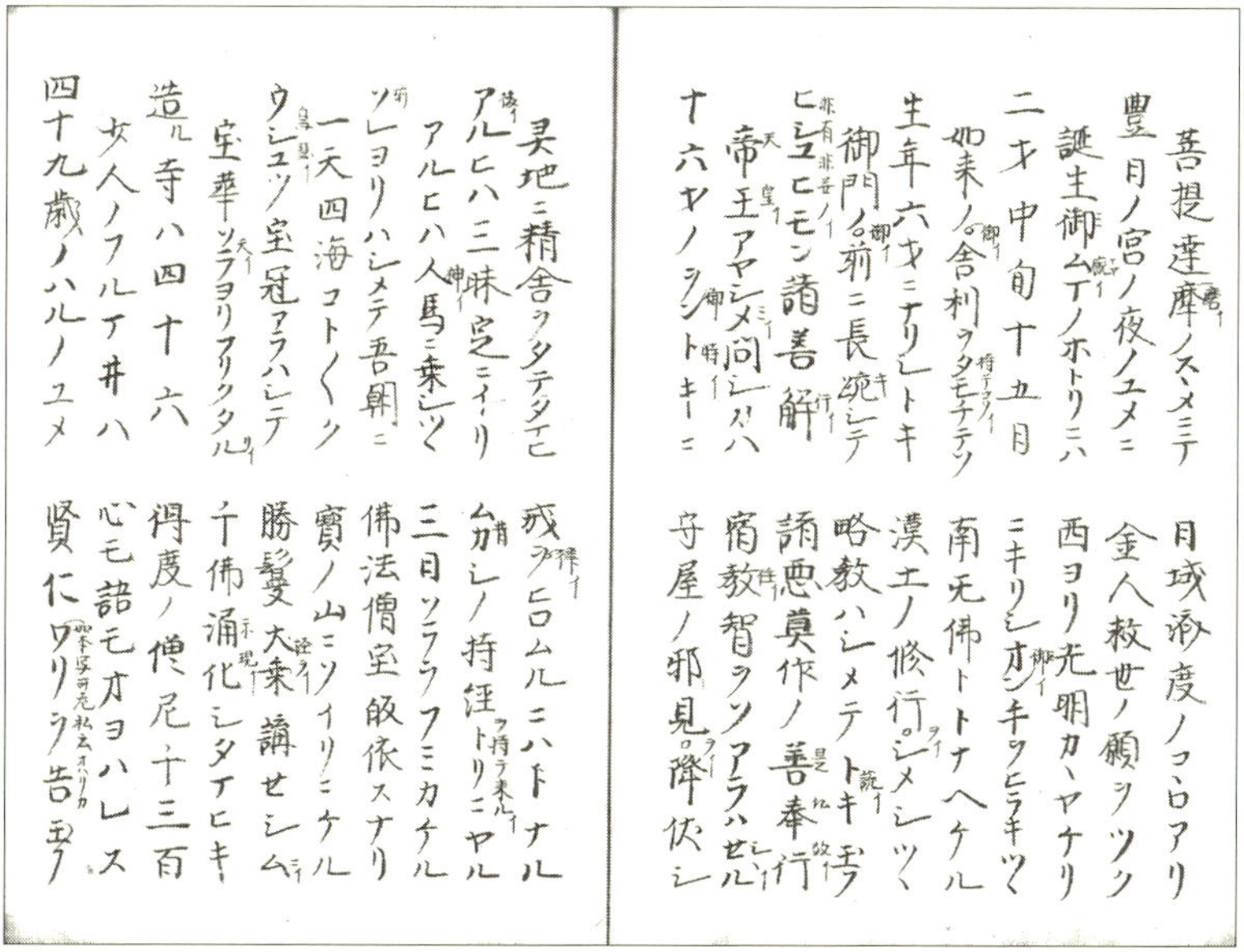

菩提達磨ノスヽメニテ　月城済度ノコヽロアリ
豊月ノ宮ノ夜ノユメニ　金人救世ノ願ヲツク
誕生御ムテノホトリニハ　西ヨリ光明カヽヤナリ
二才中旬十五日　ニキリシオンテヲヒラキツヽ
如来ノ御舎利ヲタモチテツ　南无佛トトナヘケル
生年六才ニナリシトキ　漢土ノ修行シメシツヽ
御門ノ御前ニ長跪シテ　略教ハシメテトキ玉フ
ヒヽモヒモン諸善解　諸悪莫作ノ善奉行
帝王アヤシメ問シハ　宿教智ヲソアラハセル
十六ヤノシントキニ　守屋ノ邪見降伏シ

昊地ニ精舎ヲタテタマヒ　戒ヲヒロムルニハトナル
アルヒハ三昧定ニイリ　崩シノ持経トリニヤル
アルヒハ人馬ニ乗シツヽ　三日ソラヲフミカケル
ソレヨリハシメテ吾朝ニ　佛法僧宝敀依スナリ
一天四海コトヽヽク　寳ノ山ニソイリニケル
ウシユツノ宝冠アラハシテ　勝鬘大乗講セシム
宝華ソラヨリフリクタル　千佛涌化シタマヒキ
造ル寺ハ四十六　得度ノ僧尼千三百
女人ノフルアヰハ　心モ詞モオヨハレス
四十九歳ノハルノユメ　賢仁ワリヲ告玉ノ

勝陽殿ノミヤノウチ　アハレヲモヨホスコトオヽシ
入涅槃ノカナシミハ　雙樹ノムカシニコトナラス
御ハカシナガノサトニシテ　滅土ノ利益タレ玉フ
過去七佛宝輪所　大乗相應功徳地
一度参詣離悪趣　決定往生極楽界
沙羅ノクモリニイリシ月　光ヲ長夜ニノコセリ
トミノ小河ノタエスシテ　ナカレヲクテヌ人ソナキ
諸佛念衆生　衆生不念佛
父母常念子　子不念父母
ワレラカコヽロハ凡夫ニテ　カスミニカクルヽ松ノイロ

一實相ノカセノテヘ　ハラハヌテリハアラシカシ
コイ子カハクノ皇太子　善巧方便メクラシテ
正法シユイ滅セシトキ　片時モ利生ヲワスレサレ
ワレモ人モモロトモニ　如来ノ遺教護持セシメ
信行解脱成就シテ　太子ノ恩徳報謝セン
大慈大悲興正法　如化衆生心清浄
自利々他平等　称名至心供養法
願共諸衆生　往生安楽国
願共諸衆生　値遇観世音
已上太子奉讃下終

六角堂照護寺之門弟菊田之良槻房述之
于時應永十四年卯月九七日書之畢
右之本者以恵山師持本書写竟
于時宝暦十一辛巳六月中旬
恵順

伝親鸞作の和歌集

――『御開山御詠歌三百七首』の紹介と翻刻――

一　親鸞の和歌観

日本の高僧、名僧、知識といわれる人たちの中には、和歌をよくする人がひじょうに多い。ここにとりあげようとする親鸞（一一七三～一二六二）の周辺にも、たとえば親鸞出家の戒師とされる慈円慈鎮（一一五五～一二二五）には、大部な家集『拾玉集』五～七巻があって、総数六千百十七首を収めて有名であるし、[1]「歌よむはつみにて候か」の問いに対し「あなかちにえ候はし　た、し罪もえ功徳にもなる」[2]と答えた親鸞の師法然房源空（一一三三～一二一二）には、二十二首の真作和歌があり、[3]親鸞と同じ浄土念仏門の流れをくむ一遍房智真（一二三九～八九）にも約七十首の詠歌が、彼の伝記絵巻物などに散見される。また親鸞と同年の明恵房高弁（一一七三～一二三二）には、『明恵上人歌集』百五十五首のほか、なお三十首近い自詠の和歌がのこされており、[4]さらに親鸞の二十八歳から八十一歳の間を生きたかの道元（一二〇〇～五三）にも禅の境地を詠んだ和歌が、六十五首余伝わっている。[5]いっぽう親鸞の曾孫にあたる覚如宗昭（一二七〇～一三五一）ともなれば、正和四年（一三一五）に自撰和歌集

『閑窓集』上下二帖二十巻千首を編み、伏見上皇（一二六五～一三一七）の叡覧に供したというから相当なものだが、残念ながら現存しない。しかし、覚如の没直後に成立した『慕帰絵』・『最須敬重絵』という二つの伝記絵巻物には、六十首ちかい覚如自作の和歌をみることができる。この覚如六代の孫で本願寺第八代にあたる蓮如兼寿（一四一五～九九）は、「又御詠歌ノ事　卅一字ニツクルコトニテコソアレ　コレハ法門ニテアルソト仰ラレ候ト云々」（『蓮如上人一語記』）の言葉を残しているだけあって、彼にも三百首以上もの詠歌が現存しており、蓮如の五男で同寺第九代の実如光兼（一四五八～一五二五）編の蓮如和歌集に百二十二首、同十男実悟兼俊（一四九二～一五八四）のそれに二百五十一首をそれぞれ収めて壮観である。

　このように著名な僧たちが、多くの和歌をのこした背景には、彼らの出自の大半が和歌をたしなむ上層階級に属したことと、「狂言綺語モ讃仏乗ノ縁」ともいわれたごとく詠歌は、かならずしも仏教で否定されなかったことなどがあげられよう。ところが、こうした状況のもと五帖五百首以上の和讃を作り、和讃史上きわめて特異な位置を占める親鸞には、不思議なことにただの一首も確証のある和歌が存しない。これにつきかつて宮崎圓遵博士や生桑完明氏は、三重専修寺蔵の「十悪」を列記した親鸞真蹟の「綺語」にだけ「ウタヲヨミイロヘコトハヲイフ」と左訓されていることに注目され、[6]親鸞は詠歌という行為を仏教で規定する「十悪」の中の「綺語」にあたると考えていたために、真作の和歌がないのであろうとされた。[7]まことに正鵠を射た指摘といえよう。

　実はこの左訓は初期真宗門侶にもすくなからぬ影響をおよぼしていた事実が、同じく専修寺蔵の親鸞真蹟正嘉二年（一二五八）本『尊号真像銘文』[8]、滋賀光延寺蔵延慶二年（一三〇九）書写本『浄土文類聚鈔』[9]、愛知満性寺蔵元亨二年（一三二二）専空本系永禄二年（一五五九）寂玄書写『正法輪蔵』[10]九などの各末尾にも、わざわざそれが写されているところからも十分知ることができ、げんに親鸞と同様門侶たちの確実な詠歌もまたまったく伝わっていないのである。これは初期真宗の特異な現象として、今後も注意していく必要があろう。

二　伝親鸞作の和歌

親鸞やその門侶たちの確証ある和歌が存在しない理由は、上のごとくであるが、しかし親鸞にかかわる後世の文献や旧蹟寺院には、親鸞や門弟の作という詠歌が無数に伝えられており興味深い。そうした和歌の拾集は、はやく江戸時代後期に美濃の真宗僧先啓（一七二〇～九七）によっておこなわれ、寛政十年（一七九八）刊行の『浄土真宗玉林和歌集』巻第一にそれを見ることができる。[11] しかし近年、土井順一氏はさらに広く文献を渉猟し、三百首以上の伝親鸞作和歌を収集公刊されたが、[12] その意義ははなはだ大きく、われわれは労せずしてその恩恵に浴しうることを感謝しなければならない。

さて、土井氏収集の親鸞作と伝える和歌の中には重複するものも多く、その実数は百首強ほどであろうが、それらのうちの最古のものは、室町時代初期の成立になる『親鸞聖人御因縁』の「ハシタカノ　ミヨリノハカセ　フキタテ、　オノレトハラフ　ソテノユキカナ」で、[13] ついで古いのが西本願寺蔵蓮如筆『祖師御作要文幷御詠哥』にみえる三首となっている。[14] そして永正八年（一五一一）、同十七年（一五二〇）の奥書識語をもつ実悟兼俊の『聖教目録聞書』にも、その書名が登場する『親鸞聖人伊呂波詠歌』六十二首がこれにつづくが、このほか中世作品に属するものとしては、文禄元年（一五九二）の書写奥書をもつ『親鸞聖人由来』があるも、歌は上記『御因縁』に同じである。なお、越後高田本誓寺蔵本実如判七帖御文の第四帖末尾には、有名な親鸞出家時に詠んだとされる「あすありと　おもふ心の　あだざくら　よはにあらしの　ふかぬものかは」の原歌にあたるとおぼしき「アスミントオモフコ、ロハ　サクラ花　ヨルハアラシノ　フカキモノカハ」がみられて注目されるが、これはその書物柄蓮如の詠歌である可能性もなくはない(15)。以上のほかはすべて近世の文献に出てくるものばかりである点も、伝親鸞作の和歌をながめる上で留意すべきところといえよう。いま参考までに土井氏があげられたものに若干を付加した親鸞作和歌掲載文献を列挙しておけば、およそ次の通りとなるが、その大半は刊本であるので、今後は隠れた写本にも注意の目をむけ、親鸞作と称せられる和歌のさらなる増加を期待したいとおもう。


『親鸞聖人御因縁』　写本。作者不詳。

『親鸞聖人御因縁秘伝鈔』　刊本。伝存覚作。正徳六年（一七一六）三月刊。

『祖師聖人御作要文幷御詠哥』　西本願寺蔵蓮如写本。

『御文』　越後高田本誓寺蔵実如判七帖御文第四帖末尾。

『親鸞聖人伊呂波和歌』　写本。大分専想寺蔵。

『親鸞聖人由来』　写本。作者不詳。

『しんらん記』　刊本（古活字版）。作者不詳。寛永頃（一六二四〜四三）刊。

『本願寺聖人親鸞伝絵私記』　刊本。作者不詳。慶安三年（一六五〇）刊。

『親鸞聖人御直弟諸国散在記』　写本。編者、宗誓。元禄七年（一六九四）九月一日成立。

『二十四輩散在記』　写本。編者、宗誓。『諸国散在記』と同じ頃成立か。

『釈教題林集』　刊本。編者、随有軒浄恵。元禄八年（一六九五）五月刊。

『捃聚抄』　刊本。著者、天旭。元禄十三年（一七〇〇）春刊。

『御詠歌』 写本。編者、光遠院恵空。
『絵伝撮要』 刊本。著者、普門。宝永三年（一七〇六）九月刊。
『親鸞聖人遺徳法論集』 刊本。著者、宗誓。宝永八年（一七一一）一月刊。
『親鸞聖人御詠歌集』 刊本。編者不詳。正徳三年（一七一三）八月刊。
『親鸞聖人正統伝』 刊本。著者、良空。享保二年（一七一七）七月刊。
『親鸞聖人徳沢余波』 写本。作者不詳。享保五年（一七二〇）十二月成立。
『御旧蹟二十四輩記』 刊本。著者、竹内寿庵。享保十六年（一七三一）三月刊。
『親鸞聖人正明伝』 刊本。伝存覚作。享保十八年（一七三三）刊。
『御伝鈔教授鈔』 刊本。安永二年（一七七三）刊。
『御伝鈔演義』 刊本。粟津義圭 安永三年（一七七四）刊。
『大谷遺跡録』 刊本。著者、先啓。安永八年（一七七九）刊。
『浄土真宗玉林和歌集』 刊本。編者、先啓。寛政十年（一七九八）刊。
『御伝在国考』 刊本。著者、春芳。寛政十一年（一七九九）四月刊。
『親鸞聖人絵詞伝』 刊本。編著、舜恕・慧観。享和元年（一八〇一）七月刊。
『高祖聖人御伝絵略解』 刊本。作者未調。文化七年（一八一〇）四月刊。
『御伝縁起指図鈔』 写本。作者未調。文化九年（一八一二）四月十一日、大恵写。
『康楽直授御伝絵指南鈔』 写本。作者不詳。江戸時代後期成立か。
『諸伝集』 写本。編者不詳。江戸時代後期成立か。

『親鸞聖人御一生記絵抄』刊本。著者、東籬亭。嘉永元年(一八四八)成立。

『親鸞聖人御化導実記』刊本。安政五年(一八五八)刊。

『親鸞聖人御一代記図会』刊本。作者未調。万延元年(一八六〇)九月刊。

『親鸞聖人枕石寺伝絵鈔』刊本。作者不詳。万延二年(一八六一)刊。

『親鸞聖人　蓮如上人　詠哥集』刊本。編者、西村九郎右衛門。明治九年(一八七六)一月刊。

『祖蹟採訪史料』山田文昭氏著『真宗史の研究』所収。

三　新資料の紹介

愛知本證寺林松院文庫に『御開山御詠歌三百七首』(以下『開山詠歌』と略記)という美濃紙判大の写本一冊が蔵されている。これは浄土真宗の開山親鸞が詠んだひとつの和歌集とおもわれるものであるが、土井氏の文献中にも含まれておらず、『国書総目録』などにもその名をみない新資料でないかと考えられるので、ここに紹介し翻刻を試みたい。

この『開山詠歌』に収められる三百七首の和歌は、そのすべてが親鸞真作でないことはいうまでもないが、ここで特にこれを重視注目する由縁は、土井氏により多くの文献より収集された伝親鸞作の和歌総数が、延三百余首(実数百首強)であったのに対し、『開山詠歌』は単独で三百首を上回っているだけではなく、従来既知の和歌と重複するものが、一首もないという独自性をもっているからにほかならない。ここで『開山詠歌』の書誌データを示しておけば、およそ次の通りとなる。

書誌

所蔵者　本證寺林松院文庫
所在地　愛知県安城市野寺町野寺二六
作品名　御開山御詠歌三百七首　一巻一冊全存
書写年代　江戸時代中期　十八世紀中頃か
装幀　紙捻紙釘装綴じ包背装
表紙　本文共白紙無地表紙
寸法　縦二七・八センチ　横二〇・六センチ
料紙　楮紙
紙数　四一丁
半葉行数　八行
一行字数　一七～一四字
外題　三百七首／祖師聖人御詠歌　全（左直書後補筆）
序文　なし
首題　なし
撰号　なし
蔵書印記　巻頭に三個あり　印文不明
1　陽黒方印　縦一・〇センチ　横〇・九センチ

2　陽黒丸一重枠印　径一・四五センチ
3　陰黒丸一重枠印　径一・六センチ

用　　字　漢字　ひらかな
絵　　　　なし
書き入れ　同筆訂正あり
尾　　題　御開山御詠歌三百七首
跋　　文　なし
奥　　書　なし
筆　　者　不明　流麗な御家流による一筆書き
備　　考　137と264は同歌なので実質三百六首となる。若干の虫食いがみとめられるも全丁に裏打ちが施されており保存は良好である。平成十七年（二〇〇五）二月入庫。

ところで、この『開山詠歌』には、その作者が親鸞であることを明示する記載が実はない。そこでそう推測させる手がかりになる二、三の事項をあげておきたい。

その一は、表紙の後筆外題に示される「祖師聖人」と当初尾題に記される「御開山」の尊称である。祖師・聖人・開山と呼ばれる僧は、なにも親鸞だけにかぎらないが、親鸞の場合はやく覚如の『報恩講私記』以来「祖師聖人」が用いられ、蓮如の『御文』以降さかんに「開山聖人」と崇められて今日にいたっていることは、すでに周知のところで、したがってここでも単に「祖師聖人」「御開山」と外尾題にあれば、それは親鸞その人を指すとみても、決して不当とはおもわれないことがあげられる。

その二は、内容的にみて三百七首の全歌ににじみ出ている真宗一流の安心、信心の信境である。『開山詠歌』の作者は「念仏成仏是真宗」の心を和歌に託し、親鸞になりきって詠んでいるのがよくわかり、親鸞を作者にあてるというのも十分うなずけるものがあるといわなければならない。

その三は、たとえば『開山詠歌』の37、111、116などは、親鸞作『浄土和讃』所収の現世利益讃、同『正像末和讃』、同『浄土高僧和讃』所収の善導讃よりそれぞれ詞章を借りて詠まれており、また14、24、298はかの『歎異抄』にもとづいているのが明確なことも、外尾題と共に親鸞作者説を決定づける有力な証左となるにちがいない。

以上のような諸点より『開山詠歌』の作者を親鸞にあてて、不都合はないとおもうが、それではいったいこの『開山詠歌』は、いつごろの成立とみたらよいのであろうか。『開山詠歌』の50は明らかに蓮如の『御文』二帖目第一通を下敷きとしているから、それ以降であることは確実といえる。いっぽうさきに列挙した文献からもわかる通り、親鸞の和歌が世間でやかましくいわれるようになるのは、親鸞四百五十回忌の正徳元年（一七一一）あたりから、六百回忌の文久元年（一八六一）頃にかけての時代、すなわち親鸞の旧蹟巡拝がさかんにおこなわれるようになる時期と重なっているが、すでにふれたごとく『開山詠歌』は、この期に登場してくる親鸞作とされる詠歌を一首も含まない事実は、ここで顧みておく必要があろう。他方私見では『開山詠歌』の筆写時期と成立年代は、そう隔絶していないとおもうので、それを料紙の手触り感や流麗な御家流の筆趣にもとめてみると、江戸時代二百六十五年間を単純に三等分した場合の中期に置いて、さしつかえないものと観察する。はたしてそうだとすれば、一つの目安として親鸞五百回忌の宝暦十一年（一七六一）前後を『開山詠歌』の成立年代にあててみるのも一案かもしれないが、もとより憶測の域を出るものではない。

なお、『開山詠歌』の巻頭には三個の墨印がみとめられる。その印文を解読することによって、あるいは書写者や所持者ひいては成立年代をも明らかにしうる可能性が残されているので、諸彦の垂示を切願したい。

ここで『開山詠歌』出現の意義を記し結びにかえるが、伝親鸞作の和歌は土井氏の尽力で延三百首余、実質百首強が知られていた。それがここに三百七首を一挙に追加できた意義は大きいであろう。そしてその三百七首は、従来知られているものと一首も重複しないというのも評価されてよいかとおもう。もっともこれらの和歌は正統派からみれば素人作のとるにたらない歌屑と映ろうが、見方をかえれば真宗の安心・信心に裏打ちされた詠歌ばかりである点に、別の面での価値を見出しうるのではないかと考える。今回の紹介により、こうした隠れた親鸞和歌集のさらなる発掘がおこなわれれば、より一層『開山詠歌』出現の意義も高まるものがあるといえよう。

最後に『開山詠歌』の実際の作者について、おもうところを述べてみたい。もとよりそれはまったく不明なのであるけれども、真宗の聖教に親しみ、和歌をたしなみ、御家流の書をよくする人物といえば、やはりそれは真宗の僧侶とみるのが常識的であろう。詠歌の215に「あふみのか丶みやま」とあるのを注目すれば、この歌集の作者は近江国の真宗僧であったのかも知れない。しかしその人はなにも親鸞の和歌を偽作しようとしたのではなく、自身が聞信すればするほど真宗の有難さ尊さに自然と頭がさがり、おのずと湧きあがってくる信心歓喜の心境を親鸞に託し和歌に詠んだのが、本集であったとおもうものである。

註

（1）多賀宗隼編著『校本拾玉集』（吉川弘文館、一九七一年）。

（2）龍谷大学仏教文化研究所編『黒谷上人語燈録（和語）』（龍谷大学善本叢書一五、同朋舎出版、一九九六年）三五一頁。

(3) 岸信宏「法然上人の和歌に就いて」(『仏教文化研究』第八号、一九五九年)。のち、法然上人伝研究会編『法然上人伝の成立史的研究』Ⅳ(知恩院、一九六五年)所収。
(4) 久保田淳・山口明穂校注『明恵上人集』(岩波文庫、一九八一年)。
(5) 大久保道舟編『道元禅師全集』下巻(筑摩書房、一九七〇年)四一一頁。
(6) 平松令三・名畑崇編『増補親鸞聖人真蹟集成』第九巻(法藏館、二〇〇六年)三四八頁。
(7) 宮崎圓遵「親鸞と和歌」(『蟹の説法』、一九六三年)。のち『宮崎圓遵著作集』第六巻「真宗書誌学の研究」(思文閣出版、一九八八年)二二五頁に所収。生桑完明『親鸞聖人撰述の研究』(法藏館、一九七〇年)二三一頁。
(8) 生桑完明「尊号真像銘文に関連する問題」(『高田学報』第五一輯、一九六四年)。
(9) 親鸞聖人全集編集同人編『親鸞聖人全集』漢文篇(親鸞聖人全集刊行会、一九五八年)一五七頁。
(10) 平松令三編『真宗史料集成』第四巻「専修寺・諸派」(同朋舎出版、一九八二年)五五九頁。
(11) 大取一馬編『浄土真宗玉林和歌集』(臨川書店、二〇〇一年)。
(12) 土井順一「古伝親鸞の和歌」(『佐賀龍谷短期大学紀要』第二九号、一九八三年)。同「親鸞聖人の出家得度時の和歌」(『龍谷大学論集』第四五二号、一九九八年)。
(13) 山本一氏は、この和歌につき次のごとき重要な指摘を行っておられる。「なお、この際に慈円が詠んだとされる鷹狩りの歌は、『正治初度百首』の藤原範光の歌であり、同じ折の親鸞の作とされる歌は、『遺塵和歌集』にほとんど同じ形で高階成朝の作として見えている」。山本一「親鸞以前の親鸞」(『北陸古典研究』第一九号、二〇〇四年)。
(14) 『真宗聖教全書』拾遺部下、二七七頁。ただし三首のうちの「不浄ニテ……」は、弘願本『法然聖人絵』に法然詠歌として登場する。
(15) 註(12)に同じ。

翻刻『御開山御詠歌三百七首』

三百七首
祖師聖人御詠歌　全」（表紙）

1 三かひにいつれの地にもむまれすし
ふつほうるふのくにそ嬉しき

2 さきの世におちひをふかくかうふりて
いましゆくせんの花そひらくる

3 しゆくせんの花のたねをはかうふると
おしゆるちしきうとんけ成けり

4 一ねんにたのめはいたるこくらくと
おもひさためてのちはねんふつ」（1オ）

5 わうしやうはうたかひもなく思ふこそ
ほんちちしきのおしゑなりけり

6 いにしゑをいまもかわらぬをんおしゑ
なかれたへせぬしたひそうしやう

7 しんするもねんする事もたりきなり
われとおもふはあさましきかな

8 心をはとそきやうにあひみかくへし
ゆたんをなさはさひはいてゆく」（1ウ）

9 ちりきをはすてゝたりきにおもむくは
ちしきのおしゑあまねきかゆへ

10 たりきをもしらてちりきをたのみなは
かなはぬまてもきやうしてやみん

11 十方にほとけのしやうとはおほくとも
つみつくる身はいかてかなはん

12 我といふいたつらものにさそわれて
くせひのふねにのりやおくれん」（2オ）

13 としよりてつねにくりことといふへきは
ねてもさめてもたへすねんふつ

14 ありかたくおもへとゆやくなかりけり
よろこはせぬはほんのふのしよひ

15 きによりてたのむ心ののりなるは
いくちもわかてひはうしやうほう

16 しよしんをもしんしたのまぬまてそかし
わかうのちかひふかくうやまふ　」（2ウ）

17 ほうかくもひのよしあしもしらされは
けんせをいのる事もしらすや

18 こくらくをつかて心のおこらぬは
またふるさとのきつなのこりて

19 あしからぬ心おこらはくわんりきに
たちかゑりつゝみなをとなへよ

20 ふつをんとしをんをふかくおもひなは
きやうしゆうさらに心あるへし　」（3オ）

21 くわんりきにつみのきゆるとおもひつゝ
こゝろゆるさはあしからん事の

22 三あくのくわきやうはあくのしたなれや
けたひをなさすやうしんをせよ

23 いそけひとむしやうのかせのふかね日に
うき世のわさはかたわらにして

24 ねんふつもうしちこくにおつとせひもなし
しりきのきやうのおもひよらねは　」（3ウ）

25 せうほうをほうせはみたのほんくわんを
そしるいわれのありとこそきけ

26 あくしんのさしいてたらんときはたゝ
なむあみたふつかへつちにせよ

27 なからへてまたあしききもいてきなん
ゆめのうき世にしうしやくおして

28 さたまれるしたいをいそくもおろかなり
おしゑのほとを常にわするな　」（4オ）

29 ためもりはきゝゑてみをはすてにけり
さほとになきはあさましきかな

30 大事そとおもへはやすきおんおしゑ
かる〳〵おもはゝ大事なるへし

31 ちやうめいと思へはゆたんあるそかし
けふをかきりとおもふへきかな

32 けふはかり〳〵とそおもふへし
しそくのいるはぬしもしらねは 」（4ウ）

33 きのふ見し人もこよひはなをのこす
あすは我身のうゑとしるへし

34 こくらくといふなをきかはみたふつの
しゆしやうのためのみくにそとしれ

35 ないしんにおしへをふかくよろこひて
こしやうをつねにまかすへきかな

36 たねんなくみたゝのむ身の嬉しさは
にちやにちかくなれるこくらく 」（5オ）

37 一すしになむあみたふつとのふれは
しよしんほさつのかこにあつかる

38 ふつしんのみなをとなへてなにかせん
たゝ一こゑのうちにこもれり

39 しらすしてつくりしつみはをひもなし
心にかゝることはさるへし

40 せんしんも心かけかすことなれは
わか心にもやうしんをせよ 」（5ウ）

41 六の字にまさるくとくのあらはこそ
よけうをしゆしてなにゝかはせん

42 きゝゑても心ゆるさしさんとくに
こんかうしんをうはひとらすに

43 うたかひてへんちにやとをとらんより
たつきにしやうしすくみちをゆけ

44 おもふことかなふひとても世の中に
さかふるとてもいつはりのよや 」（6オ）

45 しみ〳〵とみたゝのむよりほかはなく
よきもあしきもしらぬ此身は

46 こくらくにまいらん事をわするなよ
すつるうき世にみをやつしつゝ

47 みちをしる人には常にむつふへし
あさのなかなるよもきみるにも

48 したひをはいまたこの世にあふなから
こゝろはみたのくにゝこそすむ 」（6ウ）

49 ほんのふのきつなはいかにつよくとも
みたのりけんてきりはなつなり

50 ゆたんせはにこれるみつやいてきなん
みそをさらへてなかせほつすい

51 かりをきし四たひをいつるかゑしつゝ
はちすのうゑにさせんうれしさ

52 西方は十万おくも一ねんに
いたるときにはちかきこくらく」(7オ)

53 ゆめのかをらくとおもひて後のよを
ねかはさらんは身をしらぬかな

54 せうたうにふかきくとくはおほしとも
きにおよはねはさるさわの月

55 せうたうもおしへのことくしゆすならは
いたらん事はうたかひもなし

56 木をわりてみるともはなもあらはさす
たりきのしんそふつせうのたま」(7ウ)

57 ふつしやうのたまありとてもとうきやうと
しんしみかゝぬときはほくせき

58 我身をはいたつらものとおもひなは
よきこゝろにもなりやかゑらん

59 うたかひはおのかこゝろのまかるなり
ほとけお事にそふことはなし

60 おしゑよりたまはるしんをたもちなは
けんせりやくはをのすからゑん」(8オ)

61 しんするもとなふるくちもきやうするも
三かうともにきほうひとたひ

62 たのもしきちかひをつねにおもふへし
ねても覚てもつみつくるみは

63 なむといふことはのうちにはなさきて
四のちにてこのみとそなるかな

64 よをいとひかなはぬまてもしゆすへきは
しらすおほゑす四十八くわん」(8ウ)

65 しらすしてしんせぬはけにことはりや
きゝゑてゆたんあさましきかな

66 ひやうけんはしせんといゑるつかひなり
なむあみたふとへんしをそする

67 たしかなるときにみのりをきゝたりて
きやうふかなはぬときはねんふつ

68 一ねんにたのむこゝろはありあけの
月とひとしくにしへこそゆけ 」（9オ）
69 命をはわかまゝならんこゝろして
いまをかきりとおもわさりけり
70 いまをかきりあすはしらすと思ひなは
ゆたんはつねにあるましきかな
71 後のよをおもわゝうきもつらからし
うき世にらくはゆめのたわふれ
72 しのえんにいたらはつねにたのみおく
さとりをえんとたのもしきかな 」（9ウ）
73 りんしうの一ねんにてもわうしやうと
すゑをたのむはあやうかりけり
74 くものうゑくらゐたかきもしつのみも
しのつかひをはいかてのかれん
75 てんしやうのくわほうもかきり有なれは
おいせすしせぬくにをねかえよ
76 せんこんはしゆせんとするとなりかたし
いとひすつれとあくはいやます 」（10オ）
77 ほれ〳〵となむあみたふととなふれは
くとくはすくれきやうしやすさよ
78 一ねんになむあみたふとたのみなは
なむあみたふと身はなるときく
79 いつの日にのへのけふりと成やせん
たのもしきみもこゝろほそさよ
80 人をとひわか身もつゐにとはれなん
いつをかきりとさためなのよや 」（10ウ）
81 さためなきよをちよまてといのるらん
むりやうしゆふつをたのめみな人
82 ほんのふのなみ風たつといとはすし
なむあみたふとはやふねにのれ
83 せうたうをしゆするこゝろのおよはねは
みたのちかひにあふそうれしき
84 いかなれはつみふかき身をすくはんと
ほんふのためにみたは大くわん 」（11オ）
85 月はいて水にかけおややとすなり
たりきふしきをうけてよろこふ

86　しんくゐにいつわりなくてほれ〳〵と
　　みたたのむみはうれしかりけり

87　つみとかもこゝろにかゝる事はなし
　　五かうしゆひはたかためそかし

88　十あくも五きやくももらしたまはねは
　　たくひはあらしみたのせひくわん　」（11ウ）

89　たねあらははなやこのみもいてきなん
　　こゝろにあらはくちにいつへし

90　ありかたくおもふこゝろをたねとして
　　はなのはちすのみとはなりけり

91　一かうにみたゝのむみはかいきやうを
　　おもたてたもつ身とはなりけり

92　たのしみをきわむるくにをねかふへし
　　うゐのせかひをいとへみな人　」（12オ）

93　いとふとてうきよのわさをすてはこそ
　　こゝろのうちをすみそめのそて

94　あさかほのひかけまつまのうきよそと
　　おもひなからもよをはすて得す

95　いのちをはいまやかきりとおもふへし
　　よをはいとわすことはさはなせ

96　にんかひに五たひすなをにむまれきて
　　みのりをきくはちゝはゝのおん　」（12ウ）

97　さひほうをしんせぬさきは程とをし
　　きゝ得てのちはちかきこくらく

98　一たひのみのりをときしこくいには
　　なむあみたふをしらしめんため

99　あくにんをすくひたまはんくわんなれは
　　つみはほとけにまかすへきなり

100　ほんくわんはわれらことときのためなれは
　　ほんふしやうにんへたてあらしな　」（13オ）

101　仏の世にむまれしひともいまのみも
　　しん〳〵あらはひとつうてなに

102　十あくのきりやかすみはあつくとも
　　はらふあらしはこんかうのしん

103　きん〳〵をたくはへおきてりんしうに
　　しうしんあらはみのあたとなり

104 五かいゆへたま〳〵ひと〻むまれきて
ふつにきせすはもとのあくしゆに 」(13ウ)

105 さいほうはうき世にありしくにそかし
ほたひのしんはなかきたからよ

106 くれなひもたひかさなりていろもます
いくたひもきけのりのことのは

107 よきたまもみか〻ぬときはひかりなし
ちしきにあひてしんをみかけよ

108 川きしのみとりこよりもあやうきは
うつら〳〵と世をわたるひと 」(14オ)

109 三とくのやまひをちせんくすりには
なむあみたふのらうやくをのめ

110 たれとてもさためなきよとおもへとも
けにやあすとはおもはさりけり

111 一ねんにみたいちふつをたのむ身は
ふしよのみろくとひとしからすや

112 た〻たのめつみふかくともいとはめや
なにはの事もみたにまかせて 」(14ウ)

113 すて〻ゆくわさにはみおもいとはねと
のりのみちにはすつるみもなし

114 かうかしやのほとけのみくにはおよはねと
一ねんむきにたのむさひほう

115 すむかひもなき世の中にむまれきて
ほとけならてはたのむかたなし

116 しやかみたはちひのふほにてましませは
こ〻ろいたらはたのもしのみや 」(15オ)

117 よき人のおしゑをうけてしゆせしかは
なむあみたふつたからもふくる

118 をひかみはなむあみたふともろともに
いつの月日かいりあひのかね

119 にたる世になにかまことのあらはこそ
しんいたらんもたりきなりけり

120 こ〻ろたにおしゑのことくしゆせしかは
むかうのやみはしめひところゑ 」(15ウ)

121 けふまては人をあはれとおもひしか
いつかわかみも人にとはれん

122 かのきしに行へきみちをたつぬれは
ちかきをすてヽいたるしんきゃう

123 なむあみたたすけたまへのほかはなし
ゆかんとおもふみちのなけれは

124 うか〳〵となむあみたふととなふこそ
たりきのしんのいりみつるゆへ」(16オ)

125 我にますよき人をみはのそみあり
おとれるひとをつねにみるへし

126 きをきさみかみにもうつすきやうそうを
まことのほとけとふかくたつとめ

127 一かむのかめのうきヽにあゑるより
まれなるのりにあふそ嬉しき

128 ふつほうの花のさかりにむまれきて
こんかふしんのこのみをそとる」(16ウ)

129 せつしゆしてすてたまはさる事なれは
しせんときにはとにもかくにも

130 すてヽ行うき世のわさにみをやつし
こせをしらねはさんけんのむし

131 八つのくをはなれていつかかのきしに
いたらんことのたのむ心になれるみも

132 きしんなくたのむ心になれるみも
そうそくなくはくちはてやせん」(17オ)

133 ほんなふのきりやかすみにへたてられ
むけのくわうかうおかむことなし

134 たうとうをくやうしたらんくとくより
ねんふつまうすせんこんはなし

135 人しせは我身のうゑとおもへとも
しこくうつれはさほとおもはす

136 世の中にねかひてかなふ事もなし
たのめはかなふのりのみちかな」(17ウ)

137 たうとやとおもふ心のみにあまり
なむあみたふとくちにこほるヽ

138 しよせうともしらてやはつへきくちのみに
いのちはほうのたからなりけり

139 御ちかひのあめはあまねくそヽけとも
しゆくせんなきはうるおひもなし

140 つきはなにめつる心のわれならす
たのませたまへたのむ一ねむ 」（18オ）

141 くわうめうはこゝろのうちにみちぬれは
しんをはなれてふつしんもなし

142 月にくも花にあらしのいとふへし
ほたひのしんをけかすよくしん

143 かこにみつひたせはたまることなれは
さい〳〵きけはしんもたまらん

144 いてゝきけ人めになりとのりのみち
きけはにほひもとまるものかは 」（18ウ）

145 あかつきはとりかねのねに夢さめぬ
こゝろいたれはみもいたるなり

146 ゆかむきもたむれはすくになるそかし
しんちんなきもきかはなをらん

147 なんさいひのくわを見てくわこも知なれは
みらいのこともいまそしらるゝ

148 あさかほのはなのさかりの露のみそ
まつのよわひもほとはあらしな 」（19オ）

149 ほんくわんはつみふかき身のためなれは
あくそほたひのたねとしらるゝ

150 くるしみのうみをわたらんふなぬしは
なむあみたふをせんとうにせよ

151 のりのみちしゆするこゝろのなかりしは
人にむまるゝかひはあらしな

152 けふすきしこゝろにあすをおもふなし
つゆにやとれる月かけのみを 」（19ウ）

153 六たうはこゝろのなせるみちなれは
なむあみたふをせきもりにせよ

154 ふかれたる心のちりをはらはんは
なむあみたふをはゝきゝにせよ

155 とやあらんかくやあらんとおもはまし
たゝほれ〳〵とみたをたのまん

156 えたもかれはなもさかさるおひかみは
みたにひかれてにしへいそけよ 」（20オ）

157 一すしにみたたのむ身となる人の
みのいたらぬはしんのうすきか

158 けたひなく仏の御もとにまふてしも
　しんいたらすはみのならぬはな

159 世をわたるわさにひまなきみなりとも
　しんいたりなはうたかひはなし

160 なかき世をたのしむことはいそかすし
　すつるうき世にきもをいる哉　」（20ウ）

161 のちの世にらくにすまんもかふくわいも
　もにすむむしのなをはわれから

162 なむあみたこゑをしるへにのりのふね
　たゝやすく〳〵とかのきしにつく

163 やけはいうつめはつちにかへしけり
　こゝろのすめるくにをおもへよ

164 はかなくもみなかりものゝみをもちて
　わか身といふそおろかなりけり　」（21オ）

165 こくらくは行やすけれとみな人の
　たりきふしきのみちをしらねは

166 こゝろからせうしのうみにしつむなよ
　十のなみ風しんをさまたく

167 いたらすしことはに花をさかするは
　うちとこゝろとはた〳〵にして

168 なむふつととなえん事はいとやすし
　とうはくしんはみちをとつるや　」（21ウ）

169 身のうゑのちりほこりをははらはすし
　たのよしあしをいふそはかなき

170 ふかれたるこゝろのちりをはらはねは
　ひとのそしるもとかにあらすや

171 六そくかほとけとらんとねらふそや
　こゝろゆるすなおのかこゝろに

172 心こそよきもあしきもしる人希れ
　けたひのあらはなをせこゝろよ　」（22オ）

173 人を見ておのかこゝろをなをすへし
　ひとを見くたす事はさるへし

174 なにこともみなさきの世のむくひそと
　おもひさためてなにかうらみん

175 たのむきもわか心にてあらされは
　かしこきとてもやうにたゝすや

176 せんねんにしゆするこゝろのまれなれは
ほとけのことにいわふにもにむ　」（22ウ）

177 せうめうは春路をしるす花なれや
しんいたらねはくちにさかすや

178 ねんふつのかすをさためてなにかせん
一ねんくわんき十こゑひとこゑ

179 うけかたきにんしんをうけあひかたき
しきさうわうのほうそ嬉しき

180 いたらすしたりきふしきのあやかふる
せうちほたひのさまたけそかし　」（23オ）

181 ちひしんもたよりとならぬ事なから
なさけのちひはならはなさはや

182 せんたんもなるほとならはなせよかし
なすとおもはゝあしからんもの

183 わすれしとおもふねんふつわすれきて
かなわぬことはおもわれそする

184 なにことも仏にみをはまかせつゝ
なむあみたふとなふはかりそ　」（23ウ）

185 しん〳〵のこきうすきをも見わけすと
みのおはりにはあらはれそせん

186 ゆきやすきみちしらすしてまよふかな
しんのちしきにゑんのなけれは

187 わかきさゑたのむかひなきよの中に
いまをかきりとおもへおいかみ

188 おいのさかのほりくたりてかのきしに
いたらん事をまつはかりなり　」（24オ）

189 いつるいきいるおもまたぬ世の中に
さためなきみをなにたのむらん

190 よきことをきかはこゝろにたもちつゝ
あしきことをはきかはきゝすて

191 十かひをたもつとてんにむまるへし
みたゝのむ身はれんけそうかい

192 ちゑふかくみのりをけうけする人を
ほとけのつかひとあふくへきかな　」（24ウ）

193 けふけする人をよしあしいはんより
われはきゝゑてとくをとれかし

194 人のうゑよしあしおもふものならは
わかよしあしを常にたしなめ

195 たのめひといまもやきかんしのつかひ
しはしまてとていはれさりけり

196 よきをすきあしきをきらふ事あらは
こせこくらくはおもふへきかな　」(25オ)

197 おもひてもかなはすはけにことわりや
おもへはやすきのりのことのは

198 ふつはさりこふつははるかとをけれは
おしへはくちすさかへさかふる

199 日に三たひよのはかなさをおもひなは
うき世のわさもくにはなるまし

200 しやうしきのすくなる道をむねとして
うき世のわさもなるほうはなせ　」(25ウ)

201 われにうき人のこゝろにそむかしと
おもひなからもまたそあくしん

202 あやふまはちかいのふねにいそきのれ
しての山路はけわしからすや

203 身のほとをしらてかなわぬものこのみ
りんゑにかへるきつなゝりけり

204 はるなつをいつのまにかはくらしつゝ
あきのもみちとなれる身のはて　」(26オ)

205 みつなくてひたひになみはたつ田山
もみち葉をちてつもるゆきしも

206 わかきとてすゑたのむなよ山さくら
つほめるも散ひらくるもちる

207 さしむかふわさに心をそめてかけ
うきたひことにとなふあらまし

208 たのしむもよき夢なれやなか〳〵に
あしきはからき夢のよの中　」(26ウ)

209 すきし世にみのりを聞したねかりて
まことのみちにいるそうれしき

210 すこしきのくとくなるともしん中そ
めうもんあらはなすかひもなし

211 なに事もむくひとしりておもわなく
つたなきものはわかこゝろかな

212　みつせ川しての山路をゆかはこそ
　ひろきちかひのふねにのる身は　」（27オ）
213　かそふれはみしつれ〳〵のあともなし
　あはれはかなきよのならひかな
214　たねにより心にはなのひらくれは
　たへすからさぬしやうかうのあめ
215　のりのみちあひしあふみのかゝみやま
　こゝろのくもりみかく一ねん
216　かりものを七つ八つまてかゑしなは
　わかみもまゝにならぬつらさよ　」（27ウ）
217　せうさひとおもひてこゝろゆるさまし
　たねひとつにてえた葉しけれは
218　くちのやみはらふこゝろのかなはねは
　わかまゝならんことはいとへよ
219　ひのなかをこゑてものりはきくへきに
　あめかせいとふみこそつらけれ
220　やみのよにかなはぬみちをゆかんより
　なむあみたふをともしひにせよ　」（28オ）
221　こゝろさへこゝろのまゝにならぬかな
　よしなきことにけたいのみなり
222　けたひすとおもひてけたひなかるへし
　やうしんなさはとうそくもなし
223　むけふもすきあすはなにをかいとなまん
　しのちかつくをしらぬ世中
224　ちやうめいといのりてかなふ道あらは
　ちよをかさねてくものうゑ人　」（28ウ）
225　ふくとくをねかひてかなふことあらは
　よにまとうきはあるましきかな
226　きち日はいつくもおなし事なれは
　のへのけふりのたへるまもなし
227　さひなんをはらふいのりもさためなや
　とめるうゑにもうき事もある
228　きよからぬ身をしやう〳〵とおもふゆへ
　けかれをいみてみしめをそひく　」（29オ）
229　ふちはせとなるとし月にこりもせて
　いくひさしくもこゆるまつたけ

230 しやうしんのなき世にこりんはかそとは
またもかへらんつらきふるさと

231 いむかたによきことあらはいむ人も
我をとうしときかんはかりと

232 こゝろたにまことの道にいるならは
ひとのきらゐることはいむへし 」(29ウ)

233 よしあしもしるすひはかりふやすとも
いつもひかんとおもふへきなり

234 きんさつのふたにつきても何かせん
ひかりのうちにせつしゆある身を

235 うらほんをまつるこゝろをうしなひて
ほとけにまかせてみなをとなへよ

236 身のうゐにおもひてらすもうかりしは
すきにしあとのたねをしらねは 」(30オ)

237 ゆきのうちふりつるつみはこほるとも
なむとはる風ふかはとけなん

238 くさからすしもゝあさひにきえぬれは
たねのむくはぬことはあらしな

239 ゆたんよりねふりはきさす事なれは
こゝろになるこひきておとろけ

240 うき事とたのしむことのあらんには
なるこひかすとゆたんあるまし 」(30ウ)

241 ゆきおれのよはさかさまのたけなれや
をやにさきたつみとり子もある

242 さかりにて散はなおしとおもふまし
はちまんさひもゆめのうつゝに

243 なかいきは世にうらめしき事なれや
なにわのこともみくるしきかな

244 けかれたる世をうらめしく思ふなよ
とろのなかよりれんけしやうする 」(31オ)

245 人こゝろそのしな〳〵にかはるとも
おしへのみちはひとつ心に

246 すみなれしよにしうしんをなすゆゐに
かなはぬ事のおもわるゝかな

247 ふつほうのあるとしりてもちしきなき
くにゝむまれてをくやまのはな

248 さをかさねき、てもきかぬ人はた、
　むまれぬさきそおもひやらる、」（31ウ）
249 ねんふつをとなへなからもこの世をも
　いのらん人はまんしいつしやう
250 おしみてもゆるさらめやたまのおの
　たへなんことをおもへみなひと
251 しひくわつをなせは水とも成なれは
　みたたのむ身はゆふにおよはす
252 めいけひもむかはぬときはかけもなく
　たのまぬ人はたすけたまはす」（32オ）
253 ひちにふれこ、ろはうすくものなれは
　よからぬことはみされきかされ
254 せひくわんをさそなみ〳〵とおもふなよ
　わか身ひとつとふかくよろこへ
255 のりゑても心ゆるすなふなことも
　くちのなみ風ふかぬひもなし
256 そみ〳〵とみもうるおひてありかたや
　こ、ろけかすつきにうきくも」（32ウ）
257 うきくも、あらしさそは、さやか也
　おとろくこ、ろあるそ嬉しき
258 やまのはにいつる月日をともとして
　うたかひもなくにしにいりあひ
259 おもふま、さかふるとてもまのあたり
　みつれはかくるいさよひの月
260 草も木もうろのめくみに花もさく
　おしへのあめにこ、ろうるほふ」（33オ）
261 かなはぬにむねなこかしそほたるむし
　かりのやとりに心と、めん
262 はかなきはかなはぬのみと夢の露
　しもかれになるおひのよくしん
263 月日にはせきもりもなき道なれは
　いつゆくとなきおひのくれかな
264 たうとやとおもふ心の身にあまり
　なむあみたふとくちにこほる、」（33ウ）
265 ふつをんによしなかりけるものかたり
　ことくなりとのかの、ことのは

266 かりそめものりのこゝろはしをみつゝ
うき世かたりのさかふるそうし

267 あくゐんはいらぬりんよりしけるとも
なむとふたはにいつるせんたむ

268 ありかたくおもひをふしの高根ふつ
世をはゝかりてつくしみをなせ」(34オ)

269 しんすれはくとくはみにそみてるなれ
つきひとつにてかけはまんはひ

270 おしなへて世にはにこりのおほくとも
こゝろのうちにつきをやとゝせ

271 なにこともみないつわりの世の中に
しするはかりそいつわりはなし

272 いのるともまかさるたねのあらはこそ
のちの世にすむたねをまけかし」(34ウ)

273 あめつちにみをかくすへきやともなし
五のみちにまたまよふなよ

274 大くわんのふねにのらてやすく〳〵と
したひをすてはのりのみくにへ

275 たうきやうとこゝろにはちよわかこゝろ
こきうすきをはしる人はしる

276 しんしつにおもひいるゝかいれさるは
わか心こそかゝみなりけり」(35オ)

277 すみやかにおしへたゝしくしゆすならは
ふつのおもにもかろくもやならん

278 あさかほをはかなくおもふはなかさよ
はなの露よりもろきいのちを

279 かみほとけみつとなみとのへたてなり
ふつにきしなはかみはのふしう

280 うゑもせすさむからすしてすくるみの
のそみたへせぬ事そはかなき」(35ウ)

281 あくをとりせんにしゆすへきみたならは
ほんふしんにはいかてかなわん

282 よくしんとくちのこゝろはあらはあれ
まことのしんにさまたけはなく

283 さまたけのなきとおもひてはかなさに
とくすこしすて五たいくするゝ

284 はせを葉のいまをさかりに風吹て
やふれやすきは我身なりけり　」(36オ)

285 よき人にこゝろのとほり打とけて
むねのほこりをはらふはる風

286 まことある人はすくなるたけなれや
うき世の中にあとのなけれは

287 おひぬれはかねもおほろにきゝはかて
このめも見えぬはるかすみかな

288 いくたひもきかはこゝろの花さかん
にこれる世にもまたはるそある　」(36ウ)

289 のりのはなひらけさるとてきりすてゝ
木をきさみてそほとけとはなれ

290 ちとせふるまつもつゐにはえた朽ぬ
露のいのちをすへたのむかな

291 おもひてもなき世の中と見すてゝも
うき世のわさをすてられもせす

292 わかなさぬくとくのぬしとなれる身は
なむあみたふと常にわするな　」(37オ)

293 ふつしんのいりみつる身と成なれは
ぬるもおくるもふつといたゝき

294 をのつからこゝろのなせるひのくるま
ふつにきせすはのりものとならん

295 たのしみをきわむるくにをしらぬ身は
ちよをいのるもことわりそかし

296 ちゑあるもたよりとならぬ事なれや
うつたにまさるくちのはんとく　」(37ウ)

297 きやうしやくにふるきみのりはおほくとも
きするところはたりきしん〳〵

298 ふほのためくやうをなすとおもはすし
おんをほうせんためとしるへし

299 とふらふとうかふほとにはよもとはし
よにあるほとにこうかうをなせ

300 はらへともつきせぬものは我なれや
こゝろをあらふみつのにこれは　」(38オ)

301 さひ〳〵にはらはゝつゐにきよからん
いしをみかきてたまとこそなれ

302 人はよしわれわろしとおもひなは
うき世中にありあけの月

303 行すゑをこしかたほとにおもふにも
さためはあらし伊勢のはまをき

304 人なみにすかたことはゝたゝしくて
こゝろになきはうたかひのしん」（38ウ）

305 すつるとはかねておもへとよくしんと
いつをいつまてうつら〱と

306 たま〱もほたひのしんになりし身も
水にゑをかくふせひ成けり

307 すゑのよもみのりの花もさかりにて
らくをきわむる国にこそゆく

御開山御詠歌三百七首」（39オ）

笠間時朝鹿嶋社奉渡唐本一切経

一　笠間時朝の作善

鎌倉幕府の関東御家人のひとりであった笠間時朝（一二〇四～六五）は、和歌を得意とし、数かずの仏像を寺社に奉納し、唐本一切経を常陸国一宮の鹿嶋社へ奉渡するなど、多くの作善を積んだ非常に神仏崇敬の念あつい武士としてよく知られている。

彼の和歌は『前長門守時朝入京田舎打聞謌〔集とも〕』（『冷泉家時雨亭叢書』第三十一巻、『桂宮本叢書』第六巻所収）や『新和歌集』（『群書類従』第十輯所収）などに三百首前後も伝わっており、また寄進した仏像は現存するものだけでも宝治元年（一二四七）の弥勒如来像（茨城弥勒教会蔵）、建長四年（一二五二）の千手観音像（同楞厳寺蔵）、同年の阿弥陀如来および右脇侍像（茨城蔵福寺蔵）、同五年の薬師如来像（同岩谷寺蔵）、同年の千手観音像（京都蓮華王院三十三間堂妙法院蔵第一一〇号像）、弘長三年（一二六三）の大日如来像（山形慈恩寺蔵。本像は常陸・小山寺旧蔵）、文永元年（一二六四）の千手観音像（京都蓮華王院三十三間堂妙法院蔵第一六九号像）など七軀にものぼり、実に壮観というほかない。時朝のこうした造仏については、上記の両和歌集にも浄意（源有季）との次のような贈答歌があって、当時の人びとにも彼の行為は深い感銘を与えていたことがよくうかがわれる。

長門守時朝　等身の泥仏あまたつくりたてまつりたるをかみにまかりて　かへりてつかはしける　浄意法師

きみか身に　ひとしとき〻し　仏にそ　心のたけも　あらはれにける

返　事

心より　こ〻ろをつくる　仏にて　わか身のたけを　しられぬるかな

時朝が作善にいそしみ和歌をたしなんだ背景には、曾祖父にあたる宇都宮朝綱（一一二五〜一二〇四）が、源頼朝（一一四七〜九九）の下知により東大寺鎌倉再建の大仏殿に安置の巨大な脇士観音菩薩坐像を六万貫もの費用を投じて寄進したこと、その朝綱が晩年仏門に入り重阿弥陀仏寂心と号して、宇都宮家の菩提寺尾羽寺（栃木県益子町地蔵院）を開創したこと、そして伯父の宇都宮頼綱（一一七二〜一二五九）、その弟で時朝の父の塩谷朝業（生年不詳〜一二三七）も共に出家し法然房源空（一一三三〜一二一二）の門弟となって、兄は実信房蓮生、弟は信生と名乗る念仏者であったこと、この兄弟二人はそろって和歌の達人でもあり、特に蓮生はかの藤原定家（一一六二〜一二四一）と親交があって、わが娘を定家の息為家（一一九八〜一二七五）に嫁がせているほどであったことなどが、大きく影響しているものとおもわれる。

ところで、笠間時朝の本拠地は、その名の通り常陸国笠間であるが、笠間といえば笠間郡稲田郷に実はかの親鸞

（一一七三～一二六二）が長年居住していて、元仁元年（一二二四）ころにはそこで主著の『教行信証』を一旦完成させていた事実がわかっている。しかし親鸞においては、時朝などがさかんにおこなった造寺造仏も「自力作善ノ人ハ偏ヘニ他力ヲ頼ム心欠ケタル間弥陀ノ本願ニアラス」（『歎異抄』）としてこれを否定し、また稲田姫社で時朝も催したことのある歌会は、「狂言綺語モ讃仏乘ノ縁」と当時はおおいに歓迎されたものであったにもかかわらず、親鸞は十悪のひとつであるその「綺語」に「ウタヲヨミイロヘコトハヲイフ」（三重専修寺蔵親鸞自筆断簡）とわざわざ左訓して詠歌を顧みようとはしなかった。二人は六十年近くも同じ時代の空気を吸っていながら、このようにその思想や行動がまったく対照的であったのは、まことに興味深いものがあるといわなければならない。

二　笠間時朝の一切経供養

さて、その親鸞が稲田を去り京へ帰って二十年ほどが経過した建長七年（一二五五）十一月九日のこと、時朝はまたまた大きな作善をひとつ積んでいる。それは常陸国一宮の鹿嶋社において、「唐本一切経」すなわち中国の宋版一切経を供養し、これを同社へ奉渡するというものであった。「唐本一切経」を寺社に奉納寄進する行為が当時いかに大作善であったかは、東大寺俊乘房重源（一一二一～一二〇六）の『南无阿弥陀仏作善集』からも十分うかがえるところで、一地方武士にすぎない時朝が実際それをおこなったのであるから、まったく驚くほかないといえよう。

時朝が鹿嶋社に供養奉渡した「唐本一切経」には、各帖末尾に例外なく左のような墨書がしたためられているのを大きな特徴とする。この墨書は一見すると諸本すべて同筆のごとくみえるが、子細に鑑察すれば似て非なるものがあり、全巻一筆でないことがわかる。巻数も非常に多かったためにおそらく何人かが分担執筆したのであろう。

奉渡唐本一切経内

建長七年乙卯十一月九日於鹿嶋社遂供養常州笠間前長門守従五位上行藤原朝臣時朝

諸所に散在する時朝奉渡の「唐本一切経」は、現物を実見するに巻首の題記をみず、一紙毎の右端糊しろ部分に千字文の函号・経名・巻数・張数・刻工名が認められ、巻末に音釈を付し、裏面に「全蔵経」の黒印、「法宝蔵司印」の朱印が捺されているなどの点より、南宋の後思渓法宝資福禅寺版とわかり、もし全蔵それで揃っていたとするならば、およそ五千七百四十巻ぐらいはあっただろうとおもわれる。ただし同じ時朝奉渡の墨書をもつものの中にも、東京大東急記念文庫蔵本（後掲目録番号一〇・一五）のごとく東禅寺版による補写経も存在しており、また日本に現存する宋元版一切経のほとんどが混合蔵である事実を顧慮すれば、時朝奉渡の「唐本一切経」も思渓版だけで構成されていたと考えないほうが無難であろう。

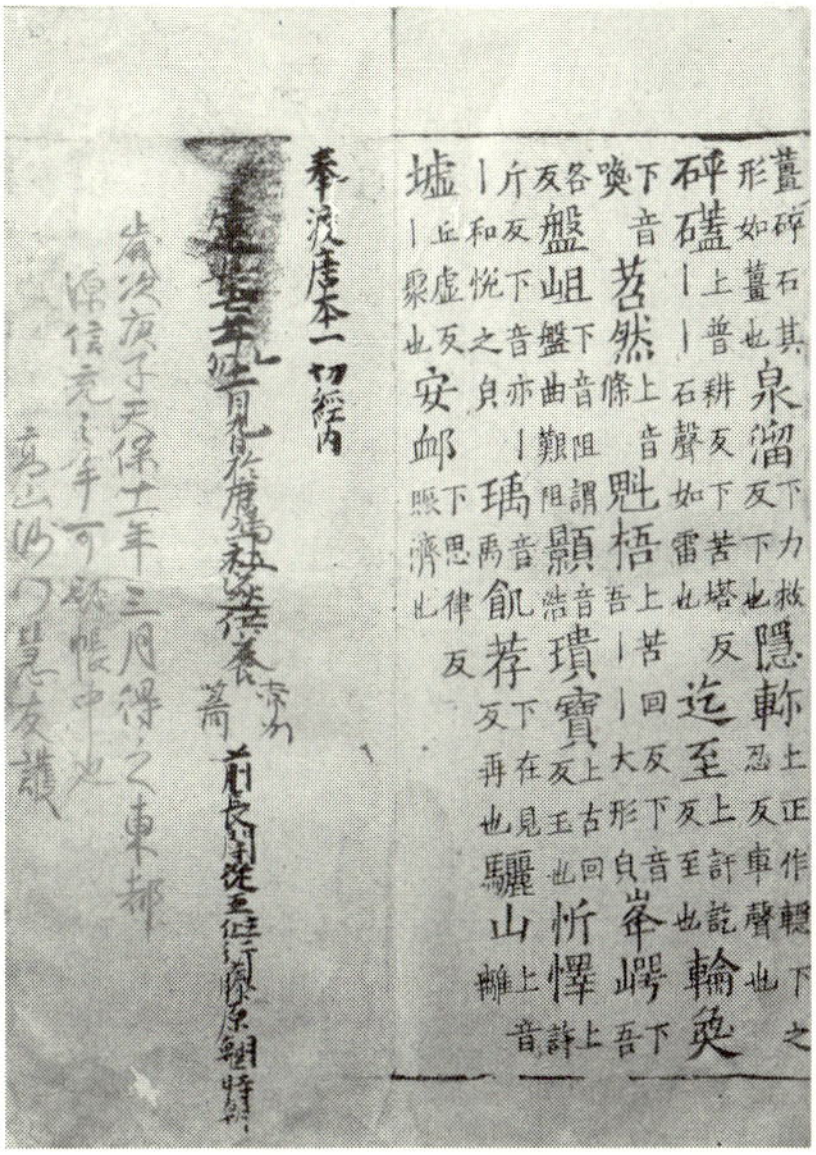

笠間時朝鹿嶋社奉渡唐本一切経末尾部分

かくて鹿嶋社に安置された時朝の「唐本一切経」は、翌年の建長八年（一二五六）秋にも鎌倉鶴岡若宮別当隆弁（一二〇八～八三）を迎えて盛大に供養会のおこなわれたことが、上掲した『打聞詞〔集〕』や『新和歌集』の次のような贈答歌からも知られ、おそらくこの一切経供養会は、鹿嶋社の年中行事のひとつになっていったものとおもわれる。

建長八年秋のころ　唐本一切経をかしまの社にて供養したてまつりける　導師若宮別当僧正坊へ　くやうの日は彼はからひたるへきよし　申しつかはしたりけれは　月のころならはよかりなんとて

権僧正隆弁

神もなほ　くらきやみをは　いとひつゝ　月のころとや　ちきりおきけむ

返　事

久方の　あまのとあけし　日よりして　やせみをはいとふ　神としりにき

鹿嶋社にて　唐本一切経くやうし侍りける時　ひころあめやます侍りけるか　けふしもはれて　わつらひなく供養とけられ侍りぬる事と　導師の宿房より　よろこひつかはしけるついてに

権僧正隆弁

いまよりや　心のそらも　晴ぬらん　神代の月の　かけやとすまて

返　事

千はやぶる　神代の月の　あらはれて　こゝろのやみは　いまそはれぬる

三　現存の鹿嶋社唐本一切経

ところで残念なことに現在鹿嶋社には、時朝奉渡のこの一切経はただの一巻も遺存していない。すべて散逸してしまったのである。その散逸時期は明治元年（一八六八）の神仏分離令に伴う排仏毀釈（廃仏棄釈とも）運動が起きたときと常識的には考えられようが、実はそれより以前の江戸時代後期からのことであったらしい。

というのも後掲現存目録番号一〇・一五の板帙に狩谷棭斎（一七七五〜一八三五）の考証書きつけがすでにみられ、同二七には志賀理斎（一七六二〜一八四〇）の天保九年（一八三八）の記、同一六・三四には栗原信充（一七九四〜一八七〇）より得た旨を記す慧友僧護（一七七五〜一八五三）の同十年（一八三九）、同十一年の記、同三九には伊能景晴（一八〇八〜八五）の安政三年（一八五六）の記、同三二には伊藤通久の文久二年（一八六二）の記が、それぞれみられるからである。

ではいったい江戸時代後期よりすでに流出し始めていた時朝の一切経は、現在何点ぐらい残存しているのであろうか。大変気になるところであるが、その正確な数は今も流転の運命をたどっているものだけに、ほとんど把握不可能に近いであろうけれども、筆者が狭い見聞の範囲内で知りえたそれは、掲載目録の通り六十三点ほどであった。この数は増加することも予想されるが、全体の一パーセント程度の残存量であるから、おそらくその大部分は残念ながら失われてしまったものとみてよかろう。

最後に筆者があえてここに不備きわまりない建長七年の「笠間時朝鹿嶋社奉渡唐本一切経目録稿」を公表するのは、ほかでもなく「唐本一切経」の奉納という行為が時朝の和歌作り、仏像造りに勝るとも劣らない大作善であったことを顕彰したかったのと、今後未知の時朝経が諸彦の垂示によって一点でも出現することをこいねがっているからである。よろしく教示のほどを切念したい。

小稿をなすにあたり、時朝経の拝見を許可された各地の所蔵機関、ならびにご教導をたまわった多くの先学知友に深甚の謝意を表し擱筆する。

笠間時朝鹿嶋社奉渡唐本一切経残存目録稿

番号	経題・巻第	所在	所蔵	備考
一	阿毘達磨順正理論　巻第三七	奈良県吉野町	龍門文庫	
二	阿毘達磨大毘婆沙論　巻第八八	不明	不明	『翰海』九六春季拍売会中国古籍善本
三	阿毘達磨大毘婆沙論　巻第一一三	東京都文京区	東京大学総合図書館	
四	阿毘達磨発智論　巻第六	茨城県水戸市	茨城県立歴史館	
五	阿毘達磨発智論　巻第一四	東京都文京区	国立国会図書館支部東洋文庫	
六	阿惟越致遮経　巻第二	兵庫県西宮市	黒川古文化研究所	
七	観自在菩薩恒嚩多唎随心陀羅尼経	栃木県日光市	輪王寺	
八	起世因本経　巻第四	茨城県水戸市	茨城県立歴史館	
九	経律異相　巻第三九	茨城県笠間市	西念寺	
一〇	金剛三昧本性清浄不壊不滅経	東京都世田谷区	大東急記念文庫	東禅寺版による写経　番号一五と合帖
一一	根本説一切有部戒経	東京都千代田区	お茶の水図書館	
一二	根本説一切有部毘奈耶　巻第一五	東京都千代田区	お茶の水図書館	
一三	根本説一切有部毘奈耶　巻第二〇	東京都千代田区	お茶の水図書館	
一四	根本説一切有部百一羯磨　巻第七	東京都千代田区	お茶の水図書館	
一五	師子月仏本生経	東京都世田谷区	大東急記念文庫	東禅寺版による写経　番号一〇と合帖

一六	治禅病秘要経　巻上	京都市右京区	高山寺	
一七	四分律蔵　巻第二四	東京都千代田区	お茶の水図書館	
一八	四分律蔵　巻第二五	東京都千代田区	お茶の水図書館	時朝奉渡墨書欠失
一九	四分律蔵　巻第三八	茨城県水戸市	山崎金太郎	断簡
二〇	持明蔵瑜伽大教尊那菩薩大明成就儀軌経　巻第二	不明	不明	『翰海』九六春季拍売会中国古籍善本
二一	集神州塔寺三宝感通録　巻中	茨城県水戸市	山崎金太郎	時朝奉渡墨書欠失
二二	衆許摩訶帝経　巻第一	京都市下京区	龍谷大学大宮図書館	
二三	衆許摩訶帝経　巻第三	千葉県佐倉市	国立歴史民俗博物館	石川県松任市本誓寺旧蔵
二四	衆許摩訶帝経　巻第四	横浜市金沢区	金沢文庫	石井積翠軒文庫旧蔵
二五	衆許摩訶帝経　巻第一一	横浜市金沢区	金沢文庫	
二六	衆許摩訶帝経　巻第一二	奈良県天理市	天理大学天理図書館	
二七	摂大乗論釈　巻第五	東京都	田沢家	
二八	摂大乗論本　巻第三	茨城県笠間市	笠間稲荷神社	
二九	正法念処経	不明	不明	『弘文荘待賈古書目総索引』一九六頁
三〇	施灯功徳経	不明	不明	『弘文荘待賈古書目総索引』二二二頁
三一	雑阿含経　巻第六	京都市北区	大谷大学図書館	
三二	増壱阿含経　巻第二	東京都世田谷区	大東急記念文庫	
三三	続高僧伝　巻第一三	茨城県水戸市	山崎金太郎	断簡
三四	続高僧伝　巻第一九	愛知県安城市	本證寺林松院文庫	
三五	続高僧伝　巻第三〇	茨城県水戸市	山崎金太郎	時朝奉渡墨書欠失
三六	大智度論　巻第四一	愛知県安城市	本證寺林松院文庫	
三七	大智度論　巻第四九	大分県玖珠町	広妙寺	
三八	大智度論　巻第五五	奈良県天理市	天理大学天理図書館	石井積翠軒文庫旧蔵
三九	大智度論　巻第六〇	千葉県佐倉市	国立歴史民俗博物館	

四〇	大唐西域記　巻第一	東京都千代田区	国立国会図書館	
四一	大唐西域記　巻第二	東京都千代田区	国立国会図書館	
四二	大唐西域記　巻第三	東京都千代田区	国立国会図書館	
四三	大唐西域記　巻第四	東京都千代田区	国立国会図書館	
四四	大唐西域記　巻第五	東京都千代田区	国立国会図書館	
四五	大唐西域記　巻第六	東京都千代田区	国立国会図書館	
四六	大唐西域記　巻第七	東京都千代田区	国立国会図書館	
四七	大唐西域記　巻第八	東京都千代田区	国立国会図書館	
四八	大般涅槃経　巻第二	不明	不明	ABAJ主催第二回古書大即売展『世界の古書』
四九	大般若波羅密多経　巻第一七	不明	不明	橋川正『日本仏教文化史の研究』二〇五頁　高瀬承巌旧蔵
五〇	大般若波羅密多経　巻第二一	不明	不明	佐々木信綱『竹柏園蔵書志』五四〇頁
五一	大方広仏華厳経　巻第一	茨城県水戸市	茨城県立歴史館	石井積翠軒文庫旧蔵
五二	大方広仏華厳経　巻第三	不明	不明	『弘文荘待賈古書目総索引』二五一頁
五三	大法炬陀羅尼経　巻第一八	静岡県静岡市	静岡県立図書館	佐々木信綱添文あり
五四	大方等大集賢護経　巻第四	愛知県岡崎市	妙源寺	
五五	大明度経　巻第五	不明	不明	愛媛県大洲市龍護山曹渓院旧蔵
五六	中阿含経　巻第二二	京都市北区	大谷大学図書館	
五七	中阿含経　巻第二五	東京都文京区	東京大学総合図書館	断簡
五八	仏名経　巻第三	茨城県笠間市	笠間稲荷神社	
五九	仏母出生三法蔵般若波羅密多経　巻第二一	奈良県天理市	天理大学天理図書館	
六〇	放光般若波羅密多経　巻第五	茨城県笠間市	笠間稲荷神社	
六一	菩薩瓔珞経　巻第四	不明	不明	辻善之助『日本仏教史』第二巻一八六

六二	無量寿如来修観行供養儀軌	茨城県水戸市	茨城県立歴史館	頁　朝吹常吉旧蔵
六三	経典名不明	愛知県安城市	本證寺林松院文庫	時朝奉渡墨書のみ

寛永二十一年本『浄土依憑経論章疏目録』

一　覚明房長西の目録

『浄土依憑経論章疏目録』一巻は、法然房源空（一一三三～一二一二）の門人で、浄土五流のひとつ諸行本願義九品寺流を立てた覚明房長西（一一八四～一二六六）が、編集した浄土教に関するわが国最初の書籍目録である。編者の名をとり『長西録』とも、あるいは略して単に『依憑録』とも呼ばれることが多い。もっとも本目録を長西の編とすることに疑問を挟む向きもないではないが、しかし今日ではその疑念も後人附記のもの以外、すべて長西以前に成立した書目ばかりであること、首題直後に置かれる「欣浄沙門長西録」という作者名の記し方が、昭和初期に金沢文庫より発見された長西撰の『浄土疑芥』や『専雑二修義』等とまったく一致している事実などから解消しているといってよいであろう。

『長西録』の正確な成立時期は不明であるが、中に同門の長楽寺隆寛（一一四八～一二二七）、成覚房幸西（一一六三～一二四七）の著述も見えるので、およそ鎌倉中期の初め頃すなわち長西六、七十歳代に成ったものと推定してよかろう。この『長西録』ができあがって間もない時分の弘長元年（一二六一）七月、百二十七部千二百余巻もの厖大な書物を著したことで有名なかの東大寺凝然（一二四〇～一三二一）も、長西について浄土の法門を聴いた事実が、彼の著書『維摩経疏菴羅記』巻第九に見えているが、博識強記の凝然すら長西に学ぶだけあって、さすが『長西録』の内容はインド・中国・朝鮮・日本の広範囲に及ぶ浄土教論章疏をほとんど網羅しているのである。その掲載総巻数は八百八十二巻で、これを群経録・諸論録・釈経録・集義録・別出録・修行録・讃頌録・伝記録・雑述録・偽妄録の十部門に分けて載せる。もっともこの部門別は今日から見れば必ずしも適正ではないが、現在では見ることのできない書物も多く、ともかくもって長西の博覧ぶりを十分推知しうるであろう。

スケールの大きいかような『長西録』は、当然爾後の浄土典籍目録類にも大きな影響を及ぼしたわけだが、しかし不思議なことにその古写本には恵まれるものがまったくない。もっとも江戸時代の写本や版本によれば、室町時代前期の明徳五年（一三九四）に良実房なる人の写した本が、かつてあった事実はわかるも残念ながら現存しない。『長西録』が広く流布するようになるのは、江戸時代前期の寛文二年（一六六二）と同中期の宝永二年（一七〇五）にそれぞれ版本が刊行されて以後のことに属する。それが証拠に今日残る数少ない写本も大概は、その版本からの写しであり、『大日本仏教全書』（大正二年）・『真宗全書』（大正五年）に翻刻される活字本も、これまた版本を底本とするのである。ところがここに紹介しようとする愛知本證寺林松院文庫蔵の『長西録』（口絵8）は、版本以前の寛永二十一年（一六四四）に写されたおそらく現存最古本で、版本・活字本の誤脱箇所を補正できる貴重な写本ではないかと考える。

二　新出の寛永二十一年写本

斯本は袋綴一冊本で、縦二六・八センチ、横一八・一センチを計測し、紙数は墨付三十九枚、後筆墨付一枚、白紙三枚の計四十三枚を数える。表紙は享和二年（一八〇二）後補の渋引紙を転用した粗末なものであったが、今は布製に改められており、また全紙に裏打ちも施されたため、現在は面目を一新した本となっている。毎半葉九行の行書体で認められ、使用文字の中には異体字や略体字があり、まま異本との校合も行われるが、全巻一筆である。しかしてその筆者と書写年月日については、次のような奥書からそれを知ることが可能となっている。

雖為悪筆執心故書写早る
後見校合可致者也
松与了生（花押）
寛永二十一年四月一吉日

この奥書は一見本文と筆致を異にするかのようであるが、それは草書体と行書体の相違のせいであって別筆ではない。これによって該書写本が、三代将軍徳川家光（一六〇四～五一）の寛永二十一年四月一日に松与了生という人によって写されたものであることがわかろう。この写本が文字どおり寛永末年のものであることは、その筆風紙質より推し間違いないも、筆者の了生については知るところがない。本書が写されてから百六十年近くを経過した江戸時代後期の享和二年（一八〇二）八月五日に当本は、兼阿兼耕の有に帰し表紙が付加えられた。第二葉裏に認められる次掲のごとき彼自身の記録からその事実が知られるも、兼耕については了生と同様明らかでないゆえ識者の垂示を切願したい。

兼阿兼耕書

享和二戌秋八月虫干を以表紙綴之
向来見者有之必始写之厚心を問ふ而
頂戴按之
享和二戌年
八月五日

ところでこの寛永二十一年本『長西録』は、次のような事由から寛文二年版や宝永二年版と基本的に同一系統のものと断案してよいかと思う。その第一は書目記載の順序が両者ほとんど一致していること。第二は前記した「本云明徳伍年八月一日　執筆良実房」の原本識語が共に見られること。第三は白旗流の『浄土正依経論書籍目録』を両者共に後へ付していることの三点よりかく考えるのであるが、この事象は結局明徳五年良実書写本『長西録』が、関東で教勢を張った浄土宗白旗派へ流伝し、それが写本・版本・活字本となって今日に至ったことを示すものであろう。実際『長西録』が白旗流の手を経ている事実は、版本にない「従」是酉誉云」の文字が寛永二十一年本17ウにはっきり写し取られているところからも明瞭といわなければならない。酉誉とは白旗流第八祖（法然―聖光―然阿―寂恵―蓮勝―了実―了誉―酉誉）の増上寺開山大連社酉誉聖聰（一三六六～一四四〇）その人のことである。もともと白旗は鎌倉にあった地名で、派祖の寂恵良暁（一二五一～一三二八）がそこに住んでいたところより流派名となったわけだが、他方周知のごとく長西の諸行本願義も早くから政治の中心地鎌倉に広まっていた。白旗流がやがて関東浄土宗の主流を占めるようになると、『長西録』も自然に同流へ取込まれていったのであろう。このように考えてくると明徳五年（一三九四）に『長西録』を写した良実房も、当時二十九歳の酉誉にきわめて近い白旗流の人であったかもしれないし、特に明徳五年は七月五日に応永元年と改元されているにもかかわらず、約一ケ月後の八月一日になっても良実房が旧年号を使用するのは、都を遠く離れた白旗流の本拠関東で、これが写された可能性の高いことを物語っているように思われてならないのであるが、いかがなものであろうか。

三　寛永二十一年本の重要性

それはともかくとして、主題の寛永二十一年本『長西録』において従来の版本・活字本の欠を大幅に補う箇所を指摘しよう。それは27ウから28オにかけての『相好略頌』以下『略往生講式』までの十三書目と「已上八十五部八十五巻」の一行、および28ウの「讃頌録第七」・「十弥陀偈一巻　善導」の計十六行である。これは版本『長西録』のちょうど二頁分に相当し、しかも非常に重要な部分を含む点で貴重視されなければならない。その重要点の第一は『国書総目録』にも見えない未知の書名が大変多いこと。第二は十三の書目すべてに作者名が付されていること。第三は例えば『光明講式』のごとく従来不明であった作者が、これによって判明するものがあること。第四は版本では欠落のためわからなかった讃頌録第七の開始位置が確定されたこと等々であるが、特に第三に関し言及しておきたいのは、「報恩講式一巻　同（隆寛）」という記載である。『報恩講式』はいうまでもなく覚如（一二七〇〜一三五一）の撰述になるから、けだしこれは『知恩講式』の誤写であろう。とすれば寛永二十一年本『長西録』の出現により、これまでにも一部出されていた『知恩講式』の隆寛著作者説が、一挙に決定説へと導かれる結果になり大変興味深いものを覚えるのである。

ところで諸行本願義を打立てた覚明房長西（一一八四〜一二六六）は、法然房源空（一一三三〜一二一二）をはじめ廬山寺の住心房覚瑜（一一五八〜一二三三）、泉涌寺の我禅房俊芿（一一六六〜一二二七）、曹洞禅の仏法房道元（一二〇〇〜一二五三）といった鎌倉仏教を代表する錚錚たる師匠について修学したが、そのことは『長西録』にもよく現われていると思うので摘録してみたい。まず黒谷源空の著作としては『無量寿経釈』（11オ）・『観無量寿経釈』（13ウ）・『阿弥陀経釈』（15ウ）・『阿弥陀経釈』（15ウ）・『往生要集料簡』（19ウ）・『浄土初学抄』（21オ）・『選択念仏集』（21オ）・『如法念仏懺悔法』（27ウ）・『浄土三部経如法書写作法』（28オ）・『浄土五祖伝』（31ウ）の十点を挙げ、ついで覚瑜のそれとして『略往生講式』（28オ）・『善導和尚類伝』（31ウ）・『釈法忍伝』（31ウ）・『十誓願』（34オ）の四点を掲げ、さらに俊芿のものとして『仏道宗論』（21ウ）・『念仏三昧方法』（28オ）・『勧十六観堂縁起』（34ウ）の三点を載せるが、道元の著作はさすがに見当らない。が、彼の師であった栄西（一一四一〜一二一五）の『出纒大綱』（21ウ）・『観共往生集』（21ウ・禁西は栄西の誤記かといわれる）を掲出するので、もって長西教義の幅の広さを十分窺知することができよう。ちなみに浄土五流義のうち『長西録』には、鎮西義の聖光（一一六二〜一二三八）と西山義の證空（一一七七〜一二四七）の書目を載せないが、最初にも記したとおり多念義の隆寛（一一四八〜一二二七）と一念義の幸西（一一六三〜一二四七）については、それを登載している事実に注目したい。この場合幸西は『京師和尚類聚伝』（31ウ）ただ一点であるのに対し、隆寛は『無量寿経四十八願義』（11オ）・『念仏同法要記』（21ウ）・『顕選択』（22オ）・『善導講私記』（28オ）・『報恩講式』（28オ）の五点も掲出するのが注意される。各義のかかる登載書目数は、そのまま長西教義との距離の遠近を計るバロメーターともなる点で、軽視しがたい面があるといえよう。

四　隆寛の講式と二祖曼陀羅

新たに出現した寛永二十一年本『長西録』より、中国浄土教の大家善導（六一三〜六八一）の『善導講式』と日本浄土教の大成者源空の『知恩講式』とが、ともに法然上足の門弟隆寛の著作であることが判明してくると、注目されるのは京都知恩院蔵の二祖曼陀羅二幅対なるものの存在である。

絹本著色、縦一一八・〇センチ、横一一二・〇センチのこの対幅は、三副一鋪の画絹中央に縦五五・三センチ、横四二・三センチの截金囲みを設け、その内部に真向倚像の一幅は善導、一幅は法然を安じ、像の周囲にそれぞれ十二枚の色紙型を置いて二人の行状を描く。色紙型には文字が書かれておらず、かつ絵の剝落もあるために絵相内容の全部は、残念ながら把握しきれていないが、その大和絵技法を駆使した精緻的確な描写にはみるべきものがあり、この二祖曼陀羅が善導七百回忌（康暦二年〈一三八〇〉）、法然百五十回忌（康安元年〈一三六一〉）あたりの南北朝時代にまで、十分遡及できる優品であることをみずから語っているといえよう。

本曼陀羅のごとく中央に礼拝の対象安置尊像を画き、その周縁へ尊像にまつわる説話画を配する仏画には、古く當麻曼陀羅があり、十界図、涅槃図、善光寺如来などにもみられるので、善導・法然のこの対幅もそれらと同様に掛幅本尊としてなされたものに違いない。

となれば善導の命日は三月二十七日（十四日とも）、法然のそれは正月二十五日であるから、この両人の年忌月忌にはこれが奉掛され仏事が営まれたのは当然で、その節二人の徳を讃嘆し音吐朗朗と拝読したものこそが、隆寛作の『善導講式』と『知恩講式』にほかならなかった。したがって知恩院蔵の二祖曼陀羅は、隆寛の二講式より作製された可能性が、きわめて高いとみなければならないであろう。ということは目下周辺の二人の行状絵図内容が不分明な点も、両講式の文面に照らすと存外解明できるのかもしれず期待されるところであるが、しかし『善導講式』は伝存しないようで惜しまれる。これに対し『知恩講式』のほうは、隆寛が没した翌安貞二年（一二二八）の古写本が京都東寺宝菩提院三密蔵よりかつて発見されているし、本願寺においては蓮如（一四一五〜九九）時代まで、法然の毎月命日に『知恩講式』を拝読していた事実が、『本願寺作法之次第』の記述よりわかっており、大阪光徳寺などの真宗寺院には、この期の写本もげんに伝わっている。

『長西録』に載せられる隆寛作の二つの講式と二祖曼陀羅との興味深い関係については、今後のさらなる究明がまたれるところといえよう。

以上、新出の寛永二十一年本『長西録』をめぐり欲しいままな記述を重ねてきたが、これを機会に今後『長西録』も登載される一点一点の書目内容やその有無などについて、詳しく調査することができればと念じている。

翻刻　寛永二十一年本『浄土依憑経論章疏目録』

凡例

一、上段に原本の見開き写真を示し下段に翻刻を行った。
二、漢字の字体は原本で使用される旧字・略字・異体字等すべて新字通行体に改めた。
三、宛字・誤字はそのままとし、（ママ）を付した。
四、片仮名もそのままとした。
五、虫食い等で判読できない箇所は活字本を参考にして補った。
六、算用数字は丁数を示し、続くオ・ウはその表・裏を示す。

目次

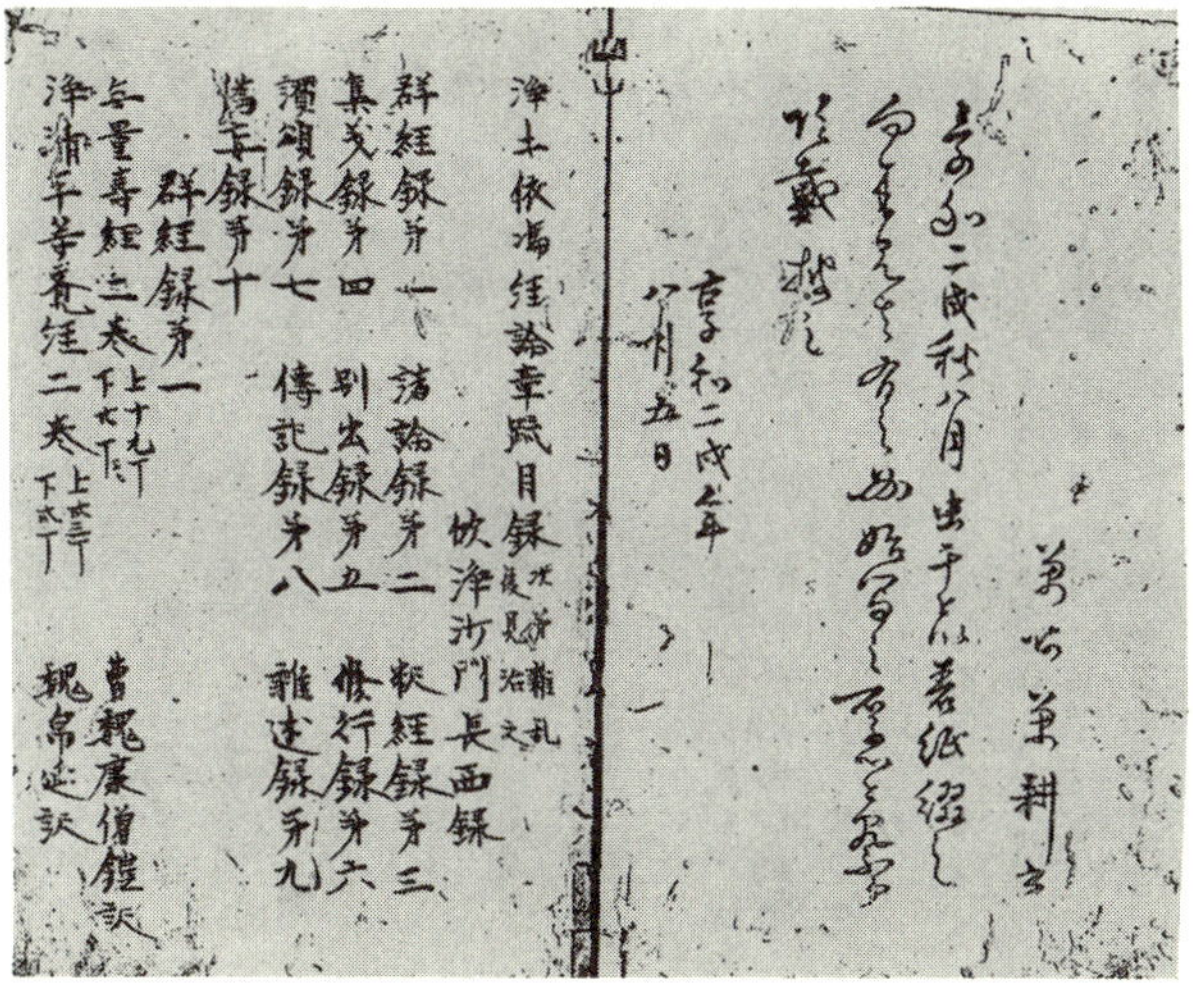

（３オ）　（２ウ）

兼阿兼耕書

享和二戊秋八月虫干を以表紙綴之
向来見者有之必始写之厚心を問ふ而
頂戴按之

享和二戊年
八月五日

浄土依馮（ママ）経論章疏目録 次第雑乱 後見治之
欣浄沙門長西録

群経録第一　諸論録第二　釈経録第三
集義録第四　別出録第五　修行録第六
讃頌録第七　伝記録第八　雑述録第九
偽妄録第十

群経録第一

無量寿経二巻 上十九丁 下廿丁　曹魏康僧鎧訳
浄清平等覚経二巻 上卅三丁 下卅丁　魏帛延訳

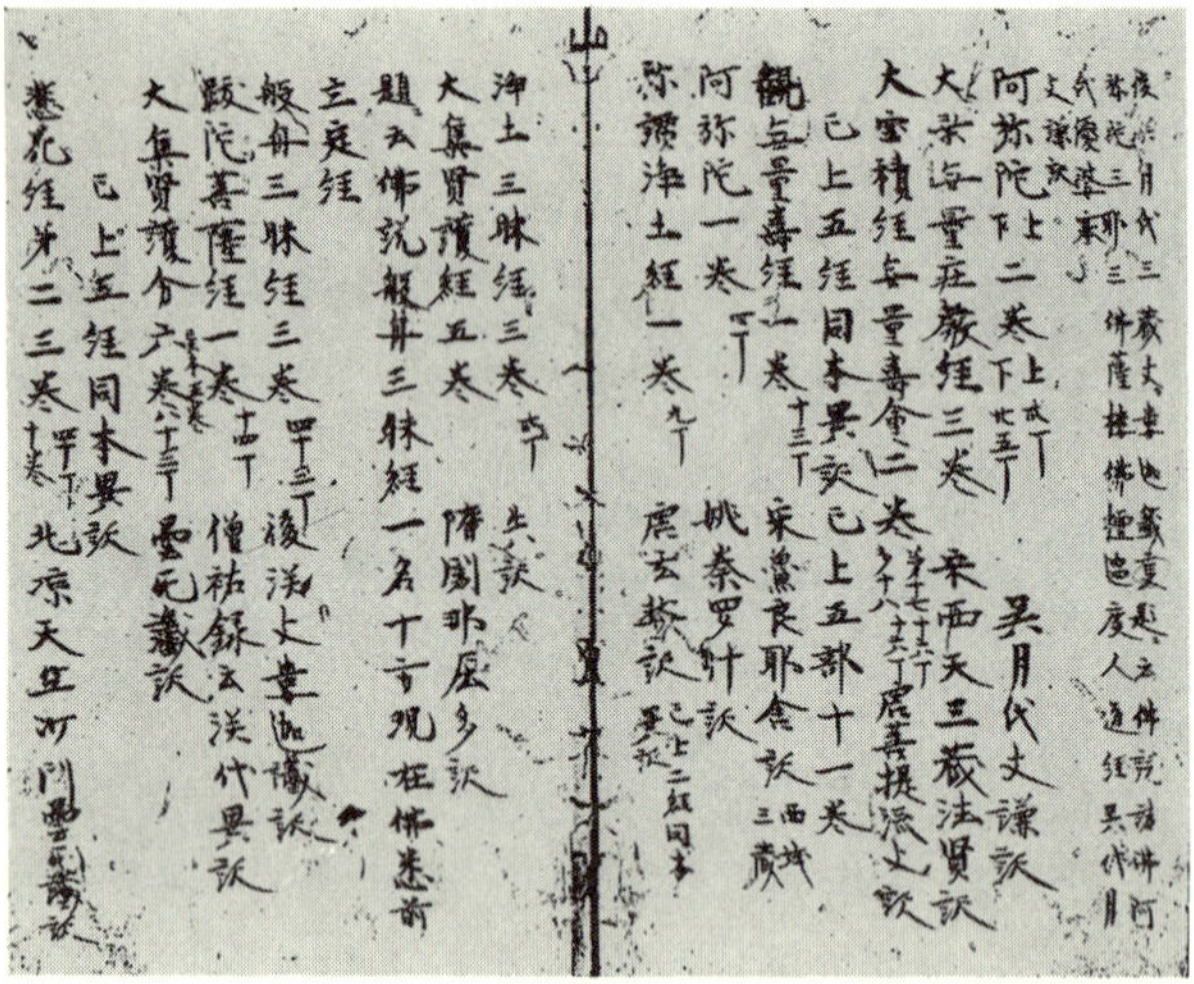

（4オ）　　（3ウ）

後漢月氏三蔵支婁迦讖事題ニ云仏説諸仏阿
弥陀三耶三仏薩樓仏檀過度　人道経呉代月
氏優婆塞
支謙訳
阿弥陀上下二巻上卅丁下廿五丁　呉月氏支謙訳
大乗無量荘厳経三巻　宋西天三蔵法賢訳
大宝積経無量寿会二巻第十七十六丁第十八十六丁　唐菩提流支訳
已上五経同本異訳　已上五部十一巻
観無量寿経一巻十三丁　宋畺良耶舎訳西域三蔵
阿弥陀一巻四丁　姚秦羅什訳
称讃浄土経一巻九丁　唐玄奘訳已上二経同本異訳
浄土三昧経三巻卅三丁　失訳
大集賢護経五巻　隋闍那屈多訳
題ニ云仏説般舟三昧経一名十方現在仏悉前
立定経
般舟三昧経三巻四十三丁　後漢支婁迦讖訳
跋陀菩薩経一巻十四丁　僧祐録云漢代異訳
大集賢護分六巻八十三丁異本五巻　曇无讖訳
已上五経同本異訳
悲花経第二三巻四十丁十巻　北涼天竺沙門曇无讖訳

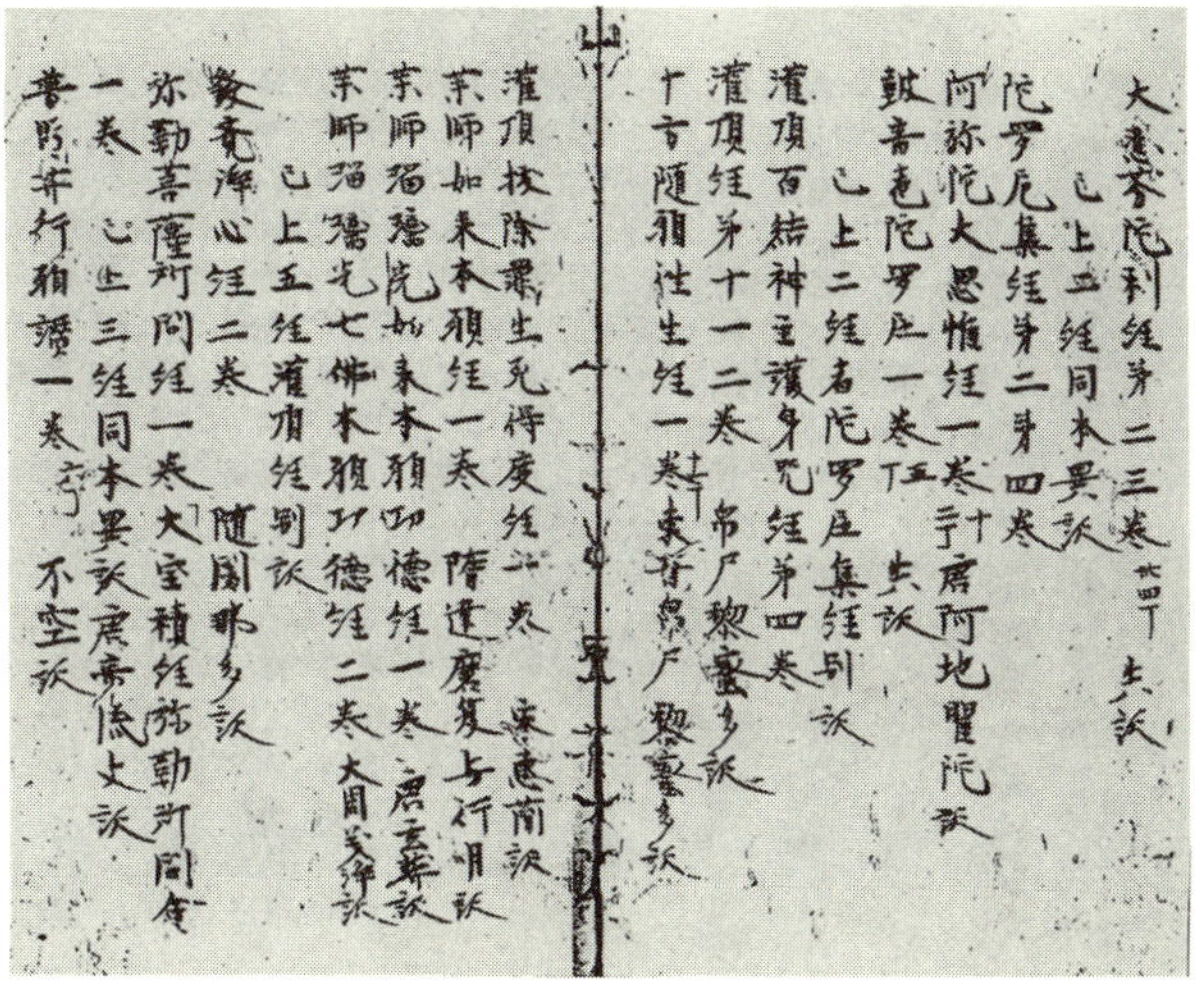

（5オ）　（4ウ）

大悲芬陀利経第二三巻卅四丁　失訳
已上二経同本異訳
陀羅尼集経第二第四巻
阿弥陀大思惟経一巻十二丁　唐阿地瞿（ママ）陀訳
皷音声陀羅尼一巻五丁　失訳
已上二経者陀羅尼集経別訳
灌頂百結神主護身呪経第四巻
灌頂経第十一二巻　帛尸黎密多訳
十方随願往生経一巻十一丁　東晋帛尸黎密多訳

灌頂抜除罪生死得度経一巻　宋恵簡訳
薬師如来本願経一巻　隋達磨笈与行明訳
薬師瑠璃光如来本願功徳経一巻　唐玄奘訳
薬師瑠璃光七仏本願功徳経二巻　大周義浄訳
已上五経灌頂経別訳
発覚浄心経二巻　随闍那多訳
弥勒菩薩所問経一巻　大宝積経弥勒所問会
一巻　已上三経同本異訳　唐帝流支訳
普賢菩薩行願讃一巻六丁　不空訳

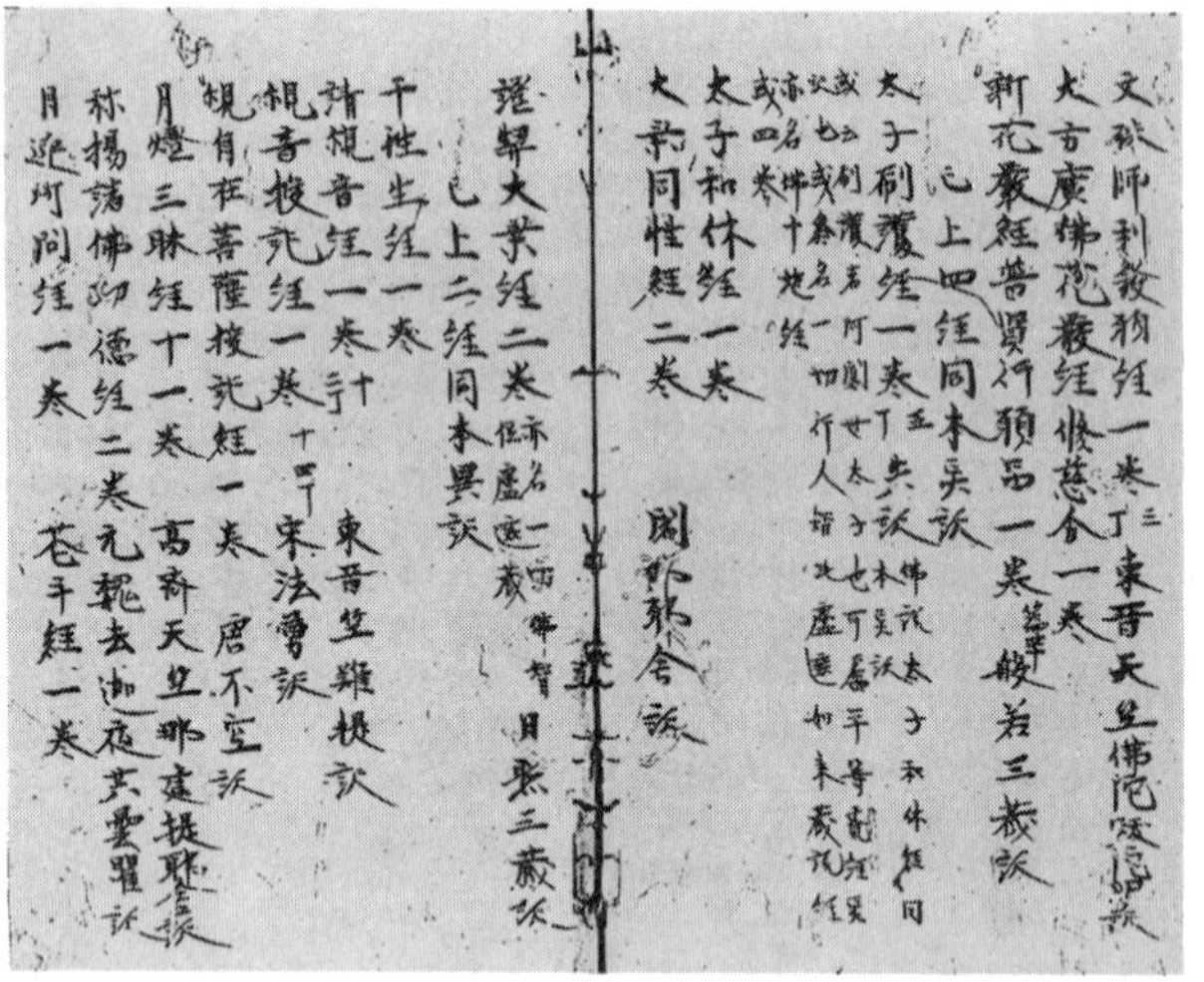

（6オ）　（5ウ）

文殊師利発願経一巻丁三　東晋天竺仏陀跋陀羅訳
大方広仏花厳経修慈分一巻
新花厳経普賢行願品一巻篇四十　般若三蔵訳
　已上四経同本異訳
太子刷護経一巻丁五　失訳仏説太子和休経同本異訳
或云刷護者阿闍世太子也可属平等覚経異
訳也或名一切行人(ママ)智比盧遮如来蔵説経
亦名仏十地経
或四巻
太子和休経一巻
大乗同性経二巻　闍那耶舎訳
証契大乗経二巻亦名一切仏智位盧遮蔵　日照三蔵訳
　已上二経同本異訳
十往生経一巻
請観音経一巻十二丁　東晋竺難提訳
観音授記経一巻十四丁　宋法勇訳
観自在菩薩授記経一巻　唐不空訳
月灯三昧経十一巻　高斉天竺那建提耶舎訳
称揚諸仏功徳経二巻　元魏去迦夜共曇瞿(ママ)訳
目連所問経一巻　花手経一巻

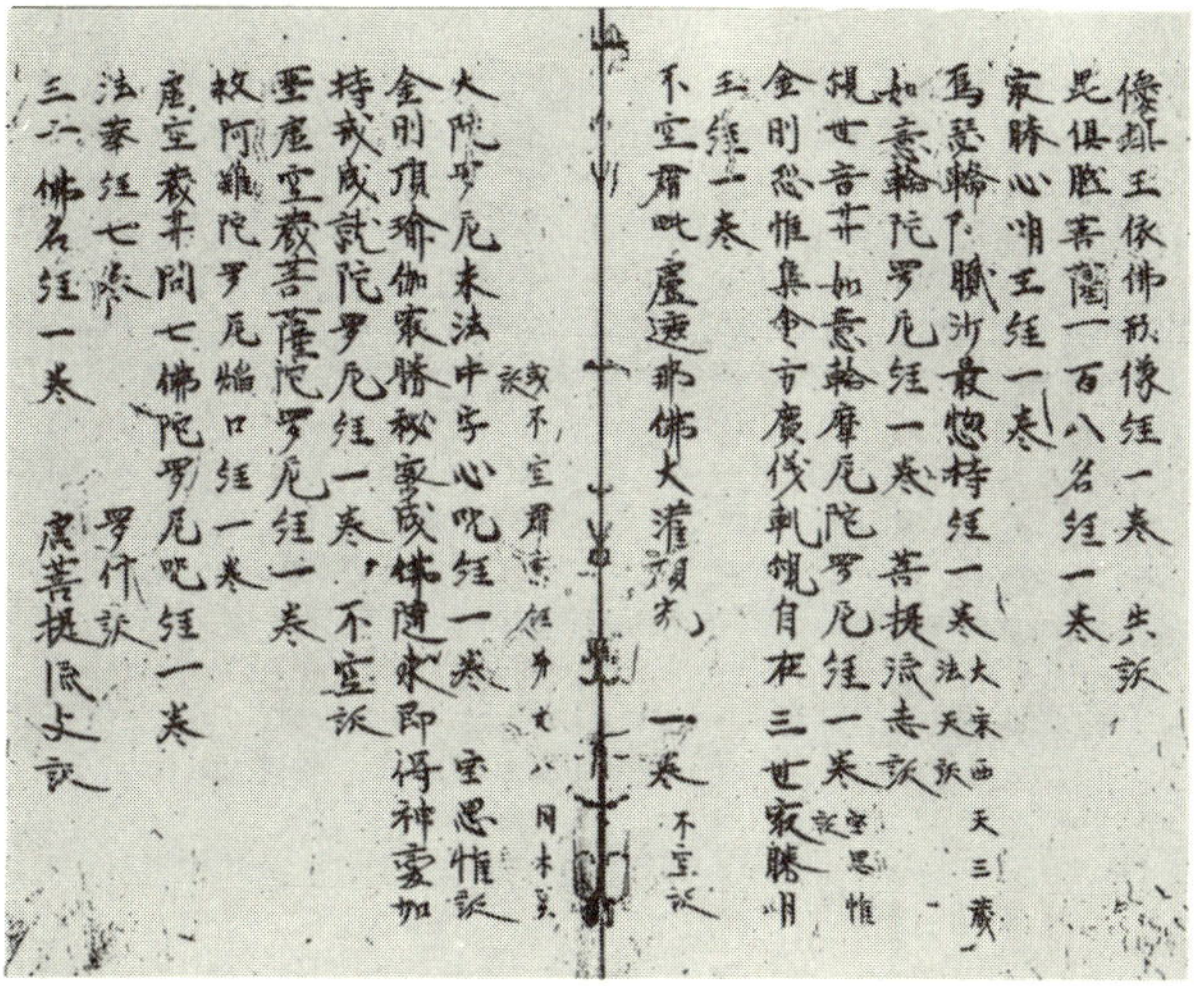

（7オ）　（6ウ）

優塡王依仏形像経一巻　　失訳
毘倶胝菩薩一百八名経一巻
最勝心明王経一巻
烏瑟輪限(見消)膩沙最惣持経一巻　大宋西天三蔵法天訳
如意輪陀羅尼経一巻　菩提流志(ママ)訳
観世音菩薩如意輪摩尼陀羅尼経一巻　宝思惟訳
金剛恐惟集会方広儀軌観自在三世最勝明
王経一巻
不空羂毘盧遮那仏大灌頂光　一巻　不空訳
或不空羂索経第廿八同本異訳
大陀羅尼末法中字心呪経一巻　宝思惟訳
金剛頂瑜伽最勝秘密成仏随求即得神変加
持戒成就陀羅尼経一巻　不空訳
聖虚空蔵菩薩陀羅尼経一巻
救阿難陀羅尼焔口経一巻
虚空蔵菩薩問七仏陀羅尼呪経一巻
法華経七巻　羅什訳
三千仏名経一巻　唐菩提流支訳

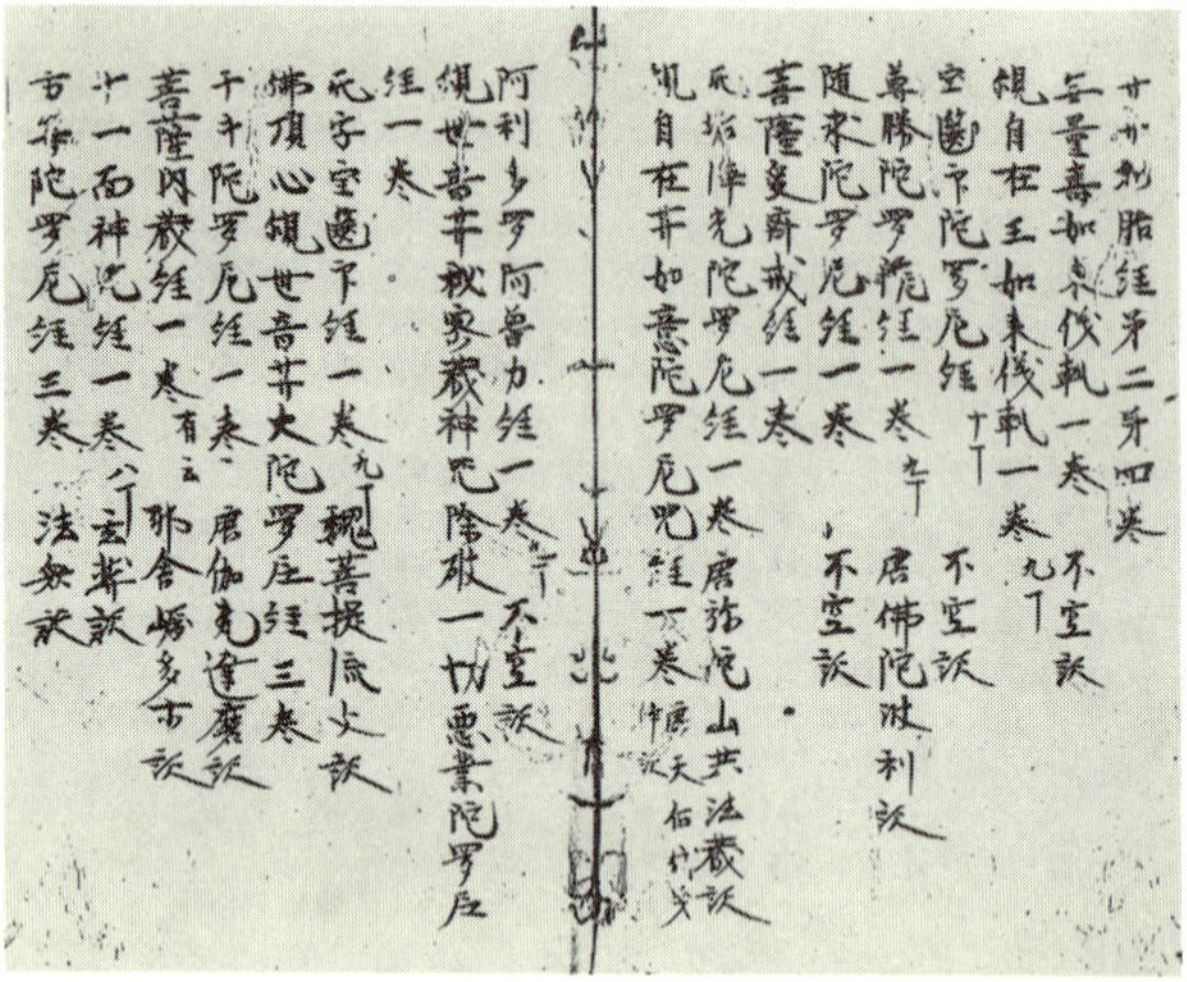

（８オ）　（７ウ）

菩薩処胎経第二第四巻
無量寿如来儀軌一巻　不空訳
観自在王如来儀軌一巻九丁
宝篋印陀羅尼経十丁　不空訳
尊勝陀羅尼経一巻九丁　唐仏陀波利訳
随求陀羅尼経一巻　不空訳
菩薩受斉戒経一巻
無垢浄光陀羅尼経一巻　唐弥陀山共法蔵訳
観自在菩薩如意陀羅尼呪経一巻　唐天后代義浄訳
阿利多羅阿魯力経一巻九丁　不空訳
観世音菩薩秘密蔵神呪除破一切悪業陀羅尼
経一巻
無字宝篋印経一巻九丁　魏菩提流支訳
仏頂心観世音菩薩大陀羅尼経三巻
千手陀羅尼経一巻　唐伽梵達磨訳
菩薩内蔵経一巻有云　那舎崛多等訳
十一面神呪経一巻八丁　玄奘訳
方等陀羅尼経三巻　法衆訳

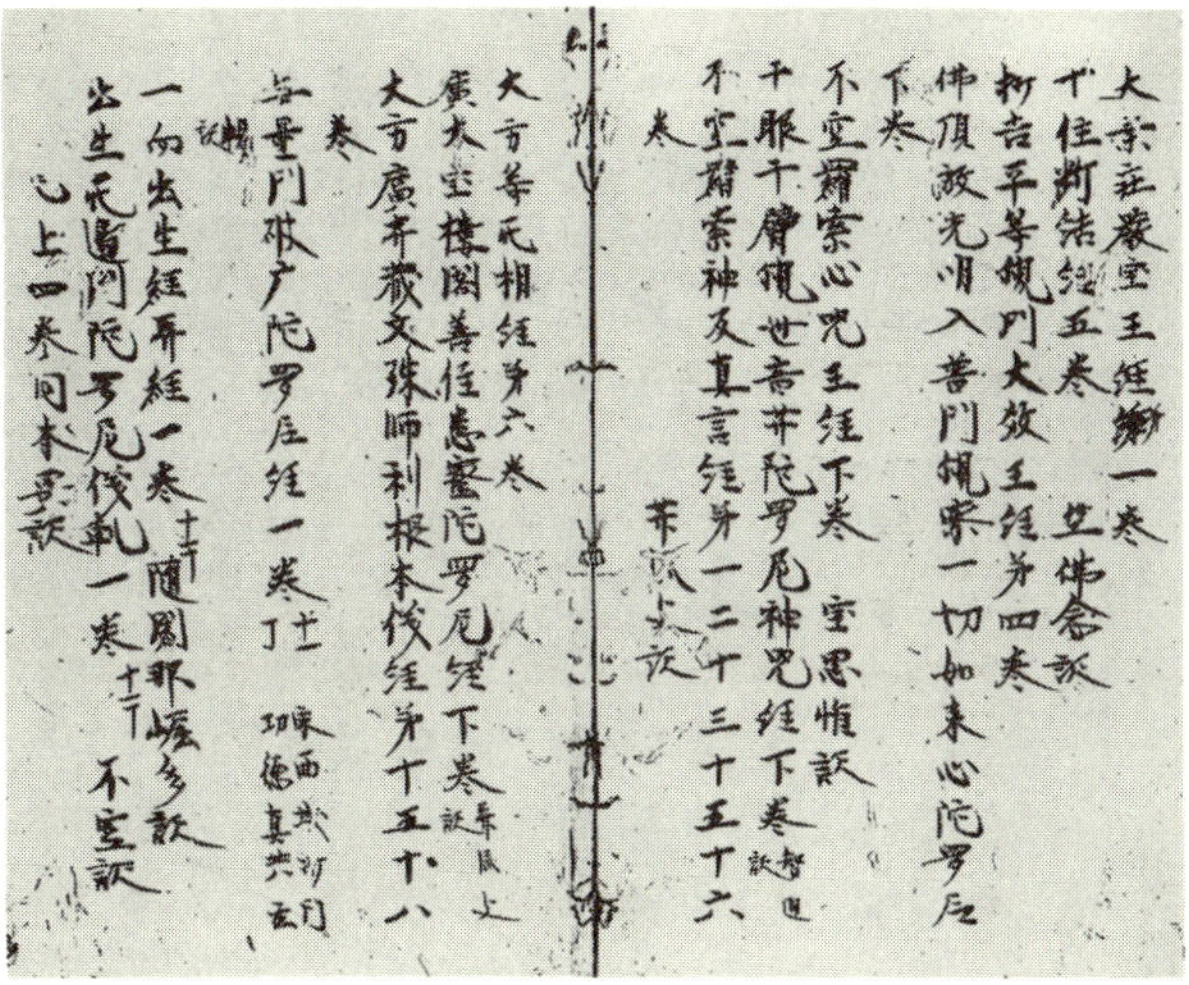

（9オ）　（8ウ）

大乗荘厳宝王経第一巻

十住断結経五巻　笠仏念訳

抄吉平等観門大教王経第四巻

仏頂放光明入普門観察一切如来心陀羅尼

下巻

不空羂索心呪王経下巻　宝思惟訳

千眼千臂観世音菩薩陀羅尼神呪経下巻智通訳

不空羂索神反真言経第一二十三十五十六

巻　菩提流支訳

大方等無相経第六巻

広大宝楼閣善住悉蜜陀羅尼経下巻菩提流支訳

大方広菩薩蔵文殊師利根本儀経第十五十八

巻

無量門破魔陀羅尼経一巻十一丁　宋西域沙門功徳真共玄暢訳

一向出生経菩薩経一巻十一丁　随闍那崛多訳

出生無辺門陀羅尼儀軌一巻十一丁　不空訳

已上四巻同本異訳

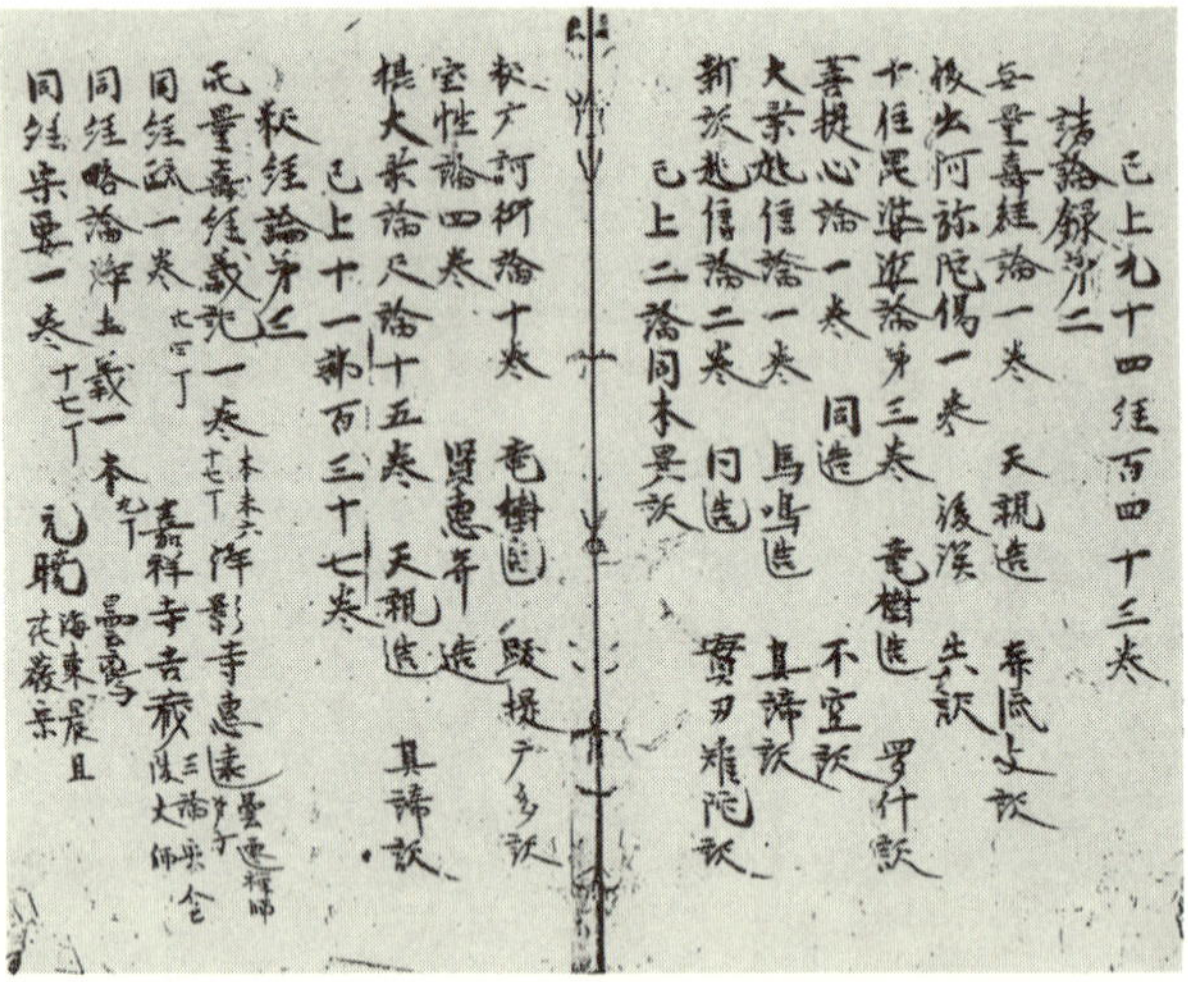

（10オ）　（9ウ）

已上九十四経百四十三巻

諸論録第二

無量寿経論一巻　天親造　菩提流支訳

後出阿弥陀偈一巻　後漢　失訳

十住毘婆娑論第三巻　竜樹造　羅什訳

菩提心論一巻　同造　不空訳

大乗起信論一巻　馬鳴造　真諦訳

新訳起信論二巻　同造　実叉難陀訳

已上二論同本異訳

釈摩訶衍論十巻　竜樹造　跋提摩多訳

宝性論四巻　賢恵菩薩造

摂大乗論尺（ママ）論十五巻　天親造　真諦訳

已上十一（ママ）部百三十七巻

釈経論第三

无量寿経義記一巻本末六十七丁　浄影寺恵遠曇遷禅師弟子

同経疏一巻廿四丁　嘉祥寺吉蔵三論宗金陵大師

同経略論浄土義一本（ママ）九丁　曇鸞

同経宗要一巻十七丁　元暁海東晨旦花厳宗

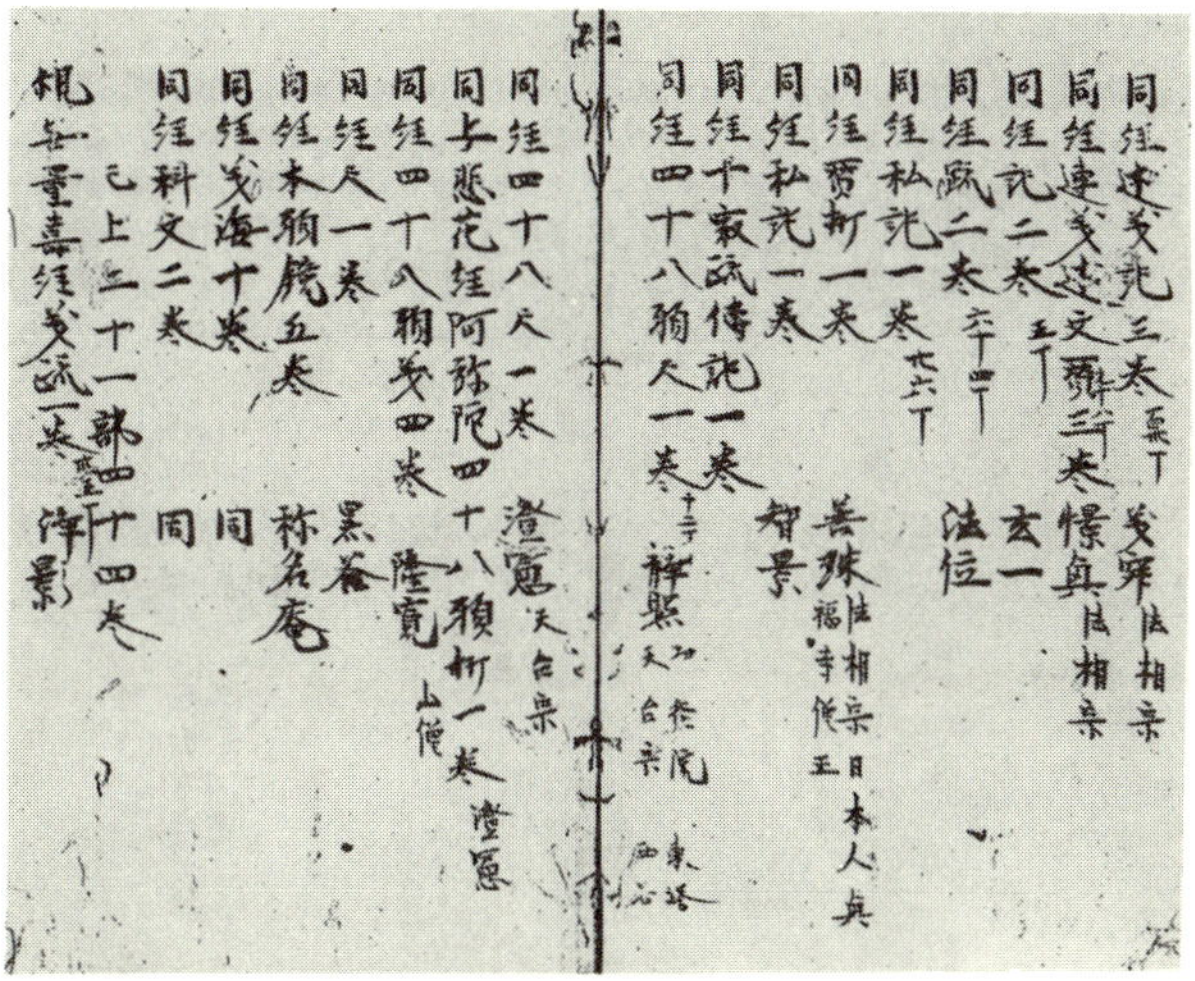

（11オ）　（10ウ）

同経述義記三巻百卅丁　義寂法相宗
同経連義述文賛三巻九十八丁　憬興法相宗
同経記二巻五丁　玄一
同経疏二巻六十四丁　法位
同経私記一巻廿六丁
同経賛抄一巻　善珠法相宗日本人興福寺僧正
同経私記一巻　智景
同経十最疏伝記一巻
同経四十八願尺（ママ）一巻十二丁　静照功徳院天台宗 東塔西谷

同経四十八尺（ママ）一巻　澄憲天台宗
同上悲花経阿弥陀四十八願抄一巻　澄憲
同経四十八願義四巻　隆寛山僧
同経尺（ママ）一巻　黒谷
同経本願鏡五巻　称名庵
同経義海十巻　同
同経科文二巻　同
已上二十一部四十四巻
観無量寿経義疏一巻卅五丁　浄影

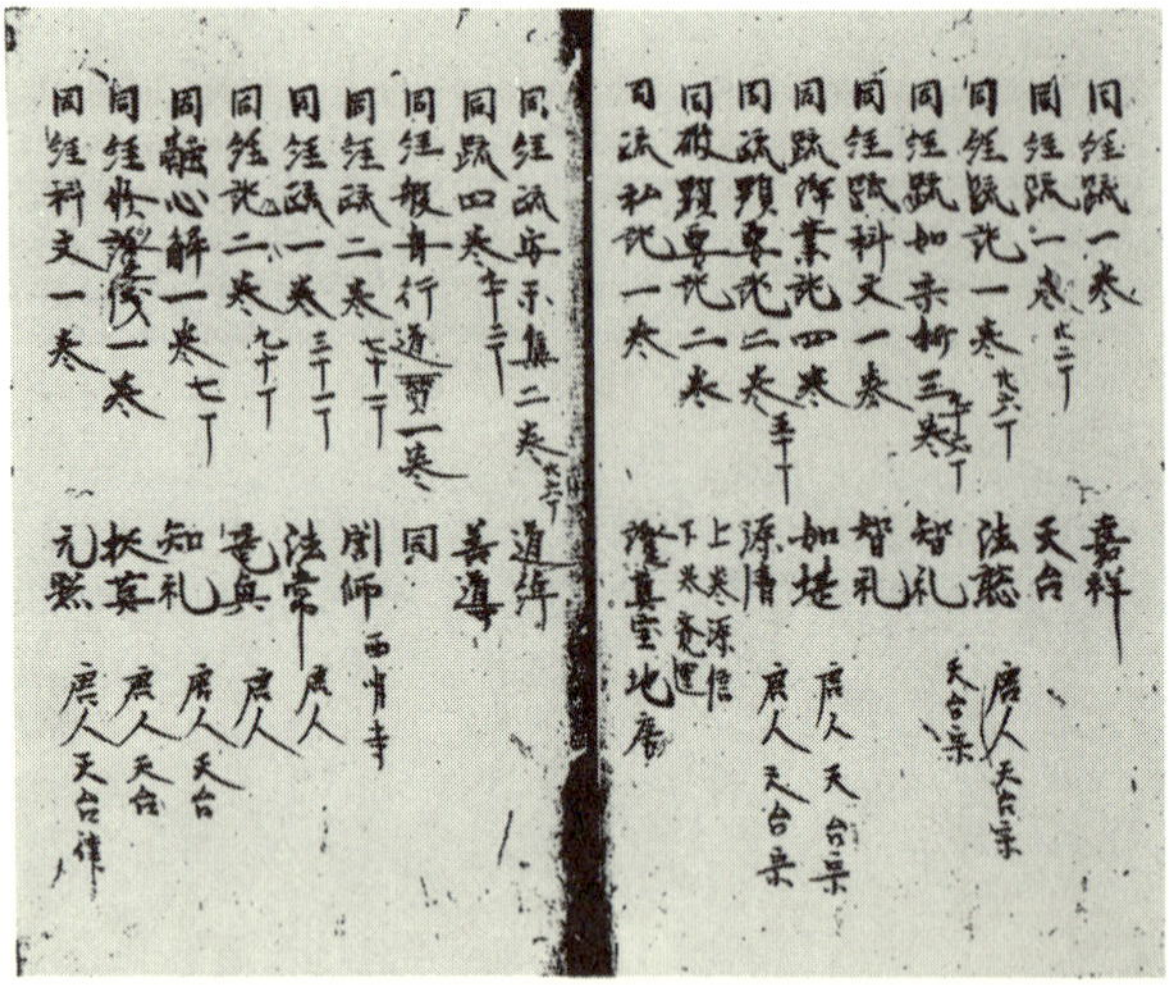

（12オ）　（11ウ）

同経疏一巻	嘉祥
同経疏一巻廿二丁	天台
同経疏記一巻廿六丁	法聡唐人天台宗
同経疏如宗抄三巻九十六丁	智礼天台宗
同経疏科文一巻	智礼
同疏浄業記四巻	如堪唐人天台宗
同疏顕要記二巻五十丁	源清唐人天台宗
同破顕要記二巻	上巻源信 下巻覚運
同疏私記一巻	証真宝地房
同経疏安楽集二巻廿六丁	道綽
同疏四巻九十二丁	善導
同経般舟行道賛一巻	同
同経疏二巻七十一丁	闍師西明寺
同経疏一巻三十一丁	法常唐人
同経記二巻九十丁	竜興唐人
同融心解一巻七丁	知礼唐人天台
同経修証儀一巻	択英唐人天台
同経科文一巻	元照唐人天台律

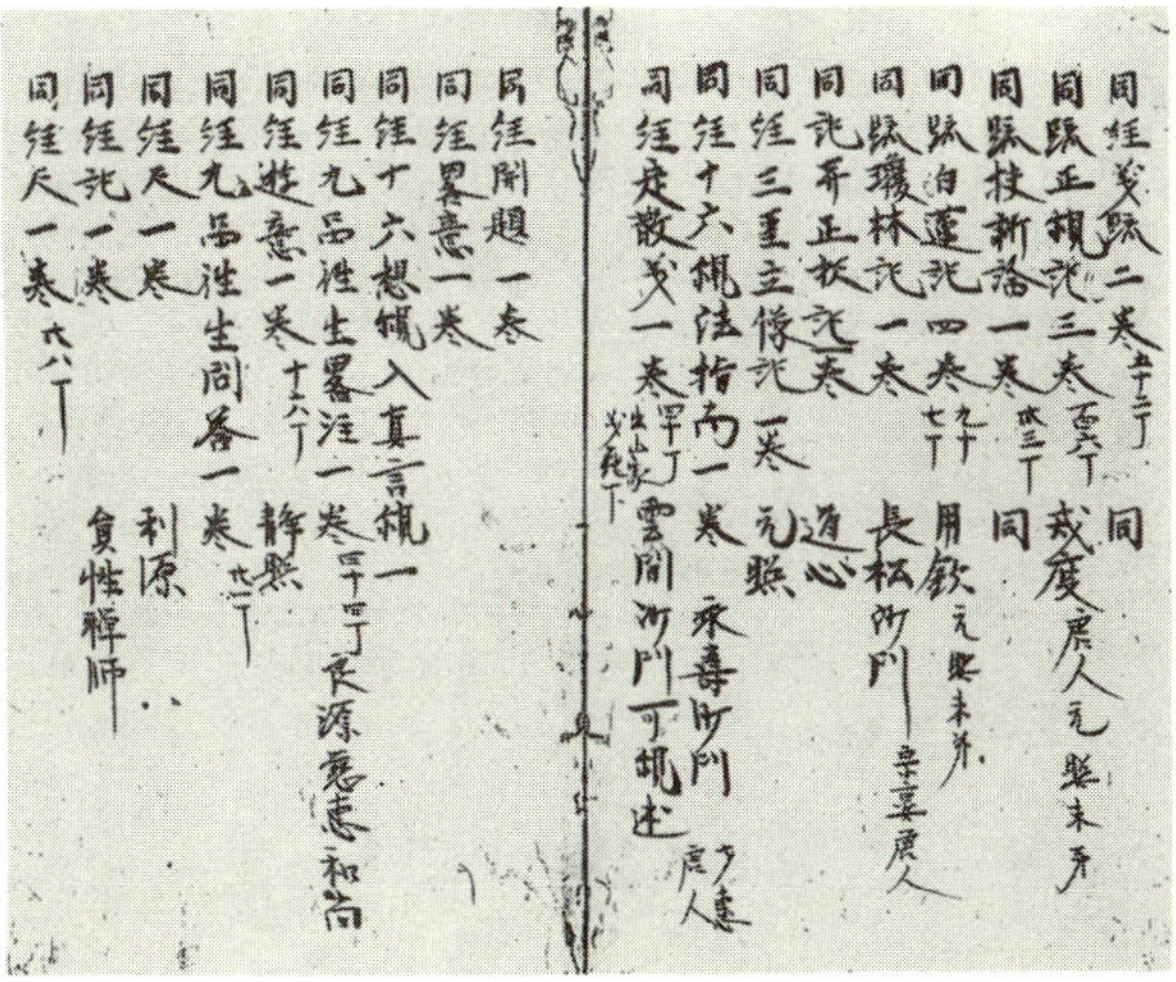

（13オ）　（12ウ）

同経義疏二巻五十二丁　同

同疏正観記三巻百六丁　戒度唐人元照末弟

同疏扶新論一巻卅三丁　同

同疏白蓮記四巻九十七丁　用欽元照末弟

同疏瓊林記一巻　長松沙門宗宴唐人

同記菩薩正択記一巻　道心

同経三聖立像記一巻　元照

同経十六観法指南一巻　永寿沙門才恵唐人

同経定散義一巻四十丁出山家義苑下　雲間沙門可観述

同経開題一巻

同経略意一巻

同経十六想観入真言観一

同経九品往生略注一巻四十四丁　良源慈恵和尚

同経遊意一巻十六丁　静照

同経九品往生問答一巻廿一丁

同経尺（ママ）一巻　利源

同経記一巻　員性禅師

同経尺（ママ）一巻廿八丁

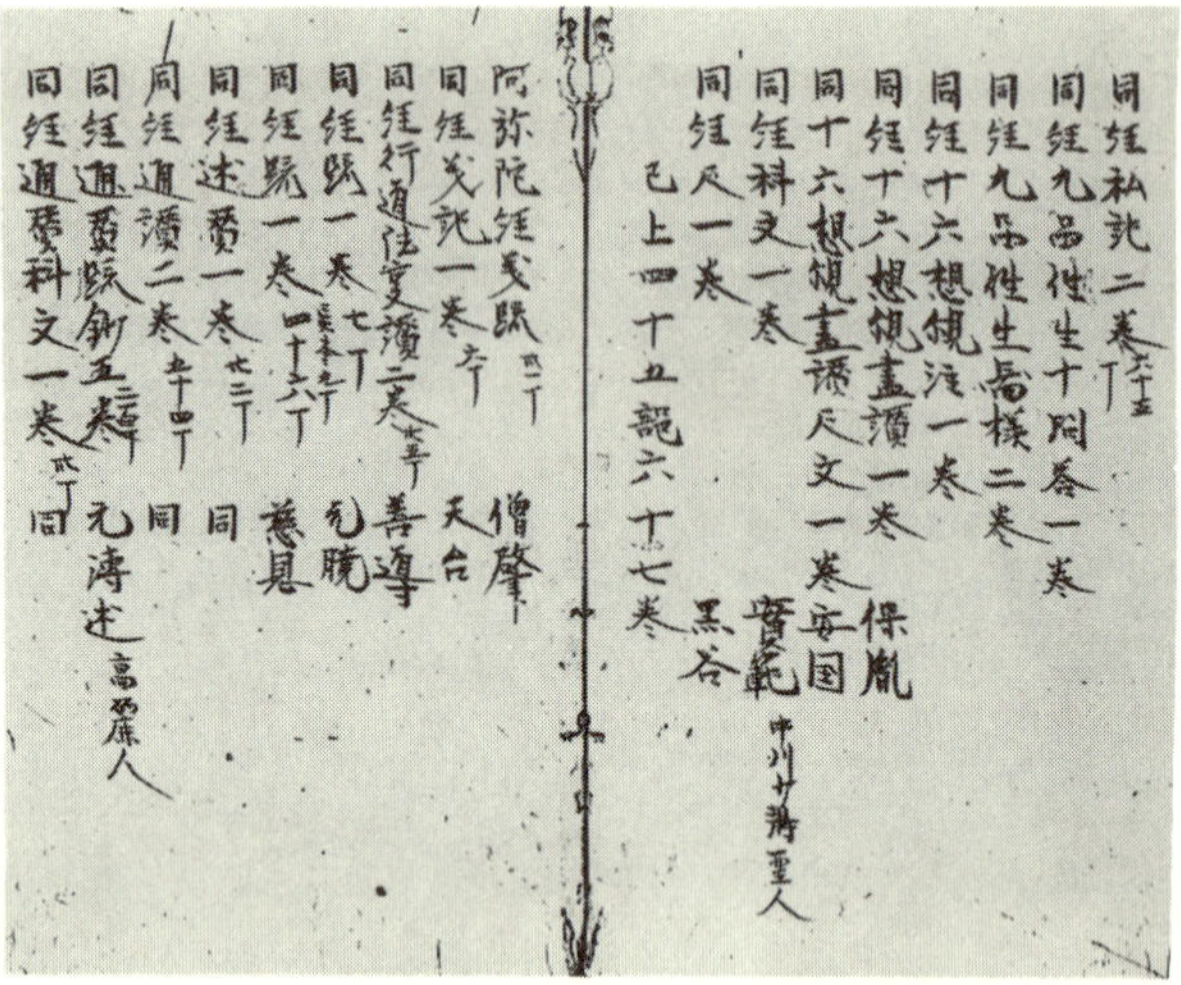

（13ウ）（14オ）

同経私記二巻（六十五丁）
同経九品往生十問答一巻
同経九品往生図様二巻
同経十六想観注一巻
同経十六想観画讃一巻　保胤
同十六想観画讃尺（ママ）文一巻　安国
同経科文一巻　実範（中川少将聖人）
同経尺（ママ）一巻　黒谷
已上四十五部六十七巻

阿弥陀経義疏（卌一丁）　僧肇
同経義記一巻（六丁）　天台
同経行道法事讃二巻（卌五丁）　善導
同経疏一巻（七丁 異本九丁）　元暁
同経疏一巻（四十六丁）　慈恩
同経述賛一巻（卅二丁）　同
同経通讃二巻（五十四丁）　同
同経通賛疏鈔五巻（二百丁）　元溥述（高麗人）
同経通賛科文一巻（卅丁）　同

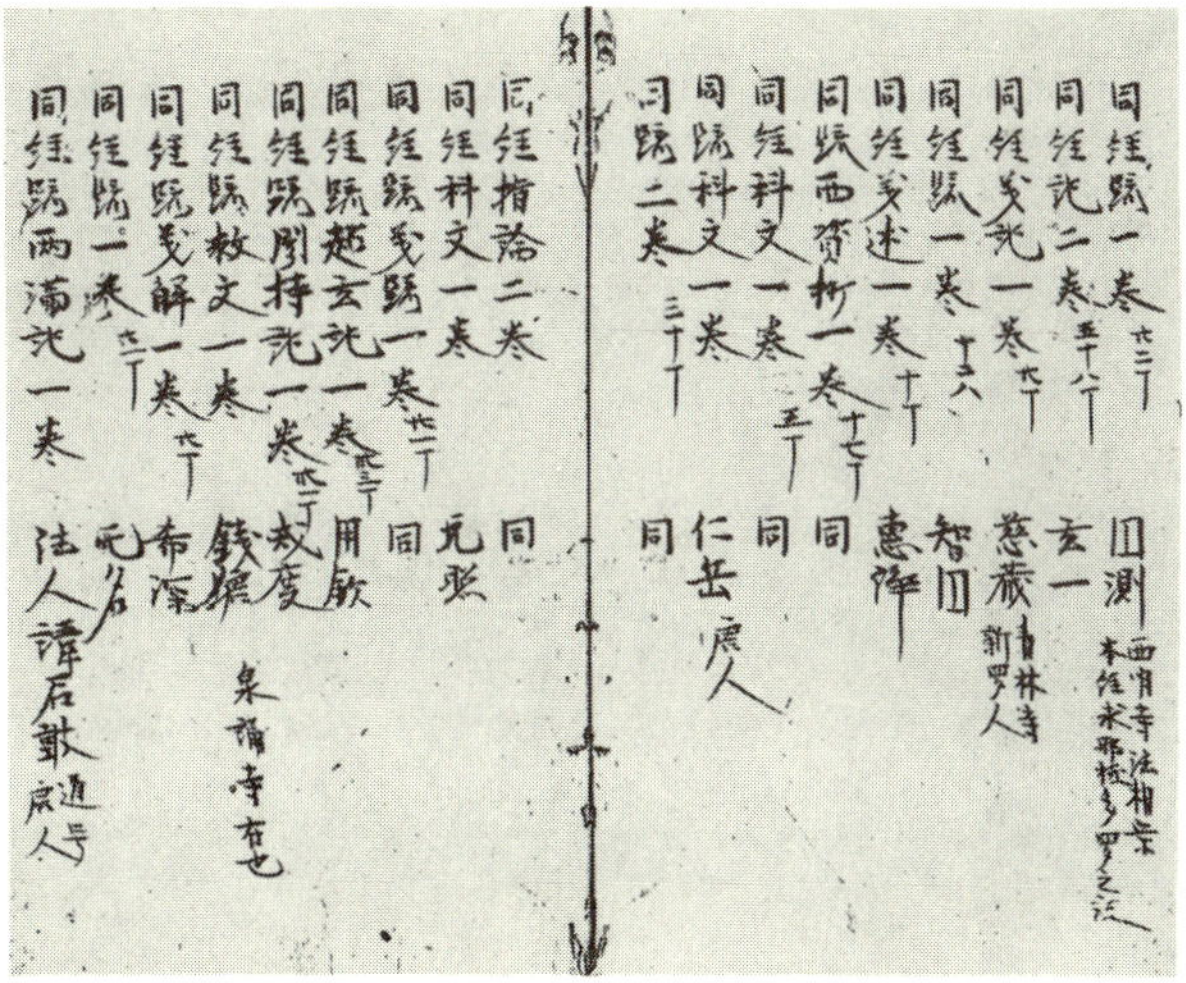

（15オ）　　（14ウ）

同経疏一巻廿二丁　円測 西明寺法相宗 本経求那跋多羅之訳
同経記二巻五十八丁　玄一
同経義記一巻廿丁　慈蔵 青林寺 新羅人
同経疏一巻十六　智円
同経義述一巻十丁　恵浄
同疏西資抄一巻十七丁　同
同経科文一巻五丁　同
同疏科文一巻　仁岳 唐人
同疏二巻三十丁　同

同経指論二巻　同
同経科文一巻　元照
同経疏義疏一巻廿二丁　同
同経疏超玄記一巻卅三丁　用欽
同経疏聞持記一巻卅一丁　戒度
同経疏救文一巻　銭塘 泉涌寺在也
同経疏義解一巻廿丁　希深
同経疏一巻廿一丁　无名
同経疏両満記一巻　法人諱石鼓 道号 唐人

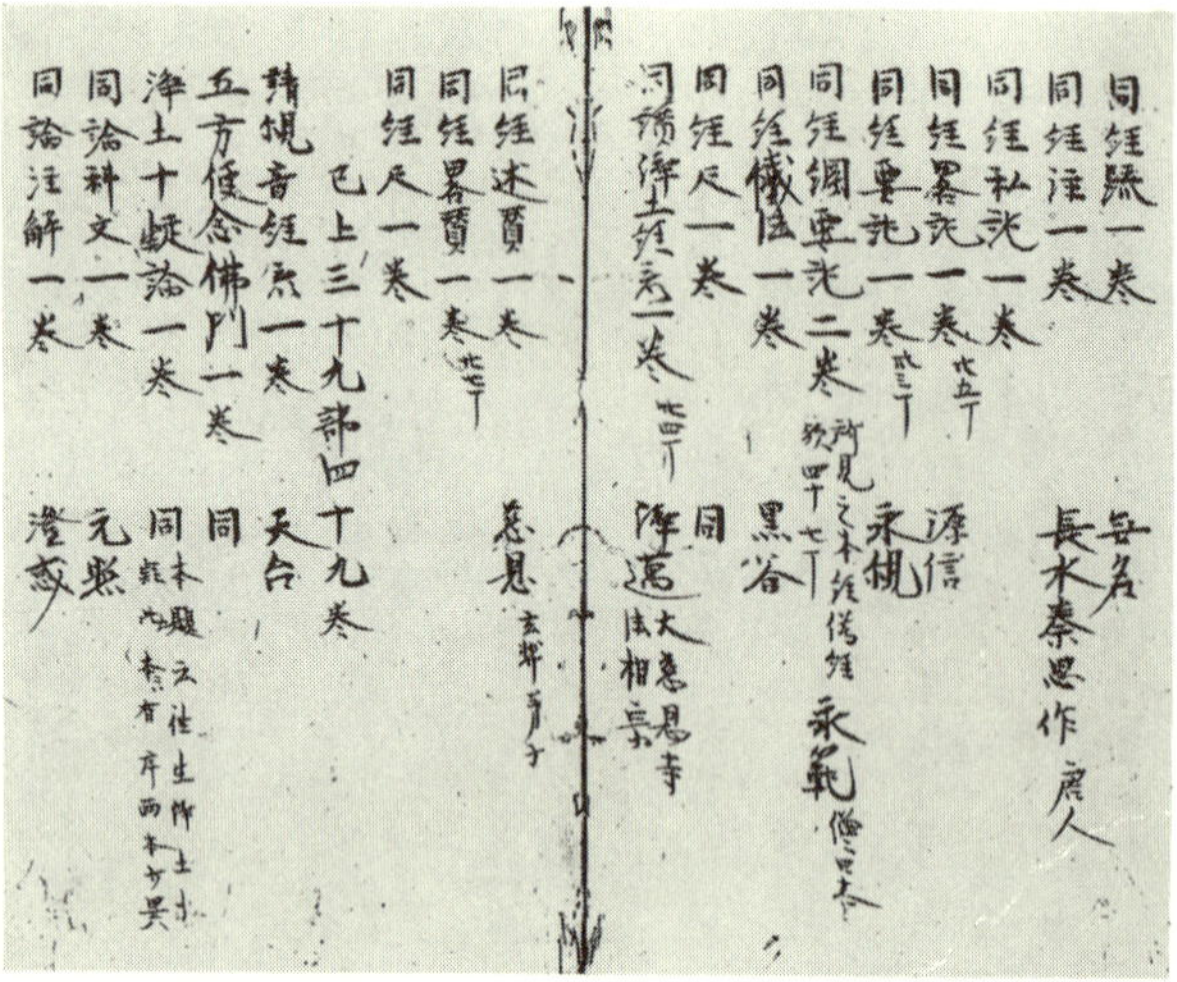

（16オ）　（15ウ）

同経疏一巻　　無名
同経注一巻　　長水秦思作唐人
同経私記一巻
同経略記一巻廿五丁　　源信
同経要記一巻卅三丁　　永観
同経綱要記二巻所見之本経偽経歟四十七丁　　永範僧日本
同経懺法一巻　　黒谷
同経尺(ママ)一巻　　同
同讃浄土経疏一巻廿四丁　　浄邁大慈恩寺法相宗
同経述賛(ママ)一巻　　慈恩玄奘弟子
同経略賛(ママ)一巻廿七丁
同経尺(ママ)一巻
　已上三十九部四十九巻
請観音経疏一巻　　天台
五方便念仏門一巻　　同
浄土十疑論一巻　　同本題云往生浄土十疑此本ニハ有序両本少異
同論科文一巻　　元照
同論注解(ママ)一巻　　澄惑

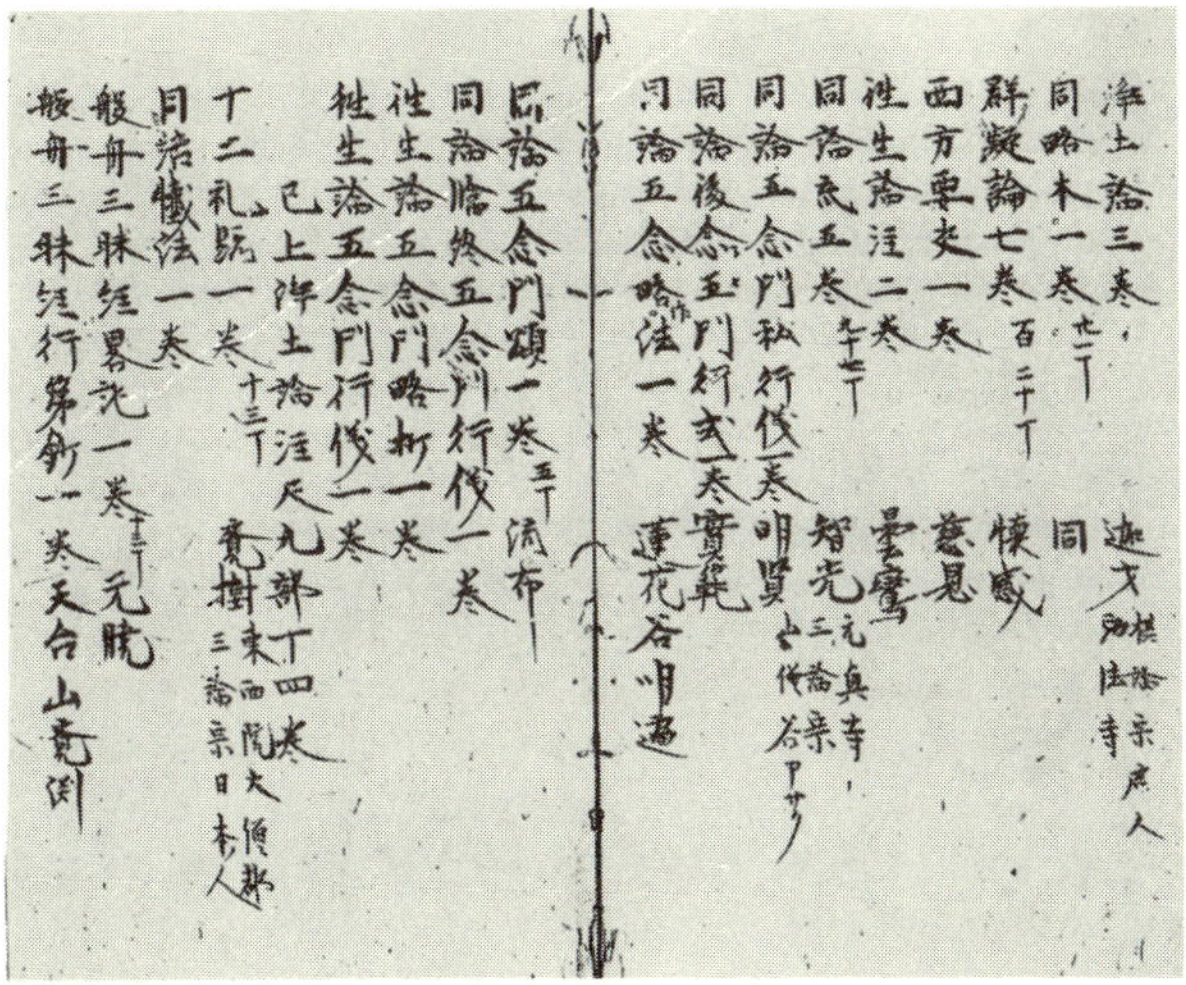

（17オ）　（16ウ）

浄土論三巻　迦才摂論宗唐人 弘法寺
同略本一巻廿二丁　同
群疑論七巻百二十丁　懐感
西方要決一巻　慈恩
往生論注（ママ）二巻　曇鸞
同論疏五巻九十七丁　智光元興寺 三論宗
同論五念門私行儀一巻　明賢山僧谷アサリ
同論後念（下上）五門行式一巻　実範
同論五念略作法一巻　蓮花谷明遍

同論五念門頌一巻五丁　流布
同論臨終五念門行儀一巻
往生論五念門略抄一巻
往生論五念門行儀一巻
已上浄土論注（ママ）尺（ママ）九部十四巻
十二礼疏一巻十三丁　覚樹東西院大僧都 三論宗日本ノ人
同結懺法一巻
般舟三昧経略記一巻十三丁　元暁
般舟三昧経行第鈔一巻　天台山覚渕（ママ）

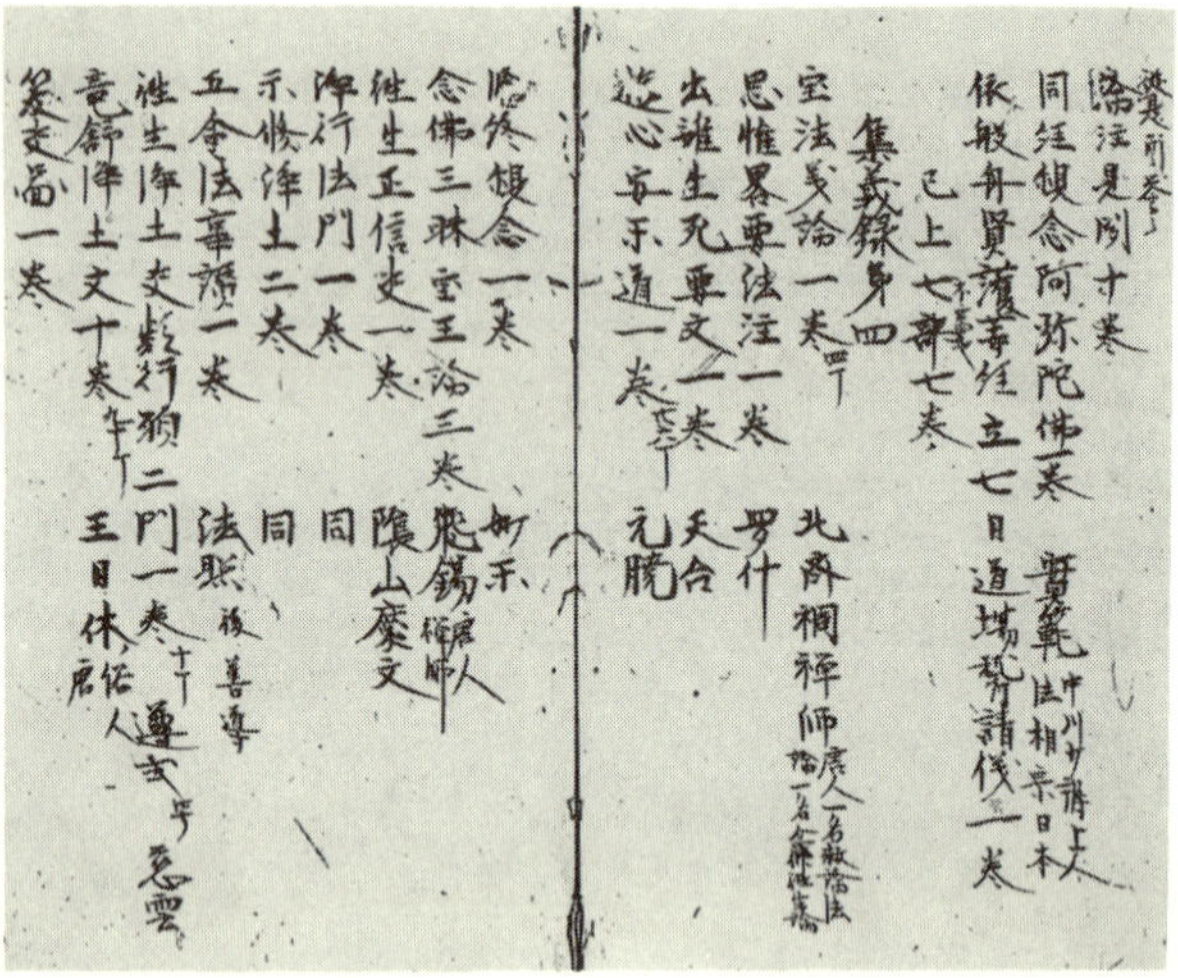

（18オ）　（17ウ）

従是西誓云
論注見聞十巻
同経観念阿弥陀仏一巻　実範中川少将上人 法相宗日本
依般舟賢護等経立七日道場稽請儀一巻
已上七部七巻不審也
集義録第四
宝法義論一巻四丁　北斉裯禅師唐人一名救論法 論一名念仏往生論
思惟略要法注一巻　羅什
出離生死要文一巻　天台
遊心安楽道一巻廿六丁　元暁
臨終観念一巻　妙楽
念仏三昧宝王論三巻　飛錫唐人 禅師
往生正信決一巻　陰山慶文
浄行法門一巻　同
元修浄土二巻　同
五会法事讃一巻　法照後善導
往生浄土決疑行願二門一巻十丁　遵式号慈雲
竜舒浄土文十巻九十丁　王日休俗人 唐
笈決図一巻

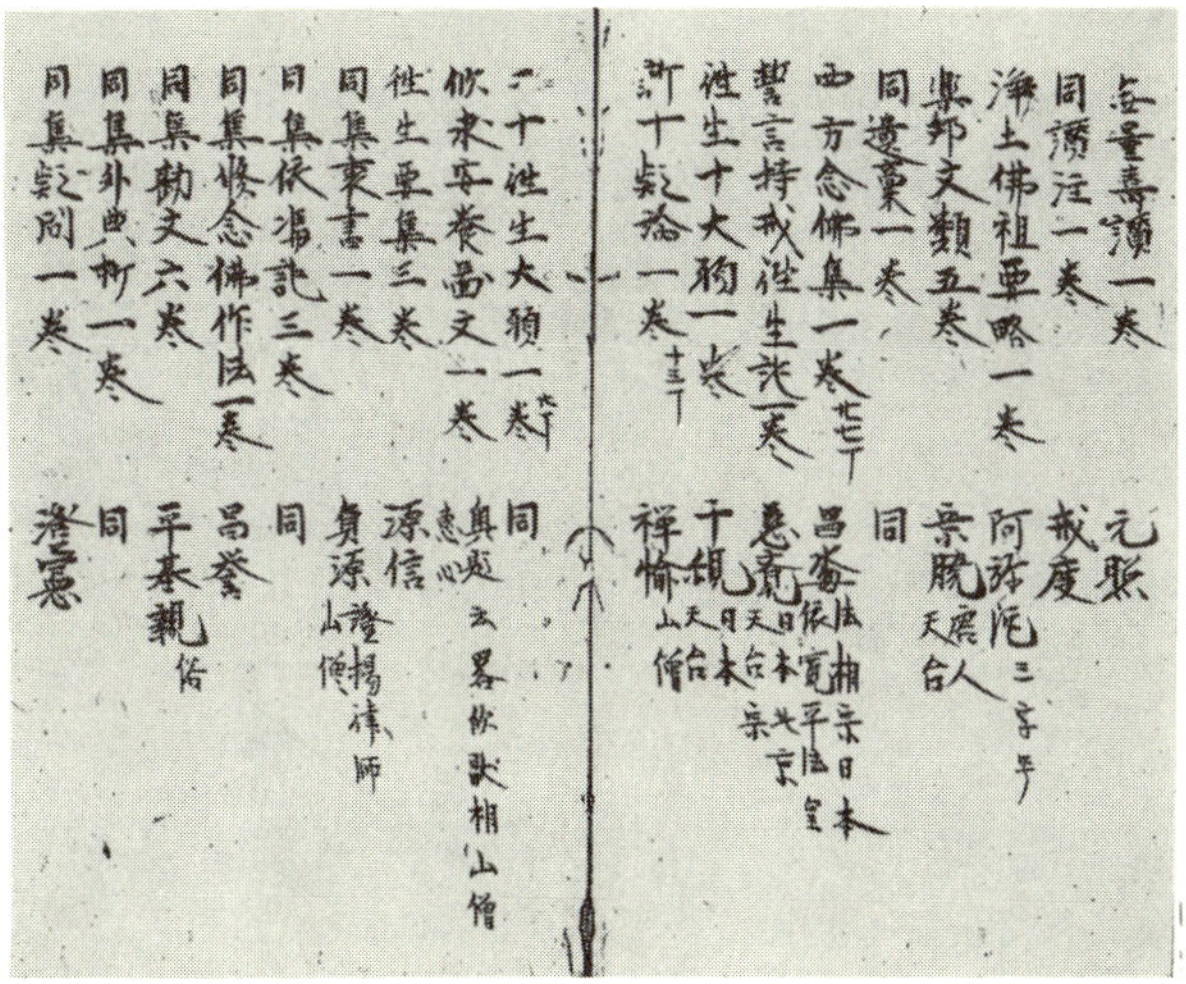

（19オ）　（18ウ）

無量寿讃一巻　元照
同讃注一巻　戒度
浄土仏祖要略一巻　阿弥陀三字号
楽邦文類五巻　宗暁天台唐人
同遺藁一巻　同
西方念仏集一巻廿七丁　昌海法相宗日本依寛平法皇
誓言持戒往生記一巻　慈覚日本北京天台宗
往生十大願一巻　千観日本天台
新十疑論一巻十三丁　禅愉山僧
二十往生大願一巻廿丁　同
欣求安養図文一巻　奥題云略欣(ママ)猒相山僧恵心
往生要集三巻　源信
同集裏書一巻　真源証揚律師山僧
同集依馮(ママ)記三巻　同
同集修念仏作法一巻　昌誉
同集勘文六巻　平基親俗
同集外典抄一巻　同
同集疑問一巻　澄憲

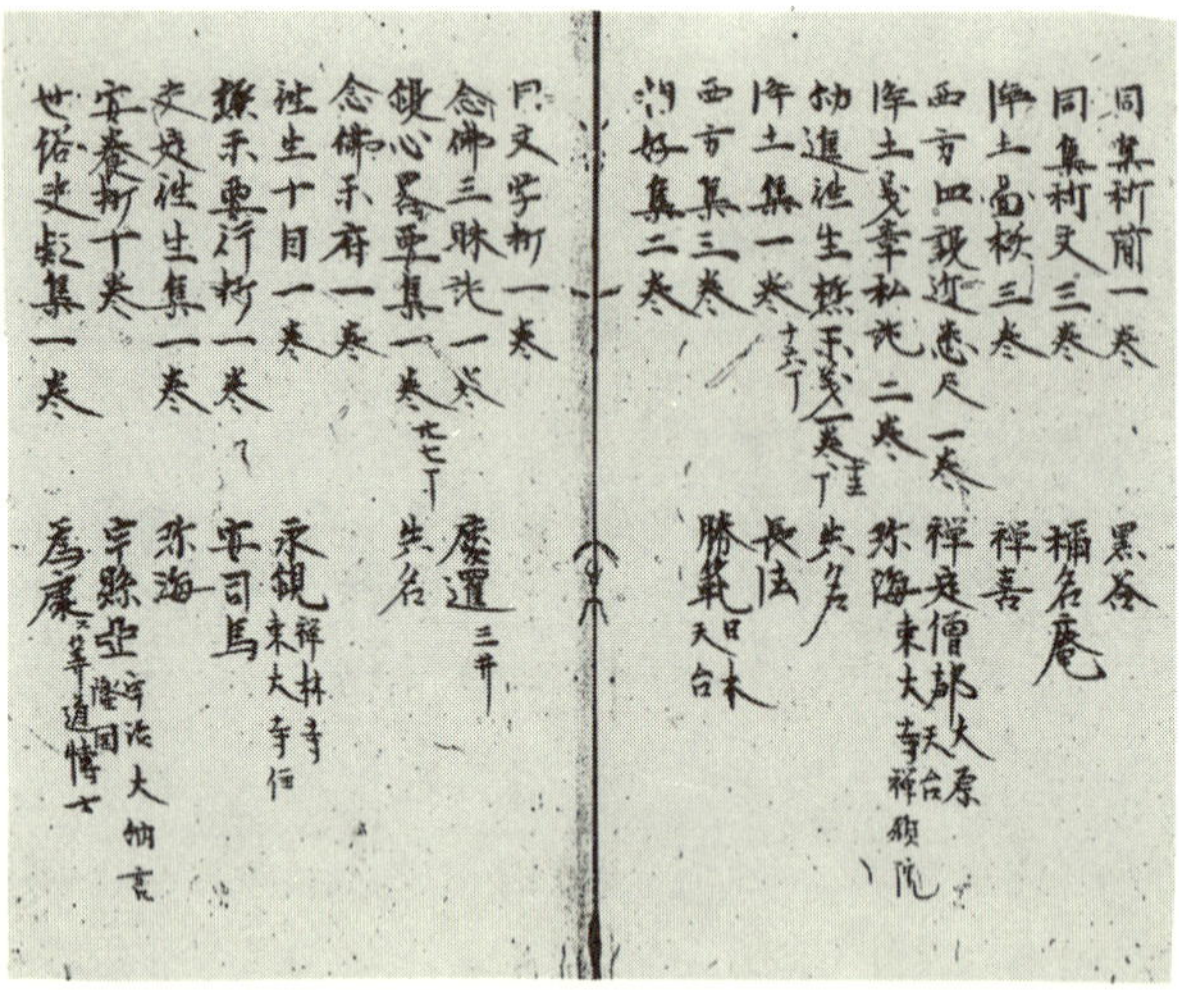

（20オ）　（19ウ）

同集析（ママ）簡一巻
同集析（ママ）文三巻
浄土図様三巻
西方四親近悉尺（ママ）一巻
浄土義章私記二巻
勧進往生極楽義一巻十五丁
浄土集一巻十六丁
西方集三巻
相好集二巻
同文学抄一巻
念仏三昧記一巻
観心略要集一巻廿七丁
念仏楽府一巻
往生十因一巻
極楽要行抄一巻
決定往生集一巻
安養抄十巻
世俗決疑集一巻

黒谷
称名庵
禅喜
禅定僧都大原天台
珍海東大寺禅願院
失名
長法
勝範日本天台
慶暹（ママ）二卄
失名
永観禅林寺東大寺住
安司馬
珍海
宇縣亞宇治大納言隆国
為康算道博士

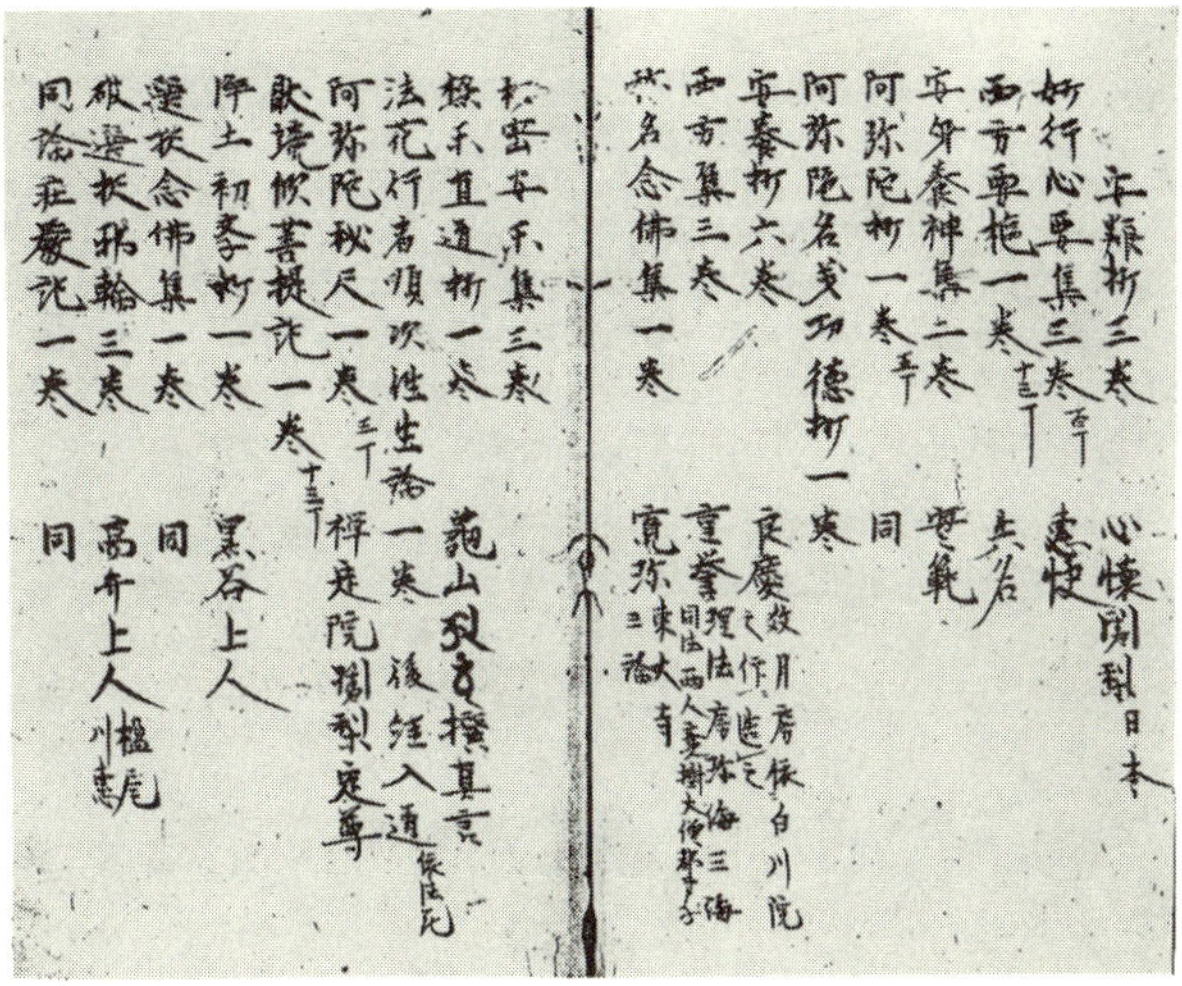

（21オ）　（20ウ）

安養抄三巻　心懐闍梨日本
妙行心要集三巻百丁　恵快
西方要樞一巻十二丁　失名
安身養神集二巻　実範
阿弥陀抄一巻五丁　同
阿弥陀名義功徳抄一巻
安養抄六巻　良慶教月房依㆓白川院之仰㆒造㆑之
西方集三巻　重誉理法房珍海三海同法両人覚樹大僧都弟子
称名念仏集一巻　寛珍東大寺三論

秘密安楽集三巻
極楽直道抄一巻　亀山〓撰真言
法花行者順次往生論一巻　俊経入道依法花
阿弥陀秘尺（ママ）一巻三丁　禅定院闍梨定尊
猒（ママ）境欣菩提記一巻十三丁
浄土初学抄一巻　黒谷上人
選択念仏集一巻　同
破選択邪輪三巻　高弁上人梅尾明恵
同論荘厳記一巻　同

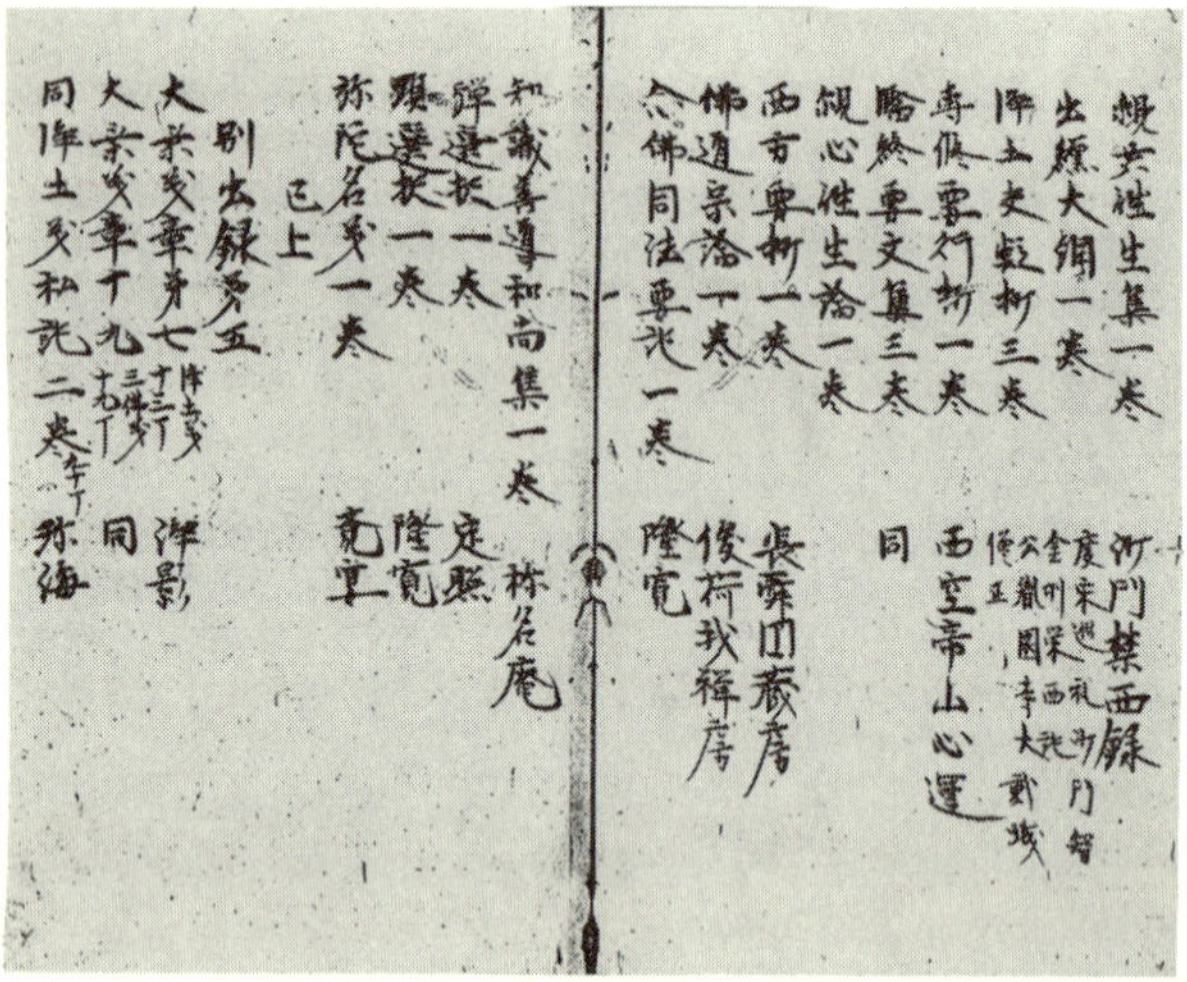

（22オ）　（21ウ）

観共往生集一巻　沙門禁（ママ）西録
出纒大綱一巻　度（ママ）宋巡礼沙門智
浄土決疑抄三巻　金剛栄西記
専修要行抄一巻　公胤園寺大式（ママ）城
僧正
臨終要文集三巻　西空帝山心運
観心往生論一巻　同
西方要抄一巻　長舜円蔵房
仏道宗論一巻　俊芿我禅房
念仏同法要記一巻　隆覚

知識善導和尚集一巻　称名庵
弾選択一巻　定照
顕選択一巻　隆寛
弥陀名義一巻　覚宴
已上
別出録第五
大乗義章第七浄土義十三丁　浄影
大乗義章十九三仏義十九丁　同
同浄土義私記二巻九十丁　珍海

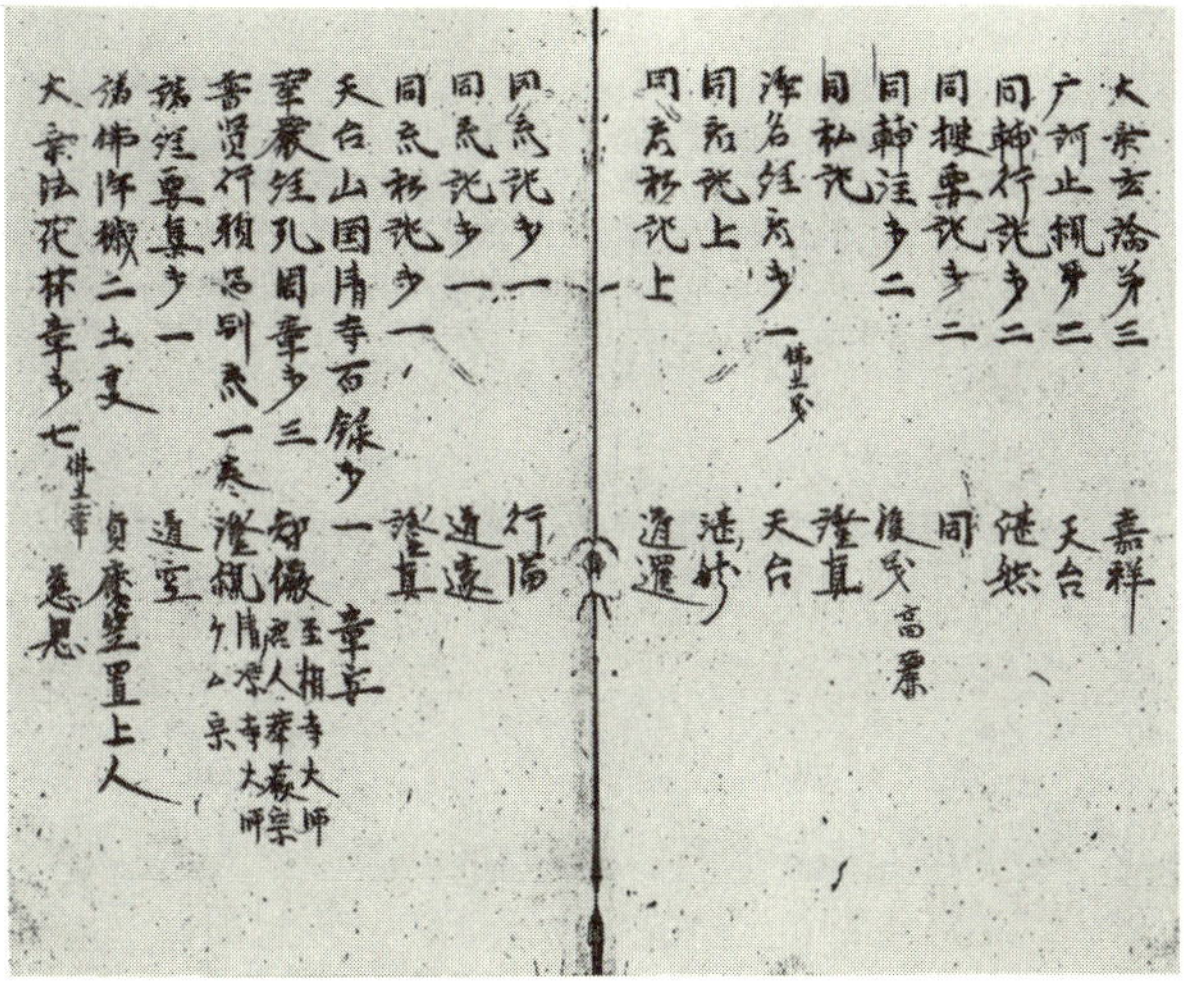

（23オ）　（22ウ）

大乗玄論第三　嘉祥
摩訶止観第二　天台
同輔行記第二　湛然
同捜要記第二　同
同輔注第二　従義高麗
同私記　証真
浄名経疏第一仏土義　天台
同疏記上　湛然
同疏私記上　道暹（ママ）
同疏記第一　行満
同疏記第一　道邃
同疏私記第一　証真
天台山国清寺百録第一　章安
華厳経孔（ママ）周章第三　智儼至相寺大師 唐人華厳宗
普賢行願品別疏一巻　澄観清涼寺大師 ケム宗
諸経要集第一　道空（ママ）
諸仏浄穢二土（ママ）亘　貞慶笠置上人
大乗法花林章第七仏土章　慈恩

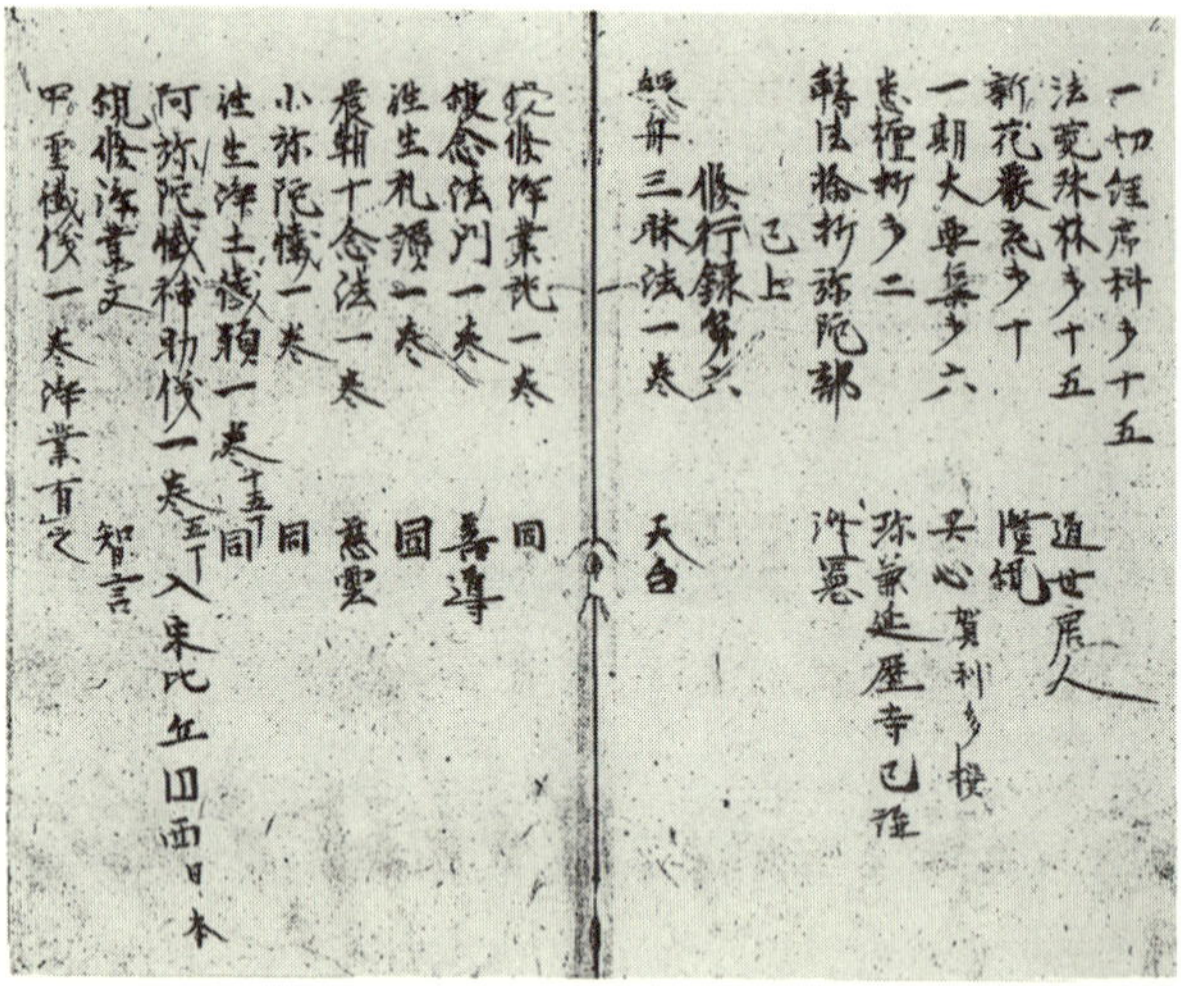

（24オ）　（23ウ）

一切経序科第十五
法苑珠林第十五　道世唐人
新花厳疏第十　澄観
一期大要集第六　霊心賀利多撰
悉檀抄第二　珍兼延（ママ）暦寺已講
転法輪抄弥陀部　澄憲
已上
修行録第六
般舟三昧法一巻　天台

観修浄業記一巻　同
観念法門一巻　善導
往生礼讃一巻　同
晨朝十念法一巻　慈雲
小弥陀懺一巻　同
往生浄土懺願一巻十五丁　同
阿弥陀懺補助儀一巻五丁　入宋比丘円西日本
観修浄業文　智言
四聖懺儀一巻浄業有レ之

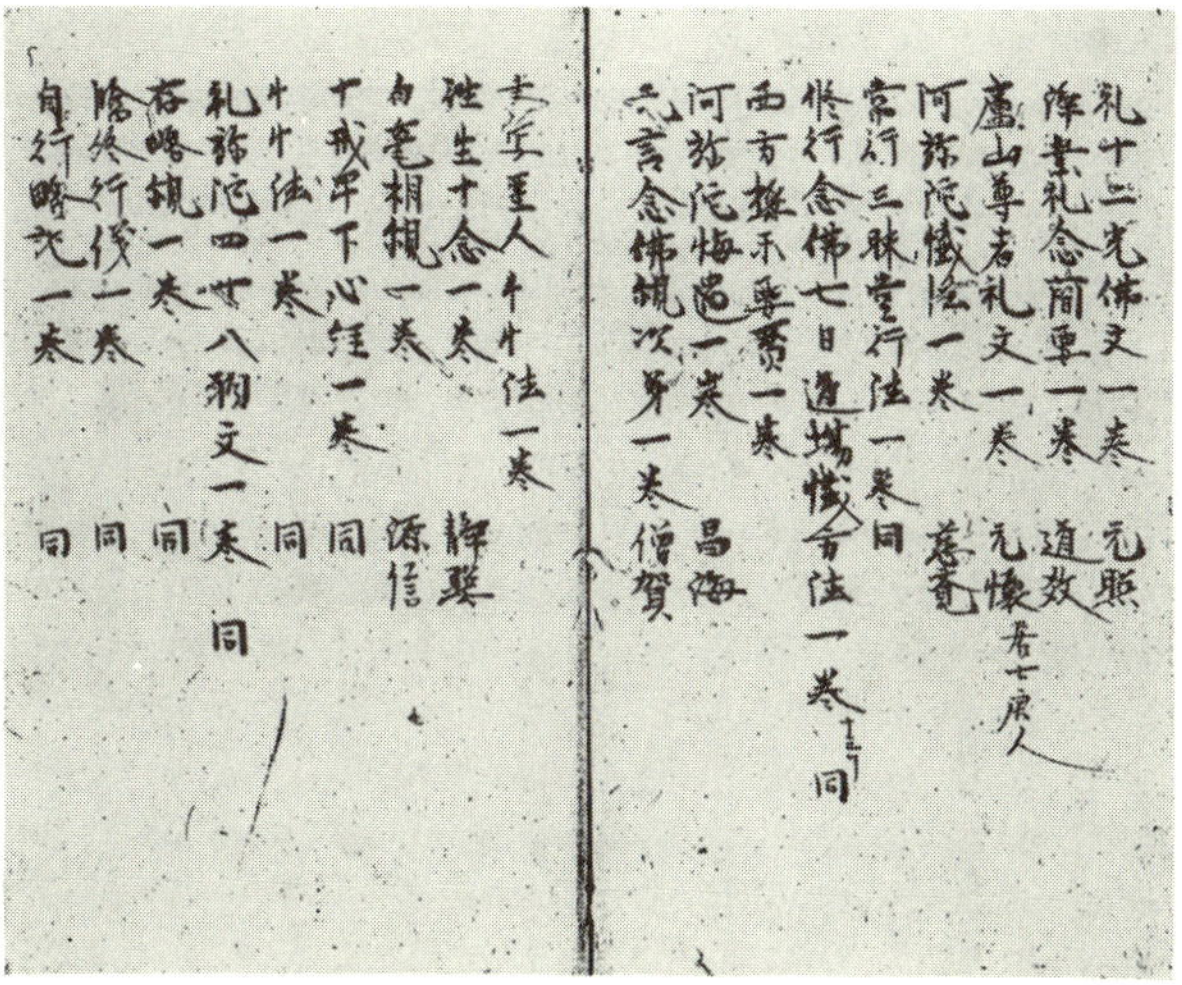

（25オ）（24ウ）

礼十二光仏文一巻　元照
浄業礼念簡要一巻　道教
盧（ママ）山尊者礼文一巻　元懐居士唐人
阿弥陀懺法一巻　慈覚
常行三昧堂行法一巻　同
修行念仏七日道場懺方法一巻十三丁　同
西方極楽要賛（ママ）一巻
阿弥陀悔過一巻　昌海
旡言念仏観次第一巻　僧賀
書写聖人懺悔法一巻
往生十念一巻　静照
白毫相観一巻　源信
十戒卑下心経一巻　同
懺悔法一巻　同
礼弥陀四十八願文一巻　同
在略観一巻　同
臨終行儀一巻　同
自行略記一巻　同

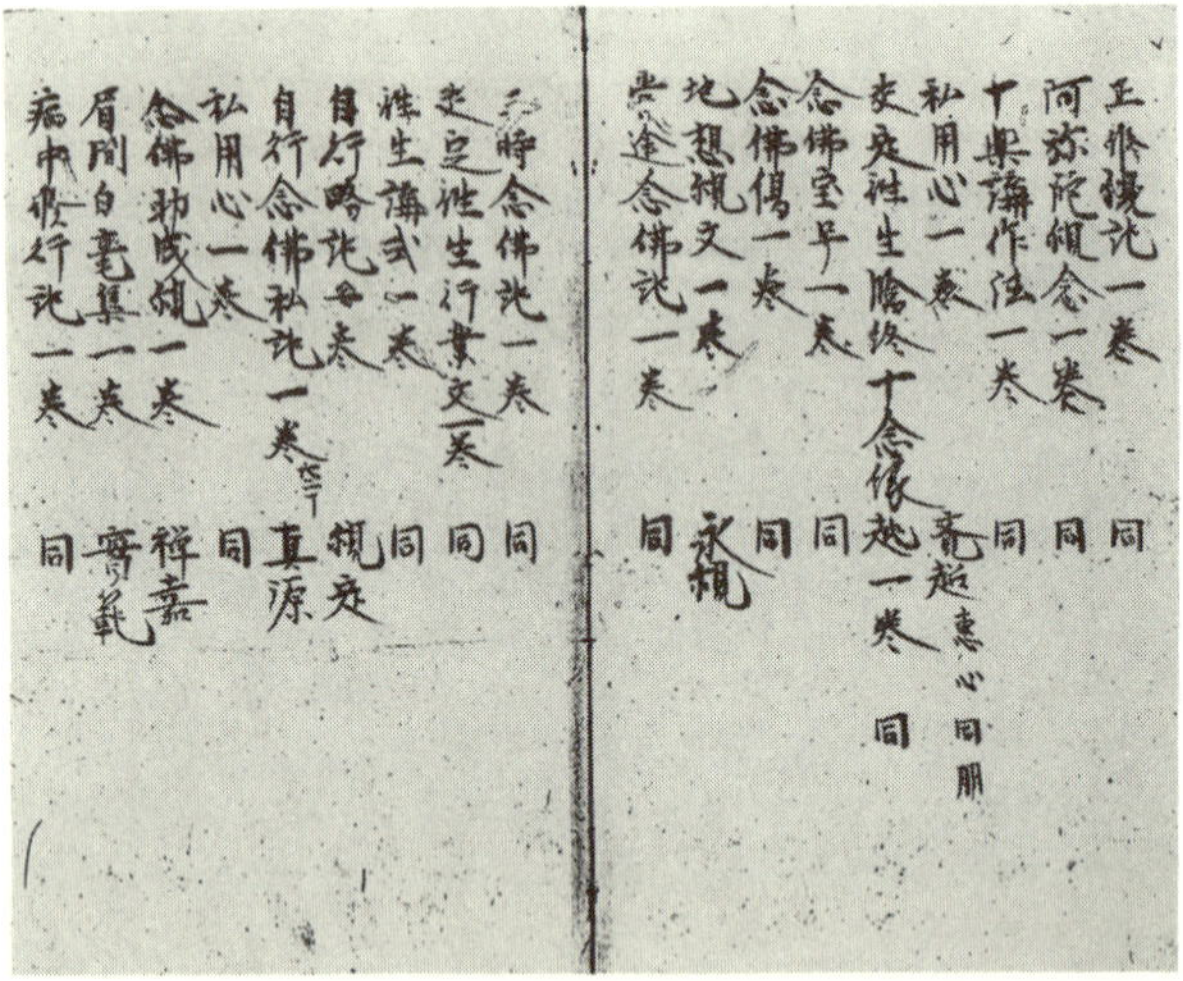

（26オ）　（25ウ）

正修観記一巻　同
阿弥陀観念一巻　同
十楽講作法一巻　同
私用心一巻　覚超恵心同朋
決定往生臨終十念縁起一巻　同
念仏宝号一巻　同
念仏偈一巻　同
地想観文一巻　永観
常途念仏記一巻　同

三時念仏記一巻　同
決定往生行業文一巻　同
往生講式一巻　同
自行略記一巻　観定
自行念仏私記一巻廿二丁　真源
私用心一巻　同
念仏助成観一巻　禅嘉
眉間白毫集一巻　実範
病中修行記一巻　同

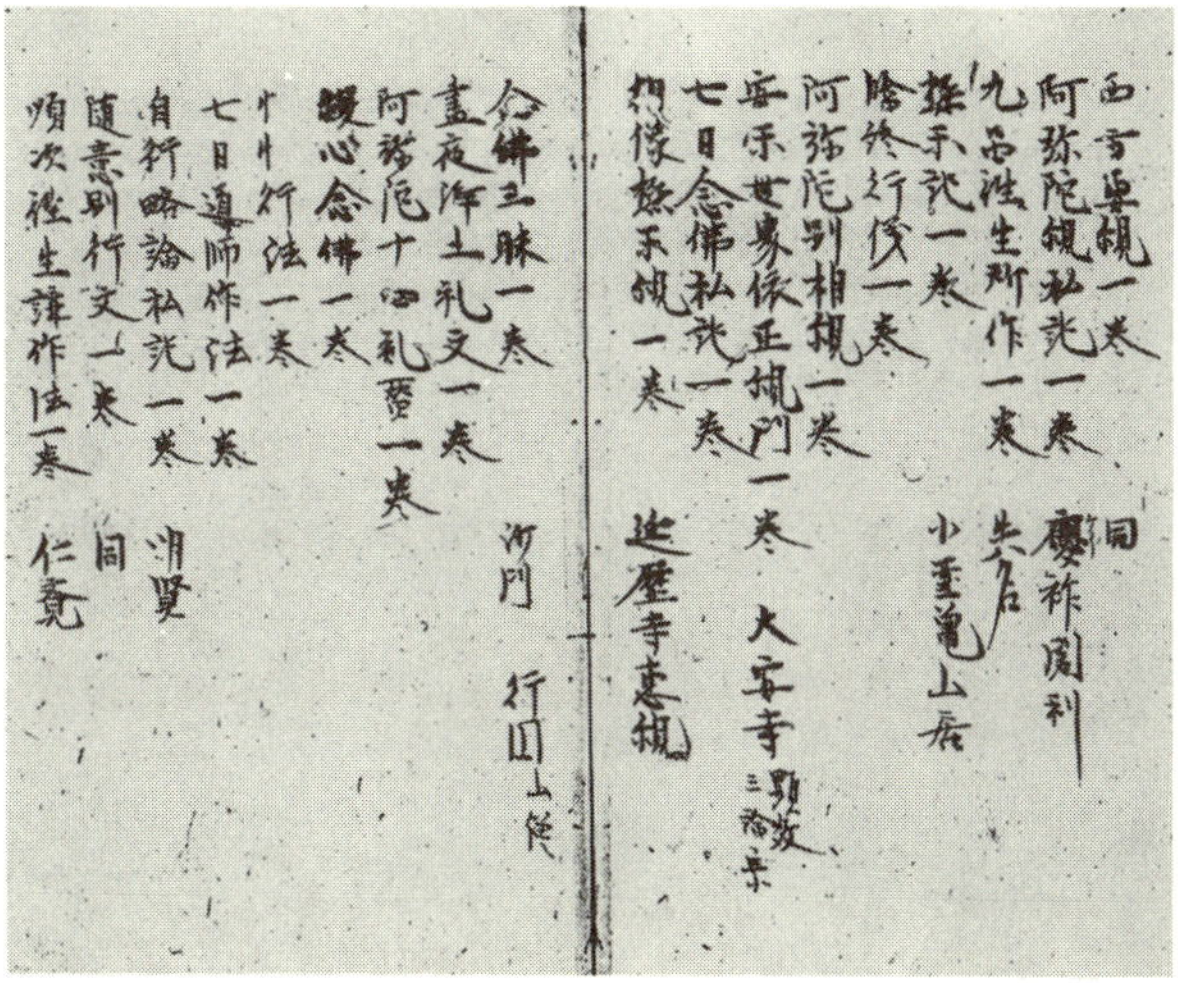

（27オ）　（26ウ）

西方要観一巻　同
阿弥陀観私記一巻　慶祚（ケイ）闍梨（ママ）
九品往生所作一巻　失名
極楽記一巻　小聖亀山居
臨終行儀一巻
阿弥陀別相観一巻
安楽世界依正観門一巻　大安寺 顕教 三論宗
七日念仏私記一巻
相像極楽観一巻　延歴（ママ）寺恵観

念仏三昧一巻　沙門　行円 山僧
昼夜浄土礼文一巻
阿弥陀十四礼賛（ママ）一巻
観心念仏一巻
懺悔行法一巻
七日導師作法一巻
自行略論私記一巻　明賢
随意別行文一巻　同
順次往生講作法一巻　仁覚

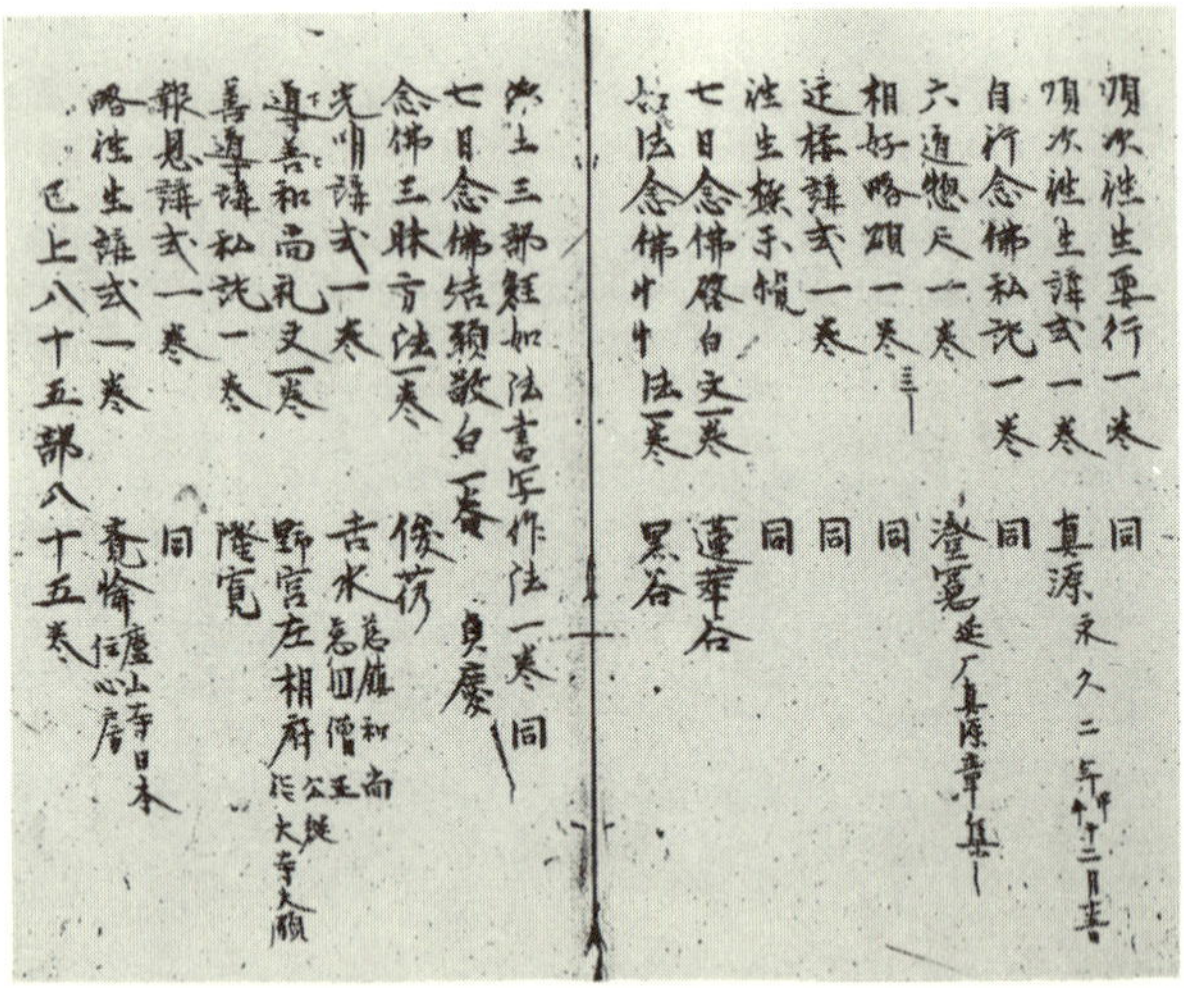

(28オ)　(27ウ)

順次往生要行一巻　同
順次往生講式一巻　真源永久二年甲午十二月十五日
自行念仏私記一巻　同
六道物尺（ママ）一巻　澄憲延暦真源章集之
相好略頌一巻三丁　同
迎接講式一巻　同
往生極楽観　同
七日念仏啓白文一巻　蓮華谷
如法念仏懺悔法一巻　黒谷
浄土三部経如法書写作法一巻　同
七日念仏結願敬白一巻　貞慶
念仏三昧方法一巻　俊芿
光明講式一巻　吉水慈鎮和尚 慈円僧正
導善（下上）和尚礼文一巻　野宮左相府公継 徳大寺大願
善導講私記一巻　隆寛
報恩（ママ）講式一巻　同
略往生講式一巻　覚愉（ママ）盧（ママ）山寺日本 住心房
已上八十五部八十五巻

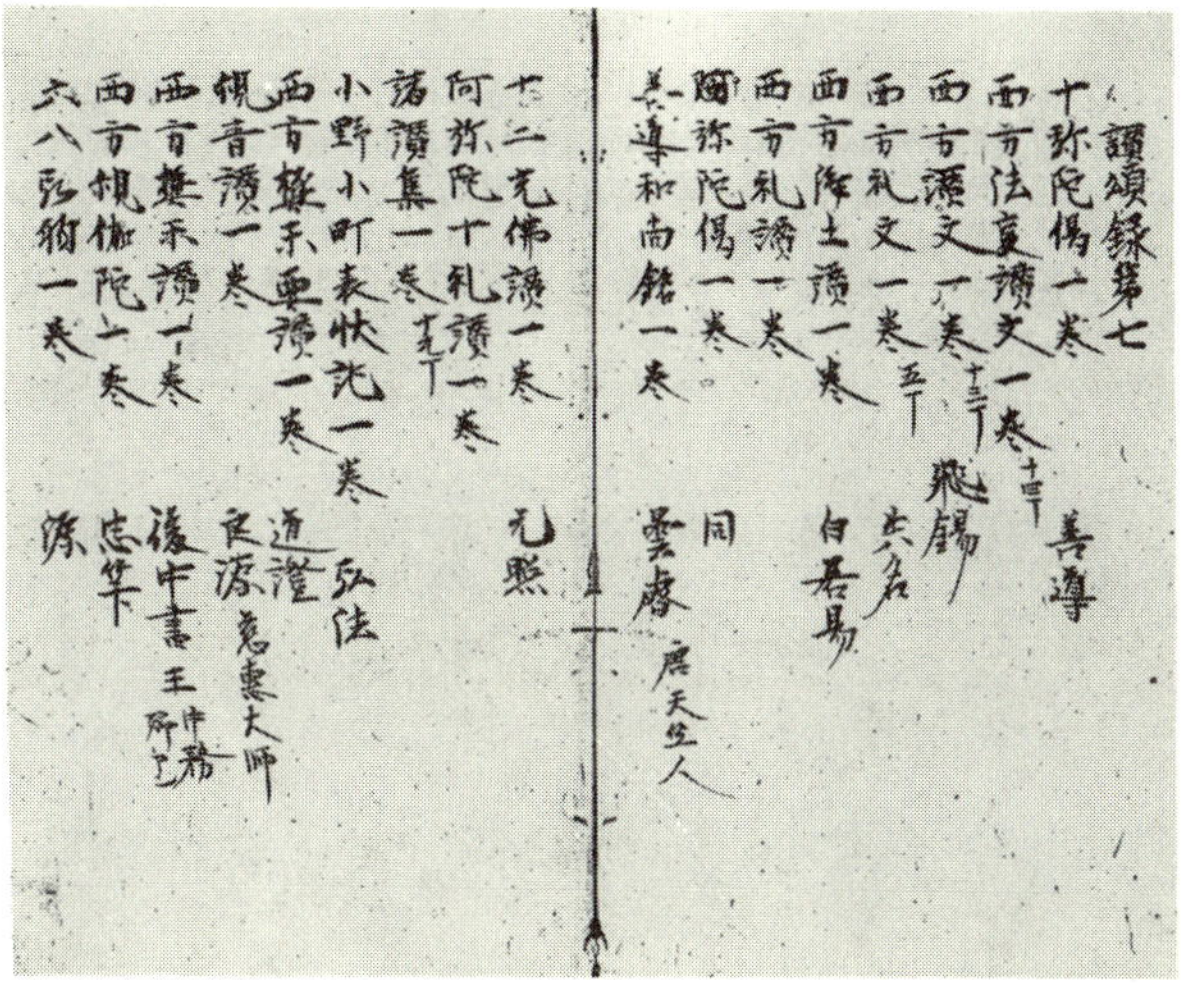

（29オ）　（28ウ）

讃頌録第七
十弥陀偈一巻　善導
西方法事讃文一巻十四丁
西方讃文一巻十三丁　飛錫
西方礼文一巻五丁　失名
西方浄土讃一巻　白居易
西方礼讃一巻
阿（ア）弥陀偈一巻　同
善導和尚銘一巻　曇睿（ママ）唐天竺人
十二光仏讃一巻　元照
阿弥陀十礼讃一巻
諸讃集一巻十九丁
小野小町表状記一巻　弘法
西方極楽要讃一巻　道証
観音讃一巻　良源慈恵大師
西方極楽讃一巻　後中書王中務卿也
西方観伽陀一巻　忠算
六八弘願一巻　源

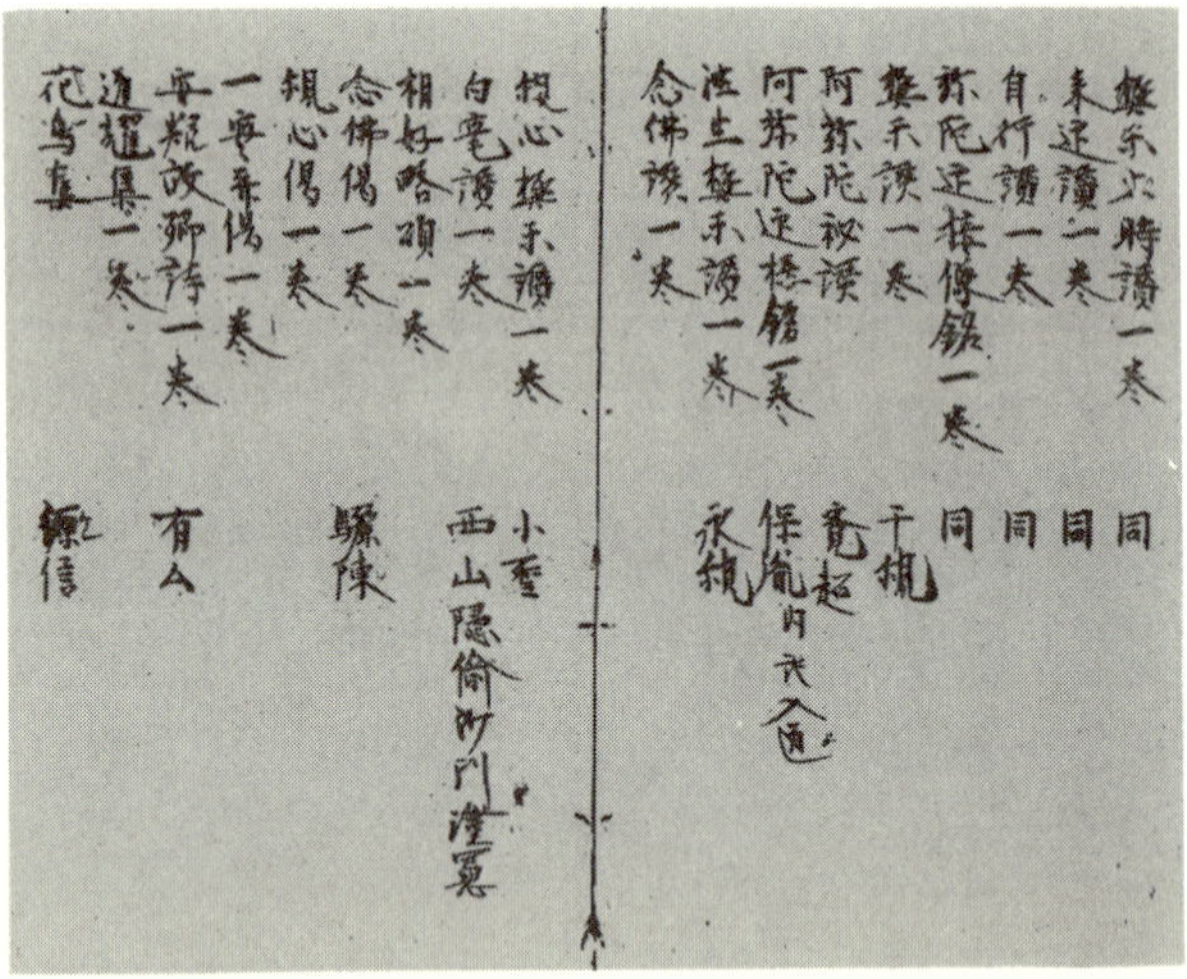

（30オ）　（29ウ）

極楽六時讃一巻　同
来迎讃一巻　同
自行讃一巻　同
弥陀迎接像銘一巻　同
極楽讃一巻　千観
阿弥陀秘讃　覚超
阿弥陀迎摂銘一巻　保胤内記入道
往生極楽讃一巻　永観
念仏讃一巻

観心極楽讃一巻　小聖
白毫讃一巻　西山隠倫沙門澄憲
相好略頌一巻
念仏偈一巻　驪陳
観心偈一巻
一実菩提偈一巻
安養故郷詩一巻　有ム
道耀集一巻
花鳥集　源（ケン）信

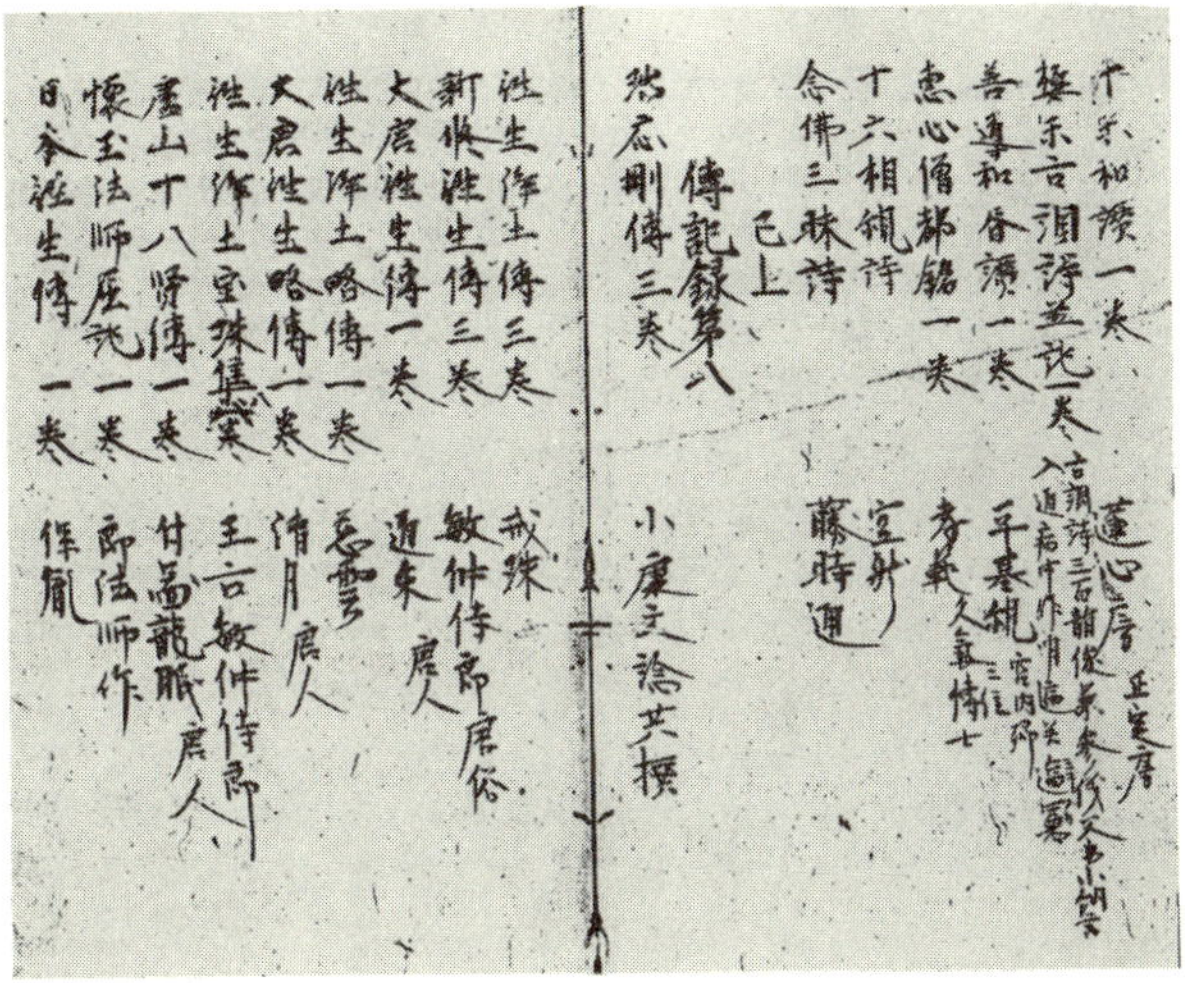

（31オ）　（30ウ）

十楽和讃一巻　蓮心房正定房

極楽古調詩並記一巻　古調詩三百韻俊兼参儀(ママ)父小納信
入道病中作明遍关通憲(ミチノリ)

善導和書讃一巻　平基観(ママ)三位宮内郷

恵心僧都銘一巻　孝範久気博士

十六相観詩　空然

念仏三昧詩　藤時通

已上

伝記録第八

瑞応刪伝三巻　小康文諗共撰

往生浄土伝三巻　戒珠

新修往生伝三巻　敏仲侍郎唐俗

大唐往生伝一巻　道朱唐人

往生浄土略伝一巻　慈雲

大唐往生略伝一巻　清月唐人

往生浄土宝珠集八巻　王古敏仲侍郎

盧(ママ)山十八賢伝一巻　付図竜眠唐人

懐玉法師屈記一巻　郎法師作

日本往生伝　一巻　保胤

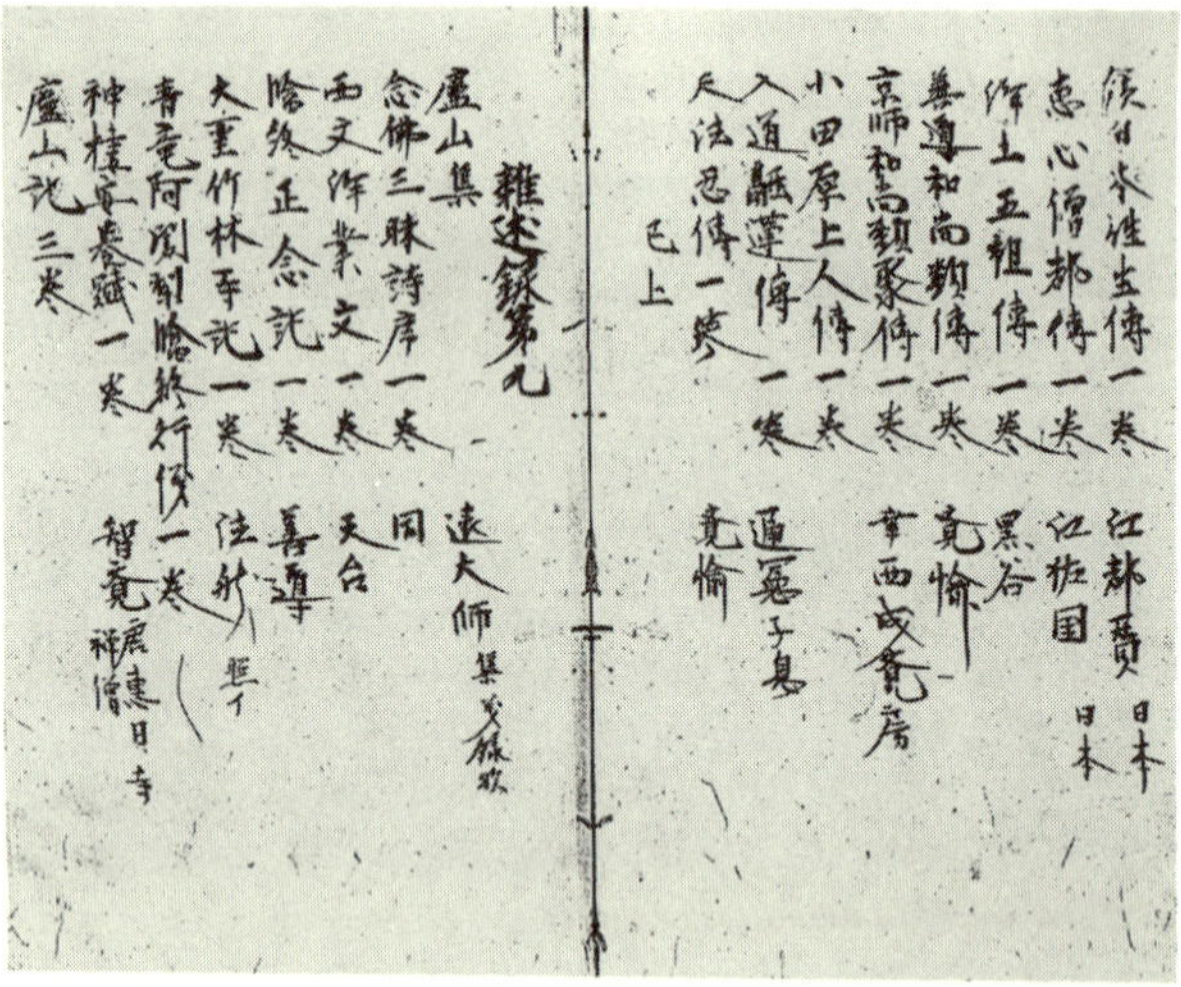

（32オ）　（31ウ）

続日本往生伝一巻　江都督日本
恵心僧都伝一巻　江佐国日本
浄土五祖伝一巻　黒谷
善導和尚類伝一巻　覚愉（ママ）
京師和尚類聚伝一巻　幸西成覚房
小田原上人伝一巻
入道融蓮伝一巻　通憲子息
尺（ママ）法忍伝一巻　覚愉（ママ）
已上

雑述録第九
盧（ママ）山集　遠大師集義録欤
念仏三昧詩序一巻　同
西方浄業文一巻　天台
臨終正念記一巻　善導
大聖竹林寺記一巻　法然照イ
青竜阿闍梨臨終行儀一巻
神棲安養賦一巻　智覚唐恵日寺禅僧
盧（ママ）山記三巻

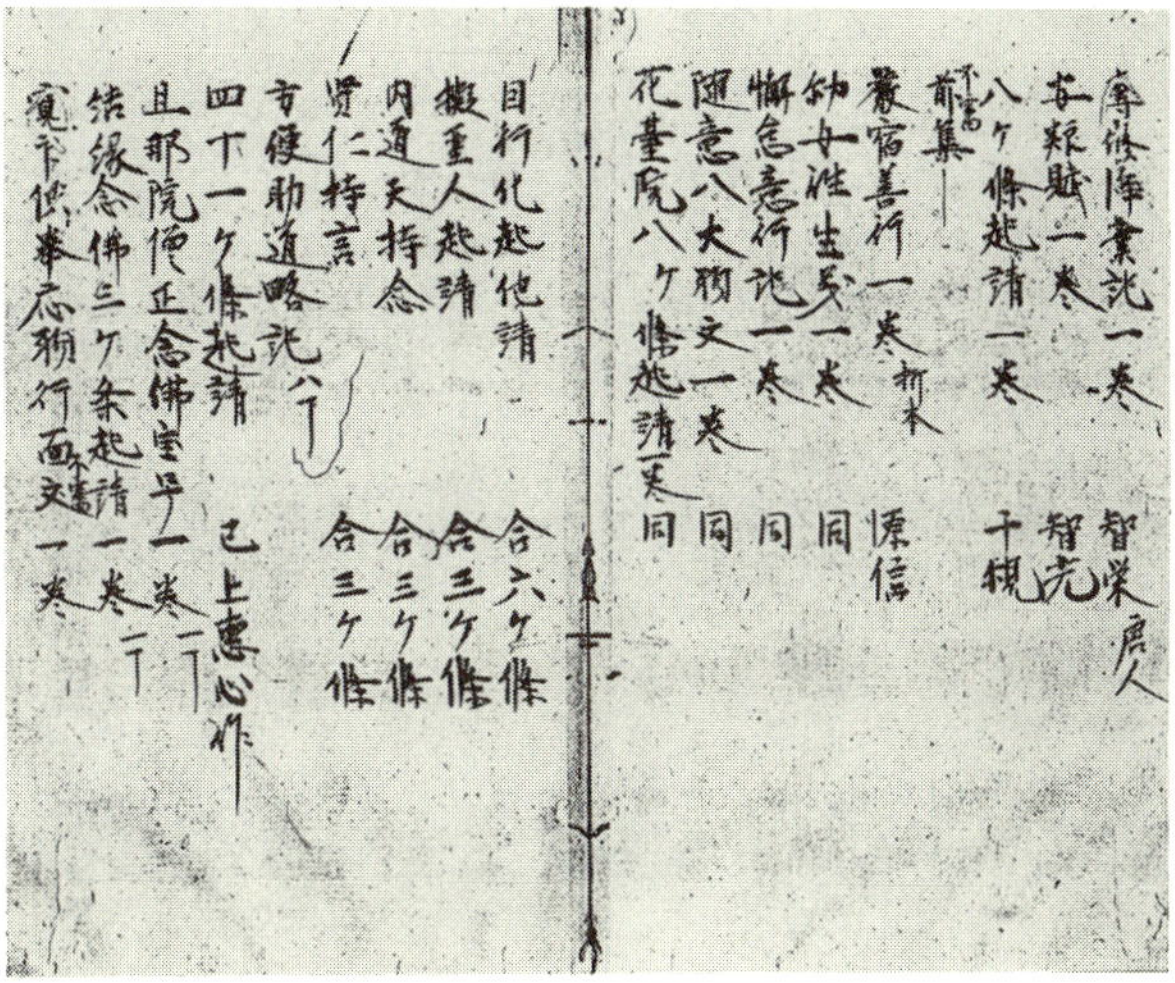

（33オ）　（32ウ）

専修浄業記一巻　智栄唐人
安養賦一巻　智光
八ケ条起請一巻　千観
前〈不審〉集――
厳宿善行一巻折本　源信
勧女往生義一巻　同
懈怠意行記一巻　同
随意八大願文一巻　同
花台院八ケ条起請一巻　同

因行化起他請　合六ケ条
擬聖人起請　合三ケ条
内道天持念　合三ケ条
賢仁持言　合三ケ条
方便助道略記八丁
四十一ケ条起請　已上恵心作
旦（ママ）那院僧正念仏宝号一巻一丁
結縁念仏三ケ条起請巻一丁
寛印供奉応願行面〈不審〉文一巻

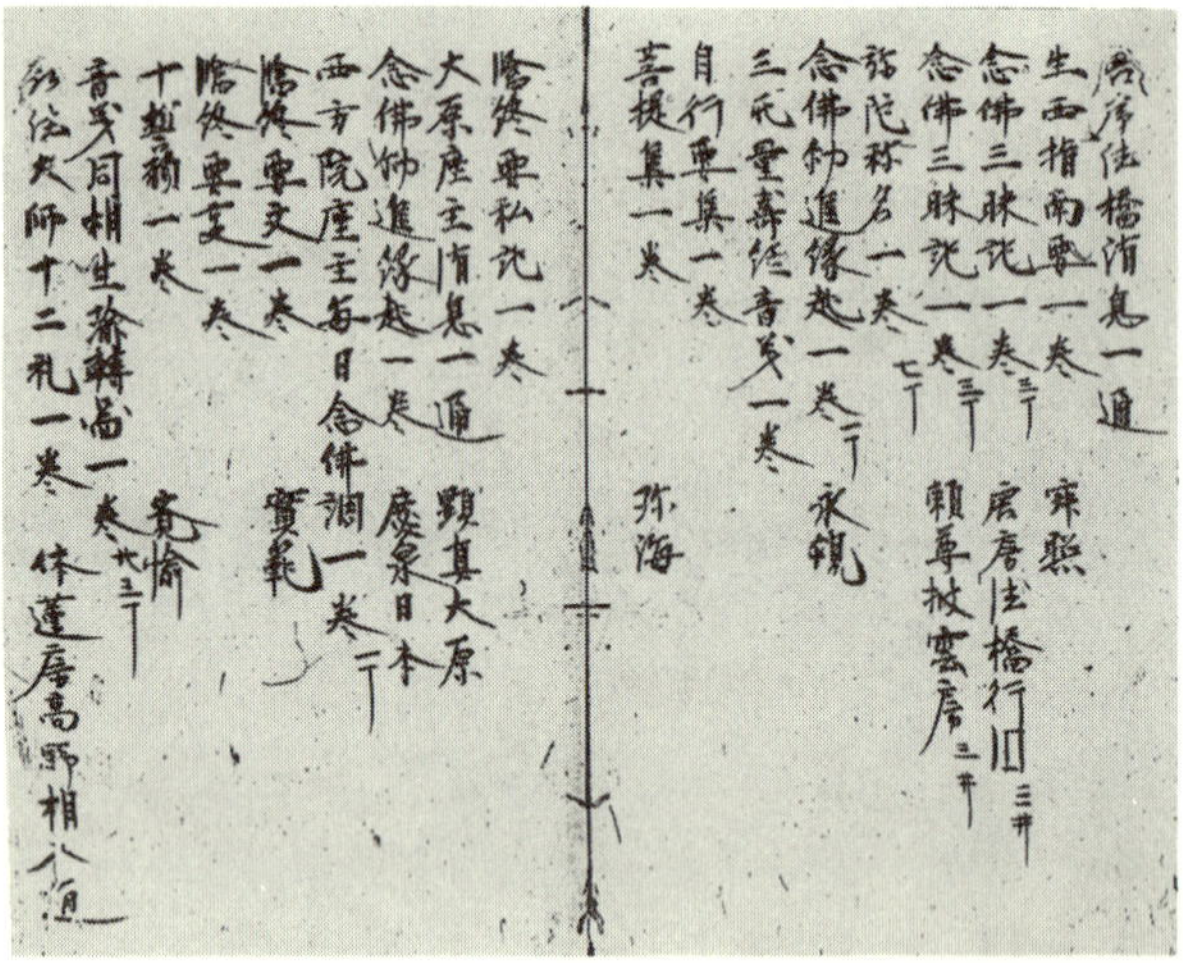

（34オ）　（33ウ）

唐房法橋消息一通
生西指南要一巻　寂照
念仏三昧記一巻三丁　唐房法橋行円三井
念仏三昧記一巻三丁　頼尊披雲房三井
弥陀称名一巻七丁
念仏勧進縁起一巻二丁　永観
三无量寿経音義一巻
自行要集一巻
菩提集一巻　珍海

臨終要私記一巻
大原座主消息一通　顕真大原
念仏勧進縁起一巻　慶泉日本
西方院座主毎日念仏調一巻二丁
臨終要文一巻　実範
臨終要亨一巻
十誓願一巻　覚愉(ママ)
意義同相生瑜転図一巻廿三丁
弘法大師十二礼一巻　体蓮房高野相入道

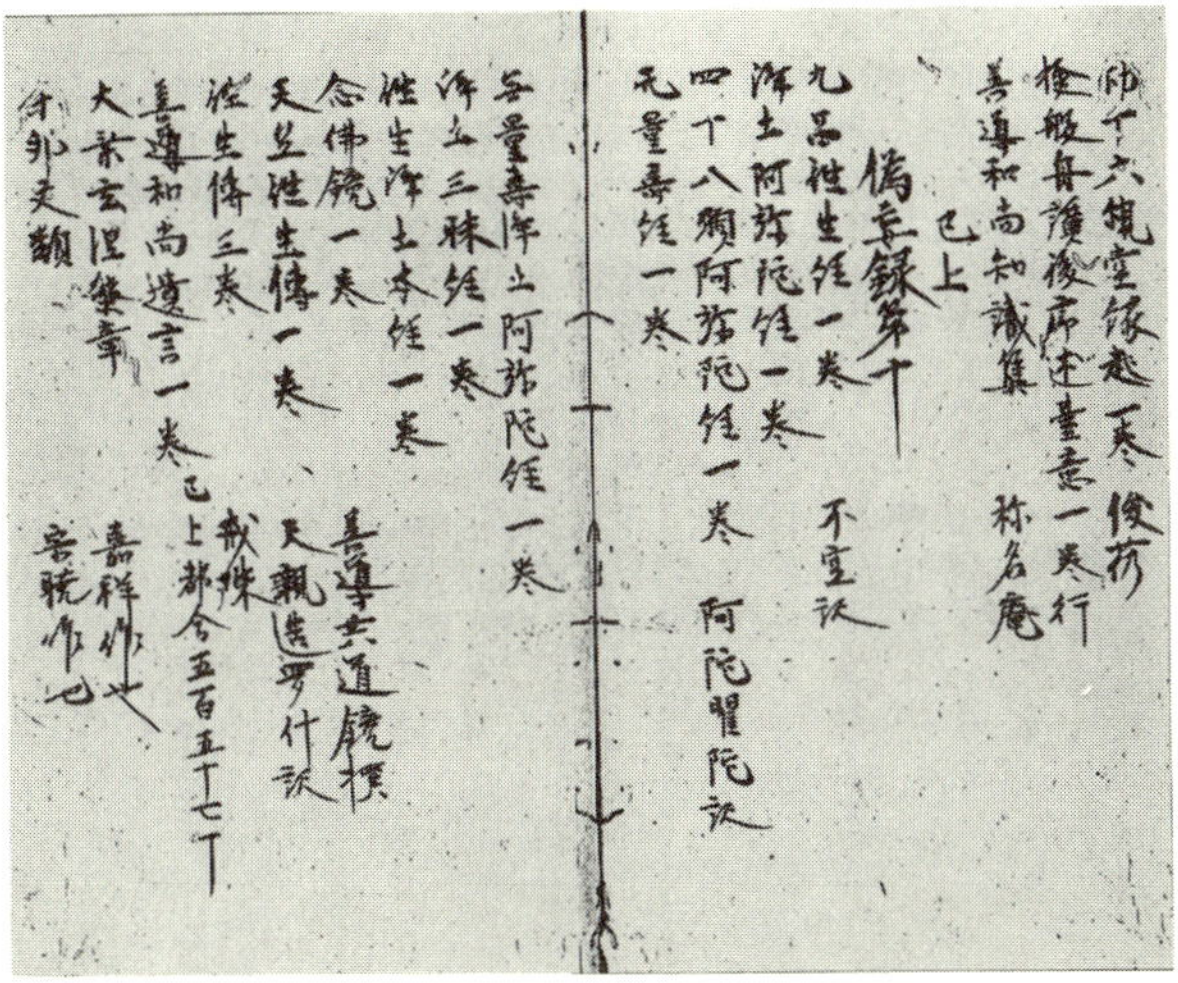

（35オ）　（34ウ）

勧十六観堂縁起一巻　俊芿
検般舟讃後序述台意一巻　行
善導和尚知識集　称名庵
已上
偽妄録第十
九品往生経一巻　不空訳
浄土阿弥陀経一巻
四十八願阿弥陀経一巻　阿陀瞿陀訳
无量寿経一巻
無量寿浄土阿弥陀経一巻
浄土三昧経一巻
往生浄土本経一巻　善導共道鏡撰
念仏鏡一巻
天竺往生伝一巻　天親造羅什訳
往生伝三巻　戒珠
善導和尚遺言一巻已上都合五百五十七丁
大乗玄涅槃章　嘉祥作也
楽邦文類　宗暁作也

(36オ)

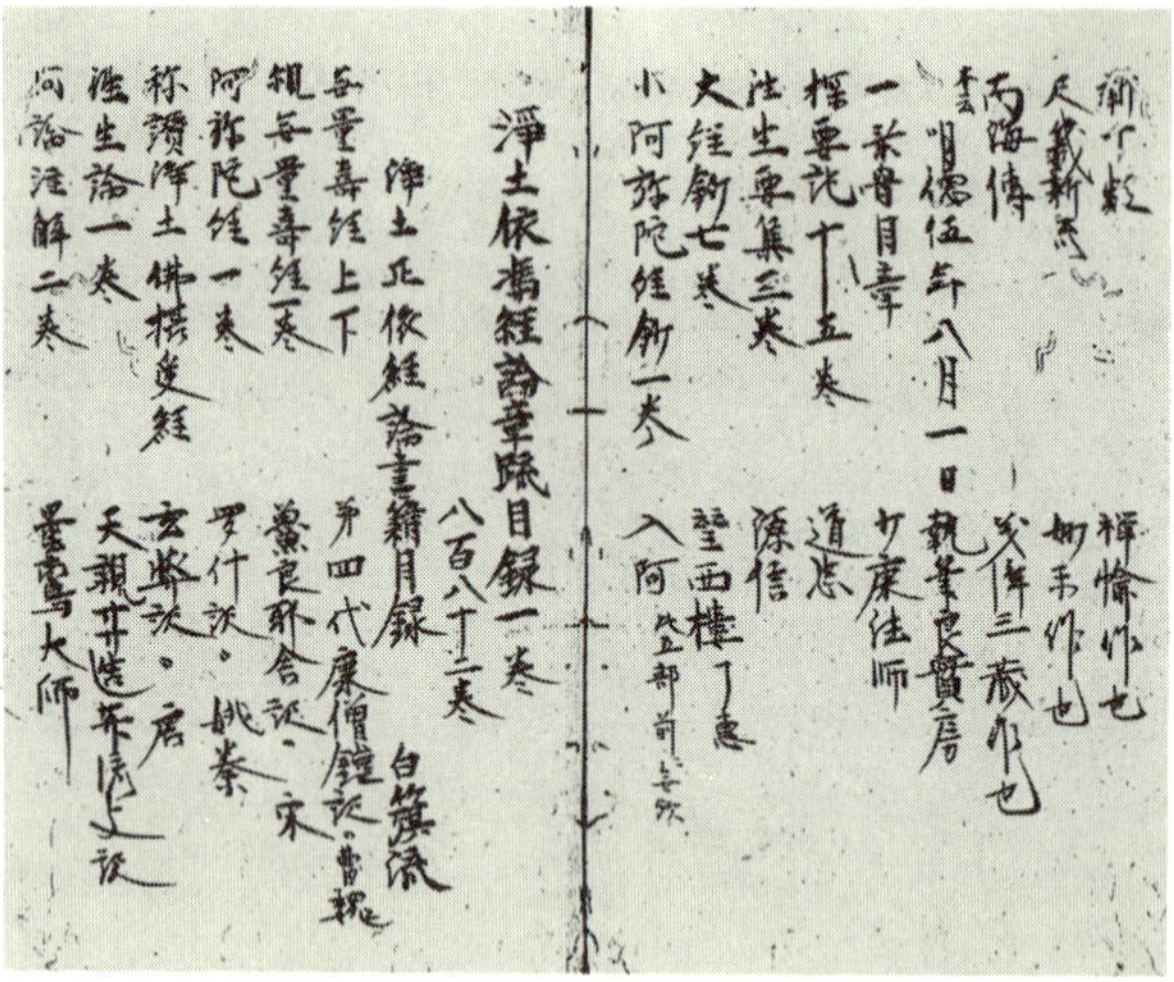

(35ウ)

新十疑　禅愉作也
尺籖新疏　妙楽作也
南海伝　義浄三蔵作也
本云明徳伍年八月一日　執筆良実房
一乗骨目章　少康法師
探要記十五巻　道忠
住生要集三巻　源信
大経鈔七巻　望西楼了恵
小阿弥陀経鈔一巻　入阿此五部前ニ無欤

浄土依馮(ママ)経論章疏目録一巻　八百八十二巻

浄土正依経論書籍目録　白旗流
無量寿経上下　第四代康僧鎧訳。曹魏
観無量寿経一巻　畺良耶舎訳。宋
阿弥陀経一巻　羅什訳。姚秦
称讃浄土仏摂受経　玄奘訳。唐
往生論一巻　天親菩薩造菩提流支訳
同論注(ママ)解二巻　曇鸞大師

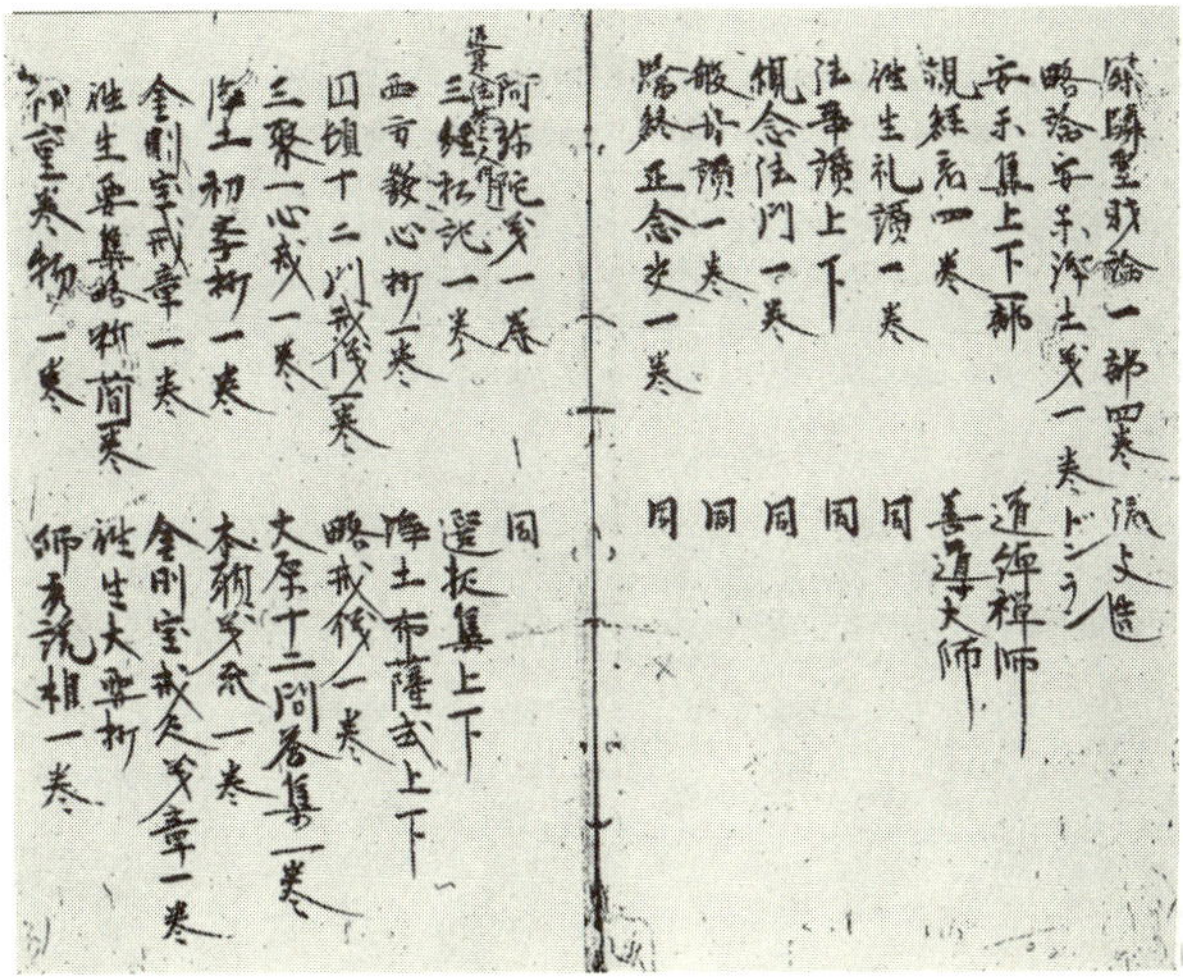

（37オ）　（36ウ）

騏（ママ）驎（ママ）聖財論一部四巻　流支造
略論安楽浄土義一巻　ドンラン
安楽集上下一部　道綽禅師
観経疏四巻　善導大師
往生礼讃一巻　同
法事讃上下　同
観念法門一巻　同
般舟讃一巻　同
臨終正念決一巻　同

阿弥陀義一巻　同
（従是法然上人作）三経私記一巻　選択集上下
西方発心抄一巻　浄土布薩式上下
円頓十二門戒儀一巻　略戒儀一巻
三聚一心戒一巻　大原十二問答集一巻
浄土初学抄一巻　本願義疏一巻
金剛宝戒章一巻　金剛宝戒尺（ママ）義章一巻
往生要集略料簡一巻　往生大要抄
初重巻物一巻　師秀説相一巻

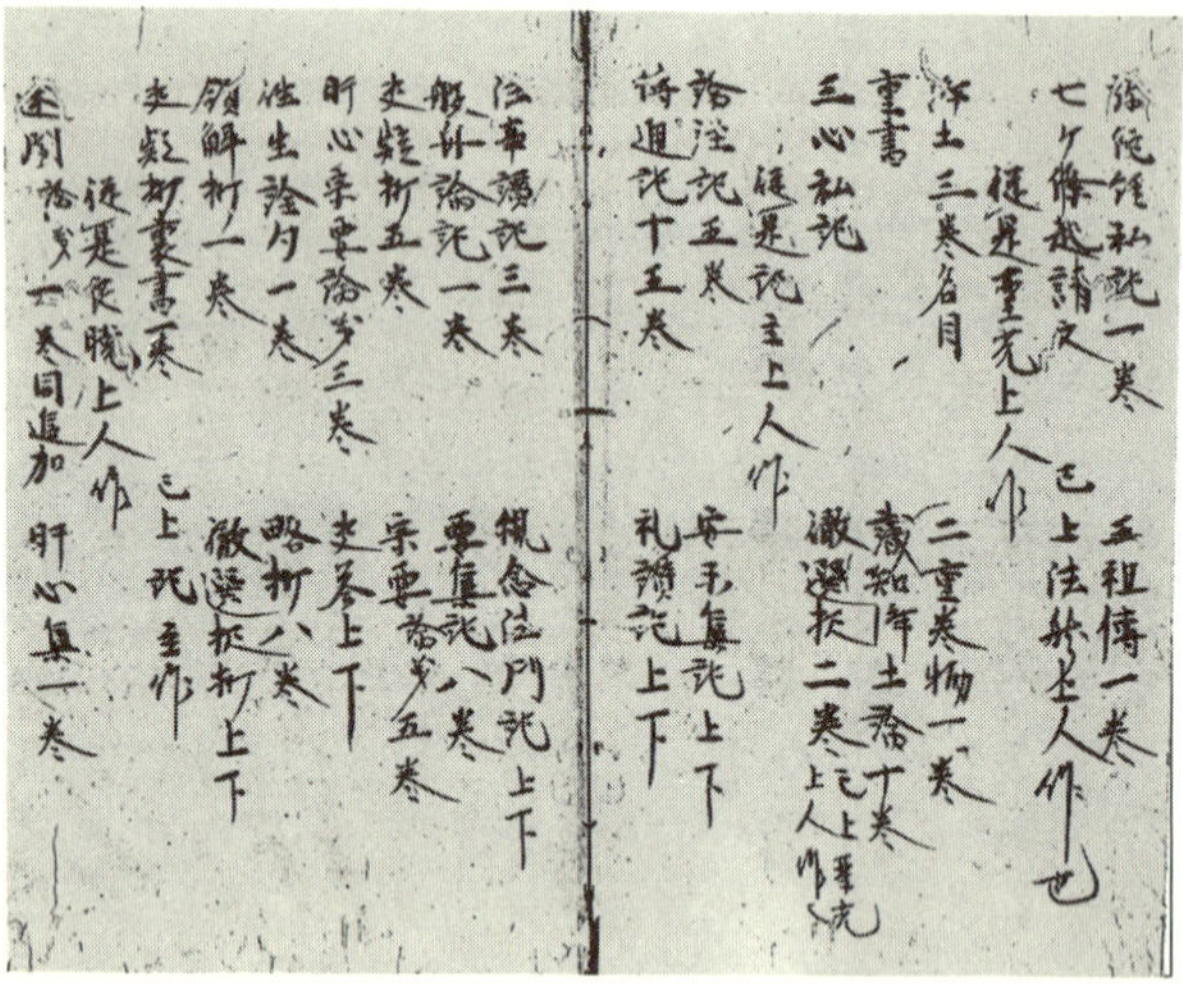

（38オ）　（37ウ）

弥陀経私記一巻　五祖伝一巻
七ケ条起請文　已上法然上人作也
　従レ是聖光上人作
浄土三巻名目　二重巻物一巻
重書　識知浄土論十巻
三心私記　徹選択二巻已上聖光上人作之
　従レ是記主上人作
論注（ママ）記五巻　安楽集記上下
伝通記十五巻　礼讃記上下

法事讃記三巻　観念法門記上下
般舟論記一巻　要集記八巻
決疑抄五巻　宗要論義五巻
肝心宗要論義三巻　決答上下
往生詮勺一巻　略抄八巻
領解抄一巻　徹選択抄上下
決疑抄裏書一巻　已上記主作
　従レ是良暁上人作
述聞論義一巻同追加　肝心集一巻

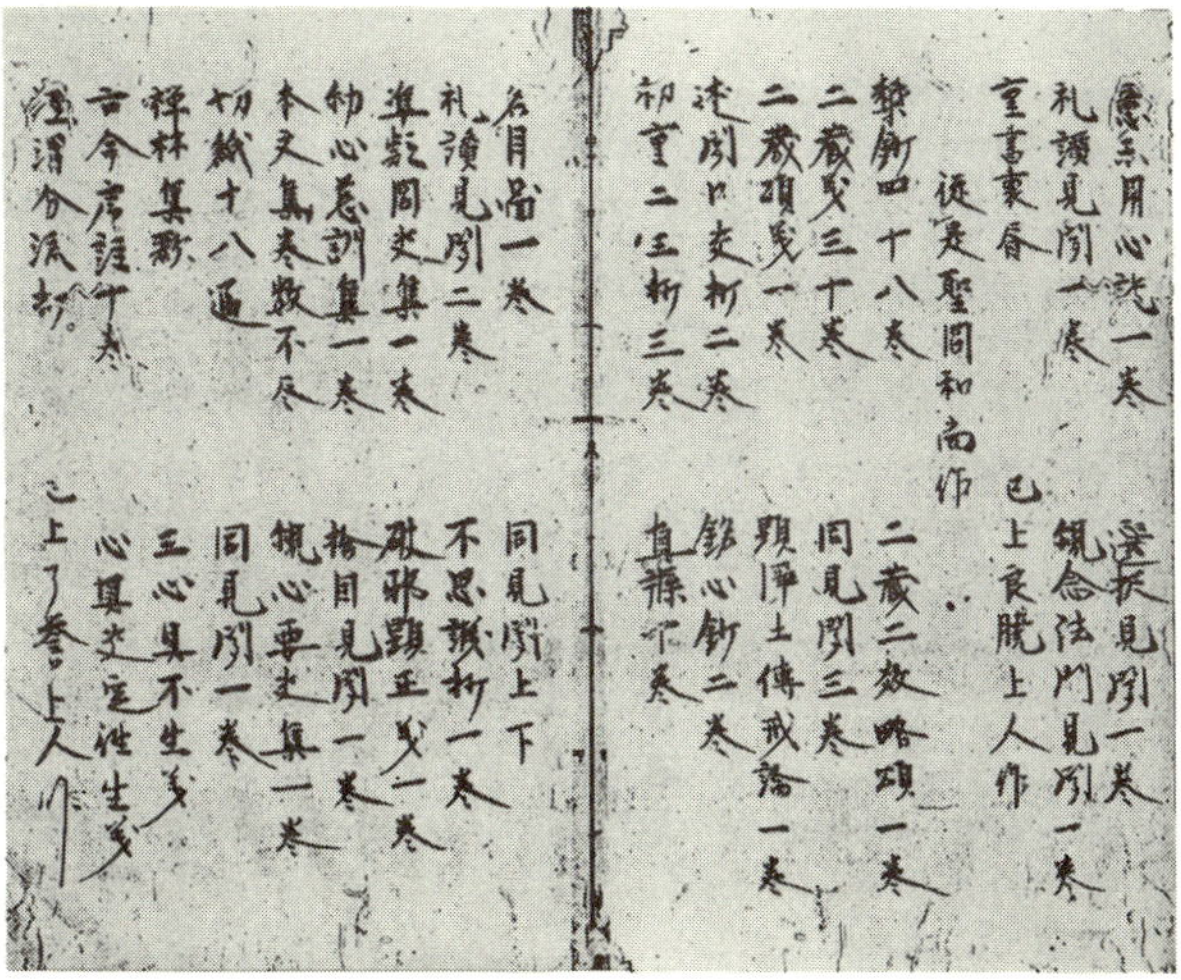

（39オ）（38ウ）

意楽用心記一巻
礼讃見聞一巻
重書裏書
従レ是聖冏和尚作
糅鈔四十八巻
二蔵義三十巻
二蔵頌義一巻
述聞口決抄二巻
初重二三抄三巻

選択見聞一巻
観念法門見聞一巻
已上良暁上人作
二蔵二教略頌一巻
同見聞三巻
顕浄土伝戒論一巻
銘心鈔二巻
直牒十巻

名目図一巻
礼讃見聞二巻
集疑冏決集一巻
勧心慈訓集一巻
本文集巻数不尽
切紙十八通
禅林集歌
古今序註十巻
涇渭今流抄

同見聞上下
不思議抄一巻
破邪顕正義一巻
拾目見聞一巻
観心要決集一巻
同見聞一巻
三心具不生義
心具決定往生義
已上了誉上人作

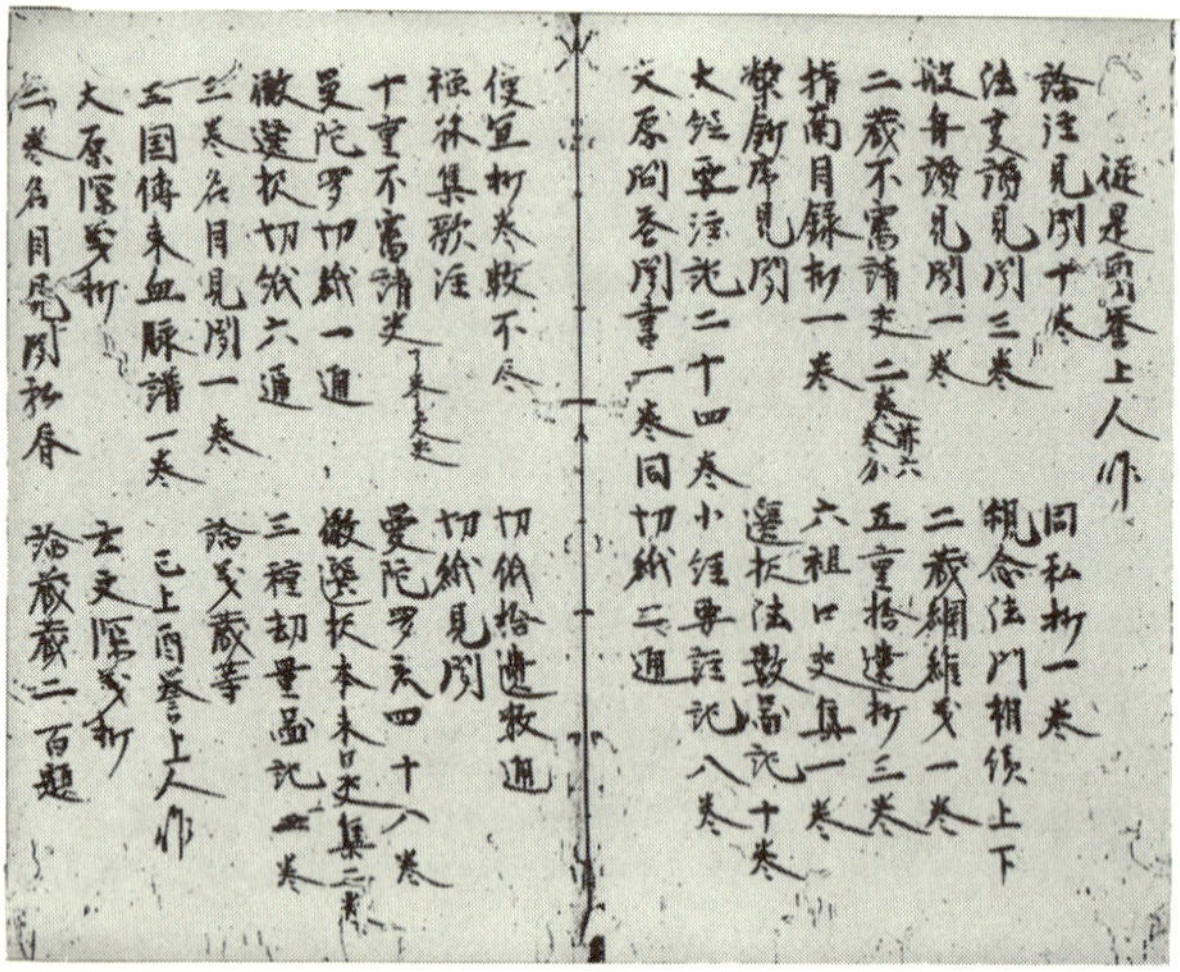

（40オ）　（39ウ）

従是西誉上人作
論注(ママ)見聞十巻
法叓讃見聞三巻
般舟讃見聞一巻
二蔵不審請決二巻前六巻分
指南目録抄一巻
糅鈔序見聞
大経要注記二十四巻
大原問答聞書一巻

同私抄一巻
観念法門相続上下
二蔵綱維義一巻
五重拾遺抄三巻
六祖口決集一巻
選択法数図記十巻
小経要註記八巻
同切紙二通

便宜抄巻数不尽
禅林集歌注
十重不審請決了誉上人決
曼陀羅切紙一通
徹選択切紙六通
三巻名目見聞一巻
三国伝来血脈譜一巻
大原深義抄
二巻名目見聞私書

切紙拾遺数通
切紙見聞
曼陀羅疏四十八巻
徹選択本末口決集二巻
三種劫量図記一巻
論義蔵等
已上西誉上人作
玄文深義抄
論蔵蔵二百題

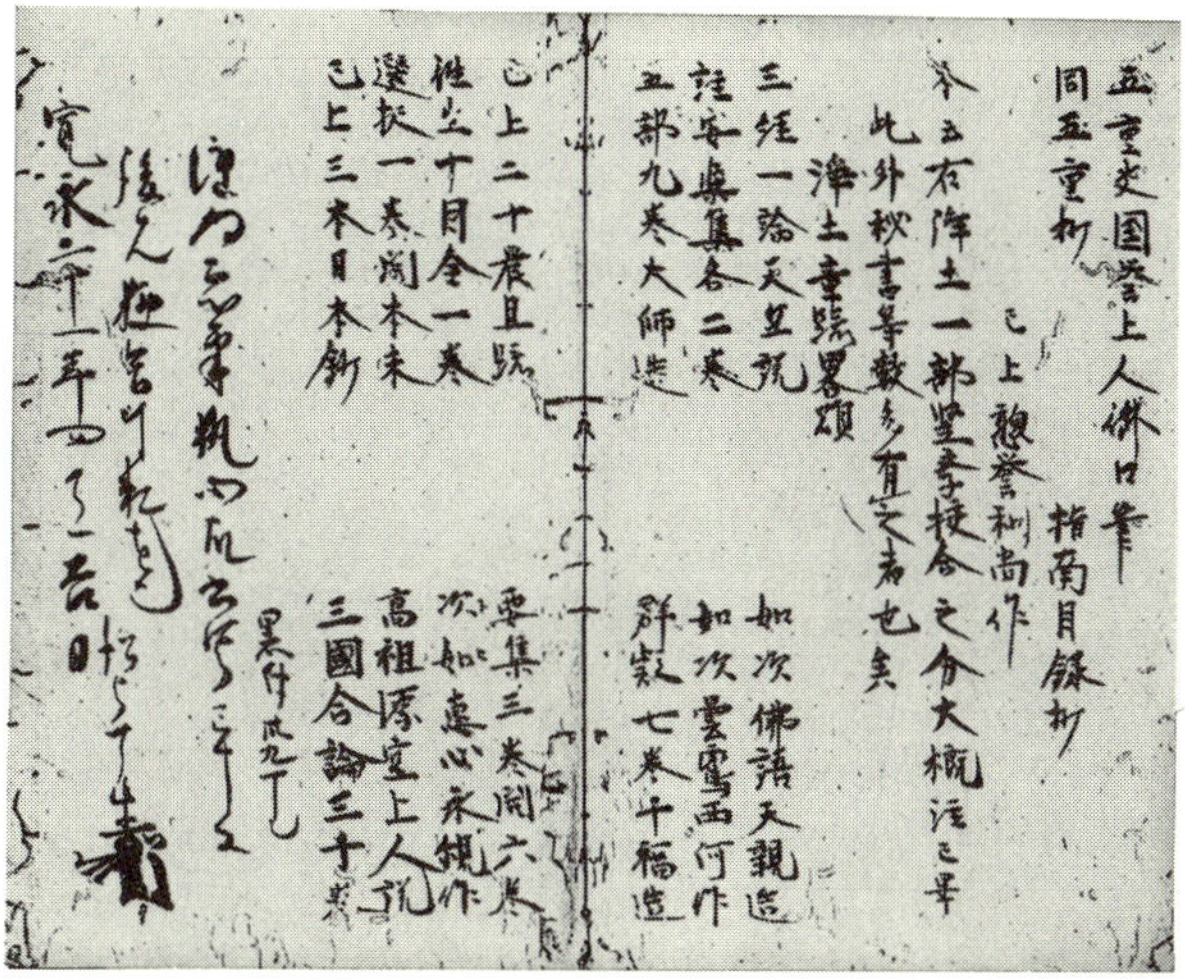

（41オ）　（40ウ）

五重決（ママ）国誉上人御口筆

同五重抄　指南目録抄

已上聴誉和尚作

本云右浄土一部竪学校合之分大概注已畢

此外秘書等数多有レ之者也矣

浄土章疏畧頌

三経一論天竺説　如次仏語天親造

註安楽集各二巻　如次曇鸞西何作

五部九巻大師造　群疑七巻千福造

已上二十晨且疏　要集三巻開六巻

往生十因全一巻　次如（下上）恵心永観作

選択一巻開本末　高祖源空上人説

已上三本日本鈔　三（ママ）国合論三十巻

黒付卌九丁也

雖為悪筆執心故書写早る

後見校合可致者也

松与了生（花押）

寛永二十一年四月一吉日

蓮如の名

はじめに

現代人でも人によっては、本名以外にたとえば茶華、書画、短歌、俳句等々で使用する号や文筆家であればペンネーム、芸能人の場合は芸名、スポーツ選手だと登録名や醜名名をもつことがあるように、むかしの人も特に出家者などは同一人物が、幼名、童名、公名、諱、字、法名、仮名、法号、仮号、実名、院号、殿号、寺号、坊号、房号、閣号、庵号、一字号、上人号、阿号、法師号、講師号、国師号、禅師号、諡号、大師号などいくつかの名で呼ばれ称号を有する場合が多かった。蓮如もその例外ではないのでここにそれらを列挙し、あわせて従来ほとんどいわれたことのない蓮如の閣号について紹介しておきたくおもう。

一　蓮如の名と号

まず蓮如の幼名であるが、布袋もしくは幸亭、考亭と早い史料に記されており、前者が本名、後者が童名とも字であったともいわれている。永享三年（一四三一）十七歳で青蓮院にて出家したのちは、諱を兼寿、仮名を右衛門督、公名を中納言と号するようになったというが、これらはいずれも猶父藤原氏日野流広橋右衛門督権中納言従三位兼郷よりとったものであった。このとき以来法名を蓮如といったが、それは覚如房宗昭のごとく房号で、蓮如房兼寿と呼ばれたのであろう。なお仮号には陰士あるいは隠士と蓮如自身が称しているのがあって、これは猶父の兼郷が従三位であったから隠位を受くべき子という意味合いより用いたとも、あるいは文字通り隠れた士の意味かとも考えられている。

蓮如にはこれらのほかにあまり古い史料には出てこないが、時という一字号もあったらしい。蓮如と同時代の人で興福寺大乗院の門跡であった経覚や尋尊の記録に蓮如のことを東山大谷坊主本願院右衛門督兼寿僧都などと記されており、蓮如が当時どのように呼ばれていたかが知られて興味深い。このような蓮如の対社会的な僧綱位については、蓮如みずからが法印権大僧都兼寿大和尚位としたためたものが西本願寺に伝わっており、天台宗下の本願寺、貴族としての大谷家といった意識のあらわれが感じられ注目されるところである。

蓮如にはよく知られているように信証院の院号があり、御文の署名にも使用しているが、元来これは堺に存した蓮如の隠居所名であった。これと同じような隠居所名に蓮如が晩年を過ごした山科本願寺の南殿があるも、この方は署名などに使った形跡がない。蓮如が生前中に称した号として、従来あまり知られていなかったのが閣号である。

次にそれを紹介しよう。

二　蓮如の閣号

愛知本證寺に『仏説無量寿経』上巻に説かれている四十八願の第十八願文と同下巻の本願成就文を速度のある達筆でしたためた対幅の軸物が所蔵されている。この掛軸には両文とも最後にあるべき唯除五逆誹謗正法の文字が除かれていることと、第十八願文の方に浮雲閣の署名と非常に雄大な花押の置かれていることが、きわだった点として注意される。寺伝に蓮如の真筆といい本願寺派宗学院の調査でもそうなっているが、太めのその筆風は見慣れた蓮如のそれとはやや趣を異にし、花押も蓮如の常のものとはいささか違う上、何よりも浮雲閣という号が蓮如に存した事実も聞かないために真筆説も半信半疑の状態である。しかし、昭和三十年（一九五五）十二月十二日の『北国新聞』二二六七七号に蓮如の筆になる大変めずらしい漢詩と和歌を併記した軸物が紹介されていて、それにやはり浮雲閣の署名と花押があり大いに注目される。いうところの和漢連歌とは次のようなものである。

古人云

貧賤菩提積　　日々勧仏道

富貴輪廻縄　　時々増罪業

いたつらにすくる月日はいつの間に

五十有余は夢のうちなり

浮雲閣（花押）

これは金沢市善照坊の旧蔵品で、いま同市内の旧家にある由だが、蓮如の真筆であるにもかかわらず漢詩・和歌ともに諸種の蓮如遺文集には入っていない。花押の方は本證寺のそれとかならずしも一致しないようであるが、号に共通性があり、しかも両者ともに蓮如真蹟の伝承をもつので、こうした称号と花押が蓮如にもあったことを積極的に認めてさしつかえないであろう。右の和歌に五十有余とあるところよりすれば、浮雲閣の号は蓮如の吉崎時代すなわち文明三年（一四七一）五十七歳のあたりに使用したものであったかも知れない。ちなみに本願寺関係者の閣号といえば、蓮如の祖父にあたる本願寺第六代巧如が証定閣を、またその弟で福井興行寺を開基した玄真周覚が、華蔵閣をそれぞれ号したことが想起される以外、あまり例はないようである。もっとも蓮如建立の大坂御坊持仏堂には、蓮如筆の敬信閣の額が打たれていたが、これは堂額であって称号ではない。

おわりに

最後に本證寺蔵・善照坊旧蔵の上掲蓮如の浮雲閣号史料について、一言しておきたい。

本證寺は近くの上宮寺・勝鬘寺と共に三河三箇寺のひとつで、がんらいは高田門徒の流れをくむ初期真宗以来の有力古刹である。室町時代中期に本願寺蓮如が出現すると、本證寺第六代光存は蓮如に帰依し、応仁二年（一四六八）に六字名号、文明八年（一四七六）に方便法身尊形（阿弥陀如来絵像本尊）、同十年（一四七八）前後に親鸞絵像（左上御影）、同じ頃に十字名号、そして主題の『無量寿経』文等々を蓮如より下付され、末寺二百余か寺を引き連れ本願寺門徒へ転じたのであった。

こうした本證寺の一連の蓮如下付物のうち、もっとも重要な本尊である方便法身尊形は、ここでとりあげた浮雲閣の署名花押をもつ蓮如筆和漢連歌をかつて所蔵していた善照坊に、実は現在収蔵されているのである。

本證寺にかかわる蓮如下付物が、このように遠く離れた加賀の地になぜ存在するのであろうかといえば、それは享禄四年（一五三一）に惹起した加賀の大小一揆、すなわち享禄の錯乱と無関係でなかったことにおもいをいたさなければならない。というのもこの錯乱の際、本證寺第八代賢正が三河門徒衆を率いてこれに参戦、本願寺側に味方し壮烈な戦死を遂げた事実があるからで、このとき賢正は蓮如下付の尊形と和漢連歌を携行奉安し、朝夕合掌礼拝怠らず、その葬儀も本尊形前で執りおこなわれたことは、容易に想像できよう。かかる歴史的背景があったからこそ、加賀国に本證寺の蓮如下付物が、今にいたるまで大切に護持されてきたものと考えられるのである。

蓮如はその没後ますます遺徳が高まり、前住上人、先師、尊師、真宗再興上人、本願寺中興上人と仰がれ、ついには明治十五年（一八八二）に天皇より慧燈大師の大師号がおくられることとなるのである。蓮如の五百回忌を迎えるにあたり、以上のような史料にあらわれている蓮如の様々な名や号を通し、蓮如をしのぶのもまた意義深いものがあろう。

Ⅳ 真宗の絵伝

真宗絵巻・絵詞の成立と展開

はじめに

八百五十年近い歴史をもつ真宗において、親鸞(一一七三～一二六二)の誕生より、大谷本願寺の蓮如(一四一五～九九)、高田専修寺の真恵(一四三四～一五一二)が出現するあたりまでを初期真宗と呼ぶが、この期における真宗の大きな特色の一つは、門徒のために諸種の伝記、縁起、講式、絵巻、絵伝、絵詞、絵解き本、談義本、因縁譬喩譚などを用いて、目で見てわかりやすく耳で聴いて親しみやすい念仏勧進が、すこぶる盛んであった事実である。

そのことは、たとえば永正十七年(一五二〇)に蓮如の第十男実悟兼俊(一四九二～一五八四)が、「当流用所之聖教之外聞書聚者也」として書写した『聖教目録聞書』にも、次のようなものが挙げられているところからも十分察知することができるであろう。

『太子伝』二巻
『善光寺如来伝』真名二巻・仮名十二巻
『報恩講私記』一巻
『嘆徳文』一巻
『信貴鎮守講私記』一巻
『両師講私記』一巻
『知恩講私記』一巻
『謝徳講私記』一巻
『拾遺古徳伝』九巻
『恵心僧都伝』一巻
『秘伝抄』三巻
『正源明義抄』九巻
『聖人伝絵詞』二巻
『報恩記』一巻
『最須敬重絵詞』七巻
『親鸞聖人御因縁幷真仏源海事』一巻
『曼陀羅鈔物』一巻
『聖徳太子御起文』一巻

『聖徳太子会指示』（巻数不明）
『太子讃嘆表白』一巻
『釈尊出世伝記』一巻
『男女因縁抄』一巻
『為盛発心因縁』一巻
『有善女物語』一巻

各地の真宗古刹にはこれらの聖教類に加え、現に、釈迦涅槃図、当麻曼荼羅、善光寺如来、聖徳太子、法然、親鸞、源誓などの優秀な掛幅絵がすくなからず伝存していて、われわれは親鸞没後一世紀を経ずして真宗が、北は奥州より西は中国地方にまで及ぶ広範囲な地域に伝播した事由が奈辺にあったかを知ると同時に、初期真宗におけるかかる優作の数々の存在は、おのずと蓮如や真恵以降の信心本位の真宗とは、様相を異にするものであったことを感得させずにはおかないであろう。

そうした点で真宗関係の絵巻、絵詞、絵解き本は、まことに重要な歴史資料といわなければならず、『大系真宗史料』特別巻では初公開品を含むそれらのほとんどすべてを原本で提示するという画期的な内容にしたことである。ただ掛幅絵伝類は文字史料でないのと、その大方はすでに『真宗重宝聚英』に収載済みのため、ここでは取り上げていないことをあらかじめ断っておきたいとおもう。

一　親鸞の絵巻と絵詞

1　日本の絵巻

日本の絵巻の歴史は、中国仏教の影響下に作られた八世紀の『絵因果経』にまでさかのぼり、九世紀の平安遷都、十世紀の遣唐使廃止後、国風文化が醸成されてくると物語の発生にともない『信貴山縁起絵』『源氏物語絵』『伴大納言絵』『寝覚物語絵』『鳥獣戯画』など日本独自の様式をもつ優れた絵巻が十二世紀に作製されるようになる。十三世紀の仏教活発化現象により、祖師の伝記や寺社の縁起を絵巻にして教化に使用することが多くなり、かつてないほどの絵巻流行期を迎えるが、この時期はまた前代に引続き物語絵をはじめ戦記絵や歌仙絵も描かれるなど、絵巻史上もっとも華やかでかつ優作揃いの時代でもあった。十四～五世紀も前代の傾向を引継いで御伽草子も登場するなど種々様々の絵巻が描かれ、量的にはむしろ前代をしのぐものがあったが、逆に質の低下をまぬがれなかった。真宗の絵巻はまさにこうした鎌倉時代の全盛期から室町時代の衰頽期にさしかかる時代のもので、見るべき作品も多い。わけても親鸞の絵巻は真宗教団の発展とともに掛幅絵伝化されて、ついに日本絵巻史上最高の普及率を誇ることとなるのである。

2　親鸞伝絵

さて真宗の絵巻は、親鸞滅後三十三年の永仁三年（一二九五）に本願寺第三代覚如宗昭（一二七〇～一三五一）が、『善信聖人絵』という曾祖父親鸞の伝記を上下二巻にまとめたものが最初となっている。覚如はこの奥書に、その成立の事情を次のごとく記す（西本願寺琳阿本による。下部は専修寺高田本との校異を示す）。

右縁起画面之志偏為知恩報徳
不為戯論狂言剰又馳柴豪捨翰林
其躰最拙厥詞是苟付冥付顕有　　最→尤　厥→其
痛有恥雖然只憑後見賢慮之取捨　　慮→者
無顧当時愚案之紕繆而已于時永仁
第三暦応鐘仲旬第二覃于晡時終　　第三暦→第三暦乙未　覃→天至
書草之篇訖　桑門覚如草之　　書草之篇訖→草了

すなわち覚如は、親鸞の恩を知り徳に報いんがためにこの伝記絵巻をなしたといい、内容面での誤りは後見の賢者によって正してほしいと、きわめて謙虚な態度でこれを草したことを述べている。前年の永仁二年（一二九四）親鸞三十三回忌の報恩講に覚如は、『報恩講私記』を著しているが、その中で覚如は親鸞のことを「祖師聖人匪直也人　即是権化再誕也　已称弥陀如来応現　亦号曇鸞和尚後身」と讃え、続いてのこの絵巻でも「凡そ聖人在生の間　奇特これおほしといへとも　羅縷に不遑」と嘆ずる通り、覚如の講式や絵巻の根底には、ほかの多くのそれらと同様以上に、仏徳祖徳讃嘆の情が強力に流れている事実を忘れてはならないのである。覚如のこの二つの著作が、現今にいたるまで拝読し続けられ、永年にわたり真宗門徒に深い感銘を与えてきたのも、ひとえに若き覚如の親鸞に対するそうした嘆徳の熱情が、底流に存しているからにほかならないであろう。

弱冠二十六歳の覚如が著した親鸞の絵巻は、内容といい構成といい、その名文とあいまって、当時まだ存命であった下野高田の顕智（一二二六～一三一〇）、武蔵荒木の光信房源海（生没年不詳）、常陸鹿島の順信房信海（一二二九～没年不詳）、奥州大網の如信（一二三五～一三〇〇）といった親鸞面授の重鎮たちからも称讃されるところとなって、「門流の輩　遠邦も近郭も崇て賞翫し　若齢も老者も書かせて安置」（『慕帰絵』五―二）し、「処々に流布」（『最須敬重絵』七―二六）する好評ぶりを博したのである。げんに覚如在世中のそれだけでも次の五本が伝存しており、いかにこれがよくもてはやされたかを知ることができよう。以下各本はこの一覧の番号で示す。

題名	奥書年月日	覚如年齢	別称	所在	所蔵
(一) 善信聖人絵	永仁三年（一二九五）十月十二日	二十六歳	琳阿本	京都	西本願寺
(二) 善信聖人親鸞伝絵	永仁三年（一二九五）十二月十三日	二十六歳	高田本	三重	専修寺
(三) 本願寺聖人伝絵	康永二年（一三四三）十一月二日	七十四歳	康永本	京都	東本願寺
(四) 本願寺親鸞聖人伝絵	康永三年（一三四四）十一月一日	七十五歳	照願寺本	千葉	照願寺
(五) 本願寺聖人親鸞伝絵	貞和二年（一三四六）十月四日	七十七歳	弘願本	京都	東本願寺

さて、周知のように親鸞の絵巻は上下二巻よりなるが、のち覚如自身の手によって上下各本末四巻に増巻され、最終的に説話の内容も総計十五段に増補統一されている。各段には後世それぞれの内容を端的に示す四文字からなる略称が次のように付されているが、ここではそれも番号で示すこととする。

上巻本　第一段　①　出家学道
〃　〃二〃　②　吉水入室

〃	〃三〃	③	六角夢想
〃	〃四〃	④	蓮位夢想
上巻末	〃五〃	⑤	選択付属
〃	〃六〃	⑥	信行両座
〃	〃七〃	⑦	信心諍論
〃	〃八〃	⑧	入西鑑察
下巻本	第一段	⑨	師資遷譲
〃	〃二〃	⑩	稲田興法
〃	〃三〃	⑪	弁円済度
下巻末	〃四〃	⑫	箱根霊告
〃	〃五〃	⑬	熊野霊告
〃	〃六〃	⑭	洛陽遷化
〃	〃七〃	⑮	廟堂創立

琳阿本

ところで、最初の奥書をもつ㈠であるが、これには④が見られず十四段よりなるのを大きな特色とする。ところが原本を精査された赤松俊秀氏は、使用される料紙の寸法から、㈠にはがんらい④はもちろんのこと⑧・⑩もなく、上下六段ずつの十二段構成であったと考定し、㈠こそが最初の原本であろうとの見方を示した。たしかに㈠は㈡、

㈢などと比較して、題名、絵相、絵詞いずれも素朴な面があり、赤松説も一概に否定できないけれども、覚如は㈢の奥書識語において、「先年愚草之後一本所持之処　世上闘乱之間　炎上之刻焼失不知行方」と明記している通り、建武三年（一三三六）の足利尊氏（一三〇五～五八）捲土重来の節、本願寺の炎上とともに永仁三年十月の原本は焼失したことは確実だし、またその原本の二か月後になった㈡と㈠とを見くらべた場合、絵・詞ともに前者のほうがはるかに作域の優れていることは誰の目にも明らかであろう。したがって結局㈠は上下二巻十二段からなる永仁の原本系に属する㈡より若干後の一写本とみなすのが無難なのではないかと考えられる。

ところで、㈠には、よく知られているように別称の由来ともなっている時衆向福寺琳阿弥陀仏の名が、上巻巻頭内題直下に「向福寺琳阿弥陀仏」、同巻末に「琳阿弥陀仏主」と時宗風「南無阿弥陀仏」の六字名号が三遍書かれてあり、同じく下巻末にも「向福寺琳阿弥陀仏主」、そして奥書をはさんで、やはり「南無阿弥陀仏」の時宗風名号が見消でしたためられている。これは向福寺の琳阿弥陀仏という僧が、この絵巻の持ち主であったことを示すが、つとに指摘されているごとく向福寺琳阿弥陀仏の名は、東京増上寺塔頭妙定院蔵『法然聖人伝絵』九巻の江戸中期模本巻第二、第三、第四、第七、第八、第九にも見えており、彼が法然・親鸞の絵巻所持者であった事実が知られて興味深い。向福寺は鎌倉にあった時衆寺院で、琳阿は心敬の『ひとりごと』に救済の弟子とあり、また世阿弥元能が父元清の猿楽に関する談義を筆録した『申楽談義』によれば、室町幕府第三代将軍足利義満（一三五八～一四〇八）の側近くに侍った玉林と同一人物であるという。いっぽう、時衆の四条道場金蓮寺第四世浄阿より、永和三年（一三七七）十一月に熱田神宮へ奉納された『日本書紀』の紙背和歌懐紙十一枚に見える和歌三十三首の作者琳阿も彼のことで、これらより琳阿は北山文化華やかなりし十四世紀後半の文化人と知られる。ではなぜ、その義満近侍の琳阿が鎌倉の向福寺時衆僧であったのかといえば、琳阿は将軍の不興を買い一時期東国に下向していた事実があるからで、謡曲「東国下り」はそれを題材にした琳阿の作詞にほかならない。

㈠の絵師は奥書に明記するところがないので不明であるが、詞書は覚如の筆とみられている。すでに記したごとく㈠の⑧は、後より付加された様相を呈していて、もとはなかったのではないかとされているが、これについて、織田顕信氏は⑦の絵詞最末に⑧の最初の二文字である「御弟」と書かれた痕跡のあることを指摘された。この点からも㈡にない⑧を入れようとした㈠は、㈡よりも後の作品といえそうである。一方、㈠の⑬には㈡に比し欠落した文字が五十字ほどもあって、到底永仁三年十月の原本とは思えない状況がある。また㈠の⑮で描かれる廟堂内は石塔のみで、詞書にいう親鸞の影像が見えないことも問題視される。これについては親鸞像がない㈠こそが最初の永仁原本とする見方もあったが、最近では延慶二年（一三〇九）の唯善（一二六六～一三一七）による影像奪取後の廟堂を描写しているとみる説が有力なようである。

こうしたことどもを総合して考えるならば、やはり㈠は㈡よりも後の延慶二年以降の作品で、㈡・㈣・㈤と同様覚如の手を経て東国門徒へ送られた親鸞絵巻であったものが、五十年ほど後に浄土教家の絵巻に関心をよせる鎌倉向福寺の時衆僧琳阿弥陀仏の有に帰し、琳阿の帰京とともに再びそれが京へ戻り、ついには本願寺の所有になったとみておきたい。

高田本

つぎに㈡であるが、これは親鸞のみならず真宗関係絵巻の現存最古品で、親鸞の絵巻の原本ができたわずか二か月後の作品として著名な存在となっている。現在は五巻に調巻されているが、当初は㈠と同様上下二巻本で、詞書は作者覚如二十六歳の自筆である。絵師のほうは㈠と同じく明記するところがないので不明というほかないが、二か月前の原本は㈢の識語によれば「画工法眼浄賀号康楽寺」とあるから、二か月後の㈡も康楽寺浄賀の可能性がないともいえない。康楽寺の画系は初期本願寺関係の絵画を多く手がけているので京都の絵師とおもわれ、げんに天台典籍に康楽寺の名は頻出し、『中古京師内外地図』を見るに、東山大谷本願寺の北方向、吉田山南近衛末通北に康楽寺が存在する。したがって長野県塩崎康楽寺の浄賀伝承は近世の作為として信じがたいとおもわれる。

㈡の大きな特徴は④・⑧がいまだ入らない十三段本であることと、これが東国高田門徒へおくられるものであった関係上、わかりやすさを配慮して画中に場面説明文が書かれていることである。おそらく高田門徒リーダー顕智の要請により、覚如自身が書き入れたとみてよかろう。㈡は明和二年（一七六五）の修理で五巻とされた際、⑩と⑪の詞書が誤って接続貼付されているほか、画面の連続性に不自然な箇所も若干あって、様々の論議を呼んでいるが、絵は㈠より迫力があり、特に親鸞の面貌描写には見るべきものがある。平成六年（一九九四）から三か年をかけて全面的修理が実施された折、釈迦涅槃と同様頭北面西右脇の形で遷化した親鸞の姿が、最初は詞書通りのそれではなく仰向けに描かれ、それを修正していることが判明した。こうしたことは『一遍聖絵』でもおこなわれているが、絵師は絵詞を熟読理解せずに描いたようで興趣そそられるところといえよう。

なお、㈡の②と③の冒頭「建仁第三の暦」と「建仁三年辛酉」は、「建仁第一の暦」「建仁三年癸亥」と、㈠ではそれぞれ正しく書かれていて、㈠の原初性を主張するひとつの根拠ともなっているが、覚如は終始一貫㈡を採用しているから、これはむしろ㈠は㈡以下の誤りを訂正したものとうけとるべきで、ここでもやはり㈠は㈡よりも後の作品である可能性が高いといえそうである。

ちなみにこれもよく言及されることであるが、㈡の熊野霊告段に登場する「平太郎」は、本文も画中書込みも、ともにもとは「忠太郎」と書かれていた痕跡があるほか、㈡ではその詞書後半二紙分を現在失っていることも注意すべき点であろう。

㈡には東京報恩寺に四巻本の室町後期模本があり、さらにこの報恩寺本の江戸後期写本が茨城照願寺、愛知本證寺、同岩瀬文庫にあるほか、慶長十二年（一六〇七）の詞書（ことばがき）書写本が三重青龍寺に存することを付記しておく。

康永本

かくて覚如による親鸞の絵巻は、親鸞直弟の重鎮顕智も認めるところとなって、やがて絵と詞に分離され広く流布し、真宗教団の形成と発展に大きく寄与するが、撰述後五十年近くを経過した康永二年（一三四三）の報恩講直前に、覚如は、最終完成本ともいうべき㈢を手がけ、ここに上下本末四巻の十五段本が成立するのである。㈢の各巻奥書は次のようになっていて、これによれば、すでに説いたごとく覚如が詞を書き、康楽寺浄賀が絵を画いた永仁三年（一二九五）十月十二日の最初の原本は、足利尊氏の東上による世上闘乱のみぎり、大谷御堂の回禄とともに炎上してしまったが、その後暦応二年（一三三九）四月二十四日、ある本をもってにわかに書写することができたので、みずから発願し両眼朦朧であるにもかかわらず詞書の筆をとり、康永二年十月中旬から十一月二日にかけて染筆、画工は上巻本末二巻が康楽寺円寂、下巻本末二巻がその弟子の宗舜であったというのである。

〈上巻本奥書〉

康永第二載癸未応鐘中旬比終

画図篇訖

〈上巻末奥書〉

康永二歳癸未十月中旬比、依発願

終画図之功畢　而間頽齢覃八旬

算、両眼朦朧、雖然愁厥詞　如形染

紫毫之処　如向闇夜、不弁筆点、仍

散々無極　後見招恥辱者也而已

大和尚位　宗昭　七十四

画工康楽寺沙弥円寂

〈下巻本奥書〉

康永二歳癸未十一月一日絵詞染筆

訖

沙門宗昭　七十四

〈下巻末奥書〉

右縁起画図之志　偏為知恩

報徳、不為戯論狂言　剰又染紫毫

拾翰林　其躰尤拙　厥詞是苟　附冥附

顕　有痛有恥　雖然　只憑後見賢者之取捨

無顧当時愚案之訛謬而已
于時　永仁第三暦　応鐘中旬第二天至晡
時　終草書之篇訖　　執筆法印宗昭
画工法眼浄賀号康楽寺
暦応二歳己卯四月廿四日以或本俄奉書
写之　先年愚草之後一本所持之処　世上
闘乱之間　炎上之刻焼失不知行方　而今不慮得
荒本註留之者也耳　　桑門　宗昭
康永二載癸未十一月二日染筆訖、釈宗昭
画工大法師宗舜康楽寺弟子

覚如が㈢を発願するきっかけとなった暦応二年の荒本が、いかなるものであったのか現在では明らかでないけれども、一説に後述の岐阜楢谷寺蔵の親鸞伝絵詞がその系統の写本に属するのでないかといわれている。

さて、㈢を㈠・㈡と比較してまず気付くのは、㈠の縦寸法が三一・六センチ、㈡のそれが三三・四センチであるのに対し、㈢は四一・八センチもあって、実に堂々とした大型の絵巻となっていること。㈠・㈡が上下二巻本であったのに対し、㈢はそれぞれを本末に分巻し四巻本となっていること。題が㈠は「善信聖人絵」、㈡は「善信聖人親鸞伝絵」であるのが、㈢は「本願寺聖人伝絵」に変更されていること。㈠が十四段、㈡が十三段であったのが、㈢は十五段に増加していること。㈠・㈡が房号の「覚如」で自署しているのに対し、㈢は諱の「宗昭」を使っていること。

このように㈢が㈠・㈡に比し、サイズも題名も巻数も段数も大きく変更され、全般に豪華となっているのは、撰者覚如の僧綱位が法印大和尚位沙門釈宗昭と自署していることとあいまち、本願寺の社会的地位が勅願寺院に昇格したあらわれにほかならない。したがって㈢は覚如の思い入れひとしおの作品に仕上がっており、康楽寺円寂・宗舜師弟の絵相も高質の絵具をふんだんに使用したきわめて派手やかさが目立つ画風の中にも、まるで動画が急に静止したようなおとなしい貴族風な画面となっていて、同じ康楽寺の浄賀系画風の㈠・㈡とはずいぶん趣きが異なる点に注意すべきであろう。

なお、円寂の画業については、覚如の長子存覚（一二九〇〜一三七三）の『一期記』に観応二年（一三五一）四月七日、存覚の命により覚恵・覚如の父祖両所御影の図画、同じく存覚の『袖日記』に同年三月十日、善導・源空・親鸞・如信・覚如の真宗列祖尊像、また正平七年（一三五二）三月、越前国大町門徒近江国内音羽庄の道性の本尊方便法身尊形をそれぞれ画いている事実が知られ、本願寺覚如・存覚父子の知遇をえた絵師であったことがわかるが、宗舜の画績は㈢の絵巻以外に知られていない。

㈢は爾後本願寺の最重要宝物として門主の側近くに置かれ、たび重なる寺史上の災難時にも真影、歴代譲状とともに三種神器的な扱いで万難を排し救出され、東西分派の際には正統門主の証として教如（一五五八〜一六一四）もこれを携行し今にいたったのである。現今無慮二万点近い親鸞絵巻のいわゆる御絵伝、御伝鈔は、すべてこの㈢に基づくものであることをおもうとき、㈢の真宗史、絵画史、文化史上に与えた影響のいかに大なるかを推して知るべきであろう。

照願寺本

親鸞の絵巻は本願寺の発展隆盛とともに右のごとく㈢が主流となっていく。そのなかでも㈣は㈢の翌年になったものとして注目すべき作品で、本文絵相ともに㈢とほとんど異なるところがなく、寺伝に外題は覚如、詞書は転法輪院三条公忠（一三二四～八三）、絵は康楽寺浄賀というが、いずれも確証がない。しかし絵が康楽寺系のものであることは㈢との対照から首肯でき、外題の文字（今は見返に移す）も現在はかなり模糊としているが、各巻の奥書記載通り覚如の筆とみてよかろう。すると詞書も覚如と交流のあった堂上家の筆とするのが自然であるが、当時二十一歳であった公忠と特定されるまでにはいたっていない。この絵巻も㈠や㈡あるいは次の㈤と同様に東国門徒用であったであろうことは、その所在地からも推知されるところであり、げんにこれを所蔵する照願寺は常陸国住の親鸞直弟念信を開基とする二十四輩第十七番鷲子照願寺の分寺である。この㈣の縦寸法が四一・二センチであるのも㈢の影響によるとはいえ、やはり初期真宗門徒に見せるための絵解きが配慮されているからであろうとおもわれる。ちなみにこのすぐ後でふれるが、念信の孫弟子にあたる弘願も法然や親鸞の絵巻に強い関心をもっていて、彼が所持していたそれらの絵巻が現存する。念信の系統は絵解きに重きを置く門流であったのだろう。

なお、㈣は㈢と同様に今も色彩鮮やかで保存も良好であるが、原物を見るに、鮮やかさが目立つ部分は、どうも後世のきわめて巧みな補彩のようで、見るものは注意を必要とする。

弘願本

右の㈣とともに覚如在世中の親鸞絵巻として知られるのが㈤である。㈤も㈢や㈣と同様の本願寺系十五段本であることは、その題名からも察せられるところであり、以後親鸞の絵巻は『親鸞伝絵』の名で親しまれることとなっていく。㈤もまた縦が四〇・六センチもある大型本で、やはりこれも東国門徒向けの絵巻であった事実は、もとこの絵巻が維新前水戸藩分裂で廃寺となる幕末まで、下総二十四輩地常光寺に伝えられていたことによってもわかる。同寺廃寺後千葉県銚子市宝満寺（今亡）へ移り、明治十一年（一八七八）に東本願寺に納められ今日にいたっている。

この㈤には上巻の本・末末尾に「釈弘願」、下巻末に永仁三年の原奥につぎ「貞和二歳閹茂之暦　応鐘四日禺中之天　馳筆端　終書功而已　光養丸十四歳　釈弘願」とあり、四巻中三巻に見える本文とは別筆のこの弘願の署名から別称が出ているわけであるが、㈤は奥書のごとく貞和二年（一三四六）すなわち覚如七十七歳のときの作品で、詞書は年わずか十四歳の光養丸とて覚如の孫で後に本願寺第四代となる善如俊玄（一三三三〜八九）が執筆する。はたしてその全文が光養丸の筆かどうか検討の余地がないでもないが、ともかく㈤も覚如の息のかかった範囲内の作品であることは否定しがたく、その願主は弘願の可能性が高いであろう。弘願は茨城県鉾田市鳥栖町無量寿寺蔵『港村浄光寺系図』に「浄光寺三世中納言弘願　法名唯秀」とあって、㈤の旧蔵寺常光寺＝浄光寺、弘願＝唯秀とみる以外に、康永三年（一三四四）本妙源寺蔵『親鸞上人門弟等交名』に出てくる親鸞―念信―念性―弘願にあてる説もあって、現今では後者の見方が有力である。すでにふれたごとく弘願は『法然聖人絵』現存四巻の所持者でもあり、また弘願の先々師念信を開基とする照願寺には㈣の親鸞絵巻も存在したから、弘願が法然や親鸞の絵巻に関心をもつ環境は十分考えられ、彼が絵解き法師ではなかったかという一説も傾聴すべきものがあろう。

ところで、㈤の本文は覚如―光養丸という線からも当然考えられるように㈣と同様㈢の系統を引く十五段本で、㈢・㈣との異同も若干の字句を除きほとんどない。しかるに絵相のほうは、これまでに見られない場面の構図や㈠・㈡に近い描写も多くあって、むしろ㈡より後、㈢より前になった親鸞絵巻の系統を引いているのではないかともいわれている。あるいは今はなき暦応二年本が、そうした絵相をもっていたのであろうか。ともかく㈢や㈣よりも絵相面において躍動感があり、見応えあるものとなっているのは事実である。残念ながら絵師は不明であるが、覚如との関係を考えれば、やはり康楽寺派をあてるのが無難かもしれない。なお後述の佛光寺本親鸞絵巻の絵は、この㈤の絵の影響を受けているところがあり注目される。

天満定専坊本

覚如が半世紀以上にわたって関わり続けた親鸞の絵巻は、在世中の右にみた五本すべてが現在重要文化財の指定を受けているが、親鸞の絵巻にはもう一点重文指定のものがある。それが大阪市天満定専坊所蔵の『本願寺聖人親鸞伝絵』上本末二巻である。天満定専坊本は平成四年（一九九二）の指定後、全面的解体修理で巻子本に復原されるまでは八幅仕立ての軸装本であった。上巻すべての詞と絵は存するが、惜しいことに下巻を欠く。本文より判断し㈢の直系本とみられるが、縦寸法が三三・四センチと通常の絵巻サイズとなっている点が㈢とは異なる。

この絵巻が重文に指定された大きな理由の一つは、存覚の『袖日記』に見える次の記事と内容的によく一致するからであった。

錦織寺絵事（本願寺上）

詞

上巻

第一段　二枚　初枚十二行（枚別十四行ナレトモ初ハ依置一行如此）（行）次枚七枚皆雖不書満不切除也（〻）

第二段　一枚　十一行

第三段　四枚　第四枚五行

第四段　一枚　七行

御本／是ヨリ末

第五段　二枚　第二枚十一行

第六段　四枚　第四枚　八行

第七段　三枚　第三枚　一行　心得テカ、ハ二枚ニ可縮歟

第八段　三枚　第三枚　七行

已上二十枚　此。外軸者一枚可有之仍廿一枚

下□（巻カ）

第一段　二枚　第二枚　十一行　初枚十三行子細同上巻

第二段　一枚　八行

第三段　二枚　第二枚六行

御本是ヨリ末

第四段　二枚　第二枚七行

第五段　五枚　第五枚十行

第六段　一枚　十行

第七段　一枚　十四行ニ書満

已上十四枚

次一枚徒然

次二枚奥書其詞云

是ヨリ奥書旨書之

根本賢草奥書云

右縁起。報徳　十三字

不為。拾翰　十三字

林其体。付顕　十三字

有痛。賢者之　十三字

取捨。而已　十三字　五行ニ書満

一字ニチトヨハキ程サク
于時永仁。第二天　十四字

至晡時。篇畢　九字

執筆法印字――　皆共書也

画工法眼浄賀号康楽寺

本願寺御本右奥書後被載云

康永。染筆訖

釈字――

此行マテ一枚

画工大法師宗舜康楽寺弟子

此行次枚初

已上両本奥書如此 是マテ一枚 是モ書也

次一行徒然

第三行ハアカル

此伝絵江州錦織寺務綱厳僧都

為当寺安置右。寺衆等談合之子細

企図絵之志願云〻仍於詞書者予（奉　画）

可染筆之由示之而本来悪筆之旨

先年折臂之後弥不堪□□屢雖

令遁避只存中陰前□何□□禿筆（固辞偏為中陰何□）

歟諍見乎之趣頻言懇望之条重

難黙止之間経五日之□陰写両巻之（数）

藻詞依料足之不整雖不及丹青（而已于時延文五歳庚子十一月十五日也）

法印権大僧都光玄　七十一歳

之態就老算也難期先所染翰□之

功也

時也延文五庚子五月八日法印光玄　七十一歳（後日如此書改以前十二行今度十行也）

是一行也

已上一枚ニ書満仍奥書分

彼是二枚也
次一行　徒然可着軸也
此予奥書字数一行別
如此清書定也
已上此軸着マテ十八枚
仍上下巻三十九枚歟

すなわちこれは、延文五年（一三六〇）に存覚の第七子慈観綱厳（一三三四～一四一九）が寺務をつとめる江州錦織寺へ安置のための『親鸞伝絵』の詞書を存覚自身が、懇望により染筆した際の各段の料紙枚数と行数はじめ識語等をメモしたものである。その上巻八段計二十枚の枚数と行数とが、この天満定専坊本と完全に一致しているのみならず、詞書の筆蹟そのものも紛うかたなく存覚その人の筆になることが確認できたことから、指定価値十分ありと判定されたのであった。このように天満定専坊本は覚如没後十年の延文五年になった貴重な古作で、しかもその詞書は覚如の長子存覚の筆になり、かつこれが存覚の息慈観綱厳が住持をつとめる木辺錦織寺に安置された由緒正しい一本だったわけである。残念ながら絵師の記録を見ないが、ときに七十一歳の存覚の非常に流麗な詞書の筆致に、よくマッチしたオーソドックスな大和絵技法を駆使したものの筆画になり、やはり康楽寺派の相当腕利きの画師が描いたとみてよかろう。天満定専坊本も『袖日記』の記録からわかるように㈢を手本にしたことは明瞭であるが、絵相のほうは㈣の㈢に対するほど忠実ではなく、かなり自由に変更されている部分があって、㈤の場合と同様、ある程度絵師の裁量にまかされていたらしい面が感ぜられて興味深い。

佛光寺本

親鸞の絵巻で覚如・存覚が直接携わった以外のものとして、近年とみに注目を集めているのが佛光寺本である。佛光寺本の題は㈡の高田本と同じ「善信聖人親鸞伝絵」となっていて、永仁初稿本系に属することがまず注意されるが、縦サイズは㈢～㈤と同様四二・五センチを計測する実に堂々とした絵巻である。巻数は㈠と同じく二巻であるが、段数ならびに内容が、これまでにみてきた六本とかなり異なるうえ、絵相面でも目を引く描写が多いのがこの絵巻の大きな特色である。

題が㈡と全同するところからもわかる通り、佛光寺本にも④蓮位夢想段と⑧入西鑑察段を含まず、上巻はやはり㈡と同じく六段であるが、下巻は㈡とは違い⑬熊野霊告段と⑭洛陽遷化段との間に一切経校合段が増加していて八段となっている。鎌倉幕府第三代執権北条泰時（一一八三～一二四二）が、一切経校合をおこなった際、親鸞もその選にあたってこれに参加したことは覚如の『口伝鈔』にも見えており、近年史実であったとみるのが定説となりつつあるが、佛光寺本はそれを親鸞帰洛後のところへ配置する点が若干疑問である。このほか佛光寺本では、下巻稲田興法段で親鸞が建暦二年（一二一二）一月二十一日の勅免後、八月二十一日にいったん帰京し、あらためて十月東関に赴く際、伊勢大神宮へ参詣したとあり、常陸国では下間小島に十年居住後、笠間郡稲田郷に隠居幽栖したことを伝え、また弁円済度段では親鸞が鹿島大明神に詣で、仏法守護の明徳を仰いだところ神感あって納受掲焉したと記し、また洛陽遷化段では親鸞の葬送に真仏の門弟顕智と専信が参り拾骨したことを述べるなど、これらの記載は先の一切経校合のこととともに、これまでの絵巻にはまったく見られない佛光寺本独自の内容で、何か拠るところがあったのかもしれず、今後の究明がまたれてならないのであるが、佛光寺本の大きな特色は、こうした内容面もさることながら絵相面においても特筆すべきものがあるといわなければならない。それは親鸞絵巻の完成本である上品で貴族的な表現の強い㈢などとは異なり、たとえば③六角夢想段、⑥信行両座段、⑫箱根霊告段などを見てもわかるように、きわめて喧噪で楽しく賑やかな庶民的表情が豊かな描写となっている点からも十分理解できよう。

今のところ、この個性ある絵を描いたのは、いったい誰でいつのことであるのか、またその画系はどこに属するのかといった問題は未解決のままとなっているが、絵相には㈠〜㈤や天満定専坊本とも通ずる個所もあり、また佛光寺の歴史を顧みるとき本願寺蓮如（一四一五〜九九）出現以前の佛光寺全盛期に、やはり康楽寺の画系を引き同じ京都東山にあった天台傘下の祇園や粟田口絵所の絵師が描いた可能性も考えられるかもしれない。けれども、その場合、絵詞の筆致が他本と較べあまりにも力強さに欠け近世風であるのが疑問として残ろう。いずれも今後の課題である。

付記

佛光寺本については、その後津田徹英氏が、詞書の筆者を二条公忠（一三二四〜八三）と特定し、佛光寺本の成立を南北朝時代とする画期的な大論を発表された。詳しくは末尾主要参考文献に掲載の津田論文を参照されたい。

3　御伝鈔

かくして親鸞の絵巻は、文詞・構成ともきわめて優れていたために、広く門徒に受け入れられ、作者覚如の在世中から詞すなわち御伝鈔と絵すなわち御絵伝とに分けられ、前者を拝読しつつ後者を絵解きすることによって、ますます流布する結果となり、それらについても見るべき作品がきわめて多い。ここでは代表的な絵詞本の御伝鈔古写本数点を取り上げ、御絵伝のほうは、文字史料でないということと、すでにその重要作品のほとんどが『真宗重宝聚英』第四巻に収載済みであることを理由に、省くこととするものである。

さて、現今わかっている親鸞絵巻の絵詞のみを集めたいわゆる御伝鈔のもっとも古い年次を有するものは、山梨慶専寺蔵の『善信聖人親鸞伝絵』であろう。これは元亨元年（一三二一）に相模国大遅（大庭・大場とも）本郷の薬師寺別当源誓（一二六四～一三六〇）が書写したことを示すが、源誓は親鸞—真仏—光信源海—光寂源誓と次第する荒木源海門徒の流れを汲む人で、この年甲斐国に入り、その地の等々力に万福寺を開いて甲斐門徒の祖となった初期真宗門侶である。かつて同寺には聖徳太子二幅、法然二幅、親鸞六幅、源誓二幅の各絵伝をはじめ光明本、十王絵など源誓によって整えられたとおもわれる数々の優品があって、甲斐門徒の念仏勧進が絵解きに主体を置くものであった事実がわかり大変興味深い。元亨元年は覚如五十二歳に相当するから、㈢の十五段本成立以前ということになり、したがって段数も題名と同様に㈡と同じ十三段本と古態を示すが、残念ながら慶専寺本は江戸後期の写本であり、甲斐万福寺旧蔵（現西本願寺蔵）の特異な親鸞絵伝六幅と内容的に合致しないのが惜しまれる。

楢谷寺本

元亨元年に次ぐ古い紀年を有する絵詞写本は、岐阜楢谷寺蔵の貞和五年（一三四九）本で、該本はその筆風、紙質、内容いずれの面からみても当初のものであることはまったく疑念の余地がなく、ときに覚如八十歳の現存最古本となっている。奥書に「貞和五歳己巳初春中旬第五日終漸写之功訖　願主釈乗観」とあり、今本の筆者が乗観と知られるが、乗観は覚如弟子乗専（一二九五～没年不明）の系統に連なる人であろうか。なお楢谷寺がある飛騨国と覚如との関係をみれば、嘉暦元年（一三二六）に飛騨の願智坊が覚如より『執持鈔』を付与されているのがおもい合わされるが、乗観がいかなる人物かは詳らかでない。楢谷寺本は当然のことながら㈢以降の写本であるから、十五段本となっているが、当本を紹介された名畑崇氏は、④蓮位夢想段が㈢康永本より長文で相当詳しい事実に着目し、この蓮位夢想の説話は元弘元年（一三三一）に覚如が著す『口伝鈔』が最初で、それが楢谷寺本のごとく絵詞用に改められ、さらに康永本に見られるような型になったことを明らかにしたうえ、楢谷寺本の原本は康永本の奥書に見える、今はなき暦応二年（一三三九）本系のものでなかったかとされる。暦応二年本がいかなる内容のものであったのかについては、厳正にいえば実は不明という難があるものの、名畑氏の説は、当時の高田門徒や佛光寺門徒の動向をも考慮に入れた歴史的背景重視の立論だけに、きわめて説得力に富んでおり、従いたいとおもう。

いわゆる御伝鈔写本として現存最古の楢谷寺本は、右のごとく④蓮位夢想段に顕著な違いが見られるほか、題名が「本願寺聖人親鸞伝絵詞」となっていること。親鸞に対する敬称に「聖人」と「上人」が混用されていること。漢字を仮名にし書き下し文に改められていること。⑤選択付属・⑨師資遷謫段に引かれる『教行信証』後序の文が、書き下し文に改められていること。当本が拝読用に供されたものであったことを示すとともに、その本文がかならずしも㈢康永本通りでない事実は、それ以前になった十五段本すなわち暦応二年系の本を写している可能性が高いという特色をもつのが、この楢谷寺本の素性なのである。

なお、上下二冊よりなる当本の各末奥書には、本文とは別の筆で「善宗」の署名が見られる。善宗は延徳三年（一四九一）二月に蓮如寿像を下付されている同寺開基であるから、当本より百四十年ほど後の人物とわかる。その場合、該本は善宗以前からずっと飛驒に伝わっていたものなのか、それとも蓮如時代に京都あたりから将来されたのか知りたい気もするが、今となっては明らかにしがたいであろう。

明性寺本

楢谷寺本に次いで古い紀年をもつ親鸞絵巻の絵詞すなわち御伝鈔写本は、滋賀明性寺本である。奥書に次のごとくあって、性一（一三四五〜没年不詳）なるおそらく木辺門徒が、十九歳の貞治二年（一三六三）三月錦織寺においてこれを書写したことが判明する貴重な一本である。

貞治二歳癸卯三月一日於錦織寺終
書写之功訖云粫紙云悪筆其憚
雖不少為報恩謝徳令書写者也
釈性一 生年十九
両帖大途加校合了
権大僧都（花押）

書写がおこなわれた貞治二年は覚如十三回忌の年で、当時の錦織寺住持は、覚如の長子存覚の第七子慈観綱厳であった。このとき存覚は七十四歳、慈観は三十歳にあたる。両帖に校合を加えた権大僧都というのは、おそらく慈観のことであろう。これより先、延文五年（一三六〇）に錦織寺では、寺務僧都慈観綱厳と寺衆とが談じ合って、存覚が詞書の筆を執った『親鸞伝絵』上下本末四巻を安置していることは、天満定専坊本のところですでにみた通りである。しかし貞治二年の『御伝鈔』と延文五年の『親鸞伝絵』は、前者の題号が「善信聖人親鸞伝絵」、後者のそれが「本願寺聖人親鸞伝絵」となっているところからもわかるように、両者の年差わずか三年で、しかもともに錦織寺と同寺の慈観綱厳、そしておそらくは存覚も無関係でなかったとおもわれるにもかかわらず、貞治の明性寺本『御伝鈔』は㈠の琳阿本系、延文の天満定専坊本『伝絵』は㈢の康永本系であるのは、まことにおもしろい現象といえよう。

明性寺本は題名こそ㈡の高田本と同じであるが、内容は㈠同様、高田本に⑧入西鑑察が加わる十四段本構成となっているのが実に珍しく貴重なのである。しかしながら構成が同じといえども、㈠の西本願寺琳阿本とこの明性寺本の本文を比較検討してみると、たとえば①出家学道段における親鸞俗姓の書き出し部分が、㈠は二行ほどであるのに対し、明性寺本では六行ほどあって、文詞も㈡・㈢以下とほとんど変わらない。また㈠の②の吉水入室年次が「建仁第一乃暦春の比上人二十九歳」とあるのが、明性寺本は「建仁第三ノ暦ハルノコロ聖人廿九歳」となっており、同じく六角夢想年次が㈠の③では「建仁三季癸亥四月五日夜寅時」であるのが、「建仁三年辛酉四月五日ノ夜寅ノトキ」と明性寺本は、いずれも他本と同様である。さらに⑤の選択付属、⑨の師資遷謫に引用される『教行信証』後序文も、㈠は㈡・㈢以下と同様に原文のままであるのに対し、明性寺本は延べ書きとしている。また全体的な傾向として、明性寺本は漢字を仮名に換えている場合が多い。こうした事象は先の楢谷寺本とも共通するところで、初期真宗段階では、あるいは絵巻と絵詞を読む人、見る人、聴く人が、階層的にそれぞれ異なっていたことを暗示しているのかもしれない。

名畑氏は諸本の入西鑑察段を詳細に比較して、西本願寺琳阿本―明性寺本―楢谷寺本―康永本の順に成立したと考定され、㈠琳阿本と明性寺本はともに十四段からなるという外見だけで判断し、同一物とみてはならないことを注意しておられる。

大谷大学本

次に大谷大学図書館には、明性本とほぼ時を同じくする頃の上巻一帖のみの写本が蔵されている。題は㈤弘願本に同じ「本願寺聖人親鸞伝絵」となっていて、④蓮位夢想段を含む㈢系統に属する写本である。

司田純道氏はこの本の裏表紙に記される「金蓮寺第三世　写主智章」の墨書に注目し、大谷大本の筆者が、京都の四条大路北、東京極大路東に昭和三年（一九二八）まで存在した時宗四条派本山錦綾山豊国院大平興国金蓮寺の第三世浄阿智章であることを明らかにされた。『四条道場金蓮寺歴代世譜』によれば第三世浄阿智章は、延文五年（一三六〇）に入寺し十年後の応安三年（一三七〇）に没したとあるから、この写本の年代もその間のものと断定できる。

覚如・存覚父子が活躍していた南北朝時代、真宗と時宗の間に交流のあったことは、つとに赤松俊秀氏、宮崎圓遵氏等先覚の指摘されるところで、特に四条道場金蓮寺とは暦応四年（一三四一）に覚如の高弟乗専が、四条朱雀道場において『唯信鈔文意』（兵庫亳摂寺蔵）を書写していることや、㈠の親鸞絵巻を所持していた琳阿も四条金蓮寺系の時衆であったことは、金蓮寺第四代浄阿が永和三年（一三七七）に熱田神宮へ奉納した『日本書紀』写本十六巻（熱田神宮蔵）の紙背和歌懐紙に琳阿の名が見えているところからも知られよう。

金蓮寺第三世浄阿智章が写す大谷大本は、題号もさることながら本文も㈤弘願本にもっとも近く、同時期の楢谷寺本や明性寺本とはやや距離が存するやにおもわれる。つまりは㈢系統のあまり目立った特色がないオーソドックスな写本といえるだろう。

琮俊本

親鸞伝絵詞はその後の本願寺の発展とともに、本願寺第六代巧如（一三七六〜一四四〇）、同第七代存如（一三九六〜一四五七）の各写本が新潟浄興寺に伝存し、第八代蓮如（一四一五〜九九）ともなると、ようやくその写本も多くなる。これは本願寺系御絵伝の普及とも連動する現象であるが、蓮如はわかっているだけでも前後四〜五回もその書写をおこなっている。そうした中において最近注目を集めているのは、宝徳二年（一四五〇）に近江長沢福田寺宗俊（琮は宗とも）の所望で、蓮如が書写した『本願寺聖人親鸞伝絵』の絵詞写本である。この本には次のような奥書識語がある。

時也宝徳第二之天江州
長沢福田寺宗俊房依所望
奉染紫豪了
右筆釈蓮如

福田寺（滋賀県米原市長沢）はがんらい、佛光寺系であったが、巧如在住中の永享十年（一四三八）頃から本願寺との関係が濃厚となり、存如の右筆であった蓮如から、同寺第七代と伝える琮俊に各種の真宗聖教、影像、消息等々が下付され、彼は近江における堅田の法住、金森の道西、手原の浄性たちと共に本願寺蓮如を強力に支え続けたのである。その琮俊へ蓮如が写与した「親鸞伝絵詞」は、ひとつの権威がある写本として行数、字詰、字体にいたるまで蓮如のそれに似せたものが本願寺で作られ、蓮如から実如（一四五八〜一五二五）期あたりにかけての有力門末寺院へさかんに下付された事実が存している。すなわち大阪の真宗寺・光善寺・明教寺、奈良の本善寺、愛知の本證寺・上宮寺・養源寺、富山の聞名寺、岩手の本誓寺、その他龍谷大学、古書目録に出たものなどがそれに該当するが、管見に入ったこれら十本前後のものをあらためて通覧熱視するに、実は非常に微妙な似て非なる筆体の違いがあることに気付いたのであった。つまり宝徳二年の琮俊本は複数の書き手によってそのコピー本が作られているわけで、それは当時の本願寺の機構の中に書所とでもいうべき機関が設けられていたことを意味するものにほかならないであろう。そうした点で琮俊本は、内容的には本願寺系の一本にすぎないけれども、特異な『御伝鈔』写本として、今後注意していく必要性を痛感するものである。

付記

『大系真宗史料』伝記編2御伝鈔注釈の解説において、塩谷菊美氏は御伝鈔の大谷大学本と琮俊本の関係につき、次のような重要な指摘をおこなっておられるので付記しておく。

宗俊本と最も近い古写本は、時宗金蓮寺三世浄阿智章が延文五年（一三六〇）から応安三年（一三七〇）に書写したという奥書を持つ大谷大学本『御伝鈔』（上巻のみ現存）である。宗俊本は異体字や改行箇所までこれとほぼ一致する。

専福寺本

親鸞絵巻の絵詞写本は、これまでみてきたところからもわかるように、その大半は本願寺系に属する。しかしながら愛知専福寺と岐阜西入坊のそれには、すでにみた佛光寺本親鸞絵巻と同様に④蓮位夢想段と⑧入西鑑察段がなく、一切経校合段が入って十四段本構成となっており注目される。このうち専福寺本は上下一冊よりなり、題号は佛光寺本にまったく同じ「善信聖人親鸞伝絵」となっているが、佛光寺本の稲田興法段、山伏済度段、洛陽遷化段に見られる特異記事は専福寺本に一切なく、校合段を除く専福寺本十三段の文章は、楢谷寺本や明性寺本と同じく漢文を書き下し文にしているところがあるものの、(二)以下の諸本となんら変わらないものとなっているのである。この現象は一切経校合段の入っている親鸞伝絵詞の原型を、佛光寺本とみるのか専福寺本とするのかの問題に発展するが、佛光寺本の絵は同寺全盛時代の十五世紀前半までのものとするのが一般的であり、かつ佛光寺本の特異記事は勅免の月日が相異していたり、文に不調和な面があるなど原初性がうかがえるのに対し、専福寺本では本願寺本系の強力な影響下で写されたせいか、木に竹を接いだような特異記事は、すべてカットしているとみたほうがよさそうにおもわれる。専福寺がもと佛光寺系であったらしいことは、親鸞―真仏―源海―了海―誓海―明光―了源を描く同寺所蔵の太子先徳連坐像の存在からも推測でき、また蓮如の頃本願寺傘下に入った事実は、上宮寺蔵の文明十六年(一四八四)『如光弟子帳』から確認される。よって専福寺本伝絵詞の書写も佛光寺系から本願寺系上宮寺門末へ移行しつつある十五世紀後半に置くことが可能ではないだろうか。佛光寺本と専福寺本の内容面における違いの背景には、こうした専福寺の歴史的事情を考慮に入れておいてもよいのではないかとおもっている。

二　法然の絵巻と絵詞

1　法然と親鸞

法然房源空(一一三三〜一二一二)は、今さらあらためて述べるまでもなく日本仏教を自力聖道門から他力浄土門へ百八十度転回させた歴史上逸することのできない重要人物である。親鸞がこの世に生を享けたとき法然はすでに四十一歳に達していたが、その二年後の安元元年（一一七五）彼は浄土宗を開く。親鸞が法然を親しく訪ね、雑行を棄て本願に帰すのは、それよりはるか後年の建仁元年（一二〇一）のことであった。そして二人は承元元年（一二〇七）の法難で、土佐国幡多と越後国国府へそれぞれ遠流となり、ついにあいまみえることなく建暦二年（一二一二）の法然入滅を迎えている。

このように法然と親鸞の二人が、じかに接していた期間はわずかに七年だけであったが、この七年間があったからこそ親鸞が歴史に残り、蓮如が生まれ、一向一揆が起こり、日本浄土教史が大きく塗り替えられる結果になっているといっても過言ではないのである。したがって親鸞没前・没後から各地で形成されていく初期真宗の門徒道場に、やがて法然の絵巻や絵詞、絵伝の類が、聖徳太子や親鸞のそれらとともに安置されるようになるのも必然の趨勢であった。

2　法然の絵巻

法然は聖徳太子（五七四〜六二二）や弘法大師空海（七七四〜八三五）と同じく庶民からもたいへん崇敬されたために、絵巻・絵伝の種類も、その二人に匹敵するほど多く残存し、しかも法然の場合は流義間の宗義対立もあって、絵巻・絵伝もよりいっそう複雑多岐な展開を見せているが、今日、中世になった法然関係のそれらも次の六種程度に整理して考えられるようになってきている。

(1)　法然上人伝法絵流通　四巻

(2) 法然聖人伝絵（琳阿本） 九巻
(3) 法然上人伝絵巻（増上寺蔵本） 残欠二巻
(4) 拾遺古徳伝絵 九巻
(5) 法然聖人絵（弘願本） 残欠四巻
(6) 法然上人行状絵図 四十八巻

これらのうち真宗のものであることが明確なのは(4)だけだが、しかし(1)には親鸞直門侶の顕智が写す絵詞写本があり、(2)の題も真宗風の「聖人」が使われており、かつこれを所持していた琳阿は、西本願寺蔵『善信聖人絵』の所持者でもあった。(5)の題も真宗風であるばかりではなく、これまたその所持者弘願が東本願寺蔵『本願寺聖人親鸞伝絵』の所持者でもある点に注意したい。(6)は日本絵巻史上現存最大の巻数を誇る著名なものだが、覚如の長子存覚は、完成間もないその浩瀚な絵巻の絵詞を写すに必要な料紙の数量を備忘録の『袖日記』にメモしているのである。

このように基本的な法然絵巻のいずれもが初期真宗と関わりをもっている事実は、あらためて注目する必要があるが、ここでは(4)の『拾遺古徳伝絵』と(5)弘願本『法然聖人絵』、そして(1)の顕智が写す絵詞を取り上げることとしたい。

3 拾遺古徳伝絵

『拾遺古徳伝絵』九巻七十二段は正安三年（一三〇一）に覚如が作った法然の伝記絵巻で、存覚の『一期記』十二歳条に次の通りあって、この絵巻が長井道信とて常陸鹿島門徒の流れを汲む羽前国置賜郡長井の導信明源の所望で、覚如が草したものであったことが知られる。

（存覚十二歳正安三年）冬比長井道信（ママ）鹿島門徒依黒谷伝九巻新草所望在京仍大上令草之給

ところで、西本願寺に所蔵される『拾遺古徳伝絵』の詞書写本によれば、覚如はこの絵詞を、正安三年黄鐘中旬九日（十一月十九日）より大呂上旬五日（十二月五日）までのわずか十七日間で書き上げたとある。

于時正安第三年辛丑歳従黄鐘中旬九日至太呂（ママ）上旬五日首尾十七箇日
扶瘖忍眠草之緈既卒爾短慮転迷惑紕繆胡靡期俯乞披覧之宏才要加取
拾之秀逸耳
衡門隠倫釈覚如三十二歳

覚如がこのように短時日で大部な絵詞を成し遂げえた背景には、先に成立していた(1)の『法然上人伝法絵流通』や(2)の『法然聖人伝絵』が手元にあったからであるが、それらの絵巻には曾祖父の親鸞が法然の愛弟子であった事実を伝える記事がまったくなかったので、覚如は二人の親密な師弟関係を新たに拾遺強調したのが、この『拾遺古徳伝絵』にほかならない。したがってこの絵巻の絵相や詞章は、㈠・㈡の影響を受けて構成されている部分が非常に多く、その点十分留意しておく必要があろう。一方、法然と親鸞の関係を強調するのは左の各段である。

第六巻第一段　吉水入室
第六巻第二段　起請文連署
第六巻第四段　選択付属
第六巻第五段　真影図画
第七巻第一段　師資遷謫
第七巻第四段　親経卿中宥
第九巻第七段　追善供養

これらはいずれも永仁三年（一二九五）の『善信聖人親鸞伝絵』を補完する意味合いが強かったことは否定できない。したがってこれらの記事は、『親鸞伝絵』と同等の史料価値を有すると考えて、さしつかえないであろう。

かくて覚如によってなされた『拾遺古徳伝絵』は、『親鸞伝絵』と同様東国の初期真宗門徒に届けられたことが、いくつかの伝存本から知られ、それらはいずれもみな覚如在世中の作品とわかるから、『親鸞伝絵』とともに法然門下における親鸞の座位を明確にしたこの『拾遺古徳伝絵』も、東国門徒でいたくよろこばれた事実に思いをいたさなければならないとおもう。現存の諸本は次の通りである。以下記述は左の番号で示す。

一　茨　城　無量寿寺蔵本　重文　残欠一巻
二　茨　城　常福寺蔵本　重文　九巻
三　新　潟　西脇家蔵本　重文　残欠一巻

四　諸家分蔵本　　残欠元一巻

五　和歌山　真光寺蔵本　　断簡一軸

無量寿寺本

一は所望者導信明源の流れを汲む鹿島門徒の本拠地に伝存する貴重な遺品であるが、惜しいことに慶長十二年（一六〇七）火災に遭い、現在は残存した断片三十二枚を一巻にまとめたものとなっている。正徳五年（一七一五）に光隆寺知空（一六三四～一七一八）が書いた記録によれば、焼失前当本は十巻であったという。これにつき、実悟兼俊（一四九二～一五八三）の永正十七年（一五二〇）の『聖教目録聞書』にも「拾遺古徳伝十イ 九巻 三経講釈ヲ被書載時四巻ヲ為二巻仍為十巻」とあるのが参照され、一も本文が長い第四巻が本末二巻に分けられていたため全九巻のものが十巻となっていたのかものかもしれない。もっとも一を詳細に調査された相沢正彦氏は、第一巻第八段と第九段の火災による損傷状況が接続しないから、ここで分巻されていた可能性があるとする。傾聴すべき説とおもうが、問題の第四巻が一で焼失前どうなっていたのか、今となっては知る由もないので真相は不明というほかなかろう。

相沢氏は一の現状を表のように整理し、絵師に三手（A・B・C）、詞書執筆者に二手（甲・乙）あることを指摘された。このうち絵師のCは知恩院蔵国宝『法然上人行状画面』四十八巻二百三十七段中の五十五段を担当した絵師の画風に酷似するとし、一が当時の知恩院や本願寺の近くに位置する京都東山の祇園、粟田口の絵所で画かれたという見解を示されたのである。すでに触れたごとく存覚の『袖日記』には、『行状画図』の詞書料紙に関するメモもあるところより、一こそ覚如の草本から最初に絵巻化された原本であったとの見方も許されるかもしれない。なお、詞書につき知空は「世尊寺行俊書之」と記しているが、現存するだけでも二手の筆が認められるのである

表 無量寿寺本拾遺古徳伝絵の構成（※は内容不詳のもの、寸法はセンチメートル）

紙	巻	段	内容	絵師	詞書執筆者	寸法（横）
1	1	8	（絵）叡山登嶺の図	A		60・1
2	1	7	（詞）邂逅殿下の詞（後半三行） （絵）〃の図	B	甲	67・3
3			（絵）〃	B		67・2
4			（絵）〃	B		67・5
5			（絵）〃	B		67・2
6	1	8	（絵）〃 （詞）源光に入室の詞（前半）	B	甲	67・4
7	1	8	（絵）源光に入室の図	A		62・6
8	1	9	（詞）源光の元を辞し、皇円の弟子となる詞 （絵）〃図（前半のみか）	C	乙	60・1
9	2	1	（詞）日吉社前詠歌の詞 （絵）〃図	C	乙	59・8
10			（絵）〃	A		61・2
11			（絵）〃	A		61・9
12	2	1	（絵）〃 （詞）出家受戒の詞	A	乙	59・6
13	4	1	（絵）浄土五祖供養の図	C		58・4
14			（絵）〃	C		59・8
15	2	10	（詞）対談寛雅・慶雅の詞（後半） （絵）対談寛雅の図	B	甲	67・4
16	3カ	4カ	（絵）吉水説法の図カ	A C		60・5
※17			（絵）〃			60・3
※18	？	？	（絵）屋舎のみの図	？		61・9
19	4	2	（絵）大原談義の図（後半部）	A		60・8

※20	2カ	10カ	（絵）対談慶雅の図カ	B		67・3
21	8	7	（絵）病臥臨終の図（前半）	C		61・1
22	8	5	（絵）大谷帰還の図	B		67・2
23	8	6	（絵）〃 （詞）大谷詠歌の詞	B	甲	66・3
※24	？	？	（絵）野道を行く僧侶二人の図	C		18・1
25	4	5	（詞）耳四郎聴聞の詞（初頭部欠）		甲	67・3
26			〃			67・3
27			〃			67・3
28			〃			67・3
29			〃			44・8
30	8	7	（詞）病臥臨終の詞（後半）		甲	67・3
31			〃			67・5
32			〃（21紙に接続する）			47・1

から、堂上の寄合書とみるのが正しいであろう。真宗では法然・親鸞に対して共に「聖人」の尊称を用いるが、絵巻、絵詞とも「上人」「聖人」を混用しているケースがあり、それらは「聖人」に統一される以前の古様を示す一つのバロメーターともなっている。一は混用の部類に入るから留意しておいてよかろう。

常福寺本

次に二に移るが、二には注目すべき諸点がある。その第一は一と同様茨城県に存し、これが当初より東国門徒用であったことを物語っていること。第二に『拾遺古徳伝絵』として唯一全巻が完存する貴重なものであること。第三に「元亨三歳癸亥十一月十二日　奉図画之　願主釈正空」の奥書より、二の成立が元亨三年（一三二三）で、その願主が正空と知られること。第四に宝永七年（一七一〇）の越中願楽寺宗誓（一六四五〜一七二八）撰『遺徳法論集』第六常陸上宮寺（二十四輩第十九番）項に「一、拾遺古徳伝　水戸黄門公ヨリ御所望ナサレ上ゲケレハ　褒美トシテ山ヲ拝領セラレタリ　ノチニ古徳伝ハ黄門公ヨリ菩提所ノ浄土寺ヘ寄進シタマヘリ」とあるところより、この絵巻は元来、上宮寺（茨城県郡珂市米崎の西派寺院）に伝わったものを徳川光圀（一六二八〜一七〇〇）が召上げ、水戸家菩提寺の浄土宗常福寺（同市瓜連町）に寄進されて今日にいたっていること。第五に二と琳阿本『法然聖人伝絵』との間には、詞のみならず絵の構図上においても密接な関係が存すると米倉迪夫氏によって指摘されていること。第六に二の旧蔵寺院上宮寺に現蔵の『聖徳太子絵巻』にも「元亨元年三月十七日　願主釈正空」の奥書がかつて見られたが、それと二の詞書筆者は同一人物の手になると鑑せられ、二つの絵巻は同願主による元亨元年から三年にかけての作になること。

以上のような重要性をもつ本絵巻が作られた元亨元年は、絵巻の原作者覚如は五十四歳にて健在であり、長男の存覚は三十四歳であった。上宮寺の『聖徳太子絵巻』の詞書と常福寺のこの『拾遺古徳伝絵』の詞書筆者は、その筆致からみて、おそらく存覚であろうとおもわれる。この二つの絵巻も一と同様京都の祇園か粟田口の絵所が製作にあたったのであろうが、覚如存覚父子はこのとき義絶中であったことに留意しておきたい。

西脇家本

三は第八巻のみの残欠一巻であるが、一に匹敵する優秀な作品として早くより知られているもので、重要文化財の指定を受ける。絵のほうは全八段が揃って残っているものの、詞書は最初の第一段を欠く。個人蔵のため公開されないので詳細はわからないが、絵相は二と若干の違いがあり、第三段一切経開題供養や第七段病臥臨終来迎と諸奇瑞の場面などは、『拾遺古徳伝絵』をなすに際しての最大参考絵巻であった琳阿本『法然聖人伝絵』に似通うところがあるともいわれている。優品だけにその全貌の速やかな公開がまたれてならない絵巻である。

諸家分蔵本

四の諸家分蔵本は、第三巻第四段、同第五段、第六巻第二段、同第三段、同第四段、同第五段、同第六段、同第七段、同第九段、同第十段が一巻となっていて、一のように焼損の痕が見えるものであったが、半世紀以上前に芦屋市某家より流出して切断され分散してしまった。分断の一部が紹介されたとき『法然上人伝法絵』の残欠といわれたが、間もなく『拾遺古徳伝絵』の誤りとわかり、同じような焼損痕が認められても一とは別本であることも判明した。

四をまとめて紹介された梅津次郎氏によれば、「絵は常福寺本に比べて、用筆になお穏やかな大和絵の古致を多く存し、色彩はあまり多く用いていないが、良質の顔料は雲母引きの目立つ料紙に映えて、簡素な画面を引き立てている。全巻揃っていたならば、常福寺本を凌駕する絵巻であったろう」といわれているものだけに、いまさらのごとくその切断分散が惜しまれてならない『拾遺古徳伝絵』の一本であった。

以上従来から知られる『拾遺古徳伝絵』四点の成立順位を、その絵画表現、様式、技法等々の上からあらためて見てみると、一の無量寿寺本がもっとも古く、ついで三の西脇家本、四の諸家分蔵本がこれにつぎ、元亨三年の五常福寺本が、真保亨氏によって「いく分のびやかさを失った当代やまと絵の特徴を伝えているが、彩色は地味で、構図も定型化し、やや説明的に流れ、絵巻本来の流動的構成は影をひそめた感がある」といわれるごとく、もっとも後の作品といえよう。しかしいずれの諸本も縦寸法が『親鸞伝絵』の㈢・㈣・㈤や佛光寺本と同様四〇センチ前後もあり、絵解きに供する東国門徒用であったことが測られ、『拾遺古徳伝絵』も『親鸞伝絵』に劣らない流布ぶりを示している点で、まことに興味深いものがあるといわなければならない。

真光寺本断簡

最後に五の真光寺蔵断簡一軸を紹介しよう。これは平成十六年（二〇〇四）二月の同朋大学佛教文化研究所による和歌山市真光寺調査で見出されたものである。全体に保存状態は良好でないが縦四一センチ、横六七センチの雲母引きやや厚手用紙の右に、

> 公胤　坊に帰て後　□□□（弟子等）に語て□（云）　今日　法然坊
> に対面して　二の所得あり　一□（に）ハ　い□□（また）き□（か）
> さる事をきく　二には　もとしれる事のひか
> めるを改む　実の宏才也けり　目立たる所の浄
> 土の法門　聖意に違すへからす　彼上人の義を
> 謗るハ　大きなる過なりとて　すなわち
> 浄土決定疑抄を焼畢

の詞書七行をしたため、左にその詞に対応する絵が画かれる。この段は三井寺園城寺の長吏公胤（生年不詳～一二一六）が、法然の『選択本願念仏集』を批判して著した『浄土決疑抄』が、法然との対面法談によって誤りである

ことを悟り、これを焼くという著名な法然説話の一つである。右の文面はまさしく『拾遺古徳伝絵』第六巻第八段に相当し、場面の縁に立つ天台威儀姿の僧が公胤、後ろに座してひかえるのは弟子僧で、絵は二の常福寺本に照し、さらに坊院の庭先で役僧や稚児たちによって『浄土決疑抄』が焼かれる絵相へとつづく。したがって二人の視線はその焔に注がれているのである。

真光寺のこの断簡は詞・絵とも剝落が激しく、料紙の表面も茶褐色で、かつ下方には等間隔で焼損した跡も見られる。これは明らかにこの断簡が一巻の絵巻であった際、火災に遭って大量の水分を含んだ結果の状態を示すものにほかならない。そこに思い合わされる事実は、一の無量寿寺本のことである。同本は慶長十二年（一六〇七）火災のため焼損し、残片三十五枚を残すのみになったと正徳五年（一七一五）の知空の記にしたためられている。ところが原物は三十二枚を貼り合わせ一巻となっており、知空の記録より三枚少ない。真光寺本はその三枚のうちの一枚の可能性がある。というのも無量寿寺本の甲・乙二手ある詞書の甲と真光寺本の詞書が同一とみられること。真光寺本の焼けと水濡れによる表面の茶褐色状況が、無量寿寺本と共通すること。顔料の色調、人物、植物の描写に両本径庭がないこと。縦寸法に若干の違いが見られるのは、調巻に際し無量寿寺本で七ミリほど天地裁断し、各残片を整えた結果と考えられること等々の理由が挙げられるとともに、無量寿寺本の記録を残した知空が、寛文元年（一六六一）紀伊国黒江（海南市）、延宝元年（一六七三）同国川辺（和歌山市）の異解邪義の門徒をそれぞれ論破糺明している事実もあるので、真光寺の断簡は知空によって無量寿寺よりもたらされた可能性が非常に高いと推考するものである。

4　拾遺古徳伝絵詞

このように『拾遺古徳伝絵』も『親鸞伝絵』と共に好評を博し、やはり覚如在世中より絵巻、絵詞、絵伝の三本立てで広くおこなわれるようになる。このうち絵伝のほうは、『真宗重宝聚英』第六巻に収録済みの通り、広島光照寺に建武五年（一三三八）画工法眼隆円、札銘裏書存覚筆の三幅をはじめ愛知満性寺、新潟浄興寺、愛知浄珠院などに六幅からなる室町時代前期の大作が存在する。掛幅絵伝には当然のことながら絵解きをともなうわけで、それに供されたのが『拾遺古徳伝絵』の絵詞写本にほかならない。

『拾遺古徳伝絵』はすでに記した通り、親鸞の直弟順信房信海（一二二九～没年不詳）を祖とする常陸国鹿島門徒の流れを汲む羽前国置賜郡長井の導信明源の所望によってできたが、大阪願得寺や山形浄福寺に所蔵される室町初期の絵詞写本には、「元亨四歳甲子六月十四日奉書写　安置之　釈明源」とあって、正安三年（一三〇一）の原本成立後二十三年の元亨四年（一三二四）に導信明源自身の写したものがあった事実を伝えている。このとき覚如は五十五歳であった。浄福寺本は地理的にも書誌的にみても明源自筆の可能性がないでもないが、願得寺本の「安置之」が「貫之」と誤写しているから、やはり自筆本ではなかろう。

西本願寺本

『拾遺古徳伝絵』の絵詞写本として現存最古の遺品は、西本願寺蔵の元徳元年から二年（一三二九～一三三〇）にかけて書写された十冊本である。該本には第四巻に「元徳二年庚午九月七日書写畢　執筆善寂」（裏表紙に貼り込まれているため見えない）、第六巻に「元徳元年十一月七日」、第九巻に「元徳元季己巳十一月書写了」とあり、書写年月日と執筆者を明らかにするが、鎌倉最末期の元徳元年は覚如六十歳であった。書写者の善寂については明らかでない。この絵詞が写された元徳元年（一三二九）といえば、興正寺の空性房了源は『算頭録』を書き、翌二年了源は山科から渋谷に興正寺を移し、その供養導師に存覚を迎え佛光寺と改称、同寺繁栄の基礎を築いた記念すべき年にあたっているが、当時存覚は覚如より義絶されており、その義絶の一因が存覚と了源との親交にあったともいわれているので、絵詞を写した善寂も、それが本願寺伝来品であるという事実に鑑みるとき、存覚より覚如に近い人物ではなかったかとおもわれる。なお、本写本の第六巻と第九巻には実円がこの絵詞を相伝したとあるが、この実円は本願寺第九代実如（一四五八～一五二五）の第四男実円（一四九八～一五五五）のことであろうか。ちなみに本派本願寺宗学院編『古写古版真宗聖教現存目録』第一輯にこの絵詞の筆者を善寂と定めた理由が次のごとく記されている。

原形第三巻ノ表紙ノミ現存シ　改装ノ際第一巻初メニ付サル　現形表紙ニハ外題ト共ニ「釈妙道」トアリ
上記第四巻ノ奥書ハ改装ノ際　裏表紙ニ貼込マレシモ　カスカニ判読シ得　此奥書ニテ本書ノ筆者ヲ善寂ト定メタリ
調巻ハ第四巻ヲ分冊シ第一段ヲ一冊（四）第二段以下ヲ一冊（四下）トス（四下）ニハ首題ナク　巻末ニ「正忍」（別筆）トアリ

『拾遺古徳伝絵』の絵詞写本は、右の西本願寺本、願得寺本、山形浄福寺本以外になお大阪慈願寺本、同光徳寺本、兵庫毫摂寺本、滋賀養照寺本など室町時代前期の写本が知られ、同時代の『拾遺古徳伝絵』に基づく掛幅絵伝の存在とともに注目されるが、しかしやがて本願寺に蓮如が出現するのと平行して、『拾遺古徳伝絵』の絵巻、絵詞、絵伝は急速に影を潜めてしまうのは、この時期に浄土真宗が浄土宗とはっきり訣別していく象徴のようで、注意しておく必要があろう。

5　法然聖人絵

真宗に関係する絵巻として、もう一つよく挙げられるのが弘願本『法然聖人絵』である。この絵巻は現在京都堂本美術館に三巻、同じく京都知恩院に一巻の計四巻があって、重要文化財に指定されている。このうち堂本家本の一巻を除く各巻末に、絵詞本文とは別筆で次の墨書が認められるところより、この四巻を弘願本の別称で呼ぶのである。

黒谷上人絵伝第一　釈弘願　堂本家本
黒谷上人絵伝第三　釈弘願　堂本家本
黒谷上人絵　　　　釈弘願　知恩院本

弘願本といえば、すでに親鸞の絵巻のところでもみたごとく貞和二年（一三四六）の東本願寺蔵『本願寺聖人親鸞伝絵』上下本末四巻のうち第三巻上本を除く各巻末にも、やはり絵詞本文とは別筆で「釈弘願」の署名があり、第二巻上末には知恩院本と類似する「本願寺上人絵」の尾題が書き加えられていて、これまた弘願本と通称する由来になっているが、この法然・親鸞の絵巻総計六巻の各巻末題字・署名はすべて同筆で、弘願その人の筆とみられる。

弘願は先に触れたように親鸞―念信―念性―弘願と続く東国常陸の真宗門侶で、法然や親鸞の絵巻に関心のある、おそらく絵解き法師ではなかったかといわれている。

ところで、この弘願本『法然聖人絵』四巻は、話の内容が錯雑としている箇所が多く、またそれにともなう錯簡があったり、さらに重要な法然説話が見られないなど、過去においてこの絵巻が相当激しく破損していて、かろうじて残った部分を適宜寄せ集め四巻にまとめたというような状況を呈している。したがってこの絵巻の当初の巻数はわからないのであるが、弘願本には堂本家本第二巻の四に「河屋念仏」、同九に「常陸敬仏対面」といったほかの数ある法然絵巻には登場しない独特の場面があるので、これを手掛かりに勘案した結果、この二場面を含む法然の掛幅絵伝が愛知妙源寺、三重専修寺、東京増上寺、福島増福寺にそれぞれ蔵せられていることがわかった。これらはいずれも三幅よりなる絵伝であるが、弘願本に現存するすべての段がこの絵伝には登場するから、二つは同一テキストに基づく絵巻と絵伝の可能性が高くなる。一方、掛幅絵伝は約六十二の説話を三幅に描き、弘願本は約四十二のそれを四巻に残すので、一巻平均十段とみた場合、当初の弘願本は六巻仕立であったという計算になろう。いま弘願本の残存部分を上記四絵伝に照らし合せると、弘願本の第二巻と第六巻に相当したであろう巻を失っており、他巻も損傷の少ない箇所を拾集して四巻にまとめたとみるのが妥当のようである。

絵巻と絵伝をかくのごとく一体化して眺めた場合、弘願本には「七箇条起請文」の段以外に親鸞は登場しないことがわかる。となれば弘願本は真宗の法然絵巻でなかったということになるかもしれないけれども、ここに弘願本『親鸞伝絵』を合せ考えれば両本によって法然・親鸞の相承関係が明確となるし、弘願本そのものの題号が『法然聖人絵』と真宗風であるのに加え、弘願本と系列を同じくする法然絵伝が、初期真宗で依用された事実を顧慮するならば、やはり弘願本『法然聖人絵』も真宗の法然絵巻であったとみることは許されるであろう。

なお、近年井澤英理子氏は、武蔵荒木源海門徒の流れをくむ甲斐等々木源誓門徒の万福寺旧蔵法然絵伝二幅（山梨県立博物館蔵、重要文化財）にも、弘願本法然聖人絵や上掲四箇寺所蔵法然絵伝三幅に特徴的に登場する法然の生国美作稲岡の田植え田楽、父漆間時国墓前での立誓、厠念仏、敬仏対面、勝尾寺別時念仏等々の場面が描かれていることを指摘されたので、より一層弘願本法然聖人絵は真宗系のものであるとする可能性が高まったといえよう。

法然上人伝法絵

法然の絵巻・絵詞と初期真宗の関係につき最後に挙げておかなければならないのは、親鸞直弟の顕智（一二二六〜一三一〇）が永仁四年（一二九六）に書写した『法然上人伝法絵』である。該本は三重専修寺の所蔵であるが、惜しむらくは上巻を欠き、下巻の奥書は次のようになっている。

南无阿弥陀仏十反
草本云永仁四年十一月十六日云々
永仁四年丙申十二月下旬第六書写之

奥書にはこれの筆者が顕智であることを明記しないが、その筆体より朱筆を含む全文が顕智の手になることは、専修寺に蔵せられる多くの顕智の手蹟に照らし疑念の余地はまったくない。

『法然上人伝法絵』は法然二十七回忌を明年に控えた嘉禎三年（一二三七）に躭空六十九歳が願主となって著した最古の法然絵巻で、爾後陸続とあらわれる法然関係の絵巻や絵伝に多大の影響を及ぼした根源的存在のものである。筆者の躭空は正信房湛空（一一七六～一二五三）のことで、唯一の完本となっている福岡善導寺蔵の巻奥に記される「願主沙門躭空六十九」は「六十二」の誤写とみるのが至当であろう。

ところで、この『伝法絵』の作者躭空＝湛空は、法然十七回忌の安貞二年（一二二八）に法然の遺骸が荼毘に付された後、貞永二年（一二三三）にその遺骨を嵯峨二尊院の廟塔に納め、ここを嵯峨門徒の中心としたことで有名な人物であり、西山の善恵房証空（一一七七～一二四七）と共に法然なき後の京洛における浄土宗の発展に強力なリーダーシップを発揮したのであった。

『親鸞伝絵』を著した覚如は、実は湛空の『伝法絵』と嵯峨門徒の影響を強く受け、『伝絵』において吉水の北のほとりの親鸞廟堂こそが、真宗門徒の中心と結論付けているのは、まさに嵯峨門徒のそれが法然の遺骨を収める小倉山二尊院の廟塔＝廟であるという図式とオーバーラップするものにほかならない。ために覚如は『伝絵』上巻⑦信心諍論段で、原話の『歎異抄』には登場しない聖（正）信房湛空を勢観房源智（一一八三～一二三八）や念仏房（一一五九～一二五一）らと共にその筆頭に挙げ、親鸞の信心が法然と同じであるのに彼らは異なっていると論難するのである。『伝絵』述作後引き続き覚如は、法然の伝記絵詞『拾遺古徳伝絵』をわずか十七日間で執筆したことは既述の通りだが、そのときの参考書がほかでもなく湛空の『法然上人伝法絵』であり、『法然聖人伝絵』（琳阿本）であった。親鸞面授の門侶顕智が写す『伝法絵』の「草本云永仁四年十一月十六日云々」の記は、あるいは上のような嵯峨門徒をことのほか意識した覚如自身の書写年月日であった可能性も考えられよう。『伝法絵』は福岡善導寺に上下本末四巻の室町末期本があり、また鎌倉末期の下巻残欠一巻（今は分散蔵）の存在も紹介されているが、ともに写しであり絵詞に相違が見られる。そうした中にあって顕智の絵詞写本は、湛空の原本にもっとも近い内容を伝えていると思われる点で、まことに貴重な写しといわなければならないものである。

三　聖徳太子の絵巻と絵詞

1　太子と真宗

親鸞が法然の門下に入るのは、二十九歳の建仁元年（一二〇一）のことであった。この年のはじめ親鸞は、二十年間住みなれた比叡山を出て、聖徳太子建立と伝える京都の六角堂（頂法寺）に百日間の参籠を企てるが、その九十五日目の暁、聖徳太子の文を読んで、六角堂の如意輪観音救世菩薩の示現にあずかり、法然の門人になったと『恵信尼文書』は伝えている。このときの太子の文、示現の文がいかなるものであったかについては、諸説あってかならずしも一致をみていないが、いずれにしても親鸞が雑行を棄て本願に帰することができた根底には太子があり、太子の文があり、太子建立の六角堂があり、太子念持仏の六角堂救世観音菩薩の示現が存した事実は否定できない。これがために親鸞は太子をことのほか熱心に奉讃し、親鸞の門流も太子信仰を積極的に受容して太子堂、太子像、太子和讃、太子伝記、太子講式、太子絵伝、太子絵巻、太子絵詞、太子絵解き本等々を安置したのであった。すなわち親鸞には二種の『皇太子聖徳奉讃』『大日本国粟散王聖徳太子奉讃』という総計二百首を超す太子和讃をはじめ、太子伝の『上宮太子御記』、太子絵像の讃銘を注釈した『尊号真像銘文』があり、また初期真宗では正和三年（一三一四）の修理棟札を伝える愛知妙源寺重文太子堂、そして正安三年（一三〇一）の茨城無量寺、元応二年（一三二〇）の京都佛光寺、嘉暦四年（一三二九）の福井聖徳寺、暦応四年（一三四一）の東京西光寺などの在銘像や鎌倉後期の茨城善重寺、愛知本證寺、福井本覚寺、愛知満性寺、三重専修寺、同厚源寺の各太子像を見ることができ、さらに伝記類では、存覚の『袖日記』に太子の前生譚がある六巻以上の『太子伝鈔』のメモがあり、茨城上宮寺蔵太子絵巻の絵詞も存覚の筆になるらしく注意をひく。近年初期真宗の太子伝として注目をあびているのは、周知の『正（聖）法輪蔵』と『聖徳太子内因曼陀羅』である。前者は文保二年（一三一八）頃の成立で、太子七百回忌を期して写された高田専修寺旧蔵本や永禄二年（一五五九）書写の愛知満性寺蔵本が知られており、全五十巻に加え付伝をともなう非常に大部な太子伝で、愛知本證寺蔵十幅本をはじめ真宗系太子絵伝の絵相を解明するうえでも逸することのできない資料となっている。後者は正中二年（一三二五）の愛知満性寺蔵本が天下の孤本で、これは善光寺如来、聖徳太子、法然、親鸞に関わる三幅よりなる絵伝の内容因縁を示す実に興味深いもので、両者はいずれも絵解き本である点が、何よりも初期真宗における念仏勧進の実態が奈辺にあったかを如実に示していることで、大いに注意しなければならない存在といえよう。このほか最近やはり真宗の絵解き本として、武州豊島郡小石川の善仁寺に伝わった永正十四年（一五一七）書写の『聖徳太子伝絵』二帖が注目されている。元来、善仁寺は親鸞―真仏―光信源海―願明了海―智教―願空の系をひく麻布門徒に連なる小石川門徒で、もとをたどれば荒木門徒、さらには高田門徒へとさかのぼる太子信仰の寺にほかならない。上記した西光寺の暦応四年太子像も、実はこの『太子伝絵』と同系統の四ツ木門徒に存在するもので、現在の東京都心部でも、かつては初期真宗が非常に盛んであった事実を忘れてはならないとおもう。ちなみに善仁寺旧蔵の『太子伝絵』は現在下一帖のみが存し、今は東京慶應義塾大学三田メディアセンターの所蔵となっている。

これら以外に真宗系の太子伝記として、愛知上宮寺旧蔵室町中期写本の『皇太子聖徳略伝』、同万徳寺蔵寛正三年（一四六二）の『聖徳太子伝記』などがあり、はじめにも記した永正十七年（一五二〇）の実悟兼俊写『聖教目録聞書』には、『太子伝』『聖徳太子伝記』『聖徳太子会指示』『聖徳太子御起文』『太子讃嘆表白』が挙げられている。このうち『聞書』にいう『太子伝』は、あらゆる太子伝の根源的存在ともいうべきかの有名な『聖徳太子伝暦』を指すことは、二巻とあるところからもわかるが、初期真宗では三河門徒の寂静が嘉暦元年（一三二六）にこれを四天王寺絵所上座弁芳の本をもって筆写したものが、神奈川清浄光寺に蔵せられている。ただし現在は下巻一帖のみが残るばかりであるが、その底本が四天王寺絵所の伝来品であったところより、真宗寺院に蔵せられる愛知本證寺蔵十幅、福井称名寺蔵六幅、石川本誓寺蔵五幅、愛知上宮寺旧蔵三幅、三重上宮寺蔵六幅、広島光照寺蔵四幅、茨城妙安寺蔵四幅、愛知勝鬘皇寺蔵四幅、東京静嘉堂文庫蔵（三河満性寺旧蔵）四幅、奈良国立博物館蔵（三河妙源寺旧蔵）三幅、大阪四天王寺蔵（甲斐万福寺旧蔵）二幅、アメリカボストン美術館蔵（旧蔵寺院不明）五幅、愛知乾坤院蔵（旧蔵寺院不明）一幅、福井本覚寺蔵二幅、石川正雲寺蔵二幅、ほか十数点の略絵伝一幅等々の太子絵伝は、これみな同寺絵所で描かれた可能性が高いようで、そのことは他宗派寺院に伝わる多くの太子絵伝をも含め四天王寺伽藍の描写が、ことのほか大きくあらわされ、かつ制作年代の景観を反映したものとなっているところからも十分首肯できるかとおもう。

上宮寺本

真宗関係の太子彫像、太子絵伝、太子絵像は、これまた『真宗重宝聚英』第七巻にほとんど網羅されているので、ここでは茨城上宮寺の太子絵巻と親鸞の編になる太子伝記の『上宮太子御記』、そして太子絵伝の絵解き本『聖徳太子内因曼陀羅』を取り上げることとした。

太子の伝を絵であらわす場合、その大半は掛幅形式であるのに対し、茨城上宮寺のそれは数少ない絵巻形式の作例となっている。周知のように絵巻は普通、詞と絵が交互に登場してくるものであるが、上宮寺本では巻頭に詞書が一段のみ書かれ、後はあたかも掛幅絵伝の札銘のように、太子の年齢と場面説明を墨書するだけの絵が、十四段続けて描かれる手法をとる。その詞書と説話絵相の説明墨書は次の通りである。（ ）内の絵相説明は私に付したものである。

大聖釈迦如来西天に出てさま〳〵の教を説
給しに在座の機は縁□末世
の輩は教を□益にあつかる如来入滅□
一千余年をへて後漢の明帝の代に仏教□
つたはり其後五百年に及て法門日域にわたれり
是偏に聖徳太子弘通の厚恩なりおほよそ太子
観音の垂迹観音は弥陀の脇士□
州に誕生して衆生を済度し浄土に送給太子□
にしては勝鬘夫人としめし唐朝にして□
衡山に生て仏道を修し給しか第六生に念禅法師
と申し時達和尚の勧に依て我朝に生をうけ仏法
を伝来し給恩徳まことに報しかたき者也故に
肝要をぬき画図にあらはして弥信仰のおもひを
はたします〳〵帰敬の誠をぬきいてんとなり

第一段　懐妊并御誕生所
第二段　二歳唱／南無仏／給所
第三段　三歳棄紅桃賞青松所
第四段　六歳奏覧経巻給所
第五段　十歳降伏蝦夷所
第六段　十六歳被誅伐／守屋大臣所
第七段　（十六歳　六角堂建立）
第八段　（十七歳　百済より仏舎利　工人来朝　崇峻天皇を相する）
第九段　十九歳／御元服／所
第十段　二十二歳／天王寺／御建立所
第十一段　二十七歳乗黒駒／至富士嵩給所
第十二段　三十五歳講勝鬘経給所
第十三段　御遷化并御葬礼所
第十四段　（諸皇子法隆寺五重塔より昇天）

詞書においてはもっぱら観音の垂迹としての太子の前生譚を語るのが大きな特色であるが、これは親鸞の『皇太子聖徳奉讃』、存覚の『袖日記』に見える『太子伝鈔』、満性寺の『聖徳太子内因曼陀羅』、四天王寺（甲斐万福寺旧蔵）の二幅本太子絵伝などとも共通する真宗の太子観をあらわす忽諸にできない現象といえよう。そのためにこの上宮寺本の全体的な図様も、愛知本證寺本太子絵伝に代表される真宗系のそれと相通ずるものがあり、描写も高田専修寺本『善信聖人親鸞伝絵』や広島光照寺本親鸞掛幅絵伝に近い作風・様式を示しており、おそらく京都の康楽寺か祇園、粟田口あたりの絵師の手になるものとおもわれる。この太子絵巻の最末には、昭和修理で発見された江戸時代後期の記録が貼附されている。

言書者世尊寺定成卿御筆也　ゑ者土佐法眼光信之筆也　右之品　本願寺十一代御門跡様ゟ当山十三代目明春へ拝領之品也（朱印）

裏書ニハ元亨元年三月十七日願主釈正空トアリ　何分古キニ付宜ク判明セス故表具師ニ失ナワレ残念致候ナリ

これによれば上宮寺の太子絵巻は、詞書が世尊寺定成、絵は土佐光信の筆で、同寺十三代明春が本願寺第十一代顕如（一五四三〜九二）より拝領したものという。そして裏書に元亨元年（一三二一）三月十七日の日付と釈正空の願主名があったことを伝える。この記録の前半部は絵巻の権威付けのための伝承であろうが、後半部の裏書に関する記述は、すでにみた現在茨城常福寺蔵で、かつて太子絵巻と同様上宮寺に所蔵されていた『拾遺古徳伝絵』の奥書「元亨三歳癸亥十一月十二日奉図画之　願主釈正空」と一連のものであるところより信じてよく、上宮寺本が太子七百回忌を記念して作られた絵巻である事実がわかり貴重といえよう。上宮寺現・旧蔵両絵巻の詞書は同一筆致を示しており、それは存覚とみられるので、願主の正空は存覚に執筆を依頼したことがわかり興味深い。正空の伝歴は詳らかでないけれども、法然・太子の両絵巻を伝蔵してきた上宮寺が常陸国に所在し、かつ親鸞門侶には意外と「正」を法名の頭字にもつ人物が少ないことを考慮すると、康永三年（一三四四）の奥書を有する妙源寺本

『親鸞上人門弟等交名』に出てくる常陸国住の善明―正西―正定の系譜に注目するのも一案であろう。すなわち正空は正定の次に位置する初期真宗門侶であったと仮定しても、年代的におかしくはないとおもうのである。それにつけても『聖徳太子絵巻』や『拾遺古徳伝絵』の願主であった正空は、『法然聖人伝絵』『善信聖人絵』を所持していた時衆向福寺の琳阿弥陀仏や『法然聖人絵』『本願寺聖人親鸞伝絵』の所持者であった弘願たちと共に真宗系の絵巻に強い関心を抱いていたことがわかり、あるいは絵解き法師でなかったかといわれるのも、むべなるかなと思わしめるものがあり、まことに興味深い。

上宮太子御記

ところで、太子の伝記や絵巻で逸することのできないのが、親鸞の手になる『上宮太子御記』であろう。晩年の親鸞は八十三歳の建長七年（一二五五）十二月に『皇太子聖徳奉讃』七十五首、八十五歳の康元二年（一二五七）二月に『大日本国粟散王聖徳太子奉讃』百十五首を著し、引き続き同じ年の正嘉元年（一二五七）五月に右の『上宮太子御記』を編じたのであった。つとに指摘されているごとく、この『御記』は、永観二年（九八四）に源為憲が、冷泉天皇（九五〇～一〇一一）の内親王尊子のために記した『三宝絵』法宝巻の巻頭序文と同巻の最初に登場する太子伝説話を抜き出したものに、東大寺珍海撰の『日本三宝感通集』巻一の文、および大鳥部文屋松子（おおとりべぶんやのまつこ）が著したとされる『松子伝』の廟崛偈を付加した内容で、親鸞の地の文はないけれども、太子を讃仰してやまなかった鎌倉時代の親鸞が書いた太子伝として、大いに注目されるものである。周知のように『三宝絵』の太子伝は、実は『聖徳太子伝暦』に基づくから、内容的には新味に乏しいともいえようが、ともかくこれが絵巻の絵詞からきていることを忘れるべきではなかろうとおもう。

さて、この『御記』の編者についてであるが、橋川正氏は『三宝絵』の一節を独立させたものが『御記』であったことを明らかにしたうえで、親鸞はすでにできあがっていたそれを書写したのであって編者ではなかろうとされた。一方、多屋頼俊氏は親鸞の上記太子両奉讃の関係からみて、『御記』を一部の書として独立させたのは親鸞以外にありえないであろうことを考証され、今は親鸞編者説が定説となっている。『御記』の親鸞自筆本は現存しないが、西本願寺に伝蔵される唯一の『御記』写本には、次のような奥書識語がしたためられており、貴重な史実の一端をわれわれに教える。

正嘉元歳丁巳五月十一日書写之
愚禿親鸞八十五歳

以彼真筆草本
弘安六季八月三日
釈寂忍二十五歳

徳治第二暦孟冬六日於造岡道場
拝見此書於和田宿坊書写之了
釈覚如
予依目所労更発右筆参差仍雇他筆
雖終功至于奥又故書止之而已

すなわちこれによれば西本願寺本は、徳治二年（一三〇七）覚如宗昭の写本で、覚如は造岡道場において、正嘉元年（一二五七）の親鸞真筆草本を寂忍（一二五九〜没年不詳）が弘安六年（一二八三）に書写した本を拝見し、これを和田宿坊で転写したものであることがわかろう。造岡（作岡とも）も和田もともに三河の地名であるが、当時覚如は大谷廟堂を叔父唯善（一二六六〜一三一七）に占拠され同堂を追われる身となったため、難を奥州へさける途次、三河に立寄ったのであった。三河には親鸞―真仏―専信―円善―信寂―寂静―良円と次第相承する和田門徒があって、京都の覚如・存覚父子を支援していたが、『御記』を写した寂忍もその門流に連なる人であろう。ちなみにすでに触れた通り、和田門徒の寂静は嘉暦元年（一三二六）に『聖徳太子伝暦』を書写していることも、ここに想起しておきたいと思う。覚如が『御記』を転写した折、目の所労により他筆を雇ったとあるが、表題の「上宮太子御記」と袖書の「沙門宗昭」、および奥書三字目の「元歳……」以下は覚如の自筆とみられている。

最後になったが、親鸞はいつ頃どこで『三宝絵』を見たのであろうか。それについてはまったく不明というほかないが、『三宝絵』の写本は、法然や親鸞の専修念仏に対し延暦寺や興福寺のごとくかならずしも絶対反対を表面しなかった醍醐寺に寛喜二年（一二三〇）の、同じく東寺観智院に文永十年（一二七三）の古写本が、それぞれ伝えられてきた事実が一つの示唆を与えるかもしれない。観智院本はもと東寺宝菩提院に伝えられていたもので、現在は東京国立博物館蔵となっているが、外村展子氏によって、その筆写者が鎌倉幕府の引付衆三善政康（一二一三〜八九）であることが明確になっている。政康の曾祖父三善康信（一一四〇〜一二二一）は、母が源頼朝（一一四七〜九九）の乳母の妹であったところから頼朝の信任を得、鎌倉幕府初代の問注所執事となり幕府の基礎を固めた功労者である。元来三善氏は祖の宿禰以来明法、算法の学問家として朝廷に仕え、康信も文庫を構えるほどの蔵書家であった。また同氏は平安初期以降多くの国司を輩出してきた家柄でもあり、天治元年（一一二四）越後介に任命された三善為康は、『拾遺往生伝』『後拾遺往生伝』の著者でもある通り浄土教とも因縁深い。康信の子康俊は第二代の問注所執事で加賀守、その子三代康持も加賀守、備後守を歴任したが、寛元四年（一二四六）名越光時の陰謀に加担したため失脚し、『三宝絵』を写した政康は加賀守どまりで執事にはなれなかった。実は親鸞の妻恵信尼の父は、同じ三善氏の為則（教とも）で治承元年（一一七七）やはり越後介に任ぜられていることが、九条兼実（一一四九～一二〇七）の日記『玉葉』治承二年正月二十七日条から知られる。親鸞の在関は建保二年（一二一四）四十二歳から嘉禎元年（一二三五）六十三歳あたりの二十年間ほどであったが、この間はちょうど康信から政康にいたる四代の活動期でもあった。佛光寺本『善信聖人親鸞伝絵』のところでもふれたごとく、親鸞は嘉禎元年鎌倉幕府第三代執権北条泰時（一一八三～一二四二）がおこなった一切経校合に参加した事実もここに考慮すると、親鸞が『三宝絵』を見写した背景もほのみえてくるのではあるまいか。そういえば初代問注所執事三善康信の法名「善信」と親鸞の房号「善信」は、奇しくも同じであるのも単なる偶然にすぎないのであろうが、右のような臆測をまじえて眺めた場合、何か意味あり気に見えてくるから不思議である。

聖徳太子内因曼陀羅

さて、それはともかくとして、中世真宗における絵伝関係の絵解き本に『聖（正）法輪蔵』と共に『聖徳太子内因曼陀羅』があるので、終わりにそれを見ておこう。『内因曼陀羅』は上下二巻一冊よりなり、正中二年（一三二五）の奥書をもつ愛知満性寺蔵本が唯一の伝本である。作者については同寺第十二世寂玄が、高田専修寺第四代専空（一二九二～一三四三）の作で、満性寺本はその真筆であると十六世紀末期にいっているが、それは書写年をあらわす正中二年の紀年より判断した説とおもわれる。しかしその成立が専空時代の十四世紀前半とすることに異論はなく、はたしてそうだとすれば、それは本願寺第三代覚如の時代とも重なるわけで、はなはだ史料的価値の高いものであることがわかろう。この『内因曼陀羅』の内容は、まず序文があって、ついで太子の前生譚である勝鬘夫人伝、道仏二教の優劣争い、南岳恵思禅師伝と続き、太子の本伝に入って太子の誕生、南無仏二歳太子の仏舎利掌中出現、太子十三歳のときの殿中女人教化出家授戒、同歳の豊浦寺伽藍建立、十六歳の淡路国岩屋浜での如意輪観音像感得、同年の六角堂建立、和州音羽山の不思議、二十七歳芹摘姫（せりつみひめ）を妃に迎える譚と続き、そして善光寺如来の縁起が語られ、太子と如来の往復書簡の話があって、太子の本地が観音であることを強調し、勢至の垂迹法然の略伝へと入る。ついで太子と同様観音の応現である親鸞伝が、覚如の『親鸞伝絵』に基づきつつ述べられ、跋と識語で『内因曼陀羅』は結ばれている。

がんらいこの『内因曼陀羅』は、三巻の画図の絵解きに供するテキストであったことが、「委細如有絵伝」といった注記からも知られ、また「委有本伝」「委細有本伝」「委細可有本伝」「委ハ上人相伝ノ日記ニ有ルヘシ」とも見えるところより、別に秘伝本のようなものが存在したことをうかがわせ、いかにも中世風で興味津津とした雰囲気をただよわせる内容となっている点が非常に魅力的といえよう。

三河の初期真宗から続く妙源寺、本證寺、満性寺、如意寺、願照寺、上宮寺、勝鬘寺などには、『内因曼陀羅』で語られるような善光寺如来、聖徳太子、法然、親鸞に関わる絵伝類が、今も少なからず伝存しており、初期真宗の念仏勧進方法が、耳目に直接訴えるきわめてわかりやすい絵解き説法に重点を置くものであった事実がわかり、真宗の原点を見る思いがすることである。

なお、『内因曼陀羅』と共に初期真宗で用いられた太子絵解き本に『聖（正）法輪蔵』がある。『聖（正）法輪蔵』の伝本には、元亨二年（一三二二）高田専修寺第四代専空（一二九五～一三四三）が書写したと考えられている福井法雲寺旧蔵の七冊、富山光久寺蔵の二十一冊、同聞名寺蔵の一冊があるほか、愛知満性寺に永禄二年（一五五九）同寺第十二代寂玄書写の四十七冊があり、その他福井浄勝寺に同寺第九代順故（一七五二年没）書写の一冊、金沢大学暁烏文庫に元文元年（一七三六）了郭（一七〇二〜没年不詳）書写の一冊と江戸前期の写本一冊、さらに東大寺図書館、慶應義塾図書館にも各一冊の写本をそれぞれ蔵するが、内容的に重複していたり、系統を異にするものがあったりして、全巻完存本はない。成立当初はおそらく太子一歳宛一冊の全五十冊に加え、別伝がかなりの冊数付属していた模様で、これらの写本はいずれも真宗寺院に多数のこる太子絵伝の絵解きに供されたテキストなのであった。実はこの『聖（正）法輪蔵』ときわめて近い関係にある太子伝に、文保元・二年（一三一七、一八）頃成立とみられる大部な文保本『太子伝』と呼ばれるものがある。この方は『聖（正）法輪蔵』ほど絵解きに重点は置いていないが、その発行元が四天王寺であることが明らかなので、『聖（正）法輪蔵』も初期真宗門侶が同寺で受けてきた可能性が高いであろう。親鸞直弟の顕智が弘安五年（一二八二）に、親鸞の曾玄孫にそれぞれあたる覚如・存覚父子が文保元年に、また親鸞―真仏―専信―円善―信寂―寂静と次第相承する三河門徒の寂静が嘉暦元年（一三二六）に、高田専修寺第八代定順が応永二十年（一四一三）に、おのおの四天王寺へ参詣している事実があるので、そのようにおもうことである。

四　覚如の絵巻と絵詞

1　覚如の位置

親鸞、法然、聖徳太子とみてきた真宗の絵巻、絵詞の掉尾を飾るのは、覚如の『慕帰絵』十巻二十六段と『最須敬重絵』七巻二十八段である。本願寺第三代の覚如宗昭は、親鸞の曾孫（親鸞―覚信尼―覚恵―覚如）にあたる人だが、同寺第八代の蓮如が二、三の寿像裏書きで、覚如―従覚―善如―綽如―巧如―存如―蓮如を意味する七代の位置付けをおこなっている事実からもわかる通り、実は覚如こそが本願寺の洪基をなした人物として、高く評価されていたことを知っておかなければならない。

親鸞没後八年目の文永七年（一二七〇）に生まれた覚如は、三歳にして母を失うが、幼少のときより仏教を学び、弘安九年（一二八六）十七歳にて東大寺で出家し興福寺一乗院に入室した。出家後『勘仲記』の著者で日野氏長者であった勘解由小路中納言兼仲の猶子となっているが、このために覚如の生涯は非常に貴族的で、漢詩、和歌、書をよくし、文才にも秀でていた。二十歳前後より真宗の教義を本格的に勉学し、親鸞の東国遺跡も巡拝して、永仁二年（一二九四）『報恩講私記』、翌年『善信聖人親鸞伝絵』を著した。両書において覚如は親鸞の家系が藤原氏日野家であることを強調すると同時に、親鸞の廟所をやがて本願寺という勅願所にまで昇格させんとする構想を打ち出しているが、こうした覚如の貴族志向は、正和四年（一三一五）の自撰和歌集『閑窓集』千首を伏見上皇の叡覧に及んでいる事実からも十分窺知することができるであろう。法然や親鸞の行状を絵巻化したのも、あるいは覚如の貴族趣味がなせるわざであったかもしれないし、覚如の没直後にあいついでなされた二つの伝記絵巻が、かかる覚如の風を強く反映したものとなっているのも、二絵巻の成立に深く関与した長男の存覚が、覚如の好みを十分理解していたからにほかならない。

2 慕帰絵

さて、その覚如の二つの絵巻であるが、一つは覚如の帰寂を悲しみ恋慕涕泣して作られた意を題にあらわす『慕帰絵』で、これは覚如が亡くなった同じ年の観応二年（一三五一）十月三十日に、覚如の高弟乗専（一二九五～没年不詳）の発起により、覚如二男の従覚慈俊（一二九五～一三六〇）が書き記したものである。その原本は西本願寺に伝存していて、真宗四大絵巻（『親鸞伝絵』二巻、『拾遺古徳伝絵』九巻、『慕帰絵』十巻、『最須敬重絵』七巻）の中でも巻数がもっとも多いだけではなく、主人公の没年と同時に成立した異例の絵巻であるために、書かれる内容も、また描かれる絵相も史料的価値が絶大で、日本絵巻史上でも貴重な存在となっている。絵巻各段の内容はおよそ次のごとくである。

第一巻第一段　文永七年（一二七〇）十二月二十八日、父覚恵房宗恵、母中原氏の子として、京三条富小路辺に誕生。

同　第二段　八・九歳の間、天台宗の学者慈信房澄海より『初心抄』五帖を付属される。

同　第三段　弘安五年（一二八二）、山門の碩徳宗澄を師とし天台宗を学ぶ。

第二巻第一段　弘安六年春、寺門南滝院の浄珎にたばかりとられ、寵を受ける。

同　第二段　同年、興福寺一乗院信昭が三井寺園城寺南滝院にいる覚如の奪取を計るが失敗。信昭は覚如の出家得度を約束し、摂津の原殿禅坊へ入室させることができるも、間もなく死去したため、付弟の覚昭に仕え光仙と呼ばれて寵愛された。

第三巻第一段　弘安九年（一二八六）十月二十日夜、十七歳の覚如は行寛の甥印寛の沙汰で、一乗院にて出家受戒した。

同　第二段　出家後、行寛に従って法相を学ぶ。

同　第三段　浄土門への思いが次第につのり、弘安十年（一二八七）十一月十九日夜、親鸞の孫で、のちに本願寺第二代となる如信に面受し、他力摂生の信証を口伝する。ついで正応二年（一二八八）冬、親鸞面授の常陸国河和田唯円房と対面法談した。

第四巻第一段　正応三年（一二九〇）東国巡見の際、慈信房善鸞・如信父子と会う。

同　第二段　正応五年（一二九二）陽春半ばの頃帰京、南都の行寛門主もその間に入滅していたので、東山の大谷禅室へ入る。

第五巻第一段　宿善について北殿覚如と叔父南殿唯善とが論議したとき、伊勢入道行願が、北殿の法文は経釈を離れず道理のさすところ言語絶し畢ぬとほめた。

同　第二段　祖徳讃嘆のために覚如は、『報恩講式』について、永仁三年（一二九五）十一月中旬、『親鸞伝絵』二巻を草したところ、門流の輩は遠邦も近郭も崇て賞翫し若齢も老者も書かせて安置した。

同　第三段　閑居を友とするようになった覚如は、正和四年（一三一五）『閑窓集』上下二帖千首二十巻を撰集し叡覧に及んだ。

第六巻第一段　元亨元年（一三二一）三月九日、覚如は長子光玄存覚、次子従覚慈俊とともに北野聖廟に詩歌を奉納した。

同　第二段　東山の覚如の坊で、日野俊光などと詠歌に興じる。

同　第三段　陸奥松島の辺に宿をとり、乗船して終日遊んだ。

第七巻第一段　年は定かでないが、覚如はひとりで都を出て紀州玉津嶋明神に参詣し、和歌十首を詠吟した。

同　第二段　貞和二年（一三四六）閏九月一日、覚如は昔懐かしい南都へ下向し、春日社をはじめ諸寺社を巡礼し歌を詠んだ。

第八巻第一段　貞和二年十月、大原の勝林院に詣で障子に和歌を書く。

同　第二段　同年十二月、大谷に升杖庵を構え、いおりの障子に詠歌を書いた。

同　第三段　貞和三年（一三四七）八月一日、次子従覚慈俊より水精の念珠を贈られ、翌四年二月二十四日慈俊の子の光養丸が花枝に和歌をつけて飾ったのに対し、それぞれ覚如が詠歌で感懐をあらわす。

第九巻第一段　貞和四年（一三四八）四月、孫の光養丸と丹後海（天）橋立に遊び、雲原で郭公（ほととぎす）をきき和歌を詠む。また成相寺の堂正面舞台の柱へも和歌を書き付けるなどした。

同　第二段　同六年（一三五〇）一月二十一日、従覚の子の光長が十三歳で亡くなった初七日の雪降る朝、隆存、平胤清、覚如、慈俊、藤原宗康（光長の兄・光養丸）が歌を詠む。

同　第三段　観応元年（一三五〇）二月、覚如は西山久遠寺にある妻善照尼の墓に詣でた。そのときの和歌をはじめ暦応元年（一三三八）から貞和五年（一三四九）にいたる様々の覚如の歌業事蹟が、詞のみで絵を省略して綴られる。

第十巻第一段　元弘元年（一三三一）十一月清範（乗専）の所望で『口伝鈔』を、建武四年（一三三七）九月にも彼の望みで『改邪鈔』を、暦応三年（一三四〇）九月には、江州崇光寺威信の願いで『願々鈔』を、嘉暦元年（一三二六）飛騨国願智房永承の申請で『執持鈔』を、また目良の寂円房道源のために『最要鈔』を、その他『本願鈔』『法華念仏同体異名事』、そして貞和三年十二月二十八日には『尊師和讃鈔』等々の撰述を覚如はなした。

同　第二段　観応二年（一三五一）正月十七日の晩より病床に臥した覚如は、翌十八日称名念仏のなか二首の辞世の和歌を詠み十九日払暁、眠るがごとく円帰した。五日目の晩、知恩院長老の沙汰で延仁寺に葬し、二十四日拾骨する。病臥より拾骨まで種々の奇瑞があった。

あらまし以上のような内容をもつ覚如の絵巻『慕帰絵』十巻二十六段の各巻には、次のような奥書があって、詞書の筆者ならびに画師の名を明らかにし、その編者が覚如の次子従覚慈俊であることを教えるとともに、第一巻の奥書よりこの絵巻が室町幕府将軍家の御物（ぎょぶつ）となっていたのを、飛鳥井雅康宋世（一四三六～一五〇九）の申し入れにより、文明十三年（一四八一）十二月四日本願寺へ返されたが、第一巻と第七巻を失っていたので、翌年の十一月上旬にこれを補った事実も知られて貴重である。ただし雅康の出家は翌文明十四年二月四日であるから、文明十三年の時点で法名の宋世を記すのは、厳正にいえば齟齬するわけだが、十四年十一月の補巻の際の記述とみれば問題ない。

第一巻奥書

慕帰会之事不可出当寺内之
処　有不慮之儀　数年為　将軍
家之御物　雖然文明十三季十二月
四日　以飛鳥中納言入道宋世依申

入事之子細　今度取被返下也　但
此内第一第七之巻為粉失之間
同十四年仲冬上旬之比令書加
之者也　尤希代之事歟　可秘〳〵
詞　黄門入道宋世
画師　掃部助藤原久信

第二巻奥書
詞三条亜相公忠卿
画師沙弥如心因幡守藤原隆章

第三巻奥書
詞一条前黄門実村卿
画師摂津守藤原隆昌

第四巻奥書
詞一条前黄門実村卿
画師摂津守藤原隆昌

第五巻奥書
詞六条前黄門 有光卿
画師沙弥如心 因幡守藤原隆章

第六巻奥書
詞六条前黄門 有光卿
画師沙弥如心 因幡守藤原隆章

第七巻奥書
詞黄門入道 宋世
画師 掃部助藤原久信

第八巻奥書
詞少将藤原朝臣
画師沙弥如心 因幡守隆章

第九巻奥書
詞桓信阿闍梨

画師摂津守藤原隆昌

第十巻
右十帙之篇目　一部之
旨趣　記先師之行迹課当
時之画匠偏依中懐之難
黙　不顧外見之所嘲者也
可慙〻〻　可憚〻〻矣
辺山老襟大和尚位慈俊記

詞前左兵衛佐伊兼朝臣
画師摂津守藤原隆昌

さて、これらによれば『慕帰絵』の画師は、第二・五・六・八巻が沙弥如心因幡守藤原隆章、第三・四・九・十巻が摂津守藤原隆昌の担当と知られるが、今は後補に代わっている第一巻を仮に隆章、第七巻を隆昌であったとすれば、二人は五巻ずつを受けもったこととなろう。

『祇園執行日記』正平七年（一三五二）二月十四日条によれば、因幡守隆章の請いにより、摂津守隆昌を大絵師職に補任する旨の補任状が出されたとあるから、隆章、隆昌の二人は前者が上位で、後者はそれに次ぐ祇園社絵所を代表する第一級の絵師たちであった事実が判明する。そのことは現に遺存する二人の手になる『慕帰絵』八巻の画技からも十分首肯できるところであろう。

『慕帰絵』成立後五年の延文元年（一三五六）十一月二十八日、隆章、隆昌の二人は、中務少輔隆盛、和泉守郊貞法師通暁の二人とともに『諏訪大明神縁起並祭礼絵』十二巻の絵を描いたことが、『続群書類従』所収のその絵詞より知られるが、ここでは因幡守隆章法師法名覚智が、第六巻目にあたる『祭礼絵』巻第一春上と第十二巻目の同巻第七冬の二巻を、摂津守隆昌が第七巻目の同巻第二春下にそれぞれ健筆をふるった。ちなみに本絵巻の外題は後光厳天皇、奥書は足利尊氏、詞書は円満院行助、青蓮院尊円、同尊道という豪華メンバーであったが、残念ながらこの絵巻は現存しない。

なお、隆昌は『園太暦』康永三年（一三四四）九月二十三日条、翌貞和元年十月二十一日改元記の記事に「摂津守従五位下藤原朝臣隆昌」と見え、彼は延臣でもあった事実がわかり、ために隆昌は貞和五年（一三四九）崇光天皇御代始三壇法本尊を描いた功により、宮廷絵所預に任ぜられたことも『門葉記』巻五十の記録から判明する。先の『祇園執行日記』の記事は、隆章の跡を襲い隆昌が宮廷絵所預から、さらに祇園社大絵師職に任ぜられたことを意味するものにほかならない。もってその地位を推し測るべきであろう。当時の本願寺と祇園社は、いうまでもなく目と鼻の先に存在していた。『慕帰絵』の背景もある程度理解できよう。

こうした『慕帰絵』の絵師に対し、詞書のほうも当初の第一巻と第七巻は紛失のため不明だが、第二巻は三条公忠、第三巻・第四巻は一条実材（機）、第五巻・第六巻は六条有光、第八巻は御子佐為重（康）、第九巻は桓信阿闍梨、第十巻は前左兵衛佐伊兼というこれまた当時の能書家たちによる寄合書で、本絵巻が主人公覚如の貴族趣味に添ったきわめて風雅な構成であった事実が、よくわかるかとおもう。

ところで、『慕帰絵』はすでに記した通り第一巻の奥書によれば、門外不出の寺宝であったにもかかわらず数年来将軍家の御物となっていた。おそらく室町幕府第九代将軍足利義尚（一四六五～八九）の代のことであろうが、義尚は第八代将軍義政（一四三六～九〇）と日野富子（一四四〇～九六）の間に生まれているから、実質的には義政が召し上げたものとおもわれる。その召し上げの理由は、富子と本願寺が同じ日野家であったからであろう。蓮如はこれの返還を請い、山科本願寺建立の完成が間近に迫った文明十三年（一四八一）十二月四日に飛鳥井雅康を介し本願寺へ戻すことに成功するが、そのとき第一巻と第七巻の二巻が失われていた。そこで翌年この二巻を新たに補い、詞を雅康自身が、絵を掃部助藤原久信が執筆したというのである。詞書は絵詞写本に基づき書かれたことは容易に想像できるが、絵のほうは久信の裁量に任されていたのか、それとも『慕帰絵』にも後記する『最須敬重絵』の指図書のようなものが存在し、それによりつつ復原的に描かれているのか、今となっては不分明で、かえすがえすも為政者によるこの二巻の紛失は惜しまれてならないものがある。

慕帰絵詞

『慕帰絵』には『親鸞伝絵』や『拾遺古徳伝絵』でみたような絵巻の模本は一切存在しないが、絵詞だけの写本が数点あるので紹介したい。

その一は龍谷大学大宮図書館蔵の古写本で、全十巻を一冊に書写した室町中期のものである。がんらいは本願寺の所蔵本であったことが「写字台蔵」の蔵書印から知られる。その二はこれとほぼ同時代の書写になる奈良本善寺蔵本である。これは巻子本でひらがな書きとなっているのが、原本の絵巻に近い点で貴重視されるが、残念ながら第七巻だけの零本であるのが惜しい。その三は江戸時代後期に東西本願寺より上梓された『真宗法要』『真宗仮名聖教』所収の底本となった西本願寺蔵の写本で、次のような奥書を有する。

本云
日来書留之本求矢之間命
綱厳大僧都令書写者也存覚御判
応安元年戊申六月二日記之
右於此写本者木部慈観之
以真筆之本令書写処也
于時享徳四年七月十九日
書写之訖
右筆蓮如四十一才

これらの奥書から『慕帰絵』には、かつてその絵詞を存覚が書き留めた一本があったが失われたために、応安元年（一三六八）六月、新たに存覚は、第七男の木辺錦織寺第五世慈観綱厳（一三三四～一四一九）に命じこれを書写せしめた。そしてこれより八十七年後の享徳四年（一四五五）七月、今度は蓮如がその慈観真筆本をもって写したことどもが判明するわけだが、この奥書識語を有する西本願寺現蔵本は蓮如の自筆本で、当時の本願寺住持は存如であったから、蓮如は存如の右筆の立場で、これを写したものとおもわれる。元は袋綴本であったが、今は二巻の巻子本に改められている。いずれにしても『慕帰絵』の絵詞写本は、『慕帰絵』そのものがほかの高僧絵伝のように広く流布しなかったので、限定的な範囲内でしかおこなわれなかった事実は注目しておいてよかろう。

3　最須敬重絵

さて、覚如には右にみた『慕帰絵』とともに、その翌年に『最須敬重絵』というもう一つの絵巻が作られている。覚如は宗祖でもなくまた当時著名な僧であったとも思えない人物であるにもかかわらず、立て続けに二つの絵巻が撰述されたのには、何か深いわけがあるのだろう。

『慕帰絵』は第十巻第一段に「すなはちこの行状画図の発起もかの法僧（＝乗専）張行乃所為なり　これによて随分連々乃懇曲もたしかたき所望なれは　旨趣段〻の右筆かたのことく注付訖」とあるごとく覚如の高弟乗専の懇望によって、従覚の名でなされたのであるが、『最須敬重絵』はその乗専が「カノ生涯ノ行状ヲ筆墨ニシルシテ数回ノ恩言ヲ承シニナスラヘ　ソノ記録ノ旨趣ヲ丹青ニアラハシテ　平日ノ尊顔ニ向タテマツリシニ擬セントオモフ　タ、シ一期ノ行事八旬ノ挙動　クハシクシリタテマツルニアタハス　サタメテ簡要タルヘキ事ノモル、モ侍ラン　タ、法門宣説ノ砌ニシテ　オリニフル、雑談モアリシ次ニ　聖道経歴ノ古ノ事ヲモカタリイテ　真宗帰入ノ昔ノユヘヲモシメシ給シコトノ　ヲノツカラ耳ニト、マリ　ワツカニコ、ロニウカフヲシルシハンヘレ」という意趣のもとに覚如の伝を新たに作り、文和元年十月十九日これを安置したのである。時に乗専は五十八歳であったが、しかし先覚によって指摘されている通り、『慕帰絵』と同様『最須敬重絵』も実際の筆者は覚如の長子存覚のようで、そのことは前者の題が「さて慕皈と題する心は彼皈寂を恋るが故に此後素乃名とし侍り」から名付けられ、後者もまた「最もすべからく敬重すべき法印（＝覚如）の絵」というふうに、いかにも覚如の意を体した存覚好みのそれになっているところからも十分首肯できるものがあろう。

『敬重絵』は『慕帰絵』より巻数面で三巻少ないが、段数面では反対に二段多く、かつ実際の分量は『敬重絵』のほうが一・五倍ほどもあるようである。『慕帰絵』では詩歌に重点を置いた覚如の風雅な生涯を描くのに対し、『敬重絵』は覚如が若き頃山門、寺門、南都、浄土教等々の諸師について学んだ「聖道経歴ノ古ノ事」をより詳しく述べんとするが、しかし結局のところ両絵巻が意図した点は、主人公の覚如もゴーストライターの存覚も、共に藤原氏日野家の出身で貴族との交流も多く、しかも顕密諸教とも早くから親密な関係をもっていたので、それはそのまま覚如による草創まもない本願寺が、弱小ながらそうした権門勢家と結びついた勅願祈禱所たるにふさわしい真宗の中心寺院であることを暗に内外へ強調することにあったのではないかと考える。

最須敬重絵詞

かかる覚如の二つの絵巻は、しかし作られた年代が主人公とあまりにも接近しすぎていて有難さ尊さに欠ける面があったこと。当時の門徒に覚如の人となりがかならずしも好感をもって受けいれられなかったこと。内容面で風雅を基調とする貴族趣味が強すぎ、庶民とかけはなれたものとなっていること。そして何よりも門徒の要望によって作られた絵伝でなかったことなどが災してか、この二絵巻はほとんど流布せず、特に『敬重絵』のほうは絵巻化もおこなわれなかった感が強く、絵詞でしか伝わっていないのが現状である。今その絵詞写本を挙げるならば、大谷大学図書館蔵本四冊と龍谷大学大宮図書館蔵本二冊、京都常楽臺（寺）蔵四冊の三点があるばかりで、いずれも室町末期の書写になり、三本とも『敬重絵』がもっとも伝えたかった覚如十四歳より二十歳にいたる「聖道経歴ノ古ノ事」に相当する第三巻と第四巻を欠いたものとなっている。おそらくかなり早い段階で本願寺に近い関係者が、肝心のこの二巻を借り出し、そのまま失われてしまったのであろうが、『敬重絵』は『慕帰絵』よりさらに狭い範囲内でしか見写されなかったことを右の事象は物語っているといえよう。

最須敬重絵指図書

このような『敬重絵』であるが、実は西本願寺に『最須敬重絵指図書』と仮称される江戸末期の影写本が伝えられており、『慕帰絵』十巻と同様『最須敬重絵』七巻も絵巻化がおこなわれる予定であった事実が具体的に知られるようになった。あるいは実際絵巻化されたのかもしれないけれども、ともかくこの『指図書』は全七巻二十八段の絵相の描き方を細かく指示した非常に珍しい重要な資料で、これより今は欠巻となっている第三巻、第四巻の内容もある程度推知できるのが何より貴重といわなければならない。

『指図書』は半紙判（縦八寸～八寸五分）よりやや大きい美濃紙判（縦九寸五分）七枚からなる巻子で、江戸末期の書写ながらその字体は中世風であり、虫食いの状況まで忠実に影写したきわめて信頼度の高い文献である。その作者としては当然のことながら『敬重絵』の著者乗専を第一に挙げるべきであろうが、『慕帰絵』と同様『敬重絵』も実は存覚の代作とみるのが至当であるから、『指図書』も存覚の手になる可能性が高いと宮崎圓遵氏は推定されている。けだし妥当な見解といえよう。

いま試みにこの『指図書』に記される全二十八段の絵相場面名を掲げ、それが『慕帰絵』のどの段と重複するかを示してみよう。次のようになる。（　）内が『慕帰絵』の巻と段である。

第一巻

第一段　御誕生ノ所（一―一）

第二巻

第二段　御母儀ヲハラセ給所

第三段　澄海上人ニ御学問ノ所（一―二）

第四段　下河原御入室ノ所（一―三）

第五段　下河原ノ坊ヘヨセテ児ヲウハヒタテマツル所（二―一）

第六段　法印山ヨリ下ラレタル所

第七段　南滝院ニテサマ〳〵ニ遊戯ノ所

第三巻

第八段　覚恵御房小野宮侍従御対面ノ所

第九段　大谷御房ヘ南滝院ヨリ寄来所

第十段　南都ヘ御下向ノ所（二―二）

第十一段　原殿ニテ僧正御房御入滅ノ所

第四巻

第十二段　御出家ナラヒニ御受戒（三―一）

第十三段　如信上人御対面ノ所（三―三）

第十四段　閑居ヲ被望申所（三―二）

第十五段　中河ニ御居住ノ所

第十六段　唯円房御対面ノ所（三―三）

第五巻

第十七段　旅所御所労ノ所（四―一）

第十八段　唯善御房ト法門御問答ノ所（五―一）

第十九段　安養寺御聞法ノ所

第　廿　段　禅日房進聖教所

第六巻

第廿一段　三論宗御結縁ノ所

第廿二段　如信上人御往生ノ所

第廿三段　先親覚恵上人御往生ノ所

第廿四段　勧修寺の奥松影に隠居し、次いで真如堂に籠もる。

第廿五段　閑窓集をしるし、北野社拝殿にて詩歌披講あり。（五―三、六―一）

第七巻

第廿六段　報恩講式以下諸書を著す。（一〇―一）

第廿七段　御往生ノ所（一〇―二）

第廿八段　御葬送ノ所

これによって明らかな通り、『敬重絵』の内容は『慕帰絵』の倍もあることがわかり、その分『慕帰絵』が全巻の半分近くを費やした覚如の作歌活動については、わずかに第七巻第二十五段で触れる程度とし、ほとんどカットしている状況が知られるであろう。もって、『慕帰絵』に続き『敬重絵』が作られた理由の一端も推し測ることができようというものである。

結語

以上、中世の真宗で成立した聖徳太子、法然、親鸞、覚如に関する絵巻と絵詞を概観したが、ここで真宗関係の絵巻や絵詞には、いかなる特色があるのかをまとめ結びとしたい。

真宗の絵巻の大きな特色の一つは、『拾遺古徳伝絵』『善信聖人絵』『善信聖人親鸞伝絵』『本願寺聖人伝絵』『本願寺親鸞聖人伝絵』『本願寺聖人親鸞伝絵』『慕帰絵』『最須敬重絵』というふうに成立当初の絵巻の題名が完全に遺存されていることである。たとえばわが国の代表的な絵巻である『源氏物語絵巻』『信貴山縁起絵巻』『伴大納言絵詞』『鳥獣戯画』などは、いずれも江戸時代以降の題名であって、実は江戸時代以前まで絵巻はすべて『何々絵』、もしくは単に『絵』と呼ばれ記されていた。そして『何々絵詞（えのことば）』とある場合は、文字通り絵巻の詞書（ことばがき）だけを写したものと定まっていたのである。真宗の絵巻や絵詞写本からもそうした事実がよくわかるのは、それだけ中世遺品が豊富な証拠ともいえよう。

第二の特色として、永仁三年（一二九五）十月初稿、貞和二年（一三四六）十月最終稿の『親鸞伝絵』と正安三年（一三〇一）十二月の『拾遺古徳伝絵』が覚如宗昭（一二七〇～一三五一）、観応二年（一三五一）十月の『慕帰絵』が従覚慈俊（一二九五～一三六〇）、文和元年（一三五二）十月の『最須敬重絵』が乗専円空（一二九五～没年不詳）というように、真宗の絵巻はその制作年代と絵詞作者が明確であることと、後二者の実際は存覚光玄（一二九〇〜一三七三）の代作で、存覚は元亨元年（一三二一）三月の茨城上宮寺蔵『聖徳太子絵巻』、同三年（一三二三）十一月の茨城常福寺蔵（上宮寺旧蔵）『拾遺古徳伝絵』のそれぞれ絵詞も執筆しているから、結局真宗に関わる諸絵巻は、覚如を中心とする本願寺関係者によって作られたものであることも大きな特色である。

第三に真宗では覚如在世中から絵巻の絵と詞とが分離され、前者いわゆる御絵伝を懸吊し、後者いわゆる御伝鈔を拝読することがおこなわれ、これが現在まで続いているのを大きな特色としている。このことに関連して真宗の絵巻は、概して縦寸法が四〇センチ以上もあるものが多く、また善光寺如来、聖徳太子、法然、親鸞、源誓などの大がかりで優秀な掛幅絵伝も少なからず存在する事実などは、初期真宗の念仏勧進が、門徒にわかりやすい絵解き説法でなされていたことを物語り、留意しなければならないとおもう。

第四に真宗四大絵巻が、もし現在まで伝えられていなかったとすれば、法然、親鸞、覚如たちの行実もずいぶん不明瞭なものとなっていたに違いなく、それだけに絵・詞とも史料的価値がすこぶる高いことも忘れるべきではなかろう。

第五に真宗の絵巻は、その絵師の名がわかる場合が多いことも特色といえよう。すなわち『親鸞伝絵』における康楽寺浄賀、円寂、宗舜。また『慕帰絵』の藤原隆章、隆昌、久信。そのほか広島光照寺本御絵伝の隆円、同じく石川願成寺本御絵伝の隆光などがそれで、彼らはいずれも京都の康楽寺、祇園、粟田口絵所に所属する絵師たちであったのは注目されよう。なお『最須敬重絵』の指図書といわれるものも絵画史料として非常に珍しい重要なもので、今後ますます注目されるであろう。

このように真宗における各種の豊富な絵巻、絵詞の存在は、それと不可分の関係にあるこれまた優品数多い絵伝と共に、日本文化史上きわめて注目すべき特異な位置を占めるものであることが領解できたかとおもう。末筆ながら各所有機関ならびに関係者各位に満腔の謝意を表し擱筆する。

主要参考文献

○親鸞の絵巻と絵詞
藤島達朗「親鸞伝絵解説」(『親鸞聖人全集』言行篇二、親鸞聖人全集刊行会、一九五七年)
日下無倫『総説親鸞伝絵』(史籍刊行会、一九五八年)
角川書店編集部『日本絵巻物全集』第二〇巻(角川書店、一九六六年)
名畑崇「『御伝鈔』古写本をめぐって」(『大谷学報』四七―三、一九六七年)
赤松俊秀『本願寺聖人伝絵序説』(真宗大谷派出版部、一九七三年)
宮崎圓遵『親鸞の研究(下)』(『宮崎圓遵著作集』第二巻、思文閣出版、一九八六年)
相沢正彦「坂東報恩寺本親鸞聖人伝絵の現状と問題点」(『神奈川県立博物館研究報告』一四、一九八八年)
平松令三『真宗史論攷』(同朋舎出版、一九八八年)
信仰の造形的表現研究委員会『真宗重宝聚英』第四巻・第五巻(同朋舎出版、一九八八年・一九八九年)
小山正文「真宗諸絵伝の成立と展開」(『蓮如上人絵伝の研究』真宗大谷派宗務所出版部、一九九四年)
平松令三『親鸞聖人絵伝』(聖典セミナー、本願寺出版社、一九九七年)
池田寿「絵巻の一段面――善信上人絵詞伝の紙継ぎについて」(『日本歴史』五九三、一九九七年)
小林達朗『絵巻　親鸞聖人絵伝』(『日本の美術』四一五、至文堂、二〇〇〇年)
千葉乗隆『真宗文化と本尊』(『千葉乗隆著作集』第四巻、法藏館、二〇〇二年)
真宗史料刊行会『大系真宗史料』伝記編2御伝鈔注釈(法藏館、二〇〇八年)

津田徹英「佛光寺本『善信聖人親鸞伝絵』の制作時期をめぐって」(『美術研究』四〇八、二〇一三年)

○法然の絵巻と絵詞
井川定慶『法然上人絵伝の研究』(法然上人伝全集刊行会、一九六一年)
梅津次郎『絵巻物残欠の譜』(角川書店、一九七〇年)
阿川文昭「常陸無量寿寺蔵　拾遺古徳伝絵詞残欠一巻本の比較と考証」(浄土教思想研究会編『浄土教―その伝統と創造』三喜房佛書林、一九七二年)
真保亨『法然上人絵伝』(『日本の美術』九五、至文堂、一九七四年)
相沢正彦「無量寿寺本拾遺古徳伝絵について―知恩院本四十八巻伝の絵師と関連して」(『古美術』七三、三彩社、一九八五年)
信仰の造形的表現研究委員会『真宗重宝聚英』第六巻(同朋舎出版、一九八八年)
今井雅晴『拾遺古徳伝絵』(鉾田町、一九九四年)
小山正文『親鸞と真宗絵伝』(法藏館、二〇〇〇年)
井澤英理子「万福寺旧蔵「法然上人絵伝」について」(仏教美術研究上野記念財団助成研究会報告書三八『研究発表と座談会　浄土宗の文化と美術』、二〇一二年)
中井真孝『本朝祖師伝記絵詞(善導寺本)』法然上人絵伝集成[1](浄土宗、二〇〇八年)
中井真孝『法然上人伝記絵詞(妙定院本)』法然上人絵伝集成[2](浄土宗、二〇〇八年)
中井真孝『拾遺古徳伝絵(常福寺本)』法然上人絵伝集成[3](浄土宗、二〇〇九年)

○聖徳太子の絵巻と絵詞

奈良国立博物館『聖徳太子絵伝』（東京美術、一九六九年）
梅津次郎「新出の聖徳太子絵伝双幅――前生と本伝とをもって成る」（『大谷学報』五一―三、一九七一年）
菊竹淳一『聖徳太子絵伝』（『日本の美術』九一、至文堂、一九七三年）
信仰の造形的表現研究委員会『真宗重宝聚英』第七巻（同朋舎出版、一九八九年）
宮崎圓遵『仏教文化史の研究』（『宮崎圓遵著作集』第七巻、思文閣出版、一九九〇年）
大阪市立美術館『聖徳太子信仰の美術』（東方出版、一九九六年）
渡邉信和『聖徳太子説話の研究――伝と絵伝』（新典社、二〇一二年）

○覚如の絵巻と絵詞

角川書店編集部『日本絵巻物全集』第二〇巻（角川書店、一九六六年）
真保亨『慕帰絵詞』（『日本の美術』一八七、至文堂、一九八一年）
小松茂美『慕帰絵詞』（『続日本絵巻大成』四、中央公論社、一九八五年）
信仰の造形的表現研究委員会『真宗重宝聚英』第一〇巻（同朋舎出版、一九八八年）
宮崎圓遵『真宗書誌学の研究』（『宮崎圓遵著作集』第六巻、思文閣出版、一九八八年）
山田雅教「初期本願寺教団における顕密諸宗との交流――覚如と存覚の修学を基にして」（『仏教史研究』二七、一九九〇年）
小松茂美『慕帰絵詞』（『続日本の絵巻』九、中央公論社、一九九〇年）
千葉乗隆『親鸞・覚如・蓮如』（『千葉乗隆著作集』第一巻、法藏館、二〇〇一年）

絵巻・絵詞法量一覧

題名	別称	指定	所在	所蔵	巻数	紀年	西紀	縦幅cm	全長cm
善信聖人絵	琳阿本	重要文化財	京都	西本願寺	二巻	永仁三年	一二九五	三一・六	上巻一二二五・八　下巻一七五四・四
善信聖人親鸞伝絵	高田本	重要文化財	三重	専修寺	五巻	永仁三年	一二九五	三三・四	第一巻七九三・九　第二巻七五二・二　第三巻七〇三・〇　第四巻七七二・二　第五巻七〇八・四
本願寺聖人伝絵	康永本	重要文化財	京都	東本願寺	四巻	康永二年	一三四三	四一・八	上巻本一一六三・五　上巻末一三五七・四　下巻本一四九三・八　下巻末一三八一・七
本願寺親鸞聖人伝絵	照願寺本	重要文化財	千葉	照願寺	四巻	康永三年	一三四四	四一・二	上巻本一一七五・九　上巻末一三六三・八　下巻本一四七八・六　下巻末一三七一・三
本願寺聖人親鸞伝絵	弘願本	重要文化財	京都	東本願寺	四巻	貞和二年	一三四六	四〇・六	上巻本一〇八九・三　上巻末一〇〇八・九　下巻本一〇五五・九　下巻末一〇〇一・四
本願寺聖人親鸞伝絵	定専坊本	重要文化財	大阪	天満定専坊	二巻	延文五年	一三六〇	三三・四	上巻本八七九・五　上巻末一〇七七・七
善信聖人親鸞伝絵	佛光寺本	京都府文化財	京都	佛光寺	二巻			四二・五	上巻一九七〇・〇　下巻二五九〇・〇
拾遺古徳伝絵	無量寿寺本	重要文化財	茨城	無量寿寺	一巻			四〇・三	二〇九四・三
拾遺古徳伝絵	真光寺本		和歌山	真光寺	一軸			四一・〇	六七・〇
法然聖人絵	弘願本	重要文化財	京都	知恩院	一巻			四一・三	一一六八・三
聖徳太子絵伝	上宮寺本	重要文化財	茨城	上宮寺	一巻	元亨元年	一三二一	三七・八	一七〇五・二
慕帰絵		重要文化財	京都	西本願寺	十巻	観応二年	一三五一	三二・〇	第一巻一四二四・五　第二巻一〇四八・六　第三巻八八五・七　第四巻八三一・二　第五巻八三九・九　第六巻九八〇・八　第七巻九五一・一　第八巻八一二・一　第九巻一六四三・九　第十巻一四八一・八　第一巻と第七巻は文明十四年（一四八二）の補巻

題名	巻冊数	写年代	西紀	装幀	縦×横cm	所在	所蔵
本願寺聖人親鸞伝絵詞	上下二冊	貞和五年	一三四九	粘葉綴	二三・五×一六・一	岐阜	楢谷寺
善信聖人親鸞伝絵	上下二冊	貞治二年	一三六三	粘葉綴	二三・五×一四・五	滋賀	明性寺
本願寺聖人親鸞伝絵	上一冊	応安三年以前	一三七〇以前	粘葉綴	二一・一×一六・八	京都	大谷大学図書館
本願寺聖人親鸞伝絵	上下二冊			粘葉綴	二二・八×一五・八	京都	龍谷大学大宮図書館
善信聖人親鸞伝絵	上下一冊			粘葉綴	二五・八×一六・八	愛知	専福寺
拾遺古徳伝絵詞	九巻十冊	元徳元年	一三二九	粘葉綴	二四・〇×一五・六	京都	西本願寺
法然上人伝法絵	下一冊	永仁四年	一二九六	粘葉綴	二六・一×一六・五	三重	専修寺
上宮太子御記	一巻（原形一冊）	徳治二年	一三〇七	巻子本（原形袋綴）	二七・二×八五四・〇	京都	西本願寺
聖徳太子内因曼陀羅	二巻一冊	正中二年	一三二五	袋綴	二五・二×一七・〇	愛知	満性寺
慕帰絵詞	十巻一冊			袋綴	二五・二×一九・五	京都	龍谷大学大宮図書館
最須敬重絵詞	一・二・五・六巻四冊			粘葉綴	二二・九×一六・四	京都	大谷大学図書館
最須敬重絵詞	一・六巻二冊			粘葉綴	二五・二×一五・六	京都	龍谷大学大宮図書館
最須敬重絵指図書	一巻			巻子本	二八・二×二八六・三	京都	西本願寺

法然と親鸞
――絵巻からみた師弟関係――

一　『親鸞伝絵』と『拾遺古徳伝絵』

法然と親鸞

人間短い一生の間に多くの師と出会うが、この人のためなら命を賭しても悔いは残らないといえるような師には、なかなか邂逅しがたい。しかし、親鸞はまことにしあわせにも法然房源空という、かけがえのない善知識をもつことができた。そのことは「タトヒ法然聖人ニスカサレマヒラセテ　念仏シテ地獄ニオチタリトモ　サラニ後悔スヘカラスサフラフ」(『歎異抄』)、「善導源信ス、ムトモ　本師源空ヒロメスハ　片州濁世ノトモカラハ　イカテカ真宗ヲサトラマシ」、「曠劫多生ノアヒタニモ　出離ノ強縁シラサリキ　本師源空イマサスハ　コノタヒムナシクスキナマシ」(『浄土高僧和讃』)と言い切った親鸞自身の言葉からも十分汲み取れよう。

その法然が平安時代の長承二年(一一三三)に生まれてから、鎌倉時代の弘長二年(一二六二)に親鸞が亡くなるまでの間は、百三十年もあるが、この二人が親しくあいまみえていた期間は、親鸞が法然の門に入った建仁元年

（一二〇一）から、承元の法難で師弟が遠流に処せられる建永二年（一二〇七）までのわずか七年間にすぎなかった。けれども何ものにも代えがたいこの七年があったからこそ、日本仏教は自力聖道門より他力浄土門へと大転回を遂げることができたのである。そうおもうときこれは全日本史的な意味をもつ実に貴重な時間帯であったといっても過言ではなかろう。

『親鸞伝絵』

親鸞没後三十三年の永仁三年（一二九五）に、曾孫でのちに本願寺第三代となる覚如が、はじめて親鸞の伝記を当時流行の絵巻にまとめた。『親鸞伝絵』上下二巻がそれである。この絵巻は内容、構成、絵、詞ともに大変よくできていたので、その頃まだ少なからず存命していた親鸞の直弟子たちからも大いに歓迎されたことが、観応二年（一三五一）の覚如の伝記絵巻である『慕帰絵』にも「門流の輩　遠邦も近郭も崇て賞翫し　若齢も老者も書かせて安置」したとあるところからもわかり、翌文和元年（一三五二）に成った同じく覚如伝絵の『最須敬重絵』でも「処々に流布」と記している点からもうかがえる。それが証拠に覚如在世中に作られた『親鸞伝絵』が、げんに次表のごとく五本も現存しており、しかもそのうちの③を除く四本までが、親鸞のかつての活躍舞台であった関東地方の真宗門徒に伝持されてきた事実は、何よりもそのことを雄弁に物語っていよう。

左の一覧表からも知られる通り、『親鸞伝絵』は原作者覚如の半世紀以上にもわたるまさしくライフワークで、諸本によって題名も変更され、収載される話の数も最初は十二段であったのが、②では十三段、①で十四段、さらに③以降で十五段へと漸次増加し、それにともない巻数も上下二巻から上下各本末四巻にふやされているのがわかる。

覚如在世中に制作された『親鸞伝絵』一覧表

番号	題名	奥書年月日	覚如年齢	別称	巻段数	所蔵	備考
①	善信聖人絵	永仁三年（一二九五）十月十二日	二十六	琳阿本	上下二巻十四段	京都・西本願寺	復原すると上巻六段（入西鑑察段がなくなる）、下巻六段（稲田興法段がなくなる）の上下巻十二段になるとの説がある。詞・絵ともその筆者は不明。上下両巻に鎌倉向福寺の時宗僧琳阿弥陀仏の署名と六字名号が書かれている。
②	善信聖人親鸞伝絵	永仁三年（一二九五）十二月十三日	二十六	高田本	上下五巻十三段	三重・専修寺	絵詞本文・画中説明書いずれも覚如筆で、親鸞面授の門弟顕智によって高田門徒に安置された。画工は康楽寺浄賀の可能性がある。当初上下二巻であったが、明和二年（一七六五）の修理時に改装されて五巻となる。詞・絵に一部欠落がみられる。
③	本願寺聖人伝絵	康永二年（一三四三）十一月二日	七十四	康永本	上下本末四巻十五段	京都・東本願寺	外題・絵詞とも全巻覚如の筆になり、絵は上巻本末二巻が康楽寺円寂、下巻本末二巻がその弟子宗舜によって描かれている。親鸞伝絵の決定版で本願寺伝来の最重要宝物。
④	本願寺親鸞聖人伝絵	康永三年（一三四四）十一月一日	七十五	照願寺本	上下本末四巻十五段	千葉・照願寺	各巻の外題は覚如の筆。絵詞は転法輪院三条公忠の執筆と伝えるが確証はない。絵は③の康永本と同様康楽寺絵師の手になると思われる。
⑤	本願寺聖人親鸞伝絵	貞和二年（一三四六）十月四日	七十七	弘願本	上下本末四巻十五段	京都・東本願寺	絵詞は覚如の孫で後に本願寺第四代となる善如光養丸十四歳の筆。下巻本を除く各巻に釈弘願の別筆墨書がある。下総常（浄）光寺、千葉銚子宝満寺を経て明治十一年（一八七八）に東本願寺へ納まる。

これらの五本はいずれも重要文化財の指定を受けるが、②と③の詞書は覚如の自筆で、③の絵師は康楽寺の円寂・宗舜師弟であることが奥書より判明する。この③の奥書よりさらに今はなき最初の原本も、同じ康楽寺の浄賀と知られ、その年代的見地より②の絵もやはり浄賀の可能性が高いものとおもわれる。ちなみに康楽寺は長野県塩崎康楽寺をそれにあてているが、康楽寺の画系は初期本願寺の絵画を専門に描くので、鎌倉室町期の天台典籍にもその名が頻出する京都吉田山南近衛末通北の康楽寺を該当させるのが穏当であろう。

ところで十五段から成る『親鸞伝絵』は、のちほど詳しくみるようにそのうちの実に六段までもが、親鸞の法然門下時代の話で占められる。この注目すべき『親鸞伝絵』における配当は、覚如の意図するところが那辺にあったのかを示す重要なキーポイントとなる点で、十分留意しておく必要があるものといわなければならない。その六段というのは、次のようなものである。

（イ）上巻本第二段　吉水入室　建仁三年（一二〇三）春　親鸞二十九歳
　親鸞が在山二十年に及ぶ比叡山での学問修行を打ち切って、京都東山吉水の地で専修念仏を弘める法然の門に入る段。

（ロ）上巻本第三段　六角夢想　建仁三年（一二〇三）辛酉四月五日　親鸞三十一歳
　京都・六角堂の救世菩薩より、親鸞の将来の妻帯を暗示する四句偈の夢告を受ける段。

（ハ）上巻末第五段　選択付属　元久二年（一二〇五）四月十四日　元久二年閏七月二十九日　親鸞三十三歳
　法然の愛弟子となった親鸞は、師の著書『選択本願念仏集』の書写と師の真影図画が特別に許され、前者に内題の字、標挙の文、「釈綽空」の名字。後者に「南無阿弥陀仏」と善導の『往生礼讃』からの讃銘文、

「釈善信」とおもわれる新名の文字をそれぞれ師より頂戴した段。

（ニ）上巻末第六段　信行両座

法然の門人たちが、真実に報土得生の信心を成じているかどうかを信不退・行不退の両座にわけて親鸞が試す段。

（ホ）上巻末第七段　信心諍論

法然と親鸞の信心は同一であるといったことに対し、兄弟子の聖信房、勢観房、念仏房たちから非難され諍論となるも、師の法然が共に如来よりたまわりたる信心であるから、ただひとつであると断を下した段。

（ヘ）下巻本第一段　師資遷謫　承元元年（一二〇七）丁卯仲春上旬　親鸞三十五歳

法然の浄土宗興行によって南都北嶺の聖道門がすたれたため、興福寺の学徒が法然師弟を罪科に処するよう朝廷に訴え、法然は土佐国幡多、親鸞は越後国国府へ遠流となった段。

『拾遺古徳伝絵』

『親鸞伝絵』を撰述した覚如は、その七年後の正安三年（一三〇一）に今度は大部な法然の伝記絵巻である『拾遺古徳伝絵』（以下『古徳伝絵』と略す）九巻七十二段を著している。これは常陸国（茨城県）鹿嶋門徒の流れをくむ羽前国（山形県）置賜郡長井の導信明源の所望で、覚如はわずか十七日間で仕上げたというから驚くほかない。

題名の「拾遺」とは拾い補うの意であり「古徳」はいにしえの徳の高い僧、すなわち法然その人を指す。つまりこの絵巻は、当時すでに成立していたいくつかの法然伝記絵巻が、もらしているところを拾遺したものというわけであるが、それではその既成の絵巻とは何で、もれていることとは一体どのようなことを指すのであろうか。それを知るには『法然上人伝法絵』上下本末四巻、琳阿本『法然聖人伝絵』九巻、増上寺本『法然上人伝絵巻』残欠二巻、弘願本『法然聖人絵』残欠四巻、『法然上人行状絵図』四十八巻など、少なからず現存する鎌倉・室町期成立の法然絵巻と『古徳伝絵』とを逐一詳細に比較検討する作業が必要となる。その結果『古徳伝絵』は、最初の嘉禎三年（一二三七）正信房湛空（聖信房躭空とも）作の『法然上人伝法絵』と、その次の琳阿本『法然聖人伝絵』の影響を全面的に受けて成されていることが、絵詞や絵相の比較から判明し、覚如が九巻もの法然絵巻を短期間にまとめえた理由も、またよく理解できるものがあろうというわけである。そしてそれらの絵巻にもれていることとは、ほかでもなく法然と親鸞の尋常ならざる師弟関係にほかならない。この点については、すでに覚如は『親鸞伝絵』で六段を費やし相当強調しているのであるが、今あらためて『古徳伝絵』でも次の計七段をそれに割いて、なお一層二人の親密なかかわりを鮮明にせんとしたのであった。

（一）　第六巻第一段　吉水入室　建仁元年（一二〇一）辛酉春　親鸞二十九歳

『親鸞伝絵』（イ）に同じく親鸞が法然の門に入る段であるが、『親鸞伝絵』では混乱している入室年時が、ここでは元号、干支、年齢ともすべて正しく記されていることに注意。

（二）　第六巻第二段　起請文連署　元久元年（一二〇四）十一月七日　親鸞三十二歳

京都東山吉水における法然の浄土宗が、門人たちの活躍によって次第に世間の注目を集めるようになると、比叡山からの圧迫が強まり、法然はこれに対処するため七箇条の制誡を作って、親鸞たち百九十名の門人に署名させ自重を促した段。

（三）　第六巻第四段　選択付属　元久二年（一二〇五）四月十四日　親鸞三十三歳

親鸞が法然より『選択本願念仏集』の見写を許され、それへ法然が特別に内題の字、標挙の文、「釈綽空」の袖書を認めたという『親鸞伝絵』（八）の前半に同内容の段。袖書の位置を明記する点で貴重。

（四）第六巻第五段　真影図画　元久二年閏七月二十九日　親鸞三十三歳

親鸞は右の見写に続き、法然の肖像を図画する栄にも浴し、これにも法然が『往生礼讃』の文を讃銘として着讃し、さらに綽空を改名した新しい名も書き与えたことを述べる段で、（八）の後半に相当するが、新名を「釈善信」と明記しており注目される。

（五）第七巻第一段　師資遷謫　承元元年（一二〇七）二月上旬　親鸞三十五歳

法然・親鸞たちが流罪・死罪に処せられる段で、『親鸞伝絵』（へ）に相当するが、死罪・流罪の記録がどの法然伝よりも詳しい。その記録の源泉は『歎異抄』にあるものとおもわれる。

（六）第七巻第四段　六角親経　承元元年（一二〇七）

承元の法難の際、親鸞も死罪に入っていたが、一門の六角前中納言親経のはからいで減一等され、越後国国府へ流罪となった段。他伝にはみない独特の記事。

（七）第九巻第七段　往生礼讃

約三十年ぶりに京へ帰った親鸞は、師法然の毎月命日に声明の宗匠を屈請して四日四夜の礼讃念仏を修したという話で、これまた（六）と同様ほかの法然伝や親鸞伝では、みることのできない段となっている。

以上のような従来の法然伝絵巻には出てこない法然と親鸞のユニークな師弟関係を強調する『古徳伝絵』は、これまた『親鸞伝絵』と同様東国の真宗門徒にいたくもてはやされ、広く流布したことが、覚如の生前になされた茨城無量寿寺蔵残欠一巻、和歌山真光寺蔵断簡一軸、新潟西脇家蔵残欠一巻、諸家分蔵欠残一巻、茨城常福寺蔵九巻などの存在からも十分窺知できる。ちなみに最後の常福寺蔵本は、釈正空を願主として元亨三年（一三二三）に作られた現存唯一の全巻完存本で、茨城上宮寺旧蔵本であったが、徳川光圀によって常福寺へ移された。

『親鸞伝絵』『古徳伝絵』において、注意しておかなければならない点は、両絵巻とも作者覚如の在世中から、絵巻の絵詞＝文章部分と絵相＝絵画部分とが分離されて、前者を冊子本の御伝鈔、後者を掛軸装の御絵伝と呼ばれるものに仕立てて、音吐朗朗と御伝鈔を拝読し、独自の節回しで御絵伝を絵解きするようなったことである。両絵巻のこうした門徒一般への積極的な公開は、いやがうえにも真宗教団への発展とつながり、ついに日本絵巻史上真宗の絵巻は、最高の普及率を誇る結果ともなっている事実を忘れてはならないであろう。

二　親鸞の法然入門

入門の年時

親鸞が二十年にも及ぶ比叡山延暦寺での学問修行にピリオドを打ち法然の門に入るのは、親鸞自身が著書の『教行信証』で「然愚禿釈鸞建仁辛酉暦棄雑行兮帰本願」と明記するごとく建仁辛酉暦、すなわち建仁元年（一二〇一）親鸞二十九歳の時であった。

ところが『親鸞伝絵』（イ）では、前掲一覧表の①琳阿本を除くことごとくが、それを「建仁第三の暦春のころ聖人廿九歳」と記す。これがために作者の覚如は、親鸞の法然入門を建仁三年（一二〇三）とおもい込んでいたとか、また覚如の親鸞年表には、二年の誤差があったのであろうともされている。しかしながら目を『古徳伝絵』（一）に転じてみると、それは「于時建仁元年辛酉春の比也　今年聖人法然六十九歳　善信親鸞聖人二十九歳」と正確に記されているのがわかる。これによって明らかな通り、覚如は何もおもい込んでいたわけでもなく、年差に気づかなかったのでもないことが判明するのであるが、これはおそらく一旦公表してしまった『親鸞伝絵』の誤記を覚如は終生修正することなく、『古徳伝絵』においてそれを訂正していると受け取るべきものかもしれない。はたしてそうだとすれば、①琳阿本は覚如周辺の人物が、『教行信証』や『古徳伝絵』を参照して、正誤を施した可能性の高い後作物ということも考えられよう。いずれにしても『親鸞伝絵』と『古徳伝絵』は、車の両輪のような存在で、二つの絵巻をみることによって、一方の誤記や不明の箇所を互いに正しうる大変興味深い史料なのである。

六角堂の夢告

「建仁三年辛酉四月五日夜寅時」というから、親鸞三十一歳の建仁三年（一二〇三）その日の午前四時前後ころ、京都六角堂の救世菩薩より親鸞は、次のような夢告を受けたと『親鸞伝絵』（ロ）にある。

行者宿報設女犯（そなたは前世からの因縁として、妻をもつであろう）
我成玉女身被犯（その時わたしが玉のような美しい女性となって、そなたの妻となろう）
一生之間能荘厳（一生の間りっぱに暮らしていって）
臨終引導生極楽（そなたの臨終の際は、わたしが極楽に生まれるように引導しよう）

この夢告は親鸞の法然門下時代の話であるにもかかわらず、『古徳伝絵』には登場しない。しかしながら南北朝期には、すでに成立していた『親鸞聖人御因縁』という談義本に、この夢告の内容を早くより知っていた法然が、九条兼実の姫玉日との結婚を親鸞にすすめる説話があるので、法然とのかかわりで語られる場合もあったことに留意しておきたい。

さて、それはともかくとして、この夢告において問題となるのは、親鸞の吉水入門と同様その年代であろう。『親鸞伝絵』はそれを建仁三年としながら、干支は同元年（一二〇一）を示す辛酉になっているのである。この点についても諸本のうち①琳阿本のみが、「建仁三季癸亥四月五日夜寅時」と正しく記すので、現代史家の中には、吉水入室後の建仁三年に六角夢想があったとみる向きも少なくないが、琳阿本はここでも（イ）と同じく（ロ）も訂正しているとみたほうがよいであろう。というのも覚如は終始一貫（イ）（ロ）とも建仁三年とし、前者は親鸞二十九歳、後者は辛酉の干支を変更していないからである。

ところで、六角夢想の年代を考えるうえで、欠くことのできない史料が、親鸞の妻恵信尼自筆の京都西本願寺蔵『恵信尼文書』と三重専修寺蔵の三つの夢を記す『親鸞夢記云』である。前者の『恵信尼文書』第三通によれば、比叡山を出た親鸞は百日間の六角堂参籠を企て、その九十五日目の暁、聖徳太子の文を結んで示現にあずかったとあり、恵信尼は示現の文も別添すると書いているが、残念ながらそれは伝存しない。いっぽう後者の『親鸞夢記云』は、建久二年（一一九一）九月十四日夜の聖徳太子からの告勅と正治二年（一二〇〇）十二月二十九日四更（午前一時から三時）の比叡山無動寺大乗院の如意輪観音よりの告命、そして建仁元年四月五日夜寅時の六角堂救世菩薩からの夢告を収めるが、上の『恵信尼文書』が記す事実とこの『親鸞夢記云』の内容を結んで考えてみると、『恵信尼文書』にいう「聖徳太子の文」が『親鸞夢記云』の最初の太子からの告勅すなわち、

我三尊化塵娑界（弥陀・観音・勢至の三尊であるわれわれ太子・太子母・太子妃は、砂塵のようなこの娑婆世界を教化する）
日域大乗相応地（日本は大乗仏教にふさわしい地である）
諦聴諦聴我教令（あきらかに聴け、あきらかに聴け、わが教令を）
汝命根応十余歳（なんじの命根はあと十余歳である）
命終速入清浄土（命終らばすみやかに清らかな浄土に入るであろう）
善信善信真菩薩（よく信ぜよ、よく信ぜよ、まことの菩薩を）

であり、対する「示現の文」こそが、『親鸞夢記云』三番目の六角堂救世菩薩の告命、つまり『親鸞伝絵』（ロ）に出てくるあの「行者宿報」の偈文であったということになろう。したがってその年時も『親鸞伝絵』（ロ）の建仁三年ではなく、『親鸞夢記云』の同元年辛酉が正しいものとみなさなければならなくなろう。もっともこの場合、江戸時代の写しでしか残らない『親鸞夢記云』の史料的価値をどこまで認めるかが問題で、それによって右の見方にも賛否両論があることを付記しておきたいとおもう。

いずれにしても『親鸞伝絵』（イ）（ロ）の吉水入室と六角夢想は、『教行信証』や『恵信尼文書』という一等史料に照し、ともに建仁元年の出来事であったとみられ、したがって（イ）では「聖人廿九歳」の年齢を、（ロ）では「辛酉」の干支記載をとって、建仁三年の年記は否定されるべきである。作者の覚如は『親鸞伝絵』執筆当時『恵信尼文書』未見であったために、時節、干支、年齢を無視したままどちらも建仁三年に統一して、ついに変更することなく終ったとおもわれるが、（イ）の誤りについては、その後『古徳伝絵』で正すも、『恵信尼文書』披見後の（ロ）は、（イ）と順序まで変更する必要が生じかねないために手を着けなかったのであろう。これらの諸点は『親鸞伝絵』における興味深い重要問題であるだけに、今後も議論を重ねていくことが望まれる。

三　法然門下時代の親鸞

『選択本願念仏集』と法然像の相伝

「造像起塔　智恵高才　多聞多見　持戒持律」のことができるごく限られた人たちだけが救われるというなら、それは本当の仏教ではなく、「貧窮困乏　愚鈍下智　少聞少見　破戒無戒」の大多数の人びとが救われてこそ、真の仏教であると力強く主張した法然の著書『選択本願念仏集』（以下『選択集』と略記する）は、まさにコペルニクス的仏教書であったといっても過言ではない。そのために『選択集』は、「壁の底に埋めて窓の前に遺すことなかれ」と結ばれているごとく、法然自身これの公開をはばかるほどの革新的な内容に満ちているものであった。だから法然は余程信頼の置ける数人の門弟にしか、この書の見写を許していない。実はその中のひとりに親鸞が入っていたのである。しかも親鸞の場合は、ただ単に『選択集』の書写だけではなく、師法然の肖像画を図画することも許された上、法然みずから筆を執って、『選択集』には内題の字、標挙の文、「釈綽空」（綽空は親鸞の名）の袖書を元久二年（一二〇五）四月十四日に、また肖像画には「南無阿弥陀仏」の名号と中国善導の『往生礼讃』にみえる本願加減文と呼ばれる讃銘、そして綽空を改めた新名「釈善信」の名字を同年閏七月二十九日にそれぞれ頂戴するという、まったく破格の措置がとられたから驚くほかない。これら一連の出来事は、親鸞自身が『教行信証』に明記するところであり、『親鸞伝絵』（ハ）、『古徳伝絵』（三）（四）でも、『教行信証』の文をそのまま絵詞に使って特筆大書し、法然・親鸞の師資相承の証としている。特に『古徳伝絵』には、『親鸞伝絵』でふれられていない注目すべき記載も若干みられるので、以下にそれを指摘しておきたい。

その一は、『古徳伝絵』(三)に『選択集』の撰述年代を元久元年(一二〇四)としていることである。『選択集』の成立年代については、建久八年(一一九七)、同九年、元久元年、同二年など諸説あるが、(三)で元久元年説をとるのは、法然の門弟中誰よりも先に親鸞が、これを見写したといいたいために覚如が設定した撰述年とみられる場合が多い。しかしこれはかならずしもそういうことではなく、元久元年説は法然の孫弟子敬西房信端(一二七九没)が著わす『黒谷法然上人伝』(今亡)で述べられていた最新の説を覚如が採用したとみたほうが妥当なようである。

その二は、法然が親鸞書写の『選択集』に書き与えた名号、内題、標挙の文であるが、これとまったく同様の法然筆になる実例が、京都廬山寺蔵本『選択集』にみられる。ただし廬山寺本と親鸞書写本では、一箇所だけ「為先」と「為本」の違いがある。これは法然の思想的深化を意味する重要な一字で、その推移を史料上よりながめてみると次のようになり、それは法然の念仏教団に対する比叡山からの圧迫が強まりつつあった②と③の間にあったことがわかり注意したい。

①建久九年(一一九八)正月　法然房源空六十九歳
南無阿弥陀仏　往生之業念仏為先　京都廬山寺蔵本『選択集』
②元久元年(一二〇四)十一月二十八日　法然房源空七十二歳
南無阿弥陀仏　往生之業念仏為先　奈良往生院蔵本『選択集』

③元久二年（一二〇五）二月十三日　法然房源空七十三歳
南無阿弥陀仏　往生之業 念仏為本　福岡善導寺蔵本・京都知恩院蔵本法然房源空像
④元久二年（一二〇五）四月十四日　法然房源空七十三歳
南無阿弥陀仏　往生之業 念仏為本　親鸞書写『選択集』

その三は、親鸞見写の『選択集』に「釈綽空」の名字を法然が書き下ろしたとあることにつき、それがどこに書かれたのかは、『教行信証』にも『親鸞伝絵』（八）にも記載がない。ところが『古徳伝絵』（三）には、「外題下」とはっきり記すのである。内題は既述の通り法然筆であったが、外題は親鸞で、表紙中央にしたためられていて、その左下方に法然が親鸞の当時の名である「釈綽空」と書いたのであろう。そう推測してよいことは、今に多く残る親鸞自筆聖教の表紙袖書に照し明らかとおもわれる。このようにみてくると『古徳伝絵』執筆当時、親鸞書写の『選択集』は現存しており、覚如はそれをみていた可能性もあり興味深い。

その四は、『選択集』の書写と同時に親鸞が相伝した法然の肖像画へ、法然みずから着讃した元久二年閏七月二十九日に、親鸞は綽空を改めた新名をやはり法然に書いてもらったと『教行信証』『親鸞伝絵』にある。しかしその新しい名が何であったのかは、両書から知ることはできない。これにつき親鸞との説があり、近年一部で支持する向きもみられるが、『古徳伝絵』（四）は「自爾已来　号善信」と明記する。もし親鸞ならばわざわざ善信と記す必要はないから、ここは『古徳伝絵』に従うべきであろう。

ちなみに善信の名は、法然の浄土門への回心が、善導の『観経疏』と源信の『往生要集』によるものであったことを顧みるとき、『選択集』ならびに法然像の相伝を機に善信と名乗ったのも十分首肯できよう。またその改名が

『教行信証』に「依夢告改綽空字」とある点についても、覚如の長子存覚は『六要鈔』において、それは聖徳太子の夢告によって善信に改めたといっている。ここでの太子夢告とは、すでにふれた建久二年のやがて親鸞が法然の門へと導かれることを暗示したあの「我三尊化塵娑界……善信善信真菩薩」であったとするならば、善信はなお一層ふさわしい名となり、結局「善く信ぜよ善く信ぜよ真の菩薩を」とは、観音菩薩の垂迹である聖徳太子と勢至菩薩の本地法然であったということになろう。

　ところで、親鸞が元久二年に書写した『選択集』は現存しないが、それに基づいて晩年の親鸞が正元元年（一二五九）に延べ書きした『選択集』をさらに転写した本が、京都大谷大学図書館と三重専修寺に蔵されている。このうち専修寺本は親鸞の直弟子顕智が、正安四年（一三〇一）に写した貴重なものである。一方法然像については、愛知妙源寺蔵の選択相伝御影がそれであるといわれており、次のような讃銘を持つ。

南無阿弥陀仏
若我成仏十方衆生称我
称我名号下至十声若
不生者不取正覚彼仏
今現在成仏当知本誓
重願不虚衆生称念必
得往生文

この銘文は『教行信証』記載のそれと一致しており、かつその筆致が法然真筆として間違いのない廬山寺本『選択集』の内題、六字名号、標挙文に通じるところもあって、真宗史家の多くは寺伝通り原本とみる向きが強い。特に讃銘の「称我」が重複していたり、「在世成仏」の「世」が抜けていることなど、細部にこだわらない法然の大らかさが出ていて微笑ましく、また下部に描かれる法然の姿も毛髪鬚髯が残り、草履も脱ぎ捨てたままの状態であるなど、いかにも法然らしい素朴な像容といえる。けれども像の様式、描法、使用料絹、顔料等々いずれをとっても、鎌倉時代の作として定評のある京都二尊院蔵本や茨城常福寺蔵本法然像には、到底及ばない作域のものとするのが、美術史家の大方の見解なので、妙源寺本はやはり後世の写しとみておくのが無難であろう。

ちなみに法然像の讃銘に「世」の字が抜けていることにつき、近年紹介された京都大学付属図書館蔵建長三年刊『往生礼讃偈』も同様に「世」の字を欠いている事実があり、かならずしも法然のケアレスミスではないとの指摘がなされて注目を集めている。(1) ただこの場合建長三年（一二五一）は親鸞七十九歳の在世中とはいえ、法然の着讃があった元久二年（一二〇五）より約半世紀も後の刊行となるから、逆に法然や親鸞の影響を受けて「世」を脱字にしたということも考えられよう。

信行両座と七箇条起請文

日本仏教史上法然ほど多数のすぐれた門弟をもっていた人はない。『親鸞伝絵』（二）によればその数三百八十余人ともいう。しかしそれらのうちの一体どれだけの人が、弥陀の浄土に往生できる真実の信心を成就しているのかは、お互いに知り難い。そこで親鸞はあるとき師の許諾をえて、各人の意趣を問うこととした。それは弥陀の本願を信じ念仏すれば浄土往生が決定するのか、それとも念仏を多くとなえる行の功徳によって、それが決定すると信じるのかの二座に分け、前者を信不退の座、後者を行不退の座として各自に着席してもらうものであった。するとまず安居院の聖覚と法然最古参の門弟法蓮房信空の二人が信の座に着き、ついで遅参してきた熊谷直実こと法力房蓮生も同席に着座するが、一同沈黙するばかりであった。しばらくして親鸞が、そして最後に法然も信座に着席したので、皆々敬意を表し後悔の念を深めたと『親鸞伝絵』は伝えている。

この話は『古徳伝絵』にも入っておらず、その他の文献にも一切みえないので、本当にあったことなのかどうか疑わしい面がある。一方これに関し、親鸞の法然門下時代における歴とした行実で、『古徳伝絵』(二)をはじめ法然諸伝でもかならずとりあげている元久元年(一二〇四)十一月におこなわれた七箇条起請文連署のことが、逆に『親鸞伝絵』にみえないという不思議な現象を注視したいとおもう。この連署は、法然の専修念仏がようやく世間に認められるようになってきたとき、比叡山からの批難をやわらげるために、法然が七箇条の制誡を定め門人百九十人に署名させたもので、その原本がげんに京都二尊院に伝存しており、親鸞も「僧綽空」と第八十七番目に名を連ねていることで有名である。

さて、ここで目を転じて『親鸞伝絵』の信行両座段と『古徳伝絵』の起請文連署段のそれぞれ絵相に注目してみよう。するとそこに驚くべきひとつの事実が浮かび上がってくる。それはたとえば法然を中心に座が両方に分かれていることや、熊谷直実にあてられている遅参者が、急ぎ縁端に上がるところも描かれるなど、両者の絵相がまったく同じだという点である。この興味深い事象は、いうまでもなく起請文連署の主役が親鸞でなかったために、当時法然門流においてよくおこなわれた自力・他力、一念・多念、僧・尼などの座を分別したのにヒントをえた覚如が、起請文連署を信行両座の話に変換したことを意味しよう。

信心諍論と『歎異抄』

親鸞の語録として有名な『歎異抄』に、次のような話が出ている。親鸞が法然の門下にいた時、師の信心も自分の信心もまったく異なることなくただひとつであると発言したところ、同門の勢観房や念仏房たちが疑難し相論となった。そこで師にその是非を定めてもらうべく子細を述べると、師は法然の信心も親鸞の信心も共に如来よりたまわったものであるから、ただひとつである。別の信心という人は、法然が参ろうとする浄土へは、よもや参らないであろう、と諭したので言い争いも決着したのであった。これと同内容のことを伝えるのが、『親鸞伝絵』（ホ）の信心諍論段である。ことに（ホ）は文章表現まで『歎異抄』に近似するのは、『歎異抄』の編著唯円と『親鸞伝絵』の作者覚如とが、正応元年（一二八八）に対面法談している事実があり、おそらくそのとき覚如は、唯円より『歎異抄』を伝受していたからとおもわれる。したがってこの信心諍論のことは、実際にあった話とみてさしつかえないが、『親鸞伝絵』において覚如は、勢観房・念仏房の前へ新たに聖信房を付加しているのが注意される。聖信房は正信房湛空のことで、かれは嘉禄三年（一二二七）の法難まで京都東山大谷にあった法然の廟所を、貞永二年（一二三三）新たに嵯峨二尊院の地に構え、嵯峨門徒の中心として繁栄をきわめさせた人物である。この嵯峨門徒の影響を強く受け、ライバル意識を燃やした人こそが、親鸞の大谷廟堂本願寺化に邁進した覚如にほかならない。したがって師法然より批難さるべき第一の門弟に聖（正）信をすえる必要が、覚如にはあったのである。

四　建永・承元の法難

死罪流罪の人びと

親鸞が法然の門に入ったころの法然教団は、上下貴賤老若男女の帰依者もすこぶる多く、まさに全盛時代であった。しかし繁栄をねたむは世のならいで、これがために延暦寺や興福寺の僧徒たちは、法然の浄土宗弾劾を声高に叫び、建永二年（一二〇七）二月上旬（十月二十五日承元と改元される）、ついに師法然をはじめ十名の遠流者と四名の死罪人を出すという（二三九頁一覧表参照）、僧侶に対するものとしては空前絶後の大弾圧が、後鳥羽上皇・土御門天皇の命によって、断行されたのである。親鸞もそのひとりであったことは、みずから『教行信証』に大いなるいかりとうらみをもって明記する通りで、『親鸞伝絵』（へ）もその『教行信証』の文をそのまま絵詞としている。この前代未聞の建永・承元の法難を伝える『古徳伝絵』（五）は、死罪流罪の人名、人数、罪名、流罪地、預人、沙汰人の記載が、法然諸伝中もっとも詳しいが、それが『歎異抄』末尾の記録とほぼ一致するので、やはりここでも覚如は唯円より相伝した『歎異抄』を参考にしたとみてよいであろう。ちなみに右『歎異抄』流罪死罪記録の最後尾に「流罪以後　愚禿親鸞令書給也」とあるのは、「親鸞」の名乗りが流罪以後であったことを明確に伝える点でも、無視しがたい史料であることを付記しておく。

六角前中納言親経卿

『古徳伝絵』（六）によると、親鸞もはじめは住蓮や安楽などと同様死罪に処せられるところであった。しかしそれを六角前中納言親経が、一門の好として定員八座の参議の席上、諸卿を説得して親鸞の宥免を申し出たので、減一等され越後国国府へ遠流になったという。朝廷にこのような働きかけをした親経（一二一〇没）は、九条兼実の日記『玉葉』にもしばしばその名が登場する実在の人物で、親鸞との関係をみると掲載系図のようになり、「一門の好」という『古徳伝絵』の記述もあながち無稽ではないことがわかる。

ただこの親経は、実は元来親鸞の祖父とされる経尹（つねただ／つねまさ）の猶父にあたる人とおもわれるのであるけれども、室町時代成立の諸家系図集『尊卑分脈』では、系統のまったく違う同名異人の貞嗣流親経（一〇七五没）と混同されていて、経尹も遙か昔のその親経の猶子とされていることを注意しておかなければいけない。親経・経尹猶子関係の問題は、親鸞の藤原氏日野家出自説を問い直す重要な鍵ともなるのであるが、ここでは深くはふれない。

鎌足―（この間十代略）―有国
　　有国┬広業―家経―正家―俊信―顕業―俊経―親経
　　　　└資業―実綱―有信―完光―経尹―有範―親鸞

親鸞と親経関係系図

報恩謝徳の礼讃念仏

建永・承元の法難で、かけがえのない師友を一挙に失ってしまった親鸞は、悲痛の五年間を雪深い越後の配所で送る。この間に恵信尼と結婚し、子宝にも恵まれるが、やはり忘れられなかったのは、なんといっても恩師法然のことであったろう。法然は建暦元年（一二一一）十一月十七日の勅免と共に入京しているが、長年の流罪生活がこたえたのであろうか、翌二年正月二十五日齢八十歳にて入滅した。その悲報は、法然と同じ日に流罪を解かれ、春の雪解けをまって師のいる京へ急ぎ帰ろうとしていた親鸞のところへも届けられる。それに接した親鸞は師なきあとの京に戻っても詮無しとして、東関の二十年にも及ぶ教化活動に専念後、ようやく師の二十五回忌にあたる嘉禎二年（一二三六）ごろに帰洛したのであった。このとき親鸞は、先師没後中陰の追善法会にもれたことを恨みに思い、毎月二十五日の聖忌をむかえるたびに声明の宗匠を屈請し、中国の善導が著わす『往生礼讃』に基づく念仏会を執りおこなったと『古徳伝絵』（七）は伝えている。親鸞は関東在住時代から法然の命日に「廿五日の御念仏」を勤めていたことが親鸞の手紙からも知られるので、右のような礼讃念仏を帰洛後に始修したとしても何ら不思議でない。ただこれは『古徳伝絵』以外に知られる史料がないので、肯定も否定もできず、あるいは覚如の創作であったということも考えられるかもしれない。

おわりに

以上、法然と親鸞の師弟関係を、本願寺第三代覚如が著わす『親鸞伝絵』と『古徳伝絵』を通しながめてきたが、両絵巻をあわせみることによって、親鸞の重要な行実である吉水入室、選択付属、真影図画、起請文連署、信行両座、承元法難等々の、従来ややもすれば見落とされがちであった事実の一端が、明らかになったのではないかとおもう。

最後に千言万語を費やしたいかなる法然伝、親鸞伝よりも、はるかにすばらしい両人伝の一コマを紹介し、結びに代えることにしたい。

故法然聖人ハ　浄土宗ノヒトハ愚者ニナリテ往生スト候シコトヲ　タシカニウケタマハリ候シウヘニ　モノモオホエヌアサマシキ人々ノマイリタルヲ御覧シテハ　往生必定スヘシトテ　エマセタマヒシヲ　ミマイラセ候キ　フミシテサカ〳〵シキヒトノマイリタルヲハ　往生ハイカカアランスラント　タシカニウケタマハリテイマニイタルマテオモヒアハセラレ候ナリ

（文応元年〈一二六〇〉十一月十三日付乗信房宛親鸞八十八歳消息『末燈鈔』より）

註

（1）『日本古写経善本叢刊』第四輯「集諸経礼懺儀巻下」（国際仏教学大学院大学学術フロンティア実行委員会、二〇一〇年）

滋賀善敬寺蔵の親鸞絵伝

一　教如と善敬寺

滋賀県彦根市八坂町の真宗大谷派善敬寺に、慶長八年（一六〇三）本願寺第十二代教如の裏書きをもつ親鸞伝絵四幅が蔵されている。

親鸞一生の事蹟を描く掛幅絵伝が、その原作者覚如在世中よりなされていた事実は、建武五年（一三三八）の広島光照寺蔵一幅本の存在からも知られるが、本願寺下付物であることが明瞭な最古品は、宝徳元年（一四四九）第七代存如の裏書をみる石川専称寺蔵四幅本である。なおこれよりさき応永二十六年（一四一九）の裏書がある石川願成寺蔵四幅本も、その絵相、裏書形式、幅数より判断して、本願寺よりの下付物である可能性が非常に高く、第六代巧如下付のものとみてよかろう。爾来現今にいたるまで本願寺歴代住持下授の絵伝は、数えきれないほど残存する。したがって善敬寺の作品は、すでに時代も江戸時代に入っているから、かならずしも古作とはいえないが、本願寺東西分派直後の歴史を背景にもつ絵伝として、興味深い貴重な一資料とおもわれるので、ここに紹介しておく次第である。

さて、本絵伝を所蔵する善敬寺であるが、同寺には明応四年（一四九五）、文亀二年（一五〇二）、永正六年（一五〇九）の本願寺第九代実如裏書を有する方便法身尊像三点があり、また同じく実如下付の永正元年（一五〇四）とみられる蓮如像も伝えるので、この頃より本願寺との関係が確実に存したことをうかがわせる。いっぽう同寺が所在する近江地域には、早くより親鸞直門侶の真仏や性信に連なる荒木源海門徒、横曾根瓜生津門徒が展開しており、本願寺帰参以前の善敬寺もそれらの門流と無関係には存在しなかったようである。しかしそうした門徒団も不世出の善知識蓮如の出現により、なだれを打ったごとく本願寺門徒化し、善敬寺もその例外ではなかった。本願寺傘下に入ってからは、それまでの香林坊から善敬寺を号するようになって、本願寺第十代証如の『天文日記』にも、斎相伴衆の一員として、天文十三年（一五四四）二月二日、同十七年（一五四八）二月二日の実如祥月命日や同二十年（一五五一）十一月二十八日の報恩講に諸国の有力寺院などと共に本願寺へ上山するまでに発展している。天正元年（一五七三）に本願寺第十一代顕如より善敬寺明紹へ下付された証如像は、そうした当寺隆盛の一端を物語る法物である。

やがて本願寺は織田信長との元亀元年（一五七〇）から天正八年（一五八〇）までの十一年間にも及ぶいわゆる石山合戦を迎えるが、その終結後に本願寺第十一代顕如とその長子教如、さらに教如・准如兄弟の対立が生じ、ついに本願寺は周知のごとく東西分派する。このときにあたり善敬寺は、いち早く教如方に回り、顕如よりきつい叱責をうけているが、爾来今日にいたるまで同寺は、近江湖東における東派寺院として重きをなしてきたのであった。

こうした善敬寺と教如の関係を具体的に示す歴史資料こそが、東西分派した翌年の慶長八年（一六〇三）に教如より下付された親鸞絵伝であり、同十四年（一六〇九）の聖徳太子像・真宗七祖像、そして翌十五年の教如寿像にほかならない。同寺にはこれらの確証ある教如下付物以外になお天正十一年（一五八三）かとされる親鸞像、文禄二年（一五九三）頃の顕如像かとみられる伝教如像、教如判版本御文二冊なども伝蔵しており、さらに伝説的な法宝物として、教如下賜七条袈裟、教如嗣子観如十一才筆六字名号、同本願寺歴代銘、教如署名平太郎伝記というようなものもあり、もって教如と善敬寺との尋常ならざる親密な本末師弟関係を想察すべきであろう。なお、教如を全面的に支持した当時の善敬寺住職名は、教如の一字を法名にもらう教明であったことも銘記しておきたい。

二　教如下付の親鸞絵伝

親鸞一生の事蹟を描く本絵伝は、その裏書より本願寺が東西分派した翌年の慶長八年（一六〇三）に本願寺第十二代教如から善敬寺の教明へ下付された貴重なものである。願主の教明は上記のごとくこれよりのち同十四年（一六〇九）に聖徳太子像と真宗七祖像を、また翌十五年（一六一〇）にも教如寿像をやはりそれぞれ教如より受けているところからもわかる通り、この絵伝も同寺が近江湖東における有力な教如方寺院のひとつであった事実を示す一連の重要史料にほかならない。

絵伝はいうまでもなく覚如撰の十五段康永本『親鸞絵伝』上下本末四巻に基づく典型的な本願寺系四幅本であるが、全体に高質の顔料を多用しての深みある落ち着いた画風でまとめられており、特に各段落に入れられる淡い群青色のすやり霞の打ち方、緑青をふんだんに用いた山・松・畳などの描写、動きをともなう動植物の描法、登場人物をこじんまりと描き人数も控えめとした技法などは、明らかに伝統的な大和絵の手法を駆使したやり方で、後世の型にはまった本願寺絵所の画質とは趣を異にするものがある。寺伝にこの絵伝の作者を狩野山楽というが、今のところ断定できるだけの確証はえられていない。なお、使用画絹は目のよく整った機械織りによる茶色味を帯びた絹で、一センチメートル四方に十九～二十組を数えるから大体教如期の画絹数と合っているが、日本製かどうかはわからず輸入製品の可能性も考慮に入れておく必要があろう。

本絵伝を一見して奇妙な事実に気付くのは、第一幅に五か所、第二幅に七か所、第三幅に六か所、第四幅に五か所の札があるにもかかわらず、かんじんの銘がすべて書き込まれていないことである。札銘はその場面の絵相説明に不可欠なもので、親鸞絵伝の場合も本願寺第六代巧如期の作にかかる応永二十六年（一四一九）の石川願成寺本にいたるまでの初期真宗時代のものにはほとんどすべてにそれがあるのに、同第七代存如の裏書を有する宝徳元年（一四四九）の石川専称寺本以降本願寺系の絵伝には、明応七年（一四九八）同第九代実如下付の滋賀福田寺本を唯一の例外として、まったくみられなくなる。教如下付の絵伝は現在二十点近くの存在がいわれているが、その大半に札銘がなく、また札があっても銘を入れない場合がほとんどである。本願寺系親鸞絵伝におけるこの現象は、おそらく絵伝が従来のごとく単なる絵解き用のものではなく、御伝鈔の拝読と共に用いられるきわめて儀式的、教義的なものへとその位置付けが変化していったことを物語っているのであろう。

ところで、千篇一律にみえる親鸞絵伝も子細に観察すると似て非なる絵相や構図の違いが、同じ教如の下付になるものの中にも認められて興味深い。たとえば第一幅最下段の出家場面で、幼少の親鸞が乗ってきた牛車が、善敬寺本では桜にかくれて全体がみえないのに対し、同じ教如が下げた慶長三年（一五九八）の愛知聖運寺本、同十一年（一六〇六）の京都泉龍寺本、同十二年（一六〇七）の岐阜真徳寺（願証寺）本、同十三年（一六〇八）の岐阜願正坊本などでは全体が描かれているという違いがある。またその上の得度のところでも、善敬寺本と願正坊本では衣体部分のみで慈円の顔が描写されないのに、聖運寺本・泉龍寺本・真徳寺（願証寺）本では机の前に端座する慈円の全姿を描く。六角夢想段の東方岳山に群がる有情が、聖運寺本・真徳寺（願証寺）本の場合最上段の蓮位夢想段に食い込んでいるのも善敬寺・泉龍寺・願正坊各本との相違である。第二幅では信行両座段の門外の樹木が、善敬寺・泉龍寺・願正坊各本が柳であるのに対し、聖運寺本・真徳寺（願証寺）本は松になっている。その上の信心諍論段における出書院の窓が善敬寺本、願正坊本では閉じられているが、聖運寺・泉龍寺・真徳寺（願証寺）の各本では開いている。第三幅の六衛府が善敬寺本・願正坊本と聖運寺本・泉龍寺本・真徳寺（願証寺）本とでは、前者が向かって左の一人を西南角に座らせているのに対し、後者は六人とも背をむける。第四幅では熊野権現の拝殿が、善敬寺・願正坊両本では斜め上より眺めた構図であるのに対し、聖運寺・泉龍寺・真徳寺（願証寺）本では立体感に乏しい正面図となっている。また後者の正面構図の場合、本殿の雨落ちにめぐらされている溝がよく見えるのも顕著な違いといえよう。洛陽遷化のところでは、禅坊および門の屋根が善敬寺本では檜皮葺になっているのに他本では板葺のようであり、聖運寺・泉龍寺・真徳寺（願証寺）各本は、すやり霞のため禅坊の屋根がみえにくいという違いがある。

以上のような相違は、慶長以前の諸作品にも指摘できるところで、その淵源は覚如在世中の作品である高田本系と康永本系の絵巻物の絵相にまでさかのぼるが、いずれにしても善敬寺本は、まだ本願寺絵所で固定化する以前の姿を伝えているものといえそうである。今回この善敬寺本とほとんど構図的にも登場人物数においても一致する作品としてあげうることができたのは、慶長十年（一六〇五）にやはり教如が下付した富山城端別院善徳寺本ただ一点のみであった。しかしこの場合も六角夢想段の山にいる人の数や洛陽遷化段の屋根材質に檜皮葺と板葺の違いがみられる。結局これらの事象は、絵所に様々の粉本があり、どれを選ぶか教如の時代は、まだ絵師が比較的自由に選択できたことを教えているのではないかと考える。

三　親鸞絵伝の教如裏書

最後に善敬寺本の裏書をめぐって気付いたことどもを記しておく。その第一点は裏書の大きさ（裏書寸法参照）、およびその料紙の使用枚数が、あたかも在り合わせの紙に書いたごとくまちまちになっていることである。すなわち第一幅は四枚、第二幅は三枚、第三幅は二枚、第四幅は四枚から構成され、したがいその大きさもおのずと寸法が異なってくるわけだが、しかしこうした現象は同じ教如の下付になる泉竜寺・真徳寺（願証寺）・願正坊本などの裏書にも見られるところで、当時はごく普通のことであったらしく何ら異とするに足りないのかも知れない。

第二点は裏書の標題についてである。教如までの本願寺歴代門主が下付した裏書の標題は、大別して「大谷本願寺親鸞聖人縁起」もしくは「大谷本願寺親鸞聖人伝絵」となっていて、一門主がこれを混用する場合が多い。ところが教如は前者の「縁起」を慶長十四年の秋田浄円寺本で使用する以外は、善敬寺本のごとく「伝絵」と記している。これに対し弟の西派准如下付の絵伝は今のところ「縁起」のみのようで、この期の絵伝標題は東西でかなり明瞭に分けて使われていたことが知られる。

第三点は教如下付絵伝の紀年文字の表し方である。教如下付絵伝の裏書は善敬寺本のようにほとんど例外なく四幅とも同一内容となっているが、「慶長」の文字が大概の場合二幅が行書体、残り二幅が草書体で「年」の字も「暦」とか「秊」を四幅のうちのどれかで使用することが多い。これは単なる変化付けに過ぎないのであろうが、注目されたところであった。

以上、善敬寺本の親鸞絵伝をみてきたが、該本は東西分派最初の教如下付絵伝として価値高いこと。画風が本願寺絵所で固定化する以前の様式を示していて、使用顔料も高質であること。画絹も教如時代によくみられる整然とした織り目であり、輸入物かも知れないこと。札があっても銘の書入れがなく、本願寺が親鸞絵伝を単なる絵解き用の絵伝として扱っていないこと。構図的に同じ教如下付のものでも古風な部類に属すること。裏書にも教如の特色がよく出ていること等々の諸点が注意されたことである。

第一幅（絹本着色　縦一三四・〇cm×横七六・八cm）

第二幅（絹本着色　縦一三四・〇cm×横七六・八cm）

第三幅（絹本着色　縦一三三・七cm×横七七・〇cm）

第四幅（絹本着色　縦一三三・八cm×横七七・〇cm）

第一幅裏書（紙本墨書［貼付］縦七七・二cm×横五一・〇cm）

第二幅裏書（紙本墨書［貼付］縦七四・〇cm×横三〇・一cm）

大谷本願寺親鸞聖人伝絵
釈教如（花押）
慶長八癸卯年九月廿四日
江州犬上郡八坂庄
善敬寺常住物也
願主釈教明

大谷本願寺親鸞聖人伝絵
釈教如（花押）
慶長八癸卯年九月廿四日
江州犬上郡八坂庄
善敬寺常住物也
願主釈教明

第三幅裏書（紙本墨書［貼付］縦七七・二cm×横三一・〇cm）

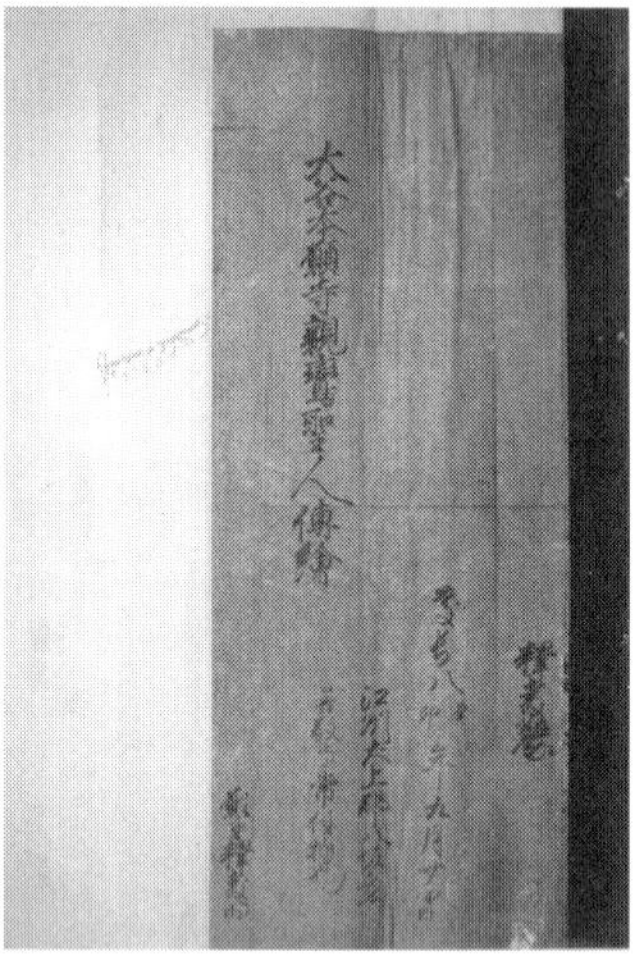

釈教如（花押）
慶長八癸卯年九月廿四日
江州犬上郡八坂庄
大谷本願寺親鸞聖人伝絵
善敬寺常住物也
願主釈教明

第四幅裏書（紙本墨書［貼付］縦七七・二cm×横五一・〇cm）

釈教如（花押）
慶長八癸卯暦九月廿四日
江州犬上郡八坂庄
大谷本願寺親鸞聖人伝絵
善敬寺常住物也
願主釈教明

親鸞の母吉光女像

一　吉光女像の伝来

口絵7の美しい女性像は、兵庫県宍粟市山崎町御名の浄土真宗本願寺派摂刕山西光寺に秘蔵されている親鸞の母吉光女（貴光女・吉皇女とも）の遺像である。寺伝によれば本像は同寺第二世円琳が、本願寺第八代蓮如より寛正三年（一四六二）に授与されたものという。[1] 原本は絹本著色の軸装品で、縦四六・一センチ・横二九・一センチを計測するが、この画寸は後世修補の際に天地左右が若干切り縮められた痕跡を認めうるので、描かれた当初は今すこし大きかったかとおもわれる。

像主の親鸞母吉光女は、色白の気品に満ちた面長な美貌の持主で、右を向き手に念珠を掛け合掌して上畳に坐る。澄んだ瞳の視線は眼前の本尊仏に注がれているかのようであり、わずかに開いた紅をさす慎しい口には、おはぐろが覗いていて非常に印象的である。この像姿はいうまでもなく彼女が信心深い女性で、称名念仏に余念がなかったことをあらわしている。吉光女はまた大変聡明な人でもあったことが、眉を剃り落とした広き額、大きくて立派な福々しい耳朶、長く艶やかな黒髪によく示されており、そこには一種の崇高ささえ感じられるほどである。

吉光女は中世から近世にかけての上流婦人が着用した打掛の小袖を身につけるが、その色調は決して派手ではなく、絵模様も南天の実や葉をあしらった辻が染めの地味なものとなっている。これに対して間着の掛下小袖は華やかな鹿の子絞り文様に、赤と黒の横縞幅広襟、そしてそれを締める長目の山吹色細帯で、これが最下の白肌小袖に映えて実に美しい。

このような本像のすぐれた描写は、すくなからず存在する同形式の女性像の中でも出色のものであり、相当腕利きの絵師の手になる肖像画といえよう。打掛小袖の辻が染め技法や本願寺の蓮如・実如期の下付物絹本とあまり径庭がないように見受けられる使用絹本などから、本像の作年代も室町時代中後期をあてでもさして不都合ないであろう。

二　吉光女像の史的背景

日本の伝統的な女性美人画の新出本として注目される本像の今ひとつ重視すべき点は、ほかでもなくこれが中世にまで遡る可能性のある真宗関係の俗形婦人像という事実である。そのことは像上部の向って右より書かれる「南无不可思議光如来」「南无阿弥陀仏」「帰命尽十方无㝵光如来」の九字・六字・十字の三名号が端的に物語る。この場合六字名号だけならば真宗に限定できないが、九字・十字名号がそれを決定的ならしめておりまことに貴重である。

ここでその名号の位置につき少々注意しておきたいことがある。それは本願寺門徒では向って右に十字名号、左に九字名号を安ずるのに対し、本像はその逆となっている点であって、実は同じ真宗でも佛光寺門徒においては、本像と同様に向って右に九字名号、左に十字名号を置くのが決まりとなっているのである。周知のように佛光寺門徒は畿内から山陽道・南海道にかつて強大な教線を展開させた事実と右の事象とが結び付くとすれば、本像を有する西光寺が摂津国にはじまり播磨国で発展を遂げたことと無関係でないかもしれず、興味深いところといえよう。

また本像の吉光女が着る間着の小袖文が鹿の子絞りというのも、蓮如の生母が蓮如六歳の時に本願寺を退出する際、絵師に描かせた幼少像が同じ鹿の子絞りの姿であったことがおもいあわせられ(2)、さらに後年蓮如の門弟空善が、蓮如の実母を探し求めて下るのが、やはり播磨国であったのも単なる偶然であろうが(3)、何か因縁めいたものを誰しも覚えるであろう。

三　親鸞の父

本像の出現を機に親鸞の両親について少しふれておきたい。よくいわれるように親鸞は自己をあまり語らない人であったから、両親のことも詳しくはわからない。したがって親鸞の家族や門侶たちもそれにつき直接述べたり記したりしたものもまったく残っていないのである。そうしたなか親鸞の父君の名を藤原氏皇太后宮大進有範とはじめて明記したのは、親鸞の曾孫で後に本願寺第三代となる覚如であった。覚如は永仁二年（一二九四）作の『報恩講私記』でまずそのことを述べ(4)、ついで翌三年撰述の『善信聖人親鸞伝絵』においてより詳しくそれを強調した(5)。爾来覚如の言説は真宗教団の発展と共に絶対的なものとなり、親鸞の父の氏姓と官職も今日ではこれが正しいとされるにいたっている。その後文和元年（一三五二）覚如の門弟乗専によってなされた覚如の伝記絵巻である『最須敬重絵』によれば、親鸞は幼稚にして父を喪ったとある。[6] ために養和元年（一一八一）親鸞九歳の出家は、父有範の早世と深くかかわっているのであろうともいわれている。

ところが西本願寺蔵の正平六年（一三五一）存覚筆『無量寿経』上巻の奥書によれば、この経は親鸞の御親父有範入道殿中陰のとき兼有律師加点、外題親鸞筆といわれるものを写した記述がみられる。[7] となれば律師は親鸞の次々弟であるから父中陰の際には、当然加点できるまでに成人していなければならず、親鸞の父夭逝説は成り立たなくなる。これを裏付けるかのごとき新しい史料が近年紹介された。[8] それは奈良名称寺蔵の『日野氏系図』であって、これの親鸞の父有範の注記に「正五位下相模権守主殿頭忻子皇太后宮権大進　母同（伊勢守源宗清女）　建暦二壬申歳月日出家号三室戸萱坊大進入道建保二甲戌歳五月十八日卒去七二」と示されていて、父は親鸞四十二歳の建保二年（一二一四）七十二歳にて卒去したとの伝承があらわれたのである。これを確証する史料は目下のところないけれども、上記の『無量寿経』の奥書とも矛盾しない記述として注目に価するのではないかとおもっている。

父有範をめぐっては京都東本願寺に「大織冠鎌足公裔孫／従四位下行皇太后宮大進／藤原有範朝臣真影也」の墨書を画面右上に、また「藤氏有範真像／文永八年六月日／修補／画師／備中法橋行守／延文三年修補／康正三年再修補書者宇治殿／山科郷藤原氏（黒印）」なる鎌倉時代の文永八年（一二七一）から室町時代の延文三年（一三五八）・康正三年（一四五七）にいたる修補銘を裏面にもつ優秀な藤原有範像があり、[9] 親鸞の父をしのぶよすがとなっているが、この肖像の容貌から判断しても早世というのは、やはり肯んじ難いようにおもわれる。

四　親鸞の母

親鸞の母については覚如も全然触れていないので、父以上に詳細は不明というほかない。母の名を吉光女と最初に記した文献は、応永十四年（一四〇七）の奥書をもつ六角堂照護寺門弟莇田の住人良観房が述作したいわゆる『良観和讃』に所収される「親鸞聖人奉讃」であるが、(10)この紀年を信ずるならば母の名は親鸞没後百五十年近くなって、ようやく登場するようになったということであろう。

愛知願照寺蔵の親鸞聖人絵伝に「□□教訓」と札銘して、臨終間際の母が垂髪姿の幼い親鸞の頭に手をやり、何かを教えさとしている場面が描かれている。(11)ここは親鸞九歳出家得度段直前の譚であるゆえ、親鸞の出家は母の遺訓に基づくことを示していよう。この絵伝の描かれた南北朝時代には、『最須敬重絵』の父と同様に母も早く世を去ったという伝承がすでに生じていたわけだが、実は願照寺本より古作な甲斐国万福寺本親鸞絵伝（現在は西本願寺蔵）をみると、牛車に乗って慈円の坊へ向う出家前の親鸞を父の宿所有範邸の縁側より、母が見送っている絵相が大きくあらわされている。(12)つまりここでは親鸞出家時に母は健在であったといわんがごとくで、はたしてどちらが正しいのか判断に迷わざるをえなくなる。しかしその後の研究でこの二場面は、共に法然上人絵伝の母子訣別・比叡登山見送り段の絵と一致する事実が判明し、結局これは絵伝絵解きの泣かせの場面として、法然絵伝から導入されたものであったことがいわれるようになった。(13)

それでは一体親鸞の母はいつごろ何歳ぐらいで亡くなったのであろうか。この件については前掲の名称寺本『日野氏系図』が、親鸞のところで「母源義賢女宮菊　宮菊者母藤宗季号吉光禅尼　貞応壬午歳三月十五日往生七四」

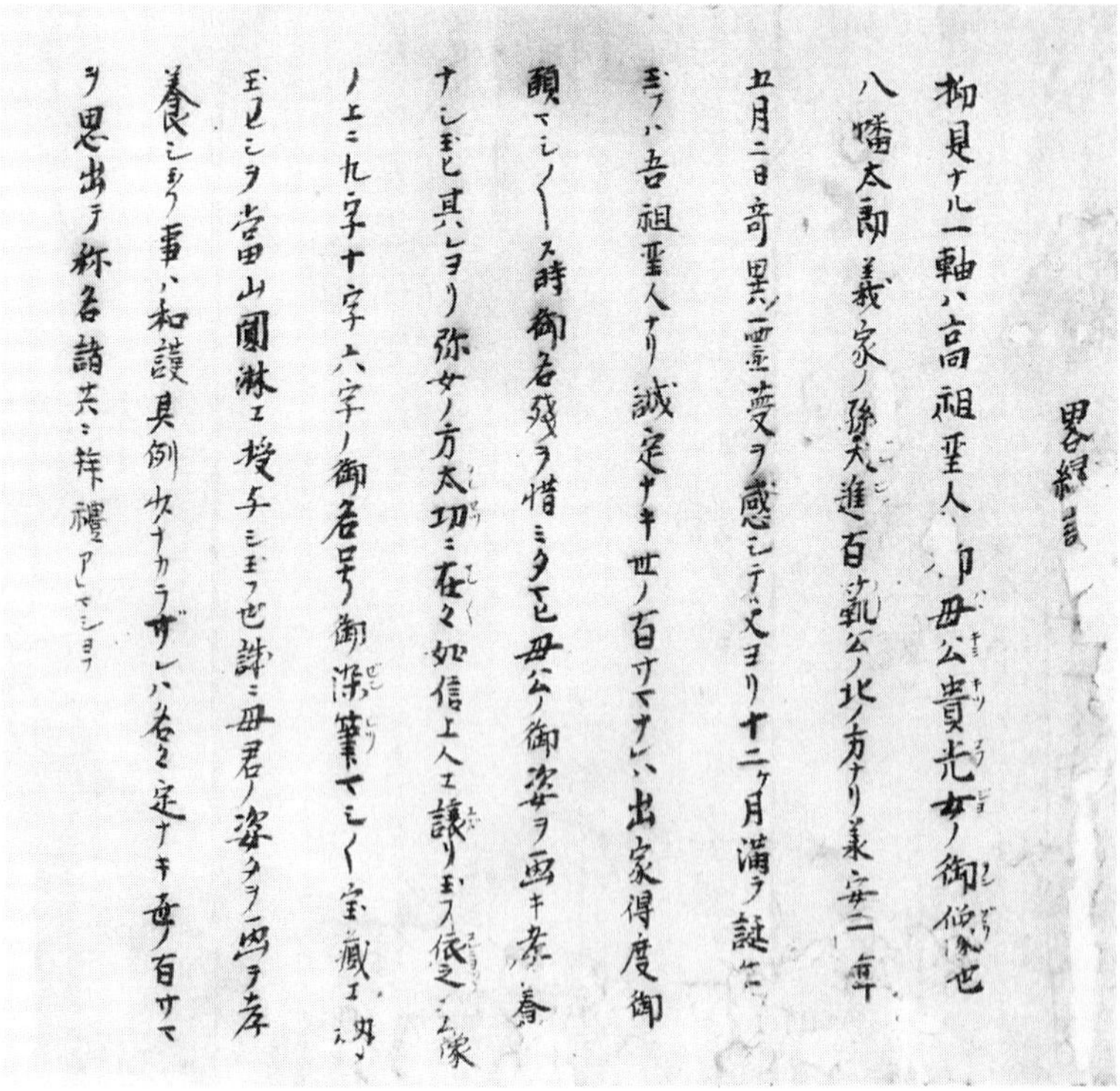

畧縁記

抑是ナル一軸ハ高祖聖人ノ御母公貴光女ノ御遺像也
八幡太郎義家ノ孫大進有範公ノ北ノ方ナリ承安二年
五月二日奇異ノ霊夢ヲ感シテハ父ヨリ十二ヶ月満テ誕生
玉フハ吾祖聖人ナリ誠定ナキ世ノ有様ナレハ出家得度御
願アリシノ時御名残ヲ惜ミタマヒ母公ノ御姿ヲ画キ参春
ナシ玉ヒ其ハヨリ弥女ノ方太切ニ在々如信上人エ譲リ玉フ依之ニ此像
ノ上ニ九字十字六字ノ御名号御染筆アリシク宝蔵エ納メ
玉ヒシヲ當山圓淋エ授与シ玉フ也誠ニ母君ノ姿タヲ画テ存
養セラル事ハ和讃其例少ナカラザレハ各々定ナキ世ノ有様
ヲ思出テ称名諸共ニ拝禮アレマショウ

吉光女御遺像『畧縁記』（兵庫西光寺蔵）

と伝えているのを参考にすれば、母も貞応元年（一二二二）七十四歳で往生したとあるので、父と同様に短命ではなかったといえよう。

ちなみに西光寺蔵の吉光女像に付属する上掲『畧縁記』によれば、本像は親鸞が出家得度を願い出た際、名残りを惜しんで画いた母の姿とある。前の系図とあわせ考えるならば、親鸞の出家は養和元年（一一八一）九歳の春であったから、これは母三十三歳の像となり、このとき父は三十九歳だったことになろう。

なお、系図には親鸞の母吉光女は、源義賢と藤原宗季の娘との間に生まれた宮菊と名乗る女性であったと記す。義賢といえば源頼朝の父義朝の弟であり、かの木曾義仲の父にあたる人であるから、親鸞の母は義仲ときょうだい、頼朝や義経たちといとこの間柄になり驚かされる。いっぽう頼朝の妻北条政子には宮菊なる猶子がおり、[14]これが親鸞の母吉光女こと宮菊と同一人物とするならば、問題はさらに大きくなって、今後の重要課題となること必至だが、はたしていかがなものであろうか。諸彦の究明に期待したいところである。

最後に吉光女終焉の地といわれる場所が、奈良県宇陀市の榛原町上井足・大宇陀町調子・室生町向渕の三箇所にあるので記しておく。前者の吉光庵では貞応元年（一二二二。安貞二年〈一二二八〉とも）三月十五日七十二歳、中者の歌歎庵では暦仁元年（一二三八）三月十五日八十二歳、後者の正定寺では貞応二年（一二二三）秋七十三歳にてそれぞれ吉光女は往生したと伝える。[15]これを上記した新出の系図に照してみると、前者は年月日とも同一なれど年齢に二歳差があり、中・後者は年が異なり年齢も違える。結局のところ系図を含め四者とも吉光女の往生年月日や没齢は信用しがたいとみたほうがよいであろう。

以上、新出の西光寺蔵親鸞の母吉光女像につき縷縷述べてきたが、真宗関係の女性像といえば、従来からも佛光寺門徒の絵系図や光明本尊に描き込まれる尼僧像とか、戦国期本願寺門室関係者の妻女たちが落飾した後の姿を描いたものはよく知られていた。しかし本像のように在俗女性像で、しかもそれが親鸞の母と伝えるものはまったく

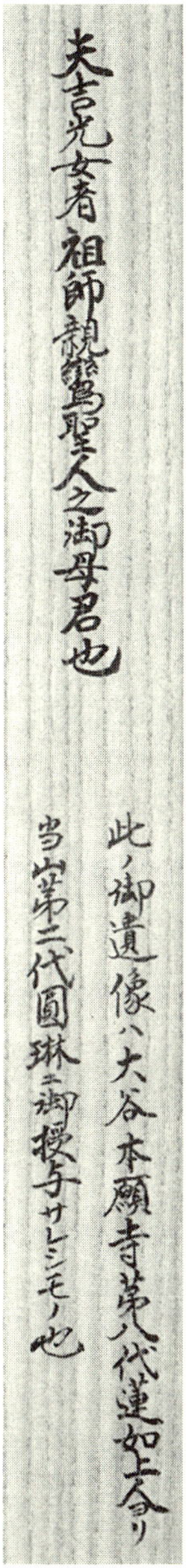
夫吉光女者祖師親鸞聖人之御母君也
此ノ御遺像ハ大谷本願寺第八代蓮如上人ヨリ
当山第二代圓琳ニ御授与サレシモノ也

吉光女御遺像　納入箱書（兵庫西光寺蔵）

皆無であった。この種の女性像はむしろ法華宗関係の作品に多いが、それらの女性の顔付はなぜか一様に無表情な感がするのに対し、本像はいまだそのような形式化が進んでいない精彩さをのこす貴重な作例といえよう。そうした点からも今後本像は、真宗絵画史上においても重要な位置を占めるであろう肖像画として、広く知られるようになることを念ずるものである。

註

（1）西光寺蔵の寺伝記録『順譜』にかく記されている。

（2）実悟兼俊『蓮如上人一期記』（『真宗史料集成』第二巻〈同朋舎出版、一九七七年〉五一一頁、『大系真宗史料』文書記録編七〈法藏館、二〇一二年〉八八頁）。

（3）法専坊空善『第八祖御物語空善聞書』（『真宗史料集成』第二巻〈同朋舎出版、一九七七年〉四三三頁、『大系真宗史料』文書記録編七〈法藏館、二〇一二年〉二四二頁）。

（4）覚如宗昭『報恩講私記』（大谷大学博物館二〇一一年度特別展図録『親鸞　真宗本廟の歴史』二八頁、二〇一一年）。

（5）覚如宗昭『善信聖人親鸞伝絵』（『真宗重宝聚英』第五巻〈同朋舎出版、一九八九年〉三六頁、『大系真宗史料』特別巻〈法藏館、二〇〇六年〉、一〇頁）。

（6）乗専円空『最須敬重絵』（『真宗史料集成』第一巻〈同朋舎出版、一九七四年〉九三二頁、『大系真宗史料』特別巻〈法藏館、二〇〇六年〉一九五頁）。

（7）本願寺史料研究所編『増補改訂本願寺史』第一巻〈本願寺出版社、二〇一〇年〉七頁。

（8）岡村喜史「恵信尼の出自に関する新史料」（『高田学報』九九、二〇一一年）。

（9）親鸞聖人七百五十回忌・真宗教団連合四十周年記念図録『親鸞展――生涯とゆかりの名宝』（京都市美術館開催、二〇一一年）九四、二二一頁。

（10）六角堂照護寺良観房『良観和讃』（『大系真宗史料』伝記編一〈法藏館、二〇一一年〉、九九頁）。小山正文「『良観和讃』の新出本紹介と翻刻」（『同朋大学仏教文化研究所紀要』三〇、二〇一一年、本書二五七頁所収）。小山正文「語り継がれた親鸞伝記の一史料――『良観和讃』をめぐりて」（大谷大学真宗総合研究所編『親鸞聖人七百五十回御遠忌記念論集』下巻「親鸞像の再構築」〈筑摩書房、二〇一一年〉、本書三〇〇頁所収）。

（11）信仰の造形的表現研究委員会編『真宗重宝聚英』第四巻（同朋舎出版、一九八八年）一一三、一一六頁。親鸞聖人七百五十回忌・真宗教団連合四十周年記念図録『親鸞展――生涯とゆかりの名宝』（京都市美術館開催、二〇一一年）五二、五三頁。

（12）信仰の造形的表現研究委員会編『真宗重宝聚英』第四巻（同朋舎出版、一九八八年）一九四頁。親鸞聖人七百五十回忌・真宗教団連合四十周年記念図録『親鸞展――生涯とゆかりの名宝』（京都市美術館開催、二〇一一年）五〇頁。法然上人八百回忌・親鸞聖人七百五十回忌特別展図録『法然と親鸞――ゆかりの名宝』（東京国立博物館開催、二〇一一年）一一〇頁。

（13）小山正文『親鸞と真宗絵伝』（法藏館、二〇〇〇年）五～二九頁。

（14）永原慶二・貴志正造『全譯　吾妻鏡』第一巻（新人物往来社、一九七九年）一九四、二一〇頁、同別巻三八一頁。山本幸司『頼朝の天下草創』（講談社学術文庫、二〇〇九年）一六四、一六九頁。

（15）日下無倫『真宗史の研究』（平楽寺書店、一九三一年）一一四～一六四頁。
大門貞夫『真宗開祖親鸞聖人御母公吉光禅尼御塚の記』（一九九三年、二〇〇六年）二・八・九・二三・二六・二八頁。
奥本武裕「一九世紀大和における真宗フォークロアの生成・序説」（奈良県立同和問題関係史料センター『研究紀要』一二、二〇〇六年）
奥本武裕「一九世紀大和における真宗フォークロアの生成――吉光女伝承のゆくえ」（奈良県立同和問題関係史料センター『研究紀要』一七、二〇一二年）

光明本尊の一考察
――愛知法蔵寺本をめぐりて――

はじめに

光明本尊は初期真宗の道場に安置された大形の豪華絢爛な名号本尊の一種である。現在七十点ほどの存在が確認されているが、その半数近くが真宗佛光寺派寺院の所蔵となっている事実からもわかるように、光明本尊は名帳・絵系図などと共に佛光寺門徒と深いかかわりをもつ重要な真宗史料にほかならない。したがってこれに関する諸先覚の論著も数多いが、わけても全国に散在する六十六点もの光明本尊を実査し、その成果に基づく詳細な研究を発表した平松令三氏の業績は、(1)もはやこれ以上つけ加えるべき点もないほどの画期的なものとなっていることは、すでに周知のところであろう。

世間の耳目を驚かせた平松論考が刊行されたのは、昭和六十二年（一九八七）のことであったが、その後平成に入り数点の光明本尊が、あらたに発見されている。まずそれをあらためて紹介し、本稿の糸口にしたいとおもう。

その一は平松氏の紹介になる滋賀真宗佛光寺派仏性寺所蔵本である。(2)南无九字名号を中心にすえる室町前期十五世紀初葉の作品で、放たれる光明は三十八本を数える。和朝部の先徳像は十九人となっているが、了源がみえるので佛光寺系の光明本尊と知られるものの、江戸時代に札銘を佛光寺歴代に改めた跡があって惜しまれる。そうした札銘改竄の形跡は、和朝部だけではなく天竺震旦部にも認められる。なお仏性寺本の上部讃銘は、いま失われて存しない。縦一四二・〇×横一〇〇・〇センチメートルを計測する。

その二は仏性寺本とともにやはり平松氏が紹介した兵庫真宗佛光寺派高福寺所蔵のもので、(3)同じく南无九字名号を中心に置くが、写実的な像主の容貌、存覚の筆体に似せた古風な札銘の文字などから南北朝期十四世紀後半の作にかかるとみられている。古作のためか全体に剝落が進行していて光明の条数や札銘の読み取りが困難な状態となっているが、本数は三十六らしく、描かれる和朝先徳像は十五人で、うち最後の一人は後世の付加という。先徳像の中に了源らしき人物があるので、佛光寺系光明本尊であろうことは疑いない。高福寺本も仏性寺本と同様上部讃銘を欠く。縦一四二・五×横九七・三センチメートルである。

その三は北島恒陽氏が近年紹介した三重真宗高田派正泉寺蔵本である。(4)やはり南无九字名号を中央に置くもので、光明条数は三十六本を数え、寸法は縦一二四・八×横九八・六センチメートルとなっている。上下の讃銘は残念ながら失われてしまっているが、画面の保存状態は良好で諸像の札銘も比較的よく読める。和朝部のそれは「源信和尚」「源空上人」「親鸞聖人」「真仏上人」「誓海上人」「釈了海」「源海上人」「釈明光」「□□□（釈明覚カ）」「釈了尊」「釈円鸞」「釈明空」「釈空念」「釈明性」「釈明心」「釈明実」「釈明□」の十七名で、通途の光明本尊にみられる信空と聖覚、そして了源・了明夫妻を欠くものとなっている。前者の二人が登場しない光明本尊はまま存するが、(5)後者の夫妻をみない正泉寺本は、これが佛光寺系のものでないことをうかがわせる。

北島氏は正泉寺本の親鸞以下につづく人々が三重上宮寺本、滋賀法光寺本、滋賀深光寺本、奈良上田家本、滋賀専光寺本各光明本尊や、滋賀興敬寺本、岐阜安福寺本、愛知運善寺本、愛知妙源寺本各先徳連坐像、さらに茨城西念寺本絵系図等々に出てくる人たちと一致する人物が多く、わけても「円鸞」がほとんど共通してあらわれている事実にも注目する。円鸞は滋賀興正寺の開基で、その興正寺は本願寺第九代実如の戦国期までに、興敬寺と正崇寺とに分離し、やがて前者は東派、後者は西派に属していくこととなるが、がんらい興正寺は大阪仏照寺と関係深く、この両寺はともども佛光寺と同様荒木源海門徒の流れをくむ明光系統の有力寺院であった。このように正泉寺本は、光明本尊にもさまざま系統のものが存在した事実をあらためて提示した貴重な史料的価値を有する一本といえよう。その制作時期は真仏以降の人物表現にみる写実的描写より、室町初期十五世紀前半をあてて可であろう。

その四はここで詳しくとりあげようとする愛知浄土宗西山禅林寺派法蔵寺本である（口絵6）。同寺の光明本尊は他宗派寺院に所蔵されていることもあって、従来ほとんど問題視されなかったが、平成八年（一九九六）四月に開催された「京都・永観堂禅林寺の名宝」展で初公開をみ、その保存の良好さ、讃銘・札銘の完存、貴重な裏書の存在など大いに注目を集めたのであった。しかし現在にいたるまで該本についての専論は見あたらないので、項をあらため以下すこしく考察してみたいとおもう。

一　法蔵寺本の構成——尊号・真像・銘文——

法蔵寺本光明本尊は絹本著色で、縦一七〇・〇×横一〇七・四センチメートルの掛幅軸装品である。中央に「南无不可思議光如来」の九字名号、その向かって左に「南無阿弥陀佛」の六字名号、そして右に「歸命盡十方旡㝵光如来」の十字名号をそれぞれ型のごとく金字で金蓮上に安ず。しかして九字名号からは三十六本、六字名号からは二十八本、十字名号からは三十四本の光明が放たれる。

この三名号の間へ向かって左に「弥陀如来」の札銘のもとに上品下生印を結んだ切金文様入りの阿弥陀如来立像を、反対の右に「釈迦如来」と銘して右手施無畏印、左手与願印のやはり切金文様を施した釈迦如来立像を極彩色の蓮華上に安置する。両如来には各十一条の頭光があらわされる。

弥陀如来像と六字名号の上方には、「大勢至菩薩」「龍樹菩薩」「世親菩薩」「菩提流支三蔵」「曇鸞和尚」「道綽禅師」「善導和尚」「懐感禅師」「小康法師」「法照禅師」と札銘して定型通り天竺・震旦の祖師たちを描くが、その面貌表現は画一的で個性に乏しい。はじめの三体は文字通り菩薩形で蓮華上に坐す。菩提流支と曇鸞は曲彔、そのほかは椅子にそれぞれ腰掛けるのも通規のごとくである。

釈迦如来像の上部には、俗服の上に袈裟を着け両手で柄香炉を持す垂髪の「皇太子聖徳」が低い屏障を背にして立ち、これを囲むように「高麗法師恵慈」「新羅国聖人日羅」「聖明王太子阿佐」「蘇我大臣馬子」「百済博士学哿」「小野大臣妹子」の侍臣六人の坐像が描かれるのもこれまた型の通りとなっている。

太子眷属の上には本朝の「源信和尚」「源空聖人」「釈信空」「法印聖覚」「親鸞聖人」「釈真仏」「釈源海」「釈了海」「釈誓海」「釈明光」「釈了源」「釈了明」「釈道密」「釈道𣦸」の先徳連坐像十四名を配置する。

彼らの座具をみてみると、源信は背もたれつきの礼盤、源空は曲彔、親鸞は礼盤、そのほかはすべて高麗縁の上畳で、札銘の尊称表記と対応した形となっているのがわかる。この連坐像の中央部分に了源・了明夫妻の姿が認められるところより、法蔵寺本が純然たる佛光寺系の光明本尊と断定できるが、ここでもやはり各人の表情はあまり迫真的ではなく作年代に一定の制限を加えるものとなっている。なお連坐最後の道密、道𣦸（どうじゃく）については、のちほどあらためてふれるであろう。

光明本尊の上と下とには、『仏説無量寿経』をはじめ三朝の浄土祖師たちにかかわる銘文がかならず着讃されるが、永年の損傷で読みにくくなっていたり、まったく失われている場合もすくなくない。銘文はよく知られた内容のものが多いためか、意外にその全文を掲載した文献に接しないようである。もっとも光明本尊の銘文は全本同内容というわけではないが、法蔵寺本は一定型を示すものであり、かつそれが今も鮮明にのこる貴重な例なので、ここに掲げておくこととする。

上部銘文。

黒谷源空聖人曰／當知生死之家以疑為所止涅槃之城／以信為能入／親鸞聖人曰／如來所以興出世唯説弥陀本願
海／五濁悪時群生海　應信如來如實言／楞嚴院源信和尚曰／我亦在彼攝取之中煩悩障眼雖不／能見大悲無倦常
照我身／聖徳太子御廟記文堀出一銅凾其蓋銘曰／吾為利生出彼衡山入此日域降伏守屋／之邪見終顯佛法之威徳
／晉朝曇鸞和尚傳曰／魏末高齊之初猶在神智高遠三國／知聞洞暁衆經獨出人外梁國天子蕭／天恒向北禮鸞菩薩
註解往生論裁成／両巻事出釋迦才三巻淨土論／道綽禅師曰／當今末法是五濁悪世唯有淨土一門／可通入路／善
導和尚曰／言南无者即是歸命亦是發願廻／之義言阿弥陀佛者即是其行以斯／義故必得往生／世親菩薩无量壽經
優婆提舎願生偈曰／世尊我一心　歸命盡十方　无㝵光如來／願生安樂國／大勢至菩薩　首楞嚴經曰／我本因地
以念佛心　入無生忍／今於此界　攝念佛人　歸於浄土／龍樹菩薩　十住毗婆沙論曰／人能念是佛无量力功徳
即時入必定／是故我常念

下部銘文。

如來以无蓋大悲矜哀三／界所以出興於世光闡道／教欲拯群萠恵以真實之／利／設我得佛光明有能限量／下至不

照百千億那由他／諸佛國者不取正覺／設我得佛壽命有能限量／下至百千億那由他劫者／不取正覺／設我得佛十方衆生至心／信樂欲生我國乃至十念／若不生者不取正覺唯除／五逆誹謗正法／設我得佛國中人天不住／定聚必至滅度者不取／正覺／其佛本願力　聞名欲往生　皆悉到彼國　自致不退轉／又言／必得超絶去　往生安養國／横截五悪趣　悪趣自然閉／昇道无窮極　易往而无人／其國不逆違　自然之所牽／已上大无量壽經文

なおこれはいうまでもないことだが、光明本尊は上部より下部が、また向かって右方よりも左方が上位で、銘文も下を先に読み上に移行するのが、理にかなった拝し法であろう。この上部よりも下部が先行するのは、真宗関係の掛幅絵伝の多くがそうなっているのと同様で、これは懸吊した際、座拝者の視線がまず注がれる位置から、本尊のいわれや絵伝の語りがはじめられることを意味するものにほかならない。そして右方より左方が上位であるということは、描かれる群像もまず弥陀・釈迦如来があって[13]、左方中央の勢至菩薩から天竺・震旦の祖師たちへと続き、さらに右方中央の観音菩薩の化身である聖徳太子とその眷属へ移り、最後に和朝先徳がならぶ構成となっていることを物語る。結局光明本尊は、弥陀の三名号を称える真宗念仏者をこれらの聖衆がかならず摂取して浄土往生させることを具現化した、まことに尊くもありがたくわかりやすい本尊であったわけで、それなればこそ光明本尊は大流布したのである。

二　法蔵寺本の裏書――康安・永正・享保・天保――

法蔵寺本光明本尊には図1のような裏書があって、これの成立年代や画工、また修復年代とその願主・画工・表

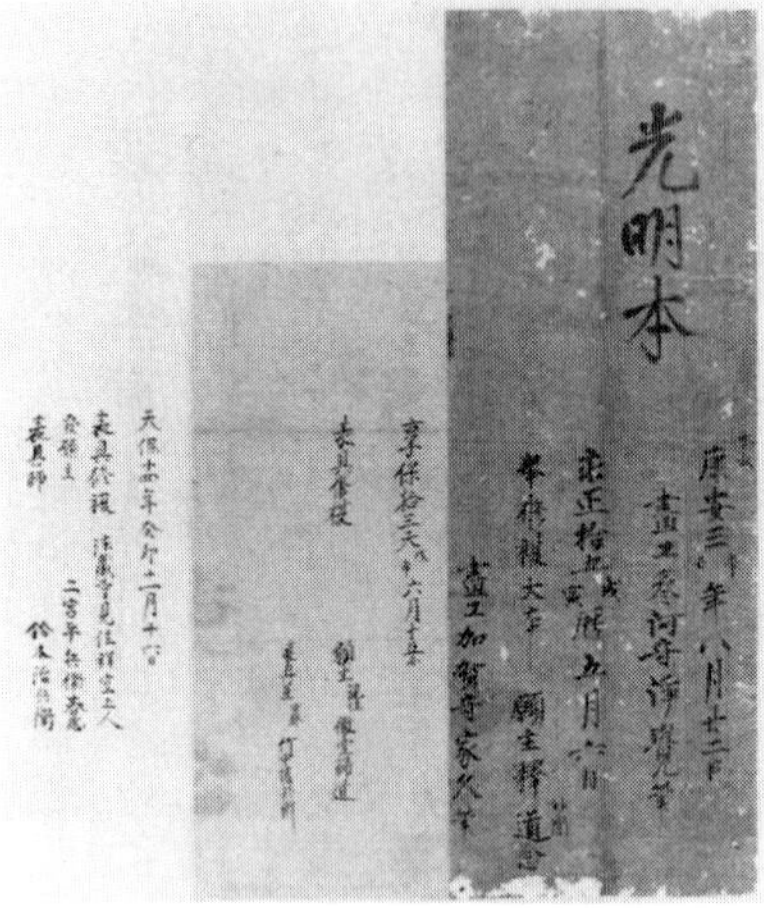

図1　光明本尊裏書（愛知法蔵寺蔵）

具師などの重要な情報を与えてくれる（後掲裏書1）。

この裏書は、

Ⓐ康安三年（実康安元年〈一三六一〉）

Ⓑ永正十五年（一五一八）

Ⓒ享保十三年（一七二八）

Ⓓ天保十四年（一八四三）

の四つの部分からなる。このうちⒶとⒷは、Ⓒ紙よりも大きい焦茶色の古めかしい料紙に同一人が同時にしたためたものであることは、筆蹟の一致からも容易に判断できる。つまりⒶはⒷの修復銘が書かれた際、原本にあった裏書を「本云」として、そのまま写しとっておいた体をなしているのである。しかしこのⒶ・Ⓑには不審点が多い。今その辺のところを指摘しておくと、まずⒶに記される「康安三辛丑年」という年は実在しない。康安の年号は延文六年（一三六一）三月二十九日から始まり、翌年九月二十三日に早くも貞治と改元されているからである。しかしこれは干支より判断して、同元年の単純な誤写とみるなら、深く拘泥する要はないかも知れない。ところがその場合Ⓐ・Ⓑとも、干支が「年」や「暦」の前に記入されているのが問題となる。こうした紀年のあらわしかたは、中世においてもまったく皆無ではないけれども、一般的には近世に多く見られる表記法であろう（補記一参照）。

次にⒶを信ずるならば、法蔵寺本は南北朝時代の康安元年（一三六一）に三河守浄覚が描いたこととなる。実は滋賀善性寺蔵光明本尊の裏書にも、この浄覚の名が次のごとく出てくる（後掲裏書7）。

光明本　文明第五□参月廿五日　画工参河守入道浄覚筆　奉修複之　願主釈賢勝　（奉修複之を別筆とみる説もある）

この裏書からⒶにいう三河守浄覚なる画工の存在が一応たしかめられるわけだが、問題は善性寺本の文明五年（一四七三）と法蔵寺本との間には百十二年もの開きがあることである。到底同一人物とはいえないであろう。よしこの年差を無視して、両本を同画工の作品とみた場合、理解しがたいのは善性寺本のほうが、法蔵寺本よりはるかにすぐれた出来映えを示している事実である。ここでも法蔵寺本の裏書には、問題点が存するようにおもわれる（補記二参照）。

なお、浄覚の名は、滋賀仏心寺蔵の享禄年間（一五二八〜三二）作とされる方便法身尊形の裏書にも「画工参河入道浄覚筆」とあるが、ここでも善性寺本と半世紀以上の開きがあり注意を要しよう。

最後にいま一点、室町時代を通じ本願寺門末へさかんに下付された方便法身尊像（阿弥陀如来絵像）が、大本、大品、臨終仏、惣仏、無常仏、野仏などと称され[14]、各地で大切に護持尊重されるようになるのは、本尊が絵像から木仏へかわっていく江戸時代以降のことかとおもわれるのに、Ⓑでその呼称がすでに使用されているのは、少々早すぎる感がすることである。

裏書Ⓐ・Ⓑには以上のような疑問点が存するのに対し、江戸時代の修復銘であるⒸ・Ⓓにはまったく問題視すべきところはない。Ⓒにみえる享保の際の現住徹空、Ⓓの天保時における現住祥空は、ともに宗祖源空、派祖証空の一字をとっているところからもわかる通り、浄土宗西山派法蔵寺住職で、この光明本尊が江戸時代中期の享保年間（一七一六〜三六）には、同寺所蔵となっていたことを教える。Ⓒ・Ⓓの修理があったからこそ法蔵寺本は、今日まで保存良好な状態を保ちえた事実を忘れてはならないであろう〔補記二参照〕。

三　光明本尊の裏書――中世紀年・画工・奉修復――

光明本尊には、右に検分した法蔵寺本と同じような裏書をもつものが往々にしてある。いまそれを『聚英』にしたがって摘録すると、[2]以下のようになる（カッコ内の数字は『聚英』掲載番号と頁数を示す）。

[1]法蔵寺　あま市中橋

光明本　画工参河守浄覚筆
本云康安三（ママ）辛丑年八月廿二日
永正拾五戊寅（ママ）暦五月六日
奉修復（ママ）大本　願主釈道念妙円
画工加賀守家久筆
享保拾三天戊申六月十五日
表具修複（ママ）　願主現在徹空諦道
表具屋京都竹中権兵衛
天保十四年癸卯十一月十六日
表具修複　法蔵寺見住（ママ）祥空上人
発願主　二宮平兵衛春恵

表具師　　鈴木治兵衛

[2]光源寺　滋賀県湖北町（20―84）

光明本　□筆　願主釈仏宗

本云　　　本云

延文三年十二月六日　　永享□度□修補

画工隆円筆　願主釈源誓

[3]西通寺　長浜市上野町（21―86）

奉修幅（ママ）光明本

方便法身尊形

文和五丙申歳二月十五日

光明本

画工法橋良円之筆也

皆　寛永十六己卯十月廿日　願主釈道密

明応五歳丙辰四月十九日

皆　画工加賀守右京亮光定筆也

願主釈禅識

皆　寛永十六ヨリ明和元歳迄壱百二十六載ニ成ル

旹　文和五歳ヨリ明和元載迄四百九年ニ成ル

旹　明応五歳ヨリ明和元年迄弐百六十九歳ニ成ル

仏光寺末流大(抹消)[和国式上郡保田郁中]阪市平野町

東山光林(抹消)専寺末寺

同(抹消)[北道場門下中]

旹　明治五申歳九月日改張細工郡山豆腐町常木洗張

惣門下中

④光福寺　長浜市野瀬町　(22―90)

光明本

貞治四歳□

画工法眼□　願主釈空円

□文明九年丁酉七月八日□

(別筆)奉修服(ママ)願主祐西□表補絵師坂本弥助定清天正十一年七月六日

奉表具奇(ママ)進開玄　江野村二郎右衛門

(第二別筆)万治四庚丑年四月十五日光福寿寺仙代三十六歳

表具師中尾浄弥

（第二別筆）
奉表補寄進主野瀬村釈□　細工人　表具師中尾浄□
光福寺超□六十六才　洛陽五条麦屋町
久世広友
享保六辛丑歳四月仲旬

5 光台寺　長浜市今川町　（24―94）

光明本
文正元年戌□（丙）六月十五日
画工蔵人吉本筆
願主　釈善性

6 仏厳寺　長浜市室町　（25―98）

光明本
文正元年戌□六月□（十カ）五日
画工蔵人吉本筆
願主　釈道観

7 善性寺　米原市能登瀬　（27―102）

光明本
文明第五□参月廿五日　奉修複（ママ）之　（奉修複之を別筆とみる説あり）
画工参河守入道浄覚筆　願主釈賢勝

奉修（別筆）霞（ママ）光明本尊　為能登瀬村道意廿三回忌　当村鹿取拾丞母 願主宗悦

寛文二壬寅年正月廿四日　善性寺善哲

8 深光寺　米原市世継（28—106）

此光明本尊元者雖有河内国大沢太良左衛門正勝尉買（ママ）□給当寺住物奉寄進者也

皆時寛文四甲辰年五月廿八日

奉修複（ママ）　施主世継惣門下中

江州坂田郡世継村深光寺智円　円達筆

9 仏道寺　米原市下多良（29—108）

光明本　※□

画工加賀権守入道□（理円筆カ）

願主釈道心「（別筆）永禄七季甲□□奉修覆（ママ）□

（※は応永五年戊寅〈一五九八〉三月五日とあったらしいことが、『聚英』『真宗年表』〈大谷大学編〉より知られる）

奉修（別筆）霞（ママ）光明本尊　為多良村浄賢七年忌願主妙源

万治弐己亥年十月廿八日　仏道寺善達

10 昌蔵院　京都市下京区（37—132）

光明本修複（ママ）之次叙

資始　応永廿七年歳次庚子閏正月二日　願主釈道玅
画工　加賀権守入道　理円筆
再修　永正十八年歳次辛巳三月十七日　江刕葦浦住角坊下願主釈妙福尼
画工修補　沼津新左衛門尉　勝　筆
参修　承応三季歳次甲午七月八日　江州葦浦住角坊下願主光徳寺宗順

11 平楽寺　奈良県安堵町　(40—138)

方便法身尊形
文和元年正月廿日
願主釈仏道
光明本
画工法橋良円筆
永禄三年三月廿日奉修幅(ママ)之
願主釈道祐
画工加賀守右京亮光定筆
寛文十三癸丑歳舎七月十八日
奉修幅(ママ)之大和国平群郡平楽寺村道場本尊
于時住持　釈正斉
佛光寺長(性)(院)□□
素信（花押）寺

さて、これらの裏書を通覧して一体いかなることがいえるのであろうか。まず第一に気づくことは、南无九字名号を中心に置く光明本尊にのみ裏書が存する。第二に[2]は不明、[8]には登場しないが、その他にはすべて了源がみえ、[4][9]をのぞいては了明も描かれているので、これらは佛光寺系のものとわかる。第三に南北朝時代（[1][2][3][4][11]）から室町時代（[1][2][3][4][5][6][7][9][10][11]）にかけての年号が、[8]以外のすべてにみられる。第四に[1]参河守浄覚、加賀守家久。[2]隆円。[3]法橋良円、加賀守右京亮光定。[4]法眼□、坂本弥助定清。[5][6]蔵人吉本。[7]参河守入道浄覚。[9]加賀権守入道□。[10]加賀権守入道理円、沼津新左衛門尉勝。[11]法橋良円、加賀守右京亮光定といった画工の名を明記するものが多く、[1]と[7]、[3]と[11]、[5]と[6]、[9]と[10]は同一人物とおもわれる。第五に[5][6]以外はすべて修復銘をもつ。このうち[7]と[9]のそれは同一人が書いている等々のことがわかろう。

これらにつきすでに指摘しておいたごとく、[1]の康安三年や[11]の文和元年正月は存在しない紀年であるし、[1]の康安三辛丑年と永正拾五戊寅暦、[3]の文和五丙申歳の干支の位置は近世風である（補記一参照）。また画工の[1]と[7]の浄覚、[3]と[11]の良円・光定、[9]と[10]の理円は、それぞれ肩書などから同一人とみられるのに、描かれる人物像の表現様式や描写法がまったく異なっていたり、年代がはなはだしく開いていたりして腑に落ちない面が多々存する。とはいえ光明本尊は親鸞在世中からはじまっている特異貴重な中世真宗本尊群であることにまちがいはないのであるけれども、端的にいって光明本尊の裏書における中世紀年で、確実に当初のそれと認定できるのは、おそらく同時同作の[5][6]ぐらいであろう。この不思議ともいえる現象をどのようにとらえたらよいのかにつき、ひとつの示唆を与えるのが、[5][6]以外のすべての裏書にみえる「奉修復」の記録ではないかとおもう。裏書からもわかるように多くの光明本尊は、数世紀の間にいく度となく修復の手が加えられ今日まで遺存してきたわけだが、とくに江戸時代のそれの際には、修理された光明本尊の作年月日や願主、画工名に加え、途中の修復におけるそれらをも裏書に記録としてのこす傾向が強かったようである。かかる行為の背景には、その光明本尊の権威を高からしめようとする目的があったことも否めないであろう。つまり光明本尊の裏書は、いうなれば一種の鑑定書のような役割をはたす性質のものであったから、右に指摘したごとき諸矛盾が生じる結果になっているとみたいのである。

この辺は同じ「奉修復」の裏書をもつ本願寺系の方便法身尊像・尊形・尊号などのそれとは[15]、少々性格を異にしている点を留意しておく必要があろう。右の本願寺の場合は、本願寺住職が修復裏書をしたため他門流の本願寺傘下への入門や本末関係強化の証としているのに対し、光明本尊では江戸時代に入っているためか、そうした傾向はむしろ稀薄であったかと考える。

しかし[11]に「佛光寺長性院　素信（花押）寺」の署名が最後にあるのは示唆的で、光明本尊の修復裏書も時として、佛光寺本山六坊のひとつ西坊長性院が執筆することもあったのである。したがってこうした鑑定書的裏書の発行に、本山佛光寺がまったく関与していなかったともいえないであろう。

なお光明本尊の修復銘は、[3]が寛永十六年（一六三九）、[10]が承応三年（一六五四）、[9]が万治二年（一六五九）、[4]が同四年（一六六一）、[7]が寛文二年（一六六二）、[8]が同四年（一六六四）、[11]が同十三年（一六七三）となっていて、それはあたかも寛文元年（一六六一）の親鸞四百回忌の時期に集中しているかのようで興味深い。

いずれにしてもここにとりあげた法蔵寺本をはじめとする諸本の光明本尊裏書にみえる中世紀年や画工は、今後あらためてみなおす必要性が多分にあり、それはそのまま光明本尊全体の絵画様式、作年代、画工、画系の再検討にもつながっていく重要課題となるものであるから、諸彦の究明を期待したいと願っている。

むすび

法蔵寺本光明本尊の和朝部最後の先徳像は、すでにふれておいた通り道密・道弥である。このうち道密は滋賀西通寺本光明本尊にも登場するだけではなく、該本そのものの願主でもあったことが注意される。裏書3によれば西通寺本は文和五年（一三五六）、法蔵寺本は同1に康安三年(実元)（一三六一）とあるので、年代的齟齬はなく同一人物の可能性があろう。ただ3の裏書をそのまま理解するならば文和五年は修復紀年となり、その時の願主が道密で、良円は修復画工であったということにもなる。他方両光明本尊における道密の位置であるが、法蔵寺本は了源―了明―道密―道弥であるのに対し、西通寺本は了源―了明―空心―教達―光仏―頼尊―仏道―道法―道密―□□で、法蔵寺本は了明と道密の間に六名の省略がおこなわれているとみることもできる。この場合西通寺本の□□が赤外線写真等で、もし道弥と読めたなら全然問題はないけれども、今は両本の道密が同一人物なのか、それとも同名異人なのかの断定はさしひかえておくのが無難であろう。なお道弥を道舜と読む説もあるが[16]、明瞭にウ冠なのでむしろ道寂とみたほうがよいのではないかと考えている。

最後に法蔵寺本と西通寺本の作年代であるが、すでに指摘しておいたごとく法蔵寺本の康安元年参河守浄覚筆というのは、滋賀善性寺本の文明五年参河守入道浄覚筆になるのと対比するならば、年代も画質もまったく異なり、善性寺本のほうがはるかにすぐれているので、法蔵寺本の康安元年参河守浄覚筆は信じ難い。さすれば永正十五年修復画工加賀守家久筆、願主道念が法蔵寺本の実年代とならざるをえないが、なにしろこの裏書には疑問点が多いので、いまは光明本尊全体の精緻な様式論が確立するまで、結論を保留しておきたいとおもう。

いっぽう西通寺本であるが、これの裏書も明治五年（一八七二）に明和元年（一七六四）のものを写したらしく、はたして文和五年願主道密、画工良円筆をどこまで信じてよいのか、とくに干支が歳の前に記されている点からも疑念がのこる〔補記一参照〕。もっとも良円は実在の画師で、真宗関係の絵画を描いたこともわかっており、げんに奈良平楽寺本光明本尊にもその名がみえること裏書⑪の通りである。[17] しかし西通寺本と平楽寺本は、これまた平松氏もいうごとく同一画工とするのはためらわれるから、やはり裏書に依拠する作画年代や画工の判定は慎重であるべきかと考える。

以上、『聚英』以後見出された法蔵寺本光明本尊をめぐり、おもいつくままに愚見を述べてきたが、これを要するに法蔵寺本をはじめとする光明本尊の裏書類には、ことによると佛光寺本山もあるいは関与したのではないかとうかがわれる権威づけのための鑑定書的内容のものが多く、その紀年や画工の記載には疑念すべき余地が多分にあるようにおもわれる。したがって日本仏教絵画史上、特異な位置を占める光明本尊については、今後さらに真宗絵画のみならず仏画全般を視野に入れ[18]、加えて使用顔料、使用絹本、画風、筆蹟等々の科学的分析結果をも導入した学際的研究の発展が、大いに望まれるところといえよう。

本論をなすにあたっては、『聚英』第二巻なくしては絶対にありえなかったことを深く感謝するとともに、その『聚英』の見解や佛光寺派学匠の見方に対し、種々失礼な言辞のあった点を心より詫びるものである。また金龍静本願寺史料研究所副所長には、身にあまる懇篤なる教導を忝くしながら、力量不足と見聞の狭さから十分それをここに反映できず慙愧にたえない次第で、まことに申し訳なくひたすら寛恕を希うばかりである。最後になってしまったが、法蔵寺本光明本尊の図版掲載を許可された出井普順住職、ならびに大阪市立美術館に深甚の謝意を表し擱筆する。

註

(1) 信仰の造形的表現研究委員会（代表千葉乗隆）編『真宗重宝聚英』第二巻「光明本尊」（平松令三担当〈同朋舎出版、一九八七年〉）。以下『聚英』と略記する。

右に発表された平松氏の「総記」は、のち「光明本尊の研究」と改題し、同『真宗史論攷』（同朋舎出版、一九八八年）に収録されている。

(2) 平松令三「『真宗重宝聚英』その後の新発見をめぐって」（『本願寺史料研究所報』第五号、一九九二年）。

(3) 前掲註2。

(4) 北島恒陽「正泉寺の光明本尊と真慧上人寿像」（『高田学報』第九七輯、二〇〇九年）。

(5) 『聚英』第二巻八頁の東福寺本、五三頁の西方寺本、一八九頁一三の本誓寺本、九三頁の円光寺本、一九二頁五九の上田家本等々には信空、聖覚をみない。

(6) 『聚英』第二巻八一頁・八三頁・一〇七頁・一九二頁五九・一二一頁。

(7) 栗東歴史民俗博物館編『近江の真宗文化――湖南・湖東を中心に』企画展図録（一九九七年）一三頁、興敬寺本。

(8) 『聚英』第八巻（同朋舎出版、一九八八年）六三頁、安福寺本。

(9) 真宗大谷派名古屋別院　蓮如上人五百回御遠忌法要記念出版　名古屋教区教化センター研究報告第4集『蓮如上人と尾張』（二〇〇〇年）三五頁、二一運善寺本。

(10) 井上鋭夫『一向一揆の研究』（吉川弘文館、一九六八年）一六三頁、妙源寺本。

(11) 西念寺本絵系図は左の図書に紹介されているが、今は所在不明となっている。

日下無倫編『佛光寺小部集』戊午叢書第四編（仏教史学会、一九二三年）一四四頁。

山田文昭『真宗史稿』遺稿第壹巻（破塵閣書房、一九三四年）口絵二。

山田文昭『真宗史之研究』遺稿第貳巻（破塵閣書房、一九三四年）二五六頁。

三都古典連合会『展観入札目録』（一九六六年）二八頁。
（12）平松令三編『真宗史料集成』第四巻「専修寺・諸派」（同朋舎出版、一九八二年）七一一～二頁。
（13）「京都・永観堂禅林寺の名宝」展図録作成委員会編・発行の図録（一九九六年）三九頁五一。
（14）光明本尊に弥陀・釈迦二尊が並立するのは、法然房源空筆の『一枚起請文』に「此外におくふかき事を存せは二尊のあはれみにはつれ本願にもれ候へし」の言詞が反映しているのかも知れない。
（15）蒲池勢至『真宗と民俗信仰』（吉川弘文館、一九九三年）八六頁以下。
（16）吉田一彦・小島恵昭「奉修復方便法身尊像について」（同朋大学佛教文化研究所編『蓮如方便法身尊像の研究』研究業書Ⅶ〈法藏館、二〇〇三年〉三〇六頁以下。
（17）前掲註12の一七二頁。
良円は祇園社大絵師職を拝命する画工で、以下のような画績がある。

文和元年（一三五二）正月廿日願主釈仏道の光明本を筆画（『聚英』第二巻、一三八頁）。

同五年（一三五六）二月十五日願主釈道密の光明本を筆画（『聚英』第二巻、八六頁）。

康安二年（一三六二）二月二十三日摂州多田光遍寺開山空円像を筆画（『本朝画史』『聚英』第九巻、一四八頁）。

貞治四年（一三六五）年二月廿三日召当社大絵師良円法眼三基鳥居幷玉垣等在所絵図令書之（『祇園執行日記』）。

同年八月廿七日良円筆の本尊を木部錦織寺より預り置く（『存覚袖日記』36ウ）。

応安五年（一三七二）六月御影奉図之良円法印筆（『常楽台主老衲一期記』八十三歳条〈『聚英』第九巻、八四頁〉）。

同年十一月十五日神輿造替絵方事良円法印自去七日為塔絵下向淡路国（『祇園執行日記』）。

至徳元年（一三八四）三月一日和朝太子先徳連坐像を筆画（『聚英』第八巻、七六頁）。
（18）たとえば日蓮宗の絵曼荼羅などは、光明本尊の影響をうけてなされた可能性も考えられるので、それらとの比較対照も必要となろう。

東京国立博物館編『大日蓮展』（二〇〇三年）九四～五頁。

補記一

紀年と干支の表記には、たとえば平成二十五年癸巳と記す年＋干支の場合と、逆に平成二十五癸巳年のように干支＋年と表わす二通りがある。金石文学者より教わったところによると、かならずしも絶対的ではないけれども、前者の年＋干支は中世、後者の干支＋年は近世に多く、万一中世紀年で後者になっていたら、いちおう疑ってみる必要があると習ったことである。しかるに金龍静本願寺史料研究所副所長が実査した寛正～慶長（一四六〇～一六一五）期の真宗関係裏書五四五〇点のうち、年＋干支の前者は五〇〇点、干支＋年の後者は四七五点で、拮抗しているから疑問視することはなかろうとの垂示を受けた。ところが慶長以前の梵鐘銘、蓮如・実如期の方便法身尊像（尊形とも）裏書、中世板碑銘、日本絵画史年紀資料集成、仏教典籍奥書類等々、どれをとっても中世紀年と干支の関係は、圧倒的に前者の割合が多数を占めているし、裏書の残り四四七五点のそれがどうなっているのかも不分明であるゆえ、今の筆者は失礼ながら私見を変更すべき必要性を感じていない。

補記二

法蔵寺本光明本尊については、その後鷹巣純氏が左書において、補筆補彩の部分などを鑑察された結果を報告しておられるので、是非参照されるよう望む。

愛知県史編さん委員会編『愛知県史』――別編　絵画　文化財2（愛知県、二〇一一年）二六七頁。

初出一覧

Ⅰ　親鸞の真蹟

『顕浄土真実教行証文類』の諸伝本　『同朋大学佛教文化研究所紀要』二八、二〇〇九年

親鸞真筆の『皇太子聖徳奉讃』（「皇太子聖徳奉讃一首　親鸞聖人真筆」、本證寺、一九九七年、および「皇太子聖徳奉讃」、『親鸞聖人真蹟集成』第九巻、法藏館、二〇〇六年を加筆改題）

新出の親鸞真蹟をめぐりて　『真宗研究』四八、二〇〇四年

大阪府八尾市・豊澤家の真宗法宝物（「八尾市・豊澤家の真宗法宝物」より改題）　「同朋大学佛教文化研究所報」一六、二〇〇三年

新発見の親鸞真蹟――『往相回向還相回向文類』の断簡――（「新発見の親鸞真蹟――往相還相回向文類の断簡」より改題）「同朋大学佛教文化研究所報」一四、二〇〇一年

名号本尊の一事例――高僧・太子像を描く九字名号――　『日本の歴史と真宗』、自照社出版、二〇〇一年

山形安祥寺蔵の十字名号（「酒田市安祥寺の十字名号」）　『同朋大学佛教文化研究所紀要』二五、二〇〇五年

冷泉家本『豊後国風土記』の書写日　『朝日新聞』、一九八一年十一月二十一日

出雲路乗専の生年　『中外日報』、一九八二年七月二十八日

Ⅱ　親鸞の周辺

親鸞の俗姓――司田純道氏の学説をめぐりて――　『親鸞像の再構築』第一輯、大谷大学真宗綜合研究所、二〇〇八年

初期真宗史料としての「御入滅日記事」　『閲蔵』、二〇〇七年

『比良山古人霊託』の善念と性信――親鸞門弟説の疑問――（「『比良山古人霊託』の善念と性信」より改題）　「同朋佛教」三一、二〇〇二年

初期真宗三河教団の構図　『宗教』三三一、教育新潮社、一九九四年

Ⅲ　和讃と和歌

『良観和讃』の新出本紹介と翻刻　『同朋大学佛教文化研究所紀要』三〇、二〇一一年

語り継がれた親鸞伝記の一史料――『良観和讃』をめぐりて――　『親鸞像の再構築』、筑摩書房、二〇一一年

伝親鸞作の和歌集――『御開山御詠歌三百七十首』の紹介と翻刻――　『佛教文学』三一、二〇〇七年

笠間時朝鹿嶋社奉渡唐本一切経　『同朋大学佛教文化研究所報』一五、二〇〇二年

寛永二十一年本『浄土依憑経論章疏目録』　『同朋大学論叢』第六十二号、一九九〇年

蓮如の名（「蓮如上人の御名」より改題）　『蓮如上人五百回御遠忌記念　蓮如さん――ゆかりのお寺と寺宝――』、蓮如さん平座の会、一九九六年

Ⅳ　真宗の絵伝

真宗絵巻・絵詞の成立と展開　『大系真宗史料［特別巻］絵巻と絵詞』解説、法藏館、二〇〇六年

法然と親鸞――絵巻からみた師弟関係――（「二つの絵巻からみた師弟関係」より改題）　『誰も書かなかった親鸞――伝絵の真実――』、法藏館、二〇一〇年

滋賀善敬寺蔵の親鸞絵伝（「親鸞聖人絵伝」より改題）　『史料にみる近江八坂善敬寺史』、二〇〇三年

親鸞の母吉光女像（「親鸞聖人母君吉光女御遺像解説」より改題）　『親鸞聖人母君吉光女御遺像』、方丈堂出版、二〇一二年

光明本尊の一考察――愛知法蔵寺本をめぐりて――（「光明本尊の一考察――愛知・法蔵寺本をめぐりて」より改題）　『佛光寺の歴史と文化』、法藏館、二〇一一年

あとがき

おもえば平成十二年（二〇〇〇）三月、還暦を迎えんとした私は、周囲の学友にすすめられるままに、文字通りの拙き著書『親鸞と真宗絵伝』を法藏館より出させていただいた。それよりはや十三年もの歳月が流れたが、この間に私は永年つとめた三河野寺本證寺住職（一九八一～二〇一二）、名古屋の同朋大学文学部、同大学院講師（一九七九～二〇〇八）も辞して、老後を楽しみつつあったその矢先に、半世紀以上もご教導をたまわり前著に序文まで頂戴した真宗史学の泰斗平松令三先生（一九一九～二〇一三）、学生時代から長年にわたり何かとお教えいただいた同朋大学名誉教授の織田顕信学兄（一九三七～二〇一三）、昭和五十三年（一九七八）の同朋大学佛教文化研究所創立まもなきころより、公私とも親しくお付き合いくださった渡邉信和氏（一九四九～二〇一〇）、そして愚鈍な私を暖かく見守ってくれた故山の慈母江村昌子（一九〇九～二〇一〇）をあいついでうしなうという、まことに衝撃的な愛別離苦に悲泣する身となったのである。

本書は私にとって忘れることのできない右の十三年間に発表した、前著と同様の親鸞聖人や初期真宗にかかわる諸論考を中心とし、これに以前執筆した若干の小稿を付加して、それぞれを加筆補訂の上、『続・親鸞と真宗絵伝』と題したきわめて雑駁な論集である。

師友との別離を機に、恥をも顧みずかようなものを編もうと決意したのは、第一に数え切れないほどの先覚、知友、同僚、等輩、後輩の方々からこうむった学恩に、心より感謝の意を表したかったこと。第二に私が古稀を迎えたら続編を出すようにと、かねてより故渡邉信和氏からいわれていて、その遺言が法藏館編集部にも伝わっていたこと。第三に娑婆の縁つきて倶会一処のかの土へ参る日も遠くない私も、身辺整理の一つとして紙の小さな墓標一基を残して去っていくのも悪くはないと愚考したこと、といったきわめて単純な動機にもとづいている。したがって各論は成稿の時期も異なっているので、内容的に重複する点もあることをご寛恕願いたい。

それにつけても私のような者が、この年齢になっても日本仏教や浄土真宗の歴史に興味を持ち続け、曲形にもこうして第二冊目の小著を出すことができたのは、ひとえに今は亡き恩師藤島達朗先生（一九〇七～一九八五）の大谷大学での十年にも及ぶご教導のお蔭と、あらため先生にあつくお礼申し上げるものである。

先生は、歴史学の論文につき、そのテーマに添って、ああでもない、こうでもないということを丁寧に論述し、決して結論を急いではならないとよく戒められた。また仏教史・真宗史を志す者は、仏教学・真宗学を修め信心・安心の獲得が大切であるともいわれた。さらにいかなる人の論文であっても、一つとるところがあればそれで十分といわれたことなどが、いま懐かしく思い出されることであるが、不肖の弟子の私には、残念ながらそれらが何一つ具わっておらず、忸怩たるおもいで一杯である。

今回、本書に忝なくも序文をお寄せくださった大谷大学名誉教授の名畑崇先生は、ほかでもなく藤島先生の衣鉢を忠実に受け継がれる第一のご高弟で、その穏健妥当な鋭い学風は、温厚篤実なお人柄と相俟って、後進の我々の寄辺であり、尊敬の的でもある。先生にはご繁多のなか過分のお言葉をたまわり恐懼この上もなく、ここに満腔の謝意と敬意を表させていただく次第である。

末筆ながら小著をなすにあたっては、同朋大学、大谷大学、龍谷大学の各研究機関の方々、そして前著と同様法藏館編集部の上山靖子さんに大変お世話になったことを深謝し、あとがきのむすびにかえたい。

平成二十五年（二〇一三）盛夏

小山正文

小山正文（おやま　しょうぶん）

昭和16年（1941）大阪市生まれ。

大谷大学文学部史学科卒業、同大学院博士課程単位取得退学。

三河野寺本證寺住職、同朋大学文学部、同大学大学院、京都女子大学文学部各講師、大谷大学真宗総合研究所嘱託研究員を歴任。

現在、同朋大学佛教文化研究所顧問、安城市文化財保護委員、真宗大谷派擬講。

著編書に『親鸞と真宗絵伝』（法藏館）、『真宗重宝聚英』第６・10巻（同朋舎）、『実如判五帖御文の研究　影印編』（同朋大学佛教文化研究所編・法藏館）、『延暦寺木活字関係資料調査報告書』（滋賀県教育委員会）、『大系真宗史料　特別巻　絵巻と絵詞』（法藏館）、『親鸞聖人真蹟集成』第９・10巻（法藏館）、『林松院文庫目録』（本證寺）、『雲観寺五百年史』（雲観寺）などがある。

続・親鸞と真宗絵伝

二〇一三年八月二三日　初版第一刷発行

著　者　小山正文
発行者　西村明高
発行所　株式会社法藏館
京都市下京区正面通烏丸東入
郵便番号　六〇〇-八一五三
電話　〇七五-三四三-〇〇三〇（編集）
〇七五-三四三-五六五六（営業）

装幀者　上野かおる
印刷・製本　亜細亜印刷株式会社

ISBN978-4-8318-7457-3 C3021
乱丁・落丁本の場合はお取替え致します